하나님의 주권

- 전국대학교수선교연합회 40년의 회고와 비전 -

전국대학교수선교연합회

The Korean Union of Professor's Mission

제1회(1986.11.6~7)
여의도순복음교회
민족복음화는 학원복음화로 부터

제2회(1987.7.2~4)
오산리 국제금식기도원
나라와 민족을 위한 기도

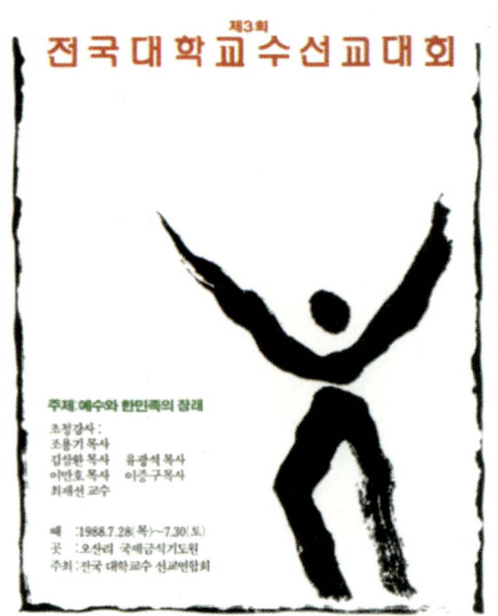

제3회(1988.7.28~30)
오산리 국제금식기도원
예수와 한민족의 장래

제4회(1989.7.10~12)
오산리 국제금식기도원
복음, 민족이 하나되는 길

제5회(1990.7.9~11)
오산리 국제금식기도원
대학을 복음화하라

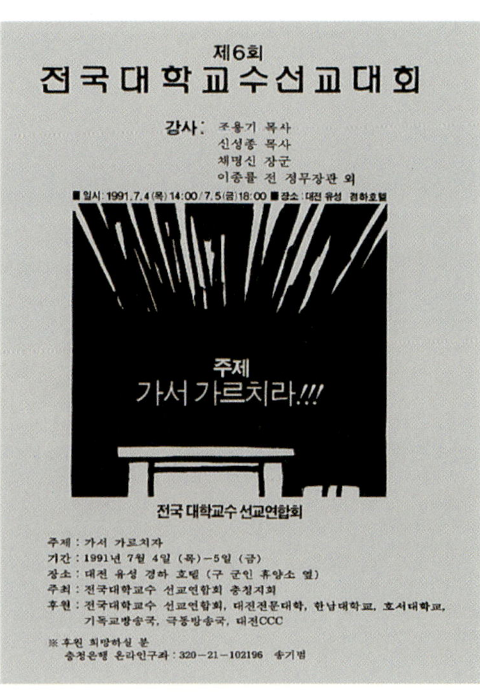

제6회(1991.7.4-5)
대전 유성 경하장호텔
가서 가르치라(마28:19)

제7회(1992.7.3~4)
강원도 강릉 경포비치호텔
땅을 정복하라

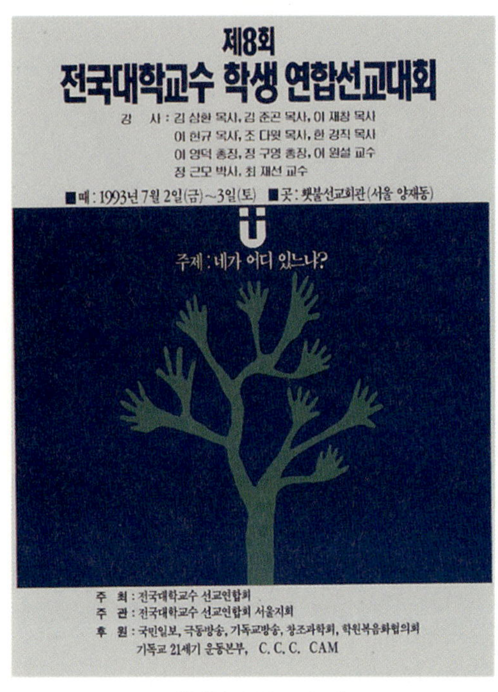

제8회(1993.7.2~3)
서울 햇불선교회관(양재동)
네가 어디 있느냐

제9회(1994.7. 7~9)
대구대학교 경산캠퍼스 영광교회
내가 너희를 택하여 세웠나니(요15:16)

제10회(1995.7.7.6~8)
오산리 최자실기념 금식기도원
희년·통일-하나되게 하소서

제11회(1996.7.4~5)
충북 청주시 교원대학교
너 안에 사신 예수 그리스도(갈2:20)

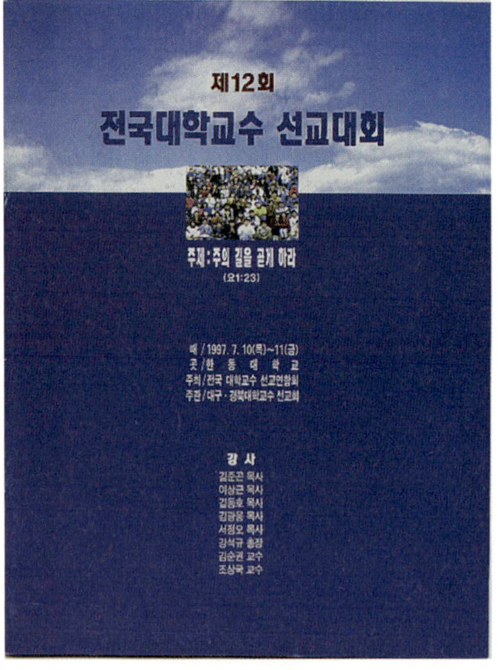

제12회(1997.7.10~11)
한동대학교
주의 길을 곧게 하라(요1:23)

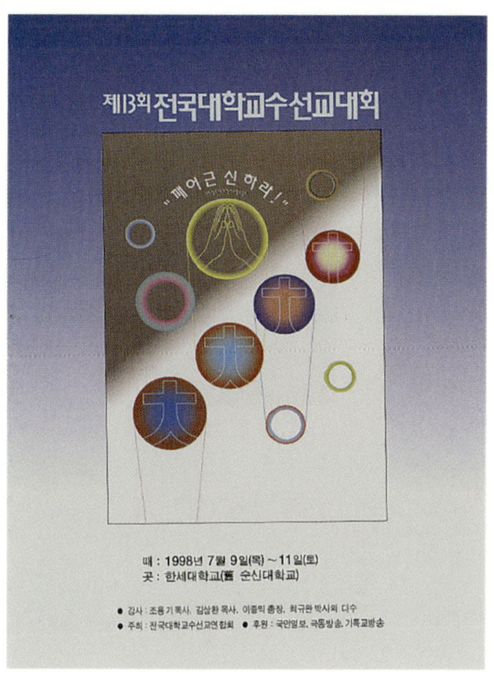

제13회(1998.7.9~11)
한세대학교
깨어 근신하라(살5:6)

제14회(1999.6.28~30)
호서대학교
새천년의 대학교수상(고후5:17)

제15회 (2000.7.3~7.5)
계명대학교 아담스채플
대학문화와 학원선교:일어나라 빛을 발하라

제16회(2001.6.28~30)
평택대학교 예술관 음악당
북한선교의 전망

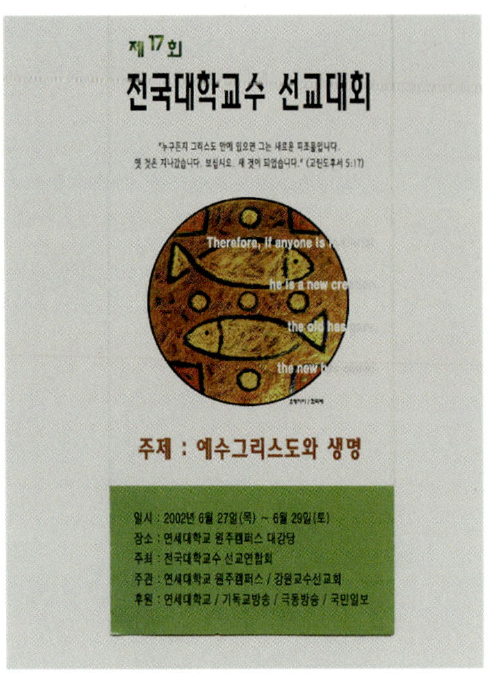

제17회(2002.6.27~29)
연세대(원주캠퍼스 대강당)
예수그리스도와 생명

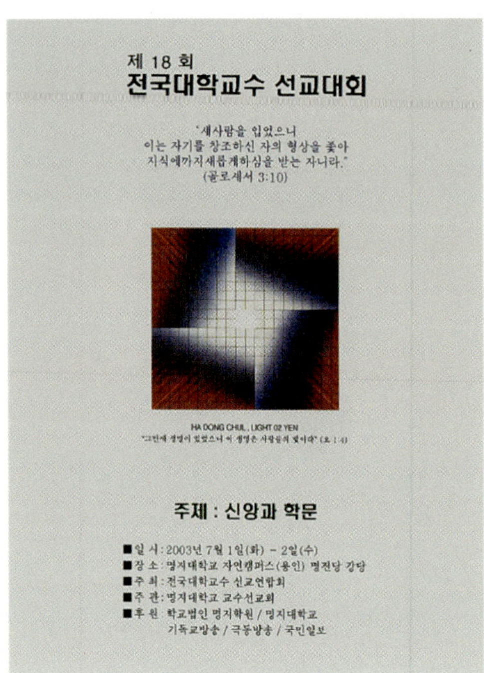

제18회(2003.7.1~2)
명지대(용인캠퍼스 명진강 대강당)
신앙과 학문(골3:10)

제19회(2004.7.1~3)
목원대학교
복음으로 대학을 새롭게

제20회(2005.7.4~7.6)
평택대학교 90주년기념관
대학과 봉사

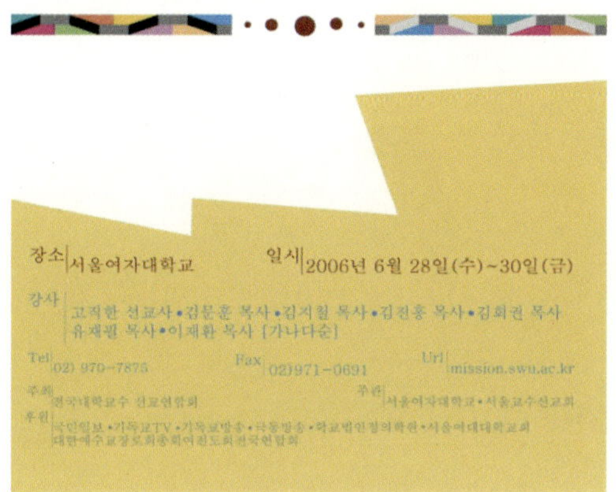

제21회(2006.6.28~6.30)
서울여자대학교
기독교수와 멘토링

제22회(2007.6.28~30)
우석대학교 문화관(아트홀)
기독교수의 선교비전과 영성

제23회(2008.26~28)
동서대학교 미래관, 대학교회
교수가 변해야 나라가 산다

제24회(2009.6.26~6.28)
영남대학교 경산캠퍼스 천마아트센터
나눔과 섬김(약10:45)

제25회(2010.7.1~3)
서울산업대학교 100주년 기념관
너는 가서 제자삼으라(요21:15)

제26회(2011.6.30~7. 2)
전주대학교 예술관
나눔으로 만들어가는 더 멋진 세상(창1:31)

제27회(2012.6.28.~30)
호서대학교 아산캠퍼스
내 길을 열라, 너희는 주의 길을 예비하라(막1:3)

제28회(2013.6.27.~29)
한남대학교 56주년기념관
부르심에 합당하게(엡4:1)

제29회(2014.6.28.~30)
계명대학교 성서캠퍼스, 아담스채플/ 존슨 홀
이 땅을 고쳐주소서: 회개, 화합, 부흥

제30회(2015.12.18.~19)
남부대학교 협동관
주 예수의 이름으로(골3:17)

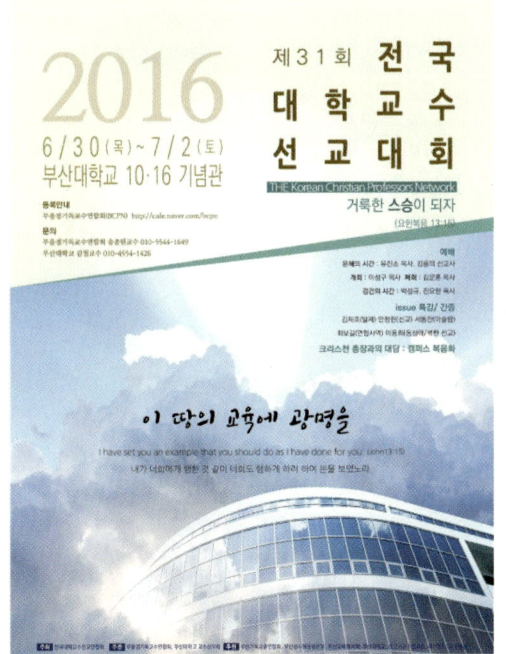

제31회(2016.6.3.0~7.2)
부산대학교 10.16 기념관
거룩한 스승이 되자(요13:15)

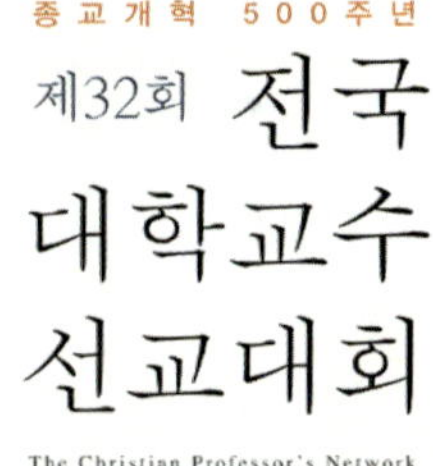
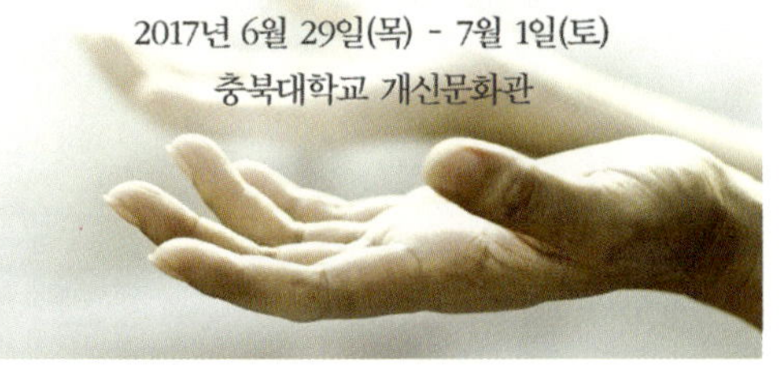

제32회(2017.6.29.~7.1)
충북대학교 개신문화관
내가 너를 보내노라(요17:18)

제33회(2018.6.28.~30)
인천대학교 송도캠퍼스
내게 부르짖으라(렘33:3)

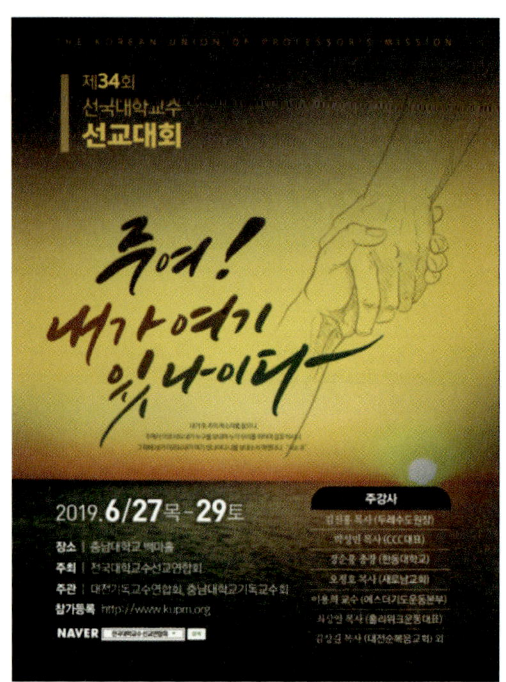

제34회(2019.6.27.~29)
충남대학교 백마홀
주여 내가 여기 있나이다(사6:8)

제35회(2020.8.20.~20)
전북대학교 진수당
깨어나 빛을 발하라:선교2020(엡5:14)

제36회(2021.8.10.~10)
한동대학교 대학교회
위기 시대속의 기독 교수의 소명(딤후 4:2)

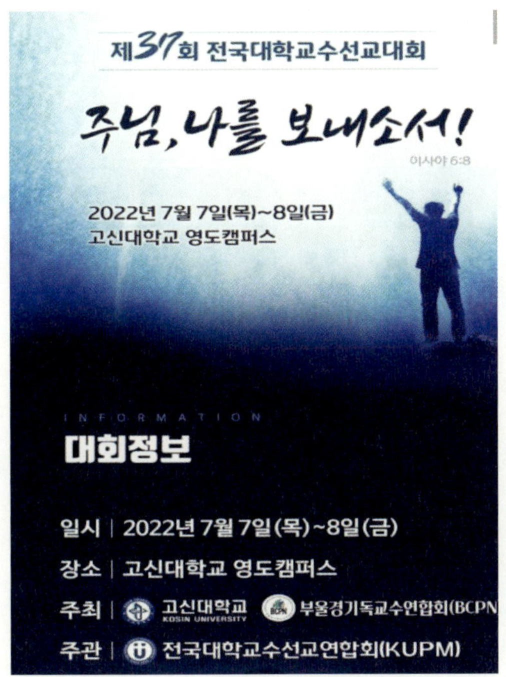

제37회(2022..7.7~8)
고신대학교 영도캠퍼스 한상동홀
주님 나를 보내소서! (이사야 6:8)

제38회(2023.7.20.~21)
한국교통대학교 충주캠퍼스 국제회의장
일어나라 빛을 발하라(이사야 60:1)

제39회(2024.7.11~12)
배재대학교 아펜젤러 기념관
부르심에 합당한 삶 (엡 4:1)

제40회(2025.6.25.~26)
서울대학교 평창캠퍼스
영성과 지성을 겸비한 기독교: AI시대, 복음과 소명 (롬12:2)

1. 태동기(1980 ~ 1986)

▲▲ 1983년 교양대학 수료식

▲ 1983년 로고스교수선교회 교양대학 수료식

▲ 1986년 로고스교수선교회 제1회 전국대학교수선교대회 봉사

▲ 1987년 로고스교수선교회 전국대학선교연합회 창립예배

▲ 2003년 로고스교수선교회 창립 23주년 기념 예배

2. 창립기(1986 ~ 1990): 제1-5회 선교대회

- **제1회(1986.11.6~7)**
- 장소: 여의도순복음교회
- 장소: 민족복음화는 학원복음화로 부터
- 설교: 조용기 김준곤 목사 | 김한식 선교사
- 특강: 이영덕 류무상 강성관 교수
- 섬김: 로고스교수선교회 외 선교단체

- **제2회(1987.7.2~4)**
- 장소: 오산리 국제금식기도원
- 주제: 나라와 민족을 위한 기도
- 설교: 조용목 신성남 전가화 이증구
- 특강: 오성준 교수 | 김한식 선교사
- 섬김: 로고스교수선교회 외 선교단체

- **제3회(1988.7.28~30)**
- 장소: 오산리 국제금식기도원
- 주제: 예수와 한민족의 장래
- 설교: 조용기 김삼환 이만호 유광석 이증구 최자실 목사
- 특강: 최재선 류무상 송세호 윤심로 교수
- 섬김: 로고스교수선교회 외 선교단체

- **제4회(1989.7.10~12)**
- 장소: 오산리 국제금식기도원
- 주제: 복음, 민족이 하나되는 길
- 설교: 신성남 김호식 원종흥 이증구 목사
- 특강: 문선재 최재선 유호선 남일우 김지자 교수
- 섬김: 로고스교수선교회 외 선교단체

▪ **제5회(1990.7.9~11)**	▪ 설교: 조용기 강문호 이증구
▪ 장소: 오산리 국제금식 기도원	▪ 특강: 강석규 총장 ┃ 최종진 이선행 교수
▪ 주제: 대학을 복음화하라	▪ 섬김: 로고스교수선교회 외 선교단체

〈 요한복음 1:1-3 〉

태초에 말씀이 계시니라. 이 말씀이 하나님과 함께 계셨으니 이 말씀은 곧 하나님이시니라. 그가 태초에 하나님과 함께 계셨고 만물이 그로 말미암아 지은 바 되었으니 지은 것이 하나도 그가 없이는 된 것이 없느니라.

In the beginning was the Word, and the Word was with God, and the Word was God. He was with God in the beginning. Through him all things were made; without him nothing was made that has been made.

- **제6회(1991.7.4.–5)**
- 장소: 대전 유성 경하장 호텔
- 주제: 가서 가르치라(마28:19)
- 설교: 조용기 신성종 이경원 손용헌 전제국 목사
- 특강: 민현식 남금식 김농오
- 섬김: 전국대학교선교연합회 충청지회

- **제7회(1992.7.3.–4)**
- 장소: 강원도 강릉 경포 비치호텔
- 주제: 땅을 정복하라
- 설교: 조용기 김삼환 유병우 목사
- 특강: 이영덕 교수 | 이복희 감독
- 섬김: 로고스교수선교회 외 선교단체

- **제8회(1993.7.2.−3)**
- 장소: 횃불선교회관(서울 양재동)
- 주제: 네가 어디 있느냐
- 설교: 조용기 김삼환 한경직 이재창 이현구 목사
- 특강: 정구영 이영덕 총장 | 정근모 최재선 이원설 교수
- 섬김: 로고스교수선교회 외 선교단체

- **제9회(1994.7. 7∼9)**
- 장소: 대구대학교 경산캠퍼스 영광교회
- 주제: 내가 너희를 택하여 세웠나니(요15:16)
- 설교: 조용기 김진홍 배내윤 김정일 권안나 목사
- 특강: 민경배 이시형 한만구 송기범 김정성 윤한식 교수
- 섬김: 대구경부교수선교회

- **제10회(1995.7.7.6~8)**
- 장소: 오산리 최자실기념 금식기도원
- 주제: 희년·통일-하나되게 하소서
- 설교: 김동호 박조준 나경일 김삼환 이동원 목사
- 특강: 송자 이규호 총장 | 황규관 배원호 신호균 교수외
- 섬김: 로고스교수선교회 외 선교단체

- **제11회(1996.7.4~5)**
- 장소: 충북 청주시 교원대학교
- 주제: 너 안에 사신 예수 그리스도
- 설교: 조용기 김진홍 민병억 옥한흠 주서택 목사외
- 특강: 김영길 총장 | 이상직 김광태 김영기 교수
- 섬김: 전국대학교수선교연합회 충청지역회

- **제12회(1997.7.10~11)**
- 장소: 한동대학교
- 주제: 주의 길을 곧게 하라(요1:23)
- 설교: 김준곤 김동호 이상근 서정오 김관웅 목사
- 특강: 김순권 조상국
- 섬김: 대구경북교수선교회

- **제13회(1998.7.9~11)**
- 장소: 한세대학교
- 주제: 깨어 근신하라(살5:6)
- 설교: 조용기 김삼환 명성훈 이봉수 강일구 목사
- 특강: 이종익 총장 | 좌재선 정기남 황규영 유은상 교수
- 섬김: 로고스교수선교회

■ **제14회(1999.6.28~30)**	■ 설교: 조용기 김삼환 최병남 한상인 홍성국 목사
■ 장소: 호서대학교	■ 특강: 김동길 김형태 황희룡 김의명 이상용 교수외
■ 주제: 새천년의 대학교수상(고후5:17)	■ 섬김: 전국대학교수선교연합회 충청선교회

〈 에베소서 1:11-12 〉

모든 일을 그의 뜻의 결정대로 일하시는 이의 계획을 따라 우리가 예정을 입어 그 안에서 기업이 되었으니, 이는 우리가 그리스도 안에서 전부터 바라던 그의 영광의 찬송이 되게 하려 하심이라.

In him we were also chosen, having been predestined according to the plan of him who works out everything in conformity with the purpose of his will, in order that we, who were the first to hope in Christ, might be for the praise of his glory.

4. 발전기_밀레니엄시대 (2000 ~ 2010): 제15-25회 선교대회

- **제15회 (2000.7.3~7.5)**
- 장소: 계명대 아담스채플
- 주제: 일어나라 빛을 발하라
- 설교: 조용기 김진홍 곽선희 목사
- 특강: 김영한 원장 | 김진경 정근모 총장외
- 섬김: 대구경북교수선교회

- **제16회(2001.6.28~30)**
- 장소: 평택대학교 예술관 음악당
- 주제: 북한선교의 전망
- 설교: 김삼환 김진홍 문성준 박조준 유종만 목사외
- 특강: 진가조 이현모 박완신 교수외
- 섬김: 서울경인교수선교회, 평택대학교

- **제17회(2002.6.27~29)**
- 장소: 연세대(원주캠퍼스 대강당)
- 주제: 예수그리스도와 생명
- 설교: 이동원 전병욱 김영준 박재형 최병성 목사외
- 특강: 김영민 교수
- 섬김:

- **제18회(2003.7.1~2)**
- 장소: 명지대(용인캠퍼스 명진강 대강당)
- 주제: 신앙과 학문(골3:10)
- 설교: 김선도 민경배 구제홍 이웅상 목사
- 특강: 김진섭 황호찬 서성원 정계헌 교수
- 섬김: 명지대학교 교수선교회

제19회 전국대학 교수 선교대회　2004년 7월 1일~3일　*"복음으로 대학을 새롭게"*

- **제19회(2004.7.1~3)**
- 장소: 목원대학교
- 주제: 복음으로 대학을 새롭게
- 설교: 오정현
- 특강: 이광자 김수웅 탁지원
- 섬김: 목원대학교 교수선교회

- **제20회(2005.7.4~7.6)**
- 장소: 평택대 90주년기념관
- 주제: 대학과 봉사
- 설교: 김삼환 김문훈 배순국 유종만 정제우 명성훈 목사
- 특강: 김영길 김성수 총장 | 정인순 최화진 교수
- 섬김: 서울경인교수선교회 | 평택대준비위원회

- **제21회(2006.6.28~6.30)**
- 장소: 서울여자대학교
- 주제: 기독교와 멘토링
- 설교: 김문훈 김진홍 김회권 장경철 이재한 유재필 목사
- 특강: 김지철 고직한 목사 | 신기현 장영백 김영주 교수
- 섬김: 서울교수선교회

- **제22회(2007.6.28~30)**
- 장소: 우석대학교 문화관(아트홀)
- 주제: 기독교수의 선교비전과 영성
- 설교: 김진홍 길자연 이동휘 최임곤 이승룡 임종달 목사
- 특강: 박은조 원팔연 최원탁 박진구 신정오 목사외
- 섬김: 전북대학교수선교회, 우석대학교기독교수회

- **제23회 (2008.26~28)**   • 설교: 장성만 최홍준 박성민 김문훈 백금산 김규동 목사
- 장소: 동서대학교 미래관 | 대학교회   • 특강: 강영무 방선기 이건호 변영인 손권 탁지일 교수외
- 주제: 교수가 변해야 나라가 산다   • 섬김: 부산기독교수연합회(BCPN), 동서대학교

- **제24회 (2009.6.26~6.28)**   • 설교: 이영훈 김동호 고용수 조석원 김태범 서경석 목사
- 장소: 영남대 경산캠퍼스 천마아트센터   • 특강: 최화진 남효덕 홍세용 김동신 도충구 교수외
- 주제: 나눔과 섬김(약10:45)   • 섬김: 대구경북교수선교회

〈 잠언 9:9-10 〉

지혜 있는 자에게 교훈을 더하라 그가 더욱 지혜로워질 것이요 의로운 사람을 가르치라 그의 학식이 더하리라. 여호와를 경외하는 것이 지혜의 근본이요 거룩하신 자를 아는 것이 명철이니라

Instruct a wise man and he will be wiser still; teach a righteous man and he will add to his learning. "The fear of the LORD is the beginning of wisdom, and knowledge of the Holy One is understanding.

5. 성숙기(내 잔이 넘치나이다) 2011~ 2019): 제26-34회 선교대회

- **제26회(2011.6.30~7. 2)**
- 장소: 전주대학교 예술관
- 나눔으로 만들어가는 더 멋진 세상(창1:31)

- 설교: 소강석 이영훈 박진구 차상영 강승수 목사
- 특강: 이용규 조정민 목사 | 이남식 총장 김윤희 교수외
- 섬김: 전주대 교수선교회, 전북교수선교연합회

- **제27회(2012.6.28.~30)**
- 장소: 호서대학교 아산캠퍼스
- 주제: 내 길을 열라, 너희는 주의 길을
  예비하라(막1:3)

- 설교: 조용기 김삼환 빌바이어스 유영완 연용희 목사외
- 특강: 주승중 이창준 목사 | 양희성 김재호 송장진 교수
- 섬김: 충청교수선교연합회, 호서대 교수선교회

- **제28회(2013.6.27.~29)**
- 장소: 한남대학교 56주년기념관
- 주제: 부르심에 합당하게(엡4:1)
- 설교: 이영훈 이승장 장경동 최세영 허상봉 박동현 목사
- 특강: 김형국 목사 | 장영백 임국형 송오식 정원수 교수
- 섬김: 대전 교수선교연합회 / 한남대괴테개인전도회

- **제29회(2014.6.28.~30)**
- 장소: 계명대학교 성서캠퍼스, 아담스채플
- 주제: 이 땅을 고쳐주소서: 회개, 화합, 부흥
- 설교: 김진홍 이용남 박희종 최영태 이재천 목사
- 특강: 최윤식 김진경 이규 이필립 탁지원 정동섭외
- 섬김: 전국대학교수선교연합회, 전국기독교수연합

- **제30회(2015.12.18.~19)**
- 장소: 남부대학교 협동관
- 주제: 주 예수의 이름으로(골3:17)
- 설교: 황승룡 이용규 이상복 정인수 목사
- 특강: 소향숙 서동진 김재호 박정윤 김국형 교수
- 섬김: 광주전남기독교수연합회, 남부대 기독교수회

- **제31회(2016.6.3.0~7.2)**
- 장소: 부산대학교 10.16 기념관
- 주제: 거룩한 스승이 되자(요13:15)
- 설교: 김용의 이성구 유진소 진용한 김문훈 목사
- 특강: 이정선 김춘호 전호환 총장 | 김재호 안정헌 교수
- 섬김: 부울경기독교수연합회, 부산대학교 교수신우회

- **제32회(2017.6.29.~7.1)**
- 장소: 충북대학교 개신문화관
- 주제: 내가 너를 보내노라(요17:18)

- 설교: 이영훈 안광복 주서택 송석홍 이동규 박성민 목사
- 특강: 손봉호 조재언 신주오 한병수 목사 | 윤여표 총장
- 섬김: 충북대학교 교수신우회

- **제33회(2018.6.28.~30)**
- 장소: 인천대학교 송도캠퍼스
- 주제: 내게 부르짖으라(렘33:3)

- 설교: 이영훈 소강석 김운성 최용호 이건영 최재선 목사
- 특강: 이정숙 김춘호 총장 | 정근모 탁지일 길원평 교수
- 섬김: 서울인천 지회, 로고스교수선교회

- **제34회(2019.6.27.~29)**
- 장소: 충남대학교 백마홀
- 주제: 주여 내가 여기 있나이다(사6:8)
- 설교: 김진홍 박성민 오정호 류기열 김철민 최상일 목사
- 특강: 이용희 장순흥 신동진 홍승연 오석홍 황홍섭 교수
- 섬김: 대전기독교수연합회, 충남대학교 기독교수회

〈 로마서 11:36 〉

이는 만물이 주에게서 나오고 주로 말미암고 주에게로 돌아감이라 그에게 영광이 세세에 있을지어다 아멘

For from him and through him and to him are all things. To him be the glory forever! Amen.

6. 고난 & 제2도약기_팬데믹시대 (2020 ~ 현재) : 제35-40회 선교대회

- **제35회(2020.8.20.~20)**
- 장소: 전북대학교 진수당
- 주제: 깨어나 빛을 발하라:선교2020(엡5:14)
- 설교: 오성준 조용중 한병수 정재식 목사
- 특강: 조병진 김병훈 이상식 교수
- 섬김: 전북지회, 전북대학교 기독교수회

- **제36회(2021.8.10.~10)**
- 장소: 한동대학교 대학교회
- 주제: 위기 시대속의 기독 교수의 소명(딤후 4:2)
- 설교: 김완진 문상철 이재현 전경호 목사
- 특강: 박영춘 김군오 마인호 강시웅 황혜리 교수
- 섬김: 대구경북교수선교회, 한동대학교 기독교수회

- **제37회(2022..7.7~8)**
- 장소: 고신대학교 영도캠퍼스 한상동홀
- 주제: 주님 나를 보내소서! (사 6:8)
- 설교: 노성현 전동주 목사
- 특강: 송재기 김만규 김병문 이선복 정동영 최재원 교수
- 섬김: 부울경기독교수연합회(BCPN), 고신대학교

- **제38회(2023.7.20~21)**
- 장소: 한국교통대학교 충주캠퍼스
- 주제: 일어나라 빛을 발하라(사 60:1)
- 설교: 김성도 임창성 박상현 이종태 목사
- 특강: 남승호 이상식 황홍섭 김용수 박창일 장요한 교수
- 섬김: 충북기독교수선교회, 한국교통대학교 기독교수회

- **제39회(2024.7.11~12)**
- 장소: 배재대학교 아펜젤러 기념관
- 주제: 부르심에 합당한 삶 (엡 4:1)
- 설교: 김철민 백용현 이상덕 양형주 최새롬 유재경 목사
- 특강: 전동주 김영우 김정태 황승림 김현지 정인모 교수
- 섬김: 대전교수선교회, 배재대학교 교수교수회

- **제40회(2025.6.25.~26)**
- 장소: 서울대학교 평창캠퍼스
- 주제: 영성과 지성을 겸비한 기독교:
  AI시대, 복음과 소명 (롬12:2)
- 설교: 이영훈 박성민 박명룡 오정수 목사
- 특강: 이선복 강용현 문영재 황홍섭 교수 | 김지현 약사
- 섬김: 전국대학교수선교연합회, CCC교수선교회

샬롬! 전국대학교수선교연합회(KUPM) 40년사를 발간하며, 그동안 인도하신 삼위일체 하나님의 은혜에 감사를 드립니다. 아울러 1986년 설립 초기부터 캠퍼스와 민족 복음화를 위해 헌신하신 여러 교수님께 감사를 드립니다

1980년 초는 민주화의 열망으로 국가적으로 어려운 시기였습니다. 학원 소요가 심각하고 이단 세력이 번창하였습니다. 이에 교수들이 모여 난국을 해결하고자 회개하며 기도를 시작했습니다. 국가를 위해 기도하고, "민족 복음화는 학원 복음화로부터"라는 주제로, 그리스도의 마음으로 성경에 기초해 바른 가치관을 학생들에게 가르쳐야겠다 일어섰습니다. 특별히 여의도순복음교회 조용기 목사님과 CCC 김준곤 목사님, 호서대 강석규 총장님, 명지대 유상근 총장님, 한세대 손동수 총장님 등이 앞장서 주었습니다. 이에 1981년에 로고스교수선교회가 창립되고, 이것이 전국으로 확산되며 1986년에 전국대학교수선교 연합회가 탄생되었습니다.

40년 동안 하나님께서는 늘 함께 동행해 주셨습니다. 매년 여름마다 기독교수들이 선교 대회로 모여 기도하며, 부르심에 따라 맡겨진 각자의 사명들을 돌아보았습니다. 여의도순복음 교회와 오산리금식기도원에서 시작된 선교대회가 유성 경하장 호텔과 강릉 경포비치로 확대되고, 또 강원 서울 충청 경상 전라 등 전국 대학 캠퍼스를 순회하도록 복음의 지경을 넓혔습니다. 특별히 2015년은 메르스의 고난에도 12월로 옮겨 대회(남부대)를 하였고, 2020년부터 시작된 코로나 3년 팬데믹 기간에도 걸음을 멈추지 않게 하셨습니다. 낮에는 구름기둥으로, 밤에는 불기둥으로 하나님께서 광야 40년, 이스엘 백성을 지켜주셨던 것처럼 KUPM의 역사를 지켜주셨습니다.

그 여호와 하나님께 이 40년사(God's Sovereignty)를 올려 드리기를 원합니다. 발간을 위해 이선복 편집위원장(동서대)님과 편집위원 교수님들이 수고를 많이 해 주셨습니다. 이 내용들이 지난 40년의 회고를 넘어, 앞으로 전국대학교수선교연합회(KUPM)가 100년 200년 미래를 향해 사역을 이루어가는데 중요한 주춧돌이 되었음 좋겠습니다. 또한 그동안 하나님 나라와 학원복음화를 위해 헌신해 오신 모든 기독교수님께 이 자리를 통해 다시한번 감사를 드립니다. 수고 많으셨습니다. 하나님은 우리를 통해 영광 받으시기를 원하시는 분입니다.

전국대학교수선교연합회 이사장 이선희
(서울과학기술대학교)

우리가 알거니와 하나님을 사랑하는 자 곧 그 뜻대로 부르심을 입은 자들에게는 모든 것이 합력하여 선을 이루느니라(로마서 8:28)

40년 전 이 나라의 영적인 거인 두 분의 숭고한 생각과 기도를 모아 시작하신 전국교수 선교대회 40주년을 맞이하면서 우리 전국대학교수 선교연합회에서는 장년에 접어든 성장을 지나 성숙의 시대를 준비하는 즈음에 새로운 역사를 준비하는 의미에서 40년사를 발간하게 됨을 하나님께 영광을 올리며 감사드립니다. 우리 각자의 개인적 믿음의 여정을 인도하시고 대학교수 선교연합회의 이름으로 진행하는 선교대회의 여정을 섭리하시며 여기까지 함께 하신 하나님의 은혜를 감사드립니다.

많은 역사의 기록이 있지만, 우리의 40년사는 다른 어느 것보다도 숭고한 헌신과 충성의 은혜로 가득한 기록입니다. 초창기 어려운 대학 현장에서의 기도와 헌신으로 각 대학에서의 선교적 모임이 준비되는 과정을 보며 많은 도전과 각성의 시간을 느낄 수 있을 것입니다. 교수라는 독특한 모양을 가진 지식집단에서의 영적인 신앙을 기반한 모임과 대회를 준비하는 과정에 하나님께서 함께하신 순수한 헌신을 확인할 수 있습니다.

여의도순복음교회를 잊을 수 없습니다. 많은 어려운 여건을 극복하며 세계적인 교회로 인도하심과 물심양면으로 지속해서 도움을 주시고 많은 교수님을 충성스럽게 헌신할 수 있도록 보내주시고 협력하심에 감사할 뿐입니다. 이 역사의 현장에서 함께 숨 쉬고 기도하며 찬양하고 목청을 높여 기도하며 부르짖던 선배 교수님, 동료 교수님들의 참여가 없으면 이룰 수 없는 40년 역사입니다. 지나간 자료를 모으고 정리하는데 많은 수고와 헌신으로 일을 마무리하신 이선복 편집위원장 교수님께 감사의 말씀을 드립니다.

지나온 40년을 기억하며 마음에 새기면서 새로운 40년을 바라보며 힘찬 발걸음을 시작 합시다. 에벤에셀의 하나님! 여호와 이레의 하나님께서 우리와 함께하십니다. 우리가 손을 놓지 않는 한 하나님은 절대 손을 놓지 않으십니다.

전국대학교수선교연합회 회장 김광현
(한국교통대학교)

할렐루야! 전국대학교수선교연합회 40년사 발간을 진심으로 축하드립니다. 하나님의 부르심에 순종하여 지성과 신앙을 겸비한 교수님들이 모인 연합회가 어느덧 40년이 되었습니다. 그 귀한 발걸음 위에 함께하신 하나님의 은혜에 감사드립니다.

지난 40년 동안 한국 사회와 대학 현장은 많은 변화 속에 있었습니다. 그러나 그러한 격변 속에서도 진리의 말씀을 붙들고 시대를 분별하며 청년들을 위한 기도와 제자훈련과 복음 전도에 앞장서 온 교수님들의 헌신은 한국교회와 사회의 소중한 등불이 되어 주셨습니다.

이번 40년사의 출간은 단지 한 단체의 연혁을 정리한 기록을 넘어 한국 대학가와 캠퍼스 복음화의 역사 속에 새겨진 하나님의 흔적을 담은 귀한 증언입니다. 격동의 시대였던 1980년대 민주화의 소용돌이 속에서도 복음을 향한 뜨거운 열정과 기도의 눈물로 시작된 전국대학교수선교연합회는 태동부터 하나님의 섭리였습니다.

1986년 창립 이후 전국의 기독교 교수들이 믿음 안에서 연합하여 캠퍼스 복음화와 민족 복음화를 위해 매년 여름 한 차례도 거르지 않고 이어온 선교대회와 동계 방학 중에도 지역과 분과 모임을 통해 펼쳐온 다양한 사역들은 전국대학교수선교연합회가 시대를 책임지는 복음 공동체로서 든든히 자리매김했음을 보여줍니다.

귀한 사역을 기꺼이 감당해 주신 교수님들께 깊은 감사를 드리며 이번 40년사가 지난 발자취를 돌아보며 감사하는 자리이자 더 크신 하나님의 역사로 나아가는 새로운 출발점이 되기를 간절히 기도드립니다. 다시 한번 전국대학교수선교연합회의 40년사 발간을 진심으로 축하드리며 앞으로의 모든 사역 위에도 하나님의 크신 은혜와 축복이 풍성히 임하시기를 축복합니다.

여의도순복음교회
담임목사 이영훈

전국대학교수선교연합회 40주년을 축하드립니다. 1986년 제1회 전국대학교수선교대회에서 '민족복음화는 학원복음화로부터'라는 주제로 故김준곤 목사님이 말씀을 전하셨습니다. 민족복음화를 위한 선행 조건으로 학원복음화가 얼마나 중요한지를 인지하셨기 때문입니다. 그렇기에 대학생이 중심이 되는 CCC와 교수님들이 중심이 되는 대학교수선교연합회는 학원복음화를 이끌어 가는 쌍두마차라고 할 수 있습니다.

『순론노트』에는 '민족복음화를 위한 3중 헌신'이 나오는데, 그 중에 '민족의 입체적 구원에의 헌신'이란 말이 있습니다. 여기서 입체적 구원이란 사회의 각 계층별로 복음이 증거되는 일에 헌신한다는 뜻입니다. 그런 관점에서 전국대학교수선교연합회의 지난 40년은 교수선교사로서 하나님 나라를 위해 헌신한 매우 전략적인 하나님의 시간이라고 생각합니다.

오늘 우리는 대학의 위기가 심화되는 엄중한 시대를 마주하고 있습니다. 인문학의 고사, 취업률 지상주의, 그리고 진리 탐구의 본질을 잃어버린 채 양적 성장에만 매몰되는 현상은 대학의 존재 이유조차도 위협받고 있는 상황입니다. 이러한 가운데 교수님들께서 먼저 진정한 그리스도의 제자로서 다음 세대를 교육하고 이끌어주시기를 바랍니다. 이제는 개인주의를 넘어 실력이 있는 그리스도인으로서, 서로 협력해서 혼돈에 빠진 사회 곳곳에 복음의 진리를 심어야 할 때입니다.

특별히 이 모든 사명을 감당하기 위해 변화의 주도자가 되어 주십시오. "새 사람을 입었으니 이는 자기를 창조하신 이의 형상을 따라 지식에까지 새롭게 하심을 입은 자니라"(골 3:10)에서 '새롭게 하심을 입은 자'는 영어 성경에 'which is being renewed'로 번역되어 있습니다. 시제가 바로 현재 진행형입니다. 변화는 계속적으로 일어나야 한다는 말입니다. 가르치는 대상에 초점을 맞추다 보면 자기 자신을 간과할 수 있습니다. 그렇기에 사도 바울이 항상 먼저 자기 몸을 쳐 복종케 한 것입니다. 교수선교사로서 내 삶에서 제자들의 변화를 이끌어내는 동시에 내 자신도 끊임없이 복음과 한 영혼을 향해 계속해서 변화되고 있는지를 (transformed) 먼저 점검해야 합니다. 지금까지 걸어온 40년을 주님께서 지켜주시고, 지도해주신 것처럼 앞으로의 시간도 주님의 인도하심이 늘 함께하실 것입니다.

CCC 대표 박성민 목사

전국대학교수선교연합회(KUPM)의 40년 발자취를 담은 〈40년사〉 발간을 진심으로 축하드립니다.

1986년 여의도순복음교회에서 제1회 전국대학교수선교대회가 시작된 이래, 한 해도 거르지 않고 40년간 지속되어 온 이 귀한 사역은 하나님의 크신 은혜의 결과이며, 동시에 헌신한 교수님들의 땀과 기도의 결실입니다. "민족복음화의 시작은 학원복음화로부터"라는 기치를 내건 이 대회는, 지난 40년간 성숙과 확장을 거듭하며 귀한 사명을 감당해 왔습니다. 호서대학교는 설립자 고(故) 강석규 박사께서 전국대학교수선교연합회의 초대 이사장을 역임하신 인연으로, 이 사역에 꾸준히 동참해 왔습니다. 특히, 1999년 제14회 대회와 2012년 제27회 대회를 본교에서 개최하며, 하나님의 역사하심을 함께 체험한 아름다운 기억을 지금도 간직하고 있습니다.

오늘날 우리는 기술과 문명이 빠르게 재편되는 전환의 시대를 살아가고 있습니다. 인공지능(AI)은 단순한 도구의 수준을 넘어, 인간의 판단과 창의성의 영역까지 깊이 관여하고 있으며, 머지않아 일반인공지능(AGI)의 시대가 도래할 것이라는 전망도 나오고 있습니다. 이 흐름 속에서, 우리는 문명의 통제권을 인간이 스스로 AI에게 넘겨주고 있는 것은 아닌지 되돌아보게 됩니다. 이러한 변화 속에서 기독교 교수들에게는 더욱 깊은 고민이 요구됩니다. 학원 복음화의 사명을 오늘의 시대에 어떻게 이어갈 것인지, 또 급변하는 환경 속에서 그리스도의 복음을 어떻게 분명하고 효과적으로 전할 수 있을지를 함께 성찰하고 지혜를 모아야 할 때입니다.

그래서 우리는 단순한 지식 전달자가 아니라, 하나님의 지혜와 영성으로 젊은 세대에게 시대를 분별하는 눈과 이끌어갈 용기를 심어주는 이들이어야 합니다. 그렇게 함으로써, 제1회 대회에서 외쳤던 "학원복음화를 통한 민족복음화"의 길을 오늘 우리가 더욱 결연히 이어가야 할 것입니다. 이번 〈40년사〉는 그러한 사명을 되새기게 하는 귀한 기록이며, 동시에 다음 세대를 향한 영적 유산의 이정표가 되리라 믿습니다.

귀한 사역을 이끌어 오신 이선희 이사장님, 김광현 회장님을 비롯한 모든 회원 여러분께 깊은 감사와 존경을 전하며, 하나님의 은혜가 여러분의 삶과 사역 위에 항상 충만하시기를 기도드립니다. 감사합니다.

호서대학교 총장
강일구

하나님의 깊으신 섭리 안에서 전국대학교수선교연합회(KUPM)가 창립 40주년을 맞이하여 『KUPM 40년사』를 출간하게 된 것을 진심으로 축하드립니다.

학문과 지성이 공존하는 대학이라는 공간 속에서 복음의 진리와 하나님의 나라를 향한 소명에 순종하며 걸어온 기독교수들의 걸음은 결코 평탄하지 않았습니다. 그러나, 지난 40년간, 태동기를 거쳐 오늘에 이르기까지 시대의 격랑 속에서도 하나님께서는 신실한 일꾼들을 세우셔서 그 사명을 감당하게 하셨고, 전국대학교수선교연합회의 모든 여정은 하나님의 거룩한 은혜의 자취로 남게 되었습니다.

1986년에 개최한 첫 선교대회를 시작으로, 우리 기독교수들은 단지 지식이 아니라 하나님의 사랑을 전하라는 부르심에 응답하며, 복음의 빛을 각 캠퍼스에 비추고자 애써오셨습니다. 이러한 신앙적 믿음의 여정은, 한 세대를 지나 또 다른 세대에 이어질 귀한 유산이며, 하나님 나라를 이 땅의 대학 속에 이루고자 했던 순례자들의 발자취이기도 합니다. 계명대학교 또한 2000년과 2014년에 이러한 여정을 함께 했습니다.

특히, 2020년 미증유의 코로나 팬데믹이라는 고난의 시기에도 굴하지 않고 새로운 길을 모색하며 유튜브와 Zoom과 같은 온라인을 통해 선교적 연대를 지속한 것은 캠퍼스 선교사로서의 소명을 실천하고자 끊임없이 갈구해 온 결과물이라 여겨집니다. 고난 속에서도 믿음과 순종으로 걸어온 발자취들이 앞으로의 캠퍼스 선교에 새로운 도약의 밑거름이 되리라 확신합니다.

『전국대학교수선교연합회(KUPM) 40년사』는 과거의 연대기를 넘어 오늘날 우리에게 주어진 소명을 다시금 환기시키는 신앙의 이정표입니다. 이 사역을 통해 하나님의 뜻이 이 시대의 젊은 지성인들에게도 선명히 증거되기를 소망하며, 전국대학교수선교연합회의 새로운 40년의 여정에도 하나님의 크신 은총과 인도하심이 늘 함께 하시기를 기도드립니다.

계명대학교 총장

신일희

할렐루야!

전국대학교수선교연합회(KUPM)의 창립 40주년을 진심으로 축하드립니다. 지난 40년 동안 대학 캠퍼스와 학문 공동체 안에서 복음의 빛을 비추기 위해 헌신해 오신 교수님들의 열정과 수고에 깊은 존경과 감사를 드립니다. 대학은 단순히 지식을 전달하는 공간을 넘어, 인격과 세계관이 형성되는 삶의 중요한 무대입니다. 그 안에서 신앙과 학문의 통합을 이루며, 진리와 사랑의 삶을 모범적으로 실천해 오신 교수님들의 사역은 이 시대에 더욱 귀하고 소중하게 여겨집니다.

전국대학교수선교연합회는 1980년대, 국가적으로 어려웠던 시기에 시작된 작은 기도 모임에서 출발하여, 현재까지 한 해도 거르지 않고 매년 6월 학원 선교와 민족 복음화를 위한 선교대회를 꾸준히 이어오셨습니다. 이러한 변함없는 헌신을 통해 수많은 대학생들이 예수 그리스도를 인격적으로 영접하게 되었고, 금연·절주 문화 확산과 함께 CCC, IVF, SFC 등 건강한 캠퍼스 문화를 세우는 데 크게 기여하셨습니다. 또한 기독 교수님들께서는 기독교 세계관에 기반한 학문 연구를 통해 사회발전에 기여해 오셨고, 퇴직 이후에도 선교 현장으로 나아가 복음의 사명을 이어가고 계십니다. 특히 2008년 동서대학교에서 개최된 제23회 선교대회는 캠퍼스 복음화의 중요한 전환점이 되었으며, '학문과 신앙'이라는 교양 과목의 개설을 통해 그 비전을 구체적으로 실현하는 결실로 이어졌습니다.

이처럼 지난 세대 동안 하나님의 나라를 위해 충실히 사명을 감당해 오신 것처럼, 앞으로도 진리의 말씀으로 캠퍼스를 새롭게 하고, 시대를 이끌어갈 그리스도의 제자들을 세우는 일에 전국대학교수선교연합회가 더욱 중추적인 역할을 해주시기를 기대합니다. 비록 그 길이 쉽지만은 않겠지만, 하나님께서 주시는 지혜와 능력으로 감당할 때 반드시 풍성한 열매를 거두게 되리라 믿습니다. "너희는 세상의 빛이라"(마태복음 5:14) 하신 주님의 말씀처럼, 전국의 기독 교수님들께서 각 대학에서 시대와 캠퍼스를 밝히는 복음의 증인으로 우뚝 서시기를 간절히 기도드립니다.

다시 한번 전국대학교수선교연합회 창립 40주년을 진심으로 축하드리며, 하나님의 크신 은혜와 평강이 늘 함께하시기를 기원합니다.

감사합니다.

동서대학교 총장
장제국

존경하는 전국대학교수선교연합회 관계자 여러분, 안녕하십니까? 부산외국어대학교 총장 장순흥입니다. 전국대학교수선교연합회 40년사 발간은 우리 신앙 공동체에 큰 의미를 더하는 역사적인 순간이며, 이 뜻깊은 기록의 장에 축사를 전하게 되어 무한한 영광입니다.

우리나라에 복음의 씨앗이 뿌려지고 싹을 틔운 지 140여 년이 흘렀습니다. 언더우드 선교사님과 같이 헌신적인 선교사님들의 희생과 노고를 우리는 결코 잊을 수 없습니다. 그분들의 헌신 위에 세워진 대한민국은 이제 복음을 전하는 선교 강국이 되었고, 우리는 늘 빚진 자의 마음으로 이 사명을 감당해야 합니다. 전국대학교수선교연합회가 지난 40년간 걸어온 발자취는 이러한 빚진 자의 마음으로 복음의 지경을 넓히는 귀한 역사였다고 생각합니다.

저에게 전국대학교수선교연합회는 남다른 의미가 있습니다. 제가 총장으로 섬겼던 한동대학교에서 1997년 제12회, 2021년 제36회 대회가 개최되었습니다. 특히 한동대학교의 초대 총장님이신 고 김영길 총장님께서 11회와 20회 특강을 전하셨고, 저 또한 34회와 36회 대회에서 특강을 맡았습니다. 2021년, 코로나라는 어려운 상황 속에서도 한국 최초로 한인세계선교사대회와 전국대학교수선교대회를 한동대에서 성공적으로 개최했던 기억이 생생합니다. 예측 불가능한 상황 속에서도 선교를 향한 뜨거운 열정이 식지 않고 오히려 더욱 활활 타올랐던 그때의 감동과 열기는 아직도 제 가슴 속에 깊이 남아 있습니다.

현재는 부산외대 총장으로서 작년에 KWMI 세계선교사대회를 성공적으로 개최하였고, 내년에는 제41회 선교대회를 개최할 예정입니다. 우리나라의 많은 대학들이 기독교 정신으로 시작했지만, 안타깝게도 세속화의 물결 속에서 그 본래의 정신을 잃어가는 경우가 많습니다. 이러한 시점에서 전국대학교수선교연합회의 지난 40년 역사는 다시금 하나님이 기뻐하시는 복음의 열정이 대학마다 넘쳐나게 하는 중요한 이정표가 될 것입니다.

전국대학교수선교연합회 40년사 발간을 진심으로 축하드리며, 복음 전파와 다음 세대 신앙 교육에 귀한 지침서가 되기를 간절히 소망합니다. 감사합니다.

前 한동대학교(現 부산외국어대학교) 총장

장순흥

전국대학교수선교연합회(The Korean Union of Professor's Mission: KUPM) 40년 사를 발간하며, 먼저 성부 성자 성령 삼위의 하나님께 감사를 드린다. 본서의 제목은 『하나님의 주권: 전국대학교수선교연합회 40년의 회고와 비전』이다. 하나님께서는 이스라엘 백성을 그 언약에 따라 출애굽 광야 40년간, 낮에는 구름기둥으로 밤에는 불기둥으로 지켜 주셨던 것처럼 KUPM을 지난 40년간 지켜주셨다. 하나님께서 KUPM의 주인이 되셔서 그 주권적인 사역(God's Sovereignty)을 직접 나타내셨던 것이다.

1986년 11월 6일부터 2일에 걸쳐 여의도순복음교회에서 "민족 복음화는 학원 복음화로부터"라는 주제로 처음 제1회 전국대학교수선교대회가 열렸다. 故조용기 목사님과 김준곤 목사님이 말씀을 전했다. 특별히 1980년대는 민주화에 대한 열망으로 학원의 소요가 심각하고 국가적으로도 위기였다. 이단세력이 번성하였다. 이를 타개할 방법이 없을까? 회개하는 마음으로 교수들이 기도를 시작하였다. 문제를 해결할 수 있는 것은 오직 복음과 그리스도의 사랑이라는데 마음을 같이 하였다.

본서는 총4부로 구성되어 있다.

1부는 서론으로 이 책을 쓰게 된 배경과 목적에 대해 설명하고 있다. 이는 본서가 단순히 전국대학교수선교연합회의 역사를 시대별로 나누어 설명하고자 하는 것이 아니기 때문이다. KUPM의 역사에는 보이지 않는 하나님의 일 하심, 또 기독교수로서의 소명이 들어 있다. 또 이를 본서에서는 "하나님의 주권"이란 이름으로 함축하고 있다. 제2부는 KUPM의 역사 서술이다. 1회부터 40회까지의 전국대학교수선교대회의 특징을 6단계로 나누어 설명하고 있다. 그리고 3부에서는 전국대학교수선교연합회(KUPM)의 현재 사역으로, KUPM의 10개 지회와 8개 위원회를 소개하고 그에 대한 사역을 설명하고 있다. 그리고 4부는 본서의 결론 맺음말이다.

1부 서론 : 하나님의 주권과 교수 소명

2부 전국대학교수선교연합회(KUPM) 40년 역사 회고
    1. 태동기(1980 ~ 1986)
    2. 창립기(1986 ~ 1990): 제1-5회 선교대회
    3. 성장기_ 전국확대 순회(1991 ~ 1999): 제6-14회 선교대회
    4. 발전기_밀레니엄시대 (2000 ~ 2010): 제15-25회 선교대회
    5. 성숙기_내 잔이 넘치나이다(2011 ~ 2019): 제26-34회 선교대회
    6. 팬데믹 고난 & 제2도약기(2020 ~ 현재): 제35-40회 선교대회

3부 전국대학교수선교연합회(KUPM)의 현재와 사역

4부 미래 비전 : 맺음말

책을 쓰기까지의 과정이다. 작년 2024년 제39회 전국대학교수선교대회가 배재대학교 아펜젤러기념관에서 있었다. 대회 중 내년이 KUPM 설립 40주년인데 의미있는 사업으로 무엇을 할까? 고민이 되었다. 그리고 생각난 것이 40년사 책의 발간이었다. 11월 KUPM 이사회에 구상을 제시하고, 필자가 준비위원장을 맡기로 했다. 그리고 올해 연초부터 작업에 들어갔다. 3월 이사회에서 준비위원장 명칭을 편집위원장으로 바꾸었다. 자료를 모았다. 최근 10년 자료는 생각보다 쉽게 모아졌다. 그런데 문제는 초창기의 역사, 그러나 이도 이선희 이사장이 초기 로고스교수선교회에서 발간한 소식지 "로고스"와 KUPM에서 발간한 "유피엠 뉴스(UPM News)"를 보내줘 어느 정도 해결이 되었다. 역사 공부를 하였다. 또 최근 20년간 선교대회 준비위원장을 하였던 교수와 현 지회장, 위원장에게 관련 자료를 정리해 보내주시도록 요청을 드렸다. 비교적 협조가 잘 이루어졌다. 그러나 논문과 다른 책이다 보니 일관성이 있어야 하고, 형식도 맞춰져야 하고 하나 하나 확인하는 마음으로 집필을 하였다.

책을 쓰며 많은 분들이 도와 주셨다. 먼저 원고를 보내 주신 30여명의 교수님들께 감사드린다. 그리고 평소 KUPM의 발전은 물론 축사를 해 주신 이영훈 목사님, 박성민 목사님, 강일구 총장님, 신일희 총장님, 장제국 총장님, 장순흥 총장님께 감사드린다. 또 함께 편집위원으로 수고해 주신 이선희 이사장님을 포함, 황홍섭 박신현 이상식 김광현 박시현 교수님께 감사드린다. 교정을 봐주신 이정길 김현지 교수님께도 감사드린다. 또 표지를 디자인해 주신 아시아미래디자인연구소와 장주영 교수님께도 감사드린다. 출판비용을 후원해 주신 여의도순복음분당교회 홍선욱 목사님, 강남순복음교회 이장균 목사님, 순복음성동교회 정홍은 목사님께도 감사드린다. 마지막으로, 신앙의 동역자로 늘 힘이 되어 주는 아내 오성희 권사와 컴퓨터 편집 작업 등을 많이 도와준 아들 이시원 군에게도 감사의 말을 전하고 싶다.

"하나님의 주권: 전국대학교수선교연합회 40년의 회고와 비전"을 통해, KUPM이 하나님 나라를 완성해 가는데 한 걸음 더 진보가 있으면 좋겠다. 자료가 방대하다. 중요한 자료임에도 불구하고 혹 누락이 되어 있다면 너그러이 이해 주시면 좋겠다. 모든 영광 우리 하나님께 올려드립니다. 주를 찬미!

전국대학교수선교연합회 40년사 편집위원장

이선복 (동서대학교)

목 차

4부 미래 비전 : 맺음말

제 1 부

서　론

하나님의 주권과 교수 소명

1부 서론
– 하나님의 주권과 교수의 소명 –

1. 하나님의 주권과 교수의 소명

본서의 제목은 "하나님의 주권: 전국대학교수선교연합회 40년의 회고와 비전"이다. 하나님의 주권(God's sovereignty)이란 모든 우주 만물을 창조하신 분이 하나님이심을 믿고, 그분의 다스림과 통치하심을 믿고 나아감을 의미한다.

창세기 1:1은 태초에 하나님이 천지를 창조하셨다 기록하고 있다. 신약성경 요한복음 1:1도 말씀이 하나님과 함께 계셨고, 말씀을 통해 만물이 지은 바 되었음을 선포하고 있다. 또한 그 하나님은 성부 성자 성령 곧 삼위일체의 하나님으로, 그리스도께서 인류를 구원하시기 위해 이 땅에 오셨음을 계시하고 있다. 즉 삼위이신 예수 그리스도께서 우리를 구원하시기 위해 이 땅에 오셨고, 우리의 삶의 주인 되심을 성경은 기록하고 있다.

그리고 그 하나님은 누구에게도 제한받지 않으시며, 어떤 존재보다도 우위에 계신 분이시다. 만물을 창조하시고, 모든 존재의 근원과 목적이 되는 분이시다. 인간의 구원은 전적으로 하나님의 주권에 달려 있다. 인간의 노력이나 공로가 아니라 하나님의 은혜와 주권적인 선택에 의해 구원이 이루어진다고 보는 것이 기독교 신앙 교리(core doctrine of Christian faith)의 핵심사상이기 때문이다.

필자가 전국대학교수선교대회에 처음 참석한 것은 2005년 평택대학교에서 열린 제20회 대회이다. 교수로 부임한지 6년차, 40대 초반이었다. "대학과 봉사"란 주제로 김삼환 목사(명성교회)가 "우리는 선한 일을 위하여 지음 받았습니다(엡2:8-10)"라는 제목으로 설교를 하였다. 그리고 김문훈 목사(포도원교회)는 "행복한 교수, 신바람 대학(창1:26-28)"이란 주제로 말씀을 전했다. 한동대 김영길 총장은 "21세기 선교와 교육"이란 내용으로 신앙간증 겸 특강을 하였다. 감동이 밀려 왔다. 하나님께서 은혜를 부어주신 것이다. 그리고 그 이후 올해 2025년 제40회 선교대회가 있기까지 두 번을 제외하고는 모든 선교대회에 대부분 다 참여를 하였다.

"교수가 연구와 강의만 잘하면 되지 무슨 종교?", "성도가 교회에서만 예배를 잘 드리면 되지 무슨 직장까지 와서 예배를 하노?", 기독교수로서 열심히 신앙생활을 하며 삶을 살다 보면 간혹 들을 수 있는 말들이다. 그러나 많은 그리스도인은 실제 신앙생활을 하며 이러한 말이 얼마나 어리석고 우매한 것인지 금방 발견하게 된다. 사람이 사는 목적이 무엇일까? 인생의 목적이 무엇일까? 필자는 종교개혁 이후 칼빈(Calvin)에 기초한 개혁신앙의 교회에서 장로로 신앙생활을 하고 있다. 또 최근에는 시간을 쪼개어 신학 공부에 도전해 전공과의 융합연구도 시도하고 있다. 칼빈은 제네바 요리문답 제1문에서 인간의 삶의 목적이 "하나님의 영광을 위한 것"임을 선언하였다. 또 이를 계승하여 장로교 표준교리로 채택된 웨스트민스터 신앙고백 대소요리 문답 제1조의 경우도 삶의 목적이 "하나님께 영광을 돌리고 영원토록 즐거워하는 것"에 있음을 분명히 하고 있다(나용화,2000: 송영목,2024).

20세기 신칼빈주의 신학자인 네델란드의 아브라함 카이퍼는 "영역주권(Sphere Sovereignty)"을 통해 하나님의 절대주권(Absolute Sovereignty)이 정치, 사회, 문화, 예술 등 모든 영역에 적용될 수 있음을 강조하고, 또 그에 합당한 삶의 살기 위해 신학을 공부한 목회자로서 암스테르담 자유대학을 설립하고, 수상으로서 정치가의 삶을 살았다. 또한 이는 필자가 교수로 몸 담고 있는 동서학원 설립자 故민석 장성만 목사의 기독교세계관과 삶에서도 유사한 형태로 나타난다(정성구,2020; 이선복,2024). 그리고 본 필자 또한 그러한 삶을 살기 위해 노력하고 있다. 하나님이 우리를 기독교수 또는 그리스도인으로 부르시기까지에는 각자 분명한 부르심과 소명이 있다. 하나님은 우리를 그냥 부르시지 않으셨다. 우연히 부른 것이 아니다. 거기에는 교수로서의 소명이 있다.

그렇다면 우리는 지금 기독교수로서 하나님께서 원하시는 소명에 합당한 삶을 살고 있는가? 많은 기독교수들이 하나님 나라를 위해, 주의 일을 위해 헌신을 하고 있다. 특히 전국대학교수선교대회에 거의 빠지지 않고 출석할 정도면 그 신앙과 열정의 대단함을 칭찬하지 않을 수 없다. 또 연합회 임원을 맡아 선교대회를 준비하고 계획하고, 헌신된 삶을 사는 교수들이라면 더욱 그럴 것이다.

올해는 1986년에 전국대학교수선교연합회가 설립되어, 제40주년을 맞이하는 해이다. 선교대회를 하려면 준비가 필요하다. 예산과 프로그램과 강사 섭외, 안내 등 여러 가지 일들이 필요하다. 또 누군가 이를 감당할 헌신이 필요하다. 그리고 40주년이라 함은 40년 동안 이를 위해 소명으로 삼고 누군가 헌신한 사람이 있다는 뜻이다. 전국대학교수선교대회는 매년 여름에 열린다. 그리고 지난 40년 동안 한번도 거른 적이 없이 진행되었다. 2015년 제30회 메르스 시기에도 6월에서 12월로 날짜를 변경해 남부대학교에서 선교대회를 하였다. 2020년에 시작된 코로나 펜데믹 3년 기간 동안에도 변함없이 전북대,

한동대, 고신대에서 선교대회를 하였다. 그리고 이 일들을 위해 많은 기독교수들이 헌신을 하였다. 캠퍼스 복음화라는 미션을 마음에 품고 그 부르심에 따라, 삶을 살아가는 기독교수들이 있었던 것이다. 이는 억지로 하는 일이 아니다. 교수라는 직업이 학문적 성취에 따라 때로는 교만할 수 있다. 그러나 전국대학교수연합회에 소속된 기독교수들의 헌신 속에서는 교만한 보다는 낮아짐, 섬김, 겸손, 또 성경을 무엇보다 중요하게 생각하는 공통적인 가치관이 있다. 이는 그러한 섬김속에 하나님의 주권이 그 속에 살아 움직이고 있기 때문이다. 하니님께서 부어주시는 주권적인 역사하심이 각자의 마음속에 있다.

KUPM 설립 40주년이다. 물론 성경에도 40과 관련된 여러 수치의 기록들이 나온다. 창세기에서 노아의 홍수때 40일 동안 비가 내렸다. 또 이스라엘 백성은 출애굽 여정 중 가나안으로 가기 위해 광야에서 40년을 보내야만 했다. 이스라엘의 지도자 모세는 시내산에서 40일 동안 율법을 받았고, 예수님 역시 광야에서 40일 동안 금식하신 후 시험을 받으셨다. 이처럼 성경에는 40과 관련된 여러 수치들이 기록되어 있다, 또 이들의 공통점은 보다 좋은 일을 위해 나아가는 연단의 모습으로 표현될 때가 많았다. 그리고 하나님은 이러한 과정들을 통해서, 그 계획과 원하시는 주권적 섭리의 역사를 이루어 가셨다.

노아의 홍수는 죄악으로 가득 찬 세상을 심판하시기 위해 40주야로 비를 내리셨 다(창 7:12). 광야 40년은 이스라엘 백성이 이집트를 탈출해 약속의 땅인 가나안으로 들어가기 위해 필요한 40년의 시간이었다. 하나님께서는 불순종으로 가득한 이스라엘 백성이 하나님을 의지하며 살아가기를 원하셨다. 예수님께서도 공생애를 시작하시기 전, 40일을 광야에서 금식하시며 사탄에게 시험을 받으셨다. 이는 인류의 죄를 대속하기 위해 사역을 준비하는 시련의 기간이었다(마4:2, 막1:13, 눅4:2). 또 예수님은 부활 후 승천하시기 전까지 40일 동안 제자들에게 보이셨다. 이는 제자들이 부활을 확신하고 사명을 준비하는 데 필요한 기간이었다 할 수 있다.

즉 모든 것이 단순히 우연히 일어났다 하기보다는 그 속에 하나님의 뜻과 섭리가 있었다. 또 하나님께서 스스로 주인되심을 나타내시기 위한 언약과 그리스도의 구속사적인 은혜가 역사하고 계셨음을 알 수 있다. 성경의 모든 요소에 하나님의 주권적인 역사가 일하시고 계셨던 것이다.

2. 이 책의 전개

이 책은 전국대학교수선교연합회(The Korean Union of Professor's Mission: KUPM) 40년의 역사를 회고하고 정리하여 서술하는 일을 하고 있다. 책의 제목은 『하나님의 주권: 전국대학교수선교연합회 40년의 회고와 비전』이다. 하나님께서는 이스라엘 백성을 그 언약에 따라 출애굽 광야 40년간, 낮에는 구름기둥으로 밤에는 불기둥으로 지켜주셨던 것처럼 KUPM의 지난 40년의 역사를 지켜주셨다. 하나님께서 KUPM의 주인이 되셔서 그 주권적인 사역(God's Sovereignty)을 직접 나타내셨던 것이다.

1986년 11월 6일부터 7일까지 2일에 걸쳐 "민족 복음화는 학원 복음화로부터"라는 주제로 여의도순복음교회에서 처음으로 제1회 전국대학교수선교대회가 열렸다. 故 조용기 목사와 김준곤 목사가 말씀을 전했다. 또 "예수와 한민족의 장래"라는 의미있는 주제가 발표되었다. 1980년대는 특별히 민주화에 대한 열망으로 강했던 때로, 학원 소요가 심각하고 국가적으로도 위기였다. 이단이 번성하였다. 이를 타개할 방법이 없을까? 교수들이 미스바의 성회와 같이 회개와 영적 각성을 촉구하는 마음으로 모여 기도를 시작하였다. 그로부터 40년의 시간이 흘렀다. 매년 여름마다 전국에서 교수들이 모여 하나님 나라와 의를 구하며 선교대회를 진행하였다. 40회 기간동안 한번도 대회를 쉰 적이 없다. 2015년 메르스의 위기에도 제30회 대회(남부대학교)를 12월로 옮겨 진행하였다. 2020년부터 시작된 코로나 3년 팬데믹 기간에도 하나님은 KUPM의 걸음을 멈추지 않게 하셨다.

본서는 총 4부로 구성이 되어있다. 제1부는 하나님께서 KUPM을 부르신 이유가 무엇일까? KUPM의 역사를 시대별로 단순히 나열함을 넘어, 그 속에서 일하시는 하나님의 주권 사역의 의미를 살펴본다. 제2부는 KUPM의 40년 역사에 대한 회고로, 다음과 같이 6단계의 기간으로 나누어 집필을 하였다.

1. 태동기(1980 ~ 1986)
2. 창립기(1986 ~ 1990): 제1-5회 선교대회
3. 성장기_전국확대 순회(1991 ~ 1999): 제6-14회 선교대회
4. 발전기_밀레니엄시대(2000 ~ 2010): 제15-25회 선교대회
5. 성숙기_내 잔이 넘치나이다(2011~ 2019): 제26-34회 선교대회
6. 팬데믹 고난 & 제2도약기(2020 ~ 현재): 제35-40회 선교대회

첫째, 태동기는 KUPM이 만들어지기 이전의 시기로, 여의도순복음교회에 그 뿌리를

둔다. 1980년에 로고스교수선교회가 먼저 만들어지고, 한국대학생선교회(C.C.C), 한사랑선교회, 대학선교회(C.A.M), 서울대학병원 기독봉사회와 함께 연합, 1987년 1월 20일에 "전국대학선교연합회"가 발족되었다. 그리고 타 기관과의 이름 혼란을 피하고 사역의 성격을 명확히 하기 위해 명칭을 "전국대학교수선교연합회"로 변경, 오늘에 이르고 있다.

둘째는 창립기로, 1986년에 제1회 전국대학교수선교대회가 여의도순복음교회 대성전에서 개최되었다. 민주화에 대한 열망과 국가적 위기, 가치관의 혼란이 지속되는 가운데 이를 해결할 수 있는 것은 오직 복음, 성경적 가치관에 있다. 제5회까지 오산리국제금식기도원에서 주의 긍휼을 구하는 기도가 계속되었다. 특별히 성령대망회를 통해 그 인도하심이 간구되어졌다.

셋째는 성장기로, 제6회부터 선교대회가 전국을 순회하며 확대 개최되었다. 1991년 대전유성 경하장호텔, 1992년 강릉 경포비치호텔, 1993년 횃불선교회관(서울), 1994년 대구대, 1995년 오산리 금식기도원, 1996년 교원대, 1997년 한동대, 1998년 한세대, 1990년 호서대에서 각각 개최되었다. 또 각 지역별로 KUPM지부가 만들어졌다. 1988년 10월에 대구지부가 창립예배를 드린 것을 시작으로, 1989년 2월에 광주지회, 1989년 11월에 대전지회, 1989년 11월에 서울지회, 1990년 5월에 강원지회, 1990년 11월에 호남지회가 만들어졌다. 대학을 복음화하라(5회), 가서 가르치라(6회), 땅을 정복하라(7회), 네가 어디 있느냐(8회), 내가 너희를 택하여 세웠나니(9회), 캠퍼스 선교를 위한 기독교수들의 사명이 대회를 통해 선포되었다. 그리고, 희년 통일-하나되게 하소서(10회)! 통일에 대한 소망과 함께, 내 안에 사신 예수 그리스도(11회), 주의 길을 곧게 하라(12회), 깨어 근신하라(13회), 기독교수들의 영적 각성과 그리스도를 위한 선교대회가 되어야 함이 다시 한번 강조되어졌다.

넷째는 발전기로, 2000년 밀레니엄 시대를 맞아 새천년의 시작과 함께 KUPM이 더욱 발전하였다. 2000년 계명대, 2001년 평택대, 2002년 연세대(원주), 2003년 명지대, 2004년 목원대, 2005년 평택대, 2006년 서울여대, 2007년 우석대, 2008년 동서대, 2009년 영남대, 2010년 서울산업대에서 대회가 개최되었다. 전국에서 기독교수들이 2박 3일 동안 모여 하나님의 은혜를 구하고 캠퍼스를 선교를 위해 헌신을 다짐하였다. 특별히 기독교 건학이념을 갖고 세워진 미션스쿨 대학이 선교대회가 정착되어지도록 하는데 중요한 역할을 하였다. 그리고 2008년 제23회 대회가 부산(동서대학교)에서 개최되며, 전국 모든 지역이 KUPM과 하나님 나라의 주권 사역에 동행할 수 있게 되었다. 새천년의 대학 교수상: 이전 것은 지나갔으니 보라 새것이 되었도다(14회), 일어나라 빛을 발하라(15회), 예수그리스도와 생명(17회), 복음으로 대학을 새롭게(19회), 대학과 봉사(20회), 기독교와 멘토링

(21회), 기독교수의 선교비전과 영성(22회), 나눔과 섬김(24회), 너는 가서 제자 삼으라(25회)는 주제로 교수들이 새천년을 맞이해 새롭게 그리스도와 복음을 위해 헌신과 섬김, 나눔, 봉사를 결단하였다. 또 북한선교의 전망(16회), 신앙과 학문(18회)을 새롭게 조명하였고, 교수가 변해야 나라가 산다(23회)는 주제로 신앙의 각오를 다졌다.

다섯째는 2011년부터 "내 잔이 넘치나이다" 성숙기이다. 2011년 전주대, 2012년 호서대, 2013년 한남대, 2014년 계명대, 2015년 남부대에서 대회가 개최되었다. 특히 2015년 제30회 대회는 메르스의 영향으로 12월로 옮겨 진행을 하였다. 가나안을 향해 가는 이스라엘 백성의 행진이 하나님 나라와 구원 사역을 이루기 위한 것이라면, 어떠한 상황속에도 그 행진을 멈출 수 없구나, KUPM은 넘치는 은혜와 깨달음을 경험하였다. 그리고 2016년부터는 거점 국립대학을 통해 그 사랑을 확인하였다. 2016년 부산대, 2017년 충북대, 2018년 인천대, 2019년 충남대 2020년 전북대, 각 거점 국립대학과 교수들을 통해 하나님의 일하심을 바라볼 수 있었다. 나눔으로 만들어가는 더 멋진 세상(26회), 내 길을 열라, 너희는 주의 길을 예비하라(27회), 부르심에 합당하게(28회), 이 땅을 고쳐주소서: 회개, 화합, 부흥(29회), 주 예수의 이름으로(30회), 거룩한 스승이 되자(31회), 내가 너를 보내노라(32회), 내게 부르짖으라(33회), 주여 내가 여기 있나이다(34회), 헌신된 기독교수들을 통한 하나님의 주권적인 사역은 계속되었다.

여섯째는 2020년부터 3년간 코로나 팬데믹이 발생하며 고난을 겪었던 시기이다. 그러나 하나님은 이후 놀랍게 은혜를 부어주시고 도약을 이루어 가셨다. 코로나로 인해 매년 여름 2박3일간 개최하던 선교대회(2020년 전북대, 2021년 한동대)를 당일로 변경하였다. 그러나 이후 하나님은 유튜브 생방송과 Zoom이란 새로운 도구를 통해 기독교수들을 새롭게 모이게 하시고 주의 일에 헌신할 수 있는 계기를 만들어 주셨다. 2022년 고신대, 2023년 한국교통대, 2024년 배재대, 1박 2일의 대회이기는 하였지만, 많은 기독교수들이 교수선교사 시대를 맞아 자신들의 사역을 전공과 연계한 결실을 대회 현장에 쏟아내기 시작하였다. 그리고 2025년에 C.C.C와 연합으로 제40회 선교대회를 서울대 평창캠퍼스에서 개최하게 되었다. 깨어나 빛을 발하라(35회), 위기 시대속의 기독교수의 소명(36회), 주님 나를 보내소서(37회), 일어나라 빛을 발하라(38회), 부르심에 합당한 삶(39회), 영성과 지성을 겸비한 기독교수: AI시대, 복음과 소명(40회), 바벨론 포로의 고난속에도 여호와의 날을 바라보며 성전건축을 하던 백성들의 모습이 우리 기독교수의 가슴속에도 동행하고 계심을 느낄 수가 있었다.

이 책의 제3부는 KUPM의 현재와 그 사역에 대해 기술하고 있다. 연합회와 이사회 조직에 이어, 강원, 서울인천경기, 대전, 충남, 충북, 대구경북, 부산울산경남, 전북, 광주전남,

제주 10개 지회를 소개하고 있다. 그리고 각 지회장의 글을 중심으로 사역을 설명하고 있다. 또 마찬가지로, KUPM 위원회에 대해서도, 선교, 대학교회, 프리이반젤리즘, 해외 기독대학, 글로벌미래고등교육원, 문화예술, 신앙과학문 위원회 순으로 소개를 하고 있다. 전국의 많은 지역에서 교수들이 각 지회 또는 위원회에 소속, 자신의 전공과 재능을 통해 하나님 나라의 거룩한 사역에 동행을 하고 있다.

그리고 3부 마지막인 9장에서는 40년사를 집필하는 과정에서 발견한 특히 초창기 설교 및 특강, 간증 중 몇 개를 소개하고 있다. 국가와 민족, 캠퍼스 선교, 통일과 열방선교, 학문과 신앙, 하나님 나라를 향한 간증까지 그 핵심을 잘 나타냈다고 생각되는 글을 일부 소개하였다. 최재선(중앙대), 유상근(명지대), 대천덕(예수원), 이영덕(명지대), 이규호(순신대), 민현식(강릉대), 남금식(목원대), 노영상(호남신학대), 정근모(과기부장관), 김영길(한동대) 교수의 글이 그 내용이다.

그리고 제4부가 본서의 결론이다. KUPM이 앞으로 나아가야 할 방향과 비전이다. 물론 그 내용은 하나님께서 KUPM 사역의 중심이 되시고, 그리스도의 주권 사역을 나타내는 것이다. 많은 신학자들이 하나님 나라가 "이미 임했으나 아직 완성되지 않았음(Already and Not Yet)"을 이야기하고 있다. 마가복음 1장 15절에 "때가 찼고(The time is fulfilled)", 이는 예수 그리스도를 통해 이 땅 가운데 하나님 나라가 이미 도래하였음을 의미하는 것이다. 우리는 하나님 나라를 위해 동행해 가는 기독교수들이다. 그리고 그리스도 께서는 그의 나라의 완성을 위해 승천 후 보좌의 우편에 계시다 다시 오실 것을 약속하셨다.

2025년 6월 25일은 KUPM 설립 40주년을 기념하는 날이다. 초창기 연합회를 위해 열심히 헌신하셨던 선배 교수들이 이미 몇 분 소천하셔서 하나님의 품에 안겼다. 그분들의 수고와 헌신, 그리스도를 향한 신앙고백이 없었다면 오늘의 전국대학교수선교연합회 (KUPM)는 없었을 것이다. 선배 교수들의 신앙을 잘 계승하고 발전시켜 계속해서 주의 나라의 비전과 역사를 써나가는 KUPM과 우리 모두가 되길 기도드린다.

제 2 부

전국대학교수선교연합회(KUPM)

40년 역사 회고

제1장 태동기(1980 ~ 1986)
- 로고스교수선교회 창립 -

1. 로고스교수선교회 창립

전국대학교수선교연합회(The Korean Union of Professor's Mission, 이하 KUPM)는 캠퍼스 선교와 하나님 나라의 확장을 위해 사역하는 기독교수들의 모임이다. KUPM은 1986년에 설립이 되었지만, 여의도순복음교회 기독교수 모임인 로고스교수선교회에 시작의 뿌리를 두고 있다. 본서는 로고스교수선교회 창립 이후, KUPM이 만들어지기까지의 기간을 "전국대학교수선교연합회 역사 태동기"라고 부르고 있다.

1980년 2월 28일, 로고스교수선교회가 처음으로 설립되었다. 여의도 반도호텔에서 조용기 목사를 강사로 초청하여 창립예배를 드렸다. 회장에는 강석규(호서대 학장), 총무에 이성교(성신여대), 회계에 박혜경(숙명여대), 서기에 김인화(이화여대) 교수가 세워졌다. 위 선교회가 발행한 소식지 "로고스" 창간호(1981.6)에 의하면 회원은 총 91명이었다. 그리고 회원들은 월례회로 모여 성경공부를 하고, 초기 금식수련회(순복음 금식기도원) 등에 참여하였다.

초대회장을 지낸 故 강석규 호서대 총장이 로고스 창간호에 쓴 머리말에 의하면 로고스(LOGOS)란 "그리스도, 길, 진리, 하나님의 말씀"이란 뜻이다. 아울러 로고스회는 말씀을 이해하고, 말씀대로 행하며 생활하기를 지향하며, 말씀대로 생활할 때 하나님께서 기뻐하신다는 점을 강조하였다. 그리고 캠퍼스에서 전도하며 교회 일을 돕도록 하였다. 또한 "말"의 중요성을 강조하며, 예수님을 닮은 사람으로서 지식은 "해변가에 무수히 쌓여 있는 조개 껍질 조각의 하나에 불과하다"고 여기고, 하나님의 능력에 의지하여 힘을 발휘하며, 그 이름을 영화롭게 하도록 권면되어졌다(로고스, 1981, 11-13)

〈로고스 창간호(1981.6)〉

그리고 순복음중앙교회 조용기 담임목사는 로마서 10:15-17을 인용해, "믿음과 지식의 관계"에 대한 다음과 같은 요약 내용의 메시지를 전했다(로고스, 1981, 15-21).

우리는 정보의 홍수 속에 살아갑니다. 그러나 믿음은 하나님에 대한 정보를 기반으로 생겨나게 됩니다. 따라서 믿음을 얻기 위해서는 하나님의 말씀을 공부해야 합니다. 우리는 말씀을 들어야 합니다. 한 체험담으로 미국의 유명한 신학자가 30년 동안 학생들을 가르치며, 예수를 종교가요 철학가요 사회개혁자로 소개하고, 그가 부활하지 않았음을 변증하며 증거했습니다. 그런데 놀라운 것은 그가 성경을 한번도 통독(通讀)해 보지 않았다는 사실입니다. 그는 성경을 비과학적인 것으로 읽을 필요가 없다 생각했던 것입니다. 그러던 그가 C.C.C 빌 브라이트 박사를 만나게 되고, 성경 읽기를 권유받았습니다. 그는 성경을 읽으며 고민이 생겼습니다. 또 분석 결과, 예수님이 죽으셨다 부활하지 않고서는 기독교가 오늘날 이처럼 거대한 종교가 될 수 없다는 것을 깨닫게 되었습니다.

믿음은 하나님의 말씀을 듣고 상세히 조사 후 마음속에 생겨나게 되는 것입니다. 그러므로 지식이 없는 신앙은 감정일 뿐 신앙이 아닙니다. 믿음에는 일반적인 믿음과 특수한 믿음 두 가지가 있습니다. 전자는 성서 전반에 대한 지식을 얻음으로 하나님이 살아계시고, 그리스도가 구주되심을 깨닫고 구원을 받는 믿음입니다. 후자는 일반생활에서 여러 문제의 해결을 위해 하나님의 기적을 응답받는 데 필요한 믿음입니다. 광신자가 생기는 이유는 하나님께로부터 오는 특수한 정보없이 무작정 맹목적으로 믿기 때문입니다. 말씀의 지식이 근거되지 않는 신앙으로는 광신이 되기 쉽습니다. 말씀에는 로고스와 레마가 있습니다. 로고스는 객관적인 하나님의 말씀(God' word)이며, 레마는 로고스보다 더 깊은 의미를 지닙니다. 레마는 특별한 믿음을 위해 필요한 하나님의 음성입니다. 레마는 성령의 역사가 없이는 일어나지 않습니다. 하나님께 엎드려 기도할 때 성령께서 성경이나 마음의 묵시를 통해서, 혹은 꿈이나 환상을 통해 계시해 주는 것이 레마입니다. 이는 곧 묵시적인 지식입니다.

로고스회 회장이신 강석규 장로님 댁에서 구역예배를 인도하며, 대학을 시작해 보도록 권면한 적이 있습니다. 그 후 장로님은 레마를 받았다 하며 대학설립을 신청하였습니다. 그리고 100여개가 되는 신청 학교 중 2대학이 인가를 받았는데, 그중 하나가 장로님의 학교입니다. 하나님께서 직접 기적을 보여 주신 것입니다. 우리는 하나님의 뜻이 어디에 있는지 기도해야 합니다. 일반적인 믿음을 얻기 위해 성경의 지식을 공부하는 것처럼, 특수한 믿음을 얻기 위해서도 끊임없이 기도해야 합니다. 저는 1984년까지 우리 교회 성도수가 50만 명이 될 것이라고 크게 선포하고 다닙니다. 성령께서 저의 영혼 속에 계시를 주셨기 때문에 담대하게 선포하는 것입니다〈중략〉.

그리스도인은 특별한 사람들입니다. 로고스교수회도 처음 시작할 때 기도하고 난 후에 만들어진 모임입니다. 처음에는 몇 사람이 모여 시작했지만, 점점 커졌고 나아가는 로고스회를 통하여 온 한국의 학원에 그리스도의 생명의 복음이 들어가게 될 것입니다. 이 모임을 성령께서 인도하고 계십니다. 믿음의 삶을 살 것을 결심하십시오. 하나님은 살아계십니다. 또한 그리스도는 우리의 구주이십니다. 창조의 근원이신 하나님의 말씀과 성령을 모시고 있는 사람은 평범한 사람에 그치지 않습니다. 모든 힘을 합쳐서 조국과 세계를 변화시키고

마치 염병과도 같이 그리스도의 복음을 편만하게 전하여 지식인과 대학을 구원하는 로고
스회가 되기를 주님의 이름으로 축원합니다.

성경을 통해 먼저 하나님을 알고, 레마와 같은 믿음으로 간절히 기도하며 성령의 인도하
심에 따라 세상과 대학을 변화시키는 로고스회가 되도록 격려가 이루진 것이다. 또 순복음
교육연구소 명성훈 목사는 "로고스의 미래를 위한 제언"으로 다음 글을 남겼다(로고스,
1981, 96-104).

> 로고스는 하나님의 필요에 의해 세워진 단체로, 창립 1년만에 100명의 회원을 가진
> 교수 모임으로 발전하였습니다. 그러나 이에 만족할 수 없습니다. 무엇을 위한 로고스인
> 가? 그것은 그리스도를 위한, 교회를 위한, 대학사회를 위한 로고스가 되어야 합니다.
> 궁극적인 목적은 예수 그리스도와 그 복음과 나라에 있습니다. 교회는 '에클레시아' 즉
> 하나님이 불러내신 무리의 총칭입니다. 교회는 성령의 피조물이며 그리스도의 몸입니다.
> 따라서 그리스도를 위함은 전체 교회를 위하는 것이 됩니다. 교회의 발전을 위해 아이디어
> 뱅크가 되고, 전문지식을 활용하여 교회 교육 분야에 도움을 줄 수 있어야 합니다. 그리고
> 대학의 구원을 위해 노력해야 합니다. 성경은 '여호와를 아는 것이 지식의 근본이라' 했습
> 니다. 예수님은 '내가 곧 길이요 진리요 생명이라' 하셨습니다. 로고스회가 대학의 파수꾼
> 이 되어야 합니다. 무너져가는 상아탑을 그리스도에게 인도하는 복음의 나팔이 되어야
> 합니다. 그리고 이 일들을 위해 로고스도 구체적으로 준비를 하여야 합니다. 각자 영적
> 성장을 위해 노력합시다. 교수 사회라는 특수한 부분이 있기는 하나 양적 발전을 기합시다.
> 또 전공 분야에서도 존경받는 교수가 되고, 대학의 참 지도자가 됩시다.

이 글은 로고스교수선교회가 무엇을 추구하는지 방향을 잘 나타내고 있다. 교수라는
직업적 특성 속에서, 그리스도와 교회, 그리고 대학과 사회를 위해 해야 할 사명들이 제시된
것이다. 또한 이는 기독교수의 소명이 무엇이고, 또 본 40년사의 제목인 "하나님의 주권"과
도 밀접하게 관련이 있음을 발견할 수 있다.

2. 소식지 "로고스" 발간

로고스교수회는 1981년 6월 10일에 소식지 "로고스"를 창간하였다. 1990년에 "유피엠
뉴스(UPM News)" 교수선교지가 만들어지기까지 제8집에 이르는 소식지를 매년 발간하였
다[1]. 이들은 자신들의 삶과 전공을 신앙과 연결해 기록을 하였으며, 이는 본 40년사를
작성하는 데에도 큰 도움이 되었다.

---

1) 본서를 작성과정에 로고스 제3집을 제외, 제1-8집 자료 입수가 가능하였다.

특히 1981년에 발행된 창간호에는 신앙과 삶을 연결하되, 부록에서 정관과 연혁, 회원 주소록을 제시하는 도움을 주었다. 그리고 제2집은 손동수 서울대 교수가 회장으로 취임해 발간사를 작성하고, 로고스 교양대학에서 개설되었던 미켈란젤로의 예술과 작품, 경제발전 과 소비성향 등 학문적 영역을 포함한 내용이 다수 수록되었다. 그리고 성령운동을 강조, 조용기 목사가 요엘 1:2-4을 본문으로 "성령운동의 근거"를 제시하고, 현 여의도순복음교 회 담임목사인 이영훈 목사(당시 호서대 신학)가 "한국 교회와 성령운동"의 글을 작성한 부분도 눈에 띈다. 그리고 제4집(1985)은 "학원복음화"와 "민족복음화"를 특집으로 다루어 져, 이것이 1986년에 열린 제1회 전국대학교수선교대회 주제인 "민족복음화는 학원복음화 로부터"에 영향을 미쳤음을 알 수 있다. 즉 제5집(1986)은 위 선교대회에서 발표된 말씀과 간증을 중심으로 작성되었다.

<table>
<tr><td>

■ 로고스 창간호(1981.6)

- 머리말 말씀이 계시는 곳에, 강석규 | 11
- 믿음과 지식의 관계, 조용기 목사 | 15
- 나는 인생을 방황했다, 정한택 | 22
- 뜻대로 하옵소서, 홍웅선 | 30
- 참 삶의 길, 이성교 | 34
- 마음의 좌표, 조해균 | 44
- 하나님의 환한 불, 성기범 | 48
- 하늘 보좌를 움직이는 기도. 손동수 | 50
- 나는 왜 순복음중앙교회를 나오는가? 박혜경 | 53
- J! 신은 정말 살아계시오, 송창기 | 58
- 또 하나의 깨달음, 김인화 | 64
- 결정의 순간, 전풍진 | 68
- 내가 겪은 변화, 유갑수 | 70
- 주는 자와 받는 자, 김영길 | 77
- 기독교와 효도의 길, 김두원 | 81
- 크리스찬의 사회변동관과 시간지, 김영섭 | 87
- 로고스의 미래를 위한 제언, 명성훈 | 96
- 생명과학과 창조론, 김해리 | 105
- 소설 그, 황순원 | 112

</td><td>

■ 로고스 제2집(1982.8)

- 발간사, 손동수 | 10
- 성령운동의 근거, 조용기 | 12
- 사 24, 제영복 손동수)
- 참 삶의 의미, 강석규 | 26
- 감사하는 그리스도인이 되자, 조종남 | 45
- 하나님의 문화명령, 신성종 | 52
- 행복한 결혼생활, 정한택 | 62
- 삶의 철학, 유갑수 | 74
- 유대인의 자녀교육, 류태영 | 90
- 바른 국어생활, 이성교 | 97
- 종말론과 기독교적 역사관, 김영섭 | 110
- 오! 하나님의 사랑, 박영옥 | 127
- 아름다운 꿈과 높은 이상, 성기범 | 130
- 이해하기 힘든 성구들, 송만석 | 136
- 나의 학문과 신앙, 유원대 | 145
- 미켈란젤로의 예술과 작품, 엄익규 | 154
- 경제발전과 소비성향, 윤심로 | 160
- 개인과 조직생활, 김두원 | 165
- 인간 개조, 이지형 | 176
- 한국교회와 성령운동, 이영훈 | 187
- 성서적 사랑에 대하여, 명성훈 | 200

</td></tr>
</table>

그리고 제6집은 조용기 목사의 "참된 민주화의 길"을 시작으로, 경제민주화와 기독교, 민중예술과 예수 등 사회참여에 대한 글이 관심을 끈다. 제7집은 교수논단으로 기독교수의 신앙강좌가 고교생에게 미친 파급효과, 기독교와 교육, 성서에서의 의학 등 교육이 중요 주제로 다루어졌다. 마지막으로, 8집은 조용기 목사의 "지금이 과연 말세인가?" 말씀을 중심으로, 종말론적 관점에서 바라본 이 시대, 문화의 말기 현상으로서의 포스트모더니즘

등 종말과 관련된 내용들이 주로 수록되었다.

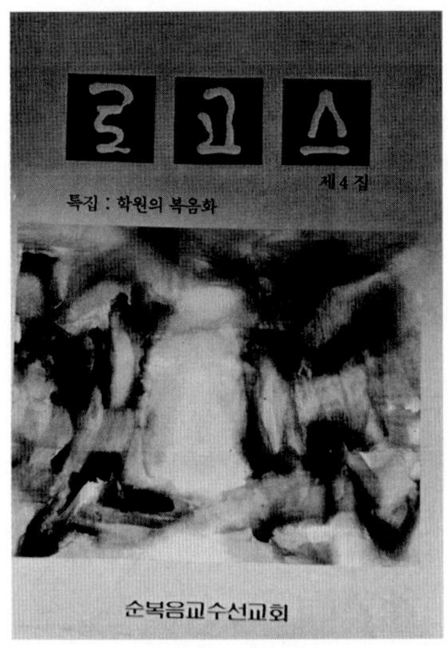

〈로고스 제4집(1985.12)〉

〈로고스 제5집(1987.3)〉

즉 로고스교수선교회는 1981년 초기부터 교수들이 신앙과 삶, 전공을 융합하여 나누는 일에도 열심이었던 것을 알 수 있다. 일찍부터 문서사역의 중요성을 알고, 다양한 전공의 많은 교수들이 적극적으로 사역에 참여해 하나님 나라 확장에 기여하였다. 그리고 전국대학 교수선교연합회를 만들게 하는 태동 역할을 한 것이다.

<table>
<tr><td>

■ **로고스 제4집, 1985.12,**

권두언 │ 손동수 10
말씀 │ 가장 위대한 삶의 철학 │ 조용기 11
특별기고 │ 메시야와 이상적 왕 │ 조승렬 23
<u>특집 │ 학원의 복음화</u>
Campus에서의 사랑의 실천 │ 손봉호 36
나의 학원전도의 어제와 오늘 │ 최재선 43
종교와 학문 │ 정한택 57
종교와 국가관 │ 송창기 67
<u>민족의 복음화</u>
미국속의 한국인 │ 강석규 82
일제치하 기독교와 민족운동 │ 이성교 89
지역사회개발의 선교적 가치 │ 정지웅 김지자 115
생명나무·각종나무·선악나무 │ 류무상 124
북녘 땅에 숨통을 터주자 │ 황준근 140
건강과 신앙 │ 손동수 145
<u>신학이론</u>
신앙의 성장과 은사의 종류 │ 전가화 153

</td><td>

■ **로고스 제5집, 1987.3**

권두언 │ 손동수 10
말씀 │ 기도와 성령의 역사 │ 조용기 11
말씀 │ 회심과 중생의 경험 │ 김호식 20
<u>특집 │ 민족 복음화는 학원 복음화로부터</u>
이 시대를 분별하라 │ 김한식 34
메시야로서의 조건과 예수의 사역 │ 류무상 49
믿는 자에게는 능치 못할 일이 없느니라
　　│ 조용기 58
참 그리스도인 │ 이영덕 69
하나님의 온전한 축복, 전인치유! │ 강성관 80
부활 원리의 전인성과 전폭성 │ 김준곤 89
<u>교수논단</u>
빛의 삼원색 │ 김영기 108
그리스도인의 경제관 │ 윤심로 117
만남과 교육 │ 홍웅선 124
기독교인의 가치관 │ 박길상 133
수필

</td></tr>
</table>

3. 성령운동과 학원복음화, 그리고 민족 복음화

로고스교수선교회는 순복음교회 교수들이 중심이 된 모임이다. 따라서 조용기 목사의 리더십과 신앙관에 영향을 많이 받았다. 또 이는 이영훈 목사에게 계승되어 오늘에 이르고 있다. 조용기 목사는 성령운동에 대해 다음과 같이 전하고 있다(로고스 제2집, 1982. 12-23).

한국의 기독교는 성령운동으로 시작되었습니다. 1906년 평양에서 성령의 불이 오를 때 길선주 장로를 중심으로 회개운동이 일어나며 부흥을 이루었습니다. 교인들이 통곡하고 회개했습니다. 또 그 때 새벽기도회가 생겨나고, 성령운동을 통해 일제 치하를 이겨내고 한국교회는 해방 후 폭발적인 발전을 하였습니다.

그럼에도 성령운동을 부정하고 방해하는 움직임이 있습니다. 이는 독일의 신학에서 왔습니다. 슐라이어마허로부터 시작된 인간 중심의 현대신학은 하나님에 대한 고등비평의 논리가 나왔습니다. 그러나 그 결과 독일 교회는 텅텅 비게 되었습니다. 그 이유는 현대신학이 성령을 내어쫓아 버렸기 때문입니다. 이로 인해 현대주의와 신신학의 오류가 생겨난 것입니다. 한국의 절대다수는 보수주의 신앙입니다. 카리스마적 성령운동의 신앙입니다. 제가 성령운동의 괴수로 크리스찬 아카데미에서 공격받은 것은 섭섭하기도 하고 일면 감사하기도 합니다.

구약의 요엘서는 신약의 사도행전과 깊은 연관이 있습니다. 사도행전 2장을 보면 120문도에게 오순절 역사가 처음 일어났을 때 유대인들은 술에 취했다고 오해하였습니다. 그러나 베드로는 술에 취한 것이 아니라, 요엘 선지자가 예언한 성령을 받은 것이라 하였습니다. 예수님은 부활 후 제자들을 감람산에 데려가시고 약 500명이 모인 가운데, "예루살렘을 떠나지 말고 아버지의 약속하신 것을 기다리라. 요한은 물로 세례를 베풀었으나 너희는 몇날이 못되어 성령으로 세례를 받으리라(행1:4-5)"고 하셨습니다. 그리고 성령의 권능을 받아 온 유대아 사마리아와 땅 끝까지 이르러 증인이라 되라고 말씀하셨습니다. 그리고 그 후 제자들은 성령의 충만함을 얻고, 마음에서 두려움이 없어지자 전도에 나섰습니다. 베드로의 설교에 3000명이 회개하는 역사가 일어났습니다. 그리고 빌립 집사가 귀신을 쫓아내고, 베드로와 요한이 복음을 전하고, 기독교가 안디옥과 마게도니아를 넘어 유럽 전역으로 전파되었습니다.

저는 요즈음 일본에 가서 복음을 전하는 데 힘이 듭니다. 이유는 복음을 화이트 칼라들만이 믿는 것으로 오해하고 있기 때문입니다. 역대 동경대학 총장이 주로 기독교인이었습니다. 그러나 한국은 일반 민중에 복음이 먼저 들어 왔습니다. 한국교회를 움직이는 것은 이성이 아닌 뜨거운 가슴과 성령의 역사입니다. 그럼에도 성령이 약해지려는 모습을 보면 안타깝습니다. 초대교회에 나타난 성령의 보편적인 역사가 사라지려 한 적이 있습니다. 그레고리가 1대 교황으로 들어서며 성령의 인도에 따른 자유로운 분위기가 없어졌습니다. 믿음으로 구원을 얻는 "이신득의"의 생각이 약해지고, 인간의 공로로 구원을 받는다는 생각이 많아졌습니다. 그리고 중세교회는 베드로 성당을 짓기 위해 면죄부까지 판매하게 되었고, 이에 마르틴 루터에 의해 종교개혁이 시작되었습니다. 이후 요한 웨슬레, 찰스 웨슬레, 휘트 필드에 의해 부흥과 성결운동이 일어났습니다. 또 이는 미국으로 건너가 D.L 무디 등을 통하여 계속되었습니다. 1900년 정월 초하루 캔자스주 토페카시를 시작으로 성령의 대부흥이 일어난 것입니다. 그리고 이것이 1906년 평양 장덕재 교회에서 일기 시작하여 우리나라의 성령운동을 이끌었습니다. 초교파 범세계적으로 성령운동이 일어난 것입니다. 1990년대 지금은 성령운동이 필요한 시대입니다. 그리고 그 내용은 성경이 중심이 되어야 합니다.

즉 조용기 목사는 교회에서는 물론 화이트 칼라 지식인 그룹에 해당하는 기독교수들에게도 성령운동에 근거한 믿음과 신앙, 부흥운동을 희망하였다. 그리고 이러한 "기도와 성령의 역사(행13:1-5)"는 1987년 로고스 제5집에서도 강조되었다. 즉 마가요한의 집 다락방과 빌립의 사마리아 성령강림, 바울과 고넬료의 성령 체험, 에베소교회와 안디옥교회의 성령운동 등을 제시, 그리스도인에게 있어 성령의 중요함을 깨우기 위해 노력하였다. 그리고 이러한 성령운동은 여의도순복음교회 현 담임목사인 이영훈 목사에게 계승되었다. 이영훈 목사은 1982년 호서대에 재직을 하며 다음 요지의 "한국교회와 성령운동"이란 글을 남겼다(로고스 제2집, 1982, 187-199).

한국교회의 성령운동사는 약 20년 간격으로 나눌 수 있습니다. 첫째는 한국교회 성령운동 초기(1907년 대부흥운동)로, 원산에서 하디 목사와 말씀 사경회를 통해 나타났습니다. 둘째는 한국교회 성령운동 시련기(1930년대)로 일제의 탄압과 반선교사 감정, 경제적 시련, 사회주의 사상의 도전이 심했습니다. 그러나 길선주 장로와 장로교 김익두 목사의 집회 등을 통해 앉은뱅이가 일어나 걷고, 귀머거리가 말을 하는 기적이 있었음이 경성 기독신보 제259호 등에 기록되어 있습니다. 셋째는 한국 교회 성령운동 회복기(1950년대)로, 성도들은 6.25동란 후의 어려움 속에서 이성봉, 박재봉 목사 등의 부흥회를 통해 전쟁의 상처로부터 위로를 받았습니다. 넷째는 한국교회 성령운동 전성기(1970년대)로 5.16 이후 한국교회는 폭발적으로 부흥을 시작했습니다. "73 빌리그래함 대 전도대회", "74 엑스플로 전도대회", "80 세계 복음화 대회" 등을 개최하며 교회가 힘을 얻었습니다.

그리고 1970년대 순복음중앙교회 조용기 목사가 한국교회의 성령운동에 큰 영향을 미쳤습니다. 특히 조목사의 성령운동은 중생(重生) 복음과 말씀 중심의 신앙, 성령충만 체험, 세계선교를 강조했습니다. 성령운동은 계속되어져야 합니다. 말씀 중심의 운동이 되어야 합니다. 그리고 성령운동을 통해 한국교회가 하나가 되고, 선교로 나타나야 됩니다.

즉 이영훈 목사은 조용기 목사의 성령운동을 계승하고 있다. 그리고 이는 순복음교회는 물론 로고스교수선교회에 영향을 미쳤던 것을 알 수 있다.

한편 로고스교수선교회는 1985년에 발간된 로고스 제4호를 "학원의 복음화와 민족의 복음화" 특집으로 하였다. 그리고, 캠퍼스에서의 사랑의 실천(손봉호), 나의 학원전도의 어제와 오늘(최재선), 종교와 학문(정한택), 종교와 국가관(송창기)을 각각 실었다. 또 민족복음화에 대해서는 미국 속의 한국인(강석규), 일제치하 기독교와 민족운동(이성교), 북녘 땅에 숨통을 터주자(황준근) 등의 글을 게재하였다. 이는 다음해 1986년에 "민족복음화는 학원복음화로 부터" 란 주제로 제1회 전국대학교수선교대회가 열리는 점을 감안하면 매우 의미있는 일이었다. 특히 최재선 교수(중앙대)는 학원복음화의 동기에 간증부터 방법, 준비까지 자세히 기록하였다(로고스 제4집, 1985, 43-56).

나는 1975년에 중앙대에 부임하여 학원전도에 진력을 쏟고 있다. 목사의 가정에 태어나 미국에서 유학을 하던 중, 1973년 빌리그래함 전도대회를 TV로 보고 그리스도께서 내 삶의 주인이 되심을 다시 깨닫게 되었다. 그리고 교수로 부임 후, 학원복음화를 위해 핍박 속에서도 최선의 힘을 쏟았다. 그리고 연간 600여명에게 복음을 전하는 성과를 거두고, 서울캠퍼스에서 매주 금요일 200-300명의 학생과 예배를 드렸다. 또 안성캠퍼스에서도 목요일 150-200명과 예배를 하고, 성경공부를 하고 수양회 등을 가졌다. 경제학 교수이면서도 전공을 통해서는 할 수 없는, 새 생명을 얻기 위해 예수 그리스도를 전하고 사람을 변화시키기 위해 노력하였다. 복음 전도자에게는 준비가 필요하다. 그 첫째는 핍박을 즐거워 하는 일이다. 둘째는 그리스도를 주로 삼아 자신을 거룩하게 하여야 한다. 셋째는 복음을 부끄러워하지 않는 크리스찬으로서의 변증(Apology)을 가져야 한다.

또 정한택 교수(서울대)는 종교와 학문의 관계에 대해 심리적 관점에서 접근, 다음 내용의 글을 실었다.

신이 있느냐 없느냐?는 질문을 논리적으로 증명하기가 어렵다. 여러 철학책을 봐도 만족할 만한 설명이 없다. 유신론자들은 신을 눈으로 보는 것이라 아니라 가슴으로 느끼기 때문이다. 신의 존재는 증명할 수 없다. 그리고 신이 없다고도 증명할 수 없다. 그러나 우리는 여러 가지 체험으로 신을 알게 되고 대화도 가능하게 된다. 신의 부르심을 받고, 신 앞에 무릎을 꿇고 기도를 하는 사람은 가장 아름다운 사람이고 행복한 사람이라고 나는 생각한다.

모든 학문의 목적은 진리를 탐구하는 것이다. 또 인간의 평화와 행복에 직결되어야 할 것이다. 그러나 지금까지의 학문은 특히 과학기술은 인류의 평화와 행복에 기여하기도 하였으나, 불행하게도 인류를 위협하는 무서운 흉기를 만들어 내는데 기여한 일면이 있다. 진리가 오용된 것이다. 과학 자체는 가치 중립적이다. 죄가 없다. 그러나 그 연구결과를 어떻게 사용하느냐에 따라 문제가 크게 달라 질 수 있다. 현대의 과학문명 속에서 상실되어 가는 인간성을 회복하는 것은 급선무의 일이다. 그리고 종교는 그 인간성의 회복을 가능하게 한다.

그리고 민족 복음화의 내용으로, 이성교 교수(성신여대)는 "일제치하 기독교와 민족운동"이란 다음 요약의 글을 실었다(로고스 제4집, 1985, 89-114).

기독교 역사를 보면 임진왜란때 스페인 신부인 세스페데스가 고니시 유키나가(小西行長)를 따라와 진해 부근에서 전도를 하였다. 또 1832년에는 귀출라프가 서해안 백령도 등에서 한문성서를 배포하고, 1865년에 토마스 선교사가 제너럴 셔먼호를 타고 대동강까지 올라와 순교했다. 그리고 존 로스와 메킨타이어가 중국에서 들어와 1882년에 누가복음과 요한복음을 출판했다. 일본에서는 이수정(李樹廷)이 야스가와(安川亨)에게 세례를 받고, 미국 선교사들이 한국에 들어오게 하는 중요한 역할을 하였다. 그리고 1884년에 알렌이 들어와 광혜원이 세워지고, 다음해 미 선교사인 언더우드와 아펜젤러가 들어오며 개신교 복음이 본격적으로 전해졌다.

그러나 기독교는 일제치하의 기간을 역사속에서 경험하여야 하였다. 근대화가 시작되며 기독교는 민족 자각운동을 하였다. 김옥균 박영효와 같은 개화파가 직간접으로 도와주었다. 교회는 네비우스 선교정책에 따라 자립, 자활, 자급, 자원을 원칙으로 전도가 이루어졌다. 또 독립신문(1896), 협성회 회보(1898), 매일신문(1898)이 만들어져 민중을 계몽하였다. 그러나 1910년 한일합방이 이루어지며 조선은 일본의 속국이 되었다. 1930년 일본은 대동아공영권이라 이름하며 전쟁을 확대하고, 황국신민화 교육을 하였다. 신사(神社)를 세우고 참배를 강요하였다. 또 1942년에는 "조선혁신교단"을 만들어 천황을 숭배하는 신도를 더욱 신봉하게 하였다. 그러나 이에 순교를 각오하고 항거하여 싸운 사람들이 있었다. 주기철, 이기선, 김선두, 한상동, 이기풍, 손양원, 이영환, 박봉진, 최봉석, 전택규, 최상림 목사 등이 바로 그 주역이었으며, 이는 기독교계의 인사들이기도 하였다.

■ 소결(小結)

　　1986년 제1회 전국대학교수선교대회가 "민족 복음화는 학원 복음화로부터" 라는 주제로 열린다. 전국대학교수선교연합회가 출범을 하게 된 것이다. 그러나 뿌리는 1981년에 설립된 여의도순복음교회 "로고스교수선교회"에서 시작되었다. 로고스회는 시작과 함께 100명의 교수가 회원으로 가입을 하고, 특히 제1집부터 8집에 이르는 "로고스" 소식지를 발행하여 신앙과 교수로서의 학문적 융합을 일찍부터 도모하였다. 그리고 이는 조용기 목사의 신앙관인 성령운동에 영향을 받았음을 읽을 수 있었으며, 또 이는 현 여의도순복음교회 이영훈 목사에게 계승되고 있다.

제2장 창립기(1986 ~ 1990)
: 제1-5회 선교대회

1. 제1회 전국대학교수선교대회

– 민족 복음화는 학원 복음화로부터 | 여의도순복음교회

1986년 11월 6-7일, 제1회 전국대학교수선교대회가 여의도순복음교회 대성전에서 처음으로 열렸다. 순복음교회 로고스교수선교회가 주관을 하고, 기독교방송국과 한국대학생선교회(C.C.C), 한사랑선교회, 대학선교회(C.A.M) 4개 단체가 후원을 하였다. 하나님께서 교수들을 통해서 하시고 싶은 일이 무엇일까? "민족 복음화는 학원복음화로부터"라는 주제로 이틀 동안 선교대회가 진행되었다.

그리고 다음해 1987년 1월 20일, 위 단체와 서울대학병원 기독봉사회가 함께 연합하여 "전국대학선교연합회"를 발족하였다. 창립예배에는 기독교수와 학생, 선교단체 회원 등 약 80명이 참석하였다. 또 1부 순서로 김장환 목사(극동방송 사장)가 "영생을 소유한 학생이 많으면 많을수록 우리나라에 소망이 있는 줄 확신한다"며 메시지를 전하고, 우리에게 호흡이 있는 날까지 학원복음화에 헌신하자 강조하였다. 아울러 2부에서 경과보고와 함께 임원으로 손동수 교수(서울대)가 회장으로 선출되었다.

제1회 선교대회는 첫째날 김한식 선교사(한사랑선교회)가 "이 세대를 분별하라", 류무상 교수(유한공전)가 "메시야로서의 조건과의 예수의 사역"이란 제목으로 특강 간증을 하고, 이어 조용기 목사가 "믿는 자에게는 능치 못할 일이 없느니라"는 주제의 말씀을 전했다. 둘째 날은 이영덕 교수(서울대)가 "참 그리스도인", 강성관 교수(고려의대)가 "하나님의 온전한 축복, 전인치유"란 주제로 특강 간증을 하고, 김준곤 목사(C.C.C)가 "부활원리의 전인성과 주체성"이란 제목으로 메시지를 전했다. 또 정지웅 교수와 정봉수 교수가 선교보고를 하였다. 이들 내용은 로고스 제5집(1987)에 특집으로 실려 있다. 당시 상황을 이해하기 위해 내용을 요약하면 다음과 같다. 먼저 김한식 선교사의 글을 인용문 발췌의 형식으로 소개한다[1].

---

1) 40년 역사를 보면 무수히 많은 메시지와 특강, 간증, 선교대회집 자료가 있다. 따라서 필자는 이를 다 소개할 수가 없어 중요하다고 판단되는 내용을 발췌, 요약하여 기록하고 있음을 서두에 밝혀 둔다.

■ **제1회 전국대학교수선교대회 개요**

일시: 1986.11.6~7
장소: 여의도순복음교회
주제: <u>민족복음화는 학원복음화로부터</u>
주관: 순복음 로고스교수선교회

- 예배
  은혜의시간1: 믿는자에게는 능치 못할 일이 없느니라 | 조용기 목사(여의도순복음교회)
  은혜의시간2: 부활원리의 전인성과 주체성 | 김준곤 목사(한국대학생선교회)
- 특강 | 간증
  특강1: 이 시대를 분별하라 | 김한식 선교사
  특강2: 참 그리스도인 | 이영덕 교수
  간증1: 메시아로서의 조건과의 예수의 사역 | 류무상 교수
  간증2: 하나님의 온전한 축복, 전인치유! | 강성관 교수
- 선교보고
  선교보고1: 정지웅 교수
  선교보고2: 정봉수 교수

■ **특강: 이 시대를 분별하라 | 김한식 선교사**

우리는 아픈 가슴을 안고 이 자리에 모였습니다. 멸망당할 예루살렘을 바라보시며 눈물을 흘리시던 주님께서는 오늘 우리 대학과 민족을 바라보시며 통분해 하고 계십니다. 1971년, 대학가에 위수령 사태가 일어났습니다. 탱크와 군인들이 학교에 들어왔습니다. 저는 동숭교회에 기독학생들과 기도회를 가졌습니다. 언제까지 악순환이 계속될까? 저는 대통령을 만나고 싶어 목사님께 부탁을 드렸습니다. 첫째는 우리의 잘못을 솔직히 시인하고, 둘째는 이해가 되지 않는 정치 부분을 묻고, 셋째는 대통령을 전도하고 싶었습니다. 그러나 부탁은 무산이 되었고, 저는 콘크리트 바닥에 쓰러졌습니다. 그리고 교만해진 마음을 깨닫고, 죄를 고백했습니다. 주님의 십자가 사랑이 다가와 저를 안아 주었습니다. 세상을 변화시킬 수 있는 것은 나의 주장이 아니라 하나님의 사랑이구나!

저는 유명한 데모 주동자였고 감옥도 살았습니다. 그러나 지금 더 필요한 것은 회개임을 깨달았습니다. 성경은 민중이라 말을 쓰지 않고, 이웃이란 표현을 썼습니다. 민중이란 이름으로 이웃을 짓밟는다면 이는 잘못된 것입니다. 광주에 갔습니다. 그리고 화해와 화목을 외쳤습니다. 전남대학교에 550명의 학생을 모아 주님께서 주신 말씀을 증거했습니다. 눈물바다가 되었습니다. 조선대학교에도 가서 전했습니다. 그리고 1985년 10월 3일, 광주 실내체육관에서 용서와 회개를 위한 미스바 구국성회를 열었습니다. 예수 그리스도와 함께 하시면 오늘날의 대학 문제도 해결이 가능합니다. 하나님께서 함께 계시면 능치 못할 일이 없습니다. 사랑은 성령의 열매입니다.

1980년에 광주에서 5·18 민주화 운동이 일어나며 당시는 국가적으로도 매우 어려운 시기였다. 기도가 무엇보다 중요한 때였다. 그런 시기에 그리스도의 진정한 사랑을 기초로 화목과 화해를 구하는 미스바 성회와 같은 메시지가 제1회 전국대학교수선교대회에서 선포된 것이다. 그리고 이영덕 교수(서울대)는 당시 대학의 소요 사태 등에 대해 "참 그리스도인"이란 제목으로 다음을 발표하였다.

> **■ 특강: 참 그리스도인** | 이영덕 교수(서울대)
>
> 무엇이 저항을 만들 것일까? 학생들의 소요가 정상을 넘어 위기 수준에 와 있다. 자유 민주주의 체제가 유지되기 위해서는 첫째, 구성원의 생명과 필요가 존중되고, 둘째 자유와 자율이 존중되고, 셋째 다양성에 대한 조화와 조정이 통합되어야 한다. 다양한 의견과 방안을 통해 해결책을 찾는 것이 필요하고, 이를 민주적 집단과정이라 한다. 또 이런 사회에서는 과격한 반항이나 데모가 있을 수 없다. 그럼에도 우리 어른들이 그러한 건강한 사회와 자유 민주주의 환경을 마련해 주지 못했다. 모두가 성숙되지 못해 발생한 잘못이다. 사람은 누구나 죄성을 갖고 있다. 그리고 이로부터 해방되는 것은 예수 그리스도를 통해 가능하다.
>
> 지금은 우리가 회개해야 할 때이다. 남을 탓하기보다, 그리스도의 대속의 은혜로 이웃을 사랑해야 할 때이다. 천만 명의 기독교인이 살고 있다. 참 그리스도인이 되어야 한다. 그리고 계명을 지키는 자라야 온전한 그리스도인이 될 수 있다. 진리가 너희를 자유케 하리라. 말씀대로 살 때 삶이 변화되고 진정한 자유를 얻을 수 있다. 성령의 열매가 필요하다. 너희는 택하신 족속이요 왕 같은 제사장이요 거룩한 나라요(벧전 2:9), 하나님 나라의 백성이 되어야 한다. 하나님께서는 이 민족을 사랑하신다.

광주 민주화 운동을 포함해, 대학가의 소요 문제를 그리스도의 사랑과 구원의 은혜로 풀어보려는 움직임이 선교대회를 통해 나타난 것이다. 또 강성관 교수(고려대 의대)는 자신의 신앙간증과 의료봉사, 류무상 교수(유한공전)는 예수 그리스도가 메시아가 되는 이유와 그 사역을 구체적으로 제시하였다. 그리고 이러한 특강 간증에 대해, 조용기 목사는 대학에 소망이 있음을 선포하며 다음 내용의 빌립보서 4장 13절 메시지를 전했다.

> **■ 말씀: 믿는자에게는 능치 못할 일이 없느니라** | 조용기 목사(여의도순복음교회)
>
> 이스라엘 백성이 430년 동안 애굽에서 종살이를 했습니다. 하나님께서는 모세를 세우셔서 백성들을 가나안으로 인도하셨습니다. 유월절 날 문설주에 피를 바르게 함으로 바로왕으로부터 탈출이 가능하게 하셨습니다. 아담과 하와 이후, 우리도 6천년 동안 마귀의 종살이를 하고 있습니다. 그러나 예수 그리스도께서 흘리신 피를 마음에 받아들여 문설주에 바를 때 종살이에서 벗어날 수 있습니다. 공산주의가 마귀의 역할을 합니다. 또 자본주의의 탐심이 영혼을 힘들게 합니다. 폭력은 폭력을 낳습니다. 예수 그리스도의 피만이 사람을 감화시키고 변화시킬 수 있습니다. 미움을 가지고는 세상을 정복할 수 없습니다. 선진국이 되기 위해서는 올바르게 나아가야 합니다. 한국교회와 기업은 가난한 사람을 도와야 합니다. 인본주의가 들어와 하나님의 자리를 차지하려 합니다.
>
> 대학마다 성경공부반을 만들어 말씀을 연구해야 합니다. 학생들을 어려움에서 구하는 방법은 말씀을 배우게 하는 것입니다. 예수 그리스도를 믿는 길을 가르쳐 주는 것입니다. 보혜사 성령께서 함께 할 것입니다. 바로왕의 군대가 홍해까지 추격해 왔지만, 하나님께서는 이적을 보여 물길을 건널 수 있게 하셨습니다. "너희는 가만히 있어", 하나님께서 직접 일하셔서 이스라엘 백성을 구원하신 것입니다. 올바른 민주주의가 우리나라에 반드시 올 것입니다. 예수 그리스도의 이름으로 하나님 앞에서 나라를 위해, 민족을 위해, 정치를 위해, 학원을 위해, 이북 동포를 위해 기도하시기 바랍니다. 오늘 이런 모임을 가진 것 자체가 기적의 출발입니다. 민족을 살리는 기적이 로고스회에서 출발하여 한국교회와 모든 학원에 불길처럼 퍼져가기를 기도합니다.

둘째날 저녁, C.C.C 대표인 김준곤 목사는 "부활 원리의 전인성과 전폭성"이란 제목으로 다음 내용의 메시지를 전했다.

■ 부활원리의 전인성과 주체성 | 김준곤 목사(한국대학생선교회)

한국교회가 100주년을 맞이합니다. 그러나 그 안에 고쳐야 할 점들이 있습니다. 첫째는 교회의 지나친 싸움과 분파, 둘째는 사랑의 실천 결여, 셋째는 잘못된 성결 생활, 넷째는 세계선교 결여입니다. 바벨론 포로 시기, 하나님이 에스겔 선지자를 해골 골짜기로 데려가 예언을 하게 하였습니다. 예언은 하나님의 말을 전하는 것입니다. 또 말은 생명이요, 예수님 또한 로고스, 말씀입니다. 에스겔이 말씀을 전하니, 바람이 불어 뼈들이 이어지고 살이 덮였습니다. 해골때가 생명의 군대가 되었습니다. 이스라엘 민족의 부활에 대한 환상을 보여주신 것입니다.

부활은 개인의 생활과 가정, 민족적으로도 나타납니다. 예수 그리스도가 천국입니다. 예수님이 없는 곳에는 생명이 없습니다. 베드로와 요한은 성전문에 들어가며 앉은뱅이를 일어나 걷게 하였습니다. 예수님께서도 많은 병자를 고치셨습니다. 사도행전은 에스겔 37장과 같은 사건을 많이 보여주고 있습니다. 성령의 능력으로 보십시오. 예수의 바람과 기도, 회개, 변화, 부활의 바람이 불어야 하겠습니다. 역사의 주관자는 하나님이십니다. 느브갓네살 왕이 교만에서 회개하고 돌아올 때 하나님은 함께 하셨습니다. 애굽에서 400년 동안 종살이하다 해방을 시킨 것도 하나님의 능력으로 한 것입니다. 하나님의 손에 주권이 있음을 우리 지도자들이 알아야 합니다. 하나님은 역사의 주권자이십니다. 한국 기독교가 회개하고 모여서 기도할 때입니다. 두려워해야 합니다. 진심으로 하나님을 두려워해야 합니다. 기독교적 바탕이 없는 나라에서 민주주의가 성공한 적은 별로 없습니다. 어떻게 해야 성공을 할 수 있을까?

첫째 평생 하루에 한 시간씩 주님과 함께 해야 합니다. 둘째 철저한 주일성수, 셋째 완전한 십일조, 넷째 예수님을 기준으로 한 주일, 다섯째 예수 제일주의가 되어야 합니다. 제가 민족 복음화를 위해 교사들을 훈련한 적이 있습니다. 예수를 믿는 것이 교육에 어떤 영향을 미치는지? 예수를 잘 믿는 학급에서 성적이 올라가고, 환경정리가 잘되고, 사고율이 낮아지고, 부모에 더 효도를 하는 결과가 나왔습니다. 공산당 집단 농장보다 기독교인 농장 집단에서 농작물의 소출이 2~3배 더 많았습니다. 기도하십시다. 학생들이 예수님을 믿는 운동이 일어나게 하시고, 성령의 바람이 일어나게 하시고, 이 민족을 하나님을 경외하는 민족으로 바꾸어 주시옵소서. 역사의 주권이신 주님께서 이 나라에 정의가 서게 하시고, 자유가 서고, 바른 민주주의가 서게 하여 주시옵소서.

국가적으로 어렵고 학원 소요가 심각하였다. 그런 속에서 제1회 전국대학교수선교대회가 열리고 하나님 나라와 복음을 위한 기도가 시작되었다.

2. 제2회 전국대학교수선교대회

– 나라와 민족을 위한 기도 | 오산리 국제금식기도원

KUPM은 제2회 전국대학교수선교대회를 1987년 7월 2일부터 3일 동안 "나라와 민족을 위한 기도"란 주제로 오산리 국제금식기도원에서 개최하였다. 정치적 혼란과 학원의 소요, 노사분쟁 등이 심각한 가운데 이를 타개하는 마음으로 전국에서 약 150명이 기독교수들이 모였다. 그리고 첫째 날은 조용목 목사, 신성남 목사, 전가화 목사, 둘째 날은 유광석 목사, 오성춘 교수, 김한식 목사, 최자실 목사, 셋째 날에는 이증구 목사 등이 강사로 예배를 통해 말씀을 전했다.

■ 제2회 전국대학교수선교대회

일시: 1987.7.2~7.4
장소: 오산리국제금식기도원
주제: 나라와 민족을 위한 기도
주최: 전국대학교수선교연합회(로고수교수선교회, 대학생선교회(CAM),
      서울대학병원 선교회, 한국대학생선교회(C.C,C), 한사랑선교회)
- 예배
  개회: 신성남 목사
  은혜의시간1: 조용목 목사, 한만영 교수
  은혜의시간2: 전가화 목사
  경건의시간1: 이증구 목사
  파송: 이증구 목사
- 특강 | 기도회
  특강: 오성춘 교수
  오후예배: 김한식 선교사
  나라와 민족을 위한 기도회
- 조직 : 연합회장: 손동수
- 참석인원: 150명

즉 교수들이 자신의 문제를 제쳐두고 나라와 민족을 위해 기도를 하며 은혜와 성령을 체험하였다. 이는 학원복음화를 위해 헌신하는 계기와 기독교수들이 영적으로 결집하여 기도로 무장하는 발판을 만들었다. 또한, 학원소요, 노사분규 등 어려운 정치 상황을 위해 기도하는 가운데, 1987년 6월 29일에 6.29 선언[2]으로 준비단계에서부터 응답받는 성회가 되었다(UPM뉴스 창간호, 1988.5,10쪽). 그리고 1988년 6월 로고스 제6집은 다음과 같이

---

[2] 6월 항쟁이 한창이던 1987년 6월 29일 집권당 민주정의당의 대통령 후보 겸 대표위원인 노태우씨가 전격 민주화에 대한 선언을 발표, 이후 개헌을 통해 대통령 제도가 오늘날과 같은 직선제, 5년 단임으로 정착되었다.

조용기 목사가 "참된 민주화의 길", 왕영윤 교수가 "경제민수화와 기녹교", 심녕기 교수가 "민중예술과 예술", 이성교 교수가 "일체치하 기독교 운동과 민족주의"에 관한 글을 기고하는 등 국가와 민주화에 대한 관심이 높았다.

■ 로고스 제6집, 1988.6, 순복음교수선교회

- 권두언 | 이성교 8
- 말씀 참된 민주화의 길 | 조용기 10
  말씀과 성령의 역사 | 조용목 16
- 교수논단
  경제민주화와 기독교 | 왕연균 30
  민중예술과 예수 | 김영기 34
  성숙한 신앙을 위한 경건훈련 | 오성춘 45
  일제치하 기독교 운동과 민족주의 | 이성교 56
  예수님은 과연 누구이신가. | 김두원 95
  계시와 묵시, 그리고 기독교 신앙 | 정봉수 104
  대학복음화를 위한 크리스찬 대학생 의식조사 | 김농오 108
  기독교와 유교에 있어서의 종말론의 동이점. | 류무상 126
  지역사회교회운동의 필요 | 정지웅 142
  기독교인의 삶 | 박길상 150
  기독 경제인의 삶의 자세 | 윤심로 158
- 간증
  나와 함께 하시는 주님 | 문재숙 162
  하나님은 왜 선악과 나무를 만드셨나 | 강지용 170

■ 전국대학교수선교연합회 창립 초기 조직(1988.1)

상임고문: 김선도 김장환 김준곤 조용기 목사
개인이사: 강성규 홍웅선 교수
당연이사: 각 선교단체 대표(대학선교회, 로고스교수선교회, 빌립선교회, 서울대학병원 기독
　　　　　봉사회, 한국대학생선교회, 한사랑선교회)
감사: 김두원 최민호 교수
회장: 손동수 교수　 | 　부회장: 김병우 장한택 교수
간사: 김영기 정지웅 교수　 | 　재무: 유원대 교수　 | 　서기: 강지용 교수
홍보: 김농오 엄익규 교수　 | 　선교: 류무상 교수　 | 　조직: 김봉수 교수 국제: 송창기

KUPM은 1988년 1월 22일, 약 90명의 기독교수들이 모여 창립 1주년 기념예배를 드렸다. 조용기 목사는 "인간의 행동과 운명을 좌우하게 하는 마음을, 형식적, 의식적 신앙이 아닌 그리스도 예수의 십자가 복음으로 의식화하자"라고 강조하며, "예수의 신앙으로 무장되어 어떠한 환경에도 요동하지 않는 철저한 믿음으로 학원과 나라와 민족 위에 하나님이 함께 하시는 역사를 일으키자" 당부하였다. 손동수 회장(서울대)은 학원 복음화와 민족

복음화를 위해 지부 계획을 발표하였다. 1988년 창립 1주년 당시, KUPM 임원 명단은 위 표와 같다.

아울러 KUPM의 사역 성격을 명확히 하고, 타 단체와의 이름에 대한 혼란을 피하기 위해, "전국대학선교연합회" 명칭을 "전국대학교수선교연합회"로 변경하였으며, 이것이 오늘 현재에 이르고 있다. 그리고 당시 KUPM의 연합에 참여한 단체는 다음과 같다.

■ 전국대학교수선교연합회 창립 초기 연합 단체

- **대학선교회(C.A.M):**
1970년 1월 오순절을 추가하는 대학생들이 자발적으로 모여 C.A(Christ's Ambassador) 대학부라는 명칭으로 시작한 모임으로, 1981년에 대학선교회로 이름을 바꾸었다. 오순절 성령운동을 통한 학원복음화와 제자화에 주력해 왔으며 100여개 대학내에 서클을 두고 있다.

- **로고스교수선교회:**
여의도순복음교회에 출석하는 교수들의 영적 성장과 친선을 도모하며, 학원복음화의 일익을 담당하고 당회와 각 기관의 자문 역할을 목적으로 1980년에 설립되었다. 문서선교의 일환으로 년1회 "로고스" 소식지를 발행하고 있다.

- **빌립선교회:**
광림교회(당회장 김선도 목사)내 교육에 대한 전반적 사항을 전담할 목적으로, 광림교회에 출석하는 교수 50명이 가입되어 있는 단체이다.

- **서울대학병원 기독봉사자:**
육신의 병으로 고통을 받는 환자들에게 삶의 의욕과 용기를 주는 복음의 필요성을 느끼고, 병원내 기독교수들의 모임으로 시작해, 1979년에 원목실을 개설하고 병원교회를 창설하였다. 의대, 치대, 간호대 교수모임을 비롯해 전공의모임, 간호원모임, 기독학생모임등 22개지회 약 500명의 회원으로 구성되어 있다. 계간지로 "함춘의 칩"을 발행한다.

- **한사랑선교회:**
주님의 십자가에 나타난 하나님의 절대적인 사랑을 체험하고 선교의 부르심을 받아 1971년에 태동되었다. 1988년 복음화대성회 준비를 맡아 진행중이며, 회개와 사랑의 실천운동을 위한 미스바 구국성회 개회를 도시별로 계획하고 있다.

- UPM뉴스 창간호, 1988,5.12-13쪽에서 발췌하여 작성 -

KUPM은 1988년 5월, 기독교수들의 사역 나눔 소식지로 유피엠뉴스(Union of Professor's Mission:UPM) 창간호를 발간하였다. 1991년부터는 "UPM NEWS 교수선교"로 이름을 변경해 1999년까지 발간을 지속하였다. 그리고 2008년 제23회 대회가 부산(동서대학교)에서 개최되며 2008년, 2009년, 2010년 연속 추가 발간을 하였다. 「UPM News」 창간호 표지 및 목차는 다음과 같다.

■ UPM NEWS 창간호 (1988, 5)

3 권두언: 주님의 사랑으로 | 손동수 교수
4 창간에 부쳐: 빛을 발하라 | 조용기 목사
5 교수논단
   자랑과 부끄러움 | 최재선 교수
6 성서연구
   하나님이 사람에게 말씀하시다 | 김봉준 목사
8 교수칼럼: 10년만에 | 홍웅선 교수
9 수필 : 문화창조 | 최대석 교수
10 연합회 소식
12 동역선교회 소식
14 초대시_오랜 기다림으로 | 이성교 교수
15 캠퍼스탐방 : 인하CAM

■ UPM NEWS 2호 1988

3 초대의 글 | 김영기 교수
4 말씀 : 캠퍼스 복음화와 한국민을 향한 하나님의 계획에
   있어서 교수의 사명 | 대천덕신부
6 칼럼: 고독-어찌하여 나를 버리셨나이까 |
   강석규 교수
7 수필: 나의 주 나의 하나님 | 송세호 교수
8 성서연구: 신약속의 말씀들 | 김봉준 목사
10 현장의소리: 오직 이 한길을 | 송창기 교수
11 캠퍼스 사역자의 변: 사랑의 공동체 | 김영
12 연합회 소식
13 동역선교회 소식
15 캠퍼스 탐방 | 외대 한사랑선교회

UPM 뉴스는 선교대회에서 선포된 말씀과 특강, 간증을 은혜받은 것에 머무르지 않고, 기록으로 남겨 KUPM의 역사를 다음세대에 계승하고 회고할 수 있도록 하였다는 점에서 매우 의미있는 일로 평가된다.

3. 제3회 전국대학교수선교대회

– 예수와 한민족의 장래 | 오산리 국제금식기도원

제3회 전국대학교수선교대회는 1988년 7월 28일부터 2박 3일간 "예수와 한민족의 장래"란 주제로 오산리 국제금식기도원에서 열렸다. 전국 40개 대학에서 120명의 기독교수가 참석하였다. 예배는 첫째날 개회로 이만호 목사(여의도순복음교회)가 "하나님과 나의 관계(사41:8-6)", 저녁 성령대망회로 김삼환 목사(명성교회)가 "교회를 통하여 역사하시는 하나님(마16:13-20)", 둘째날 아침 경건의시간으로 유광석 목사(장성교회)가 원수를 정복하는 축복(대상 18:1-8), 저녁 성령대망회로 최재선 목사가 "물과 성령으로 거듭나야(요3:1-15)"란 제목의 말씀을 전했다. 셋째날은 최자실 목사가 말씀을 전한 후, 파송예배로 이증구 목사(서울대학병원)가 "예수 그리스도는 우리의 평화(요14:27)"란 제목으로 설교하였다.

■ 제3회 전국대학교수선교대회

일시: 1988.7.28~7.30
장소: 오산리국제금식기도원
주제: <u>예수와 한민족의 장래</u>
주최: 전국대학교수선교연합회
- **예배**
  개회: 하나님과 나의 관계(사41:8-6) | 이만호 목사(여의도순복음교회)
  성령대망회1: 교회를 통하여 역사하시는 하나님(마16:13-20) | 김삼환 목사(명성교회)
  성령대망회2: 물과 성령으로 거듭나야(요3:1-15) | 최재선 교수(중앙대)
  경건의시간: 원수를 정복하는 축복(대상 18:1-8) | 유광석 목사(장성교회)
  둘째날 오후: 참된 긍정적인 삶(시23:1-6) | 조용기 목사(여의도순복음교회)
  셋째날 오전: 최자실 목사
  파송: 예수 그리스도는 우리의 평화(요14:27) | 이증구 목사(서울대학병원)
- **특강**
  발제: 예수와 한민족의 장래 | 최재선 교수(중앙대)
  토론: 류무상(유한공전), 송재호(청주대), 윤심로(오산공전)
- **조직_** 대회장: 손동수(연합회장, 서울대)
- **참석인원:** 120명

유피엠뉴스에 의하면 조용기 목사는 둘째날 "참된 긍정적인 삶"을 주제로 메시지를 전했다. 급변하는 사회변혁과 부정적 기류가 확산될 수록 말씀 앞에 바로 서는 중요함을 강조하였다. 즉 시편 23편 "여호와는 나의 목자시니 내게 부족함이 없으시로다. 그가 나를 푸른 초장에 누이시며 쉴만한 물가로 인도하시는 도다. 내 평생에 선하심과 인자하심이 정녕 나를 따르리니 내가 여호와의 집에 영원히 거하리로다". 기독교수들이 그리스도를 바로 믿고 나아갈 때 진리의 상아탑이 만들어짐을 강조하였다. 김삼환 목사(명성교회)는 "내가

이 반석 위에 내 교회를 세우리니 음부의 권세가 이기지 못하리라"(마16:8), 당시 교회의 특성과 하나님이 교회를 통해 어떻게 역사하시는가를 말씀으로 전했다. 그리고 특강은 전체 주제에 맞추어, 최재선 교수가 "예수와 한민족의 장래"이란 제목으로 발제하고, 류무상, 송재호, 윤심로 교수가 분과토론에 나섰다. 즉 한민족이라는 큰 역사의 흐름에서 하나님께서 어떤 운행을 하고 계실까? 역사속의 한민족, 한민족의 소명, 그리고 대학의 민족사적 과제로 구분해 그 사명을 제시하였다. 그리고 KUPM이 각 대학의 기독교수 및 학생들과 관계를 긴밀히 하고 학원복음화를 이루어 갈 때, 잘못된 가치관이나 사상, 잘못된 부정인식, 데모 등이 감소해 갈 것으로 보았다. 제3회 선교대회 내용은 1989년 9월에 발간된 다음 UPM NEWS 3호 특집에 나와 있다. 아울러 최재선 교수의 특강은 이 책 제3부에서도 소개하고 있다.

<table>
<tr><td>

■ **UPM NEWS 3호 1988.9.15**

3 대학교수선교대회를 마치고 | 강석규 이사
4 말씀: 참된 긍정적인 삶 | 조용기 목사
6 말씀:교회를 통하여 역사하시는 하나님 |
   김삼환 목사
8 발표: 예수와 한민족의 장래 | 최재선 교수
10 1분과: 역사속의 한민족 | 류무상 교수
11 2분과: 한민족의 소명 | 송세호 교수
12 3분과: 대학의 민족사적과제 | 윤심로 교수
13 처음부터 나중까지 | 편집부
14 성서연구: 마태복음 | 김봉준 목사
16 동역선교회 소식
18 나의 주 나의 하나님 | 김진평 교수
19 함께 나누고픈 시: 오 주님 내가 교실에
   들어갈때에 | 김정휘 교수

</td><td>

■ **UPM NEWS 4호 1989.4.15**

3 권두언: 주를 기쁘시게 하는 자 | 최재선
4 말씀: 시대적 변화에 처한 우리의 삶 |
   조용기 목사
4 말씀: 화합과 새질서 | 유상근 총장
8 칼럼: 나의 신앙고백 | 정한택 교수
9 칼럼: 소리 | 김농오 교수
10 성서연구: 마가복음 | 김봉준 목사
12 현장의 소리: CAMPUS에서 일어나야 할
   운동 | 신성남 목사
13 이제 다 이루었다 | 류무상 교수
14 벨룽새의 서곡 강지용 교수
16 선교기행 안태경(영산신학원)
18 동역선교회 소식
23 캠퍼스 탐방: 고대 CAM(대학선교회)

</td></tr>
</table>

   KUPM은 제3회 선교대회 후 12월 8일, 송년예배를 드렸다. 그리고 "화합과 새 질서의 밤"이란 주제로 김장환 목사(극동방송)와 유상근 총장(명지대)이 메시지를 전했다. 국가와 민족이 화합과 질서를 이루는 길은 하나님을 믿는 믿음이 함께 할 때 가능하다. 신앙의 회복이 밑거름이 되어야 된다. 아울러 조용기 목사는 "시대적 변화에 대처한 우리의 삶"에서 하나님과 나의 관계가 바로 서고, 그 다음에 나라와 우리의 관계, 이웃과 나의 관계, 그리고 자아가 바로 설 때 미래에 희망이 있음을 전했다. 또 신성남 목사(대학선교회)는 "Campus에서 일어나야 할 운동"으로 말씀 운동, 기도 운동, 사랑의 실천과 성령 운동을 제시하였다(UPM뉴스 제4호. 1989.4). 유상근 총장의 "화합과 새질서"는 본서 3부에도 소개하고 있다.

그리고, 당시 캠퍼스 선교에 헌신하는 기독교수들의 마음은 어떠했을까? 공감이 되는 시(詩)가 있어 한편 소개한다.

■ 시(詩) 오 주님 내가 교실에 들어갈 때에

나에게 힘을 주시어 유능한 교사가 되게 하여주소서. 나에게 지식 이상의 지혜를 주시어 내가 준비한 지식을 아는 데 그치지 않고, 나에게서 배우는 학생들의 삶의 중요성을 깨닫게 해주소서.

나에게 그들을 설득시킬 지혜를 주시어 냉담한 그들의 얼굴이 당신에 대한 관심으로 피어나게 해주소서. 당신께 큰 관심이 없는 젊은이들 가슴 속에 내가 이 관심을 불러일으켜야 되겠나이다.

배반자의 쌀쌀한 얼굴도 마다 않으신 당신의 그 친절을 나에게도 주시어 가면 뒤에 숨어 있는 고독한 영혼을 보게 해주소서.

나에게 당신의 그 인내를 주시어 실패해도 낙심말게 해주소서. 그들에게 당신을 전하기 위해서는 이 땅 위에 오셔서, 완고한 인간들 가운데서 일하다 가신 당신을 본받아야 되겠나이다.

나에게 당신의 그 겸손을 주시어 당신께서 아버지께로 사람들을 인도하신 것같이 나도 사람들을 당신께로 인도하게 해주소서.

당신께서 은총을 내려 주시지 않으면 나는 아무도 당신께로 인도할 수 없사오니 결코 혼자서 하겠다는 생각은 말게 하소서.

나에게 통찰력을 주시어 나는 어른이라는 것과, 이 젊은이들은 나만큼 자제력도 없으며, 그 원하는 바도 다르다는 것을, 올바르게 인식하게 해주소서. 학생들을 훈육하되, 언제나 친절점을 잃지 않게 해주소서.

가르치면서도 배우게 해주소서. 모든 지식을 다 갖추고 있더라도 사랑이 없으면 나에게 아무 유익이 없사오니 사랑을 꼭 실천해야 된다는 것을, 배위 알게 해주소서.

젊은이들이 나에게서, 당신의 모습을 찾아 볼 수 있게 될 때에 나는 가장 훌륭한 교사가 된다는 것을, 배워 알게 해주소서. 젊은이들에겐 천국에 이르는 길을 제시해 주면서도 나 자신은 그 길에서 벗어나는 일이 없도록 해주소서.

주여, 마지막으로
내가 받을 최대의 보상은 여기에서가 아니라 저 세상에서라는 것을 깨닫게 해주소서. 이 땅 위에서 당신을 빛낸 공로로 내가 가르친 학생들과 함께 나는 천국에서 별처럼 빛나리라는 것을 알게 해주소서.

* 출처 : 金正輝 教授(春川教育大学 · 教育心理学)
전국대교수선교연합회 UPM NEWS 4 1993. p.19

---

4. 제4회 전국대학교수 선교대회
- 복음, 민족이 하나되는 길 | 오산리 국제금식기도원

제4회 선교대회는 1989년 7월 10일부터 12일까지 2박 3일 동안, 오산리 국제금식기도원에서 200여명의 기독교수들이 참가한 가운데 열렸다. "복음, 민족이 하나되는 길"이란 주제로 첫째날 개회는 신성남 목사(대학선교회), 저녁은 김호식 목사(경동교회)가 말씀을 전했다. 둘째날은 아침예배 원종흥 목사(명지대 교목), 오후예배 조용기 목사(여의도순복음교회), 그리고 셋째날 폐회는 이증구 목사(서울대병원 교목)가 설교를 하였다. 그리고 조용기 목사는 창세기 12장1-3절을 본문으로, "아브라함이 본토 아비의 집을 떠나는 장면과 함께 바라봄에 법칙에 따라, 하늘을 우러러 뭇별을 바라보고, 기도하고 구한 것을 받은 줄로 믿어라" 는 내용의 "4차원의 신앙영성"을 제목으로 말씀을 전했다.

〈제4회 전국대학교수선교대회(1989.7.10.−12) | 오산리 국제금식기도원〉

그리고 둘째날 저녁은 문선재 총장(강원대)이 "크리스천의 삶"이란 내용으로 간증을 하였다. 전체 주제와 관련해 최재선 교수(중앙대)는 "복음, 민족이 하나되는 길"이란 제목으로 분단국의 현실, 남한의 통일욕구 노력, 기독교의 통일 노력과 그 비판, 복음으로 하나가 되는 길을 발제하고 분과토론으로 이어졌다. "북한에게 가장 중요한 것은 믿음으로 구원받는 복음을 심어주는 것이고, 이를 위해서는 믿음과 소망, 사랑으로 하나가 될 때 통일의 문이 열리게 될 것이다. 그러나 통일 논의가 한국 기독교와 국론을 분열시키는 요인이 되어서는 안된다. 따라서 모든 기독인은 성령과 복음으로 무장되어 있어야 한다.

또 분과토론으로 제1분과 "믿음으로 하나되는 길"은 유호선 교수, "소망으로 하나되는 길"은 남일우 교수, "사랑으로 하나되는 길"은 김지자 교수가 진행을 맡았다. "민족이 사랑으로 하나되는 길"은 남북이 예수 안에서 하나됨을 의미한다. 그러나 북한이 복음을 받아들이지 않는 한 이는 매우 어려운 과제이다. 따라서 먼저는 하나의 민족이라는 공동체 의식과 원수도 사랑하라는 예수님의 가르침을 따라 복음 안에서 하나가 되도록 기도하여야 한다. 또한 이들 내용은 UPM뉴스 제5호에 수록되어 있다.

■ 제4회 전국대학교수선교대회

일시: 1989.7.10~7.12
장소: 오산리국제금식기도원
주제: <u>복음, 민족이 하나되는 길</u>
주관: 전국대학교선교연합회(로고스교수선교회, C.C.C, 한사랑선교회,
　　　서울대학병원선교회, CAM, 명지대교수선교회, 빌립선교회)
- 예배:
　개회: 신성남 목사(대학선교회)
　은혜의시간1: 회심의 경험(고후 4:16-18, 고후 5:16-17) | 김호식 목사(정동교회)
　은혜의시간2(간증): 크리스천의 삶(빌4:4-7) | 문선재 교수(강원대)
　경건의시간1: 근본적인 인식(행3:1-6) | 원종흥 목사(명지대 교목)
　파송: 이증구 목사(서울대학병원 원목)
- 특강 | 분과토론
　특강: 민족이 사랑으로 하나되는 길(최재선 교수, 중앙대)
　분과: 1. 믿음으로 하나되는 길(유호선 교수)
　　　　2. 소망으로 하나되는 길(남일우 교수)
　　　　3. 사랑으로 하나되는 길(김지자 교수)
- 조직: 대회장 손동수 교수(연합회장, 서울대)
- 참석인원: 200여명

---

5. 제5회 전국대학교수선교대회

- 대학을 복음화하라 | 오산리 국제금식기도원

제5회 선교대회는 1990년 7월 9일부터 11일까지 2박 3일간 오산리 국제금식기도원에서 열렸다. "대학을 복음화하라"는 주제로 전국의 기독교수가 금식을 하며 대회가 진행되었다. 첫째날 개회는 강용옥 목사(대학선교회), 저녁은 강문호 목사(갈보리선교교회), 그리고 둘째날 오후예배는 조용기 목사가(여의순복음교회), 셋째날 폐회는 이증구 목사(서울대학병원 원목)가 말씀을 전했다. 또 둘째날 저녁은 이선행 교수(경북대)와 강석규 총장(호서대)이 간증을 하였다. 그리고 "대학을 복음화하라"는 주제로 최종진 교수(서울신대)가 발제를 하고 분과토의로 이어졌다.

■ 제5회 전국대학교수선교대회

일시: 1990.7.9~7.11
장소: 오산리국제금식기도원
주제: <u>대학을 복음화하라</u>
주관: 전국대학교수선교연합회
- **예배**
  개회: 김용목 목사(대학선교회)
  은혜의시간1: 강문호 목사(갈보리선교교회)
  은혜의시간2: 간증 이선행 교수(경북대), 강석규 총장(호서대)
  둘째날 오후: 조용기 목사(여의도순복음교회)
  파송: 이증구 목사
- **주제발표 | 분과토의**
  발표: 대학을 복음화하라 | 최종진(서울신학대학)
  토론:
  1) 교수가 교수에게 복음을(강원지부, 한만수 교수 | 강원대)
  2) 교수가 학생에게 복음을(충청지부, 남금식 교수 | 목원대)
  3) 학생이 학생에게 복음을(광주지부, 김농오 교수 | 목포대)
- **조직** 연합회장: 손동수(서울대)
- **참석인원:**

성경의 중심은 예수다. 구약은 오실 예수, 신약은 오신 예수, 다시 오실 예수를 기록하고 있다. 강문호 목사(갈보리선교교회)는 "아브라함의 믿음처럼"에서 그의 믿음을 "아브라함의 1/4 믿음, 1/2 믿음, 온전한 믿음"으로 나눈 후, 최고단계의 믿음에 이르도록 권면하였다. 또 명지대 선교회에서 찬양으로 하나님께 영광을 올려 드렸다. 둘째 날은 최종진 교수가 전체 주제인 "대학을 복음화 하라"에 맞추어 발제를 하고, 분과토의로 이어졌다. 모든 기독교인은 "땅끝까지 이르러 내 증인이 되리라". 최종진 교수는 복음화 대상의 특성을 "1)

대학인의 범주: 복음화 대상범위, 2) 기독학생과 불신학생, 3) 대학인의 의식구조 확인"과 같이 3개로 나눈 후, 구체적인 설문조사 데이터를 토대로 대학교수로서의 복음화 자세, 그리고 복음화 방법에 대해 구체적인 방안을 제시하였다. 분과토론은 1) 교수가 교수에게, 2) 교수가 학생에게, 3) 학생이 학생에게 어떻게 복음을 전할 것인가? 로 나누어 한만수(강원대), 남금식(목원대), 김농오(목포대) 교수가 진행을 맡았다.

조용기 목사는 "기도"를 설교 제목으로 말씀을 전했다. 즉 기도란 예수 그리스도의 보배로운 피로 말미암아 하나님을 아버지로 모시게 된 우리들이 아버지에게 드리는 일상적인 대화로 정의를 한 후, 기도의 방법으로 주기도문의 내용을 구체적으로 강해하였다. 그리고 하나님의 "이름"에서 그 명칭에 대해 "야훼 이레, 닛시, 샬롬, 라하, 찌드게누" 등을 설명하였다. 많은 기독교수들이 은혜를 나누었다. 지회마다 무리를 지어 새벽제단을 쌓고, 나라와 민족, 캠퍼스, 개인과 가족의 신앙, 성령 충만을 위해 기도하고 뜨겁게 찬송하였다. 위 3편의 설교 및 발제는 유피엠뉴스 제7호(1990.11.25)를 통해 확인할 수 있다.

한편, KUPM은 1986년 이후, 매년 여름 선교대회에 참석하는 전국 교수들의 수가 늘어나고, 학원복음화의 전국 확대를 위해 연합회 지부 설립에 힘을 기울였다.

■ 전국대학교수선교연합회 지부 설립

- 1988.10.8 전국대학교수선교연합회 대구지부 창립예배
  장소: 순복음대구교회 대성전 | 강사: 손동수 교수(서울대)
- 1989.2.16 광주지역선교회 방문예배
  장소: 광주 한사랑선교회 | 강사: 김장환 목사, 유상근 총장
- 1989,11,8 대전교수선교회 창립예배
  장소: 대전중앙교회 | 강사: 곽선희 목사, 이원설 총장
- 1989,11,14 서울교수선교회 창립예배
  장소: 롯데호텔 | 강사: 정진경 목사
- 1990,5,12 강원교수선교회 창립예배
  장소: 강릉 관동대학 | 강사: 박희남 목사, 유상근 총장

1988년 10월 8일에 대구지역교수선교회 대구지부가 손동수 연합회장(서울대)을 강사로 처음으로 순복음대구교회 대성전에서 창립예배를 드렸다. 그리고 1989년 2월 16일에 광주지회가 광주 한사랑선교회에서 강석규 총장(호서대)과 손동수 연합회장(서울대)을 강사로 창립예배를 드렸다. 1989년 11월 8일에는 대전지회가 대전중앙교회에서 곽선희 목사(소망교회)와 이원설 총장(한남대)을 강사로 창립예배를 드렸다. 1989년 11월 14일에는 서울

지회가 조용기 목사와 정진경 목사(신촌성결교회)를 강사로 창립예배를 롯데호델 사파이이볼룸에서 드렸다. 마지막으로 1990년 5월 12일에 강원지부가 강릉 관동대학에서 박희남 목사와 유상근 총장(명지대)을 강사로 창립예배를 드렸다. 그리고 1990년 2월 22일에 유상근 총장을 강사로 전국지부 임원모임을 명지대 교수회관에서 갖고, 1990년 사업계획안을 채택하였다. 그리고 다소 늦게 호남지부가 1990년 11월 30일에 강석규 총장과 노영심 교수를 강사로 호남신학대학 음악관 강당에서 호남교수선교회 창립예배를 드렸다. 또 대구경북교수선교회는 1991년 2월 5일, 경북대학교 중앙회의실에서 유상근 총장을 강사로 창립예배를 드렸다(UPM뉴스 제7호 1990.11.10, 43-40).

"한 알의 밀이 땅에 떨어져 죽지 아니하면 한 알 그대로 있고 죽으면 많은 열매를 맺느니라(요12:24)". 제5회 선교대회를 준비하며 릴레이 금식이 시작되었다. 그리고 1990년 6월 23일 대회준비 조찬기도회(여의도순복음교회 세계선교센터 7층)에 각 지회 대표들이 함께 참석하였다. 즉 강원지회 한만수(관동대), 충청지회 송기범(대전공대), 대구지회 이선행(경북대), 광주지회 김농오(목포대), 서울지회 김종순(명지대) 교수가 참석하여 전국 모임으로서의 의미를 더 깊게 하였다. 즉 KUPM은 1988년 10월부터 1990년 5월까지 연합회를 중심으로, 강원 서울 대전 대구 광주 지역에 5개 지부를 만들어 학원 복음화를 전국 대학으로 확대할 수 있는 중요한 기반을 만들었다. 그리고 역사를 돌아보면 이 일들을 위해 손동수 연합회장(서울대)과 유상근 총장(명지대), 강석규 총장(호서대) 등이 많은 수고와 헌신을 하였음을 읽을 수 있다. 인간의 능력으로는 할 수 없는 것이 너무나 많다. 그러나 하나님이 함께 하시면 불가능한 것이 없다.

1900년 11월, UPM News 제7호에 의하면 당시 연합회의 임원은 다음과 같다.

■ 1990년 전국대학교수선교연합회 임원

이사장 강석규 총장(서울대)
회장: 손동수(서울대)
강원지회장: 한만수(관동대) | 충청지회장: 정원채(대전전문대) | 대구지회장: 이선행
　　　　(경북대) | 광주지회장: 김농오(목포대) | 서울지회장: 김종순(명지대)
부회장: 정한택(호서대) | 김병우
감사: 김두원(대한선교회) | 최민호(서울대)
간사: 정지웅(서울대) 홍보: 김농오(목포대) | 엄익규(유한공전) 선교: 류무상(유한공전)
조직: 정봉수(국방과학원) 선교: 강지용(이화여대)

또한 각 지회의 임원을 참조로 기록하면 다음과 같다.

- 강원지회 임원

  고문: 백영철(관동대 총장) | 김호근(삼척공전대 학장) | 문선재(강원대 교육대학원장)
  　　　최용한(영동전문대학장)
  회장: 한만수(관동대 대학원장)
  부회장: 송용남(강원대) | 윤익수(관동대) | 유병진(강릉대) | 이상교(삼척공대)
  　　　　정태명(영동전문대) | 배효열(동우전문대)
  총무: 민현식(강릉대) 서기: 심낙순(삼척공대) 회계: 신순옥(영동전문대)
  감사: 김정우(동우전문대)
  (당시 강원지회 주소록에 포함된 교수 수는 총 129명으로, 관동대 49명, 강원대 31명,
  강릉대 16명이었다)

- 충청지회 임원

  회장: 정원채(대전전문대) 부회장: 최덕구(한남대) | 정한택(호서대)
  총무: 송기범(대전공업대) 기획간사: 남금식(목원대) | 채무간사: 송관형(충남대)
  홍보간사: 오기완(대전전무대) 선교간사(배재대)

- 대구경북지회 임원(1991.7.3. 창립총회 현재 | 경북대)

  고문: 김익동 총장(경북대) | 신일회 총장(계명대)
  회장: 정반(계명대), 부회장: 정충영(경북대)
  감사: 신현우(경북산업대) 간사: 송재기(경북대)
  운영위원:
  김인환(대구대과) | 김종문(대구교육대) | 박정윤(영남대) | 손은수(신일전문대) | 신호균(금오공대) |
  안병렬(안동대) | 어수해(영남전문대) | 이병찬(계명대) | 이춘길(경북산업대) | 임용수(영진전문대) |
  정충영(경북대) | 조상국(효성여대) | 최상학(계명전문대)

- 광주전남지부(1992.7 현재)

  회장: 손정규(목포대)
  부회장: 김종일(조선대) | 김용환(순천대) | 송준용(호남대)
  감사: 이정재(광주교대) 총무: 김농오(목포대)

■ 소결(小結)

　　1986년 11월 6일-7일, 제1회 전국대학교수선교대회가 여의도순복음교회에서 처음으로 열렸다. 그리고 1987년 1월 20일에 여의도순복음교회 교수모임인 로고스교수선교회가 중심이 되어 한국대학생선교회(C.C.C), 한사랑선교회, 대학선교회(C.A.M), 서울대학병원 기독봉사회와 연합하여 전국대학선교연합회가 창립되었다. 또 제2회부터 5회 대회까지 오산리 국제금식기도원에서 선교대회가 매년 여름마다 열렸다. 국가의 어려움을 극복하기 위해 미스바의 성회와 같은 마음으로 교수들이 모여 기도를 시작하였다. 인간의 생각만으로

불가능하다. 하나님의 뜻과 긍휼을 구했다. 그리고 "대학을 복음화하라", 캠퍼스 선교를 위해 헌신을 다짐하였다.

또한 연합회의 사역 소식을 공유하기 위해 1988년에 UPM 뉴스를 창간하고, 매년 발행하였다. 선교대회에서 나눈 은혜를 특집으로 다루어 함께 회고할 수 있도록 하였다. 또 하나님께서는 1990년까지 복음이 전국으로 확대되도록 지부를 창립케 하는 은혜를 부어 주셨다. 대구, 광주, 대전, 서울, 강원, 호남의 순으로 지회 창립예배를 드릴 수 있게 하셨다. 그리고 이를 위해 조용기 목사를 포함해 여러 목회자들을 초창기부터 말씀으로 들어 쓰시고, 또 손동수 연합회장 등 귀한 교수들의 헌신을 받으셨다. 아울러 유피엠뉴스 제7호(1990)에 지금까지 진행되어온 과정과 설립 취지와 목적 등을 정리한 내용이 있어 간단히 추가 소개한다.

■ 전국대학 교수선교 연합회(KUPM)의 설립취지와 목적, 경과 과정

1. 취지와 목적

□ 취지

대학은 장래 국가를 이끌어 갈 젊은 세대를 길러내는 준 사회적인 교육기관이다. 그러나 오 늘날 대학이 대학으로서의 기능을 제대로 수행하지 못하고, 학생들의 사상투쟁, 가치관의 혼란, 파격 행동의 전개 등으로 말미암아 오염되고 있다. 이러한 상황에서 많은 학생들이 올바른 인생관, 민족관, 국가관 및 나아가 세계관을 정립조차 못하고 대학생활을 마치는 것도 부인할 수 없는 사실이다. 그러나 대학내에 희망적인 바람이 아직도 뿌리깊게 남아 있다면 기독교 복음이 점차로 학생들에게 전도되어 새로운 삶을 찾는 학생이 많아지고 있다라는 점이다. 각 대학들마다 복음의 횃불이 쉬지 않고 타고 있고 더욱 불타오르고 있는 것은 하나님의 한반도에 주시는 성령의 축복인 동시에 그들에게 열심히 전도하고 있는 대학 내의 선교단체들의 활동이라 할 수 있다.

이들 선교 단체들은 그동안 각기 나름대로의 방법으로 훌륭한 선교전략을 추진하였던 것으로 하나님이 주시는 달란트의 청지기를 잘 감당하여 왔지만 아직도 서로의 선교 정보의 교환이나 연합된 행사로 서로가 하나임을 확인하는 뜻에서이다. 따라서 본 연합회는 대학내에 있는 기독교 단체들이 한마음 한뜻으로 확인하는 공동체적 공감대를 형성하는 데 그 취지를 정하기로 한다.

□ 목적

1. 대학복음화를 통해서 기독교수 및 기독학생들의 신앙의 성장발전을 도모.
2. 각 기독교수간에 유대관계를 통해서 기독학생 지도 및 올바른 학교생활을 하게 함.
3. 간행물을 통해서 본 회의 홍보 및 신앙활동을 소개하며 주기적인 모임을 가짐.

□ 경과보고

지금 우리는 선교 2세기를 맞이하였습니다. 우리나라는 세계 기독교 역사상 일찍고 볼 수 없는 부흥과 복음의 불이 교회마다 직장마다 대학마다 그 열의를 더하고 있습니다. 대학의 복음화 운동은 하나님께서 이 시대에 우리들에게 주어진 지상명령이 아닐 수 없습니다.

본 "전국대학교수선교연합회"는 지난 87년 1월 20일에 로고스교수 선교회가 주축이 되어 지난 86년 11월 6,7일 양일에 걸쳐 제1회 전국 대학교수선교대회를 개최하였습니다. 이때 많은 교수님들과 C.C.C(한국대학생선교회), CAM(대학선교회), 한사랑선교회, 서울대학병원기독봉사회 등의 각 단체들이 학원의 진정한 복음화를 위해서는 기독교수, 기독학생, 기독서클 등이 연합하여 힘을 한데 뭉쳐야 한다는 필요성을 느끼게 되었습니다. 이를 계기를 하여 교파를 초월하여 각 지체들이 그리스도의 사랑으로 연합하여 학원복음화의 가치를 더 높이고자 "전국대학교수선교연합회"를 조직하였습니다.

이후 87년의 정치적 혼란, 학원의 데모 등의 심각한 양상들을 해결할 수 있는 것은 예수 그리스도께 기도하는 것밖에 없음을 자각하고 87년 7월 2일부터 4일까지 제2회 전국대학교수선교대회를 "나라와 민족을 위한 기도회"로 금식성회를 개최하였습니다. 또 88년 1월 22일에는 창립 1주년 기념예배를 드렸으며 광림교회 교수모임인 빌립선교회의 교수님들께서도 협력하여 학원복음화에 헌신하기로 작정하였습니다. 문서선교의 일환으로 전국적으로 기독교수에게 배포될 회보인 유피엠뉴스가 창간되었고, 88년도부터는 격월로 모임과 행사를 갖게 되어 선교에 더욱 적극성을 띄게 되었습니다.

88년 7월 28일부터 30일까지는 제3회 전국대학교수선교대회를 "예수와 한민족의 장래"란 주제하에 모였고, 88년 10월 8일에는 대구지부 창립 예배가 대구에서 개최되었고, 대구에 이어 89년 2월 16일 광주지부 창립예배가 광주 한사랑선교회에서 결성되었습니다. 89년에는 창립 2주년이 되어 김삼환 목사님을 모시고 예배를 드렸고, 89년 7월 10~12일에 걸쳐 "복음, 민족이 하나되는 길"이란 주제로 제4회 선교대회가 개최되었고, 89년 11월 8일 대구, 광주에 이어 충청지부가 결성되어 89년 11월 14일 충청에 이어 서울지부가 결성되어 창립예배를 드렸습니다. 전국대학교수선교연합회 창립 4주년이 되는 90년도에는 창립예배를 드렸고, 2월 22일에는 전국임원 모임이 있었으며, 5월 12일에는 강원도 관동대에서 강원지부 창립예배가 개최되었습니다.

제5회 선교대회는 "대학을 복음화하라"란 주제로 90년 7,9~11일에 걸쳐 이어졌는데 어느 해 보다도 5개 지부에서 많은 교수님들이 협력하고 기도하여 성령충만하고 은혜로운 선교대회를 치를 수 있었습니다. 창립 5주년을 맞고 있는 본 연합회는 5개지부에 소속된 300여 회원들로 구성되어 있으며 앞으로도 계속 지부를 확장시켜 각 지부를 주축으로 교수들의 캠퍼스 복음화 운동이 활성화 수 있도록 유도해 나갈 방침입니다.

[출처] 유피엠뉴스 제7호 1990.11.25, 43-44

제3장 성장기_ 전국확대 순회(1991 ~ 1999)
: 제6-14회 선교대회

1. 제6회 전국대학교수선교대회

– 가서 가르치라(마28:19) | 대전 유성 경하장호텔

1991년 7월 4-5일, 제6회 전국대학교수선교대회가 대전시 유성에 있는 경하장 호텔에서 열렸다. 전국대학교수선교연합회 지부가 강원 서울 대전 대구 광주에 만들어진 이후, 지회에서 주관하는 첫 선교대회이다. 본서는 KUPM 40년사를 기록하며 1991년부터 1999년까지, 즉 이 시기를 성장기라 부르고 있다. 이는 선교대회가 이때부터 지역의 각 대학 캠퍼스를 방문하고, 복음의 지경을 전국으로 크게 넓혔기 때문이다. 선교대회 주최는 전국대학교수선교연합회가 하고, 주관을 충청지회에서 담당하였다. 그리고 대전전문대학, 호서대학교, 한남대학교, 기독교방송국, 극동방송국, 대전C.C.C가 후원으로 대회를 섬겼다.

제6회 선교대회는 "그러므로 너희는 가서 모든 민족을 제자로 삼아 아버지와 아들과 성령의 이름으로 세례를 주고(마28:19)", "가서 가르치라"는 주제로 열렸다. 첫째날 개회예배는 이경원 목사, 저녁에 조용기 목사, 둘째날 아침에 손용헌 목사, 폐회 파송으로 전재국 구세군지방장관이 말씀을 전했다. 유피엠 뉴스 제9호(1992)에 의하면 조용기 목사는 히브리서 4장을 본문으로 "안식에 들어가기를 힘쓸지니", 그 안식은 복음 안에서 믿음으로 말씀에 순종하며 나아갈 때 하나님께서는 주심을 강조하였다.

〈제6회 전국대학교수선교대회(1991. 7. 4-5, 대전 유성 경하장호텔)〉

전체 특강은 "가서 가르치라(마25:19)"는 주제로 신성종 목사(충현교회)가 다음 내용으로 발제를 하고 분과토론으로 이어졌다. 말씀을 주신 분은 예수님이시다. 본문의 "그러므로"는 중요한 의미를 갖고 있다. 하나님의 은혜로 구원을 받았으니, 그러므로 우리는 해야 할 사명이 있다. 하나는 문화명령이요, 다른 하나는 복음전파의 명령이다. 내가 분부한 모든 것을 가르치고 지키게 하라, 이는 기독교 교육의 명령이다. 예수 그리스도를 닮은 제자를 세우고 이를 지키도록 가서 가르쳐야 한다. 그리고 이에 기초해 분과를 교수선교, 학생선교, 직원선교 3개로 나누고 토론이 이어졌다. 또한 그 결과로 교수는 전도자가 먼저 확고한 신앙으로 모범을 보이고, 학생은 적정한 교육자료, 전공과목 연계, 기독동아리 활동, 지원은 신우회 구성 등 다양한 사례의 효과적 복음 전도방법이 제시되었다.

■ 제6회 전국대학교수 선교대회

일시: 1991.7.4~7.5
장소: 대전 유성 경하장호텔
주제: 가서 가르치라(마28:19)
강사: 조용기 목사, 신성종 목사, 이경원 목사, 송용헌 목사, 전재국 지방장관 외
주관: 전국대학교선교연합회 충청지회
- 예배
  개회: 이경원 목사
  은혜의시간1: 조용기 목사
  경건의시간1: 손용헌 목사
  파송: 전재국 구세군지방장관
- 특강: 가서 가르치라(마18:19) | 신성종 목사
  1분과: 교수선교
  2분과: 학생선교
  3분과: 직원선교
- 조직_ 연합회장: 손동수(서울대) | 준비위원장: 정원채(대전전문대학장)
- 참석인원: 155명

선교대회 참석자는 구체적인 명단이 파악되어 유피엠에 등재된 교수만 155명으로 이전보다 크게 증가하였다. 그리고 충청지회 교수 임원외 이사로, 이병익(혜성학원 이사장), 양종대(양내과 원장), 박재학(치과원장), 김용호(화학연구실장), 이기웅(학원이사장), 이주현(대왕스튜디오 대표), 정택상(현대산부인과원장), 이은영(한국일보 대전지사장)이 함께 선교대회를 도왔다.

유피엠뉴스 제8호(1991.7)에 의하면 캠퍼스선교 및 논단으로 다음 글들이 발견된다.

■ 캠퍼스선교 | 논단 (유피엠뉴스 제8호, 1991.7)

전공별 기독교과 연구모임이 필요하다 | 민혁식 교수(강릉대)
성경을 가르치라 | 남금식 교수(목원대)
캠퍼스 선교전략 | 김농오 교수(목포대)
캠퍼스 선교방향과 기독교수의 역할 | 김농오 교수(목포대)
기독교 신앙윤리, 지금은 과연 어떤 때인가 | 유상근 총장(명지대)
여호와 경외가 학문의 근본 | 노영상 교수(호남신학대)

캠퍼스 선교전략에 대한 방법을 포함, 전공별 기독교과 모임이 왜 필요하고, 또 성경을 가르쳐야 하는지, 여호와를 경외하는 것이 왜 학문이 근본이 되는지 오늘날도 공감할 수 있는 내용들이 선배 교수들에 의해 제시되어 있음을 알 수 있다. 그중 일부는 본서 3부에서도 소개한다.

2. 제7회 전국대학교수선교대회
- 땅을 정복하라 | 강원도 강릉 경포비치호텔

제7회 선교대회는 1992년 7월 3일부터 4일까지 1박 2일간 강원도 강릉 경포비치호텔에서 열렸다. 1991년 대전 유성에 이은 두 번째 전국 순회 선교대회이다. 전국대학교수선교연합회가 주최를 하고, 강원지회가 대회를 주관하여 준비하였다. 그리고 관동대학교, 호서대학교, 강원대학교, 삼척산업대학, 영동전문대학, 동우전문대학, 인천내리감리교회, 국민일보, 극동방송국이 후원으로 섬겼다.

주제는 "땅을 정복하라", 창세기 1:28 "낮과 밤을 주관하게 하시고 빛과 어둠을 나뉘게 하시니 하나님이 보시기에 좋았더라"를 본문으로 하였다. 예배는 조다윗 목사(여의도순복음교회), 김삼환 목사(명성교회), 이복희 감독(인천내리감리교회), 유병우 목사, 김수양 목사, 김용사 목사가 메시지를 전했다. 그리고 강석규 총장(호서대)이 "대학 선교전략", 이영덕 총장(명지대)이 "통일 전망과 북한 선교"를 주제로 특강을 하였다. 문선재 총장(강원대)은 "하나님이 부르신 사람들"이라 내용으로 은혜의 간증을 하였다.

UPM뉴스 제9호(1992.7)에 의하면 조용기 목사는 "하나님의 축복과 저주"란 제목으로 다음 메시지를 전했다. 하나님은 우주 만물을 만드시고 보시기에 좋았더라 하며 축복의 말씀을 하셨다. 그런데 모스크바를 다녀오며 보니 그곳은 그렇지 못했다. 이유는 아담의 죄로 인하여 사탄과 마귀가 들어와 저주가 생겼기 때문이다. 러시아는 공산주의 국가이다. 삼중고에 시달려 사람들이 힘들게 사는 것을 보았다. 하나님이 없는 창조 세계는 아름답지 못하다. 그러나 아브라함처럼 하나님께 순종을 하면 놀라운 축복이 따르며, 우리는 예수 그리스도로 인하여 그 축복을 누리고 살고 있다.

■ 제7회 전국대학교수 선교대회

일시: 1992.7.3~7.4
장소: 강원도 강릉 경포비치호텔
주제: <u>땅을 정복하라</u>
강사: 조용기 목사, 김삼환 목사(명성교회), 이복희 감독(인천내리감리교회),
　　　유병우 목사, 김수양 목사, 김용사 목사
주관: 전국대학교선교연합회 강원지회
특강1: 대학 선교전략 | 강석규 총장(호서대)
특강2: 통일전망과 북한선교 | 이영덕 총장(명지대)
간증: 하나님이 부르신 사람 | 문선재 총장(강원대)
조직: 연합회장: 손동수(서울대) | 준비위원장: 한만수(강원지회장, 관동대대학원장)
참석인원:

　그리고 감리교 이복희 감독은 "창조의 신비"란 제목으로 하나님의 창조사역을 찬송하여 그리스도에 대한 복음을 전했다. 태초에 하나님이 천지를 창조하시고 또 빛을 만드셨다. 또 하나님은 궁창을 만들어 물을 만들어 강과 바다를 만들어 농경시대 산업기반을 만드셨다. 또 공기 중 수분을 만드셨다. 그러나 땅과 바다가 오염되고 인류가 위협을 당하는 시대가 되었다. 예수님은 빛으로 오셨다. 길이요 진리요 생명이시다. 우리는 하나님의 말씀대로 살 때 이 우주를 정복하고 살아갈 수 있다. 이것이 하나님이 계획하신 창조의 신비이다.

　또 이어서 강석규 총장(호서대)이 신앙 간증을 포함한 "대학 선교전략", 이영덕 총장(명지대)이 창조질서를 포함한 "통일 전망과 북한 선교"를 주제로 특강을 하였다. 문선재 총장(강원대)은 강원대 교수협의회 회장으로서 "대학 자유화 선언"을 발표 후, 해직의 위기에서 총장이 되기까지, 또 신학을 공부하기까지 하나님의 역사하심을 간증하였다.

　즉 제7회 강릉 경포비치호텔 대회는 준비에서 말씀까지 하나님의 창조 사역을 주제로 한 은혜의 시간이었다. 특히 강원지회, 관동대 강원대 교수들의 준비와 헌신이 눈에 뜀을 알 수 있다. 이러한 강원지회의 부흥이 다시 오기를 40년 역사를 회고하며 새삼 다시 한번 기도드린다.

3. 제8회 전국대학교수선교대회

- 네가 어디 있느냐 | 횃불선교회관(서울 양재동)

제8회 선교대회는 1993년 7월 2일부터 3일까지 1박2일로 서울 양재동에 있는 횃불선교회관에서 개최되었다. "네가 어디 있느냐"는 주제로, 전국대학교수선교연합회 서울지회에서 대회를 준비하였다. 후원은 국민일보, 극동방송, 기독교방송, 창조과학회, 학원복음화협의회, 기독교 21세기 운동본부, C.C.C, CAM이 협력을 하였다.

그리고 첫째날 개회예배는 한경직 목사(영락교회)가 격려사를 하고, 이재창 목사(반포침례교회)가 말씀을 전했다. 저녁에는 조용기 목사(여의도순복음교회)가 말씀을 전하고, 정구영 총장(서울여자대학교)과 정근모 박사(前과기부장관)가 간증을 하였다. 그리고 둘째날 새벽은 이현규 목사(여의도순복음교회 교육국장), 오전은 김삼환 목사(명성교회), 폐회는 김준곤 목사(C.C.C)가 설교를 하였다. 주제발표는 이영덕 총장(명지대)이 "네가 어디 있느냐?"는 내용으로 발제를 한 후, 최재선 교수(중앙대)가 "기독교수와 학생", 이원설 교수(한남대)가 "기독교수와 학문"이란 내용으로 분과 발표를 하였다.

UPM뉴스 제11호(1994.6)에 의하면 조용기 목사는 "하나님과 우리와의 근원적인 관계"에 대해 다음과 같이 의미 있는 메시지를 전했다.

■ 하나님과 우리와의 근원적인 관계 | 조용기 목사

하나님은 우리의 주인 되시며 절대 주권을 갖고 계신 분입니다. 알파와 오메가요, 처음이요 나중이시며, 유일무이한 주권자이십니다. 하나님의 주권에 이의를 제기하고 대결을 하려 하는 것은 사탄이 하는 일입니다. 우리는 그 주권 행사를 포기해야 합니다. 예수님도 광야 40일 동안 사탄을 물리치시고, 겟세마네 동산에서 "내 뜻대로 마옵시고 아버지의 뜻대로 하옵소서" 하며 순종하였습니다. 아브라함을 보십시오. 하나님이 축복하시는 사람은 반드시 자기의 주권 행사가 깨어질 때까지 깨뜨립니다. 우리와 하나님의 관계는 첫째, 주인과 종의 관계입니다. 둘째, 양과 목자의 관계입니다. 셋째, 토기장이와 진흙의 관계입니다. 넷째, 신랑과 신부의 관계입니다. 이것이 하나님과 우리와의 근원적인 관계입니다.
* UPM 뉴스 제11호(1994.6), 8-19

본서의 제목이 "하나님의 주권"이다. KUPM의 역사 40년을 써 나가지만 그 스토리가 하나님의 주권 아래 있어야 한다는 뜻이다. 하나님의 계획과 섭리, 그리스도의 사역을 부정하는 40년 역사라 있을 수 없다. 또 파송 예배로, 김준곤 목사는 "베드로 신앙의 5단계"로 구분해 다음 메시지를 전했다.

■ 베드로 신앙의 5단계 | 김준곤 목사

베드로 신앙을 다음 5개로 나누어 보고 싶습니다.

첫째는 만남의 계단으로, 예수님을 만나 그물을 버리고 즉시 따랐습니다. 둘째는 믿음의 계단으로, 예수님의 질문에 "주는 그리스도시오 살아계신 하나님의 아들이시니이다"라 신앙고백을 하였습니다. 셋째는 사랑의 고백으로, 예수님을 3번 부인한 후 물었을 때, "제가 사랑하는 것을 주께서 아신다" 하였습니다. 그리고 미지막은 순교 단계로, 스스로 "내가 가겠나이다" 자수하여 십자가에 거꾸로 매달려 못 박혀 죽었습니다.

여러분은 어떤 단계의 신앙이십니까? 여호와 하나님을 우리의 하나님으로 삼고, 예수 그리스도를 우리 민족의 주로 삼으며, 신구약을 우리 민족의 신앙과 행위의 표준으로 삼고, 또 대학에서 제자를 키우는 여러분이 되시길 바랍니다.

* UPM 뉴스 제11호(199.6), 20-30

■ 제8회 전국대학교수 선교대회

일시: 1993.7.2~7.3
장소: 횃불선교회관(서울 양재동)
주제: 네가 어디 있느냐
주관: 서울지회 | 주최: 전국대학교수선교연합회

- **예배**
  개회: 격려사_한경직 목사, 이재창 목사(반포침례교회)
  은혜의시간1: 조용기 목사(여의도순복음교회)
  경건의시간1: 이현규 목사(여의도순복음교회 교육국장)
  2일오전1: 김삼환 목사(명성교회)
  파송: 김준곤 목사(한국대학생선교회)
- **간증 | 주제발표**
  간증1: 정구영 총장(서울여대)
  간증2: 정근모 박사(前과학기술처 장관)
  주제발표와 분과토의1: 네가 어디 있느냐? | 이영덕 총장(명지대)
  주제발표와 분과토의2: 기독교수와 학생 | 최재선 교수(중앙대)
  주제발표와 분과토의3: 기독교수와 학문 | 이원설 교수(한남대)
  특순1: 찬양 도쏠콘서트콰이어, 예가회 문재숙, 두나미스 율동팀
- **조직_**
  연합회장: 손동수(서울대) 대회장: 김종순 부회대장: 이성교, 정한택, 홍웅선
  조직위원장: 김두원 | 준비위원장: 이규식 | 실행위원장: 엄익규 | 총무: 송세호
  지회장: 서울: 김종순 | 광주: 송정규 | 대구: 이택순 | 충청: 정원채 | 강원: 한만수
  협동총무: 강철승 김농오 김지자 송기범 이선행 이선희
- **참석인원:**

KUPM의 설립 이후, 정착을 이루기까지 조용기 목사와 김준곤 목사가 말씀을 통해 미친 영향은 매우 크다.

그리고 주제발표는 국부총리를 지낸 이영덕 총장(명지대)이 "네가 어디 있느냐"? 라는 주제로 발제를 하였다.

■ 네가 어디 있느냐? | 이영덕 총장(명지대)

에덴동산에 하나님께서 아담에게 "네가 어디 있느냐?" 하신 것처럼 여러분에게 물으신다면 무어라 답을 하시겠습니까? "예, 제가 여기 있나이다" 하실 수 있겠습니까? 우리는 첫째, 예수 그리스도의 복음을 듣고 믿음으로 사는 크리스찬입니다. 택하신 족속이요 왕 같은 제사장입니다. 기독교 신앙을 학문과 연결해 탐구하고 가르쳐야 할 위치에 있습니다. 학원에서 크리스찬 선교사의 역할을 매우 중요합니다. 때를 얻든지 못 얻든지 의도적으로 복음을 전해야 합니다. 말씀을 통해 기쁨의 근원이 되어야 합니다. 또 이를 위해서는 경건의 생활이 중요합니다. 하나님께서 물으셨을 때 "제가 여기 있나이다" 말할 수 있는 여러분 되시길 바랍니다.
* UPM 뉴스 제11호(1994.6), 42-46

또 선교대회는 "여호와께서 집을 세우지 아니하시면 세우는 자의 수고가 헛되다"는 제목으로 정구영 총장(서울여대), "목자이신 하나님의 은혜"를 주제로 정근모 박사(前과학기술처 장관)가 각각 은혜의 간증을 하였다. 정근모 박사의 간증은 본서 3부에 수록되어 있다.

4. 제9회 전국대학교수선교대회
- 내가 너희를 택하여 세웠나니(요15:16) | 대구대학교

제9회 전국대학교수선교대회는 1994년 7월 7일부터 9일까지 2박 3일간, 대구대학교 경산캠퍼스 내 영광교회에서 "내가 너희를 택하여 세웠나니(요15:16)"란 주제로 열렸다. 전국대학교수선교연합회가 주최를 하고, 대구경북교수선교회(회장 김명한, 경북대)가 준비를 한 대회로 전국에서 500여명의 기독교수가 모여 은혜의 시간을 가졌다. 후원은 대구경북 기독실업인연합회, 대구기독교방송국, 국민일보, 매일신문에서 협력을 하였다. 대구대학교는 1946년에 이영식 목사가 대구맹아학교를 세운 것을 시작으로, 1956년에 설립된 종합사립대학교이다. 현재 약 18,000명의 학생이 재학 중이며, 경산캠퍼스와 대명동캠퍼스가 있다.

선교대회 순서는 첫째날 개회예배로 김덕신 목사(대구동부교회)가 "지성과 소명"(빌3:4-14), 저녁 은혜의시간으로 김진홍 목사(두레교회)가 "크리스천 교수의 역사적 사명"(사58:12)란 주제로 말씀을 전했다. 둘째날은 새벽 경건의시간에 배내윤 목사(대구대 영광교회), 저녁 은혜의시간에 조용기 목사(여의도순복음교회)가 "기도하는 법"으로 말씀을 전했다. 그리고 셋째날 새벽 경건의시간은 김정일 목사(대구 대봉교회), 폐회 파송예배는 김삼환 목사(명성교회)가 "우리의 믿음은 오직 예수"라는 제목으로 주의 말씀을 대언하였다.

■ 제9회 전국대학교수 선교대회

일시: 1994.7.7~7.9
장소: 대구대학교 경산캠퍼스 영광교회
주제: <u>내가 너희를 택하여 세웠나니(요15:16)</u>
주관: 대구경북교수선교회 | 주최: 전국대학교수선교연합회

- **예배**
  개회: 김덕신 목사(대구동부교회)
  은혜의시간1: 김진홍 목사(두레교회)
  은혜의시간2: 조용기 목사(여의도순복음교회)
  경건의시간1: 배내윤 목사(대구대 영광교회)
  경건의시간2: 김정일 목사(대구 대봉교회)
  파송: 김삼환 목사(명성교회)
- **특강 | 주제발표 | 간증**
  특강1: 기독자의 역사적 소명 | 민경배 교수(연세대)
  특강2: 이시형 (서울고려병원장)
  주제발표: 교육 김정성(대구대) | 전도 송기범(대전산업대) | 봉사 한만수(관동대)
  종합토의: 교육 김농오 | 전도 김윤상 | 봉사 남금식
  간증1: 권안나 목사(LA 밀알교회)
  간증2: 윤한식 석좌교수(KAIST)
- **특순1:** 대구합창단, 할렐루야 선교중창단, 교수연합성가대, 홍순관의 하늘 노래
- **조직**
  연합회장 손동수 | 대회장: 김명한 | 부대회장: 김문웅 임용수 배원호
  준비위원장: 이병찬 | 부준비위원장: 이상규 조상국
  총무: 송재기 | 기록: 이춘길 | 재정: 신호균 | 진행: 김의명
- **참석인원:** 500여명

주제발표는 민경배 교수(연세대)가 "기독자의 역사적 사명"(사43:10-12)으로 발제하였다. 그리고 분과토의로 교육을 주제로 김정성 교수(대구대), 전도를 주제로 송기범(대전산업대), 봉사를 주제로 한만수(관동대)가 각각 발표를 하였다. 그리고 신앙간증으로 첫날 저녁은 권안나 목사(로스앤젤레스 밀알교회), 둘째날 저녁은 윤한식 석좌교수(한국과학기술원)가 은혜의 신앙고백을 하였다. 또 서울고려병원 이시형 원장의 특별강좌가 있었으며, 특순으로 홍순관 집사의 찬양집회와 한국 에스더 코럴, 대구장로합창단, 할렐루야 선교중창단이 예배마다 찬양으로 하나님께 영광을 울려 드렸다.

대구경북지회 교수들이 대구에서 처음 열리는 선교대회를 위해 준비를 많이 하였다.

그리고 첫째날과 둘째날 저녁예배를 은혜의시간으로, 둘째날과 셋째날 새벽예배를 경건의 시간으로 변경하였으며, 이는 2020년 코로나 팬데믹 상황이 발생하기 전까지 선교대회 전체 구성을 정착화시키는 기여를 하였다. 다음은 대회장을 맡은 대구경북교수선교회 회장 김명한 교수(경북대)가 유피엠 뉴스 제11호에 쓴 후기 요지의 일부이다(UPM뉴스 제12호 1995.6.30.7).

■ 제9회 전국 대학교수 선교대회를 마치고.. | 김명한 교수(경북대)

1994년 7월 7일부터 9일까지 3일간 대구대학교 영광교회에서 개최된 제9회 전국대학교수 선교대 회가 성황리에 끝날 수 있도록 해 주신 하나님께 감사를 드리며, 대회를 주관한 대구경북대학교수선 교회 임원과 준비위원장, 위원들께 감사를 드린다. 지난 여름은 유난히 무더웠다. 섭씨 37-38도의 무더위였다. 그러나 서울, 강원, 충청, 전라, 경남, 부산 등 전국에서 참석한 교수님들과 함께한 선교대회 열기는 더위를 극복하기에 충분하였다.

선교대회를 위해 준비위원들이 3월부터 대회직전까지 매주 토요일마다 아침 기도회로 모여, 준비 과정을 점검하였다. 대회에 등록 교수가 300여명이다. 저녁 집회 미등록 인원까지 합치면 500여명 이 된다. 역대 어느 선교대회보다도 참석자가 많다. 프로그램도 좋았다는 평가이다. 무더위 속에서 도 준비위원 모두가 합심하여 열심히 노력해 주신 덕분이다.

이번 대회 주제는 "내가 너희를 택하여 세웠나니"(요 15:16)이다. 기독교수의 주어진 사명을 불러일 으키기에 좋은 주제였다. 대회 기간 동안 말씀을 전해주신 대구동부교회 김덕신 목사님, 김진홍 목사님, 조용기 목사님, 김삼환 목사님께 감사를 드린다. 또 특강을 해 주신 연세대 민경배 교수님, 불편한 몸을 딛고 목회자로 성공한 권안나 목사님, 연구로 인정받은 윤한식 석좌 교수님의 간증은 참석한 모두에게 감화를 주었다. 한국에스더코럴, 대구장로합창단, 사랑의 부부합창단 홍순관 집사 의 찬양과 은혜로운 하늘노래에도 감사드리며, 특강을 해 주신 이시형 원장님께도 감사드립니다.

5. 제10회 전국대학교수선교대회

- 희년·통일-하나되게 하소서 | 오산리 최자실기념 금식기도원

제10회 전국대학교수선교대회는 1995년 7월 6일부터 8일까지 2박 3일간, 오산리 최자 실기념금식기도원에서 3백여명 교수들이 모여, "희년· 통일-하나되게 하소서"를 주제로 열렸다. 전국대학교수선교연합회(회장 손동수, 서울대)가 주최를 하였다. 후원으로 국민일 보, 극동방송, 기독교방송, 창조과학회, 학원복음화협의회, 기독교 21세기 운동본부, C.C.C, CAM이 협력을 하였다.

선교대회 순서는 첫째날 개회예배로 김동호 목사(동안교회)가 "나라를 살리는 길"(창 12:1-4), 저녁 은혜의시간으로 박조준 목사(갈보리교회)가 "주 예수께 받은 사명"(행

20:17-24)을 주제로 말씀을 전했다. 둘째날은 새벽 경건의시간에 김양수 전도사, 오후예배에 이동원 목사(지구촌교회)가 "통일 지향적인 리더쉽과 평화의 사명"(겔37:15-23), 저녁 은혜의시간에 김삼환 목사(명성교회)가 "오직 성령"(롬13-8)이란 제목으로 말씀을 전했다. 그리고 셋째날 새벽 경건의시간은 윤수강 목사(오산리 금식기도원), 폐회는 송자 총장(연세대)이 말씀을 전했다.

■ 제10회 전국대학교수 선교대회

일시: 1995.7.6~7.8
장소: 오산리 최자실기념 금식기도원
주제: <u>희년 통일-하나되게 하소서</u>
주관: 서울경인지회 | 주최: 전국대학교수선교연합회
- **예배**
  개회: 김동호 목사(동안교회)
  은혜의시간1: 박조준 목사(갈보리교회)
  은혜의시간2: 김삼환 목사(명성교회), 주정의 목사(여의도순복음교회, 성령대망회)
  경건의시간1: 김양수 전도사
  경건의시간2: 윤수강 목사(최자실기념 금식기도원 부원장)
  2일오후: 이동원 목사(지구촌교회)
  파송 | 종합토의 및 결과발표: 송자 총장(연세대)
- **주제발표/특강/간증**
  주제발표: 이규호 총장(순신대, 前문교부장관)
  특강1: 통일과 교육 | 경북 배원호(금오공대) 신호균(금오공대)
  특강2: 통일과 선교 | 충청 한규영(충북대) 이종철(서원대)
  특강3: 통일과 문화 | 강원 윤익수(관동대) 유병진(강릉대)
  간증1: 나겸일 목사(주안장로교회)
  간증2: 황수관 교수(연세대 의대, 건강)
- **조직**
  연합회장 손동수 | 대회장: 김명한 | 부대회장: 엄익규 김영기 유원대
  준비위원장: 이규식 | 총무: 원호연 | 협동총무: 김종명 송재기 송관형 김농오
  노용숙 최진탁
  실행위원: 김영기 강무진 송세호 이선희 이경희
- **참석인원**: 300여명

주제발표는 이규호 총장(순신대)이 "하나되게 하소서-통일은 어떻게"란 내용으로 발제하였다. 그리고 분과토의로 통일과 교육을 주제로 배원호(금오공대), 통일과 선교를 주제로 한규영(충북대), 통일과 문화를 주제로 윤익수(관동대) 교수가 사회를 맡아 진행하였다. 그리고 신앙간증으로 나겸일 목사(주안장로교회)가 "죽음에서 나를 건지신 주님"(계2:10), 황수관 교수(연세대)가 "주안에서 건강으로 가는 길"(요삼2)이란 내용으로 간증을 하였다.

　　다음은 제10회 전국대학교수선교대회 후기로 박주훈 교수(호서대)가 유피엠 1996년에 쓴 글을 발췌한 것이다. 은혜의 내용들이 자세히 기록되어 있다.

■ 10회 전국대학교수선교대회를 다녀와서 | 박주훈 교수(호서대)

"희년 통일하나되게 하소서"라는 주제로 제10회 전국대학교수선교대회가 1995년 7월 6일(목)~8일(토)까지 경기도 파주군 조리면 오산리에 소재하는 오산리 최자실기념 금식기도원에서 300여명의 교수가 참석한 가운데 열렸다. 전국대학교수선교연합회가 주최하고, 국민일보, 극동방송, 기독교방송, C.C.C, 창조과학회, 학원복음화협회, CAM, 기독교 21세기운동본부가 후원을 하였다.

7월 6일 13시경에 기도원에 도착하여 등록을 마치고 사랑의 집과 세계선교센타에 있는 숙소의 방배정을 받았다. 14시 30분경 벧엘성전에서 찬양을 시작, 15시에 개회예배를 드림으로 2박 3일 일정의 문을 열었다. 이규식 교수(순신대)의 사회로 시작하여 서용원 교수(호서대)의 기도, 윤한식 교수(KIST)가 성경봉독을 한 후, 김동호 목사(동안교회)가 창세기 12장 1-4절을 본문으로 "나라를 살리는 길"이란 말씀을 전했다. 개회예배 후 17시부터 강무진 교수(덕성여대)의 사회로 친교시간이 있있다. 손동수 연합회장(서울대)이 인사를 하고, 각 지역과 선교회의 활동사항 소개 후 친교 시간을 가졌다.

19시부터 저녁식사 시간이 주어졌다. 1988년 선교대회 때는 2박 3일 동안 완전금식을 하였는데, 이번은 교수들의 자유의사에 맡겼다. 저녁식사 후 30분간 찬양을 한 후 22시까지 박조준 목사(갈보리교회)가 사도행전 20장 17-34절을 본문으로 "주 예수께 받은 사명"이란 제목의 말씀을 전했다. 우리 교수들은 학문을 가르침과 동시에 복음을 전하는 증인으로서 삶을 살아야 하기 때문에 특별히 사명감이 있어야 한다. 사명의 자세는 1) 적극적이고 긍정적인 삶, 2) 하나님의 약속을 믿는 삶, 3) 목표가 분명한 삶 4) 신념이 있는 삶, 5) 능력을 개발하는 삶. 6) 최선을 다하는 삶이다. 저녁예배를 마치고, 각자 숙소에서 친교 시간을 가졌다.

둘째날, 5시에 기상하여 세면을 하고, 6시에 새벽예배에 참석하였다. 기도원의 산뜻한 공기를 듬뿍 마시며, 성전에 도착해 김양수 전도사의 말씀을 "온전한 성도의 삶"(요21:15-23)이란 제목으로 들었다. 은혜의 시간이었다. 7시30분에 아침식사를 하고, 9시부터 나겸일 목사(주안장로교회)의 신앙간증이 있었다. 계시록 2장 10절에 본문으로 구원에 관한 하나님의 역사와 간암진단 후 3일안에 사망할 것이라는 선고 속에 기적으로 깨끗함을 얻은 현대의학으로는 이해되지 않는 간증이었다. 이어서 황수관 교수(황수관)가 "주 안에서 건강으로 가는 길"이란 제목으로 세세한 예화와 설명을 하여서 주시는데 어찌나 달변이고 멋이 있는지 참석한 300여명의 교수들이 마음껏 울고 웃었다. 12시부터 30분까지 개인기도 시간이 주어졌다. 각자 숙소와 기도굴, 산속, 성전 등에서 하나님과 깊은 교제의 시간을 가진 후 13시 30분부터 점심식사를 했다.

14시부터 한만수 교수(관동대)의 사회로 오후예배에 이동원 목사(지구촌교회)가 에스겔 37장 15-23절을 본문으로 "민족 통일의 과제"에 대한 말씀을 전했다. 우리에게 주어진 통일 과제가 무엇인지, 어떻게 대처하여야 할지를 묻는 은혜의 시간이었다. 16시 30분부터 이번 선교대회 주제인 "희년·통일 하나되게 하소서"에 대해, 이규호 총장(순신대)이 주제발표를 하였고, 각 분과별로 토의 시간을 가졌다. 1분과는 배원호 교수(금오공대)의 사회로 "통일과 교육", 2분과는 한규영 교수(충북대)의 사회로 "통일과 선교", 3분과는 윤익수 교수(관동대)의 사회로 "통일과 문화"에 대한 심도 깊은 토의가 이루어졌다.

19시에 저녁식사를 하고 찬양 후 20시부터 저녁예배, 김삼환 목사(명성교회)가 "오직 성령! 왜 성령이어야 하는가"(행1:3-8)란 제목으로 말씀을 전했다. 1) 예수님께서 승천하시기전 마지막으로 성령을 주셨다. 2) 하나님의 일을 성령이 모두 한다. 3) 성령은 하나님이 주신 최고의 선물이다. 4) 예수님이 승천하신 후 성령은 누구나 받을 수 있다. 5) 성령은 내 안에 오시는 분이다. 6) 성령 세례를 받아야 한다. 7) 심령으로 거듭나야 한다. 8) 성령은 우리에게 권능을 받게 하신다. 9) 성령은 예수 그리스도를 믿어 구원을 이르게 한다. 10) 성령은 마땅한 길로 우리 삶을 인도하신다. 11) 성령은 마귀를 대적한다. 12) 성령은 좋은 사명을 감당하게 하신다. 13) 성령은 우리에게 기쁨을 주신다 라는 은혜의 말씀을 선포하였다.

이어서 22시부터 주정의 목사(여의도순복음교회)가 성령대망회를 인도하였다. "하나님의 문이 열릴 때"(막7:31-37)라는 제목으로 1) 찬양할 때 2) 기도할 때 3) 성령이 임할 때에 하늘 문이 열릴 것이라는 말씀을 선포한 후 함께 통성기도를 하였다. 늦은 밤 숙소에 돌아와 씻고 잠을 청하니 자정이 훨씬 넘은 시간이었다.

셋째날, 깊은 잠 속에서 눈을 떠 보니 아침 5시, 통일동산에서 새벽예배 및 통일기도회를 갖는다 하였다. 버스를 타고 모두 통일동산에 도착했다. 통일동산 관람장에서 임진강 넘어 선전용으로 지은 북녘땅 아파트와 주택단지를 바라보며, 원호연 교수(호서대)의 사회로 정한택 교수가 기도를 하고, 윤수강 목사(기도원 부원장)가 "구하라! 주실 것이요!"(마7:7-12)란 제목의 말씀을 전했다. 1)통일을 위한 민족 복음화, 2) 남과 북의 지도자, 3) 통일 후의 문제에 대한 대처 등에 대해 30분간의 통성기도를 하였다. 아침에 기도원에 돌아와 식사를 한 후, 송자 총장(연세대)이 마태복음 20장 26-28절을 본문으로 한 1) 국가 발전에 도움이 되는 대학 2) 세상 사람을 섬기며 더불어 살 수 있는 학생을 대학이 어떻게 육성하겠는가, 3) 우리 교수들이 섬김을 받으려 말고 작은 예수인 학생을 섬기면 학생 위주의 교육을 실천해야 한다는 요지의 메시지를 전했다. 이어서 분과토의에서 논의된 내용의 요약 발표가 있었다. 이어서 강석규 총장(호서대)의 인사와 김종순 대회장의 폐회선언으로 제10회 전국대학교수선교대회의 막이 내려졌다.

참석한 모두에게 하나님의 은총이 가득하고, 성령충만하며 은혜 가득한 교수선교대회였다. 내년 제11회 선교대회에는 더욱 많은 교수들이 참가해, 하나님과 깊은 관계를 맺을 수 있기를 기대해 본다. 선교대회를 위해 열심히 준비하신 대학교수선교연합회 임원 모두에게 감사드리고, 하나님의 크신 은총이 함께 하시길 기도 드린다.

* 유피엠뉴스 1996.6.30. 103-104

6. 제11회 전국대학교수선교대회

- 내 안에 사신 예수 그리스도 | 교원대학교

제11회 전국대학교수선교대회는 1996년 7월 4일부터 5일까지 1박 2일간, 충청북도 청주시에 있는 한국교원대학교에서 "내 안에 사신 예수 그리스도-기독교수의 영적 생활(갈 2:20)"이란 주제로 열렸다. 전국대학교수선교연합회가 주최를 하고, 충청지회(회장 송기범, 대전공업대)가 주관하여 준비를 하였다. 한국교원대학교(韓國敎員大學校, Korea National University of Education)는 대한민국의 국립 종합교원양성대학이다. 충청북도 청주시에 있으며, 고등교육법 제43조와 대통령령인 한국교원대학교 설치령에 근거해 1984년 설립되었다. 현재 학부 약 2400명, 대학원 약 3,200명의 학생이 재학하고 있다.

선교대회 순서는 첫째날 송기범 11회 대회장의 인사와 우종옥 총장(한국교원대학교)의 축사에 이어, 개회예배로 민병억 목사(복대교회)가 "평강의 길로 가라"(사 48:17-22), 저녁 은혜의시간으로 조용기 목사(여의도순복음교회)가 "광야에 계시는 예수님"(요6:1-13)이란 주제로 말씀을 전했다. 둘째 날은 새벽 경건의시간에 주서택 목사(C.C.C)가 "조심해야 될 신앙의 영역들"(고전 3:10-15), 폐회예배에 이석희 목사(제일감리교회)가 "현대인의 결핍"을 주제로 말씀을 전했다.

■ 제11회 전국대학교수 선교대회

일시: 1996.7.4~7.5
장소: 충북 청주시 교원대학교
주제: 내 안에 사신 예수 그리스도 -기독교수의 영적생활 (갈2:20)
주관: 전국대학교수선교연합회 충청지회
강사: 조용기 목사, 김진홍 목사, 민병억 목사, 옥한흠 목사, 주서택 목사, 이석희 목사,
　　　 김영길 총장, 이용한 원장

- 예배
  개회: 평강의 길로 행하라(사48:17-22) | 민병억 목사(복대교회)
  은혜의시간1: 조용기 목사(여의도순복음교회)
  경건의시간1: 조심해야 될 신앙의 영역들(고전3:10-15) | 주서택 목사(C.C.C 총무)
  파송: 현대인의 결핍(암8:11-14) | 이석희 목사(제일감리교회)
- 특강 | 분과토의
  특강1: 지성인이 추구해야 될 건전한 영성에 대한 재고찰 | 옥한흠 목사(사랑의교회)
  특강2: 21세기를 향한 신 인재 교육 | 김영길 총장(한동대)
  특강3: 성경과 건강 | 이상용 원장(용한한의원)
  특강4: 김진홍 목사 | 시세를 분별하는 사람 | 김진홍 목사(활빈교회)
  분과토의1: 기독교수의 영적 생활 저해요인과 대책 | 이상직 교목(호서대)

분과토의2: 대학에서 진리 교육을 어떻게 할 것인가? | 김광태(충남대)
분과토의3: 각 대학의 기독교수회의 활성화 방안 | 김영기(이화여대)
종합토의 및 발표: 내 안에 사신 그리스도- 기독교수의 영적 생활 | 한규영(충북대)
특순1: 성무(聖舞) 사랑을 노래함
- 조직_
연합회장 손동수 | 대회장: 송기범 | 부대회장: 김광휘
준비위원장: 한규영 | 총무: 이종철 | 서기 기록 : 장인수 | 회계: 이대승 | 예배 헌금: 남금식
위원: 정장식 김판욱 권순식 김진국 박희숙 김광휘 김범종 김용승 김광현 정상진 조한희
　　　남청 오주원
실행위원: 강신우 권순식 김두원 김명한 김옥태 김용찬 김주읍 박주훈 송정규 신헌재 육창수
　　　　　이상윤 이선희 이성교 이택순 전순동 정상진 정원세 정한택 한만구 홍웅선
- 참석인원:

주제 특강은 "내 안에 사신 예수 그리스도-기독교수의 영적 생활(갈2:20)"이라는 전체 주제에 맞추어, 첫째날 옥한흠 목사(사랑의교회)가 "지성인이 추구해야 될 건전한 영성에 대한 재고찰"(빌3:4-14), 둘째날 김진홍 목사(활빈교회)가 "시세를 분별하는 사람(왕상 12:32)"이란 제목으로 발제를 하였다. 그리고 김영길 총장(한동대)이 "21세기를 향한 신인 재 교육", 이상용 원장(용한한의원)이 "성경과 건강"을 주제로 특강을 하였다. 또 분과토의로 이상직 목사(호서대)가 "기독교수의 영적 생활 저해요인과 대책", 김광태 교수(충남대)가 "대학에서 진리 교육을 어떻게 할 것인가?", 김영기 교수(이화여대)가 "각 대학의 기독교수회의 활성화 방안"을 발표하였다. 그리고 마지막 종합토론으로 한규영 교수(충북대)가 "내 안에 사신 그리스도 -기독교수의 영적 생활"을 발표, 기독교수들의 학원 복음화 사역과 관련한 구체적인 내용들에 대한 토의가 이루어졌다.

그리고 국민일보 기사(1996.7.1)에 의하면 이러한 선교대회 준비와 관련해 손동수 연합 회장(서울대)은 당시 다음과 같은 소회를 밝혔다.

■ 대학교수선교대회 준비 중인 손동수 연합회장

제 11회 전국대학교수선교대회가 4,5일 청주시 한국교원대학교에서 전국의 기독인 교수들이 대거 참석한 가운데 열린다. 대회를 준비하고 있는 선교연합회장 손동수 교수(서울대)는 "학원복음화를 위해 기독인 교수가 적극 나설 수 있도록 이번 대회를 통해 모든 힘을 결집시켜 나갈 것"이라고 밝혔다. 특히 손 회장은 통일을 대비, 기독인 교수들이 북한 대학의 교수현황 및 연구실적, 운영실 태, 학문수준, 학생현황 등에 대한 총체적 정보를 효과적으로 종합 분석할 수 있는 연구소를 금명간 개소할 것이라고 밝혔다. 연구소의 개소는 통일 이전에 남한의 기독인 교수와 북한대학과의 교류를 활발히 진행시켜 다가오는 통일시대의 초석을 마련하겠다는 의도에서 비롯된 것이다.

전국 각 대학의 기독인 교수 500여명이 가입된 대학교수선교연합회는 10여 년 전부터 "사회정의와 대학복음화"라는 진보와 보수 양쪽을 겨냥, 오늘에 이르렀다는 것이 손 회장의 설명이다. 손 회장은 "교단에서 통일을 실질적으로 준비하기 위해 기독인 교수는 그 어느때 보다 영적 긴장을 요구받고 있다"며 따라서 "4일 충북에서 열리는 교수선교대회에서 이 같은 요구를 충분히 충족시킬 수 있도록 할 것"이라고 말했다.

대학교수선교연합회는 지난 80년 2월 여의도순복음교회 내 기독인 교수들의 모임인 로고스교수선교회가 그 모체이다. 로고스선교회교수들은 당시 정치적으로 암울했던 시기에 기독인 교수들이 힘을 결집시켜 신앙적 책임을 다해야 한다는데 뜻을 같이 하고, 86년 11월 초교파적으로 기독인 교수선교대회를 가진 뒤 이듬해 1월 전국 대학교수선교연합회를 발족시켰다.
이들 교수는 매년 선교대회를 각 지방에서 가졌으며, 주제 또한 당시 시대적 고민을 반영한 "민족복음화는 학원복음화로 부터"(1986년), "민족이 하나되는 길"(1989년), "네가 어디 있느냐"(1993년), "희년 통일 하나되게 하소서"(1995년)등으로 잡았다고 손 회장은 밝혔다.
이번 대회는 4,5일 "내 안에 사신 그리스도, 기독인 교수의 영적 생활"이란 주제로 충북 청주시 한국교원대학교에서 열린다. 전국 기독인교수 400여명을 대상으로 치러진다. 조용기, 옥한흠, 김진홍 목사와 김영길 한동대 총장 등 국내 중진급 목회자와 교수 10 여명이 특별강사로 나선다

* 출처 국민일보, 1996.7.1

7. 제12회 전국대학교수선교대회
- 주의 길을 곧게 하라(요1:23) | 한동대학교

제12회 전국대학교수선교대회는 1997년 7월 10일부터 11일까지 1박 2일간, 경상북도 포항시에 있는 한동대학교에서 "주의 길을 곧게 하라"(요1:23)는 주제로 열렸다. 전국대학교수선교연합회(회장 손동수, 순신대 총장)가 주최를 하고, 대구경북대학교선교회(회장 김문웅)가 주관하였다. 한동대학교(韓東大學校, Handong Global University)는 경상북도 포항시 북구 흥해읍에 위치한 기독교 사립대학교이다. 1994년에 설립되었고, 초대총장으로 김영길 박사가 취임하였다. 현재 학부 약 3900명, 대학원 약 400명의 학생이 재학하고 있다.

선교대회 순서는 첫째날 12회 대회장인 김문웅 교수의 사회를 시작으로, 개회예배는 이상근 목사(대구제일교회)가 "평강의 길로 가라"(사48:17-22), 저녁 은혜의시간은 김준곤 목사(C.C.C)가 "광야에 계시는 예수님"(요6:1-13)이란 주제로 말씀을 전했다. 둘째날은 새벽 경건의시간에 김광웅 목사(포항제일교회)가 "조심해야 될 신앙의 영역들(고전 3:10-15), 폐회는 강석규 총장(호서대)가 "현대인의 결핍"을 주제로 말씀을 전했다.

■ **제12회 전국대학교수선교대회**

일시: 1997.7.10~7.11
장소: 한동대학교
주제: <u>주의 길을 곧게 하라(요1:23)</u>
주관: 대구경북교수선교회
- **예배**
  개회: 이상근 목사(대구제일교회)
  은혜의시간1: 김준곤 목사(한국대학생선교회)
  경건의시간1: 김광웅 목사(포항제일교회)
  파송: 강석교 총장(호서대)
- **주제발표 | 특강 | 간증**
  주제발표1: 김동호 목사(동안교회)
  주제발표2: 서정오 목사(동숭교회)
  특강: 김순권(경북대 국제농업연구소 소장, 옥수수 박사)
  간증1: 조상국 교수(우즈베키스탄 선교사)
- **조직**
  대회장: 손동수(연합회장, 순신대 총장) | 김문웅(대국경북교수선교회장)
  부대회장: 남원식 이인자 정충영
  준비위원장: 이기부(대구경북교수선교회 부회장) | 총무: 김의경 윤인결
- **참석인원**: 300여명

주제 발표는 "주의 길을 곧게 하라" 전체 주제에 맞추어, 첫째날 김동호 목사(동안교회)가 "영의 생각과 육의 생각"(요1:19-24), 둘째날 서정오 목사(동숭교회)가 "주의 길을 곧게 하라(요1:23)"란 제목으로 발제를 하였다. 그리고 옥수수박사 김순권 교수(경북대, 국제농업연구소 소장, 노벨평화상 후보)가 "옥수수 밭에서 역사하시는 하나님"을 제목으로 특강을 하고, 해외 선교사로 사역을 하고 있는 조상국 교수(우즈베키스탄 선교사)가 신앙 간증을 하였다.

지난 제9회 대구대학교 선교대회에 이어, 불과 3년 만에 대구경북교수선교회 교수들이 준비를 위해 수고를 많이 하였다. 또한 남산교회, 대동교회, 대봉교회, 범어교회, 순복음대구교회, 성덕교회, 성락교회, 온천교회, 제일교회, 중앙교회, 청산교회 등 지역교회들이 협력을 하였다. 그리고 당일 선교대회 헌금은 북한동포돕기를 위해 전액 대구기독교방송국에 기탁을 하였다.

8. 제13회 전국대학교수선교대회
– 깨어 근신하라(살전5:6) | 한세대학교

제13회 전국대학교수선교대회는 1998년 7월 7일부터 11일까지 2박 3일간, 경기도 군포시에 있는 한세대학교에서 "깨어 근신하라"(살전 5:6)는 주제로 열렸다. 전국대학교수선교연합회(회장 손동수)가 주최를 하고, 국민일보와 극동방송, 기독교방송에서 후원을 하였다. 한세대학교(韓世大學校, Hansei University)은 1953년 여의도순복음교회 재단에서 설립한 기독교 사립대학으로, 1998년에 교명을 순신대학교에서 한세대학교로 바꾸었다. 학생수는 약 2,500명이다.

■ 제13회 전국대학교수선교대회

일시: 1998.7.9~7.11
장소: 한세대학교
주제: <u>깨어 근신하라</u>(살5:6)
주관: 전국대학교수선교연합회 서울지회
- **예배**
  개회예배: 명성훈 목사(교회성장연구소)
  은혜의시간1: 조용기 목사(여의도순복음교회)
  은혜의시간2: 김삼환 목사(명성교회)
  경건의시간1: 서용원 교수(호서대 연합신학대학원)
  경건의시간2: 이봉수 목사(한세대교회)
  파송예배: 강일구 목사(호서대 교목실장)
- **주제발표/특강**
  주제발표: 이종익 총장(전주대)
  1. 경제: 최재선(중앙대)
  2. 교육: 정길남
  3. 선교: 황규영(한세대)
  4. 문화: 유은상(서울여대)
  특강(교양)
  1. 건강: 최규완 박사(삼성의료원)
  2. 신앙: 김성일 교수(창조사학회)
  특순1: 자선의 시간 엘림복지타운
  특순2: 마하네임 엘포네, 한세대 콘서트 콰이어, 성무 에클레시아
- **조직_**
  대회장: 손동수(연합회장, 한세대 총장) | 부대회장: 류종원 송기범
  준비위원장: 이규식 신광휴 전해훈 | 총무: 원호연 김용수 이선희
  협동총무: 강무진 송재기 송관형 신호균 원항래 홍유식
- **참석인원**: 300여명

선교대회 순서는 첫째날 개회예배로 명성훈 목사(교회성장연구소장)가, 저녁 은혜의시간으로 조용기 목사(여의도순복음교회)가 말씀을 전했다. 둘째 날은 새벽 경건의시간에 서용원 목사(호서대), 저녁 성령대망회 시간에 김삼환 목사(명성교회)가 말씀을 전했다. 그리고 셋째날 새벽 경건의시간은 이봉수 목사(한세대교회), 폐회는 강일구 목사(호서대 교목실장)가 말씀을 전했다.

주제 발표는 "깨어 근신하라(살전5:6)"는 전체 내용에 맞추어, 둘째날 이종익 총장 (전주대)이 발제를 하고, 분과토의로 경제에 최재선 교수(중앙대), 교육에 정길남 교수, 선교에 황규영 교수(한세대), 문화에 유은상 교수(서울여대)가 발표를 하였다. 또 오후에는 최규완 박사(삼성의료원)가 건강을 주제로, 김성일 교수(창조사학회)가 신앙강좌로 주제로 특강을 하였다. 또 엘림복지타운과 함께 하는 자선의 시간을 가졌다. 또한 특순으로 첫째날 개회의 마하나임 엘포네 찬양, 저녁에 한세대 콘서트 콰이어 찬양과 김성혜 교수(한세대 대학원장)의 특별연주, 둘째날 저녁 에클레시아의 성무(聖舞)가 은혜 가운데 진행되었다.

그리고 UPM뉴스 1999년호 자료에 의하면 선교대회집에서, 조용기 목사는 첫날 저녁시간에 "이전 것과 새것"(고후 5:16-17), 김삼환 목사는 "하나님 자녀의 옷을 입자"(롬 12:9-13, 13:11-14)란 제목의 말씀을 전했다. 또 강일구 목사는 느헤미야 3장과 사도행전 9-13장을 본문으로 "하나님의 일을 하는 공동체", 명성훈 목사는 요한복음 11:25-27을 본문으로 "기적을 믿으라"는 메시지를 전했다.

이전 것은 지나갔으니 보라 새것이 되었도다. 깨어 근신하라. 그리스도의 말씀 가운데 새롭게 자녀의 모습으로 살아가기를 결단하는 은혜의 대회였다. 또한 국민일보 기사에 의하면, 호서대 경영학과 원호연 교수(64)는 "전국 각 지방의 교수들을 하나님 안에서 사귀게 되어 기쁘고, 대회를 통해 캠퍼스 선교에 큰 도전을 받았다"고 소감을 전했다 (1998.7.13).

9. 제14회 전국대학교수선교대회
- 새천년의 대학교수상 | 호서대학교

제14회 전국대학교수선교대회는 1996년 6월 28일부터 30일까지 2박 3일간, 충남 아산시에 있는 호서대학교에서 "새천년의 대학 교수상"(고후5:17)이란 주제로 열렸다. 전국대학교수선교연합회(회장 손동수)가 주최를 하고, 충청지회(대회장 강석규, 부대회장 송기법)에서 주관하여 준비를 하였다. 또 국민일보와 극동방송, 기독교방송에서 후원으로 협력하였다. 호서대학교(湖西大學校, Hoseo University)는 충남 아산시에 위치한 기독교 종합사립대학으로, 1978년에 강석규 총장이 천원공업전문대학으로 설립해 시작하였다. 그리고 이후 1980년에 단과대학으로 개편되고, 1988년에 종합대학으로 개편되며 교명을 호서대학교로 변경하였다. 캠퍼스는 아산 외 천안에도 있고, 학부 약 15,000명, 대학원 약 1,500명의 학생이 재학을 하고 있다. 또 천안캠퍼스와 아산캠퍼스에 대학교회(University Chapel)가 있고, 학생들은 기독교 건학이념에 따라 1-2학년 동안 매주 1회 채플에 참여하고 있다.

선교대회 순서는 첫째날 개회예배로 최병남 목사(대전중앙장로교회)가, 저녁 은혜의시간으로 김삼환 목사(명성교회)가 말씀을 전했다. 둘째날은 새벽 경건의시간에 홍순우 목사(호서대), 저녁 성령대망회 시간에 조용기 목사(여의도순복음교회)가 말씀을 전했다. 그리고 셋째날 새벽 경건의시간은 한상인 목사(한세대교회), 폐회는 홍성국 목사(평택대)가 말씀을 전했다.

■ 제14회 전국대학교수선교대회

일시: 1999.6.28~6.30
장소: 호서대학교
주제: <u>새천년의 대학교수상(고후5:17),</u> 이전 것은 지나갔으니 보라 새것이 되었도다
주관: 호서대학교, 전국대학교수선교연합회 충청지회
- 예배
  개회: 최병남 목사(대전중앙장로교회)
  은혜의시간1: 김삼환 목사(명성교회)
  은혜의시간2: 조용기 목사(여의도순복음교회)
  경건의시간1: 홍순우 목사(호서대학교회)
  경건의시간2: 한상인 목사(한세대 신학과)
  파송: 홍성국 목사(평택대 신학대학원)
- 특강 | 간증 | 선교지 보고
  특강: 대학교수 행복찾기 | 김동길 교수(태평양시대위원회 이사장)
  1. 행복한 가정생활 | 김형태(한남대 사범대학)

---

2. 행복한 교수생활 | 황희룡(호서대 공과대학)
3. 행복한 교회생활 | 김의명(대구대 산업복지학과)
건강강좌: 이상용(우석대 한의과대학)
간증1: 학원복음화 | 강신후(서울대 공과대학)
간증2: 학원의 이단단체 | 정동섭(침례신학대 기독교교육학과)
선교지보고: 중국선교지 시찰보고 | 송기범(대전산업대 토목공학과)
특순1: 호서대학교 연극영화전공 찬양 및 특별공연, 영산순복음 율동대학
특순2: 선교회별 가족별 성가 경연대회
- **조직**
대회장: 강석규(호서대 총장) 손동수(연합회장, 한세대 총장) | 부대회장: 송기범
준비위원장: 이상직 남금식 김학권
총무: 원호연 김창익 장인수 협동총무: 송세호 신호균 김종명 송관형
실행위원: 강일구 권순식 김옥대 김판욱 김홍지 남청 박주훈 오주원 이두철 정해구
- **참석인원**: 500여명

주제 발표는 "새천년의 대학 교수상"(고후5:17)이라는 전체 주제에 맞추어, 김동길 교수 (연세대)가 "대학교수 행복 찾기"란 제목의 특강을 하였다. 그리고 이에 대한 주제발표로 김형태 교수(한남대)가 "행복한 가정생활", 황희룡 교수(호서대)가 "행복한 교수생활", 김의 명 교수(대구대)가 "행복한 교회생활"의 발표를 하였다. 또 첫째 날 간증으로 저녁은 강신후 교수(서울대)가 "학원 복음화"란 주제로 신앙을 고백하고, 둘째날 저녁은 정동섭 교수(침례 신학대)가 "학원의 이단 단체"란 제목으로 간증 및 기도회를 하였다. 그리고 셋째날 오전에 송기범 교수(대전산업대)가 "중국선교지 시찰에 대한 보고"를 하였다. 아울러 선교대회 중 특별순서로 강일구 교수(호서대)의 사회로 선교회 소개 등 친교 시간에 이어 호서대학교 연극영화전공에 의한 찬양 | 특별공연, 성가 경연대회가 은혜 가운데 있었다.

1999년은 2000년, 즉 밀레니엄 새천년을 맞이하는 해이다. 따라서 주제도 "새천년의 대학교수상"으로 정해졌다. 또한 분과 발표 내용이 행복한 가정생활, 교수생활, 가정생활, 즉 "행복"에 키워드가 맞추어졌다. 그러나 그 행복은 성경에 기초해야 한다. "이전 것은 지나갔으니 보라 새것이 되었도다", 그리스도를 만남으로 그 속에서 헌신과 봉사와 은혜를 누릴 때 진정한 행복이 있기 때문이다.

국민일보 기사에 의하면 손동수 연합회장(한세대 총장)은 대회를 준비하며, 오늘날 추구 해야 할 바람직한 기독 교수상이 무엇인지 선교대회를 통해 성경 말씀에 비추어 새천년을 생각해 보는 뜻깊은 자리가 될 것임"을 강조했다. 또 21세기에는 민족과 국가의 발전을 위해서는 대학이 세계 경쟁력을 갖추어야 하고, 또 이를 위해서는 기독교수들이 학원복음화 를 통해 모범이 될 것을 당부했다. 아울러 대회장인 강석규 총장(호서대)은 인사 글에서

"마가의 다락방과 같은 성령이 임하고, 여리고 성이 부너지는 기적이 일어남도 함께 모일 때 가능한 것으로, 기독교수들이 모여 기도하고 솔선하는 살 것을 부탁했다.

■ 소결(小結)

KUPM 40년사의 역사 중, 1991년부터 1999년까지는 성장기에 해당한다. 초기 오산리 국제금식기도원에서 주로 진행되던 선교대회가 제6회 대전 유성, 제7회 강릉 경포로 확대되고 전국 순회로 복음의 지경이 크게 확산되었다. 전국 각지에서 선교대회에 참석하는 교수 수가 증가하였다. 제6회 대회를 준비하는 관동대, 강원대 등 강원지회 교수들의 열기는 정말 뜨거운 것이었다. 제8회 대회 "네가 어디 있느냐" 이는 기독교수의 정체성을 묻는 근본적인 질문이었다. 제9회 대회(대구대) "너희를 택하여 세웠나니", 대회를 준비하는 대구경북교수들의 헌신은 질서 정연하였고, 참석자가 500명에 이를 정도로 놀라운 발전을 보여주었다. 그럼에도 대구경북교수선교회는 불과 3년 만에 한동대학교에서 제12회 대회를 준비하였다. 하나님의 주권적인 역사가 없이는 불가능한 일이다. 제10회 금식기도원의 기도는 뜨거웠다. 제11회 교원대학교, 제14회 호서대학교, 충청지역 교수님의 헌신에도 뜨거움이 느껴진다. 신앙으로 무장이 된 강석규 총장의 리더십이 많은 사람을 함께 모이게 하였다. 또 서울대 교수에서 한세대 총장으로 부임 후 13회 대회를 개최하고, 늘 변함없이 같은 자리에 계셔 준 손동수 연합회장의 모습을 생각하면 머리가 숙여질 뿐이다.

제4장 발전기_밀레니엄 시대(2000 ~ 2010)
: 제15-25회 선교대회

1. 제15회 전국대학교수선교대회
- 일어나라 빛을 발하라 : 대학문화와 학원선교 | 계명대학교

2000년, 밀레니엄 시대가 되었다. 1999년 6월에 호서대학교에서 "새천년의 대학 교수상(고후5:17)"이란 주제로 제14회 전국대학교수선교대회를 은혜 가운데 마쳤다. 그리고 새천년을 맞이해, 선교대회를 맞이하게 된 것이다.

제15회 전국대학교수선교대회는 2000년 7월 3일부터 5일까지 2박 3일간, 대구시에 있는 계명대학교 아담스채플에서 "대학문화와 학원선교: 일어나라 빛을 발하라(사60:1)"는 주제로 열렸다. 전국대학교수선교연합회(회장 손동수)와 전국기독인교수회가 주최를 하고, 계명대학교(대회장 신일희 총장)와 대구경북교수선교회(준비위원장 이병찬, 계명대)에서 주관을 하였다. 또 국민일보와 극동방송, 기독교방송, 대구MBC에서 후원으로 협력하였다. 계명대학교(啓明大學校, Keimyung University)는 대구광역시 달서구에 위치한 기독교 종합사립대학교로, 1899년 제중원의 설립으로 역사가 시작되었다. 1954년 계명기독학관으로 개교를 하고, 1978년에 현재의 종합대학으로 승격하였으며, 1996년에 대학 본부를 대명캠퍼스에서 성서캠퍼스로 이전하였다. 학부 약 29,000명, 대학원 약 2,300명의 학생이 재학을 하고 있다.

선교대회 순서는 첫째날 개회예배로 이성헌 목사(대구서문교회)가, 저녁 은혜의시간으로 김진홍 목사(두레교회)가 말씀을 전했다. 둘째 날은 새벽 경건의시간에 김서택 목사, 저녁 성령대망회 시간에 조용기 목사(여의도순복음교회)가 말씀을 전했다. 그리고 셋째날 새벽 경건의시간은 남정욱 목사, 폐회는 곽선희 목사(소망교회)가 말씀을 전했다.

■ 제15회 전국대학교수선교대회

일시: 2000.7.3~7.5
장소: 계명대학교 아담스채플
주제: 대학문화와 학원선교 :일어나라 빛을 발하라(사60:1)
주최: 전국대학교수선교연합회 | 전국기독인교수회
주관: 계명대학교 | 대구경북교수선교회
- **예배**
  개회예배: 이성헌 목사(대구서문교회)
  은혜의시간1: 김진홍 목사(두레교회)
  은혜의시간2: 조용기 목사(여의도순복음교회)
  경건의시간1: 김서택 목사
  경건의시간2: 남정욱 목사
  파송예배: 곽선희 목사(소망교회)
- **주제발표 | 분과토의 | 간증 | 선교보고**
  주제발표1: 김영한 교수(숭실대)
  분과주제1: 학문과 선교 | 이양림 교수
  분과주제2: 사이버 영상문화와 선교 | 윤상현 교수
  분과주제3: 축제문화와 선교 | 유종원 교수
  특강: 건강한 교수생활 | 이왕제 교수(서울대)
  간증1: 김진경 총장(연변대)
  간증2: 나의 주 나의 하나님 | 정근모 총장(호서대)
  선교보고1: 아프리카 선교보고 | 최승암 목사
  선교보고2: 중앙아시아 선교보고 | 낸시 마테이스
  특순1: 글로리아 크리스챤 챔버 앙상블 | 필그림 선교합창
  특순2: 대구장로합창단 | 대구남성합창단
- **조직_ 대회장: 신일희 총장(계명대) | 연합회장: 손동수 총장(한세대)**
  준비위원장: 이병찬(계명대)
- **참석인원: 300여명**

주제 발표는 "대학문화와 학원선교 : 일어나라 빛을 발하라(사 60:1)"는 전체 주제에 맞추어, 김영한 교수(숭실대)가 발제를 하였다. 그리고 이에 대한 주제발표로 이양림 교수가 "학문과 선교", 윤상현 교수가 "사이버 영상문화와 선교", 유종원 교수가 "축제문화와 선교"의 발표를 하였다. 또 첫째날 간증은 김진경 총장(연변대), 둘째날은 정근모 총장(호서대)이 "나의 주 나의 하나님"이란 제목으로 간증을 하였다. 그리고 선교보고는 둘째날 저녁에 최승암 목사가 "아프리카 선교보고"를 하고, 셋째날 오전 낸시 마테이스가 "중앙아시아 선교보고"를 하였다. 아울러 선교대회 중 특별순서로 글로리아 크리스챤 챔버 앙상블, 필그림 선교합창단, 대구장로합창단, 대구남성합창단의 특송 찬양이 은혜 가운데 드려졌다.

"일어나 빛을 발하라 이는 네 빛이 이르렀고 여호와의 영광이 네 위에 임하였음이니라".

이사야서 60장 1절의 말씀처럼, 하나님의 사랑과 주권, 또 그리스도의 빛이 모든 기독 교수들에게 함께 하길 기도드린다. 그리고 그 속에서 혼탁해진 대학문화를 바라보며, 학문 과 선교, 사이버 영상문화와 선교, 축제문화와 선교의 비전을 이루어가는 교수들이 되길 기대한다. 아울러 제9회 대구대학교 제12회 한동대학교, 15회 계명대학교 등 지칠 줄 모르 는 대구경북교수선교회의 열정과 헌신, 우리 하나님은 분명히 보고 계셨을 것이다. 한 달란 트 받은 대구경북 교수선교회가 아니다. 한편 국민일보 자료에 의하면 준비위원회는 대회를 위해 2000년 6월 16일 오전 7시, 여의도 63빌딩에서 김동호 목사(동안교회)를 초청해 준비 기도모임을 가졌다(2000.6.12).

2. 제16회 전국대학교수선교대회
- 북한선교의 전망 | 평택대학교

제16회 전국대학교수선교대회는 2001년 6월 28일부터 30일까지 2박 3일간, 경기도 평택 에 있는 평택대학교 예술관 음악당에서 "북한선교의 전망(빌 2:16)"이란 주제로 열렸다. 전국 대학교수선교연합회(회장 손동수)와 전국기독인교수회가 주최를 하고, 평택대학교(대회장 조기홍 총장)와 경인교수선교회에서 주관하여 준비를 하였다. 또 국민일보와 극동방송, 기독 교방송에서 후원으로 협력하였다. 평택대학교(平澤大學校, Pyeongtaek University)는 경기 도 평택시에 위치한 기독교 사립대학이다. 1910년에 한국을 방문했던 아더 태편 피어선 선교사의 유지에 따라 1912년에 설립되었으며, 신학과를 두고 있다. 학부 약 3,600명, 대학 원 약 570명의 학생이 재학을 하고 있다.

선교대회 순서는 첫째날 개회예배로 조명호 감독(평택제일감리교회), 저녁 은혜의시간으 로 김삼환 목사(명성교회)가 말씀을 전했다. 둘째날은 새벽 경건의시간에 문성준 목사(선문 교회), 저녁 은혜의시간에 김진홍 목사(두레공동체)가 말씀을 전했다. 그리고 셋째날 새벽 유종만 목사(시온성교회), 폐회는 박조준 목사(갈보리교회)가 말씀을 전했다.

주제 발표는 "북한선교의 전망(빌 2:16)"이라는 전체 주제에 따라 4개 특강으로 진행되었 다. 즉, 특강1 "북한선교의 현황과 전망, 그리고 도전" 이현모 교수(침례신학대), 특강2 "북한 선교의 정치적 한계와 극복방안" 송영대(前국방부 차관), 특강3 "최근 통일환경 변화와 북한 선교" 박완신(관동대), 특강4 "북한선교 실제와 지하교회 운영" 진가조 선교사의 순으로 진행 되었다. 통일에 대한 소망과 북한의 변화, 통일환경, 지하교회 등 북한선교의 실제적인 부분에 대한 심도있는 내용이 다루어졌다. 그리고 선교대회 특별순서로 평택대 콘서트 콰이어, 할렐 루야 성가대, 동산교회 기쁜노래 중창단이 특송 찬양으로 하나님께 영광을 올려 드렸다.

■ 제16회 전국대학교수선교대회

일시: 2001.6,28~6.30
장소: 평택대학교 예술관 음악당
주제: <u>북한선교의 전망</u>
주최: 전국대학교수선교연합회 | 전국기독인교수회
주관: 평택대학교 | 경인교수선교회
- 예배
  개회예배: 조명호 감독(평택제일감리교회)
  은혜의시간1: 김삼환 목사(명성교회)
  은혜의시간2: 김진홍 목사(두레공동체)
  경건의시간1: 문성준 목사(선문교회)
  경건의시간2: 유종만 목사(시온성교회)
  파송예배: 박조준 목사(갈보리교회)
- 특강
  특강1: 북한선교의 현황과 전망, 그리고 도전 | 이현모 교수(침례신학대)
  특강2: 북한선교의 정치적 한계와 극복방안 | 송영대(前국방부 차관)
  특강3: 최근 통일 환경 변화와 북한선교 | 박완신(관동대)
  특강4: 북한선교 실제와 지하교회 운영 | 진가조 선교사
  특순: 평택대 콘서트 콰이어, 할렐루야 성가대, 동산교회 기쁜노래 중창단
- 조직_ 대회장: 조기흥 총장(평택대)   연합회장: 손동수 총장(한세대)
- 참석인원:

제16회 선교대회는 특별히 "북한선교의 전망"을 주제로 통일에 대한 기독교수들의 소망을 담아 진행되었다. 이에 대해 평택대 조기흥 총장은 "오늘날 우리에게 하나님이 주신 각자의 달란트가 있다. 우리 기독대학교수들은 각자의 캠퍼스에서 연구와 교육의 달란트를 통해 하나님의 역사하심을 나타내야 할 것이다". 아울러 "전국 대학교수 선교대회는 각 지역 기독 교수들이 하나가 되어 교수선교, 대학 복음화를 위해 말씀과 기도로 하나님께 더 가까이 나아가고자 만드는 자리이다. 이번 16회 선교대회를 통해 교수들은 지성을 대표하는 교수들의 선교적 사명과 역할을 깨닫는 시간을 가졌다"고 기독신문의 인터뷰에 후기를 덧붙였다(크리스천투데이 2001.7.4)

또 손동수 연합회장(서울대)은 선교대회 취지에 대해 "선진국의 많은 대학들은 그 나라의 정치 사회 경제 모든 분야에서 견인차 역할을 하고 있다"면서 이러한 때에 기독 교수들이 북한선교에 대해 새로운 관심을 불러일으킬 목적으로 선교대회를 개최하였다. 특히 이번 "북한선교의 전망" 주제는 "대학 교수들이 분단된 이 땅에 변화와 회복의 새 바람을 일으키고, 파괴된 인간관계를 회복하며 평화와 화합을 이뤄 가는데 작은 보탬을 주기 위해 마련했다"고 소개하며 남북통일의 날을 기원했다(한국기독공보, 2001.7.7).

한편, 평택대학교는 '북한 선교의 전망'이라는 주제로 제16회 전국대학교수선교대회를 개최하며, 6월 28일부터 30일까지 예술관에서 기독교 시각문화의 초석을 다지기 위한 전국기독교수의 작품 초대전을 열었다. 초대전은 최종란 교수(평택대 산업디자인연구소)의 "빌립보서 2:16"과 정영희 작가의 "부활하는 강" 등 전국대학교수들과 기존 작가들의 작품 79점이 전시됐다. 평택대학교에 의해 이번 처음으로 열리게 된 전국기독교수 작품초대전은 기독교 시각문화를 발전시키는데 기여했다는 평을 받았다.

그리고 전국대학교수선교연합회는 2001년 4월 10일부터 UPM News 소식지를 지금까지의 잡지형식에서 산문형식으로 전환해 발간하기로 하였다.

3. 제17회 전국대학교수 선교대회
- 예수그리스도와 생명 | 연세대학교

제17회 전국대학교수선교대회는 2002년 6월 27일부터 29일까지 2박 3일간, 강원도 원주시에 있는 연세대학교 원주캠퍼스 대강당에서 "그리스도와 생명"이란 주제로 열렸다. 전국대학교수선교연합회(회장 손동수)가 주최를 하고, 연세대학교 원주캠퍼스(이대운 부총장)와 강원교수선교회에서 주관하여 준비를 하였다. 또 연세대학교와 국민일보, 극동방송, 기독교방송에서 후원으로 협력하였다. 연세대학교 미래캠퍼스(延世大學校 未來校庭, Yonsei University Mirae Campus)는 강원도 원주시에 위치한 일반대학인 매지(梅芝)캠퍼스와 연세대학교 원주세브란스기독병원과 의과대학의 일산(一山)캠퍼스로 구성된 연세대학교의 분교이다. 일산캠퍼스는 1959년에 선교사 주디 머레이가 세운 원주기독연합병원에서 시작되어, 1978년 연세대학교 의예과 분교, 1982년에 종합대학으로 발전하였다. 매지캠퍼스는 김우중 전 대우그룹 회장이 기증한 165만여m2 부지에 조성하였다. 2008년에 원주캠퍼스 창립 30주년 기념식을 거행하였으며 2010년에 원주캠퍼스 비전 2020+ 선포식을 개최하였다. 학부 약 7,400명, 대학원 약 380명의 학생이 재학을 하고 있다.

선교대회 순서는 첫째날 개회예배로 김원쟁 목사(연세대 원주캠퍼스), 저녁 은혜의 시간으로 이동원 목사(지구촌교회)가 말씀을 전했다. 둘째날은 새벽 경건의시간에 박정진 목사, 저녁 은혜의시간에 전병욱 목사(삼일교회)가 말씀을 전했다. 그리고 셋째날 새벽 임걸 목사(연세대 원주캠퍼스), 폐회는 김영준 목사가 말씀을 전했다.

■ **제17회 전국대학교수선교대회**

일시: 2002.6.27~6.29
장소: 연세대 원주캠퍼스 대강당
주제: 예수 그리스도와 생명
주관: 연세대학교 원주캠퍼스 | 강원교수선교회, 주최: 전국대학교선교연합회

- **예배**
  개회예배: 김원쟁 목사(연세대 원주캠퍼스)
  은혜의시간1: 이동원 목사(지구촌교회)
  은혜의시간2: 전병욱 목사(삼일교회)
  경건의시간1: 박정진 목사
  경건의시간2: 임걸 목사((연세대 원주캠퍼스)
  파송예배: 김영준 목사

- **주제강연**
  전체 주제강연: 참 다스림, 그리고 영생을 위한 도전 | 김영민 교수(연세대)
  주제별강연1: 생명의 시작과 끝 | 박재형 교수(서울대)
  주제별강연2: 그리스도안에서의 환경과 생물 | 최병성 목사
  주제별강연3: 생명과학과 창조신앙 | 이웅상 목사(명지대)
  주제별강연4: 기독인을 위한 치유사역 | 박행렬 목사

- **특순:**
  특순1. 문화공연(지구촌 교회) | 문화공연 국악공연_ 문재숙 교수(이화여대)
  특순2: 치유 탐방 1) 학교림 답사 | 2) 베론성지 탐방

- **조직_** 대회장: 이대운 부총장(연세대) | 연합회장: 손동수(서울대)
- **참석인원:**

주제 발표는 "그리스도와 생명"이라는 전체 주제에 따라 "참 다스림, 그리고 영생을 위한 도전"이란 제목으로 김영민 교수(연세대)가 발제를 하였다. 그리고 이에 맞추어 강연1은 "생명의 시작과 끝"이란 제목으로 박재형 교수(서울대), 강연2는 "그리스도안에서의 환경과 생물"로 최병성 목사, 강연3은 "생명과학과 창조신앙"으로 이웅상 목사(명지대), 강연4는 "기독인을 위한 치유사역"으로 박행렬 목사가 발표를 하였다. 그리고 선교대회 특별순서로 지구촌교회의 문화공연, 문재숙 교수(이화여대)에 의한 국악 문화공연이 은혜가운데 진행되었다. 자연과 함께하는 탐방으로 연세대학교 원주캠퍼스 학교림 답사와 충북 제천시에 있는 배론성지를 방문하는 시간을 가졌다.

"누구든지 그리스도안에 있으면 그는 새로운 피조물입니다. 옛것은 지나갔습니다. 보십시오. 새것이 되었습니다(고후 5:17)". 제17회 대회는 그리스도와 생명에 초점이 맞추어졌다. 온 우주와 피조물이 또한 하나님께서 창조하신 작품이다. 하나님은 그 형상에 인간을 만드신 후, 자연을 사용하고 관리하는 청지기와 같은 역할을 주셨다. 따라서 모든 자연과 생명과 환경은 그리스도의 섭리와 계획가운데 소중하게 다루어져야 한다. 대회장을 맡은 이대운 부총장(연세대)은 "이번 대회를 통해 교수들이 먼저 변하고 그 결과 대학 캠퍼스가

복음화되길 기대한다"며 "무엇보다 대회 참석 교수들이 아름다운 환경 속에서 귀한 은혜와 쉼의 시간을 가지시길 바란다"고 밝혔다(국민일보 2002.6.25).

4. 제18회 전국대학교수선교대회

- 신앙과 학문(골3:10) | 명지대학교

제18회 전국대학교수선교대회는 2003년 7월 1일부터 2일까지 1박 2일간, 경기도 용인시에 있는 명지대학교 용인캠퍼스 명진당 대강당에서 "신앙과 학문"이란 주제로 열렸다. 전국대학교수선교연합회(회장 이병찬)가 주최를 하고, 명지대학교 교수선교회에서 주관하여 준비를 하였다. 또 학교법인 명지학원과 국민일보, 극동방송, 기독교방송에서 후원으로 협력하였다. 명지대학교(明知大學校, Myongji University)는 서울 서대문구와 경기도 용인시에 캠퍼스를 둔 기독교 종합사립대학이다. 학교법인 명지학원 산하의 대학으로, 유상근(兪尙根)박사에 의해 1948년에 설립되었다. 1948년에 무궁학원에서 출발하여, 1963년에 명지대학으로 교명을 변경하고, 1983년에 종합대학이 되었다. 그리고 1979년 용인캠퍼스를 세우고 대학본부를 이전하였다. 학부 약 18,000명, 대학원 약 2,200명의 학생이 재학을 하고 있다.

선교대회 순서는 첫째날 개회예배로 민경배 목사(서울장로회신학대 총장)가 "이렇게 보라(요 20:13-18)", 저녁 은혜의시간으로 김선도 목사(광림교회)가 "그럼에도 불구하고(눅 5:1-11)"의 제목으로 말씀을 전했다. 둘째날은 새벽 경건의시간에 구제홍 목사(명지대 교목)가 기독교수의 역할(롬 12:2-8), 폐회는 이웅상 목사(명지대)가 "복음적인 삶"(살전 1:5)을 주제로 말씀을 전했다.

주제 강의는 "신앙과 학문" 전체 주제에 따라 첫째날 김진섭 교수(천안대)가 "고대 근동 문헌의 배경에서 본 노아 홍수와 그 성경신학적 의미"란 제목으로 발제를 하였다. 그리고 이에 맞추어 둘째날 선택강좌로 오전에 김명석 교수(명지대)의 "기독교와 문학"과 황호찬 교수(세종대)의 "기독교와 경제"가 먼저 발표되었다. 이어 오후시간에 허수복 교수(성결대)의 "기독교와 미술"과 정계현 교수(순천향대)의 "기독교와 과학"이 발표되었다. 그리고 선교대회 특순으로 둘째날에 "기독교 100주년 순교자 기념관"을 관람하고, 초창기 우리나라에 복음을 전한 선교사들의 발자취를 돌아보았다. 그리고 신원에벤에셀 성가단이 경배와 찬양으로 하나님께 영광을 올려 드렸다.

■ 제18회 전국대학교수선교대회

일시: 2003.7.1~7.2
장소: 명지대학교 용인 캠퍼스 명진당 대강당
주제: <u>신앙과 학문(골3:10)</u>
- **주관**: 명지대학교 교수선교회 | **주최**: 전국대학교선교연합회
- **예배**
  개회예배: 이렇게 보라(요20:13-18) | 민경배 목사(서울장로회신학대 총장)
  은혜의시간1: 그럼에도 불구하고(눅5:5-11) | 김선도 목사(광림교회)
  경건의시간1: 기독교수의 역할(롬12:2-8) | 구제홍 목사(명지대 교목)
  파송예배: 복음적인 삶(살전1:5) | 이웅상 목사(명지대)
- **주제강연**
  주제강연1: 노아홍수 | 김진섭 교수(천안대)
  주제별선택강좌2: 기독교와 경영 | 황호찬(세종대)
  주제별선택강좌3: 기독교와 미술 | 허수복(성결대)
  주제별선택강좌4: 기독교와 과학 | 정계헌(순천향대)
  특순1: 경배와찬양 신원에벤에셀 성가단, 블루파이어
- **조직_** 대회장: 선우중호 (명지대 총장) | 이병찬(연합회장, 계명대)
  공동대회장: 김영문 김재영 남원식 송세호 이선희 정해구
  준비위원장: 김을교 이웅상 | 총무: 김영기 박명균 이희자 정윤수
  협동총무: 김도종 김성진 김창익 문석윤 송재기 신무환 신성철 최진탁 함현식
- **지역탐방**: 기독교 100주년 순교자 기념관 탐방
- **참석인원**: 250명

"새 사람을 입었으니 이는 자기를 창조하신 자의 형상을 좇아 지식에까지 새롭게 하심을 받은 자니라"(골 3:10). 신앙과 학문은 모든 기독교수들에게 적용되는 공통된 주제이다. 하나님과 그리스도를 닮아 새사람이 되되 지식에까지 그러해야 한다는 의미이다. 김진섭 교수는 구약학 전공자로 노아의 홍수를 "1) 고대 근동 홍수 문헌의 통시적 개관, 2) 공시적 개관, 3) 고대 근동의 홍수설화와 기사의 관계성, 4) 노아 홍수 기사의 문제-신학적 이해, 5) 노아 홍수의 벧후 3:1-14을 중심으로 한 성경신학적 의의"로 고대 근동 문헌에 비추어 매우 자세히 논리적으로 주제 발표를 하였다. 그리고 4편의 선택 강좌도 완성된 논문의 형태로 발표되어, 신앙과 학문에 접근을 하는 좋은 사례를 모델로 보여주었다.

국민일보 기사에 의하면, 김명석 교수(명지대)는 강연에서 "기독교 문학은 작품에 나타나는 세계를 경험하며 하나님이 허락하신 창조 능력의 경이로움을 느끼게 한다"며 "학생들이 예수 그리스도와 그리스도인다운 생활양식에 헌신하고 기꺼이 하나님과 이웃을 섬기도록 격려한다는 기독교 교육 목표를 실천하는데 최적의 과목이다" 하였다. 황호찬 교수(세종대)는 "일반경영에 따른 문제점을 해결하기 위해 기독경영이 중요한 대안으로 대두되고 있다"

며 "기독경영은 성경 원리에 기초해 비전 경영, 섬김의 경영, 신뢰의 경영, 정직의 경영이란 특징을 갖고 있다"고 소개했다. 허수복 교수(성결대)는 기독교 초기부터 종교개혁까지의 도상(iconography)을 중심으로 기독교 미술의 발자취를 고찰했다. 정계헌 교수(순천향대)는 "성경에서 말하고 있는 하나님이나 과학을 주관하고 있는 하나님 즉, 이제까지 과학이란 수단으로 발견해낸 모든 자연의 질서와 법칙을 주관하는 하나님은 결국 동일한 분"이라고 강조했다.

그리고 이러한 발표와 관련해, 선우중호 총장(명지대)은 대회사에서 "대학교육은 학문과 신앙이 함께 조화를 이루는 것이 긴요하다", "전문인 교육에 치중되어 있는 상황에서 탈피, 학생들의 상상력과 창의력 향상에 필수적인 영성 지능을 함양하도록 지도해야 한다"고 강조했다(국민일보 2003.7.3). 이들 5편의 발표자료는 원문 그대로 선교대회집에 수록되어 있다.

한편, 전국대학교수선교연합회는 1986년 제1회 선교대회 창립때부터 연합회장을 맡아 헌신한 손동수 교수(서울대)를 명예회장으로 추대하고, 제2대 연합회장으로 이병찬 교수(계명대)가 부임하였다. 제18회 선교대회집에 수록된 연합회 임원 명단은 다음과 같다.

■ 전국대학교수연합회 임원

고문: 곽선희 김동호 김삼환 김선도 김장환 김준곤 김진홍 박조준 옥한흠 이동원 이성희 조용기
자문위원: 강석규 김영길 김우식 김진경 신일희 유병진 이경숙 정근모 조기홍
연합회 명예회장: 손동수
연합회장: 이병찬
제18회 선교대회장: 선우중호
제18회 선교대회 공동대회장: 김영문 김재영 남원식 송세호 이선희 정해구
협력위원: 구제홍 김두원 김용수 김종순 김중식 서성원 서효준 엄익규 왕연균 원호연
　　　　　유원대 윤심로 이규식 이동환 이성교 조병륜 조백제 황희철
준비 및 진행위원장: 김을교 이웅상

5. 제19회 전국대학교수선교대회
– 복음으로 대학을 새롭게 | 목원대학교

제19회 전국대학교수선교대회는 2004년 7월 1일부터 3일까지 2박 3일간, 대전시에 있는 목원대학교에서 "복음으로 대학을 새롭게(마 28:19-20)"란 주제로 열렸다. 전국대학교수선교연합회(회장 이병찬)가 주최를 하고, 목원대학교와 대전지역대학교수 선교회에서 주관하여 준비를 하였다. 또 목원대학교와 국민일보, 극동방송, CBS, 대전광역시, 대전기독교연합회, 대전성시화운동본부, 대전홀리클럽이 후원으로 협력하였다. 목원대학교(牧園大學校, Mokwon University)는 대전시 서구에 위치한 기독교 사립대학이다. 1954년에 미국의 감리교 선교사 찰스 D. 스톡스에 의해 감리교대전신학원으로 설립되었고, 1965년 감리교 대전신학대학으로 승격되었다. 그리고 1972년에 목원대학으로 교명을 바꾸고, 1999년에 현재의 캠퍼스로 이전을 하였다. 학부 약 9,700명, 대학원 약 900명의 학생이 재학을 하고 있다.

■ 제19회 전국대학교수선교대회

일시: 2004.7.1~7.3
장소 : 목원대학교
주제: <u>복음으로 대학을 새롭게(마 28:19-20)</u>
주관: 목원대학교 | 대전지역대학교수선교회, 주최: 전국대학교선교연합회
- **예배 | 특강**
  은혜의시간1: 오정현 목사(사랑의교회)
  주제강연: 이광자 총장(서울여대)
  특강1: 신앙의 기본기를 다지자 | 김수웅 전도사(창조과학회)
  특강2: 현시대에 나타난 이단과 그 대처방법 | 탁지원(현대종교)'
- **조직_** 대회장: 유근종 총장(목원대) 연합회장: 이병찬(계명대)
  준비위원장: 남금식 교수(목원대)
- **지역탐방:** 계룡대, 대덕밸리
- **참석인원:** 500여명

선교대회는 첫날 개회예배에 이어 이광자 총장(서울여대)의 주제강연과 오정현 목사(사랑의교회)의 인도로 은혜의 시간을 가졌다. 주제별 강연은 참가자들이 원하는 강의를 듣고 선택해 캠퍼스 복음화를 위해 자신감을 키울 수 있도록 했다. 선택 강의의 예로는 김수웅 전도사(창조과학회)가 "신앙의 기본기를 다지자", 탁지원 소장(현대종교)이 "현시대에 나타난 이단과 그 대처방법" 등이 있었다. 또 준비위원회는 대전의 지리적인 이점을 살려 강연회 후 계룡대와 대덕밸리를 시찰하는 프로그램도 마련하였으며, 선교단체와 학교의 학원복음

화 사례도 다수 발표되었다.

그리고 500여명의 많은 기독교수가 참가해 캠퍼스 복음화를 위한 바람직한 방안제시와 상호 정보를 교환하였다. 또 우리 사회와 대학이 여러 측면에서 위기 상황에 있음에 인식을 같이하고 "이때 기독교수들이 뜨거운 사명감으로 학생과 사회를 위해 봉사하고 기여할 것"을 다짐했다. 또 "대학에 복음을 심는 일에 힘을 모으며, 교수 스스로 영성개발과 기독학생 지도에 헌신적으로 나설 것"을 결의했다.

아울러 유근종 목원대 총장은 대회사를 통해 "저명한 목회자와 학자들을 모시고 갖는 이번 대회는 참가 교수 모두에게 바람직한 방향을 제시함은 물론 은혜와 복음의 잔치가 될 것"이라 강조하였다. 그리고 "학원복음화를 위한 교수들의 역할은 아무리 강조해도 지나치지 않는 만큼 그 책임과 사명을 다하자"고 부탁하였다(국민일보 2004.7.6). 한편 국민일보 자료에 의하면, 선교대회와 관련해 서울교수선교회 회장으로 부임한 이선희 교수(서울산업대)의 다음 인터뷰가 발견된다. 그중 일부를 소개하면 다음과 같다.

지난 2004년 7월 1~3일 전국대학교수선교연합회(회장 이병찬)가 대전 목원대학교에서 "복음으로 대학을 새롭게"를 주제로 제19회 전국대학교수선교대회를 열었다. 전국 기독교수 500여명이 모여 위기에 처한 대학과 사회를 바로잡기 위해 감당해야할 사명의 중요성에 공감하고, 혼란을 수습하기 위해 캠퍼스 복음화를 위해 모두 힘쓸 것을 다짐했다. 유근종 총장(목원대)은 대회사에서 "최근 이단사이비 세력의 대학침투로 학원선교가 위기에 처했다"며 "이런 상황에서 학원 복음화를 위한 교수들의 역할은 아무리 강조해도 지나침이 없을 것"이라 강조했다.

선교대회를 통해 다양한 주제 강연과 캠퍼스 선교를 하고 있는 선교단체, 학교의 사례발표를 통해 캠퍼스 복음화에 대한 많은 노하우를 키울 수 있었다. 캠퍼스 복음화는 학생선교단체만의 전유물이 아니다. 청년선교에 발벗고 나선 교회만의 구호도 아니다. 학생은 떠나도 교수는 남는다. 캠퍼스를 내 몸처럼 사랑하는 이들. 그래서 캠퍼스가 복음으로 뒤덮이길 간절히 소망하는 이들. 지식을 전하면서 복음도 같이 실어 나르는 메신저, 기독교수들이 캠퍼스 복음화 운동에서 빠질 수 없는 주역인 것은 부인할 수 없다.

KUPM 40년사를 작성하며, 선교대회집을 모았다. 당시 현장을 이해하는 데는 대회 집이 가장 좋기 때문이다. 대부분의 자료를 다 모았다. 그러나 아쉽게도 제19회 대회가 빠져 있다. 새삼 최근 소천하셔서 하나님의 품에 안긴 故 남금식 교수의 생각이 많이 난다. 남교수님은 KUPM 제3대 연합회장으로, 초기부터 헌신을 하였다. 교수가 된 이후 평생을 연합회 사역과 함께해 왔다고 해도 과언이 아닐 것이다. 특별히는 연합회장으로서 제23회 선교대회를 부산에서 하고 싶어 최선을 다하셨으며, 교수님은 지금의 부울경기독교수연합회가 만들어지는데도 간접적으로 기여를 하였다. 그런 의미에서 제10회 부울경기독선교대회를 통해 감사패를 전달했던 기억이 난다.

6. 제20회 전국대학교수선교대회

– 대학과 봉사(벧전4:10) | 평택대학교

제20회 전국대학교수선교대회는 2005년 7월 4일부터 6일까지 2박 3일간, 경기도 평택에 있는 평택대학교에서 "대학과 봉사(벧전4:10)"란 주제로 열렸다. 전국대학교수선교연합회(회장 이병찬)가 주최를 하고, 평택대학교와 경인교수선교회에서 주관하여 준비를 하였다. 또 국민일보, 극동방송, 기독교방송, 기독교TV 후원으로 협력하였다. 평택대학교(平澤大學校, Pyeongtaek University)는 경기도 평택시에 위치한 기독교 사립대학이다. 또한 2001년에 제16회 전국대학교수선교대회를 "북한선교의 전망(빌2:16)"이란 주제로 열어 두번째 선교대회 개최가 되는 셈이다.

■ 제20회 전국대학교수선교대회

일시: 2005.7.4~7.6
장소: 평택대학교 90주년 기념관
주제: <u>대학과 봉사(벧전 4:10)</u>
주관: 평택대학교 | 경인교수선교회, 주최: 전국대학교선교연합회
- **예배**
  개회예배: 예수님의 소원, 나의 소원(요17:1-5) | 배국순 목사(송탄 중앙침례교회)
  은혜의시간1: 우리는 선한 일을 위하여 지음 받았습니다(엡2:8-10) | 김삼환 목사(명성교회)
  은혜의시간2: 행복한 교수, 신바람 대학(창1:26-28) | 김문훈 목사(포도원교회)
  경건의시간1: 하나님의 놀라운 사랑(요3:16-21) | 유종만 목사(평택 시온성교회)
  경건의시간2: 아름다운 봉사(요12:1-8) | 정재우 목사(평택성결교회)
  파송예배: 성공의 절대 요소(빌4:19) | 명성훈 목사(죽전성시교회)
- **주제강연 | 특강**
  주제강연1: 대학의 사회적 봉사와 나눔 | 김성수 총장(성공회대)
  특강1: 멋쟁이 하나님, 성경은 과학에 위배되는가 | 정인순(한국원자력연구소)
  특강2: 21세기 선교와 교육 | 김영길 총장(한동대)
  특순1: 최화진(미국 Nyack College), 평택대 음악학과 콘서트콰이어
  특순2: 20주년 기념식수(90주년기념관앞)
- **조직_** 대회장: 조기흥(평택대 총장) 연합회장: 이병찬(계명대) 이사장: 강석규(호서대)
  준비위원장: 조석연 김문기 총무: 신성철 전세혁
- **지역탐방**1. 한국가스공사 평택생산기지
       2. 제암리 3.1운동 순국기념관
- **참석인원:**

이번 선교대회 순서는 첫째날 개회예배로 배국순 목사(송탄 중앙침례교회)가 "예수님의 소원, 나의 소원(요17:1-5)", 저녁 은혜의시간으로 김삼환 목사(명성교회)가 "우리는 선한 일을 위하여 지음 받았습니다"(엡2:8-10)는 제목으로 말씀을 전했다. 둘째날은 새벽 경건 의시간에 유종만 목사(평택 시온성교회)가 "하나님의 놀라운 사랑"(요3:16-21), 저녁 은혜 의시간에 김문훈 목사(포도원교회)가 "행복한 교수, 신바람 대학"(창1:26-28)으로 말씀을 전했다. 그리고 셋째날 새벽 정재우 목사(평택성결교회)가 "아름다운 봉사"(요12:1-8), 폐회는 명성훈 목사(죽전성시교회)가 "성공의 절대 요소"(빌4:19)를 제목으로 말씀을 전했다.

주제 발표는 "대학과 봉사(벧전 4:10)"라는 전체 주제에 따라 김성수 총장(성공회대)이 "대학의 사회적 봉사와 나눔"을 제목으로 발제를 하였다. 그리고 이에 대한 특강으로 정인 순 박사(한국원자력연구소)가 "멋쟁이 하나님, 성경은 과학에 위배되는가", 김영길 총장(한동대)이 "21세기 선교와 교육"을 주제로 특강을 하였다. 그리고 둘째날 오후 지역탐방으로 "한국가스공사 평택 생산기지"와 "제암리 3.1운동 순국기념관"을 선택하여 방문하는 시간을 가졌다. 또 특순으로 성악가 최화진 교수(미국 Nyack College)와 평택대 음악학과 콘서트콰이어가 찬양으로 감미로운 선율과 함께 영광을 올려 드렸다.

은혜의 선교대회였다. 개인적으로도 필자가 처음 참석하는 교수선교대회였다.
"각각 은사를 받은대로 하나님의 여러 가지 은혜를 맡은 선한 청지기같이 서로 봉사하라(벧전 4:10)". 대학과 봉사, 간증을 한 김영길 총장의 신조 중 하나가 "공부해서 남 주자"이다. 기독교수가 열심히 연구해서 학생들에게 주는 일에 익숙해져야 한다. 대회장인 조기흥 총장(평택대)은 2박 3일간의 일정을 마치며 "이제 우리가 주안에서 한 형제 되었으니, 함께 기도하고 협력하는 가운데 주어진 많은 일들을 감당해 나가자"며 권면했다. 또한 이병찬 연합회장은 "창립 20주년을 맞은 전국대학교수선교연합회는 그동안 많은 발전을 거듭해 캠퍼스 선교의 중추적인 역할을 하고 있다"며 "대회 참석 교수들이 이번 대회를 통해 귀한 은혜와 쉼의 시간을 갖고 더 많은 사역을 펼치는 단체로 거듭나길 바란다"고 말했다(국민일보 2005.6.25).

7. 제21회 전국대학교수선교대회

- 기독교와 멘토링 | 서울여자대학교

제21회 전국대학교수선교대회는 2006년 6월 28일부터 30일까지 2박 3일간, 서울여자대학교에서 "기독교수와 멘토링"이란 주제로 열렸다. 전국대학교수선교연합회(회장 남금식)가 주최를 하고, 서울여자대학교와 서울교수선교회에서 주관하여 준비를 하였다. 또 국민일보, 극동방송, CBS, 기독교TV, 학교법인 정의학원, 서울여자대학교회, 대한예수교장로회 총회 여전도회전국연합회에서 후원으로 협력하였다.

서울여자대학교(서울女子大學校, Seoul Women's University)는 서울시 노원구와 종로구에 위치한 기독교 사립여자대학이다. 1960년에 고황경(高凰京) 박사가 설립인가를 받아 개교를 하였고, 1988년에 종합대학으로 개편되며 서울여자대학교로 교명을 변경하여 현재에 이르고 있다. 또 설립자 고황경 박사의 호를 따라 "바롬 교육" 및 "바롬 기념관" 등을 두고 있다. 학부 약 8,500명, 대학원 약 250명의 학생이 재학을 하고 있다.

선교대회 순서는 첫째날 개회예배로 김회권 목사(일산두레교회)가 "하나님이 세상을 이처럼 사랑하사"(요3:16), 저녁 은혜의시간으로 김문훈 목사(포도원교회)가 "아름다운 카리스마"(빌4:11-13)는 제목으로 말씀을 전했다. 둘째날은 새벽 경건의시간에 장경철 목사(서울여대)가 "축복을 유통하는 교사"(창12:2), 저녁 은혜의시간에 김진홍 목사(두레교회)가 "예수 사랑, 나라 사랑"(시33:10-12)으로 말씀을 전했다. 그리고 셋째날 새벽 이재환 목사(한세대)가 "예수님의 멘토링"(눅6:46-49), 폐회는 유재필 목사(순복음노원교회)가 "오직 예수"(요14;6)를 제목으로 말씀을 전했다.

주제 발표는 "기독교수와 멘토링"이라는 전체 주제에 따라 첫째날에 "기독교 교육, 바롬 교육"이란 제목으로 장경철 김기숙 교수(서울여대), 둘째날에 "오늘의 대학생 이해하기" 고직한 선교사(Young2080), 셋째날에 "기독지도자의 영성" 김지철 목사(소망교회)의 특강이 각각 있었다. 간증은 신기현·장영백 교수(건국대)가 "1교수 1셀 운동", 김길현 선교사(캄보디아)가 "선교단체와의 연합사역"을 주제로 사역과 관련한 간증을 하였다. 또 발제토론으로 김명주 교수(서울여대)가 "기독교수의 시간관리", 문영빈 교수(서울여대)가 "학생 상담과 지도"로 선택 강의를 하였다. 아울러 선교대회 특순은 키노뮤직(Kino Music)과 한웅재 목사의 작은 음악회(꿈이 있는 자유), 서울여대 한나찬양선교단 & 기독학생연합회의 찬송으로 은혜의 시간을 가질 수 있었다. 또 지역탐방으로 육군사관학교를 투어하는 시간을 가졌다.

■ **제21회 전국대학교수선교대회**

일시: 2006.6.28~6.30
장소: 서울여자대학교
주제: <u>기독교와 멘토링</u>
주관: 서울교수선교회, 주최: 전국대학교선교연합회

- **예배**
  개회: 하나님이 세상을 이처럼 사랑하사(요3:16) | 김회권 목사(일산두레교회)
  은혜의시간1: 아름다운 카리스마(빌4:11-13) | 김문훈 목사(포도원교회)
  은혜의시간2: 예수 사랑, 나라 사랑(시33:10-12) | 김진홍 목사(두레교회)
  경건의시간1: 축복을 유통하는 교사(창12:2) | 장경철 목사(서울여대)
  경건의시간2: 예수님의 멘토링(눅6:46-49) | 이재환 목사(한세대)
  파송예배: 오직 예수(요14:6) | 유재필 목사(순복음노원교회)

- **특강 | 간증 | 발제토론**
  특강1: 기독교 교육, 바롬 교육 | 장경철, 김기숙(서울여대)
  특강2: 오늘의 대학생 이해하기 | 고직한 선교사(Young2080)
  특강3: 기독지도자의 영성 | 김지철 목사(소망교회)
  간증1: 1교수 1셀 운동 | 신기현, 장영백(건국대)
  간증2: 선교단체와의 연합사역 | 김길현 선교사(캄보디아)
  발제 및 토론 A: 기독교수의 시간관리 | 발제_김명주(서울여대)
  발제 및 토론 B: 학생 상담과 지도 | 발제_문영빈(서울여대)
  특순1: 서울여대 한나찬양선교단 & 기독학생연합회,
  특순2: 키노뮤직(Kino Music), 작은 음악회(꿈이 있는 자유) | 한웅재 목사

- **조직**
  대회장: 이광자(서울여대 총장) 연합회장: 남금식(목원대) 이사장: 강석규(호서대 명예총장)
    준비위원장: 장경철   협력위원: 김창익(충청) 남청(대전) 손장진(전북) 엄익규(경인)
    이기부(대구경북) 이선희(서울) 이재민(강원)
  총무: 김명주
  지역탐방1. 육군사관학교

- **참석인원:**

"기독교수와 멘토링", 준비위원회에서 많은 것은 준비했다. 기독교수로서 학생들을 지도함에 있어 무엇을 어떻게 해야 하나? 기독교 교육과 학생 이해하기, 상담, 영성 등 구체적인 내용들이 많이 제시되었다. 선교 대회장을 맡은 이광자 총장은 준비를 하며 "영적 재충전과 더불어 학생들에 대한 이해의 폭을 넓힐 수 있는 기회가 될 것"이라고 하였다. 또 청년들에 대한 이해를 바탕으로 문화적인 접근의 필요성을 강조한 장경철 교수(서울여대)는 "기독교 교육과 인성교육"이라는 주제의 특강을 통해 효과적인 복음전파와 교육 상담을 위해 대중 매체 및 문화를 활용할 수 있고 복음 메시지의 선포에 시청각 언어 방식을 활용해 하나님의 드라마로 연결해 나갈 것을 강조했다(한국기독교공보, 2006.7.4). 그리고 바롬교육의 하나로 친절하게 안내하는 학생들의 모습이 많이 인상 깊었다.

한편 전국대학교수선교연합회는 제19-20회 선교대회를 위해 헌신한 이병찬 연합회장 (계명대)을 대신해, 제21회 대회 연합회장으로 남금식 교수(목원대)를 선출하였다. 남금식 신임 연합회장은 KUPM 설립 초기부터 헌신적으로 사역에 참여하였으며, 제19회 목원대 대회 준비위원장으로 수고를 하였다.

8. 제22회 전국대학교수선교대회
- 기독교수의 선교비전과 영성 | 우석대학교

제22회 전국대학교수선교대회는 2007년 6월 28일부터 30일까지 2박 3일간, 전북 완주 군에 있는 우석대학교 문화관 아트홀에서 "기독교수의 선교비전과 영성(엡4:24)"이란 주제 로 열렸다. 전국대학교수선교연합회(회장 남금식)가 주최를 하고, 우석대학교 기독교수회 와 전북대학교수선교회에서 주관하여 준비를 하였다. 또 국민일보, 극동방송, CBS, 기독교 TV, 대한예수교장로회 대전서노회, 대전순복음교회, 대한예수교장로회 총회여전도회전국 연합회, 전북은행, 농협, ㈜취영루, KT에서 후원으로 협력하였다. 우석대학교(又石大學校, Woosuk University)는 전북 완주군에 위치한 사립대학이다. 1979년에 故 서정상 박사가 전주우석여자대학으로 설립하여, 1990년에 남녀공학 전주우석대학으로 바꾼 후, 1995년 부터 현재의 교명을 사용하고 있다. 학부 약 7,300명, 대학원 약 650명의 학생이 재학을 하고 있으며, 전주와 진천에도 캠퍼스를 갖고 있다.

선교대회는 첫째날, 전국에서 400여명의 기독교수들이 은혜를 사모하는 마음으로 모여 우석대 기독인연합회 합창단의 인도로 경배와 찬양이 시작되었다. 개회예배는 이동휘 목사 (전주안디옥교회)가 "주님의 마지막 명령(행1:6-8)", 저녁 은혜의시간으로 김진홍 목사(두 레교회)가 "경륜있는 신앙"(엡1:7-10)을 제목으로 말씀을 전했다. 둘째날은 새벽 경건의시 간에 최임곤 목사(전주신일교회)가 "평지에 서신 예수님"(눅6:12-19), 저녁 은혜의시간에 길자연 목사(왕성교회)가 "언약"(마28:16-20)이란 주제로 말씀을 전했다. 그리고 셋째날 새벽 이승룡 목사(살아있는교회)가 "회복"(창1:28), 폐회는 임종달 목사(전주순복음교회)가 "성령충만의 복음"(행2:1-4)이란 제목으로 말씀을 전했다.

■ 제22회 전국대학교수선교대회

일시: 2007.6.28~6.30
장소: 우석대학교 문화관 아트홀
주제: 기독교수의 선교비전과 영성
주관: 전북대학교수선교회, 우석대학교 기독교수회

- **예배**
  개회예배 주님의 마지막 명령(행1:6-8) | 이동휘 목사(전주안디옥교회 원로목사)
  은혜의시간 1. 경륜있는 신앙(엡1:7-10) | 김진홍 목사(두레교회)
  　　　　　　2. 언약(마28:16-20) | 길자연 목사(왕성교회)
  경건의시간 1. 평지에 서신 예수님(눅6:12-19) | 최임곤 목사(전주신일교회)
  　　　　　　2. 회복(창1:28) | 이승룡 목사(살아있는교회)
  파송예배 성령충만의 복음(행2:1-4) | 임종달 목사(전주순복음교회)
- **특강**
  1. 모든 사람을 제자로 삼으라 | 박은조 목사(분당 샘물교회)
  2. 선교는 우리의 희망입니다(마28:1-20) | 원팔연 목사(바울교회)
  3. 급변하는 시대와 신앙 | 최원탁 목사(전주현암교회)
  4. 하나님이 준비하시는 선교 | 박진구 목사(전주안디옥교회)
  5. 대학생의 영성 | 신정호 목사(전주동신교회)
- **간증**
  1. 박성수 사장((주)취영루)
  2. 김수길 교수(군산대)
- **특순**
  1. 우기연 합창단, 전주성결교회 몸찬양선교단, 전주영생교회 엘샤디이 선교단,
     섹소폰 하태용(전주비전대)
  2. 미니콘서트 : 전주남성합창단, 로고스라이프찬양단
- **지역탐방**
  1. 전주 시내 전통문화 체험
  2. 새만금 방조제 및 군산 GM대우자동차
- **조직**
  대회장_ 박상규(우석대기독교수회장), 손장진(전북교수선교회장, 남금식(연합회장, 목원대)
  공동대회장_ 강영무(부산), 김창익(충청), 남청(대전), 신성철(경인), 이선희(서울),
  　　　　　　이재민(강원)
  준비위원장_ 박상규(우석대 기독교수회장) | 총무_ 박석재(우석대) | 협동총무_ 지역부회장
- **참석인원** 400여명

　　주제 발표는 "기독교수의 선교비전과 영성"이라는 주제에 따라 첫째날에 박은조 목사(분당 샘물교회)가 "모든 사람을 제자로 삼으라"는 제목으로 특강을 하였다. 둘째날은 특강2로 "선교는 우리의 희망입니다(마28:1-20)" 원팔연 목사(바울교회), 특강3으로 "급변하는 시대와 신앙" 최원탁 목사(전주현암교회)가 있었다. 셋째날은 특강4로 "하나님이 준비하시는 선교" 박진구 목사(전주안디옥교회), 특강5로 "대학생의 영성" 신정호 목사(전주동신교회)

의 상의로 신행되었다. 그리고 ㈜취영부 박성수 사장의 간증과, 김수길 교수(군산대)의 간증이 있었다. 또 지역탐방으로 전주 시내 전통문화 체험과 새만금 방조제 및 군산 GM대우자동차 견학이 있었다.

아울러 선교대회 특순으로 우석대 총장 만찬시간의 글로리아 색소폰 앙상블 연주가 있었고, 우기연 합창단, 전주성결교회 몸찬양선교단, 전주영생교회 엘샤다이 선교단에 의해 찬양이 드려졌다. 미니콘서트로 전주남성합창단, 로고스라이프찬양단의 찬송도 은혜의 시간이었다.

〈제22회 전국대학교수선교대회(2007.6.28.-30, 우석대학교 문화관 아트홀)〉

"하나님을 따라 의와 진리의 거룩함으로 지으심을 받은 새 사람을 입으라(엡4:24)". 2박 3일의 짧은 기간이지만, 많은 예배와 특강, 간증, 지역투어를 경험하고 은혜를 나눈 선교대회였다. 우석대학교는 기독교 건학이념에 따라 세워진 미션스쿨이 아니다. 그럼에도 1979년 설립과 동시에 전영철 교수(초대 회장)와 정순량 교수(제2대 회장) 2명이 기독인 학생들과 아침마다 기도회를 하면서 우석대학교 기독인 연합회가 시작되었다. 또 지금도 학교 주위에 있는 교회에서 섬기며, 기독동아리 학생들과 함께 매월 1회 캠퍼스 내 대학교회에서 예배를 드리고 있다. 대회를 위해 수고한 모든 준비위원에게 하나님께서 부어주시는 상급이 가득하기를 기도드린다. 그리고 또 특별히 준비위원장을 맡은 박상규 교수(우석대기독교수회장)와 총무를 맡은 박석재 교수(우석대), 전북교수선교회 회장인 손장진 교수께 우리 주님께서 잘했다는 충성된 종아, 하시는 칭찬과 격려가 있었으면 좋겠다. 다음은 준비위원장을 맡은 박상규 교수의 글이다.

이번 대회는 KUPM 창립이후 전라북도에서 처음 열리는 대회인 만큼 의미가 크다. 더불어 Non-미션스쿨에서 최초로 개최된 점에 의의가 있다. 이는 우석대학교가 일반 대학임에도 불구하고 학내에서 기독교 활동이 왕성하고 교수들을 중심으로 한 기독교수회가 활성화되어 있으며, 인근 지역교회들과의 협력을 활발하게 함으로써 교회와 학교가 하나되어 캠퍼스 선교화에 앞장섰다는 점에 있어서 귀감이 되었을 것으로 생각된다. 전북교수선교회는 전라북도지역대학 기독교수회를 네트워크화하여 학원복음화에 기여할 것을 목적으로 창립되어 1년동안 열심히 대회준비를 하여 왔으며 모든 일정을 주님께서 동행해 주셔서 은혜롭게 선교대회를 마치게 됨을 감사드립니다.

[출처] 박상규 박석재 교수(우석대) 글자료 편집

9. 제23회 전국대학교수선교대회

- 교수가 변해야 나라가 산다(엡4:24) | 동서대학교

제23회 전국대학교수선교대회는 2008년 6월 26일부터 28일까지 2박 3일간, 부산에 있는 동서대학교 미래관과 대학교회에서 "교수가 변해야 나라가 산다"는 주제로 열렸다. 전국대학교수선교연합회(회장 이선희)가 주최를 하고, 동서대학교(총장 박동순)와 부울경 기독교수연합회(회장 강영무, 동아대)가 주관하여 준비를 하였다. 국민일보, 극동방송, CBS, 기독교TV, 부산성시화운동본부, 부산학원복음화협의회, 수영로교회, 호산나교회 등 지역교회가 후원으로 협력하였다. 동서대학교(東西大學校, Dongseo University)는 부산시 사상구에 위치한 기독교 사립대학이다. 1965년에 故 민석 장성만 목사가 설립한 영남기독실업학교를 시작으로, 1992년에 동서공과대학으로 설립하여 1996년에 교명이 변경되었다. 그리고 경남정보대학교, 부산디지털대학교와 더불어 학교법인 동서학원에 소속되어 있다. 또한 기독교 건학이념의 토대위에 세워져, 캠퍼스 중앙에 대학교회가 있고, 학생들은 1-3학년 동안 매주 1회 채플에 참여하고 있다. 학부 약 10,500명, 대학원 약 300명의 학생이 재학을 하고 있으며, 해운대 센텀에도 캠퍼스를 갖고 있다. 다음은 선교대회 당시 총무 이선복 교수의 글을 부대회장 강영무 교수(동아대)가 보완해 정리한 글이다.

부산은 항구도시로 토속신앙이 뿌리를 내려 복음화율이 10%대로 낮은 도시이다. 기독교에 대한 비종교인의 호감도도 낮은 편이다. 따라서 KUPM이 설립된지 23년이 지나서야 선교대회를 개최할 수 있을 정도로 사회적 문화적 환경이 열악하다. 그러나 평양대부흥운동 100주년을 맞아, 2007년부터 기독 공동체들의 연합활동이 뜨거워지기 시작했다. 2월에 5천명의 청년이 KBS부산홀에서 Jump2007 기도집회를 가졌다.

■ **제23회 전국대학교수선교대회**

일시: 2008.6.26~6.28
장소: 동서대학교 미래관 | 대학교회
주제: 교수가 변해야 나라가산다
주관: 동서대학교 | 부산기독교수연합회(BCPN), 주최:전국대학교수선교연합회

- 예배:
  1. 개회: 창조적 소수만 있으면(창18:32-33) | 장성만 목사(동서학원 설립자)
  2. 은혜의시간1: 다음세대를 위해 보내진 사람들(요20:21-22) | 최홍준 목사(호산나교회)
  3. 은혜의시간2: 1%가 세상을 바꾼다(계21:5) | 박성민 목사(C.C.C 대표)
  4. 경건의시간1: 좌절과 성취(시127:1-5) | 박정근 목사(영안침례교회)
  5. 경건의시간2: 시험을 만나거든(약1:1-5) | 김문훈 목사(포도원교회)
  6. 파송예배: 나를 보내소서(사6:1-8) | 백금산 목사(예수가족교회, 부흥과개혁사 대표)

- 특강 | 패널토의
  1. 특강1: 캠퍼스를 통한 민족복음화와 세계선교 | 김규동 목사(요한동경교회)
  2. 특강2: 부르짖음에 응답하시는 하나님(렘33:3) | 신용한 장로(CBMC 중앙회장)
  3. 패널토의: 캠퍼스 복음화를 위한 기독교수의 역할과 비전 | 강영무(동아대) 김석삼
     (경북대), 방선기 목사(직장사역연구소), 이건호 목사(Wagner Leadership institute)

- 신앙간증 | 캠퍼스선교 | 연합활동
  1. 신앙간증1: 말씀의 실천적 삶을 위하여 | 변영인(동서대)
  2. 신앙간증2: 불신가족 구원기 | 진경년(부경대 인문사회과학연구소)
  3. 캠퍼스내 선교활동1: 인제대 작업치료학과 Group Bible Study 사례 | 김경미(인제대)
  4. 캠퍼스내 선교활동2: 못 말리는 전도자 | 손권(부산대)
  5. 지역공동체와 연합활동1: 지역교회와 함께 하는 동아대학교 복음화 | 이준탁(동아대)
  6. 지역공동체와 연합활동2: 학원복음화를 위한 지역교회와의 협력관계 | 남금식(목원대)

- 이단퇴치 | 해외선교
  1. 캠퍼스내 이단퇴지1: 캠퍼스의 이단 신천지 | 조인선(전남대)
  2. 캠퍼스내 이단퇴지2: 캠퍼스 이단 현황과 대책 | 탁지일(부산장신대)
  3. 해외선교활동1: 캄보디아에 내리는 비 : South Asia Univ | 김길현 선교사(프롬펜왕립대)
  4. 해외선교활동2: 나의 목자 여호와 | 김조자 선교사(캄보디아 라이프대학 총장)

- 지역탐방
  부산의 선교역사와 함께하는 테즈락 크루즈 해상관광_ 한국선교의 기원문제: 제물포인가,
  부산인가? 탁지일 목사(부산장신대)

- 조직
  대회장: 박동순(동서대 총장) | 이선희(연합회장, 서울과기대)
  준비위원장: 장제국(동서대 부총장) | 부대회장: 강영무(부산기독교수연합회장, 동아대) |
  총무: 이선복(동서대) 실행부총무: 김수화(동서대)
  협력위원(교목):김호규 박성일 유의신 이준행 이창훈 최훈규
  기획재정:손권 이선복, 홍보의전: 정연철, 편집디자인:김수화, 사례발표:김영곤
  투어:이준탁, 식사:이미영 이강춘, 안내접수:박성미, 숙소:안정숙 이종환, 멀티:오종서

- **참석인원: 672명(봉사자 포함)**

5월에는 10만명의 성도가 해운대 백사장에서 부산대부흥운동 Awakening 예배를 드렸다. 6월은 Again1907 in Busan으로 1만명의 청년이 참석해 집회를 가졌다. 7월은 전세계 100여개국에서 온 2만여명이 대학생들이 CM2007대회로 부산벡스코에 모였다. 10월에는 부산아시아드 주경기장에서 연인원 20만명이 모여 부산 프랭클린 그레함 페스티벌(Busan Franklin Graham Festival)을 열고, 하나된 모습으로 회개하며 부산과 복음화를 위해 기도하였다. 그리고 이러한 흐름은 기독교수들의 복음화 사역에 영향을 주었다. 그동안 기독교수들의 활동은 교수신우회 중심으로, 활동범위는 대학 내에 머물러 있었다. 복음화를 위한 대학간 협력이나 정보교류가 거의 없었다. 이러한 한계를 극복하기 위하여 부산지역 기독공동체 네크워커 역할을 해왔던 한국대학생선교회(CCC)의 최상림 목사의 노력으로 2007년 2월에 부산기독교수연합회(BCPN)가 설립되었다. 또 강영무 교수(동아대)가 초대 회장, 이선복 교수(동서대)가 총무를 맡게 되었다.

부산기독교수연합회가 매체가 되어 대학 내에서 활동하던 기독교수들의 복음화 사역이 부산지역으로 확장되었다. 대학간 복음화 활동 정보를 나누고, 상호 협력을 하였다. 그 결과 부산지역 기독교수들이 협력하여 2008년에 열릴 전국대학교수선교대회를 성공적으로 개최하는 구심체 역할을 하게 되었다. 2008년 제23회 전국대학교수선교대회가 부산 동서대학교로 결정되며, 기독교수들이 1년을 기도하며 준비하였다. 또 준비위원회를 구성하며 이선복 교수(동서대)가 선교대회 총무로 실무를 맡았다. 그리고 2008년 1월에 "주님! 제가 기독교수입니다"란 주제로 제1회 부산기독교수선교대회를 동서대에서 개최하며 전국대회 준비에 본격적으로 돌입하였다. 또 이렇게 시작한 부산기독교수연합회는 현재까지 대학을 순회하며, 18년째 1월에 부울경기독교수선교대회를 이어오고 있다.

제23회 선교대회의 특징은 1) 지역과 국내외 목회자 말씀 설교, 2) 교수 및 선교사의 캠퍼스 복음화를 위한 패널토의, 간증 사례 발표, 3) 지역 특성을 반영한 크루즈 관광과 한국선교 기원. 4) 문화사역자의 찬양과 공연, 4개로 구성된 점이다.

첫째, 말씀 설교는 개회예배에 장성만 목사(동서학원 설립자)가 "창조적 소수만 있으면"(창18:3-33), 저녁 은혜의시간에 최홍준 목사(호산나교회)가 "다음 세대를 위해 보내진 사람들"(요20:21-22)이란 주제로 말씀을 전했다. 둘째날 경건의시간은 박정근 목사(영안 침례교회)가 "좌절과 성취"(시127:1-5), 은혜의시간에 박성민 목사(C.C.C)가 "1%가 세상을 바꾼다"(계21:5), 그리고 셋째날 경건의시간은 김문훈 목사(포도원교회)가 "시험을 만나거든"(약1:1-5), 폐회에 백금산 목사(예수가족교회)의 "나를 보내소서"(사6:1-8)를 제목으로 메시지를 전했다.

둘째, 동료 교수와 선교사들이 패널, 간증 및 사례 발표를 통히여 그동안 쌓아왔던 캠퍼스 복음화와 선교에 대한 경험과 비전을 참석자들에게 생생하게 전달하며 교훈과 도전을 줄 수 있었다. 패널 토의에는 김영곤 교수의 사회로 김석삼 교수, 방선기 목사, 이건호 목사, 강영무 교수가 참여하여 "캠퍼스 복음화를 위한 기독교수의 역할과 비전"을 주제로 활발한 제안과 토론을 하였다.

사례 발표는 5개 분야로 1) 기독교수 신앙과 간증에는 변영인 교수의 "말씀의 실천적 삶을 위하여"와 진경년 교수의 "불신가족 구원기"의 사례발표가 있었고, 2) 캠퍼스 내 선교 활동 사례에는 김경미 교수의 인제대학교 작업치료학과 "Group Bible Study"와 손권 교수의 "못 말리는 전도자"의 발표가 있었다. 3) 지역공동체와 연합활동에는 이준탁 교수의 "지역교회와 함께하는 동아대학교 복음화"와 남금식 교수의 "학원 복음화를 위한 지역사회와의 협력관계"의 발표가 있었고, 4) 캠퍼스 내 이단 퇴치활동에는 조인선 교수의 "캠퍼스의 이단 신천지"와 탁지일 교수의 "캠퍼스 이단 현황과 대책"의 발표가 있었다. 마지막으로 5) 해외선교 사례 발표로는 김조자 교수의 "나의 목자 여호와"와 김길현 교수의 "캄보디아에 내리는 비: South Asia Univ"가 있었다.

지역탐방은 항구도시 부산의 특성을 살린 투어로 부산지역 "선교역사와 함께하는 해상관광"을 진행했다. 기상 악화까지 대비하며 치밀하게 준비한 결과, 참석자 모두가 테즈락 크루즈호 선상에서 해안선을 따라 변하는 풍경을 바라보며 선상 연주회와 풍선날리기 행사 등을 즐길 수 있었다. 특히 선상에서 진행한 탁지일 교수의 "부산지역의 선교 역사" 특강은 듣는 이들에게 우리나라 초창기 선교에 숨겨져 있던 부산의 역할을 알게되는 유익한 시간이었다. 마지막으로 찬양 및 특별공연은 어웨이크닝, 필그림스찬양팀, 페로스합창단, 임권택 예술대학 뮤지컬 등 부산을 대표하는 문화사역자들이 출연하여 함께 하나님께 영광을 드리는 시간을 가졌다.

〈제23회 전국대학교수선교대회 2008.6.26.~6.28, 동서대학교〉

낮은 복음화 비율과 기독교에 대한 높은 비호감도에서 알 수 있듯이, 부산은 전국대학교수선교대회를 하기에 열악한 환경이다. 그러나 기독교 정신을 건학이념으로 설립된 동서대학교와 부산지역 기독교수들의 연합된 헌신으로 23회 선교대회를 성공적으로 마무리할 수 있었다. 특히 주목할 부분은 선교대회가 일회성 행사에 그치지 않았다는 점이다. 선교대회를 통하여 이후 지역 범위를 넓혀 울산과 영남지역 대학들까지 아울러 함께 하는 부울경기독교수연합회로 성장하였다. 다양하고 광범위하게 기독교수들의 역량을 모아 캠퍼스 복음화를 위해 꾸준히 헌신하게 된 것이 전국대학교수선교대회의 진정한 결실이라고 할 수 있다. 이런 귀한 결실을 맺을 수 있도록 인도하시고 사용하신 하나님 아버지의 놀라운 역사에 감사를 드린다.

[출처] 강영무 교수(동아대) 이선복 교수(동서대) 글자료 편집

10. 제24회 전국대학교수선교대회
- 나눔과 섬김(약10:45) | 영남대학교

제24회 전국대학교수선교대회는 2007년 6월 26일부터 28일까지 2박 3일간, 경북에 있는 영남대학교 경산캠퍼스 천마아트센터에서 "나눔과 섬김(막10:45)"이란 주제로 열렸다. 전국대학교수선교연합회(회장 이선희)가 주최를 하고, 영남대학교(대회장 남효덕)와 대구경북교수선교회가 주관하여 준비를 하였다. 영남대학교, 대구학원복음화협의회, 대구경북홀리클럽, 대구성시화운동본부, CBS가 후원으로 협력하였다. 영남대학교(嶺南大學校, Yeungnam University)는 경상북도 경산시와 대구시 남구에 있는 사립종합대학이다. 대구대학과 청구대학이 1967년에 통합되어 출범했다. 교육목표는 창학정신에 제시된 교육이념을 바탕으로 하는 "민족의 대학", "세계 속의 대학"으로 하고 있다. 대구 캠퍼스와 경산캠퍼스를 갖고 있고, 학부 29,000명, 대학원 약 3.000명의 학생이 재학을 하고 있다.

선교대회 순서는 첫째날 개회예배로 고용수 목사(대구제일교회)가 "사랑과 진리로 섬겨야 합니다"(엡4:13-16), 저녁 은혜의시간으로 이영훈 목사(여의도순복음교회)가 "십자가 신앙"(갈2:20)이라는 제목으로 말씀을 전했다. 둘째날은 새벽 경건의시간에 장영일 목사(범어교회)가 "회의주의를 극복하려면"(시127:1-2), 저녁 은혜의시간에 김동호 목사(높은 뜻 숭의교회)가 "천국의 사고방식"(마20:1-16)으로 말씀을 전했다. 그리고 셋째날 새벽은 조석원 목사(내당교회)가 "교회안의 사람들"(요삼1:1-12), 폐회는 김태범 목사(삼덕교회)가 "영적 전환운동"(요21:15-18)이란 제목으로 말씀을 전했다.

■ 제24회 전국대학교수선교대회

일시: 2009.6.26~6.28
장소: 영남대학교 경산캠퍼스 천마아트센터
주제: 나눔과 섬김(막10:45)
주관: 영남대학교 | 대구경북교수선교회, 주최:전국대학교수선교연합회

- **예배**
개회예배: 사랑과 진리로 섬겨야 합니다(엡4:13-16) | 고용수 목사(대구제일교회)
은혜의시간1: 십자가 신앙(갈2:20) | 이영훈 목사(여의도순복음교회)
은혜의시간2: 천국의 사고방식(마20:1-16) | 김동호 목사(높은뜻 숭의교회)
경건의시간1: 회의주의를 극복하려면(시127:1-2) | 장영일 목사(범어교회)
경건의시간2: 교회안의 사람들(요삼1:1-12) | 조석원 목사(내당교회)
파송예배: 영적 전환운동(요21:15-18) | 김태범 목사(삼덕교회)

- **특강 | 나눔과섬김 & 사례발표**
특강1: 생각하고 꿈꾸는 만큼 이루어진다(빌4:13) | 최화진 교수(미국 Nyack College)
특강2: 한국 교회의 나아갈 길 | 서경석 목사(기독교사회책임 공동대표)
특강3: 북한의 실상과 선교전망(마28:18-20) | 김용덕 장로(기쁜소식 이사장)
나눔과섬김 기조발표: 노블래스 오블리주 | 예종석(한양대 경영대학)
사례발표1: 시련중에 받은 소명_장학사업과 대안교안 | 남효덕(영남대)
사례발표2: 음악과 봉사 | 홍세용(대구예술대)
사례발표3: 편모가정의 섬김 | 김동신(경북대)
사례발표4: 연변사랑 10년 | 도충구(대구대)
나눔과 섬김의 전시회 & Fun Fair (천마아트센터 챔버홀 앞마당)

- **특순**
특순1: Synthesizer 성가곡 연주회 /이영수(영남대 음대), 찬양하는 사람들의 성가합창
　　　　연주회/ 한용희(영남대)
특순2: "하늘에 계신" 기독교 영화 상영 | 배혜화(전주대)

- **조직_** 대회장: 남효덕(영남대) 연합회장: 이선희(서울산업대) 이사장: 손동수(서울대)
　　　　부대회장: 김대년 김상태 김의명 김정환 박아청 신호균 안광선
　　　　준비위원장: 서희돈 | 협력위원: 김창익(충청) 김형길(전북) 손권(부산)
　　　　　　　　신성철(경인) 이승목(강원) 최진탁(서울) 　총무: 홍종권 조무환
　　　　분과실행위원장: 김상태 신호균 송재기 김의명 한용운

- **참석인원:** 430명

　　주제 발표는 "나눔과 섬김(약10:45)" 전체 주제에 따라 둘째날 오전 예종석(한양대 경영대학)교수가 "노블레스 오블리주"란 제목으로 기조 발표를 하고, 4개의 사례발표로 이어졌다. 즉 사례발표1은 "시련 중에 받은 소명_장학사업과 대안교안"으로 남효덕 교수(영남대), 사례발표2는 "음악과 봉사"로 홍세용 교수(대구예술대), 사례발표3은 "편모가정의 섬김"으

로 김동신 교수(경북대), 사례발표4는 "연변사랑 10년"으로 도충구 교수(대구대)가 각각 발표를 하였다. 그리고 나눔과 섬김의 행사로 "전시회 및 Fun Fair"를 가졌다. 또한 특강은 성악가 최화진 교수가 "생각하고 꿈꾸는 만큼 이루어진다"(빌 4:13), 서경석 목사(기독교 사회적책임)가 "한국교회의 나아갈 길", 김용덕 장로가 "북한의 실상과 선교전망"이란 제목으로 발표를 하였다.

아울러 선교대회 특순은 최화진 교수의 특강에 이어 이영수 교수(영남음대)의 Synthesizer 성가곡 연주회, 한용수 교수(영남대)의 지휘로 "찬양하는 사람들" 성가합창 연주회로 찬송과 영광을 올려 드렸다. 또 배혜화 교수(전주대)의 해설로 "하늘에 계신" 기독교영화 상영이 있었다.

다음은 대회장을 맡은 남효덕 교수(영남대)의 후기이다.

■ **24회 대회장 남효덕 교수(영남대)의 후기**

전국에 흩어진 각 대학 교수들의 열성적인 직장 선교모임이 모체가 되어 전국대학교수 연합회가 조직되었고, 1985년 마침내 여의도순복음교회에서 제1회 전국대학교수선교대회를 개최하였다. 그 후 오늘에 이르기까지 해마다 전국을 순회하며 '대학교수선교대회'라는 이름으로 대회가 열리고 있으며 그 열기는 갈수록 뜨거워지고 있다. 대회개최 순번은 서울을 비롯하여 각 지역별로 순회하는 관례에 따라 24회 대회는 '대구경북지부' 차례가 되었고 그 중에 기독생활관이 준공되는 시점에 이르는 영남대학교가 유력한 대회지 후보로 등장하였다.

1. 기독선교회관 건립에 즈음한 전국적인 대행사
그런데 지금까지 개최장소가 주로 기독교 대학을 중심으로 열렸던 사례와는 달리 기독교대학이 아닌 영남대학교에서 열자는 주장에는 그 의미를 부여하는 분위기였다. 다름이 아니고 영남대학교 교수들이 중심이 되어 2005년부터 시작한 기독생활관 건축을 위해 온 정성을 다해야 할 이 시점에 전국적인 큰 모임을 갖는 것은 분명 그 의미가 크다는 주장이었다. 그러나 대회를 주관해야 할 영남대학교 교수선교회 입장에서 보면 두 가지 힘겨운 과업을 동시에 감당해야 하는 어려움이 불가피했다. 그러나 많은 논란을 거쳐 24회 전국대학선교회는 2009년 6월 25(목)~27(토) 영남대학교 경산캠퍼스 천마아트센터에서 열리게 되었다.

여기서 제24회 선교대회 시기와 중첩이 된 영남대학교 기독생활관 건립과 운영에 관해 잠깐 소개하고자 한다, 영남대학교 교수선교회가 합심기도하던 중 대학캠퍼스 내 기독생활관을 건립하여 시골에 시무하는 미자립 교회 교역자 자녀들이나 생활이 어려운 학생들을 함께 생활시키면서 바람직한 신앙인을 양성하자는 것이다. 단순히 숙식만을 해결하는 공간이 아니라 올바른 기독 가치관을 심어 주는 기독인재 양성기관으로 정착시키자는 것이다.

누가 들어도 박수를 쳐야 할 이 발상은 누가 들어도 너무 과분한 의욕이라 평하지 않을 수 없겠지만, 기도하는 가운데 "기독생활관건립위원회"가 조직되었다. 기독교대학이 아닌 사립대학교에서 어떻게 기독회관 부지를 확보할 수 있었으며, 12억원(나중에 15억원)을 상회하는 건축비를 어떻게 모금

했는가에 대해서는 이미 발행한 백서형식의 책자의 기록물로 대체할 수밖에 없음에 아쉬움을 남기며, 생활관 준공 이후 25여년간 매년 50여명의 신앙으로 무장된 졸업생을 배출한 결실 더없이 값진 일이다..

2. '나눔과 섬김(약10:45)'의 주제와 대회일정
공교롭게도 영남대학교 기독생활관 건립에 매진해야 하는 기간에 제24회 전국교수선교대회까지 준비해야 할 사정에 놓이자 선교회 임원진들은 도대체 무엇부터 시작해야 할지 알 수가 없었다. 전국교수선교회 임원진과 학내외 구성원들에게 어떻게 이해를 구하며 도움을 받을 수 있을까를 생각하니 해답이 보이지 않았다. 그러나 은혜로운 시간으로 이어진 잔치가 끝난 이 시점에서 되돌아 보면 하나님께서는 이미 모든 것을 예비해 두셨음을 깨닫게 되었다.
2008년 6월 부산 동서대학에서 열린 제23회 전국대학교수선교대회에서 대회기를 전달받은 대구경북교수선교회에서는 준비위원회 발족과 동시에 바로 세부적인 준비에 착수했다. 10여 차례 준비위원회가 개최되면서 가장 먼저 '나눔과 섬김'이라는 대회주제를 정하고 강사 섭외에 들어갔다. 그러나 선교대회를 불과 네 달 앞둔 시점까지도 대회를 치를 구체적인 장소(홀, 강당 등)조차 정하지 못했고 소요경비 마련에 대한 뚜렷한 대책도 세워지지 않았으니 임원진들은 불안할 수밖에 없었다.

대회 조직 또한 간단하지 않았다. 대구경북교수선교회 역대 회장과 전국선교연합회 회장 및 지역 기독대학 총장을 자문위원으로 위촉하고, 우리 대구경북선교회 역대 회장단을 중심으로 대회장과 부대회장 및 총무를 맡게 되었으며, 각 지역의 교수선교회 회장과 총무를 각각 대회협력위원 및 협동총무로 위촉하였다. 실무를 담당하는 준비위원장을 비롯한 기획, 실행, 지원 등 분과별 실행위원장과 실무진은 교수선교회 임원 및 영남대학교 교수들이 맡기로 했다.
준비해야할 사항들도 참으로 다양했다. 행사 프로그램 확정, 홈페이지 구축, 예산기획 및 후원기관 선정, 숙소를 포함한 시설의 사전점검 및 신청, 강사 및 분과별 발표자 섭외, 찬양 및 도우미 학생 모집, 대회안내문 발송, 현수막과 포스터 제작, 주차 및 부대시설 점검, 식사 및 간식 준비, 접수 및 안내, 대회준비 최종 점검 등이 필수적으로 따랐다.

이와는 별도로 영남대학교에서는 수준 높은 예술공연을 할 수 있는 천마아트센터를 신축하였고, 수백명이 동시에 입주할 수 있는 학생기숙사도 준공하였다. 천마아트센터와 기숙사 모두 이번 교수 선교대회가 사용하기에는 아주 적합하였으나 외부행사를 치를 경우 적지 않는 대여료를 지불해야 한다. 대회장을 비롯한 몇몇 임원이 학교본부를 찾아가 5천만원이 넘는 임대료를 면제해 달라고 우겨대는 핑계로 우리 기독교수들이 10억원이 넘는 기독관 건축헌금을 했으니 대회장과 부대시설을 무료로 사용케 해달라고 부탁하여 어렵게 사용허락을 받아냈다. 이와 같이 하나님께서는 훌륭한 대회 장소와 부족함이 없는 예산도 예비해 주셨고, 대회일정 하나하나까지 차질이 없게 진행시켜 주셨음에 감사를 드린다.

드디어 대회날이 다가왔다. 첫날 오후 1시부터 등록을 시작하자 전국에서 모인 대회등록자 293명, 자원봉사자 58명, 강사 및 특순 담당자 약 50명, 전시회 단체 약 30명 등 430여명이 "나눔과 섬김"이라는 주제로 함께 모였다.

2박 3일간의 대회일정을 대강 정리하면 아래와 같다.

대회 첫날인 25일 오후 대구제일교회 고용수 담임목사의 개회 예배로 시작, 최화진 미국 뉴욕 Nyack대 교수의 특강, 이영훈 여의도순복음교회 목사의 은혜의시간 설교 등으로 진행되었다. 둘째날인 26일에는 예종석 한양대 교수가 '나눔과 섬김'을 주제로 장학사업과 대안학교, 음악과 봉사, 편모가정의 섬김, 연변사랑 10년 등의 성과를 사례별로 소개하였다. 이날 오후에는 서경석 기독교사 회책임 공동대표와 김동호 높은뜻숭의교회 목사의 특강, 지역 선교회별 기도회가 이어졌다.

마지막 날인 27일에는 조석원 대한예수교장로회 경북노회장, 김용덕 기쁜소식 이사장의 특강과 강연이 진행되었고, 뒤이어 삼덕교회 김태범 목사의 폐회예배를 겸한 은혜의 시간을 가졌다. 특히 이번 대회에서는 대회 주제인 나눔과 섬김 사례 발표 및 전시회, "하늘에 계신" 기독교 영화 상영, 영남대 성가합창단 찬양, 대구기독미술선교협회전 등의 특별 무대 행사도 함께 열렸다. 이틀간 의 새벽시간에는 경건의 시간(장영일, 조석원 목사)을 가졌고, 각 프로그램 중간 중간에 교수들의 성가연주, 지역교회 중창단 찬양, 각 지역 교수선교회 특송, 음대 교수들과 학생들의 특별 출연 순서가 있었다. 대회기간 내내 대구기독미술선교협회 주관으로 기독미술전시회가 열렸으며, 특히 둘째날에는 나눔과 섬김의 실천을 보여주는 전시회를 여는 한편 교수들의 Fun Fair 시간도 가졌다.

3. 다양한 후원과 섬김의 손길
이 대회의 재정적인 지원을 위해 포스코건설, 대구컨벤션뷰로, (주)서우, (주)한백종합기술공사, 호텔 인터불고, 워터스, 유성건설, 삼익THK 등의 기업체 협찬이 있었고, 동신, 삼덕, 성덕, 동부, 내당, 범어, 남산, 지산제일, 대구중앙 교회 등의 지역교회 후원과 지역 각 대학선교회의 협찬이 있었으며, 교수선교회 임원들의 찬조도 이어졌다. 6천여만원의 현금 외에도 생수와 찬양·성경말씀 CD 및 전도소책자 등 많은 현물도 답지되어, 행사진행에 필요한 제반 경비를 충족하고 '나눔과 섬김' 단체 지원금을 제하고도 700여만원이나 여유가 있었다. 여호와이레의 하나님께서 부족함이 없이 채워주 시며 너희는 아무것도 걱정하지 말라는 말씀을 실증으로 보여 주신 것이다.
아직도 못다 한 많은 뒷이야기가 남았지만 이상으로 선교대회 보고를 마칠까 한다. 이 선교대회를 위해 개최장소와 숙소를 제공해준 영남대학교를 비롯하여 물질로 후원해 주신 교계 여러분들과 귀한 은혜의 말씀을 들려주실 강사님들, 그리고 실무를 담당하시어 수고를 아끼지 않으신 준비위원 여러분들의 노고에 다시 한번 감사드린다.

[출처] 남효덕 교수(영남대) 글자료 편집

11. 제25회 전국대학교수선교대회
- 너는 가서 제자 삼으라(요21:15) | 서울산업대학교

제25회 전국대학교수선교대회는 2010년 7월 1일부터 3일까지 2박 3일간, 서울산업대학교 100주년 기념관에서 "너는 가서 제자삼으라, GO & MAKE DISCIPLES(요21:15)"라는 주제로 열렸다. 전국대학교수선교연합회(회장 이선희)가 주최를 하고, 서울산업대학교 교수신우회, 서울경인교수선교회가 주관하여 준비를 하였다. 서울산업대학교와 서울여자대학교, 평택대학교, C.C.C, 국민일보, 명성교회, 여의도순복음교회, 중계충성교회가 후원으로 협력하였다. 서울과학기술대학교(서울科學技術大學校, Seoul National University of Science and Technology)는 서울시 노원구 공릉로에 위치한 국립종합대학교이다. 1910년에 순종황제의 실업학교령에 따라 공립어의동실업보습학교로 개교 후, 1979년에 경기공업전문대로 승격되었다. 그리고 1988년에 서울산업대학으로 교명을 바꾼 후, 2010년에 현재의 교명으로 변경하였다. 학부 약 12,000명, 대학원 약 1,800명의 학생이 재학을 하고 있다.

■ 제25회 전국대학교수선교대회

일시: 2010.7.1~7.3
장소: 서울산업대학교 100주년 기념관
주제: 너는 가서 제자삼으라, GO & MAKE DISCIPLES (요21:15)
주관: 서울산업대학교 교수신우회, 서울경인교수선교회
- 예배
  1. 개회: 복음을 위하여(엡3:7-9) | 김삼환 목사(명성교회)
  2. 은혜의시간1: 제자의 삶(막8:34) | 이영훈 목사(여의도순복음교회)
  3. 은혜의시간2: 변혁의 시대에서의 한국 교육자들의 역할 | 로렌 커닝햄 목사(YWAM)
  4. 헌신의시간: 홍상표 목사(겨자씨교회, 서울산업대 로고스선교회 교수신우회)
  5. 경건의시간1: 주님의 곁에 마지막까지 남는 친구가 되자(삿 13:14-20) | 김원광 목사
     (중계충성교회)
  6. 경건의시간2: 바리새인과 세리(눅18:9-14) | 이경준 목사(다운교회, 이랜드재단)
  7. 파송: 하나님이 쓰시는 특별한 사람(수1:10-18) | 이철규 목사(부천 온누리교회)
- 특강 | 패널토의
  특강1: 세계선교를 향한 전문인의 봉사와 헌신 | 정근모(전 과기부장관)
  특강2: 새로운 세대를 향한 이해와 맞춤 선교 | 박성민 목사(CCC)
  특강3: 성과를 향한 Self Leadership | 강규형(이랜드 퓨마본부장)
  패널토의1: 캠퍼스 복음화 전략과 기독교수의 역할 | 권영석 목사(학원복음화협의회)
  패널토의2: 건국대학교 대학교회 소개 | 민덕기(건국대 컴퓨터학부)
  패널토의3: 외국인 유학생 선교 | 김철호(광운대 전자통신공학부)
  패널토의4: KAIST 성경공부 제자사역 | 조병진(KAIST 전기 및 전자공학과)
  패널토의5: Q.T. 통한 제자화 | 이정자(연세대 수학과)

- 해외대학선교 사례발표
  1. 성령의 역사와 선교의 사명(롬8:1-4) | 박원호 목사(주님의교회)
  2. 해외 대학의 교육봉사현황 및 국내 기독교수 협력 방안 | 소영섭(연변과기대)
  3. 해외대학선교사례 | 유시용(중앙대)
  4. 선교지 대학을 통한 국가 경영전략 | 생명 선교사
  5. 중동선교의 방향 및 문제점과 향후 방향 | 김요한 선교사(T국)
  6. 대학기반의 의료선교- 새로운 패러다임 | 김창환(인하대 의대)
- 좋은 강의 Awards 2010
  기독교 사사상의 이해_정동영(한국외대), 자기기획전략_박철진외(명지대), 성경으로 본 행복한 부자외_박정윤(영남대), 창조와 진화_신동수(계명대), 체험 뮤지컬_제갈윤(국민대,안양대)
- 특순
  1. 웃음치료 특강_ 예수 유머와 크리스천의 삶 | 이상준(오피니언리더 커뮤니티)
  2. 사랑의교회 미술인선교회 초대전(서울산업대 100주년 기념관)
- 조직
  1. 대회장: 장병만(서울산업대) 연합회장: 이선희(서울산업대) 이사장: 손동수(서울대)
  2. 공동대회장: 김창익(충정) 김형길(전북) 김의명(대구경북) 남청(대전) 손권(부산) 신성철(경인) 이승묵(강원) 최진탁(서울)
  3. 준비위원장: 장성용 | 총무: 김재수 김성권
- 참석인원:

다음은 연합회장겸 대회를 준비한 이선희 교수(서울산업대)의 후기이다.

"너는 가서 제자 삼으라"(요 21:15).

제25회 전국대학교수선교대회 주제이다. 학원복음화에 대한 소명을 갖고 제자들을 어떻게 양육할 것인가? 기도하며 준비를 시작하였다. 그러나 처음으로 국립대학에서 대회를 개최하는 것인 만큼, 과정에서 대학 당국과 공간 및 시설사용 등을 놓고 어려움이 나타났다. 문제 해결을 위해 교수신우회와 직원신우회가 연합기도모임을 가졌다. 그리고 하나씩 일이 이루어져 가는 모습을 보며 자신감과 힘을 얻게 되었다.

신우회 교수들이 교내행사를 주축으로 시설을 빌려서, 국가규정에 따라 사용료를 지불하고 이용하는 방법으로 기숙사와 100주년 기념강당, 세미나 공간, 주차 등 시설을 사용할 수 있게 되었다. 또 행사 기간중에는 학교당국이 직원연수회를 외부에서 가짐으로 자연스럽게 교수 신우회와 직원 신우회 멤버만이 학교에 남아 행사를 진행할 수 있게 되었다.

서울산업대학교는 개교 100주년을 맞이하는 국립대학교이다. 1910년 고종황제에 의해 기술양성을 목표로 어의전수학교로 시작하여 경기공전, 개방대학 등의 이름으로 여러 번에 걸쳐 교명변경이 있다. 그리고 현재는 서울에 있는 유일한 국립종합대학교로 발전하였고, 교명은 서울과학기술대학교로 변경되었다.

서울은 우리나라의 수도로 유수한 대학들이 많으며 나름대로의 역할과 사명을 갖고 활동하고 있다. 기독 교수들의 연합사역이 여러 사정으로 이루어지지 않은 채 각자 사역을 하고 있으며, 여러번

연합사역을 위해 노력했으나 결과가 잘 이루어지지 않았다. 40년의 역사 속에서 서울에서 선교대회를 개최한 것도 서울여자대학교, 서울산업대학교, 명지대학교(용인캠퍼스), 연세대학교(원주캠퍼스)이나 서울에서 개최된 것은 두 곳 정도로 연합사역에 한계가 있는 것이 사실이다.

이와 같이 어려운 환경에서 제25회 선교대회를 개최하게 된 것도 연합회 회장으로 섬기면서 우리 대학에서 선교대회를 개최하고 싶은 마음이 들어 준비하던 중에 신우회 멤버들과 상의 후, 총장을 만나 선교대회 유치를 허락받았다. 그러나 유치가 결정된 후 총장에게 지원을 이야기하니 사정이 바뀌고, 국립대학이라 지원이 불가하다는 냉담한 반응이었다. 이에 기도를 드린 후 신우회 교수 중심으로 행사를 하기로 결정하고, 교내 문제는 교수신우회와 직원신우회에서 맡아 해결하기로 하였다. 그리고 대외적인 것은 연합회와 서울의 동북권 대학에서 학원선교사로 활동하고 있는 목사님(현재 광운대 박정우 목사, 외대 정동영 목사, 고대 안호천 목사, 서울산업대 홍성표 목사, CCC 이정우 간사)들과의 연합으로 매주 모여 기도하고 예배를 드리며 대회를 준비해 갔다.

교내에서는 여러 사정으로 교수신우회 모임에 참석치 못하던 젊은 교수들을 찾아 동참을 권유하였다. 또 이들이 적극적으로 참여해야 조직이 더욱 활성화되고, 신우회 멤버들의 세대교체도 자연스럽게 이루어지는 것이다. 결국 행사를 성공적으로 마쳤다. 행사비용도 적절히 후원이 이루어져, 경비를 다 쓰고도 남아 선교비 및 장학금, 학교 교회(비전센타)건축을 위한 씨드 머니 조성을 위해 대학 발전기금으로 후원을 하였다. 돌아보니 모든 것이 하나님의 은혜인 것을 다시 한번 체험하게 되었다.

선교대회 프로그램으로 모든 선교단체와의 연합을 위해 준비한 바, 선교대회 처음으로 예수전도단의 로렌 커닝햄 목사님을 모시게 되었다. 또 국내 교계목사님으로 명성교회 김삼환 목사, 여의도순복음교회 이영훈 목사, 특강으로는 과기부장관을 2번 역임하신 정근모 박사, CCC의 박성민 목사, 이랜드의 강규형 대표, 패널 토의자로서는 학원복음화협의회의 권영석 목사, 건국대 민덕기 교수, 광운대 강철호 교수, 카이스트대 조병진 교수, 연세대 이정자 교수의 다양한 분야의 분들을 강사로 초청하였다. 또 교수로서 해외 선교현장의 다양한 정보를 갖고 있는 주님의 교회 박원호 목사, 연변과기대 소영섭 교수, 중앙대 유시용 교수, 생명 선교사, 김요한 선교사, 인하대 김창환 교수, 한국외대 정동영 목사, 계명대 신동수 교수 등을 통해 선교현장의 이야기를 들을 수 있었다. 북한선교에 대한 방법도 선교현장에서의 생생한 경험들을 들을 수 있었고 다양한 주제를 통해 어느 선교대회 못지 않게 좋은 행사를 기획하게 되었다. 하나님께서 지경을 넓혀주셨다. 참석하신 교수들에게도 은혜의 선교대회로 기억에 남게 되었고 후에 전북대학교에서 선교대회를 갖게 된 것도 이때 참석하신 교수들이 전북대학교 총장과 보직교수가 되고 이들이 주축이 되어 행사를 갖게 되었다고 하는 후일담을 들었다. 야훼 이레의 하나님이심을 다시 한번 생각하게 되었다.

어려운 과정에서 선교대회를 유치히고, 또 어려움들이 있었지만 그 가운데에서도 역사하시는 하나님을 만났다. 선교대회 후 신우회 회원 모두가 하나님께 찬양과 감사로 마무리를 하며 영광을 올려 드렸다.

[출처] 이선희 당시 연합회장(서울산업대) 글 편집

■ 소결(小結)

2000년부터 2010년까지의 10년은 KUPM에게 발전기의 시기였다. 새천년이 시작되고, "일어나 빛을 발하라"라는 말씀 속에서 제15회 선교대회가 대구대학교에서 열려 500여명이 참석하였다. 16회는 "북한선교에 대한 전망"을 살펴보았다. 17회에 자연의 생명을 살펴보고, 18회는 신앙의 학문을 생각해 볼 수 있었다. 복음의 지경이 다양한 분야, 영역으로 확대 발전되어가는 모습을 보였다. 또 대학이 복음으로 바로 세워져서, 세상을 향해 봉사를 다짐하였다. 또 이를 위해서는 기독교수로서의 영성과 멘토링 능력이 주제로 다루어졌다.

또한 2007년에 부산기독교수연합회가 만들어지고, 제23회 선교대회가 2008년에 부산(동서대)에서 열렸다. 우리나라 모든 주요 도시의 대학이 KUPM의 사역에 참여하고, 대학 캠퍼스 선교를 위해 하나가 되었다. 그리고 참석자도 기독교수만 500명에 이르고, 기타 참가자를 포함할 경우 600명을 넘어 역대 최고인원이 되었다. 또 24회는 대구 영남대, 25회 서울산업대에서 선교대회가 개최되어, 명칭 그대로 하나님께서 KUPM을 전국대학교수선교연합회로 만들어 주시는 주권적 역사를 나타내셨다.

5장 성숙기_내 잔이 넘치나이다(2011~ 2019)
: 제26-34회 선교대회

1. 제26회 전국대학교수선교대회

- 나눔으로 만들어가는 더 멋진 세상(창1:31) | 전주대학교

제26회 전국대학교수선교대회는 20011년 6월 30일부터 7월 2일까지 2박 3일간, 전주시에 있는 전주대학교 예술관에서 "나눔으로 만들어가는 더 멋진 세상(창1:31)"이라는 주제로 열렸다. 전국대학교수선교연합회(회장 강영무, 동아대)가 주최를 하고, 전주대학교 교수선교회와 전북지역 대학교수선교연합회가 주관하여 준비를 하였다. 그리고 후원으로 전주대학교와 전북대학교, 우석대학교, 서울 온누리교회, 여의도순복음교회가 협력을 하였다. 전주대학교(全州大學校, Jeonju University)는 전북 전주시 완산구에 있는 기독교 사립대학으로 학교법인 신동아학원에 소속되어 있다. 1964년에 전주영생대학으로 설립되어 마가렛 칼로(M.E.Carlo)가 초대 학장을 지냈다. 1978년에 전주대학으로 교명을 바꾸고, 1984년에서 신동아그룹에서 인수를 하였다. 학부 약 11,000명, 대학원 약 950명의 학생이 재학을 하고 있다.

■ 제26회 전국대학교수선교대회

일시: 2011.6.30~7. 2
장소: 전주대학교 예술관
주제: <u>나눔으로 만들어가는 더 멋진 세상(창1:31)</u>
주관: 전주대학교 교수선교회, 전북지역 대학교수선교연합회
- **예배**
  개회예배: 멋진 교수님의 면류관(살전 2:19-20) | 박진구 목사(전주안디옥교회)
  은혜의시간1: 더 멋진 세상을 위한 삶(고전12:29-31) | 소강석 목사(새에덴교회)
  은혜의시간2: 성령을 받으라(행19:1-7) | 이영훈 목사(여의도순복음교회)
  경건의시간1: 예수 비전 꿈(막8:1-10) | 차상영 목사(전주중앙교회)
  경건의시간2: 사랑하는 자여 같이 가자(아2:10) | 이용규 선교사(몽골국제대)
  파송예배: 너는 복이 될지라(창12:1-3) | 김승수 목사(전주대 대학교회)
- **특강 | 간증**
  특강1: 크리스천 교수와 성 | 박수웅 장로(JAMA 공동대표)
  특강2: 기독교 대학교육의 콘텐츠 | 이남식 총장(전주대, 산업공학)
  특강3: 앎과 삶 | 조정민 목사 (CGN TV 대표)

특강4: 대학생! 그들을 어떻게 변화시킬 것인가? | 하신주 선교사(서울 온누리교회)
특강5: 지성과 성경(눅24:44, 시1편, 말3:13-4:3) | 김윤희 교수(횃불트리니티 신학대학원)
간증1: 55년 곱사등을 하나님께 치유 받음 | 백기현 교수(공주대 음악과)
간증2: 참으로 너를 도우리라(고후 12:9) | 이수민 교수(한남대 화학과)
간증3: 더 좋은 대학 | 손권 교수(부산대 기계공학부)
- **사역사례 간증**
사역사례 | 간증1: 영상을 통한 선교 | 임성민 배혜화 교수(서울기독교영화제집행위원장)
사역사례 | 간증2: 전남대학교캠퍼스 사역 | 최보길 교수(전남대)
사역사례 | 간증3: 전주대학교 캠퍼스 사역 | 장선철 교수(전주대 선교지원처)
사역사례 | 간증4: '행복한 부자학' 교수가 되기까지 | 박정윤 교수(영남대 경영학)
사역사례 | 간증5: 중국유학생 사역 | 정일도 목사(우석대)
사역사례 | 간증6: 너는 왜 안된다고 생각하니? | 정동영 목사(한국외국어대)
- **특순 | 지역투어**
특순1: 기도와 은사의 시간, 회개(삼하 6:20-23), 김형민 목사(대학연합교회)
특순2: 한성CBMC 빛가운데 색소폰 앙상블
지역투어: 전주 금산교회, 예수병원 선교사묘지, 선교박물관 등
- **조직_** 대회장: 이남식(전주대 총장) 연합회장: 강영무(동아대)
준비위원장: 김형길(전주대, 전북교수선교연합회장) 총무: 유평수(전주대, 교수선교회장)
- **참석인원:** 약 500명

선교대회는 첫째날 "더 멋진 교수", 둘째날 "더 멋진 대학", 셋째날 "더 멋진 세상"을 주제로 진행되었다. 예배는 첫째날 개회로 박진구 목사(전주안디옥교회)가 "멋진 교수의 면류관"(살전 2:19-20), 저녁 은혜의시간으로 소강석 목사(새에덴교회)가 "더 멋진 세상을 위한 삶"(고전12:29-31)이라는 제목으로 말씀을 전했다. 둘째날은 새벽 경건의시간에 차상영 목사(전주중앙교회)가 "예수 비전 꾼"(막8:1-10), 저녁 은혜의시간에 이영훈 목사(여의도순복음교회)가 "성령을 받으라"(행19:1-7)는 메시지를 전했다. 그리고 셋째날 새벽은 이용규 선교사(몽골국제대)가 "사랑하는 자여 같이 가자"(아2:10), 폐회는 김승수 목사(전주대 대학교회)가 "너는 복이 될지라"(창12:1-3)이란 제목으로 말씀을 전했다. 그리고 김형민 목사(대학연합교회)가 "기도와 은사의 시간, 회개"(삼하 6:20-23)를 결단하는 기도회를 인도, 은혜의시간이 되었다.

특강은 다양한 주제로 다음 5개가 발표되었다. 즉 특강1은 "크리스천 교수와 성" 박수웅 장로(JAMA 공동대표), 특강2는 "기독교 대학교육의 콘텐츠" 이남식 총장(전주대), 특강3은 "앎과 삶"이란 주제로 조정민 목사(CGN TV), 특강4는 "대학생! 그들을 어떻게 변화시킬 것인가?" 하신주 선교사(서울 온누리교회), 특강5는 "지성과 성경"(눅24:44, 시1편, 말3:13-4:3), 김윤희 교수(횃불트리니티 신학대학원)가 각각 발표를 하였다. 그리고 신앙고백을 담은 간증으로, 백기현 교수(공주대 음악과)가 "55년 곱사등을 하나님께 치유 받음",

이수민 교수(한남대 화학과)가 "참으로 너를 도우리라(고후 12:9)"를 소개하였다. 육체의 어려움을 딛고 꿋꿋이 살아가는 모습에 많은 도전이 되었다.

캠퍼스 사역에 대한 사례도 6개가 발표되었다. 사례1은 "영상을 통한 선교"로 임성민 배혜화 교수(서울기독교영화제 집행위원장), 사례2는 "전남대학교캠퍼스 사역"으로 최보길 교수(전남대), 사례3은 "전주대학교 캠퍼스 사역"으로 장선철 교수(전주대 선교지원처), 사례4는 "행복한 부자학 교수가 되기까지"로 박정윤 교수(영남대 경영학), 사례5는 "중국유학생 사역"으로 정일도 목사(우석대), 사례6은 "너는 왜 안된다고 생각하니?"란 주제로 정동영 목사(한국외국어대)가 각각 발표를 하였다. 모두 그리스도의 복음을 위한, 그리고 학생들을 향한 헌신이 돋보였다.

또 특순으로 주리랑 국악찬양단, 전북 크리스천 색소폰 앙상블, 김영미 교수(한국예술종합학교), 한성CBMC 빛가운데 색소폰 앙상블이 나서 감미로운 소리로 찬양을 올려드렸다. 전주대학교 경배와찬양팀과 함께 하는 시간도 은혜의시간이었다. 하스데반 선교사의 모습을 보는 것 같았다. 또 지역투어로 "ㄱ"자 교회로 유명한 금산교회와 예수병원 선교사묘지, 선교박물관 등을 방문해 아름다운 스토리에 많은 공감을 하였다.

〈제26회 전국대학교수선교대회 20011.6.30-7.2, 전주대학교〉

전국에서 500여명의 기독교수들이 참석해, 말씀과 교제를 통해 은혜를 나누고 학원복음화의 주역으로서, 하나님 나라를 확장해 가는 사명자로서 역할을 되새기는 기회가 되었다. 다음은 주요 기독신문의 기사 및 지역투어 가이드를 맡은 교수의 블로그 내용이다.

제26회 전국대학교선교대회, 먼저 개회예배를 통해 박진구 목사(전주안디옥교회)가 "학자로서, 교육자로서 힘껏 사명을 감당하며 주께서 다시 오실 때 자랑스러운 면류관을 바칠 수 있는 기독교수들이 되자"고 강조했다. 임성빈 문화선교연구원장과 배혜화 서울기독교영화제집행위원장은 영상을 통해 젊은 세대에 접근하는 전략들을 제시했고, 장선철 전주대 선교지원처장과 최보길 전남대 교수는 각기 자신의 학교에서 거두고 있는 캠퍼스사역의 성과들을 보고했다. 또한 이번 대회에 앞서 이루어진 간증사례 공모 발표자로 선정된 박정윤 교수(영남대), 정일도 목사(우석대), 정동영 목사(한국외국어대) 등도 각기 캠퍼스사역을 통해 거둔 선교의 열매들을 소개하며 동료 교수들에게 도전정신을 불러일으켰다.

대회장을 맡은 전주대 이남식 총장은 "학원 복음화를 위해 뜨겁게 기도하며 헌신과 지혜를 모으는 이 대회가 전주대에서 개최되어 기쁘다"며 소감을 밝힌 후, "우리 기독 교수들이 더 좋은 세상을 꿈꾸면서 소속된 대학의 강단에서 하나님의 나라와 비전을 심어주고 국가와 교회의 미래를 짊어질 젊은이들에게 민족복음화 비전과 올바른 세계관을 심어주길 바란다"고 전했다(대학저널 2011.06.30.).

〈제26회 전국대학교수선교대회 20011.7.2, 금산교회〉

그리고, 다음은 금산교회 등 지역투어를 안내한 가이드 신학생의 블로그 글이다.

2011년 6월 30일에서 7월 2일까지 전주대학교에서 제26회 전국대학교수선교대회가 열려 500여명이 참가하여 '더멋진 세상'이라는 주제로 은혜를 나누고 교제를 나누었습니다. 저는 7월 2일 점심 후 전주시 선교유적지 안내를 맡아 섬겼습니다. 예수병원 의교선교박물관, 선교사묘역, 금산ㄱ자교회를 방문하였는데, 참가자 50여명이 모두 전주의 선교역사와 선교사들의 순교와 헌신에 감동과 도전을 받았다고 말씀하셨습니다. 저에게도 최고의 가이드로 봉사하는 귀중한 시간이었습니다. 위 사진은 탐방 사진 중 금산교회 사진입니다.

아울러 남금식 연합회장의 뒤를 이어 부임한 강영무 KUPM 연합회장은 "학생들은 취업을 위해 스펙 쌓는 일에 몰두하고, 교수들은 업적평가로 인해 박사과정의 연장과 같은 삶을 사는데다 이단들의 적극적 공세 등 여러 악조건 때문에 대학 내에서 선교활동이 위축되는 상황"이라면서 "이번 대회를 통해 기독교수들이 캠퍼스에서 빛과 소금으로, 그리스도의 증인으로 더 멋진 세상을 만드는 계기가 되었다"고 밝혔다(기독신문 2011.07.05.).

전주대학교 교수선교회와 전북지역 교수선교연합회 교수들이 준비를 위해 수고를 많이 했다. 전주대학교 교수선교회 회원 교수는 164명으로, "예수 그리스도의 부르심에 순종하여 캠퍼스 복음화에 힘쓰며, 성경을 교훈으로 학문의 성장을 도모하며 하나님의 뜻에 따라 학교와 교회와 사회에 봉사하여 하나님의 영광을 드러냄"을 목적으로 활동을 하고 있다. 또 전북지역 교수선교연합회에 참여하고 있는 대학은 14개이다. 전주대 교수가 약 170명으로 가장 많고, 전북대 100명, 우석대 80명 등 약 500명의 기독교수들이 각 대학별로 캠퍼스 복음화를 목적으로 활동하고 있다.

[출처] 김형길 교수(전주대) 글 자료 편집

2. 제27회 전국대학교수선교대회

- 내 길을 열라, 너희는 주의 길을 예비하라(막1:3) | 호서대학교

제27회 전국대학교수선교대회는 2012년 6월 28일부터 6월 30일까지 2박 3일간, 충남 아산시에 있는 호서대학교에서 "내 길을 열라, 너희는 주의 길을 예비하라"(막1:3)는 주제로 열렸다. 전국대학교수선교연합회(회장 강영무, 동아대)가 주최를 하고, 호서대학교 교수선교회와 충청지역 대학교수선교연합회가 주관하여 준비를 하였다. 그리고 후원으로 호서대학교와 여의도순복음교회, 명성교회가 협력을 하였다. 호서대학교(湖西大學校, Hoseo University)는 충청남도 아산시에 위치한 기독교 종합사립대학이다. 1978년에 故강석규 장로가 학교법인 천원학원을 설립하여, 1979년 천안에 있는 천원공업전문대학으로 시작을 하였다. 1980년 교명을 호서대학으로 바꾸고, 1989년 제2캠퍼스를 아산시 배방면에 설립하였으며 5개의 캠퍼스를 갖고 있다. 학생들은 건학이념에 따라 1-2학년 간 매주 1회 채플에 참여한다.

■ 제27회 전국대학교수선교대회

일시: 2012.6.28~6.30
장소: 호서대학교 아산캠퍼스
주제: <u>내 길을 열라, 너희는 주의 길을 예비하라(막1:3)</u>
주관: 충청지역 대학교수선교연합회, 호서대학교 교수선교회
- **예배**
  개회예배: 조용기 목사(여의도순복음교회)
  은혜의시간1: The Cry Of The Father's Heart(막1:1-3) | 빌 바이어스 목사, 김재호(부산대)
  은혜의시간2: 증인의 삶(엡3:7-9) | 김삼환 목사(명성교회)
  경건의시간1: 성령의 인도하심으로(행16:6-10) | 유영완 목사(천안시 천사운동본부 이사장)
  경건의시간2: 나는 빛의 자녀(엡5:8-14) | 연용희 목사(온양삼일교회)
  파송예배: 네 발에서 신을 벗으로(수5:10-15) | 이단화 목사(천안 여명교회)
- **주제강연**
  주제강연1: Preparing The Next Generation(시18:1-7) | 빌 바이어스 목사, 김재호(부산대)
  주제강연2: 다시 들어야 할 복음(롬1:8-15) | 주승중 목사(장로회신학대학교)
  주제강연3: 엘리야의 하나님(왕상18:36-40) | 이창준 목사(백석대학교)
- **특강 | 분임토의**
  분임토의1: 캠퍼스선교_ 24시간 찬양과 중보기도, 거룩한 세대들을 일으키라
          | 김재호 (부산대)
  분임토의2: 해외선교_ 죽도록 충성하면 열매를 맺습니다 | 손장진(우석대 영문학과)
  분임토의3: 정년후 사역_ 해외봉사 사례발표 | 최의소(고려대 건축사회환경공학부)
  영상특강: 멈출수 없는 사명/ 양희성(전남과학대학 기독교 영상선교학과)
  특별강연: 모든 염려 주께 맡겨라!(벧전5:7) | 고광필 교수(광신대학교)

특순1: 가스펠 콘서트1-교수성가단, 찬양의 숲
특순2: 가스펠 콘서트2-비바보체 중창팀
- **지역탐방**: 역사문화탐방_ 현충사 온양민석박물관
- **조직_** 대회장: 강일구 총장(호서대) 연합회장: 강영무(동아대)
  준비위원장: 김창익(호서대) 부위원장: 김경식(호서대) 총무: 권정태(호서대)
- **참석인원**: 340명

선교대회는 첫날, 전국에서 340명의 교수들이 은혜를 사모하는 마음으로 대학교회에 모였다. 호서대학교 교수찬양팀의 인도로 경배와 찬양이 시작되었다. 예배는 첫째날 개회로 조용기 목사(여의도순복음교회)가, 저녁 은혜의시간으로 빌 바이어스 목사가 "The Cry Of The Father's Heart"(막1:1-3)를 김재호 교수(부산대)의 통역으로 메시지를 전했다. 둘째날은 새벽 경건의시간에 유영완 목사(천안시 천사운동본부)가 "성령의 인도하심으로 (행16:6-10)"(막8:1-10), 저녁 은혜의시간에 김삼환 목사(명성교회)가 "증인의 삶"(엡 3:7-9)을 제목으로 메시지를 전했다. 그리고 셋째날 새벽은 연용희 목사(온양삼일교회)가 "나는 빛의 자녀"(엡5:8-14), 폐회는 이단화 목사(천안 여명교회)가 "네 발에서 신을 벗어 라"(수5:10-15)는 제목으로 말씀을 전했다.

주제강연은 "내 길을 열라, 너희는 주의 길을 예비하라(막1:3)"는 내용에 맞추어 3개가 발표되었다. 강연1은 "Preparing The Next Generation(시18:1-7)"를 빌 바이어스 목사 와 김재호(부산대), 강연2는 "다시 들어야 할 복음(롬1:8-15)"으로 주승중 목사(장로회신학 대), 강연3은 "엘리야의 하나님(왕상18:36-40)"을 제목으로 이창준 목사(백석대)가 메시지 를 전했다. 그리고 이를 토대로 3개의 분임토의가 발표되었다. 토의1은 캠퍼스선교로 "24 시간 찬양과 중보기도, 거룩한 세대들을 일으키라" 김재호 교수(부산대), 토의2는 해외선교 로 "죽도록 충성하면 열매를 맺습니다" 손장진 교수(우석대 영문학과), 토의3은 정년 후 사역으로 "해외봉사 사례발표" 최의소 교수(고려대)의 발표가 각각 진행되었다.

그리고 둘째날 오후 양희성 교수(전남과학대학 기독교 영상선교학과)에 의한 "멈출수 없는 사명"에 이어, 셋째날에는 특별강연으로 고광필 교수(광신대)가 "모든 염려 주께 맡겨 라!"(벧전5:7)라는 내용의 강연을 하였다. 그리고 교수성가단과 찬양의 숲에 의한 "가스펠 콘서트"가 2회 진행되었다. 또 지역탐방으로 현충사와 온양 민속박물관을 방문하였다.

다음은 대회 당시 총무를 맡은 권정태 교수(호서대)가 쓴 후기 글이다.

호서대학교에서는 1999년 제14회 대회를 개최한 이후 두 번째로 열리는 선교대회이다. 2012년 1월 27일에 대회의 주제를 정하고 2월 7일 충남교수선교회 연합수련회를 시작으로, 충남의 기독교수들이 함께 모여 대회를 위해 기도하며 준비하였다.

대회장인 강일구 총장(호서대)은 환영사에서 "성회를 통해 하나님의 길을 보여주시며, 그 길 안에서 기독 교수들과 제자들이 바른 인생의 길을 찾아가는 대회가 될 것으로 확신한다"고 하였다. 이번 대회에서는 조용기 목사(여의도순복음교회), 빌 바이어스 목사(United Gospel Fellowship교회), 김삼환 목사(명성교회) 등 세계적인 영적 지도자들과, 이창준 목사(천안갈릴리교회) 등 천안·아산 지역의 교계 지도자들을 비롯해 주승중 교수(장신대), 고광필 교수(광신대) 및 양회성 교수(전남과학대)의 특별강연이 연이어 진행됐다.

또한 각지에서 모인 대학교수들은 캠퍼스 선교, 해외 선교, 정년 후 사역 등에 대해서 열띤 토론을 벌이며 그 열기를 더하기도 했다. 아울러 충청지역 역사문화 탐방을 주제로 한 선교문화탐방 및 교수성가단과 비바보체 중창팀의 가스펠 콘서트 역시 참가 교수들의 좋은 호응을 받으며, 이번 대회를 더욱 뜻 깊은 자리로 만드는데 일조했다.

대회 후 정리한 참가자들의 설문조사를 통해서 보면 전국의 기독인 대학교수들이 캠퍼스 복음화, 해외선교 및 정년 후의 사역 등 공동의 관심사를 가지고 지속적인 연대와 협력을 중요하게 여기고 있음을 알 수 있었다.

또한, 둘째날 은혜의시간이 마치고 나서 참가자들이 숙소로 돌아갈 때 행사장에서 버스까지 행사도우미학생들이 우산으로 도열하여 안내하는 모습은 참가자들을 감동시키기에 충분했다.

[출처] 권정태 교수(호서대, 27회 선교대회 총무) 글 자료 편집

3. 제28회 전국대학교수선교대회
- 부르심에 합당하게(엡 4:1) | 한남대학교

제28회 전국대학교수선교대회는 2013년 6월 27일부터 6월 29일까지 2박 3일간, 한남대학교에서 "부르심에 합당하게(엡4:1)"라는 주제로 열렸다. 전국대학교수선교연합회(회장 오주원, 한남대)가 주최를 하고, 한남대학교 괴테개인전도회와 대전지역 대학교수선교연합회가 주관하여 준비를 하였다. 한남대학교(韓南大學校, Hannam University)는 대전시 대덕구에 위치한 기독교 사립종합대학이다. 1956년에 미국 남장로교 선교사 인돈(William A. Linton)에 의해 대전기독학관으로 설립되어, 1959년에 대전대학으로 인가를 받았다. 1970년에 숭실대학과 통합, 교명을 숭전대학교로 하였다가 1982년에 학교법인 대전기독학원을 설립하여 현재의 한남대학교로 변경하였다. 학생은 학부 약 17,000명이다.

선교대회는 약 300명의 교수들이 모여 찬양으로 시작하였다. 그리고 첫째날 개회예배로 이승장 목사(예수마을교회)가 "기독교수 그는 누구인가?"(막6:34), 저녁 은혜의시간은 이영훈 목사(여의도순복음교회)가 "창조적 리더십"(창50:16-21)이란 주제로 말씀을 전했다. 둘째날 새벽 경건의시간은 장경동 목사(대전중문침례교회)가 "전인(全人)"(살전5:23), 저녁 은혜의시간은 김형국 목사(나들목교회)가 "하나님 나라의 복음"(막1:15)이란 제목으로 메시지를 전했다. 그리고 셋째날 새벽은 최세영 목사(오정교회)가 "우리의 부르심, 복음!"(롬1:16-17), 폐회예배는 허상봉 목사(동대전성결교회)가 "가이사를 얻으라"(행25:6-12)는 제목으로 말씀을 전했다.

■ 제28회 전국대학교수선교대회

일시: 2013.6.27~6.29
장소: 한남대학교 56주년기념관
주제: <u>부르심에 합당하게(엡4:1)</u>
주관: 대전지역 대학교수선교연합회 | 한남대학교 괴테개인전도회
▪ 예배
개회예배: 기독교수 그는 누구인가?(막6:34) | 이승장 목사(예수마을교회)
은혜의시간1: 창조적 리더십(창50:16-21) | 이영훈 목사(여의도순복음교회)
은혜의시간2: 하나님 나라의 복음(막1:15) | 김형국 목사(나들목교회)
경건의시간1: 전인(全人) (살전5:23) | 장경동 목사(대전중문침례교회)
경건의시간2: 우리의 부르심!, 복음!(롬1:16-17) | 최세영 목사(오정교회)
파송예배: 가이사를 얻으라(행25:6-12) | 허상봉 목사(동대전성결교회)
▪ 주제강연 | 토의
주제강연1: 모든 족속이 복 얻으리(창12:1-3) | 박동현 목사(장로회신학대학교)

주제강연2: 캠퍼스 선교 4.0 | 장근성 목사(학원복음화협의회)
　　캠퍼스선교 4.0 사례발표 조희선목사(서강대 선교회) |
　　해외기독대학연합 PAUA 소개 | 장역백(건국대, 파사연회장)
　　분과발표1: 우리 민족의 사명과 캠퍼스 선교 | 임국형(충남대 물리학과)
　　분과발표2: 선교의 새로운 지평: 중국유학생과 다문화 사역 | 이상식(계명대)
　　분과발표3: 전남대 캠퍼스 기독교수회 사역사례 발표 | 송오식(전남대)
　　분과발표4: 한글의 세계화와 성서보급(학술분과) | 정원수(충남대)
주제강연3: 박해를 받아도 버림받지 않습니다(고후4:7-10, 요14:12) | 김규동 목사
　　　　　(요한동경교회)
- **특순**: 가스텔 콘서트1 해오른 누리, 가스펠 콘서트2 송정미
- **지역투어**: 행복시 투어_ 미래로 가는 길(동반자 프로그램)
- **조직_** 대회장: 김형태(한남대 총장) | 연합회장: 오주원(한남대)
　　　　준비위원장: 오주원(한남대) 부위원장: 박문식(한남대) | 총무 차성민 김진일(한남대)
- **참석인원**: 300여명

　　주제강연은 "부르심에 합당하게(엡4:1)"라는 내용에 맞추어 3개가 발표되었다. 강연1은 "모든 족속이 복 얻으리"(창12:1-3)로 박동현 목사(장로회신학대), 강연2로 "캠퍼스 선교의 새로운 패러다임: 캠퍼스 선교 4.0"으로 장근성 목사(학원복음화협의회)가 발표를 했다. 그리고 이어 오후시간에 4개의 분과발표가 진행된다. 분과발표1은 "우리 민족의 사명과 캠퍼스 선교" 임국형 교수(충남대), 분과2는 "선교의 새로운 지평: 중국유학생과 다문화 사역" 이상식 교수(계명대), 분과3은 "전남대 캠퍼스 기독교수회 사역사례" 송오식 교수(전남대), 분과4는 "한글의 세계화와 성서보급(학술분과)"으로 정원수(충남대)가 각각 발표 및 토의를 하였다. 그리고 셋째날 강연3으로 "박해를 받아도 버림받지 않습니다"(고후 4:7-10, 요14:12)의 내용으로 김규동 목사(요한동경교회)가 강연을 하였다. 아울러 해외기독대학연합(PAUA)의 사역 소개도 있었다.

　　그리고 특순으로 첫째날은 찬양사역자 송정미를 초청해 가스펠 콘서트를 갖고, 둘째날은 해오른 누리가 찬양집회를 가졌다. 그리고 둘째날 캠퍼스 선교 사례발표에 참여하지 않는 사람을 대상으로 "행복시 투어(동반자 프로그램): 미래로 가는 길"이 진행되었다. 다음은 선교대회 부준비위원장으로 수고한 박문식 교수(한남대)가 쓴 후기이다.

　　첫날 성일석 교수(한남대)의 사회로 선교대회를 시작, "우리들의 발자취"를 영상으로 본 후 이영훈 목사(여의도순복음교회)의 축하메시지가 다음과 같이 전달되었다.
　　"1986년부터 시작된 전국교수선교대회가 28회를 맞이하였다. 우리는 영적지도자로서

예수그리스도의 모범을 본받아 섬김과 희생의 삶을 살아야 하며 여러분이 선한 영향력으로 반기독교적인 문화 속에서 극심한 진통을 겪고 있는 젊은이들에게 축복의 통로가 되기를 바란다".

이어 고건 총장(전주대)은 "주님께서 예루살렘과 사마리아와 땅 끝까지 이르러 증인이 되라고 하신 주님의 지상 명령을 여러분에게 주신 달란트를 가지고 잘 감당하기를 바라며 선교대회를 통해 하나님의 뜻을 깨닫고 풍성한 결실을 거두는 대회가 되기를 기원한다". 김영길 총장(한동대)은 "교수님들의 헌신과 수고가 학문과 삶의 통합 모델이 되기를 바라며 서로, 사역과 사명을 격려하며 협력하는 장이 되기를 바란다"고 메시지를 전했다.

그리고 각 지역 연합회장들의 인사가 이어지고, 오주원 연합회장(한남대)이 "천국 잔치에 온 것을 환영하는 인사를 하였다. 그리고 대회장인 김형태 총장(한남대)이 개회선언을 하였다. 김총장은 대회사를 통해 "예수 그리스도를 소개 받은 지 130여년, 경제적 성취와 도덕적 염려가 공존하는 우리나라의 현실을 보며 캠퍼스 복음화와 대학생 선교를 통한 비전과 미션을 함께 나누자"고 하였다.

개회예배는 이용훈 교수(카이스트)의 사회로 박세홍 교수(대전보건대)의 기도 후 이승장 목사(예수마을교회)가 "기독교수 그는 누구인가?"라는 제목으로 말씀을 전했다. 이 목사는 설교를 통해 이번 대회가 삼위일체 하나님을 만나는 대회가 되고 부르심의 의미를 깨닫는 시간이 될 수 있기를 바란다"고 권면했다.

선교대회를 개최한 한남대학교는 참석자들을 위해 총장 만찬과 행복시 투어 등을 정성껏 준비하였다. 또 마지막 순서로 전국교수선교회에서 파송한 손장진 선교사(우석대)의 선교 보고를 받고, 전국연합회장 오주원 교수의 사회로 정기총회를 한 후 다음 제29회 대회 장소인 계명대학교로 대회기를 전달하고 폐회를 알렸다.

"그러므로 주 안에서 갇힌 내가 너희를 권하노니 너희가 부르심을 입은 부름에 합당하게 행하여(엡4:1)", 대회를 마쳤다. 특별히 대회를 개최한 한남대는 지역의 명문사학으로 1956년 미 남장로교 선교사들이 설립한 기독교 대학으로, 대회장소로 사용된 서의필홀은 한남대 설립위원이자 오랫동안 이곳에서 기독교 교육을 했던 서머빌(John Somerville)선교사의 한국 이름을 따 2012년 완공한 이후, 다양한 문화행사 공연장으로도 사용되기도 한다.

[출처] 박문식 교수(한남대, 부준비위원장) 글 자료 편집

4. 제29회 전국대학교수선교대회

- 이 땅을 고쳐주소서: 회개, 화합, 부흥 | 계명대학교

제29회 전국대학교수선교대회는 20014년 6월 28일부터 6월 30일까지 2박 3일간, 대구 계명대학교에서 "이 땅을 고쳐주소서: 회개, 화합, 부흥"을 주제로 열렸다. 2000년 제15회에 이어 두 번째 대회이다. 제29회 대회는 부준비위원장을 맡은 이상식 교수(계명대)가 내용을 잘 정리하고 있어 본서에서도 그대로 수록하도록 한다.

■ **제29회 전국대학교수선교대회**

일시: 2014.6.28~6.30
장소: 계명대학교 성서캠퍼스, 아담스 채플 | 존슨 홀
주제: 이 땅을 고쳐주소서: 회개, 화합, 부흥
주최: 전국대학교수선교연합회, 전국기독교수연합
주관: 계명대학교, 대구경북교수선교회
- **예배**
  개회예배: 이 땅 고쳐 주소서(대하7:14, 엘2:12-14) | 박희종 목사(대봉교회)
  은혜의시간1: 한국 선교의 역사 | 이용남 선교사(세계선교공동체)
  은혜의시간2: 회개, 기도, 영적 대각성 운동 | 김진홍 목사(두레공동체운동본부)
  경건의시간1: 범사에 감사하라(살전5:16-18) | 최영태 목사(충성교회)
  경건의시간2: 정의와 공의(미슈타트와 체다카)의 나라(삼하 8:13-9:1) | 이재천(계명대)
- **주제강연 | 특강 | 사례발표**
  주제강연1: 2020 2040 한국교회 미래지도:위기, 기회 통찰 New Church
  　　　　　 | 최윤식(한국뉴욕주립대)
  주제강연2: 대화합의 리더십 | 김진경 총장(연변과기대, 평양과기대)
  주제강연3: 대부흥의 리더십 | 이규목사(신촌아름다운교회)
  특강1: 영혼과 육체의 균형 잡힌 건강 | 이필립 박사(CUM)
  특강2: 캠퍼스 무슬림 사역을 위한 기독교수 역할 | 김마가 선교사(Global Operation)
  특강3: 대학가 이단현황과 대책 | 김유준 겸임교수(연세대)
  특강4: 날마다 진화하는 이단들의 포교전략과 분석 | 탁지원(서울신학대학교)
  특강5: 구원파의 실체와 대응방안 | 정동섭 총재(사이비종교피해대책연맹)
  해외선교사례발표: 박의범(몽골국제대) | 조도현(탄자니아연합대) | 장영백(건국대)
  국내선교사례발표: 신기현(건국대) | 이병원(경희사이버대) | 김운호(경희대) | 황의서(서울시립대)
- **특순:** 엔젤스 합창 및 영화시사회 "Are you ready?" | 허원 감독
- **지역탐방:** 계명대 동산의료원, 동산 청라언덕, 제일교회, 3.1만세운동길, 계산성당 등
- **조직_** 대회장: 신일희(계명대 총장) 연합회장: 송재기(경북대)
  　　　　 준비위원장: 박희구(계명대), 부위원장: 박창일 이상식 황재범(계명대) | 총무: 김희태
- **참석인원:** 400여명

4.1 대회 주제 및 개최 배경

2014년 7월 3일부터 5일까지 2박 3일간, 제29회 전국교수선교대회가 계명대학교 아담스 채플에서 개최되었다. 계명대학교는 두 차례에 걸쳐 개최하였는데, 이번 대회는 특별한 의미를 지닌다. 계명대학교는 기독대학으로서 정체성을 다시 한번 점검하는 기회가 되었다. 의료기관으로서 계명대학교 부속 동산병원은 1899년 미국 북장로교회에서 파송한 존슨 선교사에 의해 설립된 제중원(濟衆院)이 그 전신이며, 오늘날 동산의료원으로 발전하게 되었다. 대회장인 계명대학교 신일희 총장은 "고등교육기관으로서의 계명대학교는 아담스 선교사에 의해 1954년에 출범하여 개교 60주년 환력의 해를 맞이하게 된 해에 전국교수선 교대회를 개최하게 된 것은 계명 역사에 또 하나의 기념비가 될 것"으로 평가하였다.

2014년 4월, 대회를 바로 눈앞에 두고 발생한 세월호 참사로 인해 국가적인 애도와 함께 사회적 황폐함의 실상을 절실히 경험하였다. 우리 모두는 통회와 반성의 무릎을 꿇지 않을 수 없었다. 이 땅이 회복될 수 있도록 우리 기독 교수들이 다시 일어서야 할 때임을 절실히 느낀 시기였다. 급속한 경제 성장으로 외형적으로는 선진국 수준으로 올라섰지만 성장에 따른 여러 후유증으로 인하여 우리 사회는 몸살을 앓고 있었다. 상호간의 신뢰를 잃어버렸으며, 각자의 위치에서 자신의 정체성을 잃어버리고 있었다. 뿐만 아니라, 수단과 방법을 동원하여 자신만 잘살면 된다는 극단적인 이기주의와 황금만능주의가 팽배하고, 본받고 싶은 인물이 없다는 이야기가 나도는 실정이었다.

이런 위기의 시대에 공동대회장인 송재기 전국교수선교연합회 회장은 "문제의 해결을 정치인들이나 경제인들, 교육자들에게 맡길 수 없습니다. 바로 우리 기독교수들이 먼저 악한 길에서 떠나 스스로 낮추고 기도하여 주님을 찾는 길만이 문제 해결의 열쇠입니다. 그렇게 할 때 주님께서는 우리들의 죄를 사하시고 우리들의 땅을 회복시켜주시겠다고 약속 하십니다"라며 대회 주제 말씀인 "이 땅을 고쳐주소서"의 배경을 다음과 같이 설명하였다. 약 3,000여 년 전 이스라엘 통일왕국의 전성기였던 솔로몬왕 시대, 솔로몬이 성전건축을 마치고 하나님께 찬양하며, "나라가 기근, 가뭄, 홍수, 전쟁, 재앙 등 어려움에 빠졌을 때에 우리들이 주님을 떠난 죄를 진심으로 회개하며 주님 앞에 나아오면 주님께서는 우리들의 죄를 사하여 주시고 어려움에서 건져 달라"고 기도한다. 그 때에 주님께서 솔로몬에게 나타나셔서 "내 백성들이 악한 길에서 떠나 스스로 낮추고 기도하여 내 얼굴을 찾으면 내가 그들의 죄를 사하고 그들의 땅을 회복하겠다"고 말씀하신다.

대회 주제의 성경 말씀처럼, "내 이름으로 일컫는 내 백성이 그들의 악한 길에서 떠나 스스로 낮추고 기도하여 내 얼굴을 찾으면 내가 하늘에서 듣고 죄를 사하고 그들의 땅을 고치리라(대하7:14)"고 하셨으니, 이 대회를 통해 우리가 먼저 애통하고 회개함으로 새롭게 소생되는 회복의 은혜가 있기를 기도하며 준비하였다. 또한 하나님과의 개인적 만남을 통해 주시는 말씀을 깊이 깨닫고, 그 말씀이 이 땅에서 이루어질 수 있도록 결단하고 순종함으로 화합과 부흥의 역사를 이끌어가기를 기원하는 마음으로 부제를 화합과 부흥으로 설정하였다. 부흥을 위해 화합이 전제되어야 하기에, 그 실천을 위해 이번 대회는 또 하나의 전국기독교수 조직인 전국기독교수연합회와 연합하여 개최하였다는 점에 의미가 크다. 주님 안에서 연합함이 얼마나 아름다운 모습인지 대회를 통해 느낄 수 있었다.

4.2 대회 프로그램

다양한 주요 프로그램들이 운영되었다. 대회 첫날, 박희종 목사(대봉교회)가 개회 예배에 "이 땅 고쳐 주소서"라는 주제 말씀을 전하였다. 특별 프로그램으로 영화 시사회가 있었다. 허원 영화 감독이 한반도 통일 문제와 관련해, 강렬한 기독교 메시지를 심도 있게 다룬 다큐멘터리 영화인 "Are you ready?"가 방영되었고, 영화에 대한 토론회가 있었다. 이 영화는 허원감독이 여러 통일에 관련된 인사들을 인터뷰하고 심층 취재한 다큐멘터리이다. 권력을 좇는 교회와 공동체 예수원, 북한 지하교회의 비교를 통해 기독교의 의미와 역할을 탐구하였다. 북한 지하교회의 경우 미국과 중국에서 북한을 대상으로 선교 활동을 벌이는 이들로부터 정보를 얻었다. 사상적으로 종교를 인정하지 않는 공산주의 국가 북한에도 기독교가 자생하고 있다는 점을 현지인들의 피해를 최소화하는 선에서 알려주었다. 영상 상영 후 이루어진 헌금은 영화를 통한 선교 활동에 후원하였다.

은혜의시간 I 에서는 우리나라 대표적인 선교 역사가인 이용남 선교사(세계선교공동체 대표)가 "선교역사를 통해서 본 대각성 운동"을 소개하였다. 둘째날 아침 경건의 시간 I에서 최영태 목사(충성교회)가 설교하였다. 오전에는 최윤식 교수(한국뉴욕주립대, 미래연구원장)가 주제강연 I으로 "2020 2040 한국 교회 미래 지도"에 대해 설명하였다. 주제강연 II에서는 PAUA회장인 김진경 총장(연변과기대, 평양과기대)이 "대화합의 리더십"에 대해 강연하였다. 이어서 특강1로 "영혼과 육체의 균형 잡힌 건강"에 대해, 이필립 박사(CUM대표, 중의, 약사)가 강연하였다. 이슬람 선교의 중요성과 기독교수 역할에 대해 김마가 선교사(GO대표)의 강연이 이어졌다. 세월호 참사로 인해 구원파를 비롯한 이단에 대한 사회적 관심이 높은 점을 감안해서 준비된 대학가 이단 현황에 대해 소개하고, 이단 대책 세미나를 진행했다. 이 자리에서는 김유준 교수(연세대), 탁지원 대표(서울신학대학교, 현대종교), 정동섭 교수(사이비종교피해대책연맹 총재)가 참석하여, 날마다 진화하는 이단들의 포교전략과 분석, 그리고 그 대응 방안을 설명하였다. 은혜의시간 II에서는 김진홍 목사(두레공동체운동본부)가 "회개, 기도, 영적 대각성 운동"에 대해 설교하였다. 이어서 전국기독교수선교연합의 장갑덕 목사(KAIST교회)가 저녁 기도회를 뜨겁게 인도하였다.

마지막 셋째날 경건의시간 II에서는 이새전 교수(계명대)가 설교히였다. 오전 주제강연 III에서는 이규 목사(신촌아름다운교회)가 "대부흥의 리더십"에 대해 강연하였다. 해외 기독대학들에 대한 간증 및 선교 사례 소개가 이루어졌다. 박의범 부총장(몽골국제대), 조도현 부총장(탄자니아연합대)에 이어, 장영백 교수(건국대)가 제7회 PAUA 대회 결과 보고를 하였다. 신기현 교수(건국대)의 PAUA에 대한 소개가 있었다. 이병원·김운호교수(경희대)가 경희대 Global Student Church에 대해 소개하였다. 황의서 교수(서울시립대)가 Lunch club을 통한 사역에 대해 설명하였다.

4.3 대회의 특징

이번 대회 내용에 다음과 같은 몇 가지 특징이 있다;

첫째, 연합의 중요성이 부각된 대회였다. 전국 기독교수 단체는 전국대학교수선교연합회와 서울, 경기 지역 중심의 전국기독교수연합이 활동해 왔는데, 이번에는 전국대학교수선교연합회 제29차 대회와 전국기독교수연합의 제27차 대회를 연합하여 개최함으로써 명실공히 전국의 기독교수들이 참석하는 대규모 집회가 되었다. 심지어 해외 기독대학교들의 연합회인 PAUA(범아시아·아프리카대학협의회)까지 참석함으로써 해외 대학교 총장들도 참석하는 국내외 기독교수들의 집회로 진행되었다. 이러한 연합은 이후 전국대학교수선교연합회와 전국기독교수연합이 협력하는 기틀을 마련하게 된다. 이 결과, 2022년에는 전국대학교수선교연합회 내에 해외기독대학지원위원회가 만들어짐으로 PAUA와의 긴밀한 협력을 위한 창구 역할을 하게 된다. 그동안 국내 사역에 머물러 있던 선교가 해외 선교로 확장될 수 있는 계기가 된 대회로서 의미를 지닌다. 2020년 초반 코로나19로 인해 해외기독대학교들이 큰 어려움에 직면하게 되는데, KUPM내 해외기독대학지원위원회는 한국인이 설립한 해외 기독대학교들과 국내 기독교수들을 연결시켜주는 역할을 하였다. 전국에 있는 기독교수들의 해외 선교를 위한 길을 열어주는 시대적 사명을 감당하는 중요한 역할을 하게 되었던 것이다.

둘째, 대회 기간중 선교지 탐방을 함께 하였다는 점이다. 첫째날 이용남 선교사의 한국 선교역사에 대한 강의와 관련하여, 마지막 날에는 계명대학교 동산의료원에 있는 은혜 정원인 선교사 묘지를 방문하였다. 동산의료원에는 의료선교사들의 박물관이 있고, 동산병원장을 역임한 하워드 모펫을 포함하여 16명의 선교사 묘역이 조성되어 있다. 해외에서 참석한 교수선교사 가족들은 이러한 선교지 탐방 프로그램에서 많은 은혜를 받았다. 그들의 현재 헌신이 미래에 맺게 될 결실들을 직접 느낀 시간이 되었기 때문이다. 계명대학교가 초기 설립 당시에는 초라했지만 100여년이 지나고 현재와 같은 발전상과 엄청난 결실을 맺는 것을 눈으로 직접 보면서, 비록 선교지 대학교들이 현재는 초라한 모습이지만, 시간이 흐르고 난후 번창하게 될 미래 모습을 믿음의 눈으로 보면서 "믿음은 바라는 것들의 실상이요, 보이지 않는 것들의 증거"라는 말씀을 떠올리며 눈물로 기도하는 감동의 시간을 가졌다.

〈제29회 전국대학교수선교대회 20014.6.28-30, 계명대학교〉

셋째, 프로그램 중간에 다양한 문화예술 프로그램을 포함시켰다는 점이다. 계명대학교는 전통적으로 문화예술 분야에서 경쟁력을 갖고 있는 대학교이다. 이러한 개최교의 특성들이 잘 반영되어 대회가 준비되었다. 대회에 참가한 찬양, 음악 단체들은 다음과 같다: 위미션, 박찬일(Baritone), 노지혜(Organ), 남자은(Piano), 계명 Brass Choir, 박경숙(Cello), 하태길(Clarinet), 아코사모(Accordian), Sonitus Caeli Handbell Choir, 박영호(합창지휘), 윤동찬(합창지휘), 대구 코랄, 대구극동방송국 합창단 등 많은 팀이 참여하였다. 특별히, 서울에서 약 50여명의 엔젤스 어린이 합창단이 참석하여 대회 분위기를 크게 고조시켰다. 쉬는 시간을 이용하여 본 대회를 위해 특별히 제작한 계명대학교를 설립한 아담스와 존슨 선교사에 대한 영상을 상영하였다. 그리고 토마스 선교사에 대한 영상과 혼자서 나무를 심어 숲을 일군 "나무 심는 여인"에 대한 영상이 상영되었다.

4.4 대회에 대한 참석자들의 평가

본 대회에 대해 참석자들은 전반적으로 실제적인 프로그램 구성이었고, 짜임새 있고, 알찬 선교대회여서 매우 만족스러웠다는 평가를 내렸다. 계명대학교의 오랜 전통과 기독대학 캠퍼스의 장점을 최대한 활용하여 포근하고도 행복한 시간이었다고 칭찬하였다. 봉사,

식사, 안내, 숙소 능 모는 셋이 은혜로 가득 찬 집회였다고 언급하면서, 여러 면에서 최선을 다한 아주 감사한 대회로 평가하였다. 참석자들은 계명대학교의 전폭적인 지원에 감사하였으며, 특별히, 프로그램과 연계한 찬양에 은혜를 많이 받았고, 안내하는 학생들이 성실하였다는 평가를 하였다. 봉사 학생 중 한명은 다리가 불편함에도 불구하고, 3일 동안 섬김으로 감동을 주기도 하였다.

본 대회의 프로그램의 문제점에 대한 개선과 차기 대회를 위한 다음과 같은 건의도 있었다. 많은 프로그램이어서 시간이 부족하다. 한 프로그램이라도 발표자와 청취자의 충분한 교감 소통이 되었으면 좋겠다. 강의보다 시간이 짧은 특별순서가 많은 편이었다. 오전, 오후 1강씩만 배정하고 여유 시간이 많았으면 한다. 대학 내 이단 예방 관련 토론시간에 Q&A가 이뤄지지 않은 것이 약간 아쉬웠다. 자유 시간이 부족해서 환경 좋은 캠퍼스 산책을 못한 것이 좀 아쉽다. 캠퍼스 복음화에 실질적 적용시킬 수 있는 프로그램이 더 요구된다.
기독 교수님들이 하나님과 친밀한 관계 유지를 위한 영성 프로그램이 필요하다. 참석자들이 교회 중직자들인 점과 오늘 한국교회는 목회자 특히 대형 및 정치 교역자들이 문제를 감안해서, 개별 교회를 변혁시킬 수 있는 영적인 힘을 체득하는 프로그램이 필요하다.

학원 복음화를 위해 사역하는 실제적인 간증과 어려움, 방법을 나눌 수 있는 소그룹 미팅, 기도 시간도 더 배려되었으면 바란다는 제안이 있었다.

[출처] 이상식 교수(계명대, 부준비위원장) 글 자료 편집

5. 제30회 전국대학교수선교대회

- 주 예수의 이름으로(골 3:17) ｜ 남부대학교

제30회 전국대학교수선교대회는 2015년 12월 18일부터 19일까지 1박 2일간, 광주 남부대학교 협동관에서 "주 예수의 이름으로(골 3:17)"라는 주제로 열렸다. 5월부터 갑자기 메르스(MERS, 중동호흡기증후군)가 유행하여, 7월에서 12월로 일정을 변경해 개최하였다. 전국대학교수선교연합회(회장 송재기)가 주최를 하고, 남부대학교 기독교수회, 광주전남기독교수연합회가 주관하여 준비를 하였다. 남부대학교(南部大學校, Nambu University)는 광주시 광산구에 있는 기독교 사립대학이다. 1950년에 옥과농민고등학원의 설립을 시작으로, 1998년에 조용기 박사가 삼애정신을 설립 목적으로 세운 대학이다. 조박사는 전국기독학생회 회장으로 학생운동을 하였으며 일제와 6.25로 폐허가 된 고향에서 농민들을 위한 교육을 시작하였고, 이것이 지금의 옥과고등학고, 전남과학대학교, 남부대학교 3개 학교가 되었다. 학생들은 건학이념에 따라 채플실에서 "기독교와 삶"이란 교과목을 매주 1회 수강한다. 학부 약 3,600명, 대학원 약 400명의 학생이 재학을 하고 있다.

선교대회는 첫날, 전국에서 약 360명의 교수들이 은혜를 사모하는 마음으로 남부대 협동관에 모였다. 광주C.C.C 학생의 특송과 남부대 실용음악과 찬양팀의 인도로 경배와 찬양이 시작되었다. 또 개회예배로 황승룡 목사(호남대학교)가 "주 예수의 이름으로"(골 3:17), 저녁 은혜의시간으로 이용규 선교사(인도네시아)가 "기독교수의 회개와 영적 각성, 신뢰"(시37:4-6)란 제목의 메시지를 전했다. 둘째날은 새벽 경건의 시간에 이상복 목사(동명교회)가 "기독교수의 소명과 선교적 역할: 야곱의 기도"(창32;24-30), 폐회 파송예배로 정인수 목사(K.C.C.C, NK미션)가 "성육신적 지도력과 캠퍼스에서 영적운동"을 주제로 말씀을 전했다. 모두 주 예수의 이름으로, 기독교수의 회개와 영적 각성, 소명과 선교적 역할, 영적운동을 강조한 내용으로 은혜가 밀려왔다.

■ 제30회 전국대학교수선교대회

일시: 2015.12.18~12.19
장소: 광주 남부대학교 협동관
주제: 주 예수의 이름으로(골3:17)
주관: 광주전남 기독교수연합회, 남부대학교 기독교수회
▪ 예배
　개회예배: 주 예수의 이름으로(골3:17) ｜ 황승룡 목사(호남대학교)
　은혜의시간1: 기독교수의 회개와 영적 각성- 신뢰(시37:4-6) ｜ 이용규(인도네시아 선교사)
　경건의시간1: 기독교수의 소명과 선교적 역할 - 야곱의 기도(창32:4-30) ｜ 이상복 목사(동명교회)

파송예배: 성육신적 지도력과 캠퍼스에서 영적운동 | 정인수 목사(K.C.C.C, NK미션)
- 포럼 | 강연 | 간증
  포럼1: 동성애 확산과 기독교 선교 | 소향숙(전남대 간호학과)
  포럼2: 이슬람교와 기독교 선교 | 서동찬(한반도국제대학원)
  강연1: 캠퍼스 선교의 진단과 문제점 | 김재호(부산대 전자공학과)
  강연2: 캠퍼스선교와 학생 교육지도 | 박정윤(영남대 경영학과)
  간증3: 캠퍼스 선교와 대학교회 활동 | 임국형(충남대 물리학과)
- 지역탐방: 호신대 전시관, 선교사 묘역, 우월순선교사 사택, 수피아 캠퍼스, 오웬기념각
- 조직_ 대회장: 조성수(남부대 총장), 연합회장: 송재기(경북대)
      준비위원장: 조성경(남부대) 최보길(전남대)
      실행위원장: 최필선(남부대) 최동호(광주대)
- 참석인원: 약 360명

또한 주제 특강으로 다양한 대학의 선교사례와 방법론을 소개하는 강의들이 진행되었다. 먼저 포럼1로 소향숙 교수(전남대 간호학과)가 "동성애 확산과 기독교 선교", 포럼2로 서동찬 교수(한반도국제대학원)가 "이슬람교와 기독교 선교"에 대한 발제를 하였다. 그리고 특강으로 강연1은 김재호 교수(부산대 전자공학과)가 "캠퍼스 선교의 진단과 문제점", 강연2로 박정윤 교수(영남대 경영학과)가 "캠퍼스 선교와 학생 교육지도"를 주제로 강연을 하였다. 또 임국형 교수(충남대 물리학과)가 "캠퍼스 선교와 대학교회 활동"으로 간증을 하였다.

〈제30회 전국대학교수선교대회(2015.12.18.-19, 남부대학교 협동관)〉

특순은 남부대학교 음악전공 보컬 김영호 교수, 재즈피아노 이용희 교수, 일렉기타 박성언 교수, 소프라노 이승희 교수, 베이스 김일동 교수가 팀을 이루어 찬양을 올려 드렸다. 그리고 선교지 지역탐방으로 호남신학대 전시관, 선교사묘역, 우월순 선교사 사택, 수피아 캠퍼스, 오웬기념각 등을 방문하였다. 다음은 대회 준비위원장 최보길 교수(전남대)와 조성경 교수(남부대)의 후기 글이다.

광주에서는 처음 열리는 선교대회이다. 2014년 11월 11일 광주권의 기독교수들이 함께 모여 선교대회 준비기도회로 시작을 하였다. 다음 해 5월 행사준비가 마무리될 때쯤 갑자기 메르스(MERS 중동호흡기증후군)의 유행으로 7월 개최예정인 선교대회를 12월로 연기하였다. 준비위원회는 강사 섭외 및 시설사용 등 모두 새로 준비를 해야 하는 어려움이 있었다. 그러나 이에 동요하지 않고 기도하며 보다 알찬 대회를 위해 노력하였다. 이번 교수선교대회의 성공적 개최에 남부대학교 측의 협조가 큰 역할을 했다.

대회순서는 황승룡 목사(호남대)의 개회예배 설교를 시작으로, 이용규 선교사(인도네시아), 이상복 목사(동명교회)가 말씀을 전했다. 그리고 특강으로 전주교육대 서관석 교수가 "무너진 성을 수축하라!"란 주제로 강연을 하고, 충남대 임국형 교수는 "위대한 복음과 충남대 사역 소개"를 통해 자신의 경험을 나눴다. 영남대 박정윤 교수는 통합적 학생교육 사례를 발표했고, 동서대 이선복 교수는 "동서대학교 영어·일어·중국어 채플의 성과"를 소개했다. 이들 강의는 모두 실제 대학 현장에서 적용 가능한 선교 방법론을 제시하여 참석자들에게 도움이 되었다.

폐회 예배에서 정인수 목사는 예수님의 가르침을 현대 교육현장에 접목한 메시지를 전했다. "예수님의 지도력과 영적 가르침을 본받아 단순한 지식 전달을 넘어 학생들의 삶에 실질적인 가치를 더하는 교육이 필요함"을 강조했다. 또 기독교수들에게 "가치 중심 교육의 선구자가 되어 학생들의 전인적 성장을 도울 것"을 당부했다. 이러한 접근법은 캠퍼스 내에서 영적 지도력을 실천하는 구체적인 방안으로 주목받았다. 이날 메시지는 지식 전달자를 넘어 인생의 멘토로서 교수의 역할을 재조명했다는 평가를 받았다.

교수선교대회를 마친 후, 광주광역시 양림동 선교유적지를 최동호 광주대 교수의 안내로 30여 명의 기독 교수와 선교사들이 방문하였다. 이곳은 호남신학대학교 뒤쪽 양림산의 꼭대기 부근으로, 광주에 최초로 기독교를 전파하고, 위기에 처한 나라를 구하기 위한 운동을 펼쳤던 23명의 선교사가 잠들어 있는 곳이다. 탐방에 참여한 교수들은 호남 지역에 예수님을 전하기 위해 헌신한 선교사들의 숭고한 정신을 되새기며 뜻깊은 시간을 가졌다.

손동수 이사장도 30년 선교대회집 축사에 언급하였듯이 이번 대회는 KUPM 창립이후 5.18의 본고장 광주에서 처음 열리는 대회여서 남다른 특별한 의미가 있다. 1980년 광주 5.18 민주화 항쟁이후 대학의 분위기는 극도로 위축되어 있을 때, 기독교수를 중심으로 한 영적지도자들이 한자리에 모여 나라와 대학을 살리기 위해 '민족복음화는 대학복음화'라는 기치아래 선교대회를 시작하였고 그 선교대회가 여러 차례 전국을 돌고 돌아 30년 만에 '선교대회 태동의 근원지'라 할 수 있는 광주에서 개최되었다는 점이다. 이사회에서도 제30회 대회의 의미를 담기 위해 대회 포스터에 바깥 테두리 전 부분을 1회부터 29회에 이르는 포스터들로 채우도록 제안하였고 준비위원회 측은 이를 반영하여 포스터를 제작하였다.

2007년 광주 지역 5개 대학 교수들의 소규모 기도회로 시작된 연합활동이 9년 만에 전국선교대회 개최라는 큰 성과를 이루어냈다. 광주권 기독교수들은 연합수련회와 연합찬양제 등 다양한 공동 활동을 통해 깊은 유대감을 형성해왔다. 이렇게 다져진 결속력은 제30회 전국교수선교대회를 성공적으로 개최할 수 있는 견고한 토대가 되었다.

그러나 앞서 언급하였듯이 7월 개최를 위해 대회준비가 거의 마무리된 상태였으나 그해 5월 갑작스런 메르스 감염병 유행으로 인해 선교대회 일정이 전면 중단되었고 이후 이사회 결정으로 뒤늦게나마 12월 1박2일 일정으로 개최하게 되었는데 준비위원회에서 기도가운데 다시 조정된 일정에 맞춰 강사섭외와 함께 준비를 충실히 함으로 대회를 순조롭게 잘 치를 수 있었다. 참가자들은 이번 수련회가 어려움을 뚫고 개최된 만큼 더욱 의미있는 시간이 되었다고 입을 모았다. 수련회를 통해 참석자들은 어려움 속에서도 함께 하시는 성령님의 역사를 체험하는 기회를 가졌다.

[출처] 최보길 교수(전남대, 준비위원장) 글 자료 편집

6. 제31회 전국대학교수선교대회

- 거룩한 스승이 되자(요13:15) | 부산대학교

제31회 전국대학교수선교대회는 20016년 6월 30일부터 7월 2일까지 2박 3일간, 부산대학교 10.16 기념관에서 "거룩한 스승이 되자(요13:15)"는 주제로 열렸다. 부산대학교 교수신우회(준비위원장 정원섭, 부산대)와 부울경기독교수연합회(회장 이선복, 동서대)가 중심이 되어 대회를 준비하였다. 제31회 대회는 거점 국립대학교에서 열리는 첫 선교대회라는 점에서 더 특별한 의미를 갖는다. 선교대회 후기는 당시 대회를 위해 수고를 많이 한 김재호 교수(부산대)가 내용을 잘 정리하고 있어 본서에서도 그대로 수록하도록 한다.

6.1 부산대 소개

"민족의 천년을 책임지는 부산대"의 미션을 품고 설립된 부산대학교는 50만평 거대한 종 모양의 캠퍼스로 설계되었다. 초대총장 윤인구는 "여기서 진리의 종소리가 울리는 날, 온 세상까지 울려 퍼질거야!"라고 비전을 선포하였다. 부산대는 윤인구의 주도하에 1946년 시민들의 성금으로 설립 후, 국가에 기증하여 설립된 최초의 민립대학이자 국립대학이다. 그 이후 10년 이상 제대로 된 캠퍼스 부지가 없어 고민하던 그는 기도로 위트컴 장군을 통하여 50만평의 대학 부지를 무상으로 불하받는 기적을 일으켰다. 초기 건학의 역사 가운데 불 기둥, 구름 기둥같은 하나님의 인도하심이 드러났다. 부산대 장전 캠퍼스 자체가 우리나라 교육의 성지 순례적 가치가 있음을 알게 되고, 자연스럽게 부산대 기독교수들은 전국 교수선교대회를 개최하고픈 소망이 생겨났다. 부산대교수신우회에서는 부산대학교를 향해 부으셨던 하나님의 영광을 이 시대에 다시 한번 우리나라 모든 대학에 되살리고픈 열망으로 한 마음이 되어 기도하며 대회를 준비하였다. 부산대는 "진리/자유/봉사"의 건학 이념을 가지고 있다.

6.2 선교대회 은혜나눔

KUPM 교수선교대회 첫날, 전국에서 400명이상의 교수와 선교사들이 은혜를 사모하는 마음으로 부산대에 모였다. Awakening 찬양팀의 인도로 경배와 찬양이 시작되었다. 개회예배에서는 이성구 목사(시온성교회)가 "대담한 요청"이라는 설교 제목으로 "거룩한 교수가 되자"라는 부담스러운 주제를 내건 교수들의 용기를 치하하고, 대학캠퍼스에 영적 각성이 일어나야 함을 강조하였다.

■ 제31회 전국대학교수선교대회

일시: 2016.6.30~7.2
장소: 부산대학교 10.16 기념관
주제: 거룩한 스승이 되자(요13:15)
주관: 부울경기독교수연합회, 부산대학교 교수신우회

- **예배**
  개회예배: 대담한 요청(행3:1-15) | 이성구 목사(시온성교회, 부산기독교총연합회장)
  은혜의시간1: 네가 선 곳은 거룩한 곳이니(출3:1-5) | 유진소 목사(호산나교회)
  은혜의시간2: 복음의 축복(창12:1-3) | 김용의 선교사(순회선교단)
  경건의시간1: 니고데모의 변화(요3:1-2) | 박성규 목사(부전교회)
  경건의시간2: 믿음이란 하나님의 의를 주장하는 것이다(롬1:17) | 진요한 목사(부산선교교회)
  파송예배: 축복의 통로(창12:1-3) | 김문훈 목사(포도원교회)

- **주제강연**
  주제강연1: 복음의 능력(롬1:16-17) | 김용의 선교사(순회선교단)
  주제강연2: 승리의 복음(요일5:4-5) | 김용의 선교사(순회선교단)
  특별순서: 크리스천 총장과의 대담을 통해 본 캠퍼스 복음화
  　　　　　 이정선 총장(광주교육대) | 김춘호 총장(한국뉴욕주립대 인천)
  　　　　　 전호환 총장(부산대)

- **캠퍼스 선교사례**
  주제발제: 거룩한 스승이 되자 | 김재호(부산대 전자공학과)
  사례발표1: 베트남 선교를 위한 비전 153 미션전략 | 안정헌 (부산대 명예교수, 베트남 선교사)
  사례발표2: 이슬람권 외국유학생 사역 | 서동찬(한반도국제대학원)
  사례발표3: 광주전남대학 캠퍼스 사역소개 | 최보길(전남대)
  사례발표4: 거룩한 통일 한국의 부르심 | 이용희(가천대)

- **특순 | 지역탐방**
  특순1: 디아크노스 연극, 고신대 태권도선교학과 시범 공연
  특순2: Praise Concert, 부산대 음악과 주아래 찬양팀
  지역탐방: 부산대 기독교 건학이념 발자취 투어, 성경유물 전시 투어

- **조직_** 대회장: 전호환(부산대 총장), 연합회장: 김형길(전주대)
  　　　　 부대회장: 이선복(부울경기독교수연합회장, 동서대) 최보길(부연합회장, 전남대)
  　　　　 준비위원장: 정원섭(부산대) 부위원장: 장시웅(동의대) 권혜령(부산대)
  　　　　 총무: 김철(부산대) 송종원(부산디지털대) 소윤조(전북대)

- **참석인원:** 400여명

캠퍼스 선교 사례발표 중 특별순서로 독특하게 연극 "하늘로 부른 노래"가 극단 디아크노스에 의해 기획되었다. 이 연극은 조선신학원 설립 직후 일제의 민족지도자 말살 정책에 연루되어 옥중에서 고통을 당하는 장면에서부터 시작하여, 부산대를 창립하고, 하나님의 도우심으로 50만평의 원대한 캠퍼스를 완성하기까지 스토리를 보여준다. 윤인구의 교육관, 그의 인생에 역사하신 하나님, 그리고 삶을 통하여 지금의 우리 교수들에게 "거룩한 교수로 서라!" 라고 명령하시는 하나님을 만나기를 바라는 마음으로 기획되었다. 또한 주제발제

순서에서 김재호 교수(부산대)는 우리 모두 거룩한 교수로 서는 것이 하나님의 꿈임을 강조하고 우리의 온전한 영적 변혁으로 통해 하나님 나라를 학생에게, 대학에, 교육계에, 우리나라에 세워 나가자고 호소했다. 은혜의시간1에서 유진소 목사(호산나교회)는 "거룩한 스승이 되기 위해서 교수라는 자리에서의 거룩이 무엇인지 알아야 한다. 그 자리에서 하나님의 메시지를 받아야 한다"고 강조했다. 경건의시간 1에서 박성규 목사(부전교회)는 니고데모의 신앙의 성숙 변화를 살펴보고 교수들에게 주님 기뻐하시는 제자로 변화될 것을 도전하였다.

〈제31회 전국대학교수선교대회 2016.6.30.-7.2, 부산대학교〉

주제강연 1, 2 및 은혜의시간2는 김용의 선교사(순회선교회)로부터 교수들이 복음의 능력을 회복하고, 그것이 승리의 복음이 되도록 헌신하며, 복음의 축복을 누리도록 도전하였다. 특별히 한 강사에게 중요한 세번의 시간을 배정한 것은 본 대회의 특별한 기획이기도 했다. 교수들에게 대학 선교의 모델인 윤인구 초대 총장의 헌신적 삶의 모델을 제시하는 것이 본 대회의 주요 방향성이었기에 복음의 능력, 승리의 복음, 복음의 축복에 대한 김용의 선교사의 메시지가 참여 교수들에게 더욱 강력하게 증폭되어 전달된 것은 하나님의 특별한 은혜였다.

경건의시간 2에서 진요한 목사(부산선교교회)는 "믿음이란 하나님의 의를 주장하는 것이다"라는 제목으로 말씀을 전했다. 하나님의 의를 내 삶 속에 받아들이는 것은 오직 믿음밖에 없으며, 우리 모두가 하나님의 의를 주장하는 자로 살아가자고 권면하였다. 파송예배에서는 김문훈 목사(포도원교회)가 모든 교수들이 하나님의 축복의 통로가 되기를 소망하고, 또한 그 길을 축복하였다.

> **[비전 선언서]**
>
> 1. **〈사명〉** 나는 지난 30년 동안 전국대학교수선교대회를 인도하신 은혜에 감사드리며, 계속하여 주의 뜻에 따라 복음을 전파하며 하나님 나라를 확장해 가는 기독교수가 된다.
>
> 2. **〈회개〉** 나는 지난 날의 잘못된 개인의 자아와 습관을 회개하고, 오직 예수 그리스도의 성품을 닮아 십자가의 사랑과 성령 충만함으로 세상을 변화시킬 수 있는 기독교수가 된다.
>
> 3. **〈연구와 봉사〉** 나는 성경에 기초한 신앙과 학문을 융합, 모든 전공영역과 교육의 현장에서 기독교 세계관을 구현하고 국가와 사회, 인류를 위해 공헌하는 기독교수가 된다.
>
> 4. **〈교육과 대학문화 선도〉** 나는 황폐해진 이 땅의 대학문화를 위해 긍휼을 구하며 거짓과 탐욕을 멀리하고, 사랑으로 제자들의 발을 씻기며 정직과 존중, 질서를 세워가는 기독교수가 된다.
>
> 5. **〈국가와 세계선교 비전〉** 나는 통일한국의 미래를 가슴에 품고 국가와 민족을 위해 기도하며, 세상 땅 끝까지 교육의 비전과 선교를 위해 헌신하고 실천하는 기독교수가 된다.
>
> 6. **〈믿음의 신앙공동체〉** 나는 캠퍼스 선교사로서 계속하여 하나님 나라의 뜻과 의를 이루어가는 전국대학교수선교연합회 회원이 되고, 서로 격려하고 협력하는 지회, 신앙공동체의 일원이 된다.
>
> 2016. 7. 2
>
> 전국대학교수선교연합회 기독교수 일동

캠퍼스 선교 사례발표 중 첫 번째 순서로 안정헌 명예교수(부산대)는 베트남 선교를 위한 비전 153 미션 전략을 소개하였다. 두 번째는 서동찬 교수(한반도국제대학원)가 이슬람권 외국인 학생사역을 소개하였다. 그리고 주제강연의 특별순서로 "크리스천 총장과의 대담을 통해 본 캠퍼스 복음화"라는 제목의 토론이 진행되었다. 이정선 총장(광주교대), 김춘호 총장(한국뉴욕주립대, 인천), 전호환 총장(부산대)이 초대되었다. 캠퍼스 선교 사례발표 3은 최보길 교수(전남대)가 전남대의 캠퍼스 사역을 소개하였다. 특히 화요아침 기도모임, 수요아침 연합기도회 (교수/학생/선교단체), 크리스천 연합 찬양제와 대학생 기독 기숙사 운영을 소개하여 모든 대학에 큰 도전을 주었다. 캠퍼스선교 사례발표 4는 이용희 교수(가천대)가 자신의 신앙성장의 배경이 된 할머니와 어머니의 신앙 유산을 간증으로 들려주었다. 또한 북한을 위한 기도와 동성애 합법화 반대와 차별금지법 반대 사역을 소개하였다. 교수로써 하나님의 나라를 위해 나아가는 모습에서 교수들은 큰 도전을 받았다.

한편, 참석자들은 31회 대회를 맞아, 새로운 30년의 미래를 바라보며 비전선언서를 선포했다. 위 〈표〉가 선포된 비전선언서 내용이다.

6.3 지역선교지 투어

지역 선교지 투어는 3가지로 진행되었다.

첫째, 부산대 역사의 의미를 돌아보며 건물들을 견학하였다. 윤인구 초대총장이 기도하며, 하나님의 은혜로 기적을 이루어내며, 원대하고 아름다운 대학 캠퍼스를 하나하나 완성하기까지의 마음을 이어받는 시간이 되었다.

둘째, 특별 설치된 세계선교 박물관을 견학하며 이스라엘 유물들을 둘러보았다.

셋째, 부산에서 가장 큰 교회인 수영로교회를 탐방하여, 세계를 향한 선교사역 추진현황 등을 중심으로 투어하였다.

글을 마무리한다. 지난 30년 동안 기독 사립대학을 중심으로 진행해 오던 대회를 처음으로 국립대학에서 할 수 있다니, 쉽지 않은 결단이었다. 그러나 부산대 교수신우회에서 이 일을 결단하고 준비위원장으로 정원섭교수를 세웠다. 하나님께서 또 전국의 400여명의 기독교수를 불러 주셨다.

하나님과 동행하며 우리 민족의 교육의 새 시대를 연 "작은 예수" 윤인구의 삶을 통해, 우리나라 대학교육에 베푸신 하나님의 은혜를 참여 교수들에게 전하고, 이 대회를 통해 캠퍼스 복음화의 열망에 불을 지피는 것이 가장 중요한 개최 목적이었다. 이를 위해 특별히 기획된 디아크노스 극단의 연극 "하늘열고 광명을…"는 설교 이외의 부분에서 6개 설문 항목 중 참여자의 압도적인 만족도 (37%)를 보였다. 섬겨준 극단에 감사드린다. 특강, 사례 발표 등을 통해 교수들은 "거룩한 스승이 되자"라는 하나님 주신 시대적 소명에 눈을 뜨고, 온 마음으로 반응하는 계기가 되었다.

이후, 국립대학에서 연속적으로 전국대회가 열렸다. 32회 충북대, 33회 인천대, 34회 충남대, 35회 전북대, 38회 한국교통대학으로 계속 바톤을 이어갔다. 이 대회를 국립대가 개최하는 것은 분명 교수들이 감당하기에 매우 큰 일이다. 그러나, 기꺼이 그 일을 감당하고자 교수들이 나섰다는 것 자체가 각 대학의 복음의 진보를 가져왔다는 것은 부인할 수가 없다. 우리는 부산대 대회를 통해 KUPM위에 임재하시는 하나님의 역사하심을 다시 한 번 경험할 수 있었다.

[참고문헌]

김재호(2018), 부흥의 우물, 아르카 출판,
한국기독신문 https://kcnp.com/news/view.php?no=1594

[출처] 김재호 교수(부산대) 글 자료 편집
정원섭(부산대), 류봉기(부산대), 이선복(동서대) 정리 도움

7. 제32회 전국대학교수선교대회

- 내가 너를 보내노라(요17:18) | 충북대학교

제32회 전국대학교수선교대회는 2017년 6월 29일부터 3일간 충북대학교 개신문화관에서 "내가 너를 보내노라(요 17:18)"라는 주제로 개최되었다. 작년 부산대학교에 이어 올해도 거점 국립대학교에서 선교대회가 열렸다. 전국대학교수선교연합회(회장 김형길, 전주대)가 주최를 하고, 충북대학교 교수신우회와 충북지역기독교수회에서 준비를 하였다. 충북대학교(忠北大學校, Chungbuk National University)는 충북 청주시 서원구에 있는 거점 국립대학교이다. 1951년 도립 청주초급농과대학으로 시작하여, 1956년에 충북대학으로 교명을 바꾸었다가 1977년에 현재의 교명으로 변경 후, 오늘에 이르고 있다. 학부 약 12,000명, 대학원 약 3,200명의 학생이 재학을 하고 있다.

■ 제32회 전국대학교수선교대회(종교개혁 500주년)

일시: 2017.6.29~7.1
장소: 충북대학교 개신문화관
주제: 내가 너를 보내노라(요17:18)
주관: 충북대학교 교수신우회, 충북지회
- **예배**
  개회예배: 내가 너를 보내노라(요17:18-19) | 주서택 목사(청주주님의교회)
  은혜의시간1: 성령, 권능, 증인(행1:8) | 안광복 목사(청주상당교회)
  은혜의시간2: 이영훈 목사(여의도순복음교회)
  경건의시간1: 세월을 아끼라(엡5:15-21) | 송석홍 목사(청주중부명성교회)
  경건의시간2: 아페리 코람데오(막6:1-6) | 이동규 목사(청주순복음교회)
  파송예배: 낙망이면 청년의 죽음이요 청년이 죽으면 민족이 죽는다(민13:30)
  　　　　　 | 박성민 목사(한국대학생선교회)
- **특강(종교개혁)**
  특강1: 마틴 루터에게 다시 배운다(행14:22) | 조재언 목사(미국 North Carolina 한마음교회)
  특강2: 여호와의 기(旗)를 세우라!(출17:8-16) | 김상용 목사(순복음중앙교회)
  특강3: 종교개혁의 유산과 한국 기독교 지성의 임무(벧전 2:4-5)
  　　　　 | 손봉호(나눔국민운동본부 이사장)
  특강4: 바울, 당신이 부럽습니다(고전11:1) | 신조우 목사(청주복대교회)
- **특별순서**
  대학선교 전략의 시간: 윤여표(충북대 총장) | 김성건(서원대) | 한병수(전주대 교목)
  선교사의 시간: David Linton 선교사(순천기독결핵재활원)
  HoSPA 인증과 교수와 대학부흥 | 김재호(부산대 전자공학과)
  특순1: CCM Artist 송정미
- **조직_** 대회장: 윤여표(충북대 총장) 연합회장: 김형길(전주대)
  　　　　 부대회장: 김광현(충북기독교수선교회장, 한국교통대) 최보길(부연합회장, 전남대)

준비위원장: 오기완(충북대) 한찬훈(충북대)
총무: 전익수(충북대) 권상철(한국교통대) 소윤조(전북대)
- **지역탐방:** 충북 기독교 복음의 발자취를 찾아서 - 청주 양관 -
- **참석인원:** 약 350명

선교대회 순서는 첫째날 개회예배로 주서택 목사(청주주님의교회)가 "내가 너를 보내노라"(요17:18-19), 저녁 은혜의시간으로 안광복 목사(청주상당교회)가 "성령, 권능, 증인"(행1:8)을 제목으로 말씀을 전했다. 둘째날은 새벽 경건의시간에 송석흥 목사(청주중부명성교회)가 "세월을 아끼라"(엡5:15-21), 저녁 은혜의시간에 이영훈 목사(여의도순복음교회)가 말씀을 전했다. 그리고 셋째날 새벽은 이동규 목사(청주순복음교회)가 "아페리 코람데오"(막6:1-6), 폐회는 박성민 목사(한국대학생선교회)가 "낙망이면 청년의 죽음이요 청년이 죽으면 민족이 죽는다"(민13:30)란 제목으로 말씀을 전했다.

특강은 "내가 너를 보내노라"(요17:18), 종교개혁 500주년과 관련한 내용으로 다음 4개가 발표되었다. 특강1은 "마틴 루터에게 다시 배운다"(행14:22)는 내용으로 조재언 목사(미국North Caroiina 한마음교회), 특강2는 "여호와의 기(旗)를 세우라!"(출17:8-16)로 김상용 목사(순복음중앙교회), 특강3은 "종교개혁의 유산과 한국 기독교 지성의 임무"(벧전2:4-5)로 손봉호 교수(나눔국민운동본부 이사장). 특강4는 "바울, 당신이 부럽습니다"(고전11:1)란 제목으로 신조우 목사(청주복대교회)가 각각 발표를 하였다. 그리고 특별순서로 김성건 교수(서원대)의 사회로 윤여표 총장(충북대)과 한병수 목사(전주대 교목)가 "대학선교 전략의 시간"이란 내용의 토론을 진행하였다. 그리고 선교사의 시간으로 David Linton 선교사(순천기독결핵재활원)의 간증이 진행되고, 김재호 교수(부산대)가 "HoSPA 인증과 교수와 대학부흥"을 소개하는 시간을 가졌다.

아울러 예배 시간 시간마다 경배와 찬양으로 하나님께 영광을 올리고, 찬양사역자 송정미씨의 공연으로 찬양 음악 Concert를 가졌다. 또 3일 모든 순서를 마친 후, 선교유적지 탐방으로 "충북 기독교 복음의 발자취를 찾아서: 청주 양관"을 방문해 신앙의 역사를 돌아보았다. 선교대회를 마치고, 준비위원장인 오기완 교수(충북대 부총장)는 다음과 같이 후기를 정리한다.

전국 기독교 교수 약 350여명이 참석한 가운데 열린 본 행사는 해마다 여름 방학을 이용하여 전국의 각 대학교를 순회하며 열리는 집회로 전국대학교수선교연합회가 주최했으며 '내가 너를 보내노라'라는 주제로 열리게 되었다. 본 대회는 전국기독교수들의 학원 복음화를 위한 영적 충전을 위한 부흥 집회다. 특히 2017년은 루터의 종교개혁 500주년을 기념하는 해에 열리게 되어 그 의미가 컸다.

대회 준비는 개최교를 중심으로 준비위원회가 구성되었고 충북지역의 대학으로 충북대학교를 비롯하여 청주대학교, 서원대학교, 한국교통대학교, 충청대학교, 청주보건과학대가 준비위원으로 참여했다. 대회 준비위원장으로 부총장인 오기완 교수를 중심으로 부위원장 한찬훈 공과대학 건축과 교수 및 준비위원은 1년 동안 개최 장소, 비용, 강사 섭외, 숙박과 식사 등을 준비했으며, 이를 위해 분과위원회도 구성하게 되었다. 대회장은 충북대학교 총장(윤여표)이, 부대회장은 한국교통대학교 김광현 교수가 맡았다.

특히 본 대회가 32회째를 거듭하고 있지만 그 동안 대회 자료들을 저장하거나 보존할 곳이 없었으나 대회를 계기로 개최교인 충북대학교 대회 준비위원회는 전문 홈페이지 제작 회사에 의뢰하여 '전국대학교수선교연합회 홈페이지(http//www.kupm.org)'를 구축하여 홈피를 이용한 소통이 원활하게 이루어지는 계기를 마련했다.

[출처] 오기완 교수(충북대, 준비위원장) 글 자료 편집

한편 이번 선교대회는 500주년을 맞는 해로 특강과 더불어, 종교개혁분과 소위원회를 만들고 "종교개혁 500주년 전국대학교수선교대회 기도문" 과 "종교개혁 500주년 선언서"를 만들고 이선복 교수(동서대)의 사회로 다음 내용의 선서를 하였다.

종교개혁 500주년

전국대학교수선교대회 기도문

2017년은 종교개혁 500 주년이 되는 해입니다.
우리 기독교수들은 그리스도인과 교회가 선한 영향력을 상실해 가고 있는 현실을 가슴아파
하면서 다음 기도제목으로 기도하며 앞장서서 모범을 보일 것을 다짐합니다.

대학교수를 위한 기도

1. 교수들이 먼저 회개하고 선교사적 사명을 회복하게 하소서.

2. 기독교 세계관 위에서 신앙과 학문을 융합하여 대학문화를 변화시키게 하소서.

3. 교육에서 하나님의 형상을 회복하여 거룩한 다음세대를 육성하게 하소서.

4. 대학 내 기독가족이 연합하여 영적으로 건강한 기독공동체를 세우게 하소서

한국교회와 지도자들을 위한 기도

5. 공교회의 거룩함과 복음의 능력과 참된 예배를 회복하게 하소서.

6. 공교회의 거룩성을 회복하여 금권선거, 부도덕성, 교회세습이 사라지게 하소서

7. 복음을 올바로 가르치며 기복주의와 맘모니즘에서 벗어나게 하소서.

8. 공교회의 재정이 성경의 원리대로 투명하고 건전하게 사용되게 하소서.

북한 및 세계복음화를 위한 기도

9. 북한 동포들을 위해 기도하며 분단된 조국의 통일과 우리 민족의 입체적 복음화를 위해
   노력하게 하소서.

10. 세계 복음화를 위해 선교사들을 파송하는 교회 및 선교단체의 선교사역에 적극 협력하며
    전문인 사역에 동참하게 하소서

종교개혁 500주년 선언서

종교개혁 500주년이 되는 오늘 우리는 한국과 대학의 현실을 바라보면서 안타까움을 금할 수 없다. 그동안 한국교회는 하나님의 크신 은혜로 세계 교회사에 유례가 없는 경이적 성장과 부흥을 이룩하면서 국가발전의 견인차 역할을 해 왔다. 그런데 오늘날의 교회는 하나님 말씀에서 떠나 물량주의와 기복주의, 성장주의에 빠져 그 선한 영향력을 상실해 가고 있고, 캠퍼스 또한 본연의 기능을 상실하고 있다. 이에 전국대학교수선교연합회는 제32차 선교대회에 즈음 하여 우리가 먼저 회개와 자성, 결단하는 심정으로 다음과 같이 선언하고, 이를 실천하기 위해 노력하고자 한다.

<u>첫째,</u> 기독교수로서 먼저 거룩성을 회복하기 위해 경건운동을 전개한다. 종교개혁자들의 정신을 계승하여 매일 말씀 묵상과 기도를 통해 자신을 성찰하며 진정한 그리스도인의 삶을 실천하기 위해 노력한다.

<u>둘째,</u> 기독교 세계관 위에 신앙과 학문을 융합하며, 대학에 기독교문화를 세우기 위해 노력한다. 진리의 전당이 되어야 할 대학이 진리탐구를 외면한 채, 대학구성원을 생존경쟁 속으로 내몰고 있다. 우리는 인본주의와 물질주의 가치관을 경계하며 성경말씀을 중심으로 하는 기독교문화 정착을 위해 앞장선다.

<u>셋째,</u> 기독교수는 대한민국의 거룩한 다음 세대를 길러낼 시대적 사명을 가진 자이다. 우리가 캠퍼스의 제사장이라는 사명감을 가지고 미래의 훌륭한 인재를 기르기 위해 그리스도의 사랑으로 학생들을 지도하며, 멘토링과 일대일 양육 등 제자교육을 위해 헌신한다.

<u>넷째,</u> 대학 내 기독인 가족들이 연합하여 영적으로 건강한 기독공동체를 세우는 일에 앞장선다. 복음의 순수성을 유지하고 이단들과 동성애 등 악한 영들을 대적하기 위해 기독공동체로서 연합하고 협력한다.

<u>다섯째,</u> 우리 기독교수는 교회와 교계지도자들이 성경적 가치관에서 멀어져 있는 현실을 우려하며 전향적인 각성을 촉구한다. 교회 내 금권선거, 세습, 재정의 불투명성과 지도자의 윤리적 부도덕성, 교인들의 믿음과 행함의 부조화, 종교적 형식주의로 치우쳐 신뢰와 영향력을 상실한 모습을 마음아파 하며 하나님 말씀으로 돌아올 것을 기도한다.

<u>여섯째,</u> 북한 동포들을 위해 기도하며, 분단된 조국의 통일과 우리 민족의 입체적 복음화를 위해 노력한다.

<u>일곱째,</u> 세계 복음화를 위해 선교사들을 파송하는 교회 및 선교단체의 선교사역에 적극 협력하며 전문인 사역에 동참한다.

우리는 제2의 종교개혁을 시작하는 마음으로 이 선언서대로 실천해 나갈 것을 굳게 다짐하면서, 하나님 앞에서 이를 엄숙히 선언한다.

2017년 7월 1일
전국대학교수선교연합회 일동

1) 이 선언문을 구체적으로 실천하기 위해 전국대학교수선교연합회 내에 소위원회를 두고 지속적으로 실천 방안을 모색하여 추진한다. 2) 2017. 7. 1 전대선 대회 정기총회 때 전체 참석자들이 이 선언서를 낭독한다. 3) 선언서는 가능하면 간결하고 실천 가능하도록 작성한다. 4) 첨부한 기도문에 있는 기도제목들을 선교대회 기간의 통성기도 시간에 함께 나눈다. 5) 대회가 끝난 후, 선언서를 언론매체를 통해 사회에 알려서 교계의 각성을 촉구하며 동참을 호소한다.

8. 제33회 전국대학교수선교대회

- 너는 내게 부르짖으라(렘33:3) | 인천대학교

제23회 전국대학교수선교대회는 2018년 6월 28일부터 30일까지 2박 3일간, 인천대학교 송도캠퍼스에서 "내게 부르짖으라(렘33:3)"라는 주제로 열렸다. 전국대학교수선교연합회(회장 최보길, 전남대)가 주최를 하고, 서울·경인교수선교회가 주관하여 준비를 하였다. 인천대학교(仁川大學校, Incheon National University)는 인천시 연수구에 있는 국립대학법인이다. 1979년에 학교법인 선인학원(善仁學園) 인천공과대학으로 설립하여 1988년에 종합대학으로 승격되고, 1994년에 시립으로 전환되었다. 2009년에 지금의 위치인 송도국제도시로 이전하고, 인천전문대학과 통합을 추진해 2013년에 국립대학법인으로 전환하였다. 학부 약 17,000명, 대학원 약 1,500명의 학생이 재학을 하고 있다.

■ 제33회 전국대학교수선교대회

일시: 2018.6.28~6.30
장소: 인천대학교 송도캠퍼스
주제: 내게 부르짖으라(렘33:3)
주관: 서울·경인교수선교회
- 예배
  개회: 사상전/문화전의 기수가 되라(롬12:1-2) | 소강석 목사(새에덴교회)
  은혜의시간1: 지식을 공급하는 사람(잠19:1-3) | 김운성 목사(영락교회)
  은혜의시간2: 제자의 삶(막8:34) | 이영훈 목사(여의도순복음교회)
  경건의시간1: 아침에 드리는 기도: 우리의 원수는 누구인가(눅1:67-79)
      | 최용호 목사(인천순복음교회)
  경건의시간2: 화목하라(롬12:18) | 이건영 목사(인천제2교회)
  파송: 이 보다 큰 것을 하리니(요14:12-13) | 최재선 목사(중앙대)
- 주제강연 | 특강
  주제강연1: 세계선교의 역사와 최근 동향 | 이정숙 총장(횃불트리니티대학교)
  주제강연2: 초일류 대한민국을 위한 지도자 인재양성 | 정근모 장로(아주대 석좌교수, 前과학
      기술처장관)
  주제강연3: 자기 일 vs. 예수의 일(빌2:21) | 김춘호 총장(한국뉴욕주립대학교)
  특강1: 캠퍼스 선교의 미래를 꿈군다 | 장근성 목사(학원복음화협의회 대표)
  특강2: 우수 HoSPA 활동 소개 | 김재호(부산대 전자공학과)
  특강3-1: 이단 사이비 최근 동향 분석과 대책 | 탁지일(부산장신대 교회사)
  특강3-2: 동성애, 성평등 현안 대책방안 | 길원평(부산대 물리학과)
- 예레미야 기도회
  첫째날: 1.부르심과 소명 | 최보길(전남대) 2. 회개와 정직, 개혁의 실천 | 장병석(조선대)
      3. 북한 문제와 국가경제 | 정봉현(전남대) 4. 세계선교와 하나님 나라 의(義)를 위하여
      | 허명(광주대)

둘째날: 1. 학원복음화 사역 | 이선복(동서대) | 2. 악한 세력과 미혹의 문화퇴치 | 장시웅(동의대)
     3. 말씀의 회복과 그리스도의 비전 | 박신현(고신대) | 4. 하나님 나라 완성과 헌신결단 |
     박향선(부산경상대)
- 선교사파송: 김형길(전주대) | 김재호(부산대)
- 특순1: 바이올리니스트 박지혜
  특순2: CCM 찬양 유은성
- 조직_ 대회장: 이선희 (전대선이사장, 서울과기대) | 최보길(연합회장, 전남대)
    부대회장: 강승규(성균관대)   장정식(서울대)   최진탁(인천대)
    실행위원장: 구병모(한세대)   이정기(남서울대)   최성(남서울대)
- 참석인원: 약 350명

선교대회 순서는 첫째날 개회예배로 소강석 목사(새에덴교회)가 "사상전/문화전의 기수가 되라"(롬12:1-2), 저녁 은혜의시간으로 김운성 목사(영락교회)가 "십자가 신앙"(갈2:20)이란 제목으로 말씀을 전했다. 둘째날은 새벽 경건의시간에 최용호 목사(인천순복음교회)가 "아침에 드리는 기도: 우리의 원수는 누구인가"(눅1:67-79), 저녁 은혜의시간에 이영훈 목사(여의도순복음교회)가 "천국의 사고방식"(마20:1-16)으로 말씀을 전했다. 그리고 셋째날 새벽은 이건영 목사(인천제2교회)가 "화목하라"(롬12:18), 폐회 파송은 최재선 목사(중앙대)가 "이 보다 큰 것을 하리니"(요14:12-13)이란 제목으로 말씀을 전했다. 특강은 특강1로 "캠퍼스 선교의 미래를 꿈군다"란 제목으로 장근성 목사(학원복음화협의회), 특강2로 "우수 HoSPA 활동 소개" 김재호 교수(부산대), 특강3으로 "이단 사이비 최근 동향 분석과 대책" 탁지일 교수(부산장신대 교회사), "동성애, 성평등 현안 대책방안"으로 길원평 교수(부산대 물리학과)가 각각 발표를 하였다.

그리고 "내게 부르짖으라(렘33:3)"라는 전체 주제에 따라, 다음 세부 내용으로 모두가 간절한 마음으로 부르짖어 기도하였다. 즉 첫째날은 1) 부르심과 소명, 2) 회개와 정직, 개혁의 실천, 3) 북한 문제와 국가경제, 4) 세계선교와 하나님 나라 의(義)를 위하여 기도하였다. 둘째날은 1) 학원복음화 사역, 2) 악한 세력과 미혹의 문화퇴치, 3) 말씀의 회복과 그리스도의 비전, 4) 하나님 나라 완성과 헌신결단을 주제로 기도하였다. 그리고 특순으로 1) 이영수 교수(영남대 음대)의 Synthesizer 성가곡 연주회, 2) 찬양하는 사람들의 성가합창, 3) 한용희 교수(영남대)의 연주회로 찬양의 제사를 올려 드렸다. 그리고 배혜화 교수(전주대)에 의해 "하늘에 계신" 제목의 기독교 영화 상영이 진행되었다.

선교대회를 마치고 제33회 대회 준비를 위해 수고를 많이 한 이선희 교수(연합회 이사장, 서울과기대)는 다음과 같이 내용을 정리하였다.

"너는 내게 부르짖으라(렘33:3)". 하나님께서 말씀을 통해 주시는 담대한 믿음으로 준비를 하고자 노력하였다. 또한 7년 전의 일이지만, 모든 것을 하나님께서 계획하시고 준비하신다는 것을 다시 한번 깨닫는 계기가 되었다.

서울지역에서 선교대회를 개최할 차례가 되었으나, 계획들이 세워지지 않아 로고스교수선교회와 상의해 결국 개최를 하기로 결정하였다. 로고스교수선교회 임시총회를 열어 회장 경험이 여러 번 있는 제가 회장으로 선임되었고 선교대회 대회장으로 준비를 총괄하게 되었다. 또 대회장소로 초창기 대회가 많이 개최되었던 오산리 금식기도원을 검토했으나, 교수들이 숙식을 하기에는 열악하다고 생각되어 인천지회장으로 수고하던 최진탁교수에게 인천대학교 기숙사와 장소를 문의하였다. 그 결과 33회 장소를 국립인천대학교로 정하고, 로고스 교수선교회에서 모든 것을 주관하기 하였다. 로고스교수회 회원들은 열심히 준비를 하였고, 만약 장소에 어려움이 있는 경우 인천 뉴욕대학교 사용도 검토할 수 있도록 김춘호 총장에게도 부탁을 하여 두었다. 회원중에는 정년 퇴임을 한 교수가 많아 행사 주관에 어려움이 있었으나, 그럼에도 젊은 교수들이 적극 참여하여 대회를 잘 마무리하고 다음 대회 장소로 이관을 할 수 있었다.

대회를 준비하며 연합과 선교에 초점을 두었다. 서울지역의 특성상 대학교수들의 연합이 힘든 상황이지만, 여러 교회와 대학, 교단을 초월해 강사를 섭외하고 대학 총장을 특강으로 초대하였다. 감사하게 여의도순복음교회 이영훈 목사, 영락교회 김운성 목사, 새에덴교회 소강석 목사, 인천순복음교회 최용호 목사, 인천제2교회 이건영 목사, 중앙대학교 최재선 목사와 이단대책 전문가인 탁지일 목사를 강사로 섭외할 수 있었다. 대학총장으로 횃불트리니티대학교 이정숙 총장에게는 세계선교 역사와 동향, 정근모 박사에게는 초인류 대한민국을 위한 지도자 인재양성을 주제로 각각 부탁을 드렸다. 또 뉴욕대 김춘호 총장은 "자기 일 VS, 예수의 일"을 주제로 하였다. 은혜의 시간이었다. 또 캠퍼스 선교의 미래는 학복협 장근성 목사, 이단 사이비 동향은 탁지일 교수의 특강을 통해 캠퍼스 선교에 필요한 사항들을 돌아 보았다. 그리고 주제에 맞추어 예레미야 기도회를 통해 다양한 주제의 기도를 할 수 있었다. 그러나 이 모든 일들은 우리 주님께서 하신 일이다. 그것이 하나님의 주권이다.

[출처] 이선희 교수(서울과기대) 최진탁(인천대) 글 자료 편집

9. 제34회 전국대학교수선교대회

- 주여! 내가 여기 있나이다(사 6:8) | 충남대학교

제34회 전국대학교수선교대회는 2019년 6월 27일부터 29일까지 2박 3일간, 충남대학교 백마홀에서 "주여! 내가 여기 있나이다"(사 6:8)는 주제로 열렸다. 전국대학교수선교연합회(회장 이선복, 동서대)가 주최를 하고, 충남대학교 기독교수회와 대전기독교수연합회가 주관하여 준비를 하였다. 충남대학교(忠南大學校, Chungnam National University)는 대전시에 소재하는 거점 국립대학교이다. 부산대, 충북대, 인천대에 이어 충남대에서 대회가 열려, 4년 연속 거점 국립대학교에서 선교대회가 진행되었다. 제34회는 준비위원장을 맡은 오정수 교수(충남대)가 내용을 정리해 본서에서도 그대로 수록하기로 한다.

■ 제34회 전국대학교수선교대회

일시: 2019.6.27~6.29
장소: 충남대학교 백마홀
주제: 주여 내가 여기 있나이다(사6:8)
주관: 대전기독교수연합회, 충남대학교 기독교수회
- **예배**
  개회예배: 메시지와 메신저(고전 11:1) | 오정호 목사(새로남교회)
  은혜의시간1: 꿈꾸는 신앙 비전있는 교회(요엘2:28) | 김진홍 목사(두레수도원)
  은혜의시간2: 젊은 세대 복음화 전략 | 박성민 목사(한국대학생선교회)
  경건의시간1: 나도 일한다(요5:14-18) | 류기열 목사(유성장로교회)
  경건의시간2: 비를 흡수하는 땅(신11:8-12) | 임국형 목사(충남대교회)
  파송예배: 빈 자루는 서있지 못한다 -사명과 능력-(느6:) | 김상길 목사(대전순복음교회)
- **특강**
  특강1: 세계선교 현황과 선교전략 | 김철민 목사(대전제일교회, 대전기독교단체연합회)
  특강2: 복음통일 전략과 기도운동 | 이용희(에스더기도운동본부)
  특강3: 기독교대학의 위기와 대응 | 장순흥 총장(한동대)
  특강4: 거룩한 대한민국 | 최상일 목사(은정감리교회, 홀리워크 미니스트리)
- **대학선교전략발표 | 특순**
  발표1: 지역회장과 함께 하는 대담토론: 캠퍼스 선교의 방향
  　　　신동진(대구경북지회장, 영남대) | 홍승연(광주전남지회장, 광주교대) |
  　　　황홍섭(부울경지회, 부산교대) | 오석흥(前전북지회장, 우석대)
  발표2: 개인 캠퍼스선교 사례발표: 은혜나눔과 도전
  　　　금상호(충북대) | 서관석(전주교대) | 신영순(국제문화대)
  특순1: 대전오라트리오 합창단
  특순2: 한국세계선교협의회(KWMA)와 MOU 협약체결(조용중 사무총장 | 이선복 연합회장)
- **조직_** 대회장: 오덕성(충남대 총장) | 이선복 (연합회장, 동서대)
  　　　준비위원장: 오정수(충남대)
  　　　부대회장: 박세홍(前대전지회장, 대전보건대) 박문식(대전지회장, 한남대)
- **참석인원:** 450명

9.1 들어가기

"주여! 내가 여기 있나이다(사 6:8)" 이사야서 6:8을 본문으로 2019년 6월27일(목)부터 2박 3일 동안 충남대학교 백마홀에서 제34회 전국대학교수선교대회가 개최되었다. 목적은 어두움이 깊어가는 이 시대에 민족과 나라의 영적 회복, 캠퍼스의 교수들과 다음 세대를 위한 하나님의 거룩한 부르심에 순종하여 전국 대학 기독교수들이 하나님의 부르심 앞에 서서 응답하며 일어나 진리의 빛을 비추는 선교의 사명을 감당해 가기 위함이다. 국립대인 충남대에서는 처음 개최되는 선교대회였다. 2018년 8월 충남대에서 선교대회를 개최하기로 결정하고, 충남대학교 기독교수회가 중심이 되어 1년 동안 대전지역의 대학기독교수연합 회원 교수들이 매주 함께 모여 1년 동안 대회를 위해 기도하며 준비하였다.

9.2 대학소개

충남대학교 캠퍼스에는 1990년경부터 대학 내 기독교수회가 결성되어 기도모임과 선교활동을 하여 왔다. 필자가 충남대 교수로 부임 후 기독교수회에 부름을 받아 총무를 하던 1997년경 회원 수가 약 120명이었다. 교수선교 모임은 매주 화요일 아침 공대 가설건물 실험실(김판욱 교수)에서 기도모임을 갖고 매 학기 개강예배, 종강예배, 외국인초청 체육대회, 만찬과 예배, 송년모임 등을 개최하며 캠퍼스 중심의 선교활동을 하였다. 충남대기독교수회의 이러한 활동 중에 캠퍼스 내에서 생활하는 재학생들을 대상으로 하는 캠퍼스교회 설립의 필요를 인식하고 2006년 4월 〈충남대교회〉라는 이름의 캠퍼스교회를 설립하였다.

캠퍼스 대학교회의 개척은 믿음을 갖고 기도하는 헌신된 교수들의 연합과 매주 이어진 화요일 아침기도회가 그 기초가 되었다. 4월 23일 드려진 첫 주일예배 후 학군단(R.O.T.C.) 건물을 사용하면서 매주 주일예배를 드렸으며, 캠퍼스기숙사에서 생활하는 재학생을 선교 대상으로 100명 정도 출석하는 교회로 성장하였다. 2020~2021년에는 코로나19의 영향으로 학교시설 사용이 제한되어 유튜브 방송을 통한 예배와 개인간 대면접촉이 제한된 예배를 하였다. 캠퍼스교회 사역은 2006년에 시작되어 오정수 교수(사회대), 정경수 교수(약학대)를 이어 2012년부터 임국형 교수(자연대)가 담당하고 있다. 한편, 외국인 유학생의 증가로 유학생선교의 필요성이 확대되면서 유학생을 위한 국제교회가 대덕캠퍼스 정문 앞 마로니에빌딩 5층에 2014년 3월에 설립되어(담당사역자 오정수 교수) 2022년 3월까지 유학생선교와 예배를 위한 국제교회가 운영되었다. 3월 이후에는 후임자의 부재로 KAIST 국제교회(KIC)와 통합되었다.

대학캠퍼스의 기독교수회의 모임과 활동은 2000년 이후 해가 갈수록 기독교수회 회원의 수가 감소하고 활동도 위축되는 현상이 나타났다. 신앙의 열심을 가신 기존의 연장사 회원 교수들은 상당수가 은퇴하였고 젊은 신임교수들은 승진과 실적에 대한 압박으로 연구활동에 집중하느라 캠퍼스선교에 헌신하는 것이 줄어든 것이 원인이었다. 이러한 상황에서 2015년 여름 충남대기독교수회는 캠퍼스 영적 부흥을 기대하며 화요일 아침기도회를 대신하여 매주 월요일 정오기도모임을 새로운 마음으로 시작하였다.

19세기 중반 미국부흥운동의 불씨가 되었던 뉴욕 맨하탄 풀턴가에서 제레마이어가 중심이 되어 1857년에 시작되었던 정오기도모임을 본받아 캠퍼스 부흥을 위하여 기도하기로 결의하고, 처음 3명의 교수(이기윤 당시 기독교수회장, 오정수, 임국형)가 모여 시작하였는데 2015년 여름 이후 교수들의 참여가 확대되어 특별한 사정이 없는 한 2025년 현재까지 매주 한 번도 쉬이 없이 캠퍼스 강의실(R.O.T.C. 학군단 강당)에 모여 기도운동을 해왔다. 기도내용은 하나님 나라를 위한 기도, 대한민국과 북한 회복을 위한 기도, 캠퍼스 선교활동을 위한 기도로 나누어 진행되었다. 이 기도운동은 충남대가 전국대학교수선교대회를 개최하는 모태가 되었으며, 제34회 선교대회 개최를 통하여 새로운 젊은 교수들이 캠퍼스선교와 기도운동에 새로이 참여하는 부흥의 계기가 되었다. 이 기도운동은 현재까지 지속되고 있는데 매주 약 10명 정도의 교수들이 꾸준히 참여하는 기도하는 모임으로 발전하였다.

미션스쿨이 아닌 국립대학교인 충남대가 2019년 제34회 전국대학교수선교대회를 유치하여 개최하게 된 것은 충남대 초유의 역사였다. 이것은 캠퍼스에서 기도하는 작은 모임의 간절한 기도 소리를 하나님께서 들어주시고 기도하는 중보자에게 은총을 주신 것이었다. 전국대학교수선교대회를 개최할 자를 찾으시는 하나님의 얼굴이 충남대를 향하여 비추어 주신 은혜가 임한 것을 대회를 준비하면서 알게 되었다. 10명의 중보자를 찾으시는 아브라함의 중보기도의 본을 따라 일주일간 기도하였고, 10명의 헌신자가 확인되어 2018년 8월에 대회 유치가 결정되었다. 9월부터는 대회를 준비하는 기도모임을 월요 정오기도와 더불어 매월 대전지역 교수선교회의 각 대학 기독교수들이 모여 마음을 모아 기도하였다.

대회를 준비하는 과정에서 지역교회의 협력도 하나님이 예비하신 '여호와이레'가 있었다. 대전지역의 대형교회인 새로남교회를 비롯한 10개 이상의 지역교회로부터 약 2천만 원의 지원이 이루어졌다. 특히 새로남교회에서 큰 지원을 하여 대회 준비에 큰 힘이 되었다. 충남대학교 내부에서도 회원교수들이 적극적으로 헌금하여 약 1천만 원의 지원이 있었다. 그리고 대전지역의 여러 대학의 교수들도 대회 재정을 위하여 협력하여 동참하였다.

지역교회에서는 대회 협력을 호소하기 위하여 교회를 방문하였을 때에 충남대에서 개최하는 교수선교대회에 관심을 가지고 협력하겠다는 의사를 적극적으로 표시하고 지원금을 보내주었고, 캠퍼스 인근의 어느 작은 교회에서는 충남대에서 전국대학교수선교대회를 개최한다는 것이 너무 감사하다고 적지 않은 재정의 헌금을 보내어주어 대회를 주최하는 교수들에게 깊은 감동을 선물하였다. 그리고 대회진행을 위하여 쉬지 않고 기도하며 준비한 모든 교수, 대학생 자원봉사자들을 비롯한 보이지 않게 대회를 돕는 다양한 손길들이 대회를 아름답게 하였다. 이 모든 것이 '여호와이레'의 하나님의 은혜였다.

2019년 제34회 전국대학교수선교대회에서는 한국세계선교협의회(KWMA)와 전국대학교수선교연합회(KUPM)간 교수선교사훈련 협약이 있었으며, 이 협약에 의하여 2019년 8월 이후 3개월간 18명의 교수들을 대상으로 1차 교수선교사 훈련이 진행되었다.

9.4 선교대회 은혜나눔

선교대회 첫째 날, 6월27일 전국에서 400명의 교수들이 은혜를 사모하는 마음으로 충남대학교 백마홀에 모였다. 등록과 숙소배정 후 13:30에 CNU 블루플레임인아트 찬양팀의 인도로 영감과 은혜가 넘치는 경배와 찬양이 시작되었다. 오덕성 충남대 총장의 개회선언으로 제34회 전국대학교수선교대회가 시작되었고, 이어 개회예배의 설교는 새로남교회 오정호목사의 "메시지와 메신저"라는 주제의 말씀이 선포되었다. Coffee Break 와 CNU블루플레임인아트찬양팀의 경배와 찬양 후 특강1은 대전제일교회 김철민목사의 "세계선교 현황과 전략"을 주제로 강의가 진행되었다. 18:00에는 충남대 총장 초청만찬 리셉션이 제2학생회관 홀에 마련되어 모든 참가자들이 사랑과 은혜의 분위기 속에서 교제하는 시간을 가졌다. 저녁집회는 경배와 찬양 후 충남대 교수합창단의 특별순서로 합창이 울려 퍼졌고, 이어서 김진홍목사의 "꿈꾸는 신앙 비전있는 교회"라는 주제로 대한민국과 교회를 향한 소명의 말씀이 선포되었다.

21:30에 첫날 마지막 순서로 합심기도의 시간에는 국가와 교회를 향한 기도로 회개와 부르심과 소명을 위한 기도(박신현 고신대 교수), 정직, 거룩의 실천을 위한 기도(오기완 충북대 교수), 대한민국과 북한의 회복을 위한 기도(송종원 부산디지털대 교수), 세계선교와 하나님 나라 의를 위한 기도(정연철 한국해양대 교수)가 이어졌다.

둘째날 6월28일 새벽 학군단 강당에서 진행된 경건의시간1은 유성장로교회 류기열 목사의 "나도 일한다"는 주제의 말씀이 선포되었고, 이어 조찬은 숙소인 기숙사 식당에서 제공되었다. 9:30부터 진행된 특강2는 에스더기도운동 이용희 대표의 "복음통일전략과 기도운동"이란 주제의 강의가 진행되었다. 대학선교전략발표(1)에서는 지역회장과 함께 하는 대담토론으로 캠퍼스선교의 방향에 관하여 토론이 진행되었다. 오찬 후 오후 순서로 진행된 대학선교전략발표(2)에서는 지역 사례발표로서 광주전남지역 기독교수연합회 사역을 홍승연 교수(광주교대)가, 부울경 지역 캠퍼스선교의 역할과 과제를 황흥섭 교수(부산교대)가, 전북지역 기독교수회 활동사례와 캠퍼스선교의 방향을 오석홍 교수(우석대)가 발표하였다. 이어서 개인 사례발표로 금상호 교수(충북대)의 사랑방 소개, 서관석 교수(전주교대)가 학원선교 보고, 신영순 교수(국제문화대)가 "땅끝까지 이르러 내 증인이 되라"는 주제로 발표하였다.

14:00부터 진행된 작은 음악회는 충남대 음대 전정임 교수가 지휘하는 대전오라트리오 합창단의 아름다운 선율에 담겨진 은혜와 감동을 참여한 모든 교수들에게 선물하였다. 경배와 찬양 후 16:20부터 진행된 특강3은 기독교대학의 위기와 대응을 주제로 장순흥 한동대 총장의 강의가 있었다. 만찬을 하고 나서 경배와 찬양 후 저녁 은혜의시간2에서는 설교전 특별순서로 대전CTS장로중창단의 중창이 있었고, 박성민 CCC대표가 "젊은 세대와 캠퍼스 선교전략"을 주제로 말씀을 선포하였다.

21:30에 둘째날 마지막 순서로 합심기도의 시간에는 캠퍼스와 다음 세대를 향한 부르심의 기도로 학원복음화와 캠퍼스 사역을 위한 기도를 남청 교수(배재대)가, 악한 세력과 미혹의 영, 세속문화 퇴치를 위한 기도를 임봉수 교수(대전대)가, 말씀의 회복과 그리스도인의 비전을 위한 기도를 이주용 교수(대전과기대)가, 하나님 나라의 완성과 사역 헌신 결단을 위한 기도를 한철 교수(한남대)가 진행하였다.

셋째날 6월 29일 새벽 학군단 강당에서 진행된 경건의시간2에는 충남대교회 임국형 목사의 "비를 흡수하는 땅"이란 주제의 말씀이 선포되었다. 이어 조찬은 숙소인 기숙사 식당에서 제공되었다. 9:30부터 진행된 특강4는 HolyWeek Ministry 최상일 대표의 "한국교회 역전의 전략 대한민국의 예배를 회복하라"란 주제의 강의가 진행되었다. 이어서 이선복 연합회 회장의 사회로 전국대학교수선교연합회(KUPM) 정기총회가 개최되어 차기 연합회장으로 오정수 교수(충남대)가 선출되었다. 이어 대회 마지막 순서로 진행된 파송예배에서는 대전순복음교회 김상길 목사가 "빈 자루는 서 있지 못한다: 사명과 능력"이란 주제로 말씀이 선포되었다.

〈제34회 전국대학교수선교대회 2019.6.27.–29, 충남대학교〉

제34회 대회는 대전충청권의 거점국립대학인 충남대에서 처음으로 개최된 선교대회로서 개최대학인 충남대가 대전지역의 기독교수연합, 지역사회의 주요 교회가 실질적으로 협력하여 캠퍼스 부흥의 기반을 확립하였다는 점에서 의미가 크다. 전국의 67개 대학에서 417명의 교수와 가족들이 참여하여 전국적인 참여가 이루어졌다. 시대적으로는 2011년부터 코로나 팬데믹 발생 직전인 2019년까지 교수선교대회 역사상 성숙기의 마지막 대회로서 부산대, 인천대, 충북대, 충남대 등 국립대학들이 대회를 연속적으로 개최하면서 대미를 장식한 대회였다. 이에 따라 선교대회의 주체가 과거 기독교대학, 사립대학이 중심이 되었던 시대를 넘어 국립대학을 포괄하는 대학교수선교의 보편화의 기반이 마련된 것이라고 할 수 있다.

충남대는 제34회 전국대학교수선교대회를 개최하면서 자체적으로 내적 구성에서 젊은 세대 교수들의 참여와 부흥의 기반을 마련하였고, 외적으로는 대외협력을 통한 지역사회의 리더십을 구축할 수 있는 선교영역의 확장을 가져오게 되었다.

[출처] 오정수 교수(충남대, 준비위원장) 글 자료 편집

■ 소결(小結)

2011년부터 2019년까지의 9년은 KUPM에게 있어 성숙기(成熟期)의 시기였다. 제26회 전주대 "나눔으로 만들어가는 더 멋진 세상(창1:31)", 27회 호서대 "주의 길을 예비하라", 28회 한남대 "부르심에 합당하게", 29회 계명대 "이 땅을 고쳐주소서: 회개, 화합, 부흥" 30회 남부대 "주 예수의 이름으로(골 3:17)"까지, 기독교 건학 위에 세워진 미션스쿨을 중심으로 대회가 개최되며, 선교대회가 말씀위에 우뚝 세워졌다. 캠퍼스 선교에 대한 구체적인 방법이 제시되며 노하우가 쌓여갔다. 그리고 하나님께서는 메르스의 상황 가운데도 제30회 선교대회를 멈추지 않게 하시고, 12월로 변경해 그 계획을 진행하게 하셨다. 어떠한 상황속에서도 하나님의 주권 역사는 멈추지 않는다, 교수들에게 힘과 용기가 되었다. 아니 그 이상이었다.

"내 잔이 넘치이다". 제31회 선교대회부터는 거점 국립대학에 의한 대회 개최가 퍼레이드처럼 계속되었다. 31회 부산대 "거룩한 스승이 되자(요13:15)", 32회 충북대 "내가 너를 보내노라(요17:18), 33회 인천대 "내게 부르짖으라(렘33:3)", 34회 충남대 "주여! 내가 여기 있나이다 (사 6:8)", 교수들이 말씀을 통해 거룩한 스승이 되고자 부르짖고, 결단하고, 내가 여기 있나이다 고백하였다. 재정에도 문제가 없었다. 종교적 편향이라는 등 시설 사용을 전혀 걱정하지 않아도 되었다. 지역교회들이 마음을 합하여 후원하였다. 시설사용도 모두 정상적인 절차 과정을 통해 이루어졌다. "내 잔이 넘치나이다". 한국세계선교협의회와 MOU 협약을 통해 교수선교사를 훈련하고, 파송할 수 있는 기초 기반이 만들어졌다. 본서는 이 시기를 성숙기라 부르고 있다.

제6장 팬데믹 고난 & 제2도약기(2020 ~ 현재)
: 제35-40회 선교대회

1. 제35회 전국대학교수선교대회

- 깨어 일어나 빛을 발하라: 선교2020(엡5:14) | 전북대학교

제35회 전국대학교수선교대회는 2020년 8월 20일 당일 전북대학교 진수당에서 "깨어 일어나 빛을 발하라 : 선교2020"을 주제로 개최되었다. 2019년 12월부터 발생하기 시작한 코로나19 팬데믹 상황으로 모든 것이 정지되었다. 전국대학교수선교대회의 개최에도 영향을 크게 미쳤다. 2박 3일 전통처럼 대학 기숙사에서 숙박을 하며 진행을 하던 선교대회가 방역 등으로 불가능하게 되었다. 필자 또한 당시 연합회장을 하며 고민이 많이 되었다. 그러나 하나님은 역시 멈추지 않고 그 계획을 운행하시는 분이셨다. 당일 하루 철저하게 방역수칙을 지켜가며 하는 것이지만, 전북대학교(총장 김동원)를 통해 선교대회를 개최하게 하셨다. 선교대회는 전국대학교수선교연합회(회장 이선복, 동서대)가 주최를 하고, 전북대학교 교수신우회와 전북교수선교연합회에서 준비를 하였다. 전북대학교(全北大學校, Jeonbuk National University)는 전북 전주시에 위치한 거점 국립대학교이다. 1947년 호남권 최초의 국립대학교로서 설립되었다. 학부 약 23,000명, 대학원 약 2,900명의 학생이 재학을 하고 있다.

제35회 선교대회는 준비위원회 총무로 헌신하신 방준호 교수(전북대)가 내용을 잘 정리하고 있어, 본서에도 그대로 수록하기로 한다.

1.1 들어가기

코로나19 팬데믹으로 모든 것이 닫히고 막혔고 멈추었다. 그러나 영적으로도 잠자고 있는 대학교수들이 먼저 깨어 일어나, 하나님이 주신 사명을 올바로 깨닫고, 그리스도의 진리를 온 누리에 비추며 선교의 사명을 감당하기 위해 "깨어 일어나 빛을 발하라 -선교2020-"이라는 주제로 제35회 전국대학교선교대회가 개최되었다. 에베소서 5장 14절 "그러므로 이르시기를 잠자는 자여 깨어서 죽은 자들 가운데서 일어나라"의 말씀을 앞세우고, 2020년 8월20일(목) 하루동안 온라인과 오프라인으로 전북대학교에서 개최되었다. 전국

대학교수선교연합회와 16개의 전북지역 대학 교수선교연합회가 한마음으로 연합하고, 주관대학인 전북대학교의 지원뿐만아니라, 지역교회와 전주시 지자체와 기업 등에서도 적극 후원이 있었다. 전국 규모의 기독교 행사를 성공적으로 치루기 위해서 지역의 모든 기독교인들이 물질과 기도로 적극 후원하고 연합한 대회였다.

■ 제35회 전국대학교수선교대회
(코로나19 팬데믹, 온라인 유튜브 생방송)

일시: 2020.8.20
장소: 전북대학교 진수당 (351호)
주제: 깨어나 빛을 발하라 -선교2020- (엡5:14)
주관: 전북지회, 전북대학교 기독교수회
- **예배**
  개회예배: 보냄을 받은자, 실로암(요9:1-12) | 오성준 목사(전주 안디옥교회)
  파송예배: 너희는 증인이라(눅24:47-49) | 조용중 선교사
  　　　　　　(한국세계선교협의회 KWMA 사무총장)
- **특강 | 주제토론**
  특강1: 교수의 사명(엡5:14, 단12:3-4) | 한병수 목사(전주대 교목)
  특강2: 캠퍼스내의 학생 신앙훈련 | 조병진(KAIST)
  특강3: 사도행전적 캠퍼스 부흥운동 (오메가교회, 비전스테이션 대표)
  주제토론_ 캠퍼스에서 다음세대를 준비하라
  주제토론1: 캠퍼스에서 다음세대를 준비하라 | 정재식 목사(IVF 전북지방회)
  주제토론2: 젊은이를 향한 현대 전도 방향 | 김병훈 교수(합동신학대학원)
  주제토론3: Korean New Wave와 K선교 | 이상식(계명대, 교수선교사)
- **조직_** 대회장: 김동원(전북대 총장) | 이선복(연합회장, 동서대)
  　　　　준비위원장: 차연수(전북대) | 총무: 방준호(전북대) 송종원(부산디지털대)
- **지역탐방**: 코로나19로 인해 못함. 당일 비대면 온라인 유튜브 생방송 진행
- **참석인원**: 50명

1.2 대학 | 지회 소개

전북대학교는 전라북도 전주시에 위치한 국립 종합대학교이다. 1947년 "전북도립 전주 농과대학"으로 개교한 후, 1951년 전북대학교로 승격되었다. 현재는 15개 단과대학과 대학원, 전문대학원 등을 갖춘 대규모 고등교육기관으로, 약 30,000명 이상의 학생이 재학 중이다. 전북대는 지역 거점 국립대학으로서 지역사회 발전과 함께, 연구 중심 대학으로 도약하고자 다양한 국제 협력과 연구개발에 주력하고 있다.

전북지회는 16개 대학내외의 기독 교수들의 모임으로, 캠퍼스 복음화와 신앙 공동체 형성을 목표로 2013년에는 전북학원복음화협의회와 함께 '라이즈 업 전북'이라는 주제로

기독인 개강연합예배를 개최하였다. 해마다 전북지역 대학의 기독 교수들의 연합 예배와 워크숍 등을 개최하여 전북지역 캠퍼스 내에서 기독교 신앙의 영향력을 확산시키고, 지역교회 및 선교단체와의 협력을 강화하는 데 기여하고 있다.

1.3 사역 은혜 나눔

선교대회의 내용은 찬양과 경배와 개회예배 그리고, "교수의 사명, 캠퍼스 내의 학생 신앙 훈련, 사도행전적 캠퍼스 부흥운동"에 대한 내용으로 3개의 특강이 있었고 "교회와 나라, 대학과 다음세대"를 위한 특별 중보기도를 진행하였다. 그리고 "캠퍼스에서 다음세대를 준비하라"는 주제로 토론시간을 가졌으며, 특송과 파송예배 등으로 진행하였고 정기총회를 끝으로 마무리하였다.

환영사를 전한 대회장 김동원 전북대학교 총장은 "기독교 교수인 우리들은 이 코로나 시국에 하나님이 우리에게 원하시는 것은 무엇인지, 우리가 깨달아야 하는 것은 무엇인지, 어떤 선택을 해야 하는지 기도하며 물을 수밖에 없다"면서 "때를 얻든지 못 얻든지 세상 모든 이에게 비추도록 빛을 발해야 한다"고 당부했다.

대회를 주최한 전국대학교수선교연합회(전대선, KUPM)의 이사장 이선희 서울과학기술대학교 명예교수는 축사에서 "제자들을 예수님의 사랑으로 품고자 시작된 교수선교대회가 35주년을 맞이했지만 아직도 급변하는 캠퍼스에서는 반 기독교적 이단세력과 동성애, 성소수자평등이라는 미명 아래 캠퍼스 내 선교를 억압하고 있다"며 "이때 하나님께서 교수님들을 캠퍼스의 선교사로 보내신 사명을 다시금 새기고, 간절히 하나님께 부르짖음으로 학원복음화와 교수선교를 위한 학원선교사의 사명을 감당할 것"을 권면했다.

이날 특강은 한병수 전주대학교회 목사, 조병진 KAIST 교수, 황성은 오메가교회 목사(비전스테이션 대표)가 맡았다. 한병수 목사는 "교수의 사명"에 대해 "교수는 인격의 크기만큼 가르칠 것"이라며 "복음의 사명을 감당할 기독 교수는 영성, 도덕성, 지성, 감성, 의지, 사회성, 신체성의 7가지가 조합된 온전한 인격을 구비하고 고유한 적성과 은사로 부르심의 삶을 살아야 한다"고 말했다.

조병진 교수는 "캠퍼스 내의 학생 신앙 훈련"을 주제로 한 특강에서 한국교회에 청년들이 너무도 부족한 상황에 안타까움을 전하며 "카이스트대학 국제교회에서는 학생들이 다른 학생들을 가르칠 수 있는 시스템으로서 성경공부 모임, 예배 공동체 결성, 제자훈련을 진행하고 있다"고 소개했다. 특히 코로나 시대에 소그룹 모임이 어려워지면서 '두세 사람이

내 이름으로 모인 곳에는 나도 그들 중에 있느니라'(마 18:20)의 말씀처럼 두세 사람의 '나노 그룹'으로 오프라인 모임 및 온라인 예배·모임을 진행하는 사례도 제시했다.

황성은 목사는 "사도행전적 캠퍼스 부흥운동"에 관한 특강에서 최근 온라인으로 열린 '2020 여름 킹덤 컨퍼런스' 사역을 소개하며 "현장에서 살아 있는 예배를 드리면, 그 강력한 임재가 온라인 예배로도 전수되어 거의 비슷한 수준의 은혜가 있고 열매를 맺을 수 있다"고 강조했다. 이어 "코로나19 이후의 미래에는 건물 등 하드웨어보다 스튜디오를 만들어 모든 강의를 콘텐츠화하는 등 콘텐츠를 준비해야 한다"며 "우리의 부르심은 서바이벌(survival, 생존)이 아닌 리바이벌(revival, 부흥)로서, 교수들이 강력한 군대가 되어 일어날 것"을 도전했다.

발표 후 이어진 토론은 최재철 전북대 교수의 진행으로 정재식 전북지방회 IVF 대표간 사, 김병훈 합동신학대학원 교수, 이상식 계명대 교수가 발제자로 나섰으며, 학생 대표로 최성민 전주지구 ESF 회장(우석대)이 토론자로 참석했다. 이들은 "코로나 시대에 신앙의 본질이 회복되어야 한다"며 "교회가 진리의 말씀과 거룩한 삶으로 복음을 전할 뿐 아니라 사랑의 실천으로서 구제와 선한 일에 앞장서야 한다"고 입을 모았다.

정재식 목사는 코로나19 이후 다음세대를 위한 3개의 '코'(핵심가치 Core Value, 내부관 계 Connect Inside, 외부관계 Connect Outside)가 잘 형성되었는지 점검해야 한다고 강조했고, 김병훈 교수는 신학자의 입장에서 전도방법과 관계, 현대사회에서 종교와 복음전 도의 특징을 소개했다. 이상식 교수는 신한류(Korean New Wave) 붐으로 급격히 증가하 는 유학생 현황을 제시하며 중국인 유학생을 위한 차이스타(CHISTA) 사역을 전했다. 최성 민 군은 세대 간의 단절을 지적하며 학생들의 문화트렌드에 맞춰 선교전략을 세울 것을 제안했다. 이 밖에 토론 자리에서는 신한류와 4차산업혁명 기술을 활용하여 마치 유튜브나 넷플릭스 같은 'K미션'을 위한 포털을 제작하는 등 창의적 방법으로 국내외의 다음세대 복음화에 힘써야 한다는 의견도 나왔다.

앞서 대회 개회 예배에서는 오성준 안디옥교회 목사가 나서 "보냄을 받은 캠퍼스에서 분별력을 갖고 다음세대를 살리는 일에 사명을 다할 것"을 요청했고, 파송 예배에서는 조용중 한국세계선교협의회(KWMA) 사무총장이 "예수 그리스도를 만난 증인으로서, 주의 보냄을 받은 곳에서 복음을 전하는 기독 교수들이 될 것"을 당부했다. 특별히 조 사무총장은 "선교사들이 선교지로 들어가기 어려운 상황에서 전문인들의 참여가 중요하다"며 교수선교 사들의 역할이 기대된다고 말하기도 했다. 이날 예수전도단은 찬양, 소프라노 양지는 특송 으로 섬겼고, 전대선 지회장들의 영상인사와 정동영 한국외대교회 목사의 인도로 합심기도가 함께 진행됐다.

전대선은 대회를 마친 직후 같은 장소에서 정기총회를 열고, 지난 2년간 연합회장으로 섬긴 이선복 동서대 교수에 이어 수석부회장인 오정수 충남대 교수를 신임 연합회장으로, 이상식 계명대 교수를 신임 수석부회장으로 만장일치 추인했다. 감사는 이선복 직전 연합회장, 김형길 전주대 교수를 선출했다. 오정수 신임 연합회장은 "코로나19 이후의 새로운 시대적 전환기를 맞아 중책을 맡겨주신 데 감사드리면서도 무거운 책임감과 소명을 느낀다"며 "임원분들과 전국 기독 신앙을 가진 모든 교수님과 협력해 연합회를 잘 이끌어가도록 노력하겠다"고 인사를 전했다.

마지막 순서로는 사회적 현안이 되어 온 동성애를 지지 및 옹호하는 포괄적 차별금지법안에 관한 심각한 우려를 표시하는 내용의 의견을 발표했다.

〈제35회 전국대학교수선교대회 2020.8.20., 전북대학교〉

한편, 전대선은 2019년 KWMA와 교수선교사 파송에 필요한 선교협력 양해각서(MOU)를 체결하고 16명의 교수선교사를 배출했으며, 2020년에도 제2기 교수선교사 파송을 위한 훈련을 진행하기로 했다. 이번 대회를 위해서는 이선복 연합회장을 시작으로 차연수 준비위원장, 방준호 총무 등 전북지역 교수들이 헌신적인 노력을 하였다.

[출처] 방준호 교수(전북대, 준비위원회 총무) 글 편집

2. 제36회 전국대학교수선교대회

- 위기 시대속의 기독교수의 소명(딤후4:2) | 한동대학교

제36회 전국대학교수선교대회는 2021년 8월 10일 당일 한동대학교에서 "위기 시대속의 기독교수의 소명(딤후 4:2)"을 주제로 개최되었다. 2019년 12월부터 발생하기 시작한 코로나19 팬데믹 상황이 2년간 연속되었다. 35회 선교대회(전북대)에 이어 36회에 선교대회의 개최에도 영향을 미쳤다. 올해도 2박 3일 전통처럼 대학 기숙사에서 숙박을 하며 진행하는 선교대회는 어렵게 되었다. 그러나 하나님의 주권적인 역사는 계속된다. 올해도 철저한 방역수칙 속에서 한동대학교(총장 장순흥)를 통해 온라인-오프라인 병행해 선교대회를 개최하게 하셨다. 선교대회는 전국대학교수선교연합회(회장 오정수, 충남대)가 주최를 하고, 한동대학교와 대구경북교수선교회에서 준비를 하였다. 한동대학교(韓東大學校, Handong Global University)는 경북 포항시에 있는 기독교 사립대학교이다. 1992년에 설립되었고, 초대총장으로 김영길 박사가 부임하였다. 선교대회는 1997년 제12회 선교대회에 이어 두 번째 개최이다.

제36회 선교대회는 준비위원장으로 헌신하신 원재천 교수(한동대)의 후기 글을 기초로 본서에 수록하였다.

2.1 들어가기

"너는 말씀을 전파하란 때를 얻든지 못 얻든지 항상 힘쓰라"(디모데후서 4:2)
"위기 시대 속의 기독 교수의 소명"(딤후4:2)를 본문으로 2021년 8월 10일(화) 한동대학교 효암 채플 본관과 별관 3층에서 제36회 전국대학교수선교대회가 개최되었다. 이에 앞서 7월 13일부터 16일까지 한동대학교는 제16회 한인세계선교사대회를 한인선교사협회(KWMF)와 한동대학교가 공동주최하였고, 뜨거운 선교의 열기를 이어 담아 대구경북교수선교회와 한동대학교 주관으로 개최하였다. 한동대에서는 두 번째 열리는 전국대학교수선교대회이다.

2.2 대학 | 지회 소개

한동대학교는 1995년에 기독교 정신을 바탕으로 "Why not change the world?" 라는 슬로건을 갖고 개교하였다. 故 김영길 총장이 창조과학회 교수들을 중심으로 세운 한동대학교는 이 시대에 "하나님의 대학"을 표방하며 기독교 영성과 인성을 기반으로 학문과 신앙의 통합을 추구하는 대학이다. 개교 이래 계속되어 온 무감독 양심 시험, 한동명예제도(Handong Honor Code) 등을 통해 학생들은 정직과 성실을 가슴에 새기고, 전공 관계없이 30여명의 학생들이 교수 한 명과 함께 팀을 이루며 각 팀은 6개의 RC(Residential College: 토레이, 카이퍼, 장기려, 카마이클, 손양원, 열송학사)에 소속이 되어 배우고 같이 사는 학문과 삶의 공동체이다.

■ 제36회 전국대학교수선교대회
  (코로나19 팬데믹, 온라인 유튜브 생방송)

일시: 2021.8.10
장소: 한동대학교 대학교회
주제: 위기 시대속의 기독교수의 소명(딤후 4:2)
주관: 대구경북교수선교회, 한동대학교 기독교수회
- **예배**
  1. 개회: 김완진 목사 │ 한동대학 교회
  2. 파송: 이재면 목사 │ 한동대 교목
- **강연**
  1. Post 코로나 학원선교 전략사례 : 연합을 통한 캠퍼스 선교 공동체 세우기
      │ 전경호 목사(다음세대 코칭센터)
  2. 다음세대 이해하기 : Z세대의 과학주의적 세계관과 선교전략
      │ 문상철 목사(카리스교차문화연구원)
  3. 온라인 양육사례_ Psot 코로나 온라인 사역 : PRS movement, 기독서적 강독회
      │ 강신익 대표(G&M 재단)
- **특강 │ 사례발표**
  특강1 : 한동대 교수중심 학원선교 사례
          하심(하나님의 심정) │ 박영준 교수(한동대)
          문화선교사역 : MNT(Mission & Talent) │ 김군오 교수(한동대)
          FR(Field Research) │ 마민호 교수(한동대)
          한동제자학교 HDS │ 김완진 목사(한동대)
          교수연합성경공부 : 무지개 F-GBS │ 강사웅 교수(한동대)
  특강2 : Inbound. Outbound 선교전략
          한동대 GMI (Gobal Mission Institute) │ 황혜리 교수(한동대)
          Inbound 선교: 유하갱 중심 선교교회 │ 김영학 선교사(PIC)
          Outbound 선교: 전공기반 대학 선교 │ 한윤식 교수(한동대)
- **특순:** 한동대 교수밴드 경배와 찬양
- **조직:** 대회장: 장순흥(한동대 총장) │ 오정수(연합회장, 충남대)
          준비위원장: 원재천(한동대)
- **참석인원:** 약100명

한동대학교의 영문 교명은 'Handong Global University: God's University'로 UNESCO(유네스코) UNITWIN 주관대학이며, UN Academic Impact(UNAI)의 글로벌

허브 기관으로 선정되었고, UN 기탁도서관을 운영하고 있다. 광야에서 시작한 한동대는 무전공 입학, 열린 전공제도를 기반으로 학부 교육에 충실하며, 기독 미국 변호사를 양성하는 한동국제법률대학원과 전 세계 기독대학에 교수와 연구자를 파견하는 대학원을 활성화하여 통일한국이 하나님 중심, 성경 중심, 선교 중심국이 되는 것을 소망하고 정진하고 있다.

2.3 선교대회 은혜나눔

전국대학교수선교연합회(KUPM)가 주최하고 대구경북교수선교회와 한동대학교가 주관한 2021년 제36회 전국대학교수선교대회가 10일 경북 포항 한동대학교 효암채플에서 성황리에 개최됐다.

〈제36회 전국대학교수선교대회(2021.8.10. 한동대학교 채플 본관)〉

작년 초부터 최근까지 코로나 확산세가 누그러들지 않고 있는 가운데 대면과 비대면 방식을 병행하여 열린 이번 대회는 'Post 코로나 캠퍼스 선교- 위기 시대 속의 기독 교수의 소명'을 주제로, 한국교회가 당면한 위기와 변화의 시대에 대학 캠퍼스와 다음세대 선교를 열어 가기 위한 효과적인 전략을 논의하는 자리였다. 또한 한국의 대표적인 기독교대학으로 모범을 보여온 한동대가 그동안 경험하고 소유한 선교 자원과 전략을 공유하는 은혜의 시간이 되었다.

KUPM 회장 오정수 교수(충남대)는 개회사에서 "1980년대 전국대학교수선교대회가 시작된 이후 36년의 역사를 중단 없이 이어오면서 대학이 감당해야 할 캠퍼스 선교 방향을 제시하고, 하나님의 소명을 감당할 수 있는 것은 하나님의 은혜요, 이를 위하여 헌신하시는 기독 교수들의 기도와 수고 덕분"이라고 강조했다. 대회장인 장순흥 총장(한동대)은 환영사에서 "위기 상황 속에서 우리 기독 교수가 어떠한 소명의식을 갖고 하나님의 사역에 임해야 하는지에 대해 함께 논의하고, 한동대가 캠퍼스 선교를 통해 축적한 경험과 자원을 전국의 기독 교수들과 나누는 장이 될 것"으로 기대를 전했다.

이번 선교대회에서는 다음세대코칭센터 대표 전경호 목사가 "Post 코로나 학원선교 전략/사례: 연합을 통한 캠퍼스선교 공동체 세우기", 카리스교차문화학연구원 문상철 원장이 "다음 세대 이해하기: Z세대의 과학주의적 세계관과 선교전략"에 대한 강연과 온라인 양육 사례로서 G&M 재단 강신익 대표의 "Post 코로나 온라인사역: PRS movement, 기독서적 강독회"에 대한 소개가 있었다.

김재효 교수(한동대)가 진행한 특강1 "한동대 교수중심 학원선교 사례"로는 박영춘 교수(한동대)의 "하심(하나님의 심정)", 김군오 교수(한동대)의 "문화선교사역: MNT(Mission & Talent)", 마민호 교수(한동대)의 "FR(Field Research)', 김완진 목사(한동대)의 "한동제자학교 HDS", 강사웅 교수(한동대)의 "교수연합성경공부: 무지개 F-GBS"에 대한 특강이 진행됐다. 원재천 교수(한동대)가 진행한 특강2 "인바운드/아웃바운드(Inbound/Outbound) 선교전략"으로는 황혜리 교수(한동대)의 "한동대 GMI(Global Mission Institute)", 김영학 PIC 선교사의 "인바운드 선교: 유학생 중심 선교교회", 한윤식 교수(한동대)의 "아웃바운드 선교: 전공기반 대학 선교"에 대한 특강이 이어졌다.

선교대회를 위해 한동대 교수들과 한동대학교교회 목회자, 교목 등은 특강뿐 아니라 경배와 찬양 인도, 개회예배와 파송예배 말씀 선포 등 적극적인 섬김을 실천했다. 선교대회 이후 열린 KUPM 총회에서는 작년 제35회 선교대회 결과보고와 2020~2021년 사업보고, 신임임원의 선출이 있었다. 신임 연합회장으로는 이상식 교수(계명대)가 선임되었으며, 수석부회장은 박신현 교수(고신대), 선교분과위원장은 황홍섭 교수(부산교대), 문화선교위원장은 김만규 교수(공주대)가 새로운 임원으로 선임되었고, 김형길 교수(전주대), 이선복 교수(동서대)가 감사로 유임되었다.

이상식 신임회장은 "기존 세대와 확연히 다른 Z세대를 대상으로 위드(with) 코로나 선교전략이 필요한 때, 전국 기독 교수들이 힘을 합쳐 다음 세대들이 하나님을 경배하며, 찬양하며, 예수님의 참된 제자가 되도록 다양한 사역을 전개해 나갈 계획"이라고 밝혔다. 이어 "KUPM은 국내외 불문하고 건강한 교단, 선교단체, 복음을 위해 헌신하는 개인 모두에게 열린 플랫폼으로 기능하여 하나님께서 맡겨주신 시대적 사명을 충실히 감당하고자 한다"고 각오를 전했다.

[출처] 원재천 교수(한동대, 준비위원장) 글 편집

3. 제37회 전국대학교수선교대회 회고

- 주님, 나를 보내소서!(사6:8) | 고신대학교

제37회 전국대학교수선교대회는 2022년 7월 7일부터 8일까지 고신대학교 영도캠퍼스에서 "주님 나를 보내소서! (이사야 6:8)"를 주제로 개최되었다. 2019년 12월부터 발생하기 시작한 코로나19 팬데믹 상황이 3년째가 되며 다소 완화되었다. 따라서 선교대회도 1박 2일로 철저히 방역수칙을 지키는 가운데 온라인-오프라인을 병행해 가능하게 되었다. 선교대회는 전국대학교수선교연합회(회장 이상식, 계명대)가 주최를 하고, 고신대학교와 부울경기독교수연합회(회장 최재원, 경성대)에서 준비를 하였다. 고신대학교(高神大學校, Kosin University)는 부산시 영도구와 서구, 충남 천안시에 위치한 기독교 사립대학이다. 1946년에 고려신학교가 모태로, 개혁주의 장로교단 중 대한예수교장로회 고신총회가 직영하는 교육기관이며, 산하 복음병원을 두고 있다.

제37회 선교대회는 준비위원장으로 헌신하신 박신현 교수(고신대)의 후기 글을 중심으로 본서에 수록하였다.

3.1 들어가기

제37회 전국대학교수선교대회는 이사야 6장 8절 "주님, 나를 보내소서!"를 주제로 2022년 7월7일(목)부터 1박 2일 동안 고신대학교 한상동기념관에서 개최되었다.

3.2 대학 | 지회 소개

고신대학교(高神大學校, Kosin University는 부산시 영도구와 서구, 충남 천안시에 위치한 기독교 종합대학교이다. 1946년 설립된 고려신학교을 모태로 1955년 4년제 대학과정인 칼빈학원이 설립되었다. 그리고 1968년 부산복음병원 부속 간호학교로 설립된 복음간호대학을 1989년 통합시켰으며, 1993년에 현재의 교명으로 바꾸어 오늘에 이르고 있다. 개혁주의 장로교단 대한예수교장로회 고신총회가 직영하는 교육기관이며, 복음병원 등을 산하에 두고 있다. 송도캠퍼스에 복음병원을 두고 있으며, 26개 진료과, 16개 병동, 병상수 976 병상을 갖추고 있다. 또한 목회자 양성을 위해 1980년에 고신대학 신학대학원을 설립하고, 1998년에 고려신학대학원으로 명칭을 변경한 후 캠퍼스를 충남 천안시로 이전해 지금에 이르고 있다.

■ 제37회 전국대학교수선교대회

일시: 2022.7.7~7.8
장소: 고신대학교 영도캠퍼스 한상동홀
주제: 주님 나를 보내소서! (이사야 6:8)
주관: 부울경기독교수연합회(BCPN), 고신대학교

- **예배**
  개회예배: 주님, 저희가 여기 있으니 한번만 더 | 노성현 목사(소명교회)
  주제강연1: 선교환경의 변화 그리고 전문인 선교 | 전동주 선교사
  주제강연2: Pre-Evangelism을 이용한 사역사례 | 박시현
  주제강연3: 해외기독대학의 사역과 비전 | 홍세기 총장

- **세션**
  세션1: 해외대학과 문화선교
    1) 중동 및 북부 아프리카 선교사역 | 정영인
    2) 아시아 해외기독대학 선교전략 | 송재기
    3) 대륙별 미디어선교센터 건립과 대학생 인턴선교사 | 김만규 구상호 선교사
  세션2: 대학교회와 선교전략
    1) 국내 대학교회와 선교전략 | 임국형
    2) 캠퍼스 국제교회 사역의 현황과 선교전략 | 김병문
  세션3: 신앙과 교육선교
    1) 기독교세계관 교육과정 개설 선교전략 - 동서대 학문과신앙 사례- | 이선복
    2) 대학 교양강의 "성경" 한국외대 사례발표 | 정동영
  세션4: 차세대 선교전략
    1) 차세대 선교전략: 고교생 진로상담 | 최재원
    2) 비대면 시대에 캠퍼스 선교상태와 혁신적 대학선교전략 | 정봉현
    3) 기독교세계관 가르치기 | 소진희
  세션5: 창의적 선교전략
    1) 교수의 생애주기와 5단계 교육선교 전략 | 박정윤
    2) 주님이 도우시는 미얀마 차세대와 영국 무슬림 난민들 | 박향선
    3) 순교자 서정환 목사의 생애 | 서진택
  교수선교사 파송장 수여 및 간증
    1) 자카르타 국제대학 강의 간증문 | 강진호
    2) 몽골단기선교 간증문 | 신종우
    3) 교수선교사 비전 선교계획서 | 김재민

- **특순1:** 작은음악회_ 권준, 응아, 정은미
  특순2: 세계전문인선교협의회(TI)와 업무협약 (이상식 연합회장 | 전동주 사무총장)

- **조직_** 대회장: 이병수(고신대 총장) | 이상식 (연합회장, 계명대)
    준비위원장: 박신현(KUPM 수석부회장, 고신대)
    부대회장 : 최재원(부울경기독교수연합회장, 경성대)
    총무: 박시현(영남대), 지역투어: 황홍섭(선교분과위원장, 부산교대)

- **지역탐방:** 부산진교회, 부산진일신여학교, 일신기독병원, 손양원 기념관,
    경남선교 120주년 기념관

- **참석인원:** 217명

3.3 선교대회 은혜 나눔

선교대회는 전국에서 217명의 기독교수가 참석하여, 하나님의 부르심에 응답하며 일어나 진리의 빛을 비추는 선교의 사명을 다짐했다. 이상식 연합회장(계명대)과 고신대 이병수 총장이 대회장, 부울경기독교수연합회(BCPN) 최재원 회장(경성대)이 부대회장, 박신현 교수(고신대)가 준비위원장을 섬겼다.

선교대회를 준비하며 2022년 6월 22일(수)부터 2주간 Zoom을 통해 새벽기도회로 모여 기도를 시작했다. 시간이 갈수록 참석자가 늘어나고, 기독교수에게 필요한 말씀이 선포되며 기도회가 날로 뜨거워졌다. 기도회 인도는 박신현 김학원, 김철수, 임대혁, 권정태, 최재원, 방준호, 장요한, 황홍섭, 김영우, 박시현, 김만규, 이상식 교수가 맡았다. 또 말씀은 이상식, 정동영, 정봉현, 문송철, 이재천, 정인모, 정성환, 최용준, 김형길, 임국형 교수와 황세원 목사, 최상림 목사, 이필립 선교사가 전했다. 하나님의 은혜를 체험하는 기도회가 되었다. 전국에 흩어져 있는 교수들이 새벽에 Zoom에서 만나 함께 기도함으로 하나의 신앙공동체를 이루었다.

선교대회 는 7월 7일(목) 오전 10시 고신대학교 찬양팀의 찬양과 경배로 대회가 시작되었다. 환영과 축복의 순서로 이상식 회장의 개회사, 이병수 총장의 환영사, 이선희 이사장의 축사가 있었다. 이상식 회장은 개회사를 통해 "코로나 팬데믹 시대에 하나님께서 기독교수들을 이 시대의 그루터기이자 거룩한 씨앗으로 남겨주셨다"며, "황무지 같은 현실 속에서 회복과 부흥을 향한 비전을 갖는 대회가 되길 다란다. 고신대 미스바 성회가 평양 대부흥운동에 필적하는 한국 선교 역사에서 오래 기억될 부산 대부흥의 도화선이 될 것"으로 참석자들을 독려했다.

첫날, 개회예배로 노성현 목사(소명교회)가 먼저 "주님, 저희가 여기 있으니 한 번만 더"(창16:20-25)라는 제목의 설교를 하였다. 주제강연은 전동주 선교사가 "선교환경의 변화 그리고 전문인 선교", 박시현 교수가 "Pre-Evangelism을 이용한 사역 사례", 홍세기 총장(우간다 K대)이 "해외기독대학의 사역과 비전"에 대해 발표했다. 전동주 선교사는 "세계선교 인력과 자원의 85% 이상이 선교지 전체 인구 중 빈민 하류계층 사람에 집중되고 있는 현실에서, 전문인 선교사들이 일터에서 각자 맞춤형 선교전략을 통해 효과적인 방법으로 선교가 가능함"을 제시하며 기독교수들의 역할을 주문했다.

박시현 교수는 "대학교수로서 복음을 전하는 것은 하나님 말씀에 손종하고자 하는 자세와 기술적 준비가 필요한데, 12주 Pre-Evangelism을 이용한 경험이 효과적인 전도방법임"을 간증했다. 홍세기 총장은 "선교지에서 교육 선교는 예수님의 제자들에게 주어진 미션과도 같다. 우간다 K대 사역은 그야말로 가난한 사람이 얻는 복이었다. 학교운영과 학생들을 통해서 배고픈 사람들이 얻는 복이 무엇인가 알아가고 있다. 특별히 심령이 가난한 이들을 위해 여러분의 용기가 필요하다"고 전했다.

중식 후 오후 2시, 작은 음악회가 열렸다. 피아노 권준 교수(고신대)의 '보리수', '거룩한 성' 연주, 소프라노 응아 학생(고신대 베트남 출신 유학생)의 '홀로 아리랑', 소프라노 정은미 교수(고신대)의 'Amazing Grace', '하나님의 은혜'의 순서로 진행된 작은 음악회는 참석자들에게 잔잔한 감동을 선사했다.

그리고 2:30에 선교대회 세션을 5개 분과로 크게 확대해, KUPM 사역을 중심으로 발표를 진행하였다. 1) 해외대학과 문화선교 세션은 정영인 교수의 "중동 및 북부 아프리카 선교사역", 송재기 교수의 "아시아 해외기독대학 선교 전략", 김만규 교수와 구상호 선교사의 "대륙별 미디어선교센터 건립과 대학생 인턴 선교사"가 발표되었다. 2) 대학교회와 선교전략 세션은 임국형 교수의 "국내 대학교회와 선교전략", 김병문 교수의 "캠퍼스 국제교회 사역의 현황과 선교전략"이 발표되었다. 3) 신앙과 교육선교 세션은 이선복 교수의 "기독교 세계관 교육과정 개설 선교전략", 정동영 교수의 "대학 교양강의 "성경" 한국외대 사례발표"가 발표되었다. 4) 차세대 선교전략 세션은 최재원 교수의 "차세대 선교전략: 고교생 진로상담", 정봉현 교수의 "비대면 시대에 캠퍼스 선교상태와 혁신적 대학선교전략", 소진희 교수의 "기독교세계관 가르치기"가 발표되었다. 5)창의적 선교전략 세션은 박정윤 교수의 "교수의 생애주기와 5단계 교육선교 전략", 박향선 교수의 "주님이 도우시는 미얀마 차세대와 영국 무슬림 난민들", 서진택 교수의 "순교자 서정환 목사의 생애"가 각각 발표되었다.

또 휴식후 총회, 이상식 회장의 사회로 김재효 교수(한동대)가 전년도 36회 선교대회 결과를 보고하고, 박시현 총무가 사업보고, 김형길 이선복 교수가 감사보고를 하였다. 임원 선출은 신임 연합회장에 박신현 교수(고신대), 수석부회장에 김철수 교수(조선대)가 선출되었다. 그리고 차기 38회 선교대회 개최장소로 한국교통대가 결정되어 임정수 교수에게 대회기가 전달되었다.

파송예배는 유진소 목사(호산나교회)가 "하나님의 나라를 위하여"(눅9:1-6)란 제목으로 말씀을 전했다. 교수선교사는 2021년 9월부터 선교위원회가 주관한 교수선교사 훈련과정을 이수한 총 16명, 즉 강진호 김영우 김재민 김창완 김채연 배정자 신운재 신종우 우채영 유태완 이만휘 이병찬 이상민 전병학 전장진 최경모 교수가 파송을 받았다. 또 수료자 간증으로 강진호 교수는 자카르타, 신종우 교수는 몽골 울란바타르, 김재민 교수는 대학생들과의 독서토론을 통해 기독교세계관을 적용한 사례를 각각 발표하였다.

둘째날, 7월 8일은 부산경남 선교지 탐방이 있었다. 황홍섭 교수(부산교대)와 이용남 선교사의 안내로 부산진교회와 일신여학교를 방문했다. 부산진교회는 부산에서 가장 오래된 교회이며, 일신여학교는 기독교 정신을 바탕으로 여성교육을 선도했던 학교이다. 이어 일신기독병원을 방문하여 병원 설립과 운영에 공헌한 호주장로교 의료선교사들의 헌신적 사역을 알게 되었다.

그리고 점심식사 후, 경남 함안 손양원 목사 기념관으로 이동했다. 한센병 환자들을 헌신적으로 돌보고, 아들을 살해한 청년을 양자로 삼을 정도로 예수 사랑을 실천했던 "사랑의 원자탄" 손양원 목사의 숭고한 정신이 느껴졌다. 또 이어 경남선교 120주년 기념관을 방문하였다. 부산경남 선교를 위해 수고한 호주 선교사들의 헌신과 성도들의 삶의 모습을 알 수 있었으며, 이에 선교사 묘원 앞에서 모두가 손을 잡고 기도를 하고 일정을 마쳤다.

3.4 마치며

제37회 전국대학교수선교대회를 고신대학교에서 개최하게 된 것은 전적으로 하나님의 은혜이며 섭리였다. 코로나19 상황이 지속되며 전국 모든 대학이 외부에 공간을 빌려주지 않는 시기였다. 선교대회 날짜가 6개월 정도 밖에 남지 않았는데, 대회장소가 미정이었다. 고민하며 기도하던 중 어려운 시기에 기독대학인 고신대학교가 시대적 사명을 감당하길 원했다. 당시 고신대 내부적으로는 선교대회 개최가 불가능한 상황이었다. 그러나 하나님의 뜻에 따라 고신대가 선교대회를 감당해야 한다는 생각이 간절했다. 대외협력처장 임기가 곧 끝나가고 있었지만, 교무회의에 2022년 선교대회 장소 승인 건을 제출했다. 그리고 본인이 모든 책임을 지겠다는 약속하에 안건이 교무회의를 통과하였다. 여러 어려움들이 있었지만, 하나님께서 이 일을 하시도록 준비하셨다는 생각이 든다. 하나님과 또 관련된 모든 분들에게 감사드린다.

[출처] 박신현 교수(고신대, 준비위원장) 글 편집

4. 제38회 전국대학교수선교대회

– 일어나라 빛을 발하라(사 60:1) | 한국교통대학교

제38회 전국대학교수선교대회는 2023년 7월 20일부터 21일까지 1박 2일간, 국립한국교통대학교 충주캠퍼스에서 "일어나라 빛을 발하라(사 60:1)"는 주제로 열렸다. 전국대학교수선교연합회(회장 박신현, 고신대)가 주최를 하고, 한국교통대학교(총장 윤승조) 기독교수회와 충북기독교수선교회가 주관하여 준비를 하였다. 2000년부터 3년간 선교대회 진행에 크게 영향을 준 코로나19 팬더믹 상황이 소강상태가 되고, 일상을 회복하게 되었다. 따라서 제38회 대회는 다소 편안한 마음으로 준비가 가능하게 되었다. 국립한국교통대학교(國立韓國交通大學校, Korea National University of Transportation)는 충청북도 충주시에 소재한 국립대학이다. 2011년에 충주대학교와 한국철도대학이 통합하며 한국교통대학교로 전환되었다.

제38회 선교대회는 부대회장으로 헌신한 김학원 교수(한국교통대)의 후기 글을 중심으로 본서에 수록하였다.

4.1 들어가기

"일어나라 빛을 발하라(이사야 60:1)"는 주제로, 2023년 7월20일(목)부터 1박 2일 동안 국립한국교통대학교 충주캠퍼스 국제회의장에서 제38회 전국대학교수선교대회가 개최되었다. 충북 충주에서는 처음 열리는 선교대회로 1년 동안 충북기독교수회와 한국교통대학교 기독교수회원들이 함께 모여 기도하며 준비를 하였다. 대회장은 전국대학교수선교연합회장인 박신현 교수(고신대)와 국립한국교통대학교 윤승조 총장이 맡았다. 그리고 김광현 교수(한국교통대)가 준비위원장을 맡았다.

4.2 대학 소개

한국교통대학교는 충북 충주시와 증평군, 경기도 의왕시에 위치한 4년제 국립대학으로 1905년 개소한 철도이원양성소가 대학의 효시이다. 구 충주대학교와 청구과학대학, 그리고 철도대학이 통합하여 이루어진 학교이다. 충주캠퍼스에는 2022년 캠퍼스 교회를 설립하고, 감리교에서 학원선교사로 파송된 황세원 목사가 담임목사로 사역을 하며, 학교내에는 기독교수회, 기독직원회, 기독학생회의 기독단체연합회가 있다. 캠퍼스 예배는 매주 화요일에 모여서 예배드리며 목요일 점심시간에는 QT 모임이 온라인으로 진행된다.

■ 제38회 전국대학교수선교대회

일시: 2023.7.20~7.21
장소: 한국교통대학교 충주캠퍼스 국제회의장
주제: <u>일어나라 빛을 발하라 (이사야 60:1)</u>
주관: 충북기독교수선교회, 한국교통대학교 기독교수회

- 예배
  개회예배: 주 고난을 통해 전진하는 복음(행6:8-15) | 김성도 목사(양문교회)
  은혜의시간: 하나님의 나라(롬14:17-18) | 임창성 목사(새성전교회)
  파송예배: 일어나 빛을 발하여려면(요8:12-17) | 박상현 목사(충일교회)

- 주제강연
  강연1: 젠지에게 바톤을 넘기자 | 이종태 목사
  강연2: 대학내 종교의 자유 침해 및 대응: 동성애와 PC주의 | 남승호)
  강연3-1 "새술은 새부대" 토크 콘서트, 한류의 고속도로와 KUPM의 역할 | 이상식)
  강연3-2 선교는 최고의 축복입니다 | 황홍섭
  강연3-3 포스트코로나 시대 교육선교(느헤미야 교육선교)로의 초대 | 김용수
  강연3-4 적정기술의 해외이전을 통한 크리스천 기업의 글로벌화 선교사의 활동 | 박창일
  강연3-5 학문과 선교 전략 | 장요한
  강연3-6 한류와 교육 선교 | 박기홍

- 세션
  <u>1. 창의적 캠퍼스 세션</u>
     1) 기독교수의 학과선교 공동체운동 | 이성기 목사
     2) 지역교회와 함께하는 캠퍼스교회 | 권욱동
  <u>2. 해외기독대학 세션</u>
     1) 해외기독대학의 현황과 발전방안 | 장영백
     2) 해외기독대학 설립 및 운영경험 공유 | 최연
     3) 기독교수의 해외사역과 관계 | 박명준(K국 K대)
  <u>3. 신앙과 학문 세션</u>
     1) 팀티칭과 기독교수 정체성 | 송오식
     2) 신앙의 눈으로 전공 바라보기 | 장유정
     3) 세속화 시대에 있어어 기독교적 지성과 영성교육의 가치와 역할 | 홍성수
  <u>4. 신앙과 경영 세션</u>
     1) 로고스경영학회의 어제와 오늘, 그리고 내일 | 박정윤
     2) 비즈니스 선교, 그 현장과 열매 | 이다니엘 목사(IBA)
     3) 기독교적으로 학문하기 : 실천편 & 로고스경영연구 | 이선복
  <u>5. Pre-Evangelismm 세션</u>
     1) 영남대 프리이반젤리즘 사례보고1 | 박시현
     2) 호남대 프리이반젤리즘 사례보고2 | 나희자
     3) 배재대 프리이반젤리즘 사례보고3 | 소정화
     4) 프리이반젤리즘 사역과 전략 | 김영우
  <u>6. 전공기반 선교 세션</u>
     1) 인바운드(Inbound) ODA로서의 다문화 학생 선교 | 윤성중

2) 전공기반 중남미 단기선교 전략 | 이태혁

3) 성경으로 풀어가는 범죄학 이야기 | 김재민

<u>7. 이슬람권 사역 세션</u>

1) 동티모르 중기 선교 프로젝트 - 문서, 식량, 교육선교를 중심으로 | 최만공

2) 이슬람 이해와 유학생 선교 | 이희열 선교사

3) 이주민 선교를 위한 1/3 선교전략 | 류호경, 최인기 선교사

<u>8. 캠퍼스선교사역 세션</u>

1) 부산대 FNC 사역 | 전충환, 최원호

2) BCPN 입시진로상담회 사역 | 정인모, 최재원

3) 광주전남 캠퍼스사역 | 김철수

<u>9. 해외선교와 다음세대 세션</u>

1) Mission Experience with international team | 조은태

2) 움직이는 영적 미네르바 대학(로고스호프, 둘로스호프) | 박필훈 목사

3) TeenStreet - 다음세대 글로벌 리더 | 문형식

<u>10. 정보 사역 세션</u>

1) 챗GPT와 기독교 윤리 | 이신열

2) ChatGPT 활용과 기독교의 영향, 선교 | 정봉헌

3) AI시대 기독교적 STEM 교육 | 이동헌 목사

<u>11. 대학교회 세션</u>

1) 에즈베리 대학 부흥과 한국캠퍼스 준비 | 박용규

<u>12. 기독교수와 문화예술 세션</u>

1) 찬양으로 열리는 삶 | 황승림

2) 예기치 않은 기쁨, 행복한 영성 사진 | 이상식

- **합심기도**

1) 기독교수로서의 정체성과 소명의 회복을 위해 | 김철수

2) 국내외 캠퍼스 선교의 회복과 부흥을 위해 | 김용수

3) 정치 경제 사회 문화 등 모든 영역에서 하나님의 나라 회복을 위해 | 박문식

특순1: 작은 음악회_ 성경 말씀이 클래식 음악으로 흐르는 소마트리오
　　　　　| 최한나(첼로) 임정희(바이올린) 구본석(피아노)

- **교수선교사 파송 간증**

1) 우리 모두 함께 쓰임 받게 되길 | 최만공

2) 전국 대학에 계시는 기독교 교수님들 주님의 부르심에 일어나 빛을 발하시기를
간절히 기도합니다 | 나희자

- **조직_** 대회장: 윤승조(한국교통대 총장) | 박신현(연합회장, 고신대)
　　　　명예대회장: 박준훈(前한국교통대 총장)
　　　　부대회장: 김학원(충북기독교수선교회장, 한국교통대)

- **준비위원장:** 김광현(한국교통대) | 부준비위원장: 임정수(한국교통대)

- **지역탐방:** 충주 초기 기독교회사, 충주 선교문화 탐방, 한반도의 중심에서 사랑을 외치다.

- **참석인원:** 약 250명

4.3 선교대회 은혜나눔

제38회 선교대회는 2023년 7월 20일부터 1박 2일 동안 한국교통대학교에서 개최되었다. 코로나19 팬데믹 상황이 종료되고 생활이 일상화되며 전국에서 250여명의 기독교수들이 참여를 하였다.

〈제38회 전국대학교수선교대회 2023.7.20.-21, 한국교통대학교〉

첫째날 오전 10시, 충주C.C.C와 엘림찬양팀의 경배와 찬양으로 선교대회가 시작되었다. 환영과 축복의 시간으로 김광현 준비위원장의 사회로 박신현 연합회장(고신대)이 인사와 개회를 선언하였다. 이어 한국교통대 윤승조 총장이 환영사, 전국대학교수선교연합회 이선희 이사장이 축사를 하였다. 그리고 충주시 기독교연합회 회장인 김정배 목사(충주중앙교회)가 축하 인사를 전했다.

개회예배는 박준훈 교수(전임총장, 명예대회장)의 사회로 강용현 교수(서정대)가 기도를 하였다. 이어 김성도 목사(충주양문교회)가 "고난을 통한 전진하는 복음"(행6:8-15)이란 제목으로 말씀을 전했다. "하나님의 부르심에 응답한다는 것이 고난의 길, 십자가의 길을 의미한다. 그러나 이 길을 걷는다는 것은 우리에겐 보람이고 자랑이며, 영광이다. 그러나 성령이 우리에게 임하시고 능력을 받으면 우리 기독교수는 이 시대를, 이 캠퍼스를, 이 교회를 변화시킬 수 있으며 하나님께서 우리를 그렇게 사용하실 것을 확신한다." 사명을 결단하는 메시지를 전했다.

주제강연은 이종태 목사(CCC SLM)가 "전지(Gen2)에게 바톤을 넘기자", 남승호 교수가 "대학 내 종교의 자유 침해 및 대응: 동성애와 PC주의"라는 제목으로 전체 강의를 하였다.

그리고 "한류의 고속도로와 KUPM의 역할"이라는 제목으로 토크 콘서트가 이상식 교수의 사회로 진행되었다. 강연3은 "선교는 최고의 축복입니다" 황홍섭 교수, "포스트코로나 시대 교육선교(느헤미야 교육선교)로의 초대" 김용수 교수, "적정기술의 해외이전을 통한 크리스천 기업의 글로벌화와 선교사의 활동" 박창일 교수, "학문과 선교전략" 장요한 교수, "한류와 교육 선교"를 주제로 발표가 이어졌다.

그리고 최한나 교수(서울기독대)에 의한 "성경 말씀이 클래식 음악으로 흐르는 소마트리오" 작은 음악회가 진행되고, 총 12개 강의실로 나뉘어져 세션별로 3개씩 총 36개의 다음의 사역발표가 펼쳐졌다. 즉 1) 창의적 캠퍼스 세션, 2) 해외기독대학 세션, 3) 신앙과 학문 세션, 4) 신앙과 경영 세션, 5) Pre-Evangelismm 세션, 6) 전공기반 선교 세션, 7) 이슬람권 사역 세션, 8) 캠퍼스선교사역 세션, 9) 해외선교와 다음세대 세션, 10) 정보 사역 세션, 11) 대학교회 세션, 12) 기독교수와 문화예술 세션 등 큰 학회 학술대회를 방불케 하는 사역발표가 쏟아져 나왔다.

2022년 제37회 고신대 대회때부터 이전과 비교해 기독교수들에 의한 사역발표가 크게 증가하였다. 파송된 교수선교사 수가 많아지며 사역발표가 증가함은 물론, 코로나 기간 움추러 들었던 마음이 크게 발산된 느낌을 받았다.

저녁집회는 김광현 교수(교통대)의 사회로 박상우 교수(경북대)가 기도를 하고, 충주시 장로중창단의 특송에 이어 엄창성 목사(새성전교회)가 "하나님의 나라(롬 14:17-18)"라는 제목으로 말씀을 전했다. 그리고 합심기도의 시간으로 정동영 교수(한국외대)의 인도로 기독교수로의 정체성과 소명, 국내외 캠퍼스 선교의 회복과 부흥, 정치와 경제, 사회, 문화 등 모든 영역에 있어서의 하나님 나라 회복을 위해 기도하였다.

둘째날, 9시 일찍 파송예배는 김학원 교수(교통대)의 사회로 이상인 교수(교통대)가 기도를 하고, 박상현 목사(충일교회)가 "일어나 빛을 발하려면"(요8:12-17)이라는 제목으로 메시지를 전했다. 그리고 교수선교사 파송식 및 수료자 간증이 진행되었다. 황홍섭 교수의 사회로 교수선교사 연혁 소개에 이어 파송장이 전달되고 대표로 강진호, 최만공, 나희자 교수 3명이 그동안의 훈련과정을 포함해 간증을 하였다.

4.4 지역선교지 투어

그리고 파송예배 후 지역선교지 투어로, 충일교회로 버스로 이동하여 지역교회가 섬겨주시는 식사를 맛있게 하고, 충북지역 초기 기독교 역사에 관한 특강을 서병선 목사(충주종민교회)를 통해 들었다.

〈제38회 전국대학교수선교대회 2023.7.21., 충북지역 선교지 탐방〉

그리고 수안보 성봉채플로 이동하였다. 성봉채플은 수안보 파크 호텔 내에 있으며, 일제 강점기에 활동하던 세계적 부흥사인 이성봉 목사를 기념하기 위하여 만들어진 채플이다. 또 이후 충주 활옥을 채취하던 동굴을 탐방하고 버스에 탑승하여 교통대 및 오송역으로 이동하였다.

4.5 마치며

"하나님을 따라 의와 진리의 거룩함으로 지으심을 받은 새 사람을 입으라(엡4:24)". 어둠이 깊어가는 이 시대에 민족과 나라의 영적회복, 다음 세대와 하나님 나라를 위해 기독교수들이 거룩한 부르심에 순종하였다. 일어나 진리의 빛을 비추는 선교의 소명을 감당하기 위해 제38회 전국대학교수선교대회를 1박2일 동안 예배를 드리고, 발표를 하고 은혜와 결단을 나누었다. 참석한 250여명의 모든 기독교수들을 주님을 이름으로 축복하며, 또 특별히 준비를 위해 많이 수고한 한국교통대학교 관계자와 충북지역 기독교수회에 감사를 드린다.

[출처] 김학원 교수(한국교통대, 부대회장) 글 편집

5. 제39회 전국대학교수선교대회

– 부르심에 합당한 삶(엡 4:1) | 배재대학교

제39회 전국대학교수선교대회는 2024년 7월 11일부터 12일까지 1박 2일간, 대전 배재대학교 아펜젤러기념관에서 "부르심에 합당한 삶(엡 4:1)"이란 주제로 열렸다. 전국대학교수선교연합회(회장 김철수, 조선대)가 주최를 하고, 배재대학교 교수선교회와 대전교수선교회가 주관하여 준비를 하였다. 산성교회를 포함해, 대전제일교회, 새로남교회, 대덕교회, 한빛교회, 광주동명교회, 배재대학교회, 한남대학교회, 대전영락교회, 디딤돌교회, 혜천교회, 트리니티 네트워크, 한우리기독교학교 등 여러 지역교회가 후원으로 협력을 해 주었다. 배재대학교(培材大學校, Pai Chai University)는 대전시 서구에 위치한 기독교 사립대학이다. 1885년 미국 감리교 선교사였던 헨리 아펜젤러 목사가 세운 배재학당을 모체로 세워진 배재고등학교를, 1980년에 배재대학으로 개편하고 1992년에 종합대학이 되었다. 대학은 4개 단과대학(하워드대학, 서재필대학, 아펜젤러대학, 김소월대학)으로 구성되어 있으며, 학부 약 8,500명, 대학원 약 500명의 학생이 재학을 하고 있다.

제38회 선교대회는 부준비위원장으로 헌신한 김정태 교수(배재대)의 후기 글을 중심으로 본서에 수록하였다.

5.1 대학 | 지회 소개

배재대학교는 1885년 미국 감리회 선교사인 아펜젤러 목사에 의해 설립된 배재학당의 대학부로 시작되었다. 1886년 고종황제로부터 배재학당이란 교명 현판을 하사받아 한국 최초의 서양식 대학기관으로 출발하였다. 아펜젤러 목사는 구한말 기득권세력의 착취로 피폐해진 백성들의 모습과 사회 혼란을 보고, 기독교 정신에 입각한 인재를 양성하고자 "크고자 하거든 남을 섬기라"(마 20:26)를 교훈으로 미국 대학 수준의 고등교육기관으로 발전시키고자 하였다. 배재학당은 초대 대통령인 이승만 박사를 비롯하여, 소월 김정식, 신흥우 박사, 주시경 선생, 지청천 장군과 이범석 장군, 오긍선 박사 등 많은 선구자들을 배출하였다. 그러나 독립운동의 산실이었던 배재학당은 조선총독부에 의해 1925년 폐교당했고, 1937년에서야 배재중학교로 재허가 되었다. 그 후 한국전쟁으로 대전에 모인 수많은 전쟁고아들을 돌보기 위해 설립된 대전보육학원과 배재학당이 1978년 통합되어 오늘의 배재대학교로 발전하였다. 배재학당은 온갖 역경 속에서도 민족의 전통과 얼을 지켜온 우리 민족의 역사 그 자체라 할 수 있다.

대전지역 대학교수선교회는 현 문영진 회장(충남대)을 중심으로 16개 대학(건양대, 공주대, 대덕대, 대전과학기술대, 대전대, 대전보건대, 목원대, 배재대, 우송대, 우송정보대학, 중부대, 카이스트, 침신대, 충남대, 한남대, 한밭대)이 상호 협력을 통해 학원복음화 운동을 하고 친목과 믿음의 교제를 목적으로 활동하고 있다. 주요 사업은 기독학생 동아리 지도, 이단세력에 대한 공동 대처, 선교단체 간사들을 위한 후원금 모금 및 지원 등을 꼽을 수 있다.

5.2 선교대회 은혜나눔

5.2.1 선교대회 준비과정에서 임한 은혜

원동력. 배재대에서 제39회 선교대회를 할 수 있었던 원동력은 교목실과 교수선교회가 합력하여 아펜젤러 정신을 살려 예수 그리스도의 복음을 전파하기 위한 활동을 지속적으로 해 왔기 때문이다. 교목실 목사님은 사회복지학과 소속으로 채플과 대학교회를 통해 지속적으로 예배를 드려왔다. 130명의 회원으로 구성된 교수선교회는 1998년 창립 이래 매주 화요일 아침기도회와 오후 모임의 전통을 이어오고 있다. 아침기도회에서는 약 10명의 교수들이 모여 하나님 나라로 세워져 복음이 들불처럼 퍼져가도록 기도하고, 화요 오후모임에는 약 20명의 회원이 모여 기독교 행사와 성경공부, 친교 활동을 이어오고 있다.

또한, 매년 전대선 선교대회에는 5-10명의 선교회 회원들이 참석을 하고, 배재대에서도 선교대회를 개최를 소망하는 기도가 쌓여 왔다. 이런 기반위에 제39회 선교대회가 배재대학교의 개최로 결정되었다. 이에 교수선교회는 총장을 대회장으로 추대하고 전임 교수선교회 회장인 강보순 교수를 준비위원장으로 추대하였다.

〈제39회 전국대학교수선교대회(2024.7.11.-12, 배재대학교 아펜젤러기념관)〉

준비과정. 그러나 전대선 선교대회를 개최하기 위한 준비과정은 순탄치 않았다. 매주 화요아침 기도회와 화요모임을 통해 선교대회를 준비했으나, 2024년 2월말까지 프로그램과 예산은 전혀 채워지지 않고 있었다. 대회준비에 전혀 진척이 없었고, 적극적으로 일을 추진할 동력이 모아지지 않았다. 이런 상황 속에서 "너희는 이제 가만히 서서 여호와께서 너희 목전에서 행하시는 이 큰 일을 보라"(사무엘상 12:16). 말씀을 의지할 수밖에 없었다. 우리가 할 수 있는 것은 하나님께 기도하는 것밖에 아무것도 없었다.

성령의 인도하심. 2024년 1~2월 겨울방학 동안 기도회를 열어 하나님께서 프로그램과 예산을 채워주시기를 간구했다. 이성덕 교목실장을 비롯한 네 분의 목사님과 강보순 준비위원장의 격려, 그리고 소정화 선교회장을 포함한 임원들의 중보기도가 큰 힘이 되었다. 일은 진척되지 않더라도 하나님 은혜가 임하셨고 성령님의 인도하심이 시작되었다.

프로그램. 준비위원회는 개회예배, 저녁집회, 파송예배를 담당해주실 설교자 섭외를 시작하였다. 대전교수선교회를 적극적으로 후원해온 대전제일교회 김철민 목사, 대덕교회 유재경 목사, 한빛교회 백용현 목사를 방문하였다. 방문할 때는 그 교회 장로로 섬기는 대전교수선교회 임원 교수들이 동행에 협력을 해 주었다. 주제강연은 KUPM 김철수 연합회장과 논의하여, 이성덕 배재대 교목실장의 "아펜젤러 정신 강연", 양형주 목사(대전도안교회)의 "대학 캠퍼스 이단방지 특강", 최새롬 목사(학원복음화 인큐베이팅)의 "중고등학교 학원복음화 성공사례"를 결정하였다.

예산. 2024년 4월 중순까지도 예산 금액이 들어오지 않았다. 설교자 교회에 후원 요청을 해 보았으나 모호한 답이 많았다. 그리고 배재대 교목과 산성교회를 방문 중 하나께서 동행하시는 응답을 받았다. 선교대회의 취지에 감동하신 산성교회(지성업 담임목사)에서 만찬비용으로 1,200만원을 선뜻 후원하겠다고 결정을 해 주신 것이다. 이후 예산이 봇물 터지듯 들어오기 시작하여 약 5천만 원의 예산이 모두 채워졌다. 하나님의 은혜임을 고백할 수밖에 없었다.

대회준비. 선교대회 전날, 기숙사를 점검 후 교수들이 2층 침대를 사다리 타고 올라가는 것이 위험하다 결론을 내리고, 이미 배치한 숙소배정을 무효화하고 1인 1실로 재배치했다. 갑작스러운 요청에 생활관 직원들은 비상이 걸렸다. 급히 유학생들을 위해 빼놓은 기숙사들을 전부 배정을 해주었고, 1인실 객실료를 최대한 할인하여 예산을 절감하게 해주었다.

■ 제39회 전국대학교수선교대회

일시: 2024.7.11~7.12
장소: 배재대학교 아펜젤러 기념관
주제: 부르심에 합당한 삶(엡 4:1)
주관: 대전교수선교회, 배재대학교 교수교수회

- 예배

  개회예배: 부르신 곳에서 머무십시요(마3:13-15) | 김철민 목사(대전제일장로교회)
  은혜의시간: 기도는 하나님의 일이다(삼상9:14-17) | 백용현 목사(한빛교회)
  주제강연1: 나눔과 섬김의 아펜젤러 정신 | 이성덕 목사(배재대 교목실장)
  주제강연2: 캠퍼스 선교사여 일어나 | 양형주 목사(대전도안교회, 바이블백신센터)
  주제강연3: 선교적 교회학교 생태계를 구축하는 학원복음화 인큐베이팅 운동 | 최새롬 목사
  　　　　　　(학원복음화 인큐베이팅 대표)
  파송예배: 오직 사랑의 의도로(마26:6-13) | 유재경 목사(대덕교회)

- 분과발표:

  1. 하나님 나라 백성 키우기: 교육사역(프리에반젤리즘)
     1) 전문인 선교와 Pre-Evangelism | 전동주 목사)
     2) 프리이반젤리즘 사역 소개 | 김영우
     3) 프리이반젤리즘 사역 적용사례 - 영생으로 인도하는 축복의 통로: 김향동
     4) 한 영혼이 천하보다 귀한 "프리이반젤리즘" 사역에 관하여 | 이주은
     5) 프리이반젤리즘 사역 나눔 | 김정태
     6) 마음을 여는 복음 전도의 여정 | 이성욱
  2. 또 하나니의 선교사 양육: 유학생 선교사역(ISF)
     1) 유학생 섬김과 캠퍼스 문화예술 선교활동 | 황승림
     2) 광주대 ISF(국제학생회) 사례와 향후 계획 | 허명
     3) ISF 소개 및 ICF 연혁, 전남대 ISF | 박광천 목사
     4) 국내 유학생 선교 사례와 전략 | 김현진(평택대)
     5) Two Major Shifts of Global Mission and New Mission Stategy | 조은태
  3. 캠퍼스 속 하나님 나라: 기독센터 건립(GCC), 기독학숙, 대학교회
     1) 전남대 글로벌크리스천센터 비전 공유 | 송오식
     2) 목포대학교 글로벌 비전센터 소개 및 목포대글로벌교회 설립 계획 | 나승수
     3) 캠퍼스 속 하나님 나라: 캠퍼스교회의 새로운 시작 | 권욱동
     4) 경북대학교 기독센터 사역 및 대학교회 사례발표 | 이상욱 목사
  4. 학문 속 하나님 나라: 기독인 교수의 저술활동
     1) 학문 속 하나님 나라: 기독인 교수의 저술 활동 | 정인모
     2) 전대선- 기독인의 저술활동 | 김형길
     3) 내 삶을 바꾸는 설탕과 탄수화물 이야기 | 이원재
     4) 성경속 식물 이야기 | 오기완
  5. 하나님 나라 지경 확장1: 해외대학 연계사역(PAUA)
     1) K국에서의 K대학의 사역 현황 | 박영호
     2) 동아프리카 기독교 교육과 선교의 거점 | 오정수
     3) 인생의 마지막 승부수, 시니어 선교사 | 이순신
  6. 하나님 나라 지경 확장2: 해외선교분야(해외대학 아웃리치)
     1) KUPM 교수선교사훈련학교 2024년 I국 단기선교 준비와 일정 회고 | 박시현

2) 단기선교와 프리이반젤리즘 사역 | 소정화
3) 단기선교와 국제학술대회 방향성 | 한재호
4) 전공영역을 통한 하나님 나라의 확장 | 김재민
5) I국 단기선교를 통해 베푸신 하나님의 은혜2 | 최미정
6) I국 단기선교의 은혜 | 진영완

7. 하나님의 영토 지키기1: 기독교 환경운동과 선교역사 지키기
1) 지역대학에서 시작하는 탄소중립 실현 그린플래그 프로젝트 | 안경환
2) 기독교 환경관의 적용 | 김농오
3) (사)한국 순례길 소개 | 임병진(12사도 순례길을 품은 소악교회, 한국순례길)
4) 신앙과 학문과 삶이 일치되는 교육 : 복음 전도자 | 강규성

8. 하나님의 영토 지키기2: 기독교 대학의 발전전략
1) 기독교대학의 성공에 대한 실증적 연구 제안 | 박문식
2) 기독교대학의 발전과 정체성 강화(대학교 사례) | 이길형
3) 영적 탁월성과 기독교 대학의 발전 | 한기수

9. 함께 만드는 하나님 나라: 캠퍼스 플러스
1) 삼각편대형 연합과 협력의 전대선 선교전략 제언 : 대학캠퍼스-군- 직장선교의
   협력체계 구축 | 명근식
2) 트리니티네트워크 사역: 소통과 섬김을 통한 청년 복음전도 | 조영우, 김영록
3) 시니어 기독교수의 선교적 신앙과 삶의 방향 | 정봉현

- **합심기도**
1) 기독교수들이 부르심 앞에 늘 민감하게 깨어 있도록 | 박신현
2) 국내외 캠퍼스 선교의 부흥과 선교의 활성화를 위해 | 오성숙
3) 학교와 지역과 교회가 연합하여 견고한 하나님 나라를 세우도록 | 정봉현
특순1: 작은 음악회_ 배재대학교 공연예술학과 교수앙상블 | Vn 김유리, Vc 허기선, Pf 최진아

- **교수선교사 파송**
1) 간증1: 교수선교사 훈련 소감 및 사역비전 | 김성호
2) 간증2: 함께 하는 동역의 중요성 | 이주은
3) 교수선교사 훈련을 마치며 | 김지원
4) 선교사 훈련과정 수료를 감사하며 | 소정화
5) 교수선교사 훈련을 마치며 | 이종덕
6) ?>! | 이태혁
7) I국 단기선교의 은혜 | 진영완
8) I국 단기선교를 통해 베푸신 하나님의 은혜 | 최미정
9) 교수선교사 소감 및 사역의 비전 | 홍종인
10) 교수선교사 소감 및 사역의 비전 | 김난주
11) 캠퍼스 사역 비전과 정년후의 삶 | 황치옥

- **조직_** 대회장: 김욱(배재대 총장), 김철수(연합회장, 조선대)
   부대회장: 문영진(대전교수선교회장, 충남대)
   준비위원장: 강보순(배재대) 부준비위원장: 김정태(배재대)
- **지역탐방:** 강경기독교 성지순례
- **참석인원:** 280명

　　대회 운영을 위한 대관료와 냉방비가 처음 790만원이 청구되었으나, 오전에 200만원의 후원금을 보고 이 비용을 하나님께서 채워 주신 것을 깨달았다. 시설처를 방문하자 직원은 200만원짜리 청구서를 내밀었다. 이 모든 것이 하나님의 은혜 속에서 일어난 기적이었다. 그런데 선교대회 개최일 전날부터 대전지역에 폭우가 쏟아지기 시작하더니 새벽에 대전역과 서대전역에서 배재대로 넘어오는 유등교 교량이 무너지고 말았다. 그 결과 준비한 셔틀버스와 각 지역에서 올라오는 버스들의 도착이 늦어지는 등 어수선한 상황 속에서 개회예배는 20분이 지체되어 시작되었다.

　　개회. 제39회 전대선 선교대회는 준비위원장 강보순 교수의 개회선언과 전대선 김철수 회장과 이선희 이사장의 축사, 배재대학교 김욱 총장의 동영상 축사로 시작되었다. 김철민 목사(대전제일교회)가 "부르신 곳에서 머무십시오"(마 3:13 -15)라는 제목으로 하나님의 은혜를 선포하셨다. 예수님은 자신을 죄인으로 인정한 사람들 틈바구니에서 계셨고 알아본 사람도 눈길을 준 사람도 없었다. 예수님이 여느 '죄인'들과 다를 바 없이 같은 줄에 서 계셨다는 메시지를 통해, 기독교수들에게 하나님의 부르심에 합당한 삶을 살아가도록 촉구하였다. 목사님은 짧고 강력한 메시지로 늘어진 20분의 시간을 절약해 주셨다.

　　주제강연 1. 배재대학교 이성덕 교목실장은 "나눔과 섬김의 아펜젤러 정신"을 전하면서, 기독교수들의 신앙과 삶에서 예수님 닮은 삶을 살아가기를 촉구하였다. 구한말 조선 땅에 오셔서 예수 그리스도의 복음을 나눔과 섬김의 실천을 순교를 통해 보여주신 아펜젤러 목사의 숭고한 정신과 삶의 모습을 21세기를 살아가는 기독 교수들이 본받기를 바라는 강력한 메시지를 선포하였다.

　　주제강연 2. 양형주 목사(대전도안교회)가 "교수선교사여 일어나라!"는 구호로 이단이 가득한 대학 캠퍼스에 기독교수들의 실제적인 복음전파 실천을 촉구했다. 이단의 활동이 선교단체 활동을 위축시키고, 대학 캠퍼스에 한 번도 복음을 듣지 못한 학생들의 수가 급증하고 있다. 캠퍼스를 지키며 학생들에게 영향력을 끼치는 기독교수의 영향력이 중요하며, 복음을 힘 있게 증거하기 위해 캠퍼스 선교사가 일어서야 한다는 메시지가 선포되었다.

　　주제강연 3. 최새롬 목사(학원복음화인큐베이팅)가 중고등학교에서 예수 그리스도의 복음이 생생하게 전파하는 사례를 전하여 청중들의 가슴을 뜨겁게 했다. 학원복음화인큐베이팅 운동을 통해 학교장의 허락하에 합법적으로 교내에 기독교 동아리를 개설하고 지역교회와 연계하여 청소년들에게 복음을 전하는 신개념 복음전파 운동을 제창하였다.

　　분과발표. 총 9개 분과, 총 38개의 발표로 채워졌다. 참가자들은 프리에반젤리즘 교육사역, 유학생 선교사역, 기독센터건립사례, 기독교수 저술활동, 해외대학 연계사역, 해외선교, 기독교환경운동과 선교역사지키기, 기독 대학의 발전전략, 캠퍼스 플러스 등의 다양한 분과로 나뉘어져 복음전파를 통한 하나님 나라의 확장과 성령의 인도하심을 경험할 수 있었다.

〈제39회 전국대학교수선교대회(2024.7.11.–12. 배재대학교 아펜젤러기념관)〉

전대선 총회. 총회로 한해동안 수고한 김철수 연합회장에게 감사패를 전달하고, 전년도 37회 선교대회 결과 보고, 사업과 회계, 감사 보고가 있었다. 그리고 신임회장으로 김광현 교수(한국교통대), 수석부회장으로 박시현 교수(영남대)가 선출되었다. 아쉽게도 차기년도 선교대회 주관대학은 선정을 다음으로 미루게 되었다.

저녁집회. "기도는 하나님의 일이다"(사무엘상 9:14-17)라는 주제로 백용현 목사(한빛감리교회)의 말씀이 선포되었다. 50일 기도학교를 조직하고 운영해 오면서 기존의 기도에 대한 정의를 뒤집어 놓는 메시지를 전하셨다. 기도는 하나님의 요청이며, 기도는 이미 응답이 예비되어 있고, 하나님의 뜻이 먼저 있었고, 기도는 반드시 응답된다는 것이다. 기독교수들의 캠퍼스 복음전파 기도는 이미 하나님께서 예비해 놓으신 일을 그 뜻을 받아하는 것이지 나의 기도제목을 두고 하는 것이 아니라는 깨달음을 주셨다.

파송예배. 유재경 목사(대덕교회)가 "오직 사랑의 의도로"(마 26:6-13)라는 말씀을 통해 예수님께 값비싼 향유를 부은 여인처럼 기독교수들이 오직 사랑의 의도로 학생들에게 다가가야 한다는 메시지를 주셨다. 우리가 예수님처럼 순수한 사랑의 의도로 살아간다면 나 보기에가 아니라 예수님이 보시기에 좋은 일을 하게 된다. 우리는 예수님이 귀하게 여기시는 것을 귀하게 보는 가치변화의 눈을 얻게 되고, 나를 이해하지 못하는 부적절한 조언으로 힘들게 하는 이들로 인한 괴로움을 돌파할 용기를 얻게 된다. 그리고 일상의 작은 순간이 영원한 하나님 나라와 연결되는 감격과 신비를 경험하게 될 것이다.

교수선교사 파송식. 2024년 KUPM 교수선교사로 11명을 파송했다. 이원재 교수(조선대)의 눈물 어린 파송감사 기도는 기독교수들의 눈시울을 적시며, 함께 통성기도를 하게 만들었다. 또한 김성호 교수와 이주은 교수의 간증을 통해 예수 그리스도의 복음을 전하고자 서원을 한 두 분의 놀랍고 눈물 어린 이야기가 울려 퍼지자 청중은 모두 하나가 되어 하나님께 영광을 돌렸다.

지역 선교지 투어. 지역 선교지 투어로 충남 강경 기독교 성지순례를 하였다. 총 84명의 참가자가 차량 2대에 나누어 타고 이동하며 (사)한국순례길 임병진 목사의 해설과 강경지역 기독교 역사에 대한 동영상을 시청을 하며 이동했다. 임병진 목사의 인도로 일제강점기 신사참배 거부를 주도했던 강경성결교회와 옥녀봉에 위치한 최초 침례교 도래지를 탐방하며 하나님의 은혜를 체험하는 계기가 되었다.

〈제39회 전국대학교수선교대회(2024.712, 강경 기독교성지순례)〉

5.3 마치며

제39회 전국대학교수선교대회는 대전 배재대학교에서 개최되었다. "부르심에 합당한 삶(엡 4:1)"을 주제로 선교대회를 통해 기독교수들은 각자 하나님께 영광을 올려 드리며 캠퍼스에서의 영적예배를 결단하였다. 학원 복음화율이 4% 미만으로 떨어졌고, 이단세력은 기승을 부리고 있다. 유학생들이 몰려들어 땅끝이 되어버린 대학교 캠퍼스에서 가장 복음 전파의 영향력이 강한 주체는 바로 기독교수들인 것을 확인했다. 선교대회를 준비하고 진행하며 다시 한 번 하나님의 은혜와 역사하심을 경험하였다. 모든 행사순서와 예산, 인력을 넘치도록 채워주셨다. 하나님의 은혜를 분에 넘치도록 받았다. 앞으로 내게 주어진 자리인 이 대학 캠퍼스에서 예수 그리스도의 복음을 들고 더 당당히 "하나님의 부르심에 합당한 삶"을 살아가도록 노력하고 위해 기도하겠다.

[출처] 김정태 교수(배재대, 부준비위원장) 글 편집

6. 제40회 전국대학교수선교대회

- 영성과 지성을 겸비한 기독 교수: AI시대, 복음과 소명(롬 12:2) |
서울대학교 평창캠퍼스

제40회 전국대학교수선교대회는 2025년 6월 25일부터 26일까지 1박 2일간, 서울대학교 평창캠퍼스에서 "영성과 지성을 겸비한 기독교수: AI 시대, 복음과 소명"이라는 주제로 열린다. 전국대학교수선교연합회(회장 김광현)가 주최를 하고, 한국대학생선교회(C.C.C) 교수회와 연합으로 개최한다. 특별히 올해는 제1회 전국대학교수선교대회가 1986년에 여의도순복음교회에 개최된 이후, 제40회째를 맞이하는 해로, 그동안의 역사를 담은 40년사를 발간하기로 하였다. 이에 전국대학교수선교연합회 이사회 총무이사로 전 연합회장을 역임한 이선복 교수(동서대)를 편집위원장으로 세우고, 본서를 집필하게 되었다. 서울대학교(Seoul National University)는 서울시 관악구에 있는 국립대학으로, 서울대 평창캠퍼스는 강원도 평창에 있다.

제40회 선교대회는 대회를 섬길 김광현 연합회장과 박시현 수석부회장이 정리한 글을 중심으로 본서에 수록한다.

6.1 준비

2025년 6월 25일(수)부터 26일(목)까지, 서울대학교 평창캠퍼스에서 "제40회 전국대학교수선교대회: KUPM-CCC 교수연합 선교대회"가 개최되었다. 이번 대회는 "영성과 지성을 겸비한 기독 교수: AI시대, 복음과 소명"이라는 주제로 진행되었다. 로마서 12:2 "너희는 이 세대를 본받지 말고 오직 마음을 새롭게 함으로 변화를 받아 하나님의 선하시고 기뻐하시고 온전하신 뜻이 무엇인지 분별하도록 하라"는 본문을 교훈으로 이 시대 기독교수의 정체성과 사명을 조명하였다.

특별히 이번 대회는, 1986년 설립 이후 지속되어 온 전국대학교수선교대회가 40주년을 맞이하는 의미있는 해이다. 아울러 CCC 교수선교회도 동일하게 40년이 된다. 이에 양 기관이 그간의 사역을 돌아보고 다음 세대를 위한 선교 전략과 방향을 모색하는 자리가 되었다. 준비위원회로 대회장에 김광현 KUPM 회장(한국교통대)과 김철성CCC 교수선교회 회장(국민대), 부대회장에 박시현 KUPM 부회장(영남대)과 강용현CCC 대외협력위원장(서정대), 수석준비위원장에 전익수 KUPM 총무(충북대)와 남승호 CCC 교수선교회 총무(서울대), 준비위원장에 KUPM 각 지회장과 CCC 교수선교회 지회장이 위촉되어, 준비하였다.

■ 제40회 전국대학교수선교대회

일시: 2025.6.25~6.26
장소: 서울대학교 평창캠퍼스
주제: <u>영성과 지성을 겸비한 기독교수: AI 시대, 복음과 소명(롬12:2)</u>
주관: 전국대학교수선교연합회 | C.C.C 교수선교회

- **예배**
  개회: 믿음으로, 다음세대를 이끌자(1:29-33) | 박성민 목사(C.C.C)
  은혜의시간: C.C.C 수련회 연합집회 | 이영훈 목사(여의도순복음교회)
  파송예배: 후회함이 없는 하나님의 부르심(롬11:29) | 오정수 목사(충남대)
  40주년 특별세션: 하나님의 주권: 전국대학교수선교연합회 40년의 회고와 비전 | 이선복 교수
- **주제특강**
  주제발제: 기독교수,실업인회, 선교단체 비전 협력방안 | 남승호, 문용재, 황홍섭 교수
  주제특강1: AI시대 학원복음화를 위한 기독교수와 CEO의 역할과 소명 | 강용현 교수
  주제특강2: 건전한 대학생활: 마약퇴치 및 자살방지 캠페인 운동 | 김지연 약사
  주제특강3: 다음세대를 살리는 기독교 변증 | 박명룡 목사(청주 서문성결교회)
- **분과별 세미나 세션**
  [세션1] ODA 국제 협력을 통한 창의적 교수 선교전략 모색 | 장요한 교수
  [세션2] 영어리더쉽스터디 프리이반젤리즘 사역: 사례 발표 및 실제 운영 맛보기 | 김영우 교수
  [세션3] 유학생을 위한 ISF 한글학교: 운영 방안과 사역 사례발표 | 정동영 교수
  [세션4] 문화 예술 활동을 통한 기독교 세계관 표현 | 황승림 교수
  [세션5] 교육선교의 사명과 연계사역 | 박창일 교수
  [세션6] 시니어 기독교수들의 시대적 사명과 역할 | 이상식 교수
  [세션7] 대학원생 선교의 실제와 전략 | 남승호 교수
  [세션8] 기독동아리-교수신우회 연합예배를 통한 대학복음화 사례 | 금상호 교수
  [세션9] 캠퍼스(유학생) 선교의 성경적·역사적 근거와 실제 교회개척 방법 | 임경철 교수
- **교수선교사 파송 | 간증**
  권욱동 김성수 김성연(양현숙) 이범열 이성하 이수원 이정길 이지형 이택동
  이학승(박경란) 황성공
- **조직_** 대회장 김광현 교수(KUPM 회장, 한국교통대)
  　　　　　　　　김철성 교수(CCC 교수선교회 회장, 국민대)
  　　　　부대회장 박시현 교수(KUPM 수석부회장, 영남대)
  　　　　　　　　강용현 교수(CCC 대외협력위원장, 서정대)
  　　　수석준비위원장 전익수 교수(KUPM 총무, 충북대)
  　　　　　　　　남승호 교수(CCC 교수선교회 총무, 서울대)
  　　준비위원장 김지대 교수(충북지회장, 충북대) 권정태 교수(충남지회장, 호서대)
  　　　　　　문영진 교수(대전지회장, 충남대)김재민 교수(대구경북지회장, 경일대)
  　　　　　　류봉기 교수(부산울산경남지회장, 부산대) 박기범 교수(전북지회장, 전주대)
  　　　　　　길종원 교수(광주전남지회장, 조선이공대) 남승호 교수(서울지회장, 서울대)
  　　　　　　신성균 교수(강원지회장, 강원대) 임춘택 교수(제주지회장, 제주대)
- **참석인원: 260명**

또 대회 실행위원회로 KUPM의 각 지회가 실행위원회 분과를 맡았다. 기획분과는 대전지회의 주도하에 기획/재무 업무을 수행하였다. 기획분과2는 광주전남지회가 맡아 홍보를 담당하였다. 기획분과3은 대구경북지회가 맡아 의전과 자료집 제작 업무를 담당하였다. 실행분과는 충남지회가 담당하였다. 찬양팀은 영상문화예술위원회에 맡아 예배찬양과 저녁집회 찬양, 특송등의 준비를 진행해 주었다. 방송팀은 CCC 간사들이 유튜브 녹화, 방송 및 음향 장비, 대강당 온라인 방송 업무를 맡았다. 지원분과는 충북지회와 전북지회가 공동으로 맡아 안내접수와 사전등록을 도왔다. 지원분과2는 부울경지회가 맡았고, 차량팀과 시설팀은 CCC가, 의료팀은 윤송이 교수(CCC교수선교회, 간호대)가 맡아 응급조치 등의 업무를 맡았다. 사진·촬영은 CCC 간사, 중보기도팀은 대학교회위원회가 담당하여 진행을 하였다.

대회를 앞두고 2주간 특별새벽기도회를 가지며 전체 인원의 마음을 모으고, 무릎 꿇고 회개하며 성령의 임재와 하나님의 역사를 간구하였다. 새벽기도는 6월 11일부터 24일까지 오전 6시~7시에 온라인으로 진행하였다. 매일아침 순서대로 각 KUPM지회와 CCC지회가 사회와 대표기도, 마무리 합심기도 그리고 말씀증거를 맡아 진행하였다. 기도제목은 선교대회를 통한 하나님 나라의 확장, 말씀을 전할 강사와 모든 순서자, 대회를 준비하는 손길과 봉사자, 날씨와 환경, 또 참석하는 모든 기독교수들을 위해 기도하였다. 모든 일을 주관하시는 여호와 하나님, 또 그것을 지어 성취하시는 여호와께 간구하며 우리가 알지 못하는 크고 비밀한 일을 보여주실 것을 기대하며, 은혜의 새벽기도회를 가질 수 있었다.

대회 첫날 오후 1시, CCC 찬양팀의 경배와찬양으로 개회예배가 시작되었다. 박성민 목사(C.C.C)가 "믿음으로 다음세대를 이끌자"(신1:29-33)는 제목으로 말씀을 전했다. 이어 40주년 특별세션으로, KUPM 총무이사인 이선복 교수(동서대)의 사회로 발간된 40년사 책 "하나님의 주권: 전국대학교수선교연합회 40년의 회고와 비전" 의 내용을 리뷰하고, 초창기부터 수고한 선배 교수들에게 공로패를 수여하였다. 또 KUPM | CCC | CBMC 세 기관 간의 MOU 체결이 있었다. 첫 번째 주제특강에는 강용현 CCC 대외협력위원장이 "AI시대 학원복음화를 위한 크리스천 교수와 CEO의 역할과 소명"이라는 주제로 특강하였다. 세부 주제는 발제자로 문용재 교수(CCC), 황홍섭 교수(KUPM), 패널로 정승영 위원장(CBMC), 한석영 교수(CCC)가 맡아 발제와 토론을 하였다. 한편 대회 전에 학생 멘토링을 신청한 교수는 세부 주제 발표가 진행되는 동안에 휘닉스 파크로 이동하여 학생들과 만나 멘토링을 진행하였다

저녁식사 후에는 대회장소를 서울대 평창캠퍼스에서 휘닉스파크 야외 대공연장으로 이동하여 CCC 대학생수련회 저녁집회에 함께 참여하였다. 저녁집회 강사로 이영훈 목사

(여의도순복음교회)가 은혜의 메시지를 전했다. 아울러 황승림 문화예술위원장의 인도로 참석한 160여명의 교수가 "마귀들과 싸울지라", 학생들과 함께 특별찬양을 올려 드렸다. CCC 학생수련회에 참석중인 1만명의 기독 학생과 교수선교대회에 참가 중인 교수가 함께 어우러져 회개와 주님을 향한 찬양, 그리고 선교의 결단을 하는 은혜와 감동의 시간이 되었다.

둘째날, 26일은 숙소 정리 후 다시 서울대 평창캠퍼스로 이동하여 아침식사를 하고, 9개 세션별로 2시간 동안 세미나가 진행되었다. 각 발표 세션의 주제와 진행자는 다음과 같다. [세션1] 지성과 신앙으로 섬기는 세계: 크리스찬 교수와 ODA 사역. (이태혁), [세션2] 영어리더쉽스터디 프리이반젤리즘 사역: 사례 발표 및 실제 운영 맛보기. 김영우, [세션3] 유학생을 위한 ISF 한글학교: 운영 방안과 사역 사례발표. 정동영, [세션4] 문화예술 활동을 통한 기독교 세계관 표현. 황승림, [세션5] 교육선교의 사명과 연계사역. 박창일, [세션6] 시니어 기독교수들의 시대적 사명과 역할. 이상식, [세션7] 대학원생 선교의 실제와 전략. 남승호, [세션8] 포스트 모던 시대의 학과 학생 복음 전도, 그 진검승부를 위한 전투: '금교수의 사랑방' 사역 소개 및 movement를 위한 전략 제언. 금상호, [세션9] 캠퍼스(유학생) 선교의 성경적·역사적 근거와 실제 교회개척 방법. 임경철의 내용으로 진행되었다. 다양한 세션별 세미나를 통해 교수들의 사역 경험과 비전을 공유하는 귀한 시간이 되었다.

이후 김지연 약사(한국가족보건협회 대표)가 "마약과 자살 방지 캠퍼스 운동"이라는 주제로 특강을 진행하였다. 그리고 KUPM·CCC·한국가족보건협회 간의 MOU체결이 이루어졌다. 또 점심 식사후, 세 번째 주제특강으로 박명룡 목사(청주 서문성결교회)가 "다음 세대를 살리는 기독교 변증"이란 제목으로 강의하였다. KUPM 총회는 선교대회 마지막 순서로 교수선교사 파송예배 및 교수선교사 파송식이 진행되었다. 파송예배 사회는 한재호 교수, 기도는 최보길 교수, 성경봉독으로 이주은 교수가 섬겨주었고, 오정수 교수(우간다 쿠미대 선교사)가 "후회함이 없는 하나님의 부르심(롬11:29)"이란 제목으로 교수선교사로서의 간증을 포함해 말씀을 전해 주었다. 파송식은 한재호 선교위원장의 사회로 교수선교사 연혁 소개에 이어 총 16명의 교수선교사에게 파송장이 수여되었다. 또 수료자를 대표해 이지형 교수와 김성현 교수가 간증을 하였다.

이번 대회는 KUPM과 CCC가 설립이후 각각 40주년을 맞이해, 처음으로 연합하여 함께 선교대회를 치르었다는 점에 의미를 둘 수 있다. 그리고 더욱 의미 있는 것은, 지난 40년 동안 함께하여주신 하나님 앞에서 책자를 발간하고, 우리의 과거를 돌아보며 죄와 허물을 회개하고, 감사의 찬양을 드릴 수 있었다는 점이다. 하나님은 우리의 연약함을 아시는 분이셨다. 우리의 약함과 탄식소리에도 불구하고 앞으로 다가올 40년과 80년, 미래를 바라보며 기도하며 나아살 때, 여러 모습으로 선교대회를 통해 용기와 격려를 주시고 또 비전을 부어주셨다.

[출처] 김광현 교수(한국교통대, 연합회장)
박시현 교수(영남대, 수석부회장) 글 편집

■ 소결(小結)

2020년부터 2025년까지의 5년은 KUPM에게 있어 팬데믹 고난 & 제2도약기의 시기였다.

2019년 12월에 발생한 코로나 19 팬데믹 현상으로 인해 모든 것이 정지되었다. 일상이 멈추어 버렸다. 그리고 2020년 6월에 전북대학교에서 개최될 예정인 제35회 선교대회에 영향을 미쳤다. 2021년 36회 한동대 대회, 37회 고신대 대회에도 영향을 미쳤다. 전통적으로 대학 기숙사에서 숙박하며 2박3일 동안 진행되던 선교대회가 불가능하게 되었다. 광야 40년동안 가나안을 향해 가는 이스라엘 백성에게 때로는 시험과 환란이 닥쳐왔던 것처럼, KUPM에게도 항상 좋은 것만 있고, 또 순탄한 길만이 예비된 것은 아니었다. 준비위원회가 많은 어려움을 겪었다.

그러나 돌아보니 KUPM을 향한 하나님의 절대 주권, 그 섭리와 언약, 주권적인 역사는 멈추지 않았음을 확인할 수 있었다. 2박3일 하던 선교대회를 당일, 유튜브 생방송 온라인-오프라인 병행 방식으로 진행하는 길을 열어 주셨다. 35회 전북대 현장 참석인원을 50명을 제한하고, 철저한 방역수칙 속에서 이전에는 경험해 보지 못했던 선교대회를 진행하게 하셨다. 36회 한동대 대회때도 불편하지만 동일하게 진행을 하게 하셨다. 그리고 37회 이후 다소 상황이 좋아지며 1박 2일로 대면대회를 가능하게 하셨다. 그런데 놀라운 일들이 발견되었다. 선교대회를 앞두고 Zoom으로 진행된 새벽기도회를 통해 하나님께서 역사를 하신 것이다. 성령의 내적 조명이 기도회 가운데 함께 하셨다. 그리고 두번째 기적은 교수들이 그 동안 자신이 진행했던 여러 사역의 내용을 선교대회에 쏟아 발표를 하기 시작했다는 점이다. 특히 이는 38회 한국교통대, 39회 배재대에도 30~40건에 육박, 큰 학회의 학술대회를 방불케 하였다. 신앙과 학문의 통합, 기독교수로서의 신앙과 사역 효과가 오히려 코로나 팬데믹 기간을 통해 새롭게 형성된 것이다. 생각지 못했던 제2의 도약기가 KUPM에 찾아왔다. 하나님께서 행하시고 계신 주권적인 역사가 새로운 모습으로 나타난 것이다.

제 3 부

전국대학교수선교연합회(KUPM)의 현재와 사역

제7장 KUPM 공동체와 지회 사역

전국대학교수선교연합회(The Korean Union of Professor's Mission, 이하 KUPM)는 캠퍼스 복음화와 하나님 나라의 확장을 위해 만들어진 기독교수들의 연합모임이다. 1986년 11월 6일에 제1회 전국대학교수선교대회가 여의도순복음교회에서 열렸다. 그리고 이것을 계기로 1987년 1월 20일에 KUPM이 설립되었다. 1980년에 여의도순복음교회의 교수모임으로 출발한 로고스교수선교회가 중심이 되어, 한국대학생선교회(C.C.C), 한사랑선교회, 대학선교회(C.A.M), 기독교방송국, 서울대학병원 기독봉사회와 함께 연합하여 "전국대학선교연합회"을 만들고, 이것이 명칭을 바꾸어 지금에 이르고 있다.

KUPM가 출범한 지 40년의 시간이 흘렀다. 아울러 본서에서는 그 동안의 기간을 총망라하여 제2부에서 비교적 자세하게 역사를 기술하였다. 본서의 제3부는 KUPM의 현재와 그 사역에 대해 다루고 있다. KUPM는 서울 여의도순복음교회 세계선교센터에 있는 로고스교수선교회에 그 본부를 두고 있다. 그리고 전국 지역에 10개 지회를 갖고 있다. 또한 2019년에 교수선교사 파송을 위해 선교분과위원회를 만든 것을 시작으로, 8개의 위원회를 두고 있다.

■ 전국대학교수선교연합회(KUPM)의 조직 구성

1. 연합회 | 이사회
2. 지회 :
   1) 강원지회 2) 서울인천경기지회 3) 대전지회 4) 충남지회 5) 충청지회 6) 대구경북지회
   7) 부산울산경남지회 8) 전북지회 9) 광주전남지회 10) 제주지회
3. 위원회 :
   1) 선교위원회 2) 대학교회위원회 3) 프리이반젤리즘위원회 4) 해외기독대학위원회
   5) 글로벌미래고등교육원 6) 문화예술위원회 7)신앙과학문위원회 8) 편집위원회

본 제7장에서는 KUPM의 조직을 살펴보고 각 지회와 사역활동에 대해 서술한다. 그리고 각 지회의 내용은 현 지회장들이 쓴 글을 중심으로 정리하고 있음을 서두에 밝혀 둔다. 또 아쉬운 점은 40년의 시간이 흐르며, 같이 사역을 하였던 교수 중 소천하신 분들이 계신다는 것이다. 하늘나라 주님 품에 계시며 보고 계시리라 믿는다.

1. KUPM 연합회 | 이사회

전국대학교수선교연합회(KUPM)의 조직은 본부 임원회와 이사회가 있다. 또 역대 연합회 발전에 기여를 하셨거나 선교대회 설교를 맡아 주신 목회자 또는 대학 총장 등을 고문으로 모셔왔다. 연합회의 구체적인 사역은 본부 임원회를 중심으로 진행된다. 본부는 여의도 순복음교회 세계선교센터 로고스교수선교회 사무실을 사용하여 왔다.

⦿ KUPM의 목적
전국대학교수선교연합회(전대선, KUPM)는 캠퍼스 복음화를 목적으로 1986년에 설립된 전국 기독교수들의 연합모임이다. 1980년대초 민주화운동으로 나라가 어려움에 처해 있을 때 교수들의 기도모임과 조용기 김준곤 목사의 제창으로 만들어졌다. 2025년 현재, 지난 40년 동안 매년 여름 캠퍼스 선교와 민족 복음화를 위해 한번도 빠지지 않고 선교대회를 가져왔다. 또 겨울은 지역별 모임, 또 연중 교수선교사 교육과 분과별 위원회 사역모임을 갖고 있다.

⦿ KUPM 목표와 비전
KUPM 사역의 목표와 비전은 다음과 같다. 첫째 예수 그리스도를 영접하는 학생이 많아지는 것이다. 이를 위해 교수들이 신앙의 멘토 역할을 하고, 복음을 전하며 다양한 형태의 성경공부를 한다. 둘째는 건전한 가치관과 대학문화를 권장하고, 흡연과 음주, 마약, 동성애, 이단 등 잘못된 세력으로부터 캠퍼스를 보호하는 방패 역할을 한다. 셋째는 교수들의 전공을 기독세계관과 융합하여 국가와 사회 발전에 공헌하고, 복음의 지경을 확장한다. 넷째는 북한과 민족을 포함, 세계선교를 위해 기도하고, 특히 은퇴 후 전문인 사역자로 국내외 선교사역을 돕는다. 그리고 이 모든 일을 통해 삼위일체 하나님께 영광 돌리고 그 이름을 영원토록 즐거워한다.

⦿ KUPM 기도제목
1. 캠퍼스 복음화: 기독교수 캠퍼스 1인 1사역 이상 전개, 제자운동
2. 기독동아리, 선교단체, 지역교회 협력: 연합사역 복음 전도
3. 반기독교적 요소 대처: 흡연, 음주, 마약, 동성애, 이단, 이슬람 등 대처
4. 기독교 세계관 확산: 학문과 신앙 융합, 국가와 사회에 공헌
5. 하나님 나라 구현: 북한과 민족 구원, 세계선교

◉ KUPM 임원 및 역대 연합회장

KUPM은 조직으로 연합회 본부와 지회, 위원회를 두고 있다. 또 하나님 나라의 효과적인 사역을 위해 정관에 따라 연합회장 1명, 수석부회장 1명, 부회장(지역회장 당연직) 약10명, 총무 1명, 협동총무 약간명(지역총무 당연직), 서기 1명, 회계 1명, 감사 2명, 분과위원장 수명을 선출하여 사역을 하도록 하고 있다. 다음은 2025년 현재, KUPM을 위해 헌신하는 임원 현황이다.

■ 전국대학교수선교연합회(KUPM) 임원 (2025년 현재)

- **본부**
  연합회장 김광현 교수(한국교통대학교)
  수석부회장 박시현 교수(영남대학교)　　총무 전익수 교수(충북대학교)
  회계 소정화 교수(배재대학교)　　　　서기 | 편집위원장 황치옥 교수(GIST)
  감사 김형길 교수(전주대학교)　　　　감사 이선복 교수(동서대학교)

- **지회 (부회장)**
  강원지회 | 신성균 교수(강원대학교)
  서울지회 | 명근식 교수(동신대학교, 로고스)
  서울지회2 | 남승호 교수(서울대학교)
  충남지회 | 권정태 교수(호서대학교)
  충북지회 | 김지대 교수(충북대학교)
  대전지회 | 문영진 교수(충남대학교)
  대구경북지회 | 김재민 교수(경일대학교)
  부산울산경남지회 | 류봉기 교수(부산대학교)
  전북지회 | 박기범 교수(전주대학교)
  광주전남지회 | 길종원 교수(조선이공대학교)
  제주지회 | 임춘택 교수(제주대학교)

- **위원회**
  선교위원장 | 한재호 교수(고려대학교)
  Pre-Evangelism위원장 | 김영우 교수(한국교통대학교)
  문화예술위원장 | 황승림 교수(조선대학교)
  대학교회위원장 | 정동영 교수(한국외국어대학교)
  해외기독대학위원장 | 박창일 교수(계명대학교)
  신앙과 학문위원장 박문식 | 교수(한남대학교)
  글로벌 미래고등교육원장 | 장요한 교수(계명대학교)

임원은 매년 총회를 통해 결정하며 필요 시 유임이 가능하다. 지회의 회장은 당연직으로 부회장이 된다.

그리고 KUPM는 정관에 의해 이사회를 두고 있다. 이사회는 이사장 외 약 20명의 이사를 두어, 연합회 사역을 돕고 있다. 구체적으로는 연합회 사역을 위해 기도하며, 매년 개최되는 선교대회 계획과 장소, 연합회 임원 선임 등 주요 사항을 결정하는 일을 한다. 또 KUPM은 영성이 좋은 목회자 및 대학 총장을 고문 또는 자문위원으로 위촉할 수 있다. 2025년 이사회 멤버 및 고문은 다음과 같다.

■ 고문

이영훈 목사(여의도순복음교회)　　김삼환 목사(명성교회)　　　박성민 목사(C.C.C)
강일구 총장(호서대학교)　　　　　신일희 총장(계명대학교)　　장제국 총장(동서대학교)
장순흥 총장(부산외국어대학교)　　정근모 박사(前 과기부장관)

■ 이사회

이사장 이선희(서울과학기술대학교)　총무이사 이선복(동서대학교)
이병찬(계명대학교), 강영무(동아대학교), 신성철(평택대학교), 송재기(경북대학교)
오주원(한남대학교), 김형길(전주대학교), 최보길(전남대학교), 오기완(충북대학교)
최진탁(인천대학교), 오정수(충남대학교), 이상식(계명대학교), 박신현(고신대학교)
명근식(동신대학교), 김철수(조선대학교), 황홍섭(부산교육대학교)

■ 역대 회장

제1대　손동수 교수 (서울대학교)　　　1986(1회)-1999(14회)
제2대　이병찬 교수 (계명대학교)　　　2000(15회)-2005(20회)
제3대　남금식 교수 (목원대학교)　　　2006(21회)-2007(22회)
제4대　이선희 교수 (서울과기대)　　　2008(23회)-2010(25회)
제5대　강영무 교수 (동아대학교)　　　2011(26회)-2012(27회)
제6대　오주원 교수 (한남대학교)　　　2013(28회)
제7대　송재기 교수 (경북대학교)　　　2014(29회)-2015(30회)
제6대　김형길 교수 (전주대학교)　　　2016(31회)-2017(32회)
제7대　최보길 교수 (전남대학교)　　　2018(33회)
제8대　이선복 교수 (동서대학교)　　　2019(34회)-2020(35회)
제9대　오정수 교수 (충남대학교)　　　2021(36회)
제10대 이상식 교수 (계명대학교)　　　2022(37회)
제11대 박신현 교수 (고신대학교)　　　2023(38회)
제12대 김철수 교수 (조선대학교)　　　2024(39획)
제13대 김광현 교수 (한국교통대학교) 2025(40회, 현)
제14대 박시현 교수 (영남대학교)　　　2026(41회, 예정)

이사회 멤버는 연합회장을 역임한 교수들을 중심으로 구성이 되어있으며, 역대 준비위원장 및 임원으로 본회 발전에 공헌을 분 중 추가 위촉을 하고 있다. 초창기 이사회 멤버로 오랜 세월 헌신해 오던 교수님, 특히 로고스교수선교회 교수들의 연세가 많아지며 그 수가 감소하고 있음이 안타깝게 여겨진다.

2025년 KUPM 설립 40주년을 맞았다. 따라서 이사회는 제40회 전국대학교수선교대회 중 특별세션을 구성해 지난 40년을 회고하는 시간을 계획하고 있다. 아울러 20년, 30년 이상 오랜 세월 선교대회에 열심히 참석한 교수에게 공로상을 드리기로 정하였다. 그리고 소천하신 선배 교수님들의 신앙적 유산도 계승해 가고자 한다. 공로상 수상자는 다음과 같다.

■ 전국대학교수선교연합회 40주년 기념 공로상

- **30년 공로상 (6명)**
  김형길(전주대)　|　남원식(계명대)　|　송재기(경북대)　|　유원대(동양미래대)
  이병찬(계명대)　|　이선희(서울과기대)

- **20년 공로상 (10명)**
  강영무(동아대)　|　김농오(목포대)　|　박정윤(영남대)　|　신성철(평택대)
  신호균(금오공대)　|　이규철(부산외대)　|　이선복(동서대)　|　정봉현(전남대)
  최보길(전남대)　|　최진탁(인천대/한세대)

- **소천 (11명)**
  유상근(명지대)　|　강석규(호서대)　|　손동수(서울대)　|　김두원(대전보건대)
  김종순(명지대)　|　김중식(중앙대)　|　김찬일(강원대)　|　남금식(목원대)
  엄익규(유한대)　|　이성교(성신대)　|　홍웅선(덕성여대)

- **특별공헌 (4명)**
  조용기 목사(여의도순복음교회)　|　김준곤 목사(한국대학생선교회)
  김삼환 목사(명성교회)　　　　　|　최재선 목사(중앙대학교)

특별히 소천하신 故 조용기 목사(여의도순복음교회)와 김준곤 목사(C.C.C)가 초창기 본회의 설립부터 발전을 위해 많은 기여를 해 주셨다. 또 김삼환 목사와 최재선 목사도 설교를 통해 기여를 많이 해 주셨다. 그리고 유상근 총장, 강석규 총장, 손동수 총장 등 많은 분들이 헌신을 해 주셨다. 지금은 소천하셔서 뵐 수 없지만, 전국대학교수선교연합회와 하나님 나라를 위해 쏟았던 그 헌신을 우리 연합회는 후배 교수로서 꼭 신앙적 유산을 계승해 갔으면 한다.

2. KUPM 강원시회

2.1 강원지역 대학과 지회 역사

강원지역에는 강원대, 강릉원주대, 춘천교대, 관동대, 경동대, 상지대, 연세대(원주캠퍼스), 한라대, 한림대, 서울대(평창캠퍼스)로 10개의 4년제 대학이 있다. 또 2년제 대학으로 강릉영동대, 강원도립대, 세경대, 송곡대, 송호대, 한국골프과학기술대, 한림성심대, 한국폴리텍대학 등이 있다.

KUPM 40년 역사 중 강원지역에서 지금까지 전국대학교수선교대회가 개최된 것은 총 3번이다. 제7회 강릉 경포비치호텔, 제17회 연세대학교 원주캠퍼스, 그리고 이번 제40회 전국대학교수선교대회가 서울대 평창캠퍼스에서 개최된다. 제7회 선교대회는 1992년 7월 3-4일에 강릉 경포비치호텔에서 "땅을 정복하라"는 주제로 강원지역에서 처음 열렸다. 아니 전국적으로도 초창기 제2-4회가 오산리 금식기도원에서 주로 열리고, 제6회 선교대회가 대전 유성에서 열린 것을 제외하면 두 번째 개최가 되는 것이다. 그만큼 초창기 강원지역 교수들의 헌신과 열기가 뜨거웠다. UPM News 제7호(1990.11)에 의하면 강원지역은 1990년 초창기 다음과 같이 강원지회가 이미 설립되어 있었다. 강원지회 주소록에 포함된 교수 수가 총 129명(관동대 49명, 강원대 31명, 강릉대 16명)이었다.

■ 강원지회 임원 (1990년 현재)

고문: 백영철(관동대 총장) | 김호근(삼척공전대 학장) | 문선재(강원대 교육대학원장)
　　　최용한(영동전문대학장)
회장: 한만수(관동대 대학원장)
부회장: 송용남(강원대) | 윤익수(관동대) | 유병진(강릉대) | 이상교(삼척공대)
　　　정태명(영동전문대) | 배효열(동우전문대)
총무: 민현식(강릉대) 서기: 심낙순(삼척공대) 회계: 신순옥(영동전문대)
감사: 김정우(동우전문대)

당시 상황을 조금 더 자세히 보면 1990년 5월 12일 관동대학교에서 전국대학교수선교연합회 강원교수선교회 창립예배를 드림으로 강원지회가 만들어졌다. 박희남 목사가 창립예배 메시지를 전하고, 유상근 총장(명지대)이 특강을 하였다. 또 관동대학교 한만수 교수가 강원지회장으로 헌신을 하였다. 제4회와 7회 선교대회에서는 강원대 총장을 역임한 문선재 교수가 "하나님이 부르신 사람들"이란 메시지를 전했다.

그리고 두 번째는 개최는 2002년 6월 27-29일에 제17회 선교대회이다. 연세대학교

원주캠퍼스에서 "예수 그리스도와 생명"이란 주제로 열렸다. 17회는 이동원 전병욱 최병성 목사 등이 말씀을 전했다. 그리고 올해 2025년 6월 25-26일, 서울대학교 평창캠퍼스에서 "영성과 지성을 겸비한 기독교수: AI시대: 복음과 소명(롬12:2)"이라는 주제로 C.C.C 교수선교회와 연합으로 제40회 선교대회를 개최한다. 이영훈 박성민 목사가 전국대학교수선교연합회 40주년의 의미를 포함해 메시지를 전한다.

즉 강원지역에서 이미 총 3회 선교대회를 통해 하나님의 주권적인 역사가 시작되어 있다. 그러나 지금 강원지역에서의 사역은 과거에 비해 그리 활발하지 못한 것 같다. 코로나 119 팬데믹 상황이후 더욱 그렇다. 다음은 강원대학교에서 꾸준히 기독교수회가 운영되고, 바이블 스타디 등 사역이 이루어지고 있는 소식이다. 본서는 강원대 기독교수회장을 지낸 신성종 교수가 보내 준 글을 소개하며, 다시금 과거의 부흥을 회복했으면 하는 마음으로 기도를 드린다.

2.2 강원대학교 기독교수회

1984년 강원대학교 기독교수 모임의 필요성이 교수들을 사이에 대두되었다. 그리고 물리학과에 새로 부임한 차성도 교수가 "신앙과 학문"이라는 주제로 교수들이 각자 자신의 전공 관점에서 신앙과 관계있는 주제를 돌아가며 발표하는 모임을 갖자고 제안하였다. 이에 많은 기독교수가 호응을 하며 모임이 시작되었다. 또 물리학과 신승호 교수(후에 강원대 총장)와 차성도 교수, 경영학과 박의범 교수, 영어영문학과 신성균 교수, 역사교육학과 조인형 교수 등이 중심이 되어 모임에 참여하였다. 원로 교수인 가정교육과의 한옥수 교수와 교육학과 문선재 교수(후에 강원대 총장)가 많은 힘이 되어 주었다.

"신앙과 학문"이라는 기독교수 모임이 정착을 하며, 모임이 각 단과대별 성경공부모임으로 확산되었다. 강원대학교 캠퍼스 내 가까운 단과대학들이 먼저 모임을 시작하였다. 예를 들어, 사범대, 자연대, 공대에서 모임이 먼저 시작되었고, 이어서 인문사회대와 경영대 모임으로 확대되는 등 점차적으로 단과대학별로 확산이 이루어졌다. 그리고 이를 바탕으로 '강원대학교 기독교수선교회'의 조직을 갖추게 되었고, 교직원 및 학생들과 함께하는 연합 개강예배가 시작되었다.

'강원대학교 기독교수회'가 주도한 가장 의미 있는 행사로는, 주로 신입생들을 전도하기 위한 목적으로 5월에 진행된 '음악과 강연의 밤'이었다. 신입생 및 비신자 학생들을 초청하기 위해서 대학 내의 여러 선교단체들이 협력했으며, 기독교수선교회의 교수들은 춘천지역 교회와 협력하여 비용을 부담하였다. 음악과 말씀을 통한 전도집회인 '음악과 강연의 밤'에는 여러 기독 뮤지컬 팀들이 조정되었으며, 강사로는 두레교회의 김진홍 목사, 동안교회의 김동호 목사, 분당우리교회의 이찬수 목사, 이명박 서울시장 등,... 저명 목사 및 인사들이 초대되어 주로 비신자 학생, 교직원, 교수들을 대상으로 전도 집회가 백령회관에서 진행되어 많은 전도의 열매를 맺었다.

2020년 코로나19가 확산되며 기독교수 모임이 정체되었다. 그러나 이후 새로운 모임이 시작되었고, 현재는 춘천 캠퍼스에 인문대·사회대·법대 성경공부 모임과 농업생명과학대 성경공부 모임이 진행 중에 있다. 그리고 앞으로 16개 단과대학으로, 또 이후에는 삼척캠퍼스, 도계캠퍼스로 성경공부가 확산될 수 있도록 위해서 기도하고 있다.

위 기도제목처럼 강원대학교의 바이블 스터디가 각 단과대학으로 확대되고, 또 관동대, 강릉대, 연세대 원주캠퍼스, 서울대 평창캠퍼스 등으로 확산되어, 복음의 지경이 더욱 넓혀지기를 기도드린다. 하나님은 능치 못할 일이 없으신 분이시다.

3. KUPM 서울 | 인천 | 경기 지회

KUPM 서울지회는 인천과 경기를 포괄해 로고스교수선교회를 중심으로 시작되었다. 또한 서울 및 경인 지회에서 전국대학교수선교대회가 열린 것은 초창기 여의도순복음교회 1번, 오산리 금식기도원회 4번을 포함해 총 13번을 개최하였다.

1993년 제8회 선교대회로 "네가 어디 있느냐"는 주제로 양제동 횃불선교회관에서 6번째 대회를 개최하였다. 그리고 1995년은 제10회 "희년·통일-하나되게 하소서"로 오산리 국제 금식기도원에서 열렸다. 1998년은 제13회 선교대회로 연합회장 및 이사장으로 수고를 오래한 손동수 교수(서울대)가 한세대 총장으로 부임하며 "깨어 근신하라" 는 주제로 개최하였다. 2001년 제16회 선교대회는 "북한선교의 전망"이란 주제로 평택대학교에서 개최하였다. 그리고 2005년은 제20회 "대학과 봉사"란 주제로 평택대학교에서 두 번째로 대회가 열렸다. 2박3일 선교대회 기간 중 계속 은혜를 사모하는 마음으로 집회장에 참석하는 조기흥 총장(장로)의 모습이 많이 인상적이었다. 또 2003년은 본 연합회 발전에 기여를 많이 하신 유상근 총장(명지대)이 제18회 대회를 "신앙과 학문"이란 주제로 명지대학교(용인)에서 개최하였다 그리고 2006년 제21회 대회가 "기독교와 멘토링" 이란 주제로 서울여자대학교에서 개최되고, 2010년에 이선희 교수(서울산업대)가 연합회장으로 수고하며 25회 대회를 "너는 가서 제자삼으라"는 주제로 서울산업대학교에서 개최하였다. 그리고 2018년 제33회 대회를 "내게 부르짖으라"는 주제로 국립법인 인천대학교에서 개최하였다.

여의도순복음교회가 한국을 상징하는 세계적인 교회로 부흥을 하며 로고스교수선교회도 1981년에 빠르게 설립되어 그 동안 전국대학교수선교연합회와 하나님 나라를 위해 많은 일들을 하여 왔다. 그러나 40년의 세월이 흐르며, 초창기 열심히 헌신하셨던 교수들이 소천을 하고, 현재는 이전에 비해 다소 사역이 줄어든 느낌이다. 그러나 또 다른 한편으로는 최근 서울대, 고려대 등 기독교수회가 본 연합회와 접촉점이 연결되어, C.C.C 연합사역과 더불어 그 미래가 기대되고 있다.

본서에서는 로고스교수선교회 명근식 교수의 글을 포함해, 서울대 남승호 교수, 고려대 한재호 교수 두분의 글을 추가로 수록하도록 한다.

3.1 로고스교수선교회

로고스교수선교회는 1980년 2월 28일(토) 여의도 맨하탄(현 렉싱턴) 호텔에서 강석규 장로, 손동수 장로 등 교수 약 3-40명이 조용기 목사를 모시고 창립되었다. 그리고 1986년 전국대학교수선교연합회(KUPM) 설립에 기여하고, 매년 여름 학원복음화를 위해 전국대학교수선교대회 개최를 지원하여 왔다. 다음은 선교회의 비전과 목표, 지금까지의 역사와 역대회장 등 명단이다.

■ 로고스교수선교회 비전과 목표

- 비전(Logos Vision) : 전 회원의 성령충만, 전 회원의 성경교육 강화, 학원의 선교강화
- 목표 : 교수, 강사, 연구원, 전문인, 학부모님들의 전공분야나 전문성을 발휘하여 캠퍼스 선교와 달란트를 통한 전문인 선교를 목표로 합니다

■ 로고스교수선교회 연혁

1980.2.28 로고스교수선교회 창립예배(여의도 반도호텔 | 조용기 목사)
1981.6.10 회지 "로고스" 창간호 발행(1990년 제8집까지 매년 발행)
1982.2.9 로고스 교양대학 개강예배
1986.11.6-7 제1회 전국대학교수선교대회(여의도순복음교회 | 조용기 김준곤 목사)
1987.1.20 전국대학교수선교연합회 창립예배(코리아나호텔 | 김장환 목사)
1988.5.15 전국대학교수선교연합회지 "UPMNews" 창간호 발행
1988.10.8 대구지역교수선교회 "로고스회" 창립예배
1991.6.7 제6회 전국대학교수선교대회 준비 및 서울교수선교회 창립 2주년 기념예배
          (63빌딩 | 김준곤 목사)
2001.4.10 "UPM News" 잡지형식에서 산문형식으로 전환하여 발간
2004.2.29 로고스 창립 24주년 기념예배(로고스교수선교회실 | 이영훈 목사, 변학환 교수)
2010.3.12 로고스교수선교회 창립 30주년 기념예배(여의도순복음교회 | 이영훈 목사)
2018.6.28-30 제33회 전국대학교수선교대회 (인천대 송도캠퍼스 | 로고스교수선교회 주최)
2025.2.23 로고스교수선교회 창립 45주년 기념예배(로고스교수선교회실 여의도순복음교회
          세계선교센터9층 | 김판호 영산신학연구원 총장)
2025.6.25-26 제40주년 전국대학교수선교대회(서울대 평창캠퍼스 | 이영훈 목사)

■ 로고스교수선교회 역대 회장

1대 강석규 장로 : 1980년 ~ 1981년
2대 손동수 장로 : 1982년 ~ 1986년
3대 이성교 장로 : 1987년 ~ 1988년
4대 홍웅선 학장 : 1989년
5대 김두원 장로 : 1990년 ~ 1994년
6대 김종순 장로 : 1995년
7대 엄익규 장로 : 1996년
8대 이규식 장로 : 1997년 ~ 1998년
9대 원호연 장로 : 1999년
10대 김중식 장로 : 2000년 ~ 2001년

11대 유원대 장로 : 2002년
12대 이선희 장로 : 2003년 ~ 2004년
13대 이동환 장로 : 2005년 ~ 2006년
14대 박성배 장로 : 2007년 ~ 2008년
15대 최진탁 장로 : 2009년 ~ 2012년
16대 장정식 장로 : 2013년 ~ 2016년
17대 김태천 장로 : 2016년 ~ 2017년
18대 이선희 장로 : 2017년 ~ 2021년
19대 명근식 장로 : 2021년 ~ (현재)

〈로고스교수선교회 창립 45주년(2025.2.28.) 기념예배〉

　　로고스교수선교회는 여의도순복음교회에 출석하는 전현직 대학교수와 가족, 전문 분야 학술연구자들이 모인 신앙공동체이다. 따라서 교수전도와 학원 복음화를 주 목적으로 사역을 하고 있다. 회원들은 각자 분야별 달란트인 전공을 활용하여 섬기고, 학원선교 및 교수, 대학생 복음 전도에 힘을 쏟고 있다. 또 장학사업과 대학선교회 활동지원, 대학 및 학술연구소내 신우회, 캠퍼스내 기독교 행사 등을 지원한다. 2025년 현재 선교회 조직은 다음과 같다.

■ 로고스교수선교회 조직 (2025년 현재)

- **장로회의** : 유원대, 이선희, 하정열, 고성삼, 최진탁, 명근식 장로
- **권사회** : 김인숙, 노용숙, 박종원, 윤강자, 양덕심, 안경환 권사
- **회　장** : 명근식 장로
- **감　사** : 이선희 장로, 이정기 교수
- **부회장** : 한재호 교수, 최성 교수, 안경환 교수
- **총무단** : 변기량, 박석, 구병모, 장미라 교수
- **행사 | 새가족** : 윤강자 | 박종원 권사
- **분과위원장** : 유원대 장로, 한재호, 노용숙, 최성 교수
  1. 자문분과 : 유원대, 이선희, 명근식, 하정열, 고성삼, 강철승, 장광용, 최진탁,
     이형수, 김판호
  2. 현역분과 : 안경환, 한재호, 변기량, 박석, 구병모, 장미라 노기웅
  3. 교육친교분과 : 노용숙, 김인숙, 나성숙, 박종원, 윤강자, 권숙경, 박애정
  4. 전도학술분과 : 이정기, 최성, 김광동, 문승권, 이건희, 노시춘, 이동찬, 오명환

선교회는 주일 교수선교회실에서 9시 2부 주일예배와 10시 30분에 2부 행사를 진행한다. 행사는 ① 내부 회원 특강, ② 외부 강사 특강, ③ 중보기도회, ④ 회원간 셀 모임을 하며, 주요 대외 활동으로 예비 대학생 학부모 기도회를 갖고 있다. 현재 캠퍼스와 미래 캠퍼스 선교로 이어지는 학부모기도회로, 2022년 8월부터 매주일 1회 고3 학생들의 대입 준비 상담을 신앙과 연계해 중보기도회를 갖고 있다. 또 연중 선교사 파송과 사역에 대한 보고회를 갖고 있다. 최근은 원치○(필리핀), 이형○(우간다) 선교사를 파송하고, 하지○(아이티), 정상○(캐나다), 황경○(미국) 선교사가 사역보고를 하였다. 교수 개인전 탐방 사역은 나성숙 교수의 청주비엔날레 작품전시회, 노용숙 교수의 용산 공예전시관을 방문하였다. 그리고 소천하신 목사 및 교수 묘소 탐방 기도회로 2022년 10월에 임진각 평화누리공원과 조용기 목사 묘소를 방문하였다. 또 2022년 11월에는 김찬일, 원호연, 이성교, 엄익규, 김중식, 김태천, 손동수 등 로고스 회원 교수의 추모행사를 가졌다.

그리고 기타 사역 활동으로 정례 워크숍, 지역교회 탐방, 교수 전공 재능기부 대외특강, 교수초빙 전도, 성경통독, 영어성경 암송, 성경퀴즈, 이단 탐구, 바울 선교여행, 주간 코이노니아 및 교수 친교활동 사역을 하며 하나님 나라 확장을 위해 노력하고 있다.

[출처] 명근식 교수(로고스선교회 회장) 글 편집

3.2 서울대학교 기독교수협의회

다음은 서울대학교 기독교수협의회 사역과 관련해 남승호 교수(서울대)가 보내 준 글이다.

● 서울대학교 기독교수협의회

서울대학교 기독교수협의회(이하, 기교협)는 1995년에 시작되었다. 그 이전부터 대학내 기독교수들이 같이 모이고 기도하였는데, 1995년에 정관을 갖춘 공식적인 모임이 되었다.

첫 번째 눈에 띄는 활동은 1997년 1월에 2박3일 동안 "기독 신입생 오리엔테이션"을 진행한 것이다. 약 50명의 기독교수들이 적극 참석하였다. 이는 기독교수들의 결속력을 다지는 계기가 되었을 뿐 아니라, 기독학생과 긴밀한 관계를 맺는 좋은 기회가 되었다. 그리고 2000년부터 매주 수요일 저녁 "서울대학교 수요채플"이란 이름으로 서울대 기독인 연합예배를 드리기 시작했다.

서울대 기교협은 지금까지 기독학생 활동을 지원하고, 학생들과 대학을 연결하는 가교역 할을 하여 왔다. 예를 들어 기독학생 활동을 위한 장소 사용부터 대학의 행정적인 지원을 끌어내는 데 노력했다. 그리고 학부 및 대학원생과 매주 수요예배를 드리며, 캠퍼스에서 하나님의 이름을 높이며 은혜의 통로가 되고자 힘을 썼다. 그리고 2003년 초 기독교수협의 회가 주도하여 캠퍼스 안에 "서울대학교회"를 설립하고, 주일예배를 드리기 시작했다. 서울 대학교회는 기교협과 분리된 조직이지만, 기교협 운영위원 중 교수 십여 명이 교회 핵심 구성원으로 섬기고 있다.

기교협 회원은 정회원과 준회원으로 구분되며, 전체 회원은 약 250명이다. 또 70여명이 정회원으로 월 3만원의 회비를 납부한다. 임원은 정관에 따라 회장과 총무, 서기, 회계를 선출하고, 정기 운영위원회를 통해 중요한 사역에 대해 심의 의결을 하고 있다. 운영위원회 는 현재 14명의 교수가 참여하여 학내 사역을 나누어 책임을 맡고 있다.

● 기독교수협의회의 주요 활동

기독교수협의회의 사역은 학부 및 대학원 기독학생 지도, 상담 사역, 예배 사역(수요열린예배 및 수요국제예배), 국제학생 사역, 온라인 사역(홈페이지 운영 등), 비전스쿨 운영, SNU 바이블칼 리지 등 여러 영역으로 나뉘어지며, 운영위원회 교수를 중심으로 기교협 교수들이 열심히 도와서 사역을 진행하고 있다. 서울대 기독인 홈페이지 '에끌레샤'(https://ecclesha.notion.site/)와 유튜브 채널 "서울대학교 기독교수협의회"를 운영하고 있다.

특히 2023년부터 시작된 "비전스쿨"은 교장과 전담 운영위원들이 기독학생들에게 하나님 나라의 비전을 심어주는 프로그램으로 서울대 기교협 사역의 중요한 사역으로 자리잡고 있다. 2023년 1기, 2024년 2기를 운영하여 각각 20명, 18명의 수료생을 배출했다. 자세한 사항은 홈페이지(www.snuvision.org)에서 확인할 수 있다.

기교협은 매학기 "바이블칼리지"라는 이름 아래 십여개의 성경강좌를 개설하여 학생들에게 제공하고 있다. 서울대 교수와 사역자들이 성경강좌를 제공하여 매주 1회 강의하고, 학생들은 학기초 온라인으로 수강신청을 한다. 2025년 1학기에는 12개 강좌에 총 70여명의 수강생이 참여하였으며, 두 강좌는 영어로 진행하는 성경강좌였다. 국제학생들의 예배활동과 신앙생활을 돕기 위한 국제예배는 서울대학교회에서 2003년부터 주일 영어예배가 시작되었으며, 이후 중국어예배로 확대되었고, 2024년 9월부터 매주 수요영어예배(Wednesday Fellowship)를 주중에 드리고 있다.

그리고 신임 기독교수의 서울대학교 정착을 돕는 사역으로, 정체성을 갖고 캠퍼스 복음화에 기여할 수 있도록 매학기 "기독신임교수 환영회"를 갖고 있다. 매학기 교수로 임용되는 분들이 약 80명인데, 이 가운데 평균 3~4명의 신임교수가 참석하여 교류하고 캠퍼스 사역에 참여하는 기회를 찾아가고 있다.

서울대학교 캠퍼스 내의 크리스천 그룹은 교수, 학부생, 대학원생, 연구원, 비교수 교직원 등 다양한 구성원들로 이루어져 있다. 이들 간의 연결고리 역할을 하는 기독교수협의회는 캠퍼스 내 크리스천 활동의 윤활유 역할을 하며, 다양한 지원을 아끼지 않고 있다. 기독교수협의회는 학내에서 이루어지는 크리스천 활동에 적극적으로 관여하며, 필요할 경우 지원을 제공한다. 예를 들어, 크리스천 학부생이나 대학원생이 기독교 동아리 활동을 위해 공간을 대여하거나 행사를 진행할 때, 교내 시설 관리 담당자와의 협의가 어려운 상황이 발생할 수 있다. 이러한 경우, 기독교수협의회는 행정적 허가를 받을 수 있도록 중재하고 지원하며, 장학금 지원, 선교단체와 단과대학 기독인연합에 대한 재정적인 지원도 제공하여 원활한 활동이 이루어지도록 돕고 있다.

서울대에는 "기독대학원생 모임"(기대모)이 있다. 이 모임은 매주 기도모임과 학기별 엠티, 초청특강 등을 개최한다. 대학원생의 영적 성장과 멘토링 케어를 돕기 위해, 2024년부터 기교협은 세 분의 목사님을 기대모 지도목사로 위촉하여 대학원생들을 기도와 양육으로 섬겨주고 계신다.

캠퍼스 내의 여러 선교단체의 상황이 20년 전에 비하면 매우 열악하다. 그 기간 동안 기독교인 신입생의 비율도 약 20% 대에서 10% 대 수준으로 떨어졌다. MZ 세대들의 탈종교화 현상이 심각하며, 캠퍼스 내 포교 활동에 대한 부정적 인식도 확산되었다. 20~30년 전에는 캠퍼스 내에 CCC, IVF, UBF, 네비게이토 등의 파라처치 무브먼트 활동이 간사들과 리더 학생을 통해서 활발하게 이뤄졌는데 지금은 활동이 어려워졌고, 대형 교회 소속 학생들을 중심으로 한 캠퍼스 기도 모임이나 활동이 거의 눈에 띄지 않는다.

서울대 내의 학생단체에 대한 기교협 지원은 한국인 학생뿐 아니라 국제 유학생에게도 이루어지고 있다. 수요영어예배(Wednesday Fellowship)를 2024년 9월부터 매주 쉬지 않고 드리고 있다. 이 영어예배는 서울대 기숙사의 국제학생회(ISO)의 필요를 따라 기독인 유학생을 위한 예배와 급식 사역으로서, 현재 세 분의 목사님이 돌아가며 영어 설교를 담당해 주고 있다. 또한 기교협은 매주 금요일 오후 4-6시에 기숙사에서 International Cafe를 개설하여 국제학생이 찾아와 서로 교제하며 쉬어 갈 수 있도록 돕고 있다. 이 Cafe에는 매주 30명 내외의 국제학생들이 찾아온다. 매주 다과와 과일, 음식 등을 준비하여 제공하며, 교수와 한국 학생들이 함께 참여하고 있다.

서울대 기교협은 2020년 7월 "횃불트리니티 상담센터"와 MOU를 맺고 매학기 기독학생들을 대상으로 상담사역을 시작했다. 이는 기본적으로 심리검사와 상담치료가 포함된다. 매학기 30-40명이 심리검사를 받고 있는데, 이 가운데 약 25% 정도가 고위험군과 위험군으로 진단된다. 고위험군, 위험군 학생들에 대해 후속 상담치료를 받도록 하고 기독교수협의회에서 상담료를 지원한다. 재정적인 부담이 있지만 우리 기교협에서 포기할 수 없는 사역이다. 올해부터는 전문상담사를 파트타임으로 채용하여 학내로 출근하여, 상담사역 기획부터, 심리검사, 결과 해석상담, 후속 상담치료를 담당하고 있다. 그래서 학생들의 상담치료에 응하는 비율이 개선되고 있다.

서울대에는 16개 기독교 선교단체가 있고, 15~16개 단과대에 크리스천 학생 모임이 있는데 이런 모임이 연중 다양한 행사를 진행하고 있다. 기독교수협의회는 이들 단체의 사역을 위해 힘을 모아 재정적 지원을 하고 있다. 또 매 학기 개강예배와 종강예배는 약 200~250명의 교수와 학생이 참여하여 드리고 있으며, 서울대의 중요한 연합예배로 자리매김하고 있다.

기독교수협의회는 서울대학교 발전기금 출연기관으로서 "서울대 비전센터"를 운영한다. 비전센터는 현재 10억원의 기본자산을 서울대 발전기금으로 출연했으며, 매년 그 과실금을 이용하여 학생과 교수의 국내외 봉사-선교 사역을 지원하고 있다. 비전센터는 서울대 선교를 후원하는 기관과 단체가 후원금을 출연하는 공식적 통로로 이용된다.

◉ 기독교수협의회와 교외 단체들과의 교류 및 협력

"대학촌교회"(서울시 관악구 서림7길 71)는 1974년 서울대 정문 앞 언덕에 설립되었다. 관악 캠퍼스가 1975년에 문을 열기 전부터 서울대학교 선교를 꿈꾸며 설립된 것이다. 대학촌교회는 서울대 내의 기독인 모임과 기교협의 사역을 위해 기도하며 지원해 왔다. 수요열린예배를 비롯한 캠퍼스 예배와 학생 모임을 적극 섬기고, 매년 많은 금액으로 후원을 하고 있다. 또한 대학촌교회에서 서울대학교로 파송된 선교사가 세 분 계시며, 대학원생 돌봄과 외국인 사역을 돕고 있다. 대학촌교회는 선교센터를 운영하며, 서울대 기독학생 단체를 위해 이 공간을 대여해 준다. 또한 대학촌교회에서 운영하는 "서울대기독선교회"는 계간신문인 "진리는 나의 빛"을 발간하여, 서울대 선교 소식을 전하고 있다. 대학촌교회와 같이 지역교회들이 인근 대학의 복음화와 기독 청년 활동의 부흥을 위한 인적, 재정적 후원과 중보기도가 매우 절실하다.

"서울대학부모기도회"는 학부모 조직으로 대학의 발전과 교수 및 학생들의 영혼을 위해 중보사역을 해 주고 있다. 현재 270여명 회원이 매일 밤 구체적인 기도제목을 갖고 중보하며, 이 힘이 서울대 복음화의 중요한 동력이 되고 있다. 기도회는 매주 리더십이 오프라인으로 모이고, 매달 1회 전체 기도회를 갖는다. 서울대 기독교수협의회는 학부모기도회와 긴밀하게 소통하며 중보가 필요한 기도제목을 수시로 전달한다. 그리고 "서울대기독교총동창회"가 후배들의 복음화와 졸업생의 기독활동 참여를 위한 통로 역할을 하고 있다. 최근 수년 간 기독교수협의회와 학내 기독교 동아리와의 연대 강화를 위해 노력과 협력을 도모하여 왔으며, 연간 한두 차례 캠퍼스 노방전도를 한다.

◉ 서울대학교회 운영

2003년 1학기에 "서울대학교회"가 설립되어 주일예배를 드리고 있다. 캠퍼스에 있는 한국인 학생뿐 아니라 외국인 학생도 기숙사에 머물며 대학교회에 참석하여 예배드리며, 교수와 학생이 자발적으로 다양한 모습으로 섬기고 있다.

서울대학교회에는 고교때까지 예수를 전혀 모르거나 관심이 없었던 학생, 지방에서 부모님과 함께 교회를 다니다 서울대 진학 후 교회 출석을 안하는 학생, 기독동아리에 소속되어 있으나 지역교회 예배에 출석하지 않는 등, 경계 지역에 있던 학생들이 하나님을 만나 예배드리며 온전한 예배자로 성장해 가도록 돕고 있다. 즉, 서울대학교회에서 복음 때문에 드라마틱하게 삶이 변해가는 좋은 사례를 많이 볼 수 있다.

과거에는 캠퍼스 안에서 크리스천이 집회를 위해 강의실 공간을 빌려 사용하는 것이 어렵지 않았다. 그러나 지금은 어렵고 주차 할인권 구입 등 행정부서를 설득해야만 하는 경우가 가끔 발생한다. 서울대학교회는 기교협과 함께 서울대 학생들에게 지성만큼, 영성도 중요함을 대학에 계속 전달하고 있다. 그리고 이를 위해 소정의 문건을 형식과 내용을 구비하여 제출하도록 노력하여 왔다.

　서울대학교회는 운영위원회와 상임위원회가 있어 구성원의 교회와 학내 활동들을 행정적으로 돕고 있다. 전임 사역을 하는 담임 목사는 없지만 주일예배 설교를 해 주시는 목사님이 계시고 교수들이 설교를 돕기도 한다. 또한 대학 내의 교회 특성상 구성원들이 다양한 교단 출신으로 되어있다. 따라서 특정 교단에 소속되기 어려운 점을 감안하여 주로 독립교단에 소속하여 등록을 하고 있다.

[출처] 남승호 교수(서울대학교 기독교수협의회 회장) 글 편집

3.3 고려대학교 기독인연합회 사역

다음은 고려대학교 기독인연합회 사역과 관련해 한재호 교수(고려대)가 보내 준 글이다.

● 태동

고려대학교 캠퍼스 내 선교 사역은 1986년 고대기독인연합회(고기연) 창립과 함께 본격화되었다. 고기연은 캠퍼스 내 다양한 선교 단체들의 연합체로 정기적으로 교류하고 협력하는 네트워크 형태로 출발하였으며, 학생들의 신앙 성장을 지원하고 캠퍼스 복음화를 위한 공동의 목표를 설정하는 데 중요한 역할을 해왔다. 이장로 교수(경영대)는 고기연 창립 초기부터 지도교수로서 학생들과 긴밀하게 소통하며 발전을 이끌었다. 특히, 같은 해 가을 학기부터 매월 1회 고기연 예배를 시작하여 학생들이 함께 예배하고 교제하도록 지원하였고, 이는 학생들의 영적 필요를 채우고 캠퍼스 내 기독교 공동체 의식을 강화하는 데 기여했다.

고기연은 캠퍼스 내 선교단체 간의 연합을 촉진하고, 학생들의 신앙 성장을 지원하는 데 초점을 맞추었다. 다양한 선교단체들의 활동을 조율하고 정보를 공유하는 플랫폼 역할을 하며, "예수믿는 고대"라는 표제를 두고 캠퍼스 복음화를 위한 노력을 기울였다. 이러한 고기연의 노력은 민족고대를 주창해왔던 전통적 사상과 풍속을 강조하는 학내분위기를 쇄신하며, 고려대학교 캠퍼스 내 기독교 공동체의 발전에 토대가 되어 고대채플과 베리타스 포럼 등이 태동할 수 있었다.

● 기독교수회의 활동

1997년은 고려대학교 캠퍼스 내 기독교 활동의 전환점이 된 해이다. 학생들의 요구에 따라, 기존의 월 1회 예배 방식이 매 학기 두 차례 고기연의 개강 및 종강 예배로 변경되었다. 이는 학생들의 주체적인 참여를 장려하고, 학기별로 캠퍼스 전체 기독교 공동체가 모여 함께 예배하는 의미를 강조하는 결정이었다.

한국 대학 캠퍼스 복음화 운동에 있어 중요한 해였던 1999년에는 학원복음화협의회가 창립되어 선교단체들을 체계적으로 지원하고 협력하는 기반을 마련하였고, 이는 각 선교단체가 보다 효과적으로 활동할 수 있도록 돕는 역할을 했다. 또한, 같은 해에 고려대학교에 기독교수회가 창립되었다. 기독교수회는 김일수(1999-2000, 법대), 이장로(2001-2002, 경영대), 최의소(2003-2004, 공대), 류문일(2005-2006, 생과대), 김준(2007-2008, 생과대), 장효현(2009-2010, 문과대), 김익환(2011-2012, 생과대), 백두권(2013-2014, 정보대), 권정혜(2015-2018, 문과대), 배종석(2019-2020, 경영대), 김세헌(2021-2022, 생과대), 나성수(2023-2024, 공대), 박준은(2025년-, 의대) 교수가 회장을 역임하며 현재까지 꾸준히 맥을 이어오고 있다. 기독교수회 모임은 필요에 따라 매주 혹은 월례 예배, 성경공부, 목사 초청 강해, 기독교수회 세미나 등 다양한 형태의 모임으로 변화해 왔다.

〈화요채플 후 기독교수회 모임 2019년(左), 고기연 선교단체 간사와 교제 2023년 (右)〉

● 고대 기독인 연합의 시대

2008년 4월 1일은 고려대 캠퍼스 내 기독교 공동체에 중요한 전환점이 된 날이다. 학생, 교수, 직원, 선교단체, 기독교우회 등 고려대학교의 모든 믿는 이들이 함께 모여 예배드리는 '고대 화요채플'이 창립되어 매주 화요일 점심시간마다 본교 캠퍼스에서 누구에게나 열린 예배를 시작한다. 특이한 점은, 기독교수회 임원단, 고기연 학생대표단, 선교단체 간사대표, 기독직원회 대표, 기독교우회 및 고대목회자회(고목회) 대표자들이 참여하는 고대채플운영위원회를 구성하여 상호존중 하에 기독교수회가 주축이 되어 함께 채플을 운영하고 각 공동체를 지원하며 구성원 간의 연합을 추구하였다.

학생들은 졸업하면 캠퍼스를 떠나지만 오랜 기간 대학에 재직하는 교수들이 섬김의 자세로 기독인들의 연합을 위해 시간과 물질을 내어 수고하는 한편 기독교우회와 고대목회자회도 물심양면으로 기독인 학생들을 위한 장학금 지원과 수련관 및 버스 제공 등으로 힘을 보태주며 선한 협력을 이어갔다. 교수들만의 모임을 넘어 캠퍼스를 품은 모든 고려대학교 구성원들과 부근 지역 교회와도 협력하여 모인 개강 및 종강 예배와 학기마다 10여회씩 열린 화요채플은 예배 후 점심 친교까지 이어지는 교제의 자리이기도 했다. 해를 거듭해오면서 최근 모이는 이들의 수가 국내 기독교의 영향력을 반영하듯이 감소한 것은 안타깝지만, 코로나 팬데믹 직전까지 꾸준히 이어진 고대 화요채플과 이후 2023년 3월 KU수요채플로 다시 시작한 이 연합 예배의 자리는 캠퍼스 내 예배 공동체의 의미를 보여주는 구심점이다. 각 단체와 개인은 이를 기반으로 교류하고 협력하며 캠퍼스 복음화를 위한 공동의 목표를 향해 나아갔고 연합 채플은 고려대학교 캠퍼스 내 기독 활동의 새로운 장을 열었으며, 캠퍼스 복음화 운동에 버팀목이 되었다.

〈표〉 고기연 참여 선교 단체 소개

단체명(약자)	단체명(영문)
ABSK	Asian Baptist. Student Koinonia
CCC	Campus Crusade for Christ
CMF	Christian Medical Fellowship Korea
DFC	Disciples For Christ
DSM	Debtors to Savious Mission
ENM	Every Nation Mission
ESF	Evangelical Student Fellowship
IVF	Inter-Varsity Christian Fellowship
JDM	Jesus Disciple Movement
JOY	Jesus first Others second You third
JYM	Joyful Youth Mission
LDI	Global Leadership Development Institute
SFC	Student For Christ
UBF	University Bible Fellowship
UDC	Union Disciple for Christ
YWAM	Youth With A Mission
네비게이토	-
두루선교회	-

〈2025년 1학기 개강예배(左), KU 수요채플 안내지(右)〉

기독인 교수들이 정기적으로 모여 함께 예배하고 교제하면서 기독공동체로서 정체성을 확립하고 유대감을 증진하여 캠퍼스 내 기독공동체 연합에 중심적인 역할을 맡게 되었다. 점차 캠퍼스의 영적 분위기가 침체되어가자, 기독교수회는 2015년부터 월요일 아침 8시에 기도 모임을 시작하여 2020년 팬데믹 확산 전까지 지속하였고 고려대학교 학생들과 청년들을 위해 근처 성복중앙교회에서 제공하는 아침 배식봉사에도 함께 참여하였다.

◉ 기독교적 학문 추구와 포스트 코로나 시대

기독교수회 창립 20주년이 되던 2019년 전후로 나타난 변화는 기존의 기독인 연합 활동과 화요채플은 지속하면서 기독교적 지성을 위한 다양한 시도였다. 베리타스 포럼과 기독교수들의 월례 세미나, 대학원생들 세미나 등이 있었는데, 2018년에 시작된 베리타스 포럼의 경우, 행사 자체도 의미가 있었지만 이를 준비하는 과정에서 거쳤던 많은 회의와 세미나를 통해 기독인 교수들이 보다 역동적인 모임을 갖게 되었다.

기독인 교수들은 방학 때면 1박 워크숍 혹은 1일 세미나를 학교 안팎에서 열기도 하였는데 기독인 교수들의 영적 요구를 살펴, 교수들이 희망하는 목회자를 찾아가는 탐방 또는 사역자를 초청하여 귀한 말씀을 듣고 나누는 기회를 갖기도 하였다. 또한, 기독인 교수들은 매월 마지막 수요일에 모인다는 이름의 '막수회'를 시작하여 자신의 학문 분야에 대한 기독교적 조망과 토론의 시간을 가지기도 하였다. 2019년 가을학기에는 김익환 교수와 김준 교수가 '진화론과 창세기'를, 임희석 교수가 '컴 기술과 신앙'을, 손승현 교수가 '교육과 인간'에 대해 발표하였고, 총신대의 신국원 교수를 초청하여 '신앙과 학문'에 대한 시간을 갖기도 하였다. 2020년 봄학기에는 코로나로 인해 온라인으로 김익환 교수의 'COVID-19 특성과 향후 전망', 이미혜 교수의 'Earth system in dynamic equilibrium', 장신대 임성빈 총장의 '코로나19, 한국사회와 한국교회'가 이어졌고, 이후 학기에는 권정혜 교수의 'Peacemaker' 등의 발표가 있었다.

추가로, 기독인 모임의 활성화를 꾀하고자 시도한 RGB 토크(3인3색)도 있었는데 이는 세 분의 교수들이 사회자의 인도로 각자의 인생과 학문과 신앙에 대해 나누는 토크쇼 같은 모임이었다. 2020년 팬데믹 동안 학교가 폐쇄되자, 가을학기에는 각 선교단체 간사 한 분과 교수 한 분이 짝을 지어 온라인 채플을 진행하기도 하였다. 2021년에도 이어진 팬데믹으로 대면 예배가 어려운 상황에서 온라인 플랫폼을 활용하여 예배를 지속했는데, 유튜브와 줌을 통해 예배를 생중계하고, 온라인 성경 공부와 기도 모임을 개최하는 등 비대면 환경에서도 신앙 공동체의 유대감을 유지하기 위한 노력으로 캠퍼스 내 기독 활동은 중단없이 지속되었다.

2022년 하반기부터는 사회적 거리두기가 완화되면서 선교단체를 중심으로 매월 대면 예배가 재개되었고, 2023년 3월 8일에는 KU 수요채플로 현장 예배가 재개되었다. 고기연과 선교단체가 연합하여 개최한 전도 축제와 중간고사 간식 나눔을 통해 학생들에게 복음을 전했다. 기독교수회는 매월 자신의 전공 분야에서 신앙과 학문을 통합하는 경험을 나누어 전문가특강을 제공하며, 학생들에게 기독교적 세계관을 제시하고 있다. 2024년에는 고려대학교 학부모기도회가 KU 수요채플에 참여하면서 학생들을 위한 중보기도와 캠퍼스 복음화를 지원하고 있다.

◉ 베리타스 포럼 고려대

'베리타스 포럼(Veritas Forum)'은 1992년 하버드대학에서 시작된 이래 북미와 유럽의 200여 개의 대학에서 진행된 세계적인 기독 지성운동이자 기독교 변증 대중 강연으로, 고려대는 2018년에 미국 Boston 소재 베리타스 포럼 본부와 공식 협약을 맺고 한국에서 최초로 '베리타스 포럼 고려대'를 시작했다. 역사교육학과 조영헌 교수가 포럼 플래너(planner)를 맡았던 2018년의 제1회 포럼은 〈Truth in A Post-Truth World〉라는 주제로 오스 기니스 박사, 강영안 교수, 우종학 교수가, 2019년의 제2회 포럼은 〈우리는 무엇을 사랑하는가? : 포스트모던 시대의 진리 탐구〉라는 주제로 캘빈 신학교의 제임스 스미스 교수가 고려대 연단에 섰다.

〈2018년 제1회 〈베리타스 포럼 고려대〉 포스터(左), 2018년 5월 23일 베리타스 포럼 고려대 강연 모습: 오스 기니스 박사(右)〉

팬데믹 시기였던 2020년과 2021년에는 김익환 교수가 플래너를 맡아 온라인 강연과 질의응답으로 진행했던 반면, 2020년의 제3회 포럼은 〈코로나바이러스 세상, 하나님은 어디 계시는가?〉라는 주제로 옥스퍼드대학 존 레녹스 교수가, 2021년의 제4회 포럼은 〈What is the Meaning of Being Human in a World of Transhumanism〉라는 주제로 옥스퍼드대 알리스터 맥그래스 교수가 강연을 하였다. 이후 대면 강의로, 2022년의 제5회 포럼은 손승현 교수가 플래너로, 故 이어령 교수님의 유고 영상 〈이어령, 청년에 답하다〉를 시청하고 연세대 김학철 교수와 배지완교수가 좌담 형식으로 진행하였고 2023년 6회 포럼은 임희석 교수가 플래너로, 〈AI에 비추어, 인간이란 무엇인가?〉라는 주제로 세인트루이스 워싱턴대학의 죠수아 스와미다스 교수가, 2024년 제7회 포럼에는 이준호 교수가 플래너로, 〈미운 오리의 절망과 기쁨: 외로움에 대한 심리학적-영적 고찰〉이라는 주제로 고려대 한성열 교수가 강연하였다.

2018년에 시작한 베리타스 포럼 고려대는 2024년까지 많게는 500여명의 청중과 함께 기독교의 관점을 공개적으로 토론하였는데, 이는 많은 젊은이에게 기독교 진리에 대한 지적인 갈등을 해소할 수 있는 장을 마련한 데에 의의가 있다.

[출처] 한재호 교수(고려대학교, KUPM 선교분과위원장) 글 편집

4. KUPM 대전지회 : 대전교수선교회

대전지회에서 전국대학교수선교대회가 열린 것은 지금까지 총4번이다. 첫 번째는 1991년 제6회 선교대회로 "가서 가르치라"는 주제로 처음으로 유성 경하장호텔에서 열렸다. 두 번째는 2004년 KUPM을 위해 오랜 세월 헌신을 많이 하신 남금식 교수의 수고로 제19회 대회를 "복음으로 대학을 새롭게"라는 주제로 목원대학교에서 개최하였다. 그리고 2013년 제28회 선교대회를 "부르심에 합당하게"라는 주제로 한남대학교에서 개최하였다. 목원대는 감리교 계열, 한남대는 장로교 계열의 기독교 미션스쿨이다. 그리고 2019년 제34회 선교대회가 "주여 내가 여기 있나이다"라는 주제로 거점 국립대학인 충남대학교에서 개최하였다. 특히 당시 연합회장 이선복 교수(동서대)와 준비위원장 오정수 교수(충남대)의 콤비 헌신으로 한국세계선교협회의(KWMA)와 교수선교사 훈련을 위한 MOU 협약을 체결하였다.

다음은 KUPM 대전지회(대전교수선교회) 사역과 관련해 현재 회장이신 문영진 교수(충남대)가 보내준 글이다.

4.1 서론

"학원복음화"를 위해 교수들이 무엇을 해야 하는가?

그 어느 시대보다도 더 고민하고, 지혜를 절실히 구해야 하는 시기인 것만은 분명하다. 학원복음화 활동이 활발했던 1980~90년 시대에는 복음으로 뜨겁게 감동받은 학생들의 전도활동이 활발하였기에 각 캠퍼스에 성령의 불길이 뜨겁게 타올랐다. 상대적으로 학생들에게 복음을 전하는데 크게 걸림돌이 없었고, 학생들도 기독교에 대한 관심도가 컸던 시절이었다. 각 캠퍼스 내의 기독동아리도 활기와 은혜가 넘쳤고, 학생들의 영혼의 쉼터로서 또한 진리를 배우는 장으로서 복음이 충분히 역할을 해주었던 시기였다.

그러나 2000년이 되고, 특히 코로나 시기를 거치면서 함께 어울리며 정보공유를 수행해 왔던 문화가 개인화, 안타깝게는 비대면이 일상이 되어버린 환경이 되었다. 또한 혼란스럽고 정제되지 못한 다양한 정보들에 의해 청년들의 가치관이 잘못된 형태로 인도자 없이 무분별하게 세워져 가는 현상들을 보이고 있다. 그럼에도 이단의 활동은 더욱 왕성하게 일어나고 있다. 혼란스러운 정보의 홍수와 교류를 꺼리는 개인주의적 문화, 달콤한 속임수로 진리를 가장한 이단의 유혹이 대학을 공격하고, 이에 노출된 우리 캠퍼스의 젊고, 순수한 영혼들이 갈 바를 모르고 있다.

이러한 환경에서 현대 과학적 상식으로는 이해할 수 없는 진리의 복음을 어떻게 이해시키고 손잡아 줄 수 있을까? 특별히 기독교수로서 학생들에게 어떠한 방법으로 진리의 복음을 알려 주는 것이 가장 효과적일까? 학원복음화를 이룰 수 있는 최선의 방법이 무엇일까? 무릎 꿇고 기도하며 간구해야 할 수밖에 없다.

4.2 지회 소개

대전지역에서는 1991년 7월에 유성 경하장 호텔에서 처음으로 제6회 전국대학교수선교대회가 "가서 가르치라"는 주제로 개최되었다. 그리고 이후, 2004년에 목원대학교에서 제19회 "복음으로 대학을 새롭게", 2013년에 한남대학교에서 제28회 "부르심에 합당하게", 또 2019년에 충남대학교에서 제34회 "주여 내가 여기 있나이다(사6:8)"라는 주제로 각각 선교대회가 열렸다. 그리고 최근 2024년에 배재대학교 아펜젤러 기념관에서 "부르심에 합당한 삶(엡4:1)"이란 주제로 제39회 대회를 다섯 번째로 개최하였다. 1991년 6회 대회를 시작으로, 13년, 9년, 6년, 5년의 간격으로 중요한 시점마다 하나님께서 부어주신 은혜와 부르심에 따라 전국대학교수선교대회를 섬길 수 있었다.

대전교수선교회는 1991년에 조직된 전국대학교수선교연합회 충청지회에서 출발하였다. 1991년 7월 유성 경하장호텔에서 열린 제6회 전국대학교수선교대회 자료에 의하면 충청지역 임원으로 회장 정원채(대전전문대학장), 부회장 최덕구(한남대), 한규형(충북대), 정한택(호서대), 총무 송기범(대전공대), 기획간사 남금식(목원대) 교수가 임명되어 대회를 준비하였다. 그리고 이후 1991년 대전교수선교회가 출범하여, 제1대 회장을 송기범 교수(1991~1997년, 한밭대)가 맡고, 남금식(목원대), 남철(배재대), 김판근(충남대) 교수 등이 협력하여 사역을 시작하였다. 그리고 2004년 제19회 전국교수선교대회가 "복음으로 대학을 새롭게"란 주제로 목원대학교와 계룡스파텔(유성군인휴양소)에서 개최되며 대전지회의 사역이 더욱 본격화되었다.

그리고 1998년부터 2007년까지 10년간 남금식 교수(목원대)가 제2대 회장으로 섬기며, 대학마다 교수신우회로 활동하던 조직들을 교수선교회로 명칭을 바꾸고 본격적인 학원선교를 위한 발판을 마련하기 위해 노력하였다. 먼저 학원선교회가 지향해야 할 목표가 무엇인가에 대해 고민하고, 그 결과 학원선교를 위해 최전선에서 영적 싸움을 벌이고 있는 간사들이 급여 없이 개인적으로 마련한 후원금을 통해 생계를 유지하면서 학원선교를 위해 힘쓰고 있음을 알게 되었고, 이에 대학교에서 학원복음화를 위해 노력하는 간사님들의 후원사업에 초점을 두는 것이 가장 중요한 사항임을 인식하고 후원에 초점을 두게 되었다. 이에 교수님들의 후원과 더불어 400여 명 이상이 되는 대전지역 교회를 대상으로 학원복음화를 위한 후원방안을 마련하기 시작하였다. 그리고 남금식 교수는 전국대학교수선교연합 회장으로도 선출되어 헌신을 하였다.

이후 대전교수선교회는 제3대 회장으로 남철 교수(배재대)가 헌신을 하며, 매월 정기적으로 대전지역 12개대학 교수선교회가 참여하는 모임을 개최하는 등 조직을 강화하였다. 그리고 회장 재임 11년 동안 41개 후원교회를 개척하여 년 약 4500만원의 후원금을 모금하여, 선교단체 간사를 지원하는 성과를 이루었다. 즉 교회후원 모금을 통해 학원복음화와 선교활동이 원활히 이루어지도록 노력을 하였다. 각 교회를 방문해, 교회의 학원복음화 선교후원이 학원 복음화와 교회 부흥의 동력이 될 수 있음을 설명하며 많은 교회의 협력을 얻어냈다. 또 1년에 2회 교회와 간사들이 함께 예배를 드리고 식사를 하며 격려하는 시간을 가짐으로, 선교단체 간사들이 캠퍼스에서 보다 자긍심을 갖고 열심히 사역을 할 수 있도록 돕는 역할을 하였다.

그리고 그 뒤를 이어 오주원 교수(한남대학교 : 4대 회장), 박세홍 교수(대전보건대학교 : 5대 회장), 박문식 교수(한남대학교 : 6대 회장), 임대혁 교수(대전과학기술대학교 : 7대 회장)가 회장으로 섬겼으며, 현재는 문영진 교수(충남대학교 : 8대 회장)가 대전교수선교회를 위해 헌신을 하고 있다.

4.3 지회 활동

대전지역 교수선교회는 현재 16개 대학(충남대, 한남대, 대전과기대, 배재대, 대전보건대, 대전대, 대덕대, 건양대, 카이스트, 공주대, 목원대, 우송대, 우송정보대학, 한밭대, 침신대, 중부대)이 참여하고 있다. 또 연합을 통해 보다 효과적인 학원복음화운동을 이루고, 회원 상호간의 친목과 믿음의 교제를 하고 있다. 세부 내용은 다음과 같다.

■ **대전교수선교회 주요 사역**

1. <u>기독동아리 지도</u>: 각 대학 기독동아리 지도교수를 맡아, 학생들의 동아리 활동을 원활하게 수행하는 데 도움을 주고 신앙지도를 한다.
2. <u>이단세력 대처</u>: 교수선교회와 기독교 선교단체들이 연합하여 이단세력들의 학원 침투를 저지하는데 공동으로 대처한다.
3. <u>선교단체 간사 후원금 지원</u>: 캠퍼스 선교의 주역은 선교단체 간사이다. 자비량으로 활동하는 이들의 어려운 경제 형편을 돕기 위해 교수 및 대전지역 교회로부터 후원금을 받아 지원한다. 2025년 현재 CCC, DFC, CMI, DSM, IVF, JDM, 예수전도단, SU, ESF, SFC, 대전학복협 등에 속해 있는 간사 71명에게 약 1500만원을 지원한다. 이전에는 41개 교회가 참여해 사업을 하였으나 코로나 시기가 되며, 7개 교회로 감소하였다. 후원을 위해 기도가 필요하다.
4. <u>개강·종강 연합예배</u>: 3월과 6월, 9월과 12월에 학교별 교수선교회 및 기독동아리, 간사 등이 연합으로 개강·종강 예배를 드린다.
5. <u>겨울수련회</u>: 매년 2월 학원내 이슈를 포함, 예배와 세미나 형식의 수련회를 갖는다.
6. <u>학교별 기도회</u>: 학교별로 매주 1~2회 기도회를 운영한다.
7. <u>선교단체 대표간사와 연대</u>: 학원복음화협의회 이사회에 참석하여 협력관계 유지하고 후원 지원을 한다.
8. 지역교화와 연합: 대전성시화운동본부 임원단체로 참여하여 지역교회와 연합된 선교 활동을 한다.
9. 전국대학교수선교대회 참여: 전국대학교수연합회(KUPM) 일원으로 매년 여름 열리는 전국대학 교수선교대회에 참가하고 개최를 논의한다.

〈대전교수선교회 2024~5년 겨울세미나 : 간사님들의 캠퍼스 전도활동에 관하여〉

〈2024년 배재대 전국대학교수선교대회 참석 : 대전교수선교회〉

〈2024~2025년 대전교수선교회 겨울세미나〉

아울러 대전교수선교회에서는 각 교회의 후원 요청을 위해 다음과 같은 감사편지를 대전 지역 교회(신도수 400명 이상)에 1년에 1~2차례 보내고 있다.

대전교수선교회에서 드리는 선교편지

안녕하세요? 젊은 대학생들을 대상으로 하는 대학 캠퍼스의 복음화를 위하여 기도와 물질적 후원으로 격려해 주시는 목사님과 교회에 주님의 은혜와 평강이 가득하시기를 기원합니다.

대전대학교수선교회는 대전·충남 지역에 있는 16개 대학교수들이 학원복음화 사업을 위해 모인 단체입니다. 대학 간사 후원과 더불어 동아리활동 지원 및 기도회 및 세미나 운영 등 대전·충남지역 대학 복음화를 위해 작지만 소중한 사업을 다양하게 수행하고 있습니다.

저희 대전교수선교회에서는 대학교수님들의 후원 및 목사님과 교회의 후원에 힘입어 후원금 전액을 학기별로 2차례에 걸쳐 캠퍼스 선교단체 73여명의 간사들에게 후원하고 있습니다. 이에 목사님과 교회에게 진심으로 감사드립니다.

아울러 앞으로도 다음세대를 위해 계속하여 후원하여 주실 것을 간곡히 부탁드립니다. 다음세대는 대한민국의 희망입니다. 캠퍼스선교를 포기하지 않기 위해서라도 간사들을 격려하고 후원해 주시리라 믿습니다. 후원금은 100% 간사들에게 전달됩니다.
후원 계좌번호는 아래와 같습니다.

> **계좌번호 : 국민은행** 00000000000 **대전교수선교회(후원금)**
> **회계 : 배재대학교** 000 **교수**

캠퍼스의 젊은 청년들의 선교를 위하여 지금까지도 기도해주셨지만 앞으로도 더욱 기도해주시길 바랍니다. 목사님의 기도와 후원에 진심으로 감사드리며, 목사님과 섬기시는 교회가 주안에서 늘 평안하시길 소망합니다. 대전교수선교회의 활동이 주님의 뜻에 합당하여 캠퍼스 복음화와 다음세대의 부흥을 위해 도움이 되기를 소망합니다.

2025. 1. 20.

대전교수선교회회장

문 영 진 올림

==

충남대학교 스포츠과학과 교수
문의 : 문영진교수(0000000)

4.4 마치며

점차 표면적이 아닌 이면적 기독교인이 줄어들고 있고, 복음 전도도 어려워지는 현실 속에서 그마나 자유로웠던 학원에서조차 종교활동에 대한 규제들이 점차 강화되어 가면서 진리를 서로 나눌 수 있는 복음 전도 활동이 점차 어려워지고 있는 상황이다. 한편, 이러한 어려움 속에 이단들은 좀 더 조직적이고, 전문성 있게 달콤한 거짓 진리로 학생들의 포섭활동을 수행하고 있어 학원 내 복음화가 황폐해지고 있는 안타까운 실정을 눈으로 보게 됨이 안타깝다. 하지만 이러한 어려움 속에서도 캠퍼스는 다른 누구도 아닌 스승으로서의 교수들이 지켜내야 할 진리의 사역지라고 판단된다. 교수선교사로서 첫째 지식으로 학생들을 이끌었듯이 둘째 순교자의 마음으로 지치지 않고 끝까지 주님께서 주신 사명을 감당해야 한다고 생각된다. 우리 교수들이 예수 그리스도를 보내신 아버지와, 한마리의 양을 찾아 나서신 예수님의 심정으로 맡은 사명을 수행할 수 있도록 하나님 아버지께서 인도하여 주시길 간절히 기도드린다.

[출처] 문영진 교수(충남대학교) 글 편집

5. 충남지회 : 충남지역 교수선교회

충남지회에서 전국대학교수선교대회가 열린 것은 지금까지 총 2번이다. 특히 호서대학교에서 두번을 개최하였다. 첫 번째는 1999년 제14회 선교대회 "새천년의 대학교수상"이란 주제로 개최하였다. 로고스교수선교회 초대회장과 전국대학교수선교연합회 초창기 이사장을 역임한 강석규 총장의 신앙과 리더십으로 많은 교수들이 모이고, 열심히 준비를 하였다.

두 번째는 2020년에 제27회 선교대회 "내 길을 열라, 너희는 주의 길을 예비하라"는 주제로, 호서대학교에서 두 번째로 개최되었다. 고령의 나이가 되어 거의 실려 나오는 모습으로 부축을 받아 선교대회에 참석하는 강석규 총장의 모습, 그러나 그곳에는 기쁨이 있고 천국의 모습이 느껴졌다.

그리고 충남지회는 충청교수선교회에서 출발해 대전교수선교회가 분리되고, 또 충북교수선교회가 별도로 분리되며 현재의 충남지회가 되어 오늘에 이르고 있다. 다음은 충남지회(충남지역대학 교수선교회) 사역과 관련해 권정태 교수(호서대)가 보내 준 글이다.

충청교수선교회는 학원복음화의 기치를 걸고 지금껏 달려왔다. 그 동안의 연혁을 간략히 소개하면 충청교수선교회는 대전·충청교수선교회에 소속되어 있다가 충청지역과 대전지역이 분리되면서 충청교수선교회로 태동하게 되었다. 당시의 분리 상황은 명확하지 않다. 추정하건대, 대전광역시의 승격으로 충청지역과 행정 구분상 나뉜 탓도 없지 않았나 싶다. 대전이 충청권 지역의 중심도시였으나 광역시로 승격되면서 충청권에서 벗어난 느낌이 있었다. 또 다른 상황은 전국대학교수선교대회 참여에 있어서 충청지역 참여 대학이 점점 강세를 보였다는 점이다.

그러나 대전·충청교수선교회는 기독교수들의 화기애애한 분위기 속에 오랜 기간 서로 교류하며 학원복음화에 대한 정보를 주고받으며 성장 발전해 왔다. 특히 대전·충청교수선교회가 주관하는 전국대학교수선교대회를 준비할 때는 원근을 가리지 않고 모든 대학 교수들이 함께 협조하며 맡은 바의 소임을 다하고 빈번한 회의와 대회 경비 모금에 적극적으로 참여해 대회를 성공적으로 치르기도 했다. 특히 초창기 이후 송기범 교수(대전공대), 남금식 교수(목원대), 김판근 교수(충남대), 남철 교수(배재대) 그리고 호서대학교의 서용원 교수, 박주훈 교수, 김창익교수 등의 활동이 두드러졌다.

시간이 지나면서 대전과 충청이 분리의 가속을 밟게 된 것은 매년 수련회 참가 인원이다. 호서대학교를 주축으로 한 충청지역의 교수들의 전국대학교수선교대회 참여가 눈에 띄게 늘어 한 해 30명이 넘게 되었다. 이것은 충청지역 교수들이 참여 인원수에 있어서 대전·충청교수선교회의 주류가 되고 있음을 의미했다. 그러자 충청교수선교회의 분리 운영에 관한 이야기가 자연스럽게 흘러나오게 되었다. 때마침 1999년 제14회 전국대학교수선교대회가 호서대학교에서 개최될 것으로 공식 발표되었다. 대회 준비위원회의 진용이 대전·충청교수선교회 소속 교수들로 꾸려졌으나 사실상 원거리로 인하여 준비는 충청지역 교수들의 도움으로 거의 이루어졌다. 성공적으로 대회를 마치게 되었을 때, 대전·충청교수선교회는 충청교수선교회 분리 안건을 다루었다. 송기범 교수와 남금식 교수가 긍정적으로 수용하시고 협조하심으로 결의된 내용을 연합회 본부에 알려서 정식으로 승인을 얻게 되었다.

충청대학교수선교회는 제1대 회장인 김창익(호서대: 2000~2015년)와 강원호(단국대 천안캠퍼스), 문송철(남서울대), 백기영(공주대), 이각영(혜전전문대), 김원진 (충북대), 정진영(청주과기대), 이진희(한국교통대) 교수 등이 주축이 되어 창립되었다. 총무는 김경식 교수(호서대)가 수고하였다. 학기말이 되면 각 대학의 신우회 종강채플이 있을 때마다 회원 교수들에게 연락하고 예배에 참석하여 하나님께 영광을 돌렸으며, 그 예배 자리를 통하여 귀한 학원복음화 전도 보고 내용을 들으며 감동을 받았다. 이 정보들을 통하여 회원 교수님들은 유익한 선교적 활동 자료를 얻을 수가 있었다. 또한 매년 선교대회 때마다 첫날 저녁의 일정을 마치고 충청교수선교회는 회원들만의 별도 다과회를 갖고 회원의 각자 소개와 교제를 나누며 각 대학의 복음화 상황을 간략하게 나누기도 했다. 그러던 중 2005년경 충청대학교수선교회에서 충북교수선교회가 독립하여 나가게 되었다.

2012년, 제27회 전국대학교수선교대회가 호서대학교에서 13년만에 다시 개최되게 되었다. 이때야말로 충청선교회의 역량을 발휘할 때라 믿고 하나님께 기도하면서 총력을 기울여 준비하였다. "너희는 주의 길을 예비하라"(막1:3)는 말씀을 근거로 대회 주제는 '내 길을 열라'로 정해졌다. 12개 분과로 나뉘어 각 분과별로 일들이 추진되어서 결과는 성공적으로 대회를 마치게 되었다.

그 후 제2대 회장으로 김경식 교수(호서대: 2016~2021년)가 세워져 총무의 경험을 살려 특히 선교회 네트워크를 든든히 세우는 일에 힘썼다. 이는 정년퇴임 등으로 기독교수들의 연락이 두절되며 대학 간 채널이 단절되고 네트워크에 손상이 있었기 때문이다. 더구나 메르스, 코로나로 인하여 만남이 어려워지면서 이 문제가 더욱 심각해졌다. 그 뒤를 이어 권정태 교수(호서대: 2021.6~현재)가 3대회장으로서 충남지역 대학교수선교회를 이끌어오고 있다. 부회장으로는 하준홍 교수(한국과학기술대), 총무로 이윤길 교수(호서대)가 봉사하고 있다.

[출처] 권정태 교수(호서대학교) 글 편집

6. 충북지회 : 충북기독교수선교회

충북지역에서는 지금까지 전국대학교수선교대회가 3번 개최되었다. 첫 번째는 1998년 제11회 선교대회가 "너 안에 사신 예수 그리스도"라는 주제로 교원대학교로 열렸다. 두 번째는 2017년 제32회로 "내가 너를 보내노라" 주제로 거점 국립대학교라는 큰 흐름 속에서 충북대학교에서 열렸다. 그리고 최근 코로나19 팬데믹 이후, 2023년에 현 연합회장인 김광현 교수를 준비위원장으로 제38회 선교대회가 "일어나라 빛을 발하라"는 주제로 한국교통대학교에서 열렸다. 모두 헌신된 모습으로 모두 열심히 섬겨 주셨다.

다음은 충북지회(충북기독교수선교회) 사역과 관련해 김지대 교수(충북대)가 보내 준 글이다.

6.1 충북기독교수선교회 연혁

1991년 3월 21일, 청주의 봄기운이 감돌던 아침, 청주 CCC회관 한 켠에서 부활절을 기념하는 조찬기도회가 열렸다. 이 자리는 충북지역 각 대학의 기독교수회 회장들과 대표들이 모인 뜻깊은 자리였다. 그날, 누군가 조심스럽게 입을 열었다. "우리가 이렇게 흩어져 있지 말고, 충북 전체 기독교수들이 하나의 연합체를 만들면 어떨까요?" 이 작은 제안은 생각보다 큰 울림을 가져왔다. 바로 그 순간이 충북기독교수연합회의 태동이었다. 같은 해 9월 12일, 드디어 그 뜻이 현실이 되었다. 충북대학교 의과대학 강당에서 연합회 창립예배가 드려졌다. 초대 연합회장에는 청주대학교의 이종익 총장이, 부회장에는 충북대의 한규영 교수가 선출되었고, 조성진 전 충북대 총장과 정원채 대전전문대학장이 고문으로 위촉되었다. 연합의 첫걸음은 엄숙하면서도 따뜻했다. 믿음의 동역자들이 이제 하나의 이름 아래 모인 것이다. 12월 4일에는 성탄을 기념하는 조찬기도회가 청주 CCC아카데미센터에서 열렸다. 작은 공동체는 점점 하나의 신앙 가족으로 성장해 갔다.

1992년, 연합회는 본격적인 활동을 시작했다. 5월 1일, 연합회보 제1호가 발간되었고, 같은 달 26일부터는 그리스도인 주부들을 위한 '제1기 크리스천 주부대학'이 청주 CCC아카데미센터 글로리아홀에서 열렸다. 믿음의 가정이 더욱 풍성한 삶을 누릴 수 있도록 하는 이 교육은 6월 11일까지 진행되었다. 그 해 10월 20일에는 환경보전연구회와 창조과학회 충북지부와 함께 만든 '충북기독교문화연합회보' 제1권 제1호가 세상에 나왔다. 연합은 이제 교육과 문화, 환경 사역으로까지 확장되기 시작한 것이다. 12월 1일, CCC센터에서의 연합예배와 정기총회에서는 회칙 개정이 이루어지며 조직으로서의 기틀이 다져졌다.

다음은 1993년부터 2024년까지 충북기독교수선교회의 간략한 연혁이다.

- 1993년. 초대 회장의 이임과 함께 한규영 교수가 제2대 회장으로 선출되었고, 주부대학과 신앙 강좌 등 다양한 사역이 안정적으로 이어졌다.
- 1994년. 교육개혁 관련 전국 모임에 참여하며 활동 반경을 넓혔고, 수화학교를 시작으로 사회적 약자를 위한 사역이 본격화되었다. 김옥태 교수가 제3대 회장으로 선출되었다.
- 1995년. 외국인 근로자 선교위원회가 설립되고, 대전극동방송을 통한 신앙강좌 방송도 시작되었 다. 수화학교와 주부대학이 계속되며 사역이 다양화되었다.
- 1996년. 회장직 교체가 있었고, 전국대학교수선교대회가 한국교원대에서 열렸다. 방송 내용을 바탕으로 신앙칼럼집도 발간되었다.
- 1997년. 세 단체의 재정을 통합하는 중요한 결정이 있었고, 예배 공동체로서의 정체성이 더욱 확립되었다.
- 1998년. 수화학교와 연합종강예배가 꾸준히 이어졌으며, 전국대학교수선교대회에도 참여하면 서 지속적인 성장과 다음 세대를 위한 기반이 마련되었다. 1999년에는 제7기 청주 수화학교가 청주농아인교회에서 열려 20명이 수료하였고, 최병문 교수가 제6대 회장으로 선출되었다. 종강 예배도 각 대학에서 이어졌다.
- 2000년. 정선영 교수가 제7대 회장으로 선출되었고, 서원대에서 총회와 함께 예배가 진행되었다.
- 2001년. 공군사관학교와 충청대가 가입하며 회원 대학이 9개로 늘었고, 종강예배와 전국대학교 수선교대회 참여, 소식지 제2호 발간 등 활발한 활동이 이루어졌다.
- 2002년. 4개 대학이 추가로 가입하여 총 13개 대학이 되었고, 충북대에서 선교대회를 개최했으 며, 회장으로 이대승 교수가 선출되었다.
- 2003년. 다양한 예배와 전국대회 참가, 농아인교회 창립예배 참석, 소식지 제4호 발간 등 지속적인 사역이 이어졌다.
- 2004년. 연합종강예배와 총회가 서원대에서 열렸고, 제9대 회장으로 연윤모 교수가 선출되었으며, 소식지 제5호가 총회지로 발간되었다.
- 2005년. 외국인 선교사 리즈 선교사의 메시지가 전해졌고, 전국대학교수선교대회에 참여했으며, 청아홀에서 종강예배가 열렸다.
- 2006년. 주성대학 기독교수회가 창립되었고, 충북대학교에서 종강예배가 진행되며 선교 사역이 꾸준히 확장되었다. 제21회 전국대학교수선교대회에 참여하고, 조재민 교수가 제10대 회장으로 선출되었다.
- 2007년과 2008년. 종강예배와 전국대회에 참석, 소식지 발간이 이어졌으며 충성된 사역자 정신과 성령의 임재에 대한 메시지가 중심이 되었다.
- 2009년. 이원식 교수가 제11대 회장으로 선출되었고, 충북대와 충주대 등에서 예배가 드려졌다.
- 2010년. 심의보 교수가 제12대 회장이 되었고, 예배와 전국대회 참여가 꾸준히 이어졌다.
- 2011년. "충북기독교수선교회"로 명칭이 변경되었고, 종강예배와 함께 청남대 가을산행 등 교제의 장도 마련되었다.
- 2012년. "한 사람"의 믿음을 강조한 말씀과 함께 예배가 드려졌고, 제27회 전국대학교수선교대 회 참석과 찬양제를 통해 활동이 확장되었다.
- 2013년. 송경호 교수가 제13대 회장으로 선출되었으며, 서원대 교회 창립예배 지원과 함께 충북지회가 독립 운영을 시작하면서 자립된 선교 공동체로 새롭게 출발하였다. 한남대에서 열린 제28회 전국대학교수선교대회에 8명의 교수들이 참여했으며, 박용남 교수가 제14대 회장으로

선임됨. 종강예배와 찬양제가 청주 CCC에서 개최됨.

- 2014년, 한국교원대에서 종강예배가 드려졌고, 계명대에서 열린 전국선교대회에 10명이 참가. 12월 종강예배와 함께 소식지 제14호 발간.

- 2015년, 정년퇴임 감사예배와 함께 새 임원단(회장 박용남, 총무 오기완) 구성. 조찬기도회가 매월 열렸으며, 충북도청과 도정발전기도회 공동 개최. 광주 남부대 전국대회 참석, 12월엔 이영범 교수가 제15대 회장으로 선출됨.

- 2016년. 정기 조찬기도회와 이사회가 꾸준히 이어졌고, 청주 CCC에서 종강예배가 열림. 충북기독교수선교회는 기도와 말씀 중심의 공동체로서 정체성과 사역을 지속적으로 강화함. 강영안 명예교수의 깊이 있는 말씀으로 종강예배가 시작되었고, 부산대에서 열린 전국선교대회와 함께, 청주대에서 미국 오레곤주립대 김봉수 목사의 말씀으로 한 해를 마무리하며 신앙의 깊이를 더한 해였다.

- 2017년. 전국선교대회를 앞두고 두 차례 특별 기도회가 열렸으며, 1학기와 2학기 종강예배가 각각 서원성결교회와 CCC 아카데미에서 진행되었고, 변호승 교수가 제17대 회장으로 선출되며 조직이 새로 구성된 해였다.

- 2018년. 청주 YWCA에서 열린 신년하례회 참석으로 지역 교계와의 연대를 강화하였고, 인천대 송도캠퍼스에서 열린 전국선교대회 참가, 청년예배 및 임직예배 참여, 그리고 서원대에서의 종강 예배와 소식지 제18호 발간으로 사역이 활발했던 해였다.

- 2019년. 꾸준한 조찬기도회와 이사회 운영을 바탕으로 충남대 전국선교대회에 참석하였고, 충북 대에서의 2학기 종강예배와 함께 윤성종 교수가 제18대 회장으로 선출된, 조직과 사역의 연속성 이 이어진 해였다.

- 2020년. 코로나19 상황에서도 비대면 전국선교대회에 유튜브 생방송으로 참여하며 사역을 멈추 지 않았고, 임원회와 이사회가 꾸준히 개최되며 새로운 시대에 적응한 해였다.

- 2021년. 한동대 전국선교대회에 비대면으로 참가하고, 기도회와 종강예배가 계속 이어졌으며, 조직 일부가 재정비되고 충북기독교수선교회의 예배 전통이 지속된 해였다. 코로나19의 여파 속에서도 임원진 개편과 함께 새로운 출발의 해였다. 한동대학교 전국선교대회에 비대면으로 참석하였고, 조찬기도회와 이사회, 종강예배가 꾸준히 진행되며 공동체의 연속성을 유지한 해였 다. 12월 7일에는 2학기 종강예배와 함께 제19대 회장으로 교통대 김학원 교수가 선출되었고, 새로운 임원진이 2022년 사역을 준비하기 시작한 해였다.

- 2022년. 비대면 회의와 모임이 중심이 되었던 해였다. 6월 14일 중원경교회에서 권태구 목사의 말씀으로 종강예배가 드려졌고, 7월 고신대에서 열린 전국선교대회에도 대면과 비대면으로 참여 하였다. 가을에는 연속된 온라인 회의를 통해 사역 방향을 논의하였고, 12월 8일 찬양예배와 총회로 한 해를 마무리하며 여러 대학의 교수들이 함께한 감사의 시간이 되었던 해였다.

- 2023년. 충북기독교수선교회는 상·하반기 임원회, 회장단 모임, 이사회, 종강예배 및 전국선교대 회 등을 비대면과 대면으로 병행하며 꾸준히 진행하였다. 1학기와 2학기 모두 각 대학 교수들과 함께 예배와 기도, 교제를 이어갔고, 12월에는 정기총회와 찬양예배로 한 해를 마무리하였다. 소식지 제19호 발간을 위해 원고를 모집하고, 지속적인 소통과 기록의 사역도 병행하였다. 12월 14일 충북대 김지대교수가 제20대 회장으로 선출되었고, 새로운 임원진이 구성되었다.

- 2024년. 배재대학교에서 개최된 전국교수선교대회에 참여하였으며, 이사회 모임이 활성화되었 고, 연합 종강예배를 은혜스럽게 드렸다.

충북기독교수선교회의 1990년대는 캠퍼스 선교의 초석을 놓고, 지역사회와의 연대를 넓혀가며 '선교 공동체로서의 성숙'을 이룬 출발의 10년이었다. 신앙과 실천이 조화를 이루었고, 다음 세대를 위한 기반과 사역의 확장 가능성을 열어 놓은 귀중한 시기였다. 충북기독교수선교회의 2000년대는 조직적 기반을 공고히 하며, 지역과 전국을 잇는 복음의 통로로서 체계적 사역을 확장해간 성장의 시기였다. 신앙 공동체로서의 정체성, 교수 간 네트워크, 지역 사회와의 협력, 전국 연합 사역에 이르기까지 다면적인 성숙을 이룬 10년이었다. 2010년대의 충북기독교수선교회는 명칭 변경을 통해 정체성을 명확히 하고, 예배와 기도의 흐름을 중심축으로 삼아 지역, 세대, 캠퍼스를 넘는 신앙 공동체로 한층 성숙한 시기였다. 사회적 책임감과 선교적 소명의식이 함께 커지며, 교수 선교 공동체로서의 모델을 안정적으로 다져간 10년이었다. 2020년대의 충북기독교수선교회는 전례 없는 위기 속에서도 신앙 공동체로서의 본질을 잃지 않고, 유연성과 연대를 기반으로 새로운 선교의 길을 열어간 시기였다. 디지털 시대에 맞춰 형식을 유연하게 전환하면서도, 예배·기도·연합이라는 핵심 가치를 흔들림 없이 유지한 점에서 매우 성숙한 선교 공동체의 모습을 보여주었다.

6.2 충북기독교수선교회 주요 활동

충북기독교수선교회의 주요 활동은 상반기와 하반기 각각 (1) 임원회의, (2) 각 대학 회장단 회의, (3) 이사회 모임, 그리고 (4) 연합종강예배가 있다. 아울러 매년 개최되는 전국대학교수선교대회에 참여하는 것이다.

- 임원회의: 회장, 부회장, 총무, 회계, 그리고 서기로 구성된 임원진들이 3월과 9월에 모여서 계획을 수립하고 선교회 운영을 책임짐.

- 회장단회의: 각 대학 교수선교회의 회장이 모여서 예배를 드리고 말씀을 나누며, 각 대학의 기도제목과 활동들을 함께 공유함. 4월과 10월 2차례 진행함.

- 이사회 모임: 역대 충북기독교수선교회 회장, 현재 각 대학 교수선교회 회장과 직전회장, 그리고 이사회에서 추천한 이사들로 이사회를 구성함. 중요 사항(예, 차기 회장선임 등)을 논의함. 5월과 11월 2차례 모임.

- 연합 종강예배: 6월과 12월 2차례에 걸쳐 연합 종강예배를 드린다. 특히 12월에 드리는 연합 종강예배는 합창제도 함께 개최된다. 이 합창제에서 각 대학 교수선교회 회원들이 나와서 은혜로운 찬양을 드리며 축제의 시간을 갖는다.

다음은 충북기독교수선교회 회칙이다.

◆ 충북기독교수선교회 회칙 ◆

제1조(명칭) 본회의 명칭은 "충북기독교수선교회"라 칭한다.

제2조(목적) 본회는 그리스도 안에서 지역 및 지역대학을 위한 복음 전파 활동, 사회봉사, 회원들의 상호정보교환을 통하여 충북지역에 기독교문화를 정착하는 것을 목적으로 한다.

제3조(회원) 본회는 충북지역 대학의 기독교수회로 조직하여 이들 기독교수회의 회원은 본 회의 회원이 된다.

제4조(이사 및 임원) 본 회의 이사는 역대 회장과 당해년도의 충북지역 각 대학의 기독교수선교회를 대표하는 회장 및 직전회장 그리고 이사회에서 추천하는 기독교수들이며 이들 이사들로 이사회를 구성한다.

제5조(임원) 본회의 임원은 회장, 부회장, 총무, 서기, 회계이다. 회장은 이사회에서 추천하여 총회에서 인준을 받는다. 부회장, 총무, 서기, 회계는 회장이 임명한다. 회장은 이사회장을 겸임하고, 부회장은 회장 유고 시 회장을 대리한다.

제6조(임원의 임기) 이사와 임원의 임기는 1년으로 하되 연임할 수 있다.

제7조(고문) 본회의 발전에 기여 할 수 있는 사람을 이사회를 거쳐 고문으로 추대 할 수 있다.

제8조(총회) 총회는 연1회 12월중에 개최하는 것을 원칙으로 한다.

제9조(이사회 및 임원회) 이사회는 년 2회 이상, 임원회는 수시로 회장이 소집할 수 있다.

제10조(의결) 이사회의 의결은 출석과반수이상의 찬성으로 한다.

제11조(재정) 본회의 재정은 후원금으로 한다.

제12조(업무연도) 본회의 업무연도는 매월 1월 1일부터 12월말까지로 한다.

부   칙
1. 본 회의 회칙을 개정하고자 할 때는 이사회의 의결을 얻어 총회에서 인준을 받는다.
2. 본 회칙에 규정되지 않은 사항은 교회의 보편적 관례에 따른다.
3. 본 회칙은 총회에서 의결한 날로부터 시행한다.

1991년 9월 12일 제정   1992년 12월 1일 개정
2000년 12월 7일 개정   2002년 12월 6일 개정
2006년 12월 8일 개정   2012년 12월 6일 개정
2021년 12월 7일 개정

다음의 충북기독교수선교회 주요활동을 담은 주요 사진들이다.

〈연합종강예배(2024.12.17)〉

〈연합종강예배(2024.6.10)〉

6.3 각 대학별 교수선교회 모임과 기도제목

■ 모임현황

1. 건국대:
   - 조찬기도회 매주 수요일 오전 7시~8시 조찬기도회(교수연구동 511호) 진행 10~15명, 예배섬김, 말씀섬김, 기도섬김을 각 3분의 회원들이 담당해주심
   - 열린기도회(2024년 2학기 신설) 매주 화요일 오후 9시~9시 30분 열린기도회 진행
   - 중간고사 야외예배: 은퇴 신우회 회원분 초청, 연합예배 및 신우회 소식 나눔
   - 기말고사 조찬예배: 신우회 회원을 중심으로 새로운 학기 예배 계획 수립
   - 기타 : 교내 기독동아리 및 협력 교회와의 공동 예배 참석
2. 공사: 교수 모임 없음 (장교/부사관 모임과 생도 모임이 있음)
3. 대원대: 회장 선임을 아직 못해서 모임을 못하고 있음. 회장 선임을 위해 기도
4. 서원대: 매주 수요일 1~2시에 기독교수회 예배, 말씀 나눔
   대학교회에서 기독교 교리 공부
5. 세명대: 매주 목요일 아침 8시 15분부터 9시 15분 대면과 비대면(줌)으로 사도행전 성경공부 모임, 중간고사 기말고사 때 오찬 모임을 가짐
6. 우석대: 매주 수요일 오전 8시부터 대면 성경나눔및 기도모임. 야고보서를 함께 나눔
   지역교회와 연합하는 활동을 확대하고자 하고 있음
   학기 시작과 끝에 오찬 모임을 갖고 있음
7. 청주교대: 코로나로 신우회 자체모임은 못하고 있었으며, 신우회 모임 방향과 학생 모임의 지원을 위해서 기도 중임
8. 청주대: 표어, 가르침과 배움으로 실천하는 예수님의 사랑
   (1) 모임
   - 학기별 교직원 개강예배/종강예배
   - 매주 목요일 6시 성경모임(아가서)
   - 5월 15일 사랑의 헌혈
   - 11월 중 CCC 학생들과 연합예배
   (2) 기타: 매월 1회 친교 식사모임
9. 충북대:
   - 예배: 학기별 개강예배/종강예배/연합예배, 총 6회
   - 성경모임: 매주 수요일 점심시간, 풍성한 삶(CCC 출판) 활용
   - 말씀과 기도체인: 단체 톡방에 매일 1인 교수 말씀 올림과 요일별 중보기도 나눔
   - 성경세미나: 10월 말경, 저녁 6시
   - 기독학생 동아리: 중앙동아리(CCC(전익수 교수), IVF(이훈수 교수), SFC(김지대 교수), 네비게이토(권순동 교수), 비중앙동아리: JDM(강성민 교수), UBF(한현숙 교수), ESF (김태옥 교수), 예수전도단(이의신 교수)
10. 충북보건과학대: 코로나로 인해 교수 모임 못하고 있음. 교수신우회 모임이 활성화 될 수 있도록 기도 필요함
11. 충청대:
   - 모임: 매주 목요일 오전 8시 30분, 1주 성경통독 내용을 갖고 개인적인 간증시간으로 진행하면서 기도함
12. 한국교원대: 격주로 수요일 12시에 신우회 모임
13. 한국교통대:

 - 예배: 캠퍼스교회 예배(대면)가 매주 화요일 저녁 6시에 있음(교직원, 학생)
 - QT모임: 매주 목요일 12시에 비대면으로 진행됨(교수)

■ **기도제목**

1. 건국대:
 - 건국대 글로컬캠퍼스 기독교신우회의 부흥(영적 부흥 및 가입 인원 증원)을 위해서
 - 건국대 글로컬캠퍼스내 기독교동아리의 부흥(영적 부흥 및 가입 인원 증원)을 위해서
2. 공사: 기독 교수 모임이 시작될 수 있도록
3. 대원대: 교수 기도모임 활성화를 위해서, 캠퍼스 사역의 활성화를 위해서,
   신임회장 선출을 위해서
4. 서원대: 교수회 모임을 위해서, 매월 수요 연합예배 잘 유지되고 운영될 수 있도록
5. 세명대:
 - 전 회원이 잘 참석하여 하나님의 은혜와 축복을 받기를 기도드립니다
 - 신입회원 확대에 같이 기도하고 전도하기를 기도드립니다
 - 한 학기 시작으로 학생들을 사랑으로 잘 지도하여 그리스도의 본을 실천하기를 위해
6. 우석대:
 - 학교와 학생들의 건강한 유지와 발전을 기도합니다
 - 기독교수회 회원들의 연합과 신앙의 성장을 기도합니다
 - 학생들의 진로를 위해 애쓰시는 교수님들의 노고가 열매를 거두고, 애쓰시는 교수님들의
   심신의 건강과 평안을 기도합니다
7. 청주교대: 코로나 이후 신우회를 재편 방향과 학생 모임 지원 방향에 대하여 고민 중임
8. 청주대: 청주대학교 기독교수회의 부흥과 기독교수자의 영성 회복
9. 충북대:
 - 충북대의 복음화가 될 수 있기를
 - 모든 모임에 부흥과 은혜가 있기를
 - 실질적으로 활동하는 기독교수가 증가할 수 있기를
10. 충북보건과학대: 기독교수 모임이 회복될 수 있도록
11. 충청대: 새롭게 시도하는 카톡방에 성경통독을 통해서 그동안 참여가 소홀하셨던 기독교수들이
    다 동참할수 있도록 기도해 주세요
12. 한국교원대: 한국교원대학교의 복음화와 연합을 위해
13. 한국교통대:
 - 캠퍼스교회를 통해 하나님의 뜻이 이루어지도록
 - 캠퍼스 내 기독공동체(기독교수회 | 기독직원회 | 기독동아리 | 캠퍼스교회) 모임의 활성화를 위해

[출처] 김지대 교수(충북대학교) 글 편집

7. 대구경북지회 교수선교회

대구경북지역에서는 지금까지 전국대학교수선교대회가 6번 개최되었다. 첫 번째는 1994년 제9회 대회로 "내가 너희를 택하여 세웠나니"란 주제로 대구대학교에서 개최하였다. 참석교수가 500여명에 이르렀다. 또 이때 만들어진 2박 3일 순서가 체계적으로 잘 짜여 있어 이후 여러 형태로 영향을 미치고 있음이 발견된다. 두 번째는 1997년 12회로 "주의 길을 곧게 하라"는 주제로 한동대학교에서 개최되었다. 특히 이는 김영길 총장(한동대) 재임 시기의 선교대회로, 이후 한동대는 신앙에 기초한 교육과 대학정책의 모델 제시로 선한 영향을 일으켰다. 2000년은 제15회 "일어나라 빛을 발하라" 는 주제로 계명대학교에서 개최되었다. 대구 최초의 복음전파와 선교역사를 갖고 있는 계명대의 모습을 잘 보여주었다. 2009년 제24회 대회는 "나눔과 섬김"을 제목으로 미션스쿨이 아닌 영남대학교에서 개최되었다. 그러나 남효덕 교수(영남대)가 정리한 글처럼 하나님께서는 그런 가운데도 기적을 일으키셨다. 2014년 제29회 대회는 "이 땅을 고쳐주소서: 회개·화합·부흥"을 주제로 계명대학교에서 두 번째로 개최되었다. 그리고 최근 2021년 코로나 팬데믹 기간 중 제36회 선교대회가 "위기 시대속의 기독 교수의 소명"이란 주제로 한동대학교에서 개최되었다. 특히 36회 대회는 장순흥 총장(한동대)이 대회 개최 결정부터 진행까지 도움을 많이 주었다.

다음은 대구경북지회(대구경북교수선교회) 사역과 관련해 김재민 교수(경일대)가 보내준 글을 중심으로 수록하였다.

7.1 대구경북교수선교회 연혁

대구경북교수선교회는 대구경북지역의 대학교수들을 중심으로 학원복음화와 영성회복 그리고 성도의 교제와 친교를 도모하기 위하여 1990년에 설립되었다. 1990년 11월 16일과 12월 4일 2차에 걸친 창립을 위한 준비모임을 정충영, 이병찬 등 10명의 기독 교수들이 참석한 가운데 가진 이후, 1991년 2월 5일 경북대학교 중앙회의실에서 70여명의 교수들이 참석한 가운데 창립총회 및 정기총회를 개최하였다. 초대회장에 정만득 교수, 부회장에 정충영 교수 간사에 송재기 교수, 감사에 신현우 교수, 그리고 대학별로 17명의 운영위원을 선임하였으며 김익동 총장과 신일희 총장을 고문으로 추대하였다. 1994년도에 기존의 '대학교수선교회'라는 명칭을 '대구경북교수선교회'로 변경하여 오늘에 이르렀다. 본 선교회 창립을 계기로 경북대에 이어 각 대학별로 기독교수회도 만들어지기 시작하였는데, 1991년 5월에는 금오공대가, 1991년 9월에는 대구교대가, 1995년 5월에는 대구대가, 1998년 6월에는 계명대와 상주산업대(현 경북대 상주캠퍼스)가, 1999년 11월에는 영남대가, 2004년 5월에는 대구예술대가 각각 기독교수회를 창립하였고, 이후 계명문화대, 영진전문대, 경일대 등이 뒤를 이으면서 현재 대구경북지역 47개 대학 중에서 40개 대학에 기독교수회가 조직되어 운영되고 있다.

7.2 대구경북교수선교회 활동

대구경북교수선교회가 안정적으로 정착하면서 전국대학교수선교대회를 대구경북 지역 대학에 유치하기 시작하였다. 1994년 7월 7일부터 9일까지 제9회 전국선교대회를 대구대 경산캠퍼스 영광교회에서 300명이 참석한 가운데 "내가 너희를 택하여 세웠나니"(요15:16)란 주제를 가지고 김덕신, 김삼환, 김진홍, 조용기 목사를 강사로 모시고 개최한 것을 시작으로 1997년도에는 한동대학교에서 제12회 대회를, 2000년 7월에는 계명대학교에서 450명이 참석한 가운데 제15회 대회를, 2009년 6월에는 영남대학교에서 제24회 전국대회를, 2014년 7월에는 다시 계명대학교에서 제29회 전대선 대회를 각각 개최하였다. 지난 34년 동안 본 선교회는 매년 여름에 개최되는 위 대회에 약 500명 내외의 교수들이 참석하여 은혜로운 시간을 가져 왔다.

또한 본 선교회에서는 매년 새해가 시작되면 1~2월경에 교수들의 영성 함양과 캠퍼스 선교에 통찰력을 키울 수 있는 주제를 가지고 동계세미나를 개최하는 전통을 만들어 지금까지 이어 내려오고 있다. 특히 종교개혁 500주년이 되는 2017년 1월 7일에는 "종교개혁과 기독교수의 사명" 이란 주제로 세미나를 개최하여 종교개혁의 의미를 되새기면서 우리 현실 생활에서의 적용방안을 함께 모색해 보는 시간을 가진 바 있고, 2025년 2월 15일에는 "캠퍼스에 세워가는 하나님 나라"라는 주제를 가지고 대구경북학원복음화협의회 컨설테이션과 겸하여 세미나를 개최하였다. 이 행사를 통해 각 캠퍼스의 기독교수들과 선교단체 간사들이 3개 팀을 이루어 분임토의를 진행함으로 서로 활발하게 의사소통을 하는 계기를 마련하였다.

〈대경교수선교회 동계세미나('25)〉

〈'25동계세미나시 선교단체 간사와의 분임토의〉

이와 더불어 대구경북교수선교회는 지난 10여 년간 중국유학생 선교사역을 역점사업으로 삼아 추진하였다. 2008년 계명대학교 교수선교회가 주최하고, LA세계로교회가 주관한 가운데 계명대 중국유학생 52명을 대상으로 왜관 연화리 피정의 집에서 제1회 견고한 크리스찬 세우기(이하 '견세'라 함)를 개최하였는데 이 행사가 매년 마다 개최되어 5회 대회 때까지 이어졌고 여기서 수많은 결신자들이 나왔다. 그리고 이 견세는 차이스타(Chista)라는 선교 사역으로 발전하기에 이르렀다. 차이스타는 견세가 대구경북지역과 부울경지역, 더 나아가 영남지역까지 확대된 중국유학생 연합 부흥회로서의 성격을 지니게 되었다. 2011년 경북청소년수련센터에서 진행된 제1회 차이스타 대회는 대구경북교수선교회가 주최하고, 중국유학생 사역자들이 주관하였으며, 지역교회가 재정을 후원하는 방식으로 진행된 연합집회였다. 견세가 불신자를 대상으로 한 행사라면, 차이스타는 기신자와 불신자를 다 포함해서 진행한 행사였다. 이후 2012년 제2회 대회를 대구 팔공산 평산아카데미에서, 제3회 대회를 2013년 경주 켄싱턴리조트에서 개최하였는데 이 3회 대회 때부터 대구경북 교수선교회와 부산울산 경남지역 교수선교회가 공동으로 주최하게 되었다. 이후에도 차이스타 행사가 이어지다가 2020년~2021년은 코로나 상황 때문에 온라인으로 행사를 개최하면서 서울경기 지역의 차이스타와 통합해서 진행되었는데 약 2천 명이 참석하는 열기를 보이기도 하였다.

〈제1회 견세 수련회('08)〉

〈제8회 차이스타 대회('18)〉

그 밖에 시행되고 있는 대구경북교수선교회 활동으로는 1학기 3월~6월, 2학기 9월~12월의 기간 동안에 진행되는 월례기도회가 있다. 이 월례기도회는 대구경북 각 대학 교수신우회가 차례로 행사를 주관하면서 진행하는데 매월 3째 주 토요일 아침 7:30에 시작하여 예배와 기도 및 사역나눔 등으로 진행한다. 또한 대구서현교회에서 개최되는 성시화 운동본부의 기도모임이나 대구경북학원복음화협의회 모임, 그리고 대구경북홀리클럽 직능단체 수련회에 임원들이 참여하는 등 관련 기독단체와도 협력사역을 전개하고 있다.

〈대경교수 월례기도회('24)〉

〈성시화 운동본부 아침 기도회('21)〉

7.3 대학별 교수선교회 활동

7.3.1 경일대학교

경일대학교에는 2025년 현재 15명의 기독교수들이 캠퍼스 내 기독학생들의 신앙활동을 돕고 있다. 2020년 코로나 이후 기독교수들의 정기적인 월례 모임이 안 이뤄지다가 최근 2년 전부터 소수의 교수들이 경건서적을 읽은 후 독서토론을 하고 기도하는 모임을 월 1회 갖고 있는 중이다. 교내에는 CCC, SFC, JDM과 같은 3개의 기독선교단체가 활동하고 있는데 매 학기 개강 및 종강예배를 교수와 교직원 및 3개의 기독선교단체 학생들이 연합으로 드리고 있다. 특히 2023년도부터는 개강·종강 예배시 기독학생들은 물론 신앙이 없는 학생 중 모범생을 선발, 예배에 초청하여 장학금을 지급하는 행사를 하고 있다.

〈경일대 종강예배〉

〈경일대 기독학생·모범학생 장학금 수여〉

7.3.2 경북대학교

경북대학교 기독교수회는 매학기 개강·종강 연합예배를 경북대학교 기독인들이 함께 모여 드리고 있는데, 코로나 사태와 의료 사태로 중단되었던 의과대학 기독교수회와 함께 유학생 무료진료 재개를 통하여 유학생과 그 가족들에게 하나님 사랑을 전하고 있다. 2025

년 글로벌 기독센터 재건립을 위해 노력하고 있고, 학교 주변 담벼락 청소활동을 통하여 주변 이웃과 소통하는 시간을 가지며, 학기 중 매주 아침기도회 모임을 통해 은혜를 나누며 예수님의 제자로서의 사명을 점검하는 시간을 가지고 있다.

<table>
<tr><td>〈경북대학교 개강·종강 연합예배〉</td><td>〈경북대 유학생 무료진료 봉사〉</td></tr>
</table>

7.3.3 계명대학교

계명대학교는 기독교 정신을 바탕으로 한 인재 양성을 목표로 설립된 대학으로서 1899년 제중원으로부터 시작되어 설립 초기부터 기독교적 가치관을 바탕으로 한 교육을 강조하며 지역사회와 함께 성장해 왔다. 1998년 창립된 교수선교회는 기독교수들의 모임으로 매주 수요일 기도모임과 목요일 기도모임을 통해서 캠퍼스의 영적성장과 복음화에 힘쓰고 있다. 캠퍼스의 선교는 크게 교목실 중심으로 학교와 구성원들을 위한 선교, 교수들의 신우회 모임인 교수선교회, 직원들 신우회 모임인 복음선교회 및 8개의 공인 기독선교단체를 중심으로 활발하게 캠퍼스 사역을 하고 있다. 특히 부활절 연합예배, 추수감사절 연합예배, 성탄절 연합예배, 개강예배 등을 통해서 서로 연합하고 협력하는 공동체를 형성하고 있다. 교수선교회는 매주 수요일 12시에 한 자리에 모여서 구성원, 학교, 그리고 나라를 위한 기도회를 가지고 있다.

<table>
<tr><td>〈계명대 수요기도회〉</td><td>〈계명대 부활절 연합예배〉</td></tr>
</table>

7.3.4 계명문화대학교

계명문화대학교 교수선교회는 1991년 10월 29일에 계명캠퍼스의 학원복음화를 위해 창립되었다. 올해 35년째 기독교 신앙의 전통을 이어가고 있다. 계명문화대학교 평생교육원 계명홀에서는 매주 교수선교회 신앙활동으로 교수선교회 예배가 이루어진다. 선교회 회원들은 점심시간 1시간동안 짬을 내어 모여 함께 예배하고 기도하는 시간을 가진다. 그 외에도 학기당 2~3명의 학생에게 신앙 장학금 지원, 선교단체(CCC)후원, 교직원 연합예배를 비롯하여 교목실과 연합으로 영어성경공부(EBS), 국내외(울릉도, 라오스 등) 봉사활동, 교직원 연합예배를 진행하고 있다.

〈계명문화대 영어 성경공부〉	〈계명문화대 학생에 대한 장학금 지원〉

7.3.5 대구대학교

대구대학교는 설립자 이영식 목사가 1946년 4월 19일 대구맹아학원을 설립한 이후 영광학원이라는 이름 아래 대구대로 발전하였는데 지난 70년간 기독교 세계관의 바탕 위에 우리나라 특수교육과 재활, 사회복지 교육의 요람으로 자리하고 있다. 대구대학교 캠퍼스교회는 대구 대명동 영광교회와 경산캠퍼스 영광교회를 중심으로 20여개 기독캠퍼스단체가 연합하여 매주 수요일과 주일에 예배를 드리고 있다. 대구대학교 캠퍼스교회의 가장 큰 행사는 개강예배와 종강예배로서 교직원, 학생, 기독단체가 연합하여 약 350여명이 함께 모여 예배를 드리고 있으며, 매주 목요일 전교생을 대상으로 한 야외 버스킹전도대회를 갖고 있는가 하면, 중국인 유학생 대상 전도대회와 학과복음화 전략에 따른 스포츠레저학과의 캠퍼스교회를 학기 시작과 끝에 실시하고 있다.

〈대구대 종강 연합예배〉

〈대구대 야외 버스킹 전도대회〉

7.3.6 대구교육대학교

대구교육대학교는 1991년 2월, 故 김종문 교수(윤리교육과)가 대구·경북 교수선교회 창립총회에 참석한 후, 같은 해 9월 교내 기독교수들과 함께 기독교수선교회를 창립하였다. 이후 매월 한 차례씩 모여 성경공부, 기도모임, 예배 등 다양한 활동을 이어왔다. 특히 부활절과 추수감사절에는 기독학생들과 기독교수들이 함께 연합예배를 드리며, 기독학생들을 지원하고, 대구교대 학원 복음화에 힘을 모으고 있다. 또한, 기독교수들은 학내 기독교동아리의 지도교수로서 학생들의 동아리 활동을 지원하고 지도하고 있는데 이러한 교수들의 성원 하에 대구교대 음악교육과를 중심으로 시작된 AWAKEN이란 이름의 기독학생 모임이 코로나 직후 2022년도 4-5명에 불과하던 것이 불과 2년 만에 100명 이상 모이는 큰 성장을 이루기도 하였다. 대학 캠퍼스 교정에는 '너희는 먼저 그의 나라와 그의 의를 구하라'는 마태복음 6장 33절 말씀의 비석이 세워져 있어 참된 스승의 길을 보여주고 있다.

〈대구교대 AWAKEN 모임과 예배〉

〈성경말씀을 새긴 대구교대 교정의 비석〉

7.3.7 영남대학교

영남대 교수선교회는 교직원 신우회, 직원선교회 등으로 구성된 영남대학교 복음화 협의회 분회 성격을 지니고 있으며, 영남대병원 기독봉사회 등과 함께 기독학생동아리와 선교단체 및 기독생활관 학생들의 활동을 지원하고 있다. 매년 학기 초와 학기 말에 개강 및 종강예배를 드리고 있는데 2025년 3월 17일에는 1학기 기독인 연합개강예배 겸 신입생 환영회 행사를 가졌다. 여기서는 후원금 기탁식를 진행하는 한편, 선교단체 및 기독동아리 모임을 소개하고 신입 회원들을 환영하는 자리를 가졌다. 아울러 영남대학교 교수선교회는 매 학기 개강 첫 월요일을 시작으로 매주 월요일 오후 6시에 기독교수들이 정기적인 모임을 갖고 있으며, 기독생활관 학생들의 지도교수로 섬기면서 이들의 OT에 참가하거나 기독교 역사유적지 탐방에 동행하거나 사제동행 만남의 행사를 가짐으로써 신앙성장을 지원하고 있다.

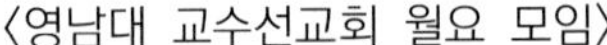

〈영남대 교수선교회 월요 모임〉

〈영남대학교 개강·종강 예배〉

[출처] 김재민 교수(경일대학교) 글 편집[1]

---

1) 김재민, 경일대학교 경찰행정학과 교수. 본 글은 대구경북 교수선교회 증경회장이신 박윤배(경북대) 교수님과 이상식(계명대) 교수님께서 제공해 주신 자료와 각 대학별 교수선교회장을 맡으셨거나 현재 맡고 계시는 김광섭(경북대), 이현(영남대), 장준호(계명대), 대구대(권욱동), 황대진·손장호(대구교대), 김향동(계명문화대) 교수님께서 제공해 주신 소개자료, 그리고 필자가 소장하고 있는 자료를 기반으로 하여 내용을 요약하여 정리한 것이다.

8. KUPM 부산울산경남지회 : 부울경기독교수연합회(BCPN)

부산/울산/경남(부울경)지역에서는 지금까지 전국대학교수선교대회가 3번 개최되었다. 첫 번째는 2008년 제23회 선교대회가 "교수 변해야 나라가 산다"는 주제로 동서대학교에서 개최되었다. 부산에서 처음 열리는 선교대회이다. 부산은 2007년에 부산기독교수연합회가 창립되어, 다른 지회에 비해 KUPM 가입이 많이 늦었다. 그럼에도 선교대회를 1년동안 준비하며 기독교수들이 주안에서 하나가 되고 이제는 연합의 모범지회가 되었다. 대회를 위해 동서학원 설립자인 故 민석 장성만 목사와 박동순 총장(동서대)이 관심을 갖고 크게 도와주셨다. 부산이란 특성을 살려 선상 크루즈 선교역사 특강까지 진행하고, 식사도 최고의 뷔페를 제공하였다. 참석자가 500명을 넘어, 프로그램 순서자 및 스텝까지 포함할 경우 650명으로 역대 최고에 가까웠다. 또 당시 준비위원장이었던 장제국 교수(동서대)가 현재 대학교회 장로로 동서대학교 총장을 맡고 있다. 두 번째는 2015년 제31회 대회로 "거룩한 스승이 되자"는 주제로 부산대학교에서 열렸다. 특별히 거점 국립대학교에서 처음 열려 이후 충북대 인천대 충남대 전북대 등 국립대에서 선교대회를 여는 물꼬를 텄다는 점에서 의미가 크고, 또 초대 부산대 윤인구 총장의 신앙을 들어내는 계기가 되었다. 세 번째는 팬데믹 기간으로 2022년 제37회 대회로 "주님 나를 보내소서!"라는 주제로 고신대학교에서 개최되었다. 그리고 이 시기부터 선교대회에서 기독교수들이 적극적으로 사역발표를 하는 현상이 눈에 두드러지게 나타났다.

다음은 이선복 교수(동서대)가 제15회 부울경기독교수선교대회에서 발제했던 내용을 기초로, 현 부울경 회장 류봉기 교수(부산대)가 최근 상황을 많이 추가해 보완한 것으로 거의 그대로 수록하였다.

8.1 글을 시작하며; 배경과 목적

2007년 2월에 '부산기독교수연합회(Busan Christian Professors Network: BCPN)'가 창립되어, 선교대회를 시작한지 올해로 18년째를 맞이한다. '사람이 마음으로 자기의 길을 계획할지라도 그 걸음을 인도하는 자는 여호와시라(잠16:9)'. 지난 18년을 돌아보면 모든 것이 하나님께서 행하신 일이요 은혜의 선물이란 생각이 든다.

하나님은 그 복음의 지경을 넓히시기 위해 BCPN을 2009년 부산/울산/경남을 아우르는 이른바 '부울경기독교수연합회(Busan-ulsan-kyungnam Christian Professors Network:

BCPN)'로 확대시켰다. 현재, BCPN은 부울경지역에 소재한 53개의 대학(2년제 전문대학 23개, 4년제 종합대학 30개, 사관학교, 과학기술원, 대학원대학 등 3개 포함)을 회원교로 하여, 신앙적으로 하나되는 기독교수연합체로서 성장해왔다. 그런 가운데 특별히 부울경지역에서 개최된 23회(2008년,동서대), 31회(2016년,부산대) 및 37회(2022년, 고신대)의 전국대학교수선교대회의 개최를 통하여 KUPM 사역에 있어 중요한 지회로 발돋움하게 하였다.

이 글은, KUPM이 지난 40년간 사역의 기록집을 제작하면서, 부울경 지회의 소개 자료 요청이 있었고, 이것이 계기가 되어, 부울경지역의 기독교수협의회가 지난 18년간에 걸친 시대적 이슈, 분과 및 세션 등을 통해 이루어 온 다양한 사역의 역정(歷程)들을 정리하고, 앞으로 BCPN이 안고 갈 숙제와 사역의 향배에 이르기까지, 작성하게 되었다.

8.2 본론; BCPN의 창립배경 및 사역소개

2006년말 부산복음화협의회 리뉴얼대회가 열리기 3시간 전, 고신대학교에서 부산지역 학원복음화 지도자 회의가 있었다. 이때 동서대학교 이선복교수가 전국대학교수선교대회 참관소식을 전했다. 당시 부산은 이미 20여개에 달하는 많은 대학이 있음에도 불구하고 제20회, 제21회 전국대학교수선교대회를 하며 순서중 지역대학을 소개하는 시간이 있었는데 부산지역은 이름조차 불리지 않아 아쉬웠다고 보고하였다. 그리고 이를 계기로 부산기독교수연합회의 필요성과 설립을 추진하고자 하는 구체적인 움직임이 들불처럼 일어났다. 부산 성시화운동본부 사무국장이었던 최상림 목사와 이선복 교수가 서면 롯데호텔 커피숍에서 만나 논의를 하고 믿음의 덕장인 동아대 강영무 교수를 초대회장으로, 또 부산대 故손권 교수를 부회장으로 추대하였다. 그리고 이선복 교수를 총무로 세워 BCPN이 출범하게 되었다. 또 설립까지 3~4개월 기간 동안, 동서대와 동의대에서 1차, 2차 실무 준비모임을 가졌다. 그리고 이를 축하하기 위해 KUPM 연합회장이었던 남금식 교수(목원대)가 멀리 부산까지 걸음하여 달려와 참석하였다.

이후 2007년 BCPN의 창립부터 현재에 이르기까지, 기독교수로서의 정체성을 가지고 교육과 복음화를 위해 균형있는 역할과 함께, 서로 간의 힘을 합해 BCPN주최의 선교대회들을 치러왔다. 매년 1월초에 개최되는 선교 대회를 통해 쌓아온 사역의 수고와 지난 흔적들! 지금은 그 하나하나가 모두 우리 하나님의 인도하심과 보살핌가운데 이루어진 의미있는 몸짓과 증거가 되었고, 그 속에서 우리 모두는 참 행복한 시간을 보냈음을 기뻐하지 않을 수 없다.

〈표1〉은 BCPN의 창립부터 현재에 이르기까지, 부울경기독교수선교대회의 일자와 장소, 주제, 주요 강사를 정리한 내용이다.

〈표 1〉 부울경기독교수선교대회 18년 역사의 회고

	일자	주제	장소	비고
창립	2007. 2.27	이 시대를 사는 우리의 사명 (엡 1:1-10)	동서대, 문화센터	장성만 최현범 안용운 창립예배, 회칙선포, 임원선출
1	2008. 1.24 (1박2일)	주님! 제가 기독교수입니다 (딤후 2:1-2)	동서대, 미래관	정필도 허원구 손권 이상규 학원복음화사례발표, 전국대회준비
23 전국 대회	2008. 6.26 - 6.28 (2박3일)	교수가 변해야 나라가 산다. (엡 4:24)- 쿠르즈와 함께 하는 한국선교의 기원	동서대, 대학교회 미래관	장성만 김규동 최홍준 박정근 박성민 김문훈 백금산 이건호 방선기 탁지일 어웨이크닝, 필그림스, 삼손중창단
2	2009. 1.20	기독교수가 성시화의 주역입니다 (창 18:32)	동아대, 부민캠퍼스	안용운 이건호 부산성시화, 캠퍼스복음화 협력방안
3	2010. 1.25	기도하며 선하고 의로운 길을 가르치라 (삼상 12:23)	부산대, 소정교회당	김동호 이상규 캠퍼스 복음화 간증 및 나눔
4	2011. 1.27	기독교수의 캠퍼스 행전 (행 22:15)	동의대, 수영로교회	유기성 류호경 장시웅 정영애 캠퍼스복음화 간증 대학별보고
5	2012.2.2	부울경 기독교수들을 향한 하나님의 부르심(벧전 2:9)	한국해양대, 대연성결교회	임석웅 빌바이어스 최상림 캠퍼스복음화 간증 대학별보고
6	2013. 1.24	열방을 품는 부울경 기독교수 (사 52:7)	국제찬양신학 대학원	김기봉 송재기 김지훈 장영백 캠퍼스복음화사례, 대학별사역보고
7	2014.6.30 (1박2일)	21세기 언더우드와 아펜젤러를 찾습니다	고신대, 예음관	김성수 탁지일 홍민기 이진섭 PAUA2014 부산대회 병행
8	2015. 1.29	일어나 빛을 발하라 (사 52:7)	부산외대, 만오관	박정근 송수건 김재호 이준탁 정성환
9	2016. 1.29	학문과 신앙 (마 6:10)	창신대, 채플콘서트홀	지태영 안용운 손봉호 이선복 학문과신앙 분과발표, 동아리발표
31 전국 대회	2016.6.30 - 7.2 (2박3일)	거룩한 스승이 되자 (요 13:15)-부산대 건학이념 발자취 탐방	부산대, 10.16기념관	이성구 유진소 김용의 박성규 김문훈 전호환 이정선 김춘호 김재호 서동찬 안정현 이용희 어웨이크닝, 디아코노스

	일자	주제	장소	비고
10	2017. 1.19	감사, 그리고 새로운 도전 (대상 16:34, 딤후 1:19)	동서대, 대학교회	최훈규 강영안 허원구 부산대 SFC 캠퍼스복음화의 비전, 찬양축제
11	2018. 1.18	선한 청지기가 되자 (벧전 4:10)	동의대, 석당아트홀	최상림 김순호 조서구 캠퍼스선교등 4개분과발표
12	2019. 1.24	캠퍼스 변혁: 교수선교의 시대 (엡 4:1)	고신대, 손양원기념홀	안맹환 최상림 이규 캠퍼스 사역 사례, 분과토론
13	2020. 1.30	교수선교 시대, 교수의 역할과 과제 (사 6:8)	부산교대, 부전교회	정필도 전동주 이상식 정동영 선교/전도전략, 분과발전방안
14	2021. 1.21	포스트 코로나 시대의 교수선교 (사 43:19)	창원대, Zoom온라인	최상림 전생명 조은태 코로나후 디지털미션, 유학생 선교
15	2022. 1.11	위드 코로나 시대와 캠퍼스 선교의 회복 (마 28:20)	고신대, 한상동홀	신득일 이선복 이준탁 최상림 이복수 분과발표
37 전국 대회	2022. 7.7.- 7.8 (1박2일)	주님 나를 보내소서 (사 6:8)	고신대, 한상동홀	이상식 최재원 이병수 박신현 노성현 유진소 기독교수선교사역 역량강화 및 정보공유(5개세션), 교수선교사 파송보고
16	2023. 1.10	광야에서 여호와의 길을 예비하라	경성대, 건학기념관	송필오 박신현 김현지 유동근 정인모 김재호 전충환 최원호 최상림
17	2024. 1.9	기억하라! (신 24:22)	부산외국어대, 만오오디토리움	김철 정용각 이복수 장순흥 김성환 정진섭
18	2025. 2.13	주안에 우리 하나 (엡 4:4)	부산대학, 기계관 대강당	최원호 황홍섭 정용각 손기환 임장현 홍석진

출처: 전국대학교수선교연합회 홈페이지 및 각 선교대회 대회집을 참조로 작성함.

선교대회의 주제 및 사역은 크게 다음 3개로 정리할 수 있다.

첫째는 캠퍼스 선교의 사역이다.

이 시대를 사는 기독교수의 사명은 무엇인가?(2007창립, 동서대), "주님! 제가 기독교수입니다"(1회,동서대), 기독교수로서의 정체성 고백에 이어 "기독교수가 성시화의 주역입니다"(2회,동아대), 성시화와 함께 하는 학원복음화까지 캠퍼스 선교에 초점이 맞추어 졌다. 또한 "기도하며 선하고 의로운 길을 가르치라"(3회,부산대), "기독교수의 캠퍼스 행전"(4회, 동의대), "부울경 기독교수들을 향한 하나님의 부르심"(5회,해양대) 등의 주제를 통해, 초창기 캠퍼스 선교를 위한 노력과 교수들의 다양한 간증이 선교대회를 통해 발표되었다.

구체적으로는, 동아대 2012의 Great Vision(2회,강영무)부터 부산대 복음화 사역(3회, 이경희), 캠퍼스 복음화의 열정(3회,동성식), 낙타무릎 기도모임(3회,해양대), 부산대 중국 유학생 예배(4회,류호경), 신앙회복과 학과동아리 셀(4회,장시웅), 인제대 새이름(4회,김영곤), 캠퍼스의 작은 선교간증(5회,전충환), 동아대 법대 기도모임(5회,송시섭), 교수가 변하니까 캠퍼스가...(5회,박향선) 등 캠퍼스 선교를 향한 기독교수들의 헌신과 기도의 열매가 귀한 사역을 통해 다양하게 나타남을 알 수 있었다.

또한, 대학마다 기독교수회가 더 든든히 세워져 갔다. 교수들은 연구실을 통해 바이블 스타디를 하고, 기독동아리 연합 개강예배와 종강예배에 디딤돌이 되고자 자원하였다. BCPN 임원진은 예배 때마다 대학을 순회하며, "이 산지를 내게 주소서!" 특송을 드리며 캠퍼스 선교를 위해 마중물 역할을 하였다.

둘째는 전국대학교수선교연합회(KUPM)와의 연합이다.

1980년대는 통일교 활동이 어느 때보다도 활발했던 시기로, 정치문제에 있어서나 기독교계에 있어서나 국가적으로 어려움이 많았다. 대학마다 데모가 횡행하였다. 대학을 위한 기도가 어느 때보다도 필요하였다. 그리고 때를 맞추어 1982년에 조용기 목사와 김준곤 목사가 앞장서 기도모임을 시작하며 로고스교수선교회를 중심으로 KUPM이 설립되었다. KUPM은 기독교수들의 전국 연합모임으로 매년 여름 2박 3일간 40년에 걸쳐 선교대회를 진행해 오고 있다. 그리고 BCPN이 이 대회에 공식 참석하게 된 것은 2007년 제22회 전국대회부터였다.

2007년 2월에 BCPN이 창립된 후, 부산의 기독교수들이 2008년 6월에 있을 제23회 전국대학교수선교대회(동서대 대학교회 & 미래관)를 위해 1년 동안 기도하며 준비를 하였다. 매월 1회 모임을 갖고 기도를 하였다. 대학도 다르고 전공도 다르지만, 주안에서 교수들이 신앙으로 하나가 되어, 성령 하나님의 일하심을 느낄 수가 있었다. 선교대회 기간 전국에서 500명이 넘는 기독교수들이 부부동반으로 모여 함께 은혜를 나누었다. 오직 하나님과 예배에 집중하였고, 정확한 콘티를 통해 하나님과 예배에 더 집중하고자 하였다. 이 일을 위해 김수화 교수가 수고를 많이 해 주었다. 또 대회를 위해 특별히 하나님께서는 2-3000만원만 있으면 선교대회가 가능하겠다 한 예산을 6000만원이나 넘게 부어주시고, 수고한 학생들에게 장학금을 일부 지급하고도 1000만원이 넘는 예산을 남게 하셨다. 창립 1년 6개월만에 하나님께서 BCPN을 통해 놀랍게 일하심을 바라볼 수 있었다.

그 후 8년이 지나 2016년, BCPN은 다시 한번 전국대회를 갖게 되었다. 제31회 전국대학교수선교대회를 부산대학에서 개최하였다. 그 동안 기독 사립대학을 중심으로 진행해 오던 대회를 국립대학에서 할 수 있게 된 것에는 쉽지 않은 결단이 필요했다. 그러나 김재호 교수를 포함, 부산대 기독교수회에서 이 일을 결단하고 준비위원장으로 정원섭 교수를 세워 주셨다. 하나님은 또 전국에서 400여명의 기독교수를 불러 주셔서, 윤인구 초대총장의 기독교 건학정신을 재발견하고 재조명하는 계기를 만드시고, 큰 은혜의 시간을 허락하셨다. 이후, 전국의 국립대학에서 연속 전국대회가 열리게 되었다. 32회 충북대, 33회 인천대, 34회 충남대, 35회 전북대, 38회 한국교통대학 등… 중요한 것은 주변 환경이 아니고 그리스도를 향한 결단과 헌신이 중요하며, 부산대학의 대회를 치르면서 BCPN 위에 임재하시는 하나님의 역사하심을 다시 한번 경험할 수 있었다.

세 번째 특징은 시대의 이슈와 분과를 통한 하나님의 일하심이다.

BCPN을 통해, 교수들은 다변하는 가치관 및 시대적 상황에 따른 이슈들에 참여하고 해결하기 위해 각자의 사명을 깨닫고 최선의 역할을 감당해왔다. 그것은 국내 캠퍼스 선교에서 유학생 선교로, 학문과 신앙으로, 입시진로봉사로, 또 동성애 문제를 포함한 바른 문화 분과로 확대되어 갔다. 2013년 제6회 선교대회 주제 "열방을 품는 부울경기독교수"(국제찬양신학대학원)에 맞추어, 범아시아 아프리카 국제대학 사역(장영백)과 중국유학생 사역(최인기)이 소개되었다. 또 7회 대회는 "21세기 언더우드와 아펜젤러를 찾습니다"란 주제로 파우아(PAUA) 아시아 아프리카 대학에서 선교활동을 하는 교수들의 사역이 1박 2일(고신대)에 걸쳐 소개되었다. 이 자리에서 캄보디아 라이프대학, 연변과기대, 몽골 MIU, 울란바트로대학, 후레대학, 탄자니아아프리카 연합대학, 키르키즈스탄 계인대학, 유라시아 대학 등이 소개되었다. 그리고 이러한 선교에 대한 관심은 대구경북교수선교회가 해 오던 차이스타 중국인유학생 글로벌 비전 캠프를 공동으로 개최(2015.10, 수영로교회)하게 하시고, 현재까지 계속되게 하셨다.

하나님은 학문과 신앙의 통합을 통해서도, BCPN 교수들이 일하기를 원하셨다. 제9회 대회 주제를 "학문과신앙"으로 정하고, 손봉호 교수의 "기독교적으로 학문하기" 특강에 이어, 교수들이 자신의 전공을 기독교적인 가치관과 연계해 발표하였다. 교회회계(이선복), 정치외교(김태완), 이슬람(이규철), 우주과학창조 (정원섭), 과학기술교육(이동선), 영어와 신학(박향선), 신앙과 교육사회학(정영애)이 발표되었다. 또 이러한 흐름은 강영안 교수의 특강 '교육자를 위한 기독교 세계관(2016.3, 성안교회)을 통해 보다 다듬어지고, 10회 대회(감사, 그리고 새로운 도전, 동서대)에서 강영안교수 "기독교수의 정체성과 사명"을 통해 보다 구체화되었다. 초기 캠퍼스 선교 중심의 사역에서 교수들의 전공과 신앙을 학문적으로 연결을 시도하기 시작했다는 점에서 의미가 크며, 이는 특히 2016년부터 사역 교류를 시작한 한국교육자선교회 부산지방회 회장 신득일 교수(고신대 신학과)의 공(功)이 크다. 한국교육자선교회와의 교류는 2015년부터 시작, 매년 1회 공동으로 세미나를 갖기로 하고, 제 1회 모임으로 길원평 교수를 강사로 "기독교 관점에서 본 동성애와 차별금지법"

세미나(2015.6, 수영로교회)를 가졌다. 성경적 관점에서 본 최초의 사회적 이슈 세미나로, 이는 이후 바른교육문화 분과의 주요 사역으로 이어졌다.

특별히, BCPN의 분과별 사역은 2018년 11회 대회(동의대)에서 4개 분과를 주축으로 한 역할과 사명에 대한 구체적 토론이 시작된 이후, 균형잡힌 분과사역으로서 진용을 갖추기 시작하였다. 최근 5~6년에 걸쳐서는, 세상과 접목하고, 실현하는 사역과정에서 더 발전하여, 현재와 같은 "하나님 사랑과 이웃 사랑의 실천"이라는 대명제 아래 5개 분과 체제로 자리잡게 되었다. 분과별 사역 목표와 주요 사역 내용은 〈표2〉와 같다.

〈표 2〉 BCPN 분과별 사역 목표와 주요 내용

분 과	사역 목표와 사역	주요 내용
① 캠퍼스 선교분과	-캠퍼스 선교의 활성화 1)각 대학 교수신우회의 기도,예배 협력 2)기독 동아리(간사)위한 후원 활성화	-개강시기에 연합예배로 함께 참여하고, 대학내 기독동아리의 활성화를 위해 간사들과 교수신우회간의 동역에 힘씀.
② 유학생 선교분과	-선교적 사명 실천 1) 유학생 선교, 2) 교수선교사 양성 사역	-차이스타 예배사역 후원, 중국인유학생 찬양경연대회. 전대선의 교수선교사 양성과 연계하여 은퇴후 교수선교사 양성협력.
③ 차세대 교육분과	-교육을 통한 재능기부 및 사회봉사 1)신임기독교수들과의 신앙적 유대협력 2)전공별 자문단 구성, 고교방문 입시진로, 취업 상담	-전공별 교수 자문단 구성하여, 고등학교를 방문하여, 학생들을 그룹 토의방식으로 진로지도하고 있으며, 향후 효과적인 복음전도 및 타 지역으로 확산을 위해 노력.
④ 바른교육 문화분과	-바른 기독교 세계관 교육과 문화정착 1)동성애 반대연합 2)창조과학 교육·훈련 확산, 문화 정착	-BCPN 사역과 목적과 방향이 같은 타 선교단체나 시민연합을 발굴하여 함께 연계하고 후원.
⑤ 영성분과	-복음의 본질로 한걸음 더 나아가기(OSG: One Step more into the Gospel) 1)통큰통독 성경읽기 사역의 확산, 정착 2)사역 및 사역자를 위한 기도회	-OSG의 일환으로 통큰통독 사역을 통해 성경을 제대로 알고 읽기위한 사역, BCPN의 역할과 프로그램을 도입, 확산, -임원 등 섬김이를 위한 기도모임

특별히, BCPN 사역중에서 가장 대표적인 것 중 하나는 "입시진로상담" 봉사이다. 많은 기독교수가 현직에 있으면서, 학생들에게 구체적으로 직접 도움을 줄 수 있는 방법은 없을까? 고민을 하였다. 그리고 2015년 12월에 처음으로 제1회 대학입시진로상담회를 수영로교회에서 열었다. 50여명의 기독교수들이 특강료 등에 관한 일체의 사례나 대가없이 봉사

에 나섰다. 신앙의 이름으로 상담봉사에 함께 참여할 수 있다는 것에 오히려 교수들 모두가 함께 은혜를 받았다. 진로상담회는 2016년 제2회를 온천교회, 2017년 제3회를 포도원교회에서 각각 개최한 후, 4회차부터 학교로 찾아가는 입시상담회로 전환하였다. 그리고 2015년부터 2024년까지 과거 10년간 누적인원을 보면 자문 기독교수가 700명, 학생 및 학부모가 약 4,500명에 이르게 되었다. 즉 지역 고교생들과 함께하는 BCPN의 대표인 입시봉사사역으로 정착을 하였다. 〈표 3〉은 연도별 일시와 장소, 참여인원수을 정리한 것이다.

〈표 3〉 BCPN 입시진로상담 참여자 추이(2015년~2024년)

년도	일시	장소	참여인원 [자문교수/학생학부모]	누계인원
2015	12.5	수영로교회	[43/80]	[43/80]
2016	8.20	온천교회	[45/100]	[88/180]
2017	5.20	포도원교회	[40/150]	[128/330]
2018	5.4, 5.29	대동고,이사벨고	[32/266], [43/335]	[203/931]
2019	5.13, 5.21 9.17, 9.24, 12.13	부산진여고,이사벨고, 대동고,혜광고,건국고	[35/319], [34/312] [23/219], [25/266], [23/300]	[343/2,347]
2020	11.12, 11.24	혜광고,문성고	[34/281], [30/173]	[407/2,801]
2021	10.28, 11.9	대동고,혜광고	[32/188], [43/195]	[482/2,989]
2022	9.29, 10.17, 10.27	대동고,이사벨고,혜광고	[27/164], [28/214], [24/151]	[561/3,518]
2023	10.18, 10.26, 11.7	혜광고,대동고,이사벨고	[25/138], [27/200], [27/176]	[640/4,047]
2024	10.10, 10.22, 11.6	대동고,가야고,혜광고	[19/207], [23/139], [17/102]	[699/4,495]

한편, 2007년 이후의 BCPN 선교대회가 지속되는 동안, 2012년부터 기도모임인 HGE(24시간 기도회)가 열려 현재까지 매년 이루어지고 있다.

이후로도 2019년~2020년에 12회 '캠퍼스 변혁: 교수선교의 시대(고신대), 13회 '교수선교 시대, 교수의 역할과 과제(부산교대 부전교회)',란 주제의 의미있는 선교대회가 열렸는데. 제12, 13차의 선교대회기간을 즈음하여, 전근대 선교사에서 유래가 없는 위급위기 상황이 찾아왔다. 즉, 2019년 12월 중국 우한에서 시작된 코로나19 바이러스(COVID-19)

감염과 방역 영향으로 인해 BCPN의 사역상의 혼란과 파행이 불가피하였다. 대학의 강의가 비대면 온라인 강의로 전환되고, 2021년 1월 창원대에 열려야 할 14차 선교대회가 '포스트 코로나 시대의 교수선교'란 주제로 온라인 Zoom으로 진행되었다. 대학마다 기독 교수회는 물론 학생들의 개강, 종강 연합예배도 모이기가 쉽지 않게 되었다. 그러나 2022년 With 코로나로 상황이 더 심각하고 치열하게 전개되고 있었던 시기였음에도 불구하고, 14차 BCPN 선교대회(고신대) 및 37차 전국교수선교대회(고신대) 등 두 대회가 부울경지역에서 개최하므로서, 하나님의 복음을 향한 행전은 멈추지 않았다. 14세기 중세시대에도 흑사병 감염으로 많은 사람이 죽었지만, 결국 복음의 행전은 멈추지 않았던 그 때 상황에 필적하다고 할 것이다. 당시 BCPN 임원 집행부의 헌신으로, 그 시기를 지나는 동안 한번도 빠지지 않고 BCPN 월례기도회가 매월 첫째 주 금요일 아침 Zoom을 통해 열렸다. 하나님의 일하심이 없었다면 불가능했을 것이다.

한편, BCPN교수들은 그 당시 KUPM사역의 직접 참여에 있어서도 적극적이었던 점은 돌이켜보니 참으로 감사할 일이다. 당시 KUPM에서는 한국세계선교협의회(KWMA)와 '교수선교사' 파송을 위해 MOU를 체결한 이후, 2019년 16명, 2020년 21명이 훈련후 임명을 받았는데 그 중 24명이 BCPN 소속이었다. 2021년에도 16명이 수료를 하였다. 하나님은 세상 땅끝까지 복음이 전해져 믿는 무리의 수가 많아지기를 원하시지만, 동시에 적은 소수의 인원이라도 하나님을 온전히 찾는 예배자, 훈련된 일꾼이 많아지기를 원하시고 계신다. 이처럼 혹독했던 코로나 상황 속에서도, BCPN 임원진은 물론 각 캠퍼스와 분과의 교수들이 할 수 있는 사역을 찾아 계속해서 복음의 행전을 이어갈 수 있었던 것은 매우 감사할 일이었다.

코로나 종식이후에도 16차, 17차의 BCPN선교대회가 각각 경성대학과 부산외국어대학에서 개최되었다. 특히 17차로 부산외국어대학에서 개최된 선교대회는 전국교수선교대회급 이상의 규모(참여자 약 400여명)로 개최되었는데, BCPN의 선교대회가 다소침체 국면으로 접어들고 있다는 일부의 우려를 떨쳐버리고, 부흥과 활성화의 새 희망의 가능성을 보인 성대한 대회가 되었다. 부산외국어대학의 좋은 선례에 이어, 이단의 창궐로 인한 연대 필요성과 기독청년세대들과의 협력 필요성 및 시대적 요구에 따라, 우리 모두 주안에 연합하고 하나되는 갈망을 담아, 2025년 2월 13일, 제18회 부울경기독교수선교대회가 부산대학에서 은혜가운데 치루어졌다.

8.3 글의 마무리

지난 BCPN의 18년의 역사를 살펴보면 모든 것이 전적으로 하나님의 은혜요 인도하심이었다. BCPN의 사역 안에 보이지 않는 영적인 원리와 힘 즉, 강력한 은혜와 복음의 능력이 작용하고 있었다. 기독교수들의 마음안에 공통적으로 하나님과 예수 그리스도의 은혜를 갈망하고 사모하는 성품들이 내재하고 있음을 발견할 수 있었다. 그리고 이러한 은혜가 늦게 출발하였지만, 지난 18년 BCPN을 이끌어온 힘이었다고 생각한다.

오늘, 40년의 KUPM, 동시에 18년의 BCPN이 주 안에서 걸어온 길과 감사의 지난 흔적들을 살펴보면서, BCPN의 미래를, 새로운 전통과 새로운 역사로 바꾸고, 이어 섬길 자로서 그 책임이 무겁다.

2008년 전국교수선교대회의 주제이었던 "교수가 변해야 나라가 산다!"는, 우리 교수들의 섬길 책무와 빚진 마음에 항상 닿아 있는 하나님의 뜻이며 지상명령이라고 생각한다. 무한 경쟁으로 인해 완전히 무너져 내린 교육의 현실! 물질과 욕망으로 완전히 오염되어진 가치관과 문화! 앞에 과연 '우리 기독교수들은 우리 사회와 국가를 올바로 세우기 위해 각자의 전문성과 재능을 바탕으로 과연 어떤 사회적 봉사를 하여야 할 것이며, 우리 사회와 국가에 어떤 빛과 소금의 역할을 하여야 할까?' 라는 질문을 해야 할 것이다.

마지막으로, BCPN 및 임원단 소속의 많은 교수를 대신하여, 이후로도 중단없이 펼쳐질 BCPN의 선교행전을 위해 다음의 '기도제목들'로 글을 마무리하고자 한다.

첫째로는 우리 기독교수들은 비록 신학자가 아니더라도 기독교적 가치관에 따라 연구하고, 기독교적 세계관을 교육할 수 있는 특별한 사명을 받았다. 지식의 근본이 '여호와를 알고 경외하는 것이며(잠언 9:10)', 또 예수님께서도 '내가 곧 길이요 진리요 생명이니(요 14:6)' 학문을 추구하는 진리가 그에게 있음을 가르치셨기에, 우리 BCPN의 기독교수들은 균형잡힌 전공과 기독교적 가치관을 가지고, 주 안에서 BCPN의 사역에 더 힘쓰게 하소서.
둘째로 '우리가 알거니와 하나님을 사랑하는 자 곧 그의 뜻대로 부르심을 입은 자들에게는 모든 것이 합력하여 선을 이루느니라(롬8:28)'. 모래알처럼 뭉치기 어려운 교수의 교만적 속성은 내려놓고, BCPN과 그 사역을 위해, 성경적 연합의 정신으로 서로 이해하고 더 사랑하며 협력해 가도록 하옵소서.
셋째로 BCPN의 기존 사역의 큰 흐름을 계발하는 가운데 "사역에 따라서는 개선, 확산, 개발, 연계"를 통해 BCPN의 사역에 힘써야 할 것이다. 예를 들어, 진학지도 사역과 같이 BCPN에서 기획하여 잘 해오고 있는 사역은, 전국대학교수선교연합회(KUPM) 등과도 연합하여 확산하고, 아직 구체적인 사역의 플랫폼이 정립되지 않은 부분은 더 연구하여 효과적인 사역으로 이루어가야 한다. 이를 위해 BCPN의 사역 목적과 방향이 같은 타 선교단체와도 적극 연대하고 동역하게 하소서.

[참고] '2025년(19대) BCPN 임원단 인명(소속)'

　회장 류봉기(부산대), 상임부회장 진영완(동의대), 상임부회장 김연자(동서대),

　감사 권유리아(부산외대), 총무 이태혁(부산외대), 회계 배정자(동의대),

　서기 김혜숙(신라대), 차세대분과 허보섭(고신대), 해외선교유학생분과 남윤경(부산대),

　정재훈(성균관대), 캠퍼스선교분과 오성숙(부산과기대), 이동연(동의대), 영성분과 이성수(신라대), 정한솔(부산대), 바른교육문화분과 이정길(부산외대),

　비전특별위원회 진영완(동의대), 활성화특별위원회 김연자(동서대) 이상.

[출처] 류봉기 교수(부산대학교, 부울경기독교수연합회장) 글 편집

9. KUPM 전북지회 : 전북교수선교회

전북 지역에서는 지금까지 전국대학교수선교대회가 3번 개최되었다. 첫 번째는 2007년 제22회 선교대회가 "기독교수의 선교비전과 영성"을 주제로 우석대학교에서 개최되었다. 우석대는 미션스쿨이 아닌 일반 사립대학이다. 따라서 개최에 따른 학교의 예산 및 행정 지원이 거의 없는 편이다. 그럼에도 우석대기독교수회(대회장 박상규) 교수들이 전북교수 선교회(공동대회장 손장진)와 준비를 하여 은혜가운데 잘 마쳤다. 두 번째는 2011년 제26회 선교대회로 "나눔으로 만들어가는 더 멋진 세상"을 주제로 전주대학교에서 열렸다. 전주대는 우석대와 달리 미션스쿨이다. 이남식 총장이 직접 선교대회 특강을 하고, 교목실이 지원에 나섰다. 경배와찬양학과 학생들의 찬양인도로 함께 찬양을 드리며, 우리나라 경배와 찬양 대표 사역자인 하스데반 선교사가 많이 기억에 났다. 세 번째는 2020년 팬데믹 기간 중의 제35회 선교대회로 "깨어 일어나 빛을 발하라"는 주제로 전북대학교에서 개최했다. 생각지도 못했던 팬더믹 상황에 모두가 고민이 많았다. 특별히 어려운 상황에도 열심히 섬겨준 방준호 교수와 준비위원장 차연수 교수의 수고에 새삼 본서를 통해서 감사 인사를 드린다. 왠지 빚진자의 마음이다.

9.1 태동

전북지역에는 14개 대학이 있다. 그 가운데 여러 대학이 기독교수들을 중심으로 선교회 활동을 전개해 왔다. 그러다가 전북대 교수선교회 회장이자 안디옥교회 장로였던 김재영 교수의 제안으로 전주대 김형길 교수가 전북지역 여러 대학의 기독교수들과 전주 한일관에서 모임을 가지면서 조찬기도회 모임을 가졌고, 그것이 전북지역교수선교회 연합회 활동의 시작이 되었다.

전북대학교에서는 기독교수들 중심으로 매 학기 개강과 종강에 교수 학생들 연합으로 예배모임을 가져 왔다. 교수선교회 활동은 미션대학인 전주대와 비전대에서 좀더 활발하게 이루어져 왔었는데, 그 영향을 받아서 비 미션대학인 전북대와 우석대, 전주교대, 군산대, 서해대 등 여러 대학에서 기독교수들을 중심으로 학생들과 성경공부 및 기도회를 자율적으로 지속해 왔다.

9.2 우석대학교 전국대학교수선교대회

제22회 우석대 전국대학교수선교대회는 2007년 6월 28일부터 30일까지 2박 3일간, 전북 완주군에 있는 문화관 아트홀에서 "기독교수의 선교비전과 영성(엡4:24)"이란 주제로 열렸다. 전국대학교수선교연합회(회장 남금식)가 주최를 하고, 우석대학교 기독교수회와 전북대학교수선교회에서 주관하여 준비를 하였다.

전국에서 400여명의 교수들이 모여 우석대 기독인연합회 합창단의 인도로 경배와 찬양을 드렸다. 개회예배는 이동휘 목사(전주안디옥교회)가 "주님의 마지막 명령(행1:6-8)", 저녁 은혜의시간은 김진홍 목사(두레교회)가 "경륜있는 신앙"(엡1:7-10)이란 제목으로 말씀을 전했다. 둘째날 새벽 경건의시간은 최임곤 목사(전주신일교회)가 "평지에 서신 예수님"(눅6:12-19), 저녁 은혜의시간은 길자연 목사(왕성교회)가 "언약"(마28:16-20)으로 말씀을 전했다. 셋째날 새벽은 이승룡 목사(살아있는교회)가 "회복"(창1:28), 폐회는 임종달 목사(전주순복음교회)가 "성령충만의 복음"(행2:1-4)이란 제목으로 말씀을 전했다.

주제 발표는 박은조 목사(분당 샘물교회)가 "모든 사람을 제자로 삼으라"란 제목으로 특강을 하였다. 또 "선교는 우리의 희망입니다(마28:1-20)"란 주제로 원팔연 목사(바울교회), "급변하는 시대와 신앙"으로 최원탁 목사(전주현암교회), "하나님이 준비하시는 선교"로 박진구 목사(전주안디옥교회), "대학생의 영성"을 주제로 신정호 목사(전주동신교회)가 특강을 하였다. 즉 지역교회 여러 목회자를 초청해 다양한 특강이 진행되었다. 또 전주 시내 전통문화 체험과 새만금 방조제 및 군산 GM대우자동차 견학이 있었다. 준비위원장 박상규, 총무 박석재, 우석대기독교수회 교수 모두 수고를 많이 하셨다.

9.3 전주대학교 전국대학교수선교대회

전주대학교는 기독교 건학이념에 따라 설립된 미션대학으로서 1980년대 초부터 기독교수 수 명을 선정하여 전국교수선교연합회 모임에 참여하도록 적극 지원하였다. 그리고 전북지역 교수선교회와 함께 활발하게 선교 사역과 활동을 하여 오던 중, 2007년에 우석대학교에서 제22회 전국대학교수선교대회가 먼저 개최되었다. 그리고 4년후인 2011년에 제26회 선교대회를 전주대학교에서 개최하였다.

전주대에서는 1990년에 이은휘, 김승수, 김형길 교수 등 기독교수들이 자발적으로 일어나 교수선교회를 조직하고 교내 선교활동을 전개하였다. 그리고 2011년에 전국대학교수선교대회를 개최하며 전국대학교수 선교연합회 홈페이지(upm.com)제작을 위해 노력하였다. 그리고 성공적인 선교대회 개최를 위해 지역교회 및 지역대학 기독교수회와의 협력을 도모하였다. 또한 선교대회 개최를 계기로, 교수장로회 모임, 교수선교회 모임, 교직원신우회, 기독동아리 모임, 홀리클럽 모임 등 여러 단체와 연계를 하고 대학사회가 복음으로 하나가 되어 변화되어야 함을 강조하였다.

2011년 전주대학교에서 선교대회를 개최하며 전주대 이남식 총장은 "기독교수들이 좀 더 멋진 교수로 변화되어 대학을 변화시키고 세상을 변화시키는 주인공들이 되어야 한다"고 선교의 방향을 제시하였다. 그리고 제26회 전국대회를 개최하기에 앞서, 전주대 교수선교회는 겨울방학을 이용하여 전주대학교에서 전북지역 교수선교연합회 신앙세미나를 개최하였다.

그리고 준비모임으로 2011년 4월 30일에 한일관 식당에서 전북교수선교회연합회 조찬 기도회를 가졌다. 서관석, 하태현, 정용섭, 임재중, 남기창, 유평수, 김문택, 차영남, 최경연, 김형길 교수 등 많은 교수들이 모여 선교대회의 성공적인 개최를 위해 좋은 방안을 제시하였다. 어떻게 해야 더 멋진 세상을 만들 수 있을까? 크리스천 교수가 선교를 위해 할 수 있는 일들이 무엇일까? 모범이 되는 성공사례와 잘못된 방법에 대한 극복방안들이 제시되었다. 그리고 크리스천 교수의 목표와 비전, 미래의 방향 제시, 전국 교수선교회 회원 네트워크 구축 및 연락처 제작, 선교대회를 계기로 전북지역의 복음화율 향상도모, 캠퍼스 복음화에 선한 영향력 발휘를 위한 방안 등 다양한 내용이 논의되었다.

전북지회는 전북지역내 14개 대학 소속의 기독교수들이 모여, 캠퍼스 복음화를 위해 만들어진 신앙공동체이다. 전주대 선교대회 이후, 2013년에 전북학원복음화협의회와 함께 '라이즈 업 전북'이라는 주제로 기독인 개강 연합예배를 개최하였다. 또 그 후 매년 전북지역 대학의 기독 교수들이 연합하여 예배와 워크숍 등을 개최하고, 전북지역 캠퍼스 내에 기독교 신앙의 영향을 확산시키기 위해서, 지역교회 및 선교단체들과 협력을 강화하고 복음을 전하는 노력을 하여 왔다.

9.4 전북대학교 전국대학교수선교대회

2020년, 전북대학교는 코로나 팬데믹에도 불구하고 제35회 전국대학교수선교대회를 개최하였다. 코로나19로 인해서 모든 것이 닫히고 멈춘 상황이었다. 그러나 "깨어 일어나 빛을 발하라"는 선교대회 주제와 같이 영적으로 잠자고 있던 대학교수들이 깨어 일어나기를 바라며, "하나님이 주신 사명을 깨닫고, 그리스도의 진리를 온 누리에 비추며 선교의 사명을 감당하도록 하자"는 마음으로 선교대회는 준비하였다. 선교대회는 2020년 8월 20일(목) 하루 동안, 방역수칙에 따라 현장 인원을 50명으로 제한하고, 유튜브 생방송을 통해 온라인과 오프라인 동시 병행하여 진행하였다. 또한 대회를 위해서 전북대학교는 물론, 지역 교회와 전주시 등 지자체, 또 기업 등에서 기도와 물질로 적극 후원을 해 주었다.

선교대회 순서는 찬양과 경배와 개회예배 그리고, 교수의 사명과 캠퍼스 내의 학생 신앙

훈련, 사도행전적 캠퍼스 부흥운동에 관한 특강이 진행되었고 하나님 나라와 캠퍼스 부흥, 다음세대를 위한 기도모임을 가졌다. 그리고 "캠퍼스에서 다음 세대를 준비하라"는 주제로 발표와 토론을 하고, 정기총회 및 파송예배로 마무리를 하였다.

환영사를 전한 대회장 김동원 전북대학교 총장은 "기독교 교수인 우리들은 이 코로나 시국에 하나님이 우리에게 원하시는 것이 무엇인지, 우리가 깨달아야 하는 것은 무엇인지, 어떤 선택을 해야 하는지 기도하며 물을 수 밖에 없다"고 하면서 "때를 얻든지 못 얻든지 세상 모든 이에게 빛을 비추도록 노력해야 한다"고 당부하였다.

대회를 주최한 전국대학교수선교연합회(전대선, KUPM)의 이선희 이사장은 축사에서 "제자들을 예수님의 사랑으로 품고자 시작된 교수선교대회가 35주년을 맞이했지만 아직도 급변하는 캠퍼스에서는 반 기독교적 이단세력과 동성애, 성 소수자 성평등이라는 미명 아래 캠퍼스 내 선교를 억압하고 있다"면서 "이러한 때 하나님께서 교수들을 캠퍼스의 선교사로 보내신 사명을 다시금 마음에 새기고, 간절히 하나님께 부르짖음으로써 학원복음화와 교수선교를 위한 학원선교사의 사명을 감당하자"고 권면하였다.

이날 특강은 한병수 교목(전주대), 조병진 겨수(KAIST), 황성은 목사(오메가교회,비전스테이션)가 맡았다. 한병수 목사는 '교수의 사명'에 대해 "교수는 인격의 크기만큼 가르칠 것"이라며 "복음의 사명을 감당할 기독 교수는 영성, 도덕성, 지성, 감성, 의지, 사회성, 신체성의 7가지가 조합된 온전한 인격을 구비하고 고유한 적성과 은사로써 부르심의 삶을 살아야 한다"고 말했다.

조병진 교수는 '캠퍼스 내의 학생 신앙 훈련'을 주제로 한 특강에서 한국교회에 청년들이 너무도 부족한 상황에 안타까움을 전하면서 "카이스트대학 국제교회에서는 학생들이 다른 학생들을 가르칠 수 있는 시스템으로서 성경공부 모임, 예배 공동체 결성, 제자훈련을 진행하고 있다"고 소개하였다. 특히 코로나 시대에 소그룹 모임이 어려워지면서 '두세 사람이 내 이름으로 모인 곳에는 나도 그들 중에 있느니라'(마 18:20)의 말씀처럼 두세 사람의 '나노 그룹'으로 오프라인 모임 및 온라인 예배·모임을 진행하는 사례도 제시했다.

황성은 목사는 '사도행전적 캠퍼스 부흥운동'이란 주제로 최근 온라인으로 열린 '2020 여름 킹덤 컨퍼런스' 사역을 소개하면서 "현장에서 살아 있는 예배를 드리면, 그 강력한 임재가 온라인 예배로도 전수되어 거의 비슷한 수준의 은혜가 있고 열매를 맺을 수 있다"고 강조했다. 이어 "코로나19 이후의 미래에는 건물 등 하드웨어보다 스튜디오를 만들어 모든 강의를 콘텐츠화하는 등 콘텐츠를 준비해야 한다"면서 "우리의 부르심은 서바이벌(survival, 생존)이 아닌 리바이벌(revival, 부흥)로서, 교수들이 강력한 군대가 되어 일어날 것"을 강조하였다.

발표 후 이어진 토론은 최재철 교수(전북대)의 진행으로, 정재식 전북지방회 IVF 대표간사, 김병훈 합동신학대학원 교수, 이상식 계명대 교수가 발제자로 나섰으며, 학생 대표로 최성민 전주지구 ESF 회장(우석대)이 토론자로 참석했다. 이들은 "코로나 시대에 신앙의 본질이 회복되어야 한다"며 "교회가 진리의 말씀과 거룩한 삶으로 복음을 전할 뿐 아니라 사랑의 실천으로서 구제와 선한 일에 앞장서야 한다"고 입을 모았다.

정재식 목사는 코로나19 이후 다음세대를 위한 3개의 '코'(핵심가치 Core Value, 내부관계 Connect Inside, 외부관계 Connect Outside)가 잘 형성되었는지 점검해야 한다고 강조했고, 김병훈 교수는 신학자의 입장에서 전도방법과 관계, 현대사회에서 종교와 복음전도의 특징을 소개했다. 이상식 교수는 신한류(Korean New Wave) 붐으로 급격히 증가하는 유학생 현황을 제시하면서 중국인 유학생을 위한 차이스타(CHISTA) 사역을 전했다. 최성민 군은 세대 간의 단절을 지적하고 학생들의 문화트렌드에 맞춰 선교전략을 세울 것을 제안했다. 이 밖에 토론 자리에서는 신한류와 4차산업혁명 기술을 활용하여 마치 유튜브나 넷플릭스 같은 'K미션'을 위한 포털을 제작하는 등 창의적 방법으로 국내외의 다음세대 복음화에 힘써야 한다는 의견도 나왔다.

대회 개회 예배에서 오성준 안디옥교회 목사는 "보냄을 받은 캠퍼스에서 분별력을 갖고 다음세대를 살리는 일에 사명을 다할 것"을 요청했고, 파송 예배에서는 조용중 한국세계선교협의회(KWMA) 사무총장이 "예수 그리스도를 만난 증인으로서, 주의 보냄을 받은 곳에서 복음을 전하는 기독 교수들이 될 것"을 당부했다. 특별히 조 사무총장은 "선교사들이 선교지로 들어가기 어려운 상황에서 전문인들의 참여가 중요하다"며 교수선교사들의 역할이 기대된다고 말하기도 했다. 이날 예수전도단은 찬양과 소프라노 특송으로 섬겼고, 전대선 지회장들의 영상인사와 정동영 한국외대교회 목사의 인도로 합심기도가 함께 진행되었다.

전국대학교수선교연합회는 선교대회를 마친 직후 같은 장소에서 정기총회를 열고, 지난 2년간 연합회장으로 섬긴 이선복 교수(동서대)에 이어 수석부회장인 오정수 교수(충남대)를 신임 연합회장으로, 이상식 교수(계명대)를 신임 수석부회장으로 만장일치 추인했다. 감사는 이선복 직전 연합회장, 김형길 전주대 교수를 선출했다. 오정수 신임 연합회장은 "코로나19 이후의 새로운 시대적 전환기를 맞아 중책을 맡겨주신 데 감사드리면서도 무거운 책임감과 소명을 느낀다"며 "임원분들과 전국 기독 신앙을 가진 모든 교수님과 협력해 연합회를 잘 이끌어가도록 노력하겠다"고 인사말을 전했다.

마지막 순서로는 사회적 현안이 되어 온 동성애를 지지 및 옹호하는 포괄적 차별금지법안에 관한 심각한 우려를 표시하는 내용의 의견을 발표했다.

한편, 전대선은 2019년 KWMA와 교수선교사 파송에 필요한 선교협력 양해각서(MOU)를 체결하고 16명의 교수선교사를 배출했으며, 2020년에도 제2기 교수선교사 파송을 위한 훈련을 진행하기로 했다. 이번 대회를 위해서는 이선복 연합회장을 시작으로 차연수 준비위원장, 방준호 총무 등 전북지역 교수들이 헌신적인 노력을 하였다.

[출처] 박기법 교수(전주대, 전북교수선교회장) 글 편집

10. KUPM 광주전남지회
– 광주 · 전남권 캠퍼스 기독교수연합회

전남광주지역에서는 지금까지 전국대학교수선교대회가 1번 개최되었다. 2014년 제30회 선교대회가 "주 예수의 이름으로"란 주제로 남부대학교에서 열렸다. 그리고 5월부터 갑자기 메르스(MERS, 중동호흡기증후군)가 유행하여, 7월에서 12월로 일자를 변경해 대회를 하였다. 어려운 상황이었다. 그러나 360여명의 많은 교수가 참석해 은혜가운데 대회를 마쳤다. 준비위원장을 맡은 최보길 교수(전남대), 조성경 교수(남부대)가 수고를 많이 하셨다. 기타 전남대 등은 개최 여부를 검토한 적은 있지만, 아직 실현을 못하고 있다.

다음은 광주전남 현 지회장인 길종원 교수(조선이공대)가 직전 회장인 김철수 교수, 또 최보길 교수들의 자문을 얻어 작성한 내용으로 본서에서는 대부분 그대로 수록하였다.

10.1 태동과 연혁

광주 · 전남권 캠퍼스 기독교수 연합회는 "광주권기독교수연합회"라는 명칭으로 처음 시작되었다. 당시 전남대를 비롯한 대학 캠퍼스에서 기승을 부리며 대학 내 기독인들에게 많은 어려움을 주고 있었던 '신천지 이단'에 공동으로 대응할 방법을 모색하고, 더 나아가 날로 성적 타락과 쾌락 문화를 앞세워 젊은 영혼들을 공략하는 사탄의 계략을 무력화하고, 하나님의 샬롬이 가득한 온전한 기독교 문화의 창달을 위한 지혜와 전략을 모으고자 하는 것이 그 애초의 목적이었다.

초대 연합회장으로 섬겼던 강신웅 교수(조선대 법대)를 중심으로 최동호 교수(광주대), 홍승연 교수(광주교대), 최보길 교수(전남대), 그리고 학원복음화협의회 총무로 섬기고 있던 김승원 목사 등 다섯 명의 크리스천이 2007년 2월 12일 광주광역시 동구에 위치한 금수장 호텔 식당에서 모여 정기적인 기도 모임과 적극적이고 다양한 모임과 행사로 모임을 활성화시킬 것을 다짐하였다.

초창기에는 매월 둘째 주 목요일 오전 7시 30분부터 한 시간 동안 금수장 호텔 식당에서 평균 5-6명 정도의 광주권 대학 기독교수 대표자들이 모인 가운데 기도회가 진행되었다. 그리고 이듬해인 2008년 2월 15일에 "광주 · 전남지역 대학 캠퍼스 복음화를 위한 광주 · 전남지역 대학 캠퍼스 기독인 지도자 수련회"를 실시하였다.

수련회는 광주 · 전남지역 대학의 교 · 직원, 학복협 목사 및 각 대학의 선교단체 간사 및 기독학생 대표들이 참여하여, 식사와 찬양 및 교제로 이루어진 1부 순서가 진행되었다. 그리고 2부 순서로 대구 · 경북지역 대학 기독연합회장으로 섬기던 남효덕 교수(영남대)의

"대구·경북지역 대학 기독교수의 사역현황"이라는 제목의 특강을 들었다. 특강 후에는 "대학선교와 교회의 역할"(김승원 목사, 학복협 총무), "대학선교의 선교단체 역할"(이노호 목사, ESF), 그리고 "전남대 기독교수회 사역사례"(최보길 교수, 전남대) 등의 제목으로 발제와 토론을 가졌다.

이러한 활동에 힘입어 2010년 11월 30일에는 전남대학교 치전원 대강당에서 "제1회 광주권 캠퍼스 기독교수 연합찬양제"를 실시하였고, 2012년 6월 28-30일에 호서대학교에서 "네 길을 열라"라는 제목으로 개최되었던 제27회 전국대학교수선교대회에 총 8명의 교수들이 참가하여 경건의시간 예배와 특송을 담당하였다. 이러한 초창기 회원들의 열정적인 활동은 2015년 12월 18일~19일에 "주 예수의 이름으로"(골 3:17)라는 제목 하에 준비되었던 "제30회 전국대학교수선교대회"를 광주광역시 광산구에 소재한 남부대학교에서 개최하는 은혜로운 결과로 꽃을 피우게 되었다.

광주에서 처음 열리는 선교대회를 위해 2014년 11월 11일 광주권의 기독교수들이 함께 모여 선교대회 준비기도회를 시작하였다. 이 일을 위하여 임원들뿐 아니라 많은 회원 교수들도 함께 모여 기도하며 준비하던 다음 해 5월, 행사 준비가 거의 마무리되는 시점에서 갑작스럽게 발발한 메르스(MERS·중동 호흡기 증후군)로 말미암아 7월에 개최 예정이던 선교대회가 12월로 연기되는 사태가 발생하게 되었다.

이 엄청난 사태로 인하여 그때까지 준비했던 내용이 원점으로 돌아가게 되어, 주최 측에서는 이전까지의 모든 사항을 취소하고, 행사를 완전히 새롭게 준비해야 하는 어려움을 겪게 되었다. 그럼에도 불구하고, 신실하신 하나님의 변함없으신 은혜와 행사 개최지로 선정되었던 남부대학교 측의 적극적인 헌신과 협력, 그리고 회원대학의 모든 기독교수들의 열정적인 기도와 협력으로 말미암아 전국에서 360여 명의 교수들이 방문한 가운데 은혜와 감동이 넘치는 선교대회를 성공리에 치를 수 있었다.

10.2 연합회 주요 활동

가나안 정탐 후 하나님께서 약속하신 "젖과 꿀이 흐르는 땅"(민 14:8)에 대한 확신으로 충만했던 여호수아와 갈렙과 같은 광주·전남권 캠퍼스 기독교수 연합회의 제1세대 임원과 회원들의 믿음과 헌신은 이후 더 많은 대학과 교수들이 참여한 가운데, 더욱 다양하고 활발하게 이어져 오고 있다.

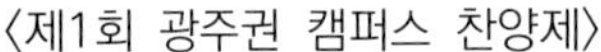

〈제1회 광주권 캠퍼스 찬양제〉　　　　　　〈제1회 찬양제 관련 사진〉

　　한편, 목포대 김농오 명예교수가 제출한 자료에 따르면, 이 모임에 앞서 이미 1990년에 광주와 전남지역의 대학교수들이 서울에 본부를 둔 대학교수선교연합회(당시 회장 손동수 교수)의 지부로 '전남지역 교수선교회'를 결성하고, 그해 11월 30일에 호남신학대학(현 호신대)에서 창립총회를 가질 계획을 세웠던 것으로 밝혀졌다.

　　그해 11월 20일에 발간된 『국민일보』의 기사 내용에 따르면, 김농오 목포대 교수가 발기준비위원장을 맡았고, 준비위원회에는 송경안(전남대), 송준용(호남대), 이정재(광주교대), 조길환(여수수산대), 차종순(호남신대), 고두석(해양전문대), 김양협(광주보건전문대), 나동근(목포전문대), 신응백(동신공전), 윤상혁(순천공전), 정현필(조대공전) 교수들이 거명되어 있다. 또한 전대선과 더불어 기독교 실천운동에 앞장서 온 '한사랑선교회'가 광주에서 '기독교 세계관 대학'이라는 프로그램을 한 학기 이상 진행하였다는 기사가 있다(1993년 4월 1일 자 『기독교호남저널』).

　　이로써, '광주 · 전남권 캠퍼스 기독교수연합회'는 본격적인 연합 활동을 하기 전에 이미 전대선의 회원 단체로서의 위상을 갖추고 있었으며, 그 초대 회원들의 기도와 헌신, 그리고 이미 그들의 마음속에 광주와 전남의 캠퍼스의 복음화를 간절히 원하시던 삼위일체 하나님의 섭리가 합력하여, 오늘의 결과를 일구었다고 평가할 수 있다.

〈1990년 전대선 전남지부 결성〉

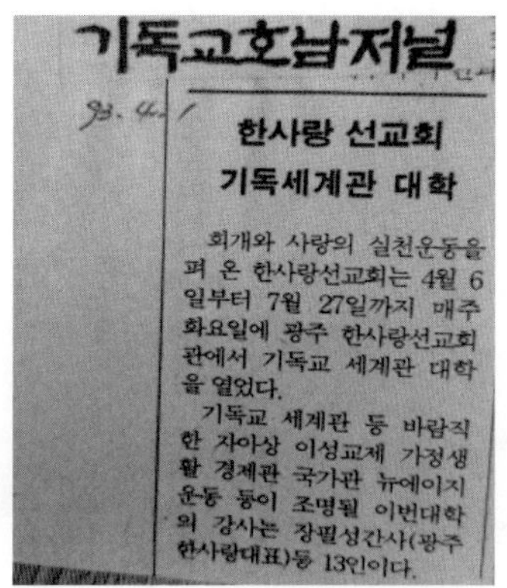

〈전대선 전남지부 관련 기독교세계관 대학〉

◉ 명칭과 대학 현황

"광주권기독교수연합회"라는 명칭으로 처음 시작되었던 본회의 명칭은 여러 차례의 논의를 거쳐 현재는 "광주·전남권 캠퍼스 기독교수연합회"라고 변경되어 사용되고 있다. 본 연합회에 참여하고 있는 대학교는 광주교육대, 광주대, 광주여대, 동신대, 전남대, 조선대, 조선이공대, 조선간호대, 호남대, 목포대, 순천대 등 11개 대학이며, 이외에도, 광주과기원, 남부대, 전남도립대, 광신대, 동강대, 기독간호대, 보건대, 서영대, 전남과학대 등 9개 대학이 다양한 방법으로 참여하고 있으며, 호신대, 송원대, 세한대, 초당대, 고구려대 등은 현재 집행부에서 참여 독려를 위하여 접촉중이다.

10.3 주요 연합사역

◉ 월례기도회

애초에 '광주권 기독교수연합회 조찬기도회'의 명목으로 매월 둘째 주 목요일 오전 7시 30분부터 광주광역시 동구 소재 '금수장 호텔 식당'에서 개최했던 오찬기도모임은 코로나가 우리의 삶을 바꿔놓은 이후 급격한 변화를 맞게 되어 매월 셋째 주 토요일 오전 8시에 줌을 통한 '온라인 월례기도회'로 변경되었다. 이 기도모임에는 임원들 뿐 아니라 참여를 원하는 각 지회의 회원 교수들도 함께 참여하여, 개인과 학교와 나라와 세계를 위해서 열심히 기도하고 있다.

매년 신임 집행부가 결정되면 가장 먼저 매월 기도회를 담당할 학교를 배정한다. 기도회를 배정받은 학교의 기독교수회에서는 사회, 기도, 말씀, 그리고 합심기도 인도자를 선정하여 참여 방법을 안내하고, 기도회가 있는 날에는 미리 줌에 입장하여 교제와 찬양으로 기도회의 문을 열고, 사도신경, 찬양, 대표기도, 말씀, 합심기도 순으로 진행한다. 이 기도회를 통해서 회원 간의 교류가 활성화되고, 회원 학교의 현황과 상세한 기도제목을 알게 되고, 한 마음으로 기도함으로써 우리 모두가 처한 현실이 서로 다르지 않다는 것과, 또한 그럼에도 불구하고 우리에게 소망을 주시는 하나님이 우리와 함께 계시다는 것, 그리고 우리 모두가 그 분 안에서 한 형제요 자매라는 사실을 분명히 할 수 있게 되었다.

〈광주전남 온라인 월례기도회 '23〉

2023년 광주전남권 기독교수연합회 조찬기도회 순서

	일시	말씀	기도
1월	2023.01.14	광주교대 홍숭연교수	조선대 김철수교수
2월	2023.02.25	동계세미나로 대체	
3월	2023.03.11	전남대 김선미교수	전남대
4월	2023.04.08	광주대 최동호교수	광주대 허명교수
5월	2023.05.13	GIST 황치옥교수	조선간호대 최미정
6월	2023.06.10	목포대 이헌종 교수	목포대
7월	2023.07.08	교육대 박선주 교수	교육대
8월	2023.08.12	학복협	학복협
9월	2023.09.09	순천대 조병록 교수	순천대
10월	2023.10.14	광주여대 손명동 교수	호남대 나희자
11월	2023.11.11	동신대 최정식 교수	동신대
12월	2023.12.09	조선대 이원재 교수	조선대

〈광주전남 온라인 월례기도회 순서〉

● 동계세미나

매년 2월 마지막 주 토요일에는 긴 방학을 마무리하고, 새로운 학기를 준비하는 시기를 맞아 개인의 신앙을 정비하고, 회원 개인 및 공동체 간의 새해 계획과 상호간의 기도제목을 나누며, 더 나아가 개인과 공동체를 위한 합심기도를 실시하기 위하여 동계 세미나를 실시한다.

동계 세미나에서는 전대선 선교대회로부터 동기부여를 받은 새로운 행사를 추진하기도 하고, 각 학교에서 시행 중인 교육선교와 외국인 사역 등의 현황과 비전을 나누기도 한다. 광주 · 전남권 기독교수연합회에서는 최근 Pre-evangelism이나 ISF, 고등학교 진로지도 참여, 그리고 보호종료 아동 결연 등, 전대선이나 타 대학의 사례를 통해 영향을 받은 다양한 프로그램을 신설하여 각 학교별로 활발하게 진행하고 있는 중이다.

〈2023년 동계세미나〉

〈2025년 동계세미나〉

◉ 연합찬양제

매년 10월과 11월 사이에 "광주·전남권 캠퍼스 기독교수연합찬양제"를 개최하여 교수와 학생 및 선교단체의 참여를 유도하고, 한 마음으로 하나님을 찬양하고, 개인과 캠퍼스와 교회와 나라와 세계를 위해 뜨겁게 기도하는 시간을 갖고 있다.

〈2024년 광주·전남권 캠퍼스 기독교수연합회 찬양제(조선대학교)〉

◉ 다음세대를 위한 진로지도

부울경기독교수연합회에서 오랫동안 진행해 왔던 고교입시 진로상담에 감동을 받고, 광주와 전남에서도 동일한 역사가 일어나기를 기도하던 중, 2024년 3월에 광주 수피아여자고등학교로부터 진로지도에 대한 의뢰를 받아서, 15명의 관심 회원을 모집하여, 역사상 최초로 고등학교 진로지도에 참여하였다. 2025년 6월 16일에 2차 진로지도가 계획되어 있다.

〈2024년 진로지도 1〉　　　　〈2024년 진로지도 2〉

◎ 광주기독단체연합회와 함께 하는 "블레싱 광주"

광주 · 전남권 캠퍼스 기독교수연합회는 광주시내 90여 기독단체가 연합하여 활동하는 "광주기독단체연합회(광기련)"의 당연직 회원기관이다. 광기련에서는 매년 광주 시내의 교회에서 "블레싱 광주"라는 제목의 연합 찬양예배를 개최하여 다음세대와 교회 그리고 국가와 세계를 하나님께 맡겨드리며, 예배와 찬양과 기도를 드리고 있는데, 광주 · 전남 기독교수연합회는 해마다 이 행사에 함께 참여하고 있다.

〈2023년 5월 30일(화) 제 13회 블레싱 광주〉

10.4 대학별 교수선교회 사역

◎ 광주대학교

광주대학교는 매 학기 개강예배와 종강예배를 시작으로 기독인 교수와 직원의 연합과 중보를 위한 사역에 힘쓰고 있으며, 학내의 기독동아리와 연합하여 내외국인 학생들을 섬기며 전도하는 사역에 최선을 다하고 있다. 주요 활동으로는 최근에 시작된 자립준비청년(보호종료아동) 섬김사역과 ISF(International Student Fellowship)을 기반으로 한 외국인 유학생 섬김을 진행하고 있다.

〈광주대 교직원, 간사 연합기도회〉　　　　〈외국인 유학생 성탄 선물 전달〉

● 전남대학교

전남대학교는 매학기 개강예배와 종강예배를 시작으로 매주 화요일 오전 8시에 화요 조찬기도모임을 가지고 있고, 매주 수요일 오전 8시에는 전남대 기독학생회 모임을 통해 학생과 선교단체 간사 및 교수들이 참석하여 연합예배를 드리고 있다. 최근 전남대학교는 기독교수회의 15년 이상 기도의 응답으로 '빛고을글로벌기독센터'를 개관하여 "젊은 크리스천 인재들의 요람"으로 발돋움을 준비하고 있다. 이외에도 전남대 종교문화연구소 주관으로 리트릿을 진행하고 있으며, 매년 5월에는 '전남대학교 크리스천 찬양제'를 개최하고 있는데, 2025년 5월 16일에는 캠퍼스 예배부흥과 복음화를 위한 "Revive Campus Now in Gwangju"라는 프로그램을 통해 예배와 특강 그리고 기독단체들을 소개하는 부스를 운영하여, 신명나는 '기독인의 축제'를 진행하였다.

또한 지역교회와 연계하여 외국인 유학생을 섬기며 그들에게 잊을 수 없는 체험과 기억을 심어주는 ISF(International Student Fellowship) 프로그램을 운영하며, 교내 외국인 유학생들을 향한 실질적인 섬김의 손길을 보내고 있는데, 그 선한 영향력이 호남대와 광주대 그리고 조선대까지 확장되어 가고 있다.

〈전남대학교 기독교수회〉   〈Revive Campus〉   〈(사)빛고을글로벌센터〉

● 조선대학교

조선대학교 기독인 교수회는 매 학기 개강예배와 종강예배를 학생과 기독단체 및 교직원 신우회와 연합으로 드리고 있으며, 매주 목요일 오전 8시(방학 중에는 8시 30분)에 주간 기도모임을 가지며, 찬양과 예배와 기도와 교제를 통해 교내 기독인들의 연합을 도모하고 있다. 방학 중에는 신임교수 환영회와 은퇴교수 위로회, 그리고 명절에는 유학생 위로회를 갖고 있다. 또한 연 1회 학생과 교수와 교직원, 그리고 선교단체가 참여하는 '조선대학교 기독인 연합 찬양제'를 개최하여, 온 캠퍼스가 하나님을 찬양하는 시간을 갖고, 아울러 이 시간에 두 세 명의 장학생을 선발하여 시상하기도 한다. 이러한 연합행사 외에도, 재학생들에게 영어학습으로 레포를 형성하고 전도의 발판으로 삼는 'Pre-evangelism'과 외국인들을 지역교회와 연계하여 체계적으로 섬기는 ISF 프로그램을 통해 학생 전도에 힘쓰고 있다.

〈조선대학교 개강예배〉　　　〈조선대 찬양제〉　　　〈조선대 외국인 섬김〉

조선대학교 소식 중 특이할 만 한 것은 2025년 1학기에 〈시대와의 대화: 무엇을 보고 들을 것인가?〉라는 제목의 교양 과목이 신설되었다는 것이다. 이 과목은 조선대기독인교수회에서 그동안 기도하며 준비했던, 소위 '기독교 세계관'을 바탕으로 다양한 학문 분야에 대한 성찰을 가능하게 하는 팀티칭 교과목이다. 13명의 다양한 전공을 가진 교수진은 매주 세 시간 수업을 통해 물질만능과 인본주의의 허울 속에 잊혀져 가는 하나님의 음성을 강의실에서 되살리겠다는 목표로 열심을 다해 강의하고 있다.

● 호남대학교

호남대학교 신우회는 교수와 교직원, 그리고 학생과 종교동아리가 연합하여 매 학기 개강예배와 종강예배를 공동으로 기획하여 섬기고 있다. 매월 1회 찬양예배를 기획하고, 유학생들을 위한 매주 목요일 점심 섬김, 그리고 부활절 및 추수감사절에는 교직원과 학생들이 함께하는 간식 나눔을 갖고 있고, 유학생을 위한 의류 나눔 바자회를 실시해 오다가 코로나로 인해 중단되었지만, 다시 재개하고 있다. CCC, 예수전도단, 네비게이토, ESF 등의 기독단체를 도우며 함께 캠퍼스 복음화와 유학생 섬김을 위한 다양한 행사를 기획하며 시행하고 있다. 또한 회원들의 회비를 모아 해외선교사 및 국내 재활원 선교지원금으로 섬기고 있다.

이외에도 호남대학교에는 네비게이토 지도교수인 나희자 교수를 중심으로 한 Pre-evangelism(한국/중국인 대상), 기독교 사상의 이해(정동영 목사 저)와 한글 성경공부 병행, 그리고 지역교회와 연계한 ISF 사역 등도 함께 이루어지고 있다.

〈호남대학교 개강예배〉

〈호남대 외국인 사역〉

〈호남대 나희자 교수 사역〉

● 광주과학기술원(GIST)

광주과학기술원 신우회는 1998년에 결성되어 1~2주에 한 번씩 점심시간에 모여 간단한 모임을 가져오다 후에 매월 일회 점심시간을 이용해서 20분 내외의 예배와 지체들 간의 교제를 계속 해왔다. 거기에 비록 매 학기는 아니지만, 개강예배와 종강예배를 지속적으로 드려오고 있으며, 2000년 경부터는 매년 12월 말에 "불우이웃을 돕기 위한 하루찻집"을 개설하여, 그 행사를 통해 모은 성금을 장애우 등 도움이 필요한 이웃들에게 전달해 왔으며, 이외에도 광산구 덕림동에 소재한 '애일의 집,' 담양에 소재한 '빛고을공동체,' 장성군에 소재한 '사랑의 종의 집,' 그리고 광주시에 소재한 은혜학교 등을 지원기관으로 정하여 정기적으로 후원하고 있다.

이러한 과기원신우회의 신앙모임과 봉사활동은 2000년 9월 30일에 캠퍼스 내의 크리스천 교수, 연구원, 대학원생들이 자발적으로 모여 구성된 '광주과학기술원교회'로 발전하게 되었다. 이 교회의 특징은 고정된 건물 없이, 예배, 공동체 돌봄, 선교에 집중해 온 '선교적 교회'라는 점이다. 과기원 교회는 학위과정의 기간 동안 순환하는 청년 구성원들을 복음으로 양육하고 파송하는 '보내는 교회로서의 정체성을 지니며, 과학 전공을 활용한 단기 선교(Science Camp)와 관계 중심의 제자훈련을 통해 전 세계로 선교적 영향력을 확장해 가고 있다.

〈GIST 하루찻집〉

〈교회 건물 없이 20년 째 강당(해림홀)에서 매주 예배를 드림, 성탄감사예배를 마치고〉

◎ 국립목포대학교

국립목포대학교의 기독인교수회는 매 학기 개강예배와 종강예배를 학생과 기독단체들과 함께 드리고 있으며, 동문 목회자들을 초청하여 예배와 특별행사를 실시하고 있다. 또한 지역사회와 연계한 기독교 환경운동을 위하여 2022년 "기독교환경네트워크"를 발족하여 지역특화의 기독교 운동을 진행하고 있으며, 인공지능시대 기독교인 특강 등 주요 이슈에 대한 기독교적인 접근과 그 영향력의 확산을 위해 노력하고 있다. 뿐만 아니라 소악도 12사도 순례길의 "최후의 만찬" 벽화제막식 등 기독교 유적 개발과 유지 및 활용방안 모색을 위해 적극적인 행보를 계속하고 있다. 행복한 부자학회 학술대회와 로마서 강해 등을 통하여 대학의 구성원들에게 하늘의 신령한 복과 땅의 기름진 복을 구하고 받고 쓰는 방법에 대한 지식과 지혜를 나누고 있다. 더 나아가 지역교회의 후원으로 마련된 글로벌 비전센터(교회)를 통해 다양한 방식으로 재학생과 유학생들을 위한 선교활동을 진행하고 있다.

〈국립목포대 종강예배〉   〈국립목포대 행사 사진〉

◎ 국립순천대학교

국립순천대학교는 매학기 기독교수회와 기독동아리(CCC, CMI, DSM, ESF, SFC, 네비게이토 등)와 연합하여 개강예배를 드리면서 학기의 시작을 하나님과 함께 하고 있으며, 매주 화요일 오전 8시부터 9시까지 아침 기도 모임, 매주 목요일 낮 12시부터 오후 2시까지 순천대 기독교수회원으로 구성된 "스트라토스(Stratos)" 중창단의 찬양모임과 교제의 시간을 갖는다. 연 1회 기독교수 수련회를 개최하고, 광주·전남권 캠퍼스 기독교수 연합회의 월례기도를 온라인으로 인도하며, 여름에는 전국대학교수선교연합회의 선교대회에 함께 참여하고, 매년 가을에는 '스트라토스' 중창단의 이름으로 광주·전남권 캠퍼스 기독교수 연합찬양제에 참여하고 있다. 그리고 연 1회 지역교회를 방문하여 찬양예배를 드리고 기독교수회를 소개하고 있다. 학내에서는 선교단체를 중심으로 한 종강예배나 수련회 등의 행사에 간식을 비롯한 다양한 형식의 지원활동을 하고 있다.

〈2024년 국립순천대 개강예배〉

〈스트라토스 중창단 특송〉

● 광주교육대학교

광주교육대학교는 캠퍼스 내에서 교수 중심의 '신우회'와 학생 중심의 '교기연(기독 동아리 연합회)'를 통해 세대와 역할을 넘어, 말씀과 기도, 찬양으로 연결된 아름다운 동역의 공동체를 이루고 있다.

광주교육대학교 신우회는 말씀과 기도로 동행하는 교수 공동체로서 2025년 현재, 격주 수요일 오후 4시 30분에 연진관 1층 세미나실에서 정기적으로 예배를 드리고 있다. 예배는 '바이블 프로젝트' 영상 시청과 말씀 묵상 중심으로 진행되며, 교수들이 직접 기도와 말씀을 인도하는 순서를 통해 영적 나눔과 성장을 이끌고 있다. 2024년에는 광주·전남권 교수 찬양제 참여, 선교사 가족을 위한 후원, 미자립교회 지원, 친교 행사 등 깊이 있는 신앙 교제가 이어졌다.

한편 학생 중심의 신앙 공동체인 '교기연'은 매주 목요일 아침 8시, 음악관에서 예배를 드린다. CCC, IVF, ESF 등 기독 동아리가 연합하여 운영하며, 간사들과 학생들, 그리고 신우회 교수들이 함께 참여해 찬양과 교제, 훈련의 시간을 나누는 따뜻한 공동체로 자리 잡았다.

특히 신우회 교수들이 격주로 간증과 말씀을 전하며, 학생들의 신앙 성장을 직접적으로 돕고 영적 멘토 역할을 감당한다는 점은 교기연만의 특별한 특징이다.

광주교육대학교 신우회는 앞으로도 '캠퍼스 복음화'와 '교육 선교적 사명'을 품고, 믿음 안에서 함께 기도하고 성장하는 공동체로서의 역할을 계속 이어갈 계획이다. 예비 교사와 교수들이 함께 대한민국 교육의 미래를 품으며, 선교적 발판이 되는 대학 공동체로 조용하지만 힘 있게 걸음을 내딛고 있다.

〈광주교육대학교 신우회〉

〈광주교육대학교 교기연〉

◎ 그 외

여기에 기록된 학교들 외에도 많은 회원 대학들이 코로나와 학령 인원 감소가 가져다준 침체기를 극복하고 재기하기 위한 몸부림을 계속하고 있다. 분주한 상황 속에서도 이웃을 섬기는 일과 사단법인 한국 순례길 광주지부를 통해 기독교 역사운동에 참여하고 있는 조선이공대학교 기독교수회, 지역사회의 공사기관과 더불어 복음전파와 기독문화 창달을 위해 헌신하는 동신대학교, 이제는 독립된 기독교수회를 구성하여 독자적인 팀으로 찬양제에 참가하게 된 조선간호대학교, 그리고 비록 적은 수의 교수들이 불규칙하게 모이고 있지만, 학교와 교수와 학생들을 위하여 정기적인 기도모임을 계속하고자 노력하는 동강대 신우회 등 여러 대학들의 활동이 끊임없이 이어지고, 확산되고, 강화되고 있는 실정이다.

〈(사)한국순례길〉

〈동신대학교(나주기독직장선교연합회 찬양제)〉

◎ 맺음말

돌아보아 은혜 아닌 것이 없고 새겨보아 사랑 아닌 것 없는 우리의 긴 여정을 돌이켜보는 것은 한없이 넓고 크신 하나님의 능력과 권세 앞에 끊임없이 작아지고 겸손해지는 우리의 모습을 재확인하는 작업이 될 것이다.

그럼에도 불구하고, 한없이 초라하고 부끄럽기만 한 우리의 연약한 모습이나마, 우리를 도우시는 하나님의 능력을 의지하여 우리가 개인적으로 최선을 다하고, 믿음의 형제·자매와 더불어 힘써 연합하고, 또한 급변하는 세태 속에서 "건너와서 우리를 도우라"(행16:9)고

요청하는 다양한 목소리에 귀를 기울이며 우리의 길을 용맹하게 걸어간다면, 팔십오 세의 나이에도 "이 산지를 내게 주소서"(수 14:12)라고 외쳤던 갈렙의 고백이 하나님이 끝까지 기쁘게 받으실 우리의 고백이 될 줄로 믿는다. SOLI DEO GLORIA!

10.5 광주과학기술원교회

다음은 연합회 임원을 맡고 있는 황치옥 교수(GIST)가 원고를 보내두셔서 추가로 본서에 수록한다.

◉ 광주과학기술원교회 / 믿음과 선교의 뿌리를 심는 공동체

광주과학기술원교회는 2000년 9월30일, 광주과학기술원(GIST) 캠퍼스 내에서 신앙을 가진 교수, 연구원, 대학원생들이 자발적으로 모여서 드리기 시작한 "신우회 예배"를 기반으로 시작된 선교적 교회이다. 이 교회는 건물이라는 물리적 공간 없이도, 복음과 예배, 공동체 돌봄이라는 본질에 집중하며 24년 동안 흔들림 없이 그 사명을 감당해 왔다. 캠퍼스 중심의 환경, 매년 학기마다 졸업해서 떠나고, 신입생들이 입학하는 교인 구조, 그리고 창의적인 선교적 접근방식은 이 교회를 독특하고도 깊이 있는 복음공동체로 성장시켜 오고 있다.

◉ 교회의 신앙과 비전의 기초

광주과학기술원교회를 시작부터 섬긴 설립 멤버들은 신앙은 단지 개인적인 믿음의 영역에 머무르지 않고, 시대를 향한 하나님의 부르심에 응답하는 선교적 결단이 중요하다고 여기고 그 기초 위에서 교회가 시작되었다. 특별히 캠퍼스 내에 있는 교회로서 다음 세대와 외국 유학생을 아우르는 공동체 예배와 선교의 실제를 체험했다. 정기적인 파송 예배, 세대 간 통합 예배, 그리고 현장 중심의 목회를 광주과학기술원교회의 핵심 구조와 철학으로 이어져 오고 있다.

◉ 교회의 구조적 특성과 사역 철학

GIST는 국내외에서 모인 석·박사 과정 학생들과 연구원, 교수들이 함께 하는 고등교육기관으로, 청년들은 평균적으로 4~10년간 캠퍼스에 머물고, 졸업 후 세계 각지로 흩어지기도 한다. 이와 같은 특수한 환경 속에서 광주과학기술원교회는 고정된 교인을 중심으로 하는 일반 교회와 달리, 순환하는 구성원을 복음으로 양육하고 파송하는 "보내는 교회"의 정체성을 확립하였다. 교회의 사역은 단순히 프로그램 중심으로 구성되지 않는다. 교회는 관계 중심, 인격적 돌봄, 묵상과 말씀 중심의 훈련, 상담과 제자 양육에 주력하며, 단기간 GIST에 머무는 청년들에게도 깊이 있는 신앙의 뿌리를 심는 데 집중한다. 이러한 신앙 훈련은 각자가 떠난 이후에 새로운 곳에서도 복음의 씨앗을 심는 선교적 제자로 살아갈 수 있도록 준비시키는 것이 핵심이다.

⊙ 과학을 통한 복음 전파

광주과학기술원교회는 해마다 단기 선교를 떠나는 교회이다. 하지만 단순한 단기 선교를 넘어선 전공 기반 사역으로 주목받는다. 초기에 몽골에서 단기 선교를 시작하면서, 주로 여름성경학교 수준으로 선교 사역을 진행했다. 그러나 점차 청년들의 전공인 과학을 주제로 "Science Camp"로 전환하여, 캄보디아, 인도, 라오스 등 여러 나라에서 단기 선교를 행하고 있다. 과학 캠프 선교는 교회의 사역 철학이 어떻게 현실 속에 구현될 수 있는지를 보여주는 대표적인 예시다. GIST 학생들은 자신의 전공(물리학, 생명과학, 화학, 공학 등)을 활용해 선교지 청소년들과 대학생들에게, 영어로 강의하고, 과학 실험을 진행하여, 이를 통해 하나님의 창조 원리와 질서를 자연스럽게 복음으로 연결시켰다. 이 선교방식은 일반적인 문화 공연이나 단기 봉사보다 훨씬 깊은 인상과 이해를 남겼으며, 선교의 문이 닫혀 있는 불교권 또는 공산주의 국가에서 복음의 통로로 강력하게 작용하였다.

⊙ 예배와 공동체의 지속성- 건물 없이도 살아 숨쉬는 교회

광주과학기술원교회는 독립된 교회 건물 없이, 24년 동안 매주 캠퍼스 내 강의실에서 예배를 드리고 있다. 총장의 교체나 학교 정책 변화 등 다양한 변수에도 불구하고, 교회는 그 자리를 끊임없는 기도와 하나님의 은혜로 지켜오고 있다. 실험실, 강의실 전체가 예배의 장소가 되어 삶 전체에서 하나님과 동행하도록 돕는 영적 훈련의 장이 되기를 추구하며, 졸업 후 각지로 흩어진 청년들과도 온라인 모임, 기도후원, 메시지 공유 등으로 지속적인 관계를 이어가고 있다. 이러한 영적 유대감은 미국, 독일, 유럽, 아시아 등 여러 곳에서 자연스럽게 이어지는 "흩어진 신앙공동체"로 확장되고 있다. 교회를 떠나도 복음의 삶은 계속되며, 각자 자신이 있는 곳에서 또 다른 선교적 공동체를 형성해 나가고 있다. 교회의 대형화와 시스템 중심의 흐름이 아닌, 캠퍼스 전체를 진실된 교회가 되어 생명력 있는 복음공동체의 회복을 강조한다. 청년세대가 교회를 떠나는 현실 속에서, 다시 그들이 캠퍼스 안에서 하나님의 살아계심을 경험하고, 복음을 살아내는 제자 공동체로 세워지기를 간절히 바라고 있다. 이러한 사역 철학은 광주과학기술원교회의 현재와 미래에 깊이 스며있으며, 이 교회를 거쳐 간 수많은 청년들이 전 세계에서 그 비전을 이어가고 있다.

[출처] 길종원 교수(조선이공대하교) 글 편집
황치옥 교수(광주과학기술원)

11. 제주지역 교수선교회

제주도에는 제주대학교, 제주국제대학교, 제주관광대학교, 제주한라대학교 4개의 대학이 있다. 타 도시와 비교해 대학의 수가 적은 편이다. 그럼에도 제주대학교를 중심으로 기독교수회가 꾸준히 유지되며 사역을 하고 있는 모습이 보인다. 또 이전에 제주대학교 개최에 대해 한번 논의, 가능성이 매우 높았지만 아직 실현은 하지 못하고 있다.

다음은 제주지역 회장인 임춘택 교수(제주대)가 내용을 간단히 정리해 보내 온 글이다. 함께 수록하도록 한다.

〈제주대학교 교수신우회 소개〉

◉ 교수신우회 모임 및 활동
  ▸ 기도회 : 2010년 8월 31일(화) 14인의 교수가 모여 제주대학교 교수신우회가 처음 시작되었다. 신우회 기도 모임은 학기 중 매주 화요일 아침 8시에 진행합니다. 현재 모임을 공유하는 신우회 인원은 23인입니다.
  ▸ 성경 모임 : 매주 수요일 또는 목요일 점심시간에 성경 모임을 합니다. 성경을 읽고 나누는 시간입니다. 방학 기간 중에도 모임을 이어갑니다.
  ▸ 개강 예배 : 기독교동아리와 함께 매 학기 개강 예배를 드립니다. 선교단체로 CCC, IVF, SFC, YWAM, JOY, ROG 등이 있다.
  ▸ 신임 교수 환영 선물 : 매 학기 제주대학교에 부임하는 신임 교원 전원에게 커피를 선물합니다. 커피 선물로 교수 임용을 축하하고 교수신우회를 홍보합니다.
  ▸ 기독동아리 간사 & 교수신우회 교수 식사 교제 : 매년 5월 기독동아리 간사님들과 식사 자리를 갖습니다.

◉ 사진

〈개강 예배〉

〈신우회 기도회〉

〈기독동아리 간사 식사 교제〉

〈신임 교수 환영 선물〉

[출처] 임춘택 교수(제주대학교, 제주지회장) 글 편집

■ 소결(小結)

전국대학교수선교연합회(KUPM)는 캠퍼스 복음화와 하나님 나라의 확장을 위해 만들어진 기독교수들의 연합모임이다. 서울 여의도순복음교회 세계선교센터에 본부를 두고 있다. 그리고 전국 지역에 10개 지회와 8개의 위원회를 두고 있다.

본 장에서는 연합회와 10개 지회를 중심으로 사역을 소개하였다. KUPM 기독교수들을 향한 하나님의 계획, 섭리, 또 주권적인 사역이 무엇일까? 헌신적으로 사역을 하는 연합회 임원들의 모습이 보인다. 감사하다. 그럼에도 또 한편으로는 초창기 열심히 헌신하셨던 로고스교수선교회 소속 교수들이 소천하시고 연로하셔서 이전과 같은 동력을 발휘하기가 쉽지 않은 점이 보인다. 이사회의 멤버가 로고스교수선교회 이사에서 증경 연합회장 교수들로 이전이 되어가는 추세이다.

KUPM은 각 대학 기독교수회와 지회가 모여 구성된 연합모임이다. 본서 제7장에서는 위와 같이 각 지회의 활동에 대해 자세히 기록을 하고 있다. 많은 기독교수가 각자 소속된 대학에서 전공을 가르침은 물론, 여러 형태로 복음을 위해 헌신을 하고 있다. 또 기독동아리와 선교단체 사역을 지원하고, 대학가를 위협하는 이단세력으로부터 학생들을 신앙적으로 보호하기 위한 노력을 하고 있다. 그리고 이러한 노력이 모여 기독교수회나 신우회를 만들고, 또 이것이 지역과 도시로 확대되어 현재 10개의 지회를 구성하고 있다. 지회마다 임원회가 구성되어 있고, 특히 겨울방학 기간 수련회나 워크숍, 선교대회를 갖는 경우가 많다. 다양한 사역들이 일어나고 있다. 그리고 이러한 신앙 영성과 사역이 하나로 모아져 전국대학교수연합회의 사역을 이루고, 또 지난 40년 전국대학교수선교대회의 역사를 이루어 왔음을 알 수 있다.

하나님은 선하시며, 공의로운 분이시다. 또한 그의 나라의 사역을 위해 걸음을 멈추시지 않으시는 분이시다. 계속해서 서로 합력하여 새로운 동력을 얻고, 비전을 이루어가는 전국대학교수선교연합회, 지회, 또 대학 기독교수회 및 신우회가 되길 기도드린다.

제8장 KUPM 위원회와 사역

1. 선교위원회
2. 대학교회위원회
3. 프리이반젤리즘위원회
4. 해외기독대학위원회
5. 글로벌미래고등교육원
6. 문화예술위원회
7. 신앙과학문위원회

1. 선교위원회

〈선교위원회〉

- **설립 목적 및 배경**: 캠퍼스 내 탈종교화 현상과 반기독교적 세계관의 확산이라는 도전에 대응하고, 급증하는 외국인 유학생을 통해 열린 새로운 선교의 기회를 활용하고자 설립
- **핵심 비전**: 전국의 모든 기독교수가 선교사로 세워져 캠퍼스와 세계를 복음으로 섬기는 선교사적 삶을 사는 것
- **주요 사역**
- ☑ 교수선교사 훈련학교: 국내외 선교계의 유명 강사들로 구성하여, 기독 교수들을 선교사로 세우기 위한 12주 과정의 체계적인 온라인 훈련 과정
- ☑ 교수선교사 포럼 및 기도회: 매월 온라인으로 포럼과 기도회를 개최하여 사역 경험을 공유하고 영적 성장을 도모
- ☑ 수료식, 단기선교 및 파송: 교수선교사 훈련학교 과정의 일환으로 수료식을 거쳐, 단기선교를 진행하며, 이러한 과정을 수료 후 선교대회에서 각 대학의 교수선교사로 공식 파송
- * 출처: 현 위원장 한재호(고려대학교), 전 위원장 황홍섭(부산교육대학교)

1.1 들어가며

전국대학교수선교연합회(KUPM, 이하 KUPM)는 캠퍼스 복음화를 목적으로 1986년에 제1회 선교대회를 개최하고, 1987년에 창립 예배를 드렸다. 이후 현재까지 39회의 선교대회를 통해 국내외 대학 캠퍼스에서 복음의 씨앗을 심으며 민족 복음화와 세계 선교에 기여하고 있다. KUPM은 전국 각 대학의 기독교수가 연합하여 캠퍼스 내 복음화를 이끌어가는 중추적 역할을 담당하며, 교수선교사라는 독특한 사명과 비전을 통해 학문과 신앙이 조화를 이루는 복음 사역을 전개한다.

특히 KUPM 선교위원회는 전국 곳곳의 캠퍼스 기독교수를 선교사로 세워 학문 현장과 선교 현장을 동시에 섬기는 사역을 감당한다. 이들은 국내 대학뿐 아니라 해외 타문화권 대학 캠퍼스에서도 복음을 전파할 수 있도록 체계적인 훈련과 준비 과정을 거치며, 전 세계 캠퍼스 선교 네트워크 형성에 기여하고 있다. 또한 교수선교사들은 전공을 기반으로 한 창의적이고 전문적인 사역을 개발하여 학문적 영향력과 복음적 영향력을 함께 확장하는 복합적인 선교자로서 기능한다.

오늘날 한국사회는 포스트 크리스텐덤 환경 속에서 탈종교화 및 탈기독교화 현상이 심화되고 있으며, 특히 2030세대를 중심으로 종교에 대한 무관심과 회의가 커지고 있다. 이러한 시대 흐름은 캠퍼스 복음화에 큰 도전 과제로 작용한다. 그러나 2024년 법무부 출입국외국인정책 통계월보에 따르면 26.3만 명이 넘는 외국인 유학생들이 국내 대학에 몰려들면서 대학 캠퍼스는 새로운 선교지로 부상하고 있다. 이에 따라 캠퍼스가 단순한 학문 공간을 넘어 다양한 문화와 신앙이 교차하는 복합적인 선교 환경으로 변화하고 있으며, 교수선교사의 역할과 영향력은 더욱 중요해지고 있다.

KUPM 선교위원회는 이러한 변화와 도전에 능동적으로 대응하기 위해 지성과 영성을 아우르는 균형 잡힌 리더십을 발휘하며, 시대를 분별하는 통찰력과 사명 의식을 가진 리더로서 섬김의 역할을 감당한다. 선교위원회 주요 사역은 매월 교수선교사 포럼 및 기도회, 교수선교사훈련학교, 훈련학교 수료식, 단기선교, 교수선교사 파송, 운영위원회 등 다양한 활동을 전개하고 있다. 이와 더불어 국내외 선교 기관 및 지역교회와의 협력과 MOU 체결 등을 통한 네트워크 확장에도 힘쓰며, 캠퍼스 선교 사역의 확장과 지속 가능한 발전을 도모한다.

KUPM은 시대가 요구하는 새로운 선교 전략을 모색하고 구현함으로써, 급변하는 캠퍼스 선교 환경 속에서 새로운 선교 모델로 자리매김하며, 국내외 대학 캠퍼스에 복음의 빛을 비추는 역할을 지속적으로 감당하고 있다. KUPM 제40회 선교대회는 지난 40주년의 사역을 깊이 되돌아보고, 급변하는 시대적 상황과 선교 환경 변화 속에서 새로운 선교 전략을 모색하여 한국형 캠퍼스 선교 모델을 발전시켜야 하는 매우 중요한 전환점이다. KUPM 선교위원회는 보다 미래지향적인 사역 방향을 설정하고, 혁신적이고 창의적인 한국 교회의 캠퍼스 선교 모델을 제시하여 한국 교회와 캠퍼스 선교 현장에 새로운 비전과 활력을 불어넣는 데 기여해야 한다.

현재 KUPM 선교위원회는 캠퍼스 내 탈종교화 심화와 포스트 크리스텐덤 시대의 새로운 선교 환경에 적응해야 하는 도전에 직면하고 있다. 또한 4차 산업혁명 시대의 첨단 기술을 활용한 효과적인 선교 전략 개발과 점점 다양해지는 문화적 배경을 가진 학생들에게 복음을 어떻게 효과적으로 전달할 것인가 하는 과제를 안고 있다. 더불어 교수 선교사들의 지속적인 영적 성장과 사역 역량 강화 및 다양한 선교 기관과 단체들과의 협력 체계 구축 또한 중요한 과제이다.

최근 한국 사회는 탈종교, 탈기독교 현상이 심화되고 있으며, 특히 젊은 세대에서 종교에 대한 호감도가 낮게 나타나고 있다. 개신교의 경우 과거 종교를 가졌던 비종교인 중 이탈자가 가장 많은 것으로 나타나, 캠퍼스 내에서도 기독교에 대한 관심이 줄어들고 복음 전도의 어려움이 커지고 있다. 이러한 탈종교화 현상은 기독 공동체의 사회적 영향력 약화와 맞물려 진행되고 있으며, KUPM 선교위원회는 이러한 현실을 직시하고 새로운 접근 방식의 선교 전략을 모색해야 한다.

1.2 선교위원회 역사와 사역

1.2.1 역사

KUPM은 선교적 비전을 품고 출발한 단체로서, 시대의 변화와 대학 캠퍼스 복음화의 요구에 발맞추어 선교의 사명을 다해왔다. 특히, 캠퍼스 내 외국인 유학생의 급증과 기독교 공동체 약화, 반기독교 세계관의 확산이라는 도전 앞에서 KUPM은 새로운 선교적 대응을 모색하였다. 2018년부터 한국세계선교협의회(KWMA, 이하 (KWMA)와 협력하여 교수들을 선교사로 캠퍼스에 파송하기 시작하였으며, 2018년 부산수영로교회에서 8명의 교수 선교사를 처음으로 파송한 이래 이 사역은 점차 활기를 띠었다.

교수선교사 파송을 중심으로 KUPM 내부에 선교분과를 신설하였는데, 초대 선교분과장을 맡은 박신○ 교수에 이어 2021년 이상○ 교수가 회장으로 취임하며 두 번째 선교분과장인 황홍○ 교수가 그 사명을 이어받았다. 비록 COVID-19 팬데믹으로 인해 직접 모임이 어려운 상황에서도, 온라인 플랫폼을 적극 활용하여 매월 교수선교사 포럼 및 기도회를 지속적으로 개최하였다. 이를 통해 선교사들의 사역과 기도의 네트워크를 강화하며, 선교대회 준비와 2학기 교수선교사 훈련학교의 원활한 진행을 이끌었다.

이 과정에서 이상○, 박신○, 황홍○ 교수는 끊임없는 협의와 기도를 통해 임원회의 결의를 거쳐 선교분과를 공식적인 위원회로 승격시켰다. 이 결정은 창의적이고 역동적인 선교사역의 확장을 위한 중대한 전환점이었다. 이와 동시에 문화예술위원회, 대학교회위원회, 신앙과학문위원회, 해외기독대학위원회, 편집위원회, Pre-Evangelism 위원회 등 다양한 위원회와 KUPM의 또 다른 이름으로 선교전략상 창의적 접근지역과 같은 곳에서는 글로벌 미래고등교육원으로 대체하도록 새롭게 신설하여 KUPM 사역의 폭을 확장하였다. 이러한 과정이 진행됨에 따라 선교위원회 사역이 연중사역으로 전환됨과 거의 비슷하게 1년에 한번 선교대회를 끝났던 KUPM 사역도 매월 임원회 및 기도회, 선교대회 준비, 특별 행사를 위해서 연중사역으로 전환하게 되었다.

교수선교사 파송과 훈련의 체계 역시 KWMA와 긴밀히 협의하여 발전시켰다. 2019년부터는 KWMA가 훈련을 주관하고, KUPM이 선교사 파송을 담당하는 모델을 확립하였으며, 여의도순복음교회를 통해 16명의 교수가 집중훈련을 통하여 캠퍼스에 파송하는 결실을 이뤘다. 2020년부터는 코로나19 상황 속에서도 온라인을 통한 체계적인 교육과정을 이수한 후 수료식을 거쳐 21명의 교수를 파송하는 성과를 거두었다. 이 시기에는 훈련과 파송식이 비대면으로 진행되었으나, 선교위원장 박신○ 교수가 대표로 파송장을 수령하는 상징적 의미를 지녔다.

2021년부터는 한 단계 더 발전하여, 매년 1년 과정의 교수선교사 훈련학교를 체계화하였다. 2학기 동안 진행되는 12주간의 집중 교육을 마친 후, 수료식과 함께 KUPM 선교대회에서 파송식을 갖는 시스템을 도입하였다. 2021년 9월부터 2022년 7월 선교대회 파송식까지의 기간이 교수선교사 훈련기간에 해당함에 따라, 2021-2022년 교수선교사 훈련학교를 거친 후 파송장을 받게 되므로 이 기간의 과정은 '2021-2022년 교수선교사 훈련학교'로 명명하게 되었다. 2021년 교수선교사 훈련학교는 KWMA 연합선교훈련 실행위원회가 주관하고 9월 25일부터 12월 11일까지 진행되었으며, 종강과 동시에 수료식을 통해 16명의 교수선교사가 2022년 고신대학교에서 열린 KUPM 선교대회에서 공식적으로 파송하게 되었다.

2022-2023년부터는 KUPM의 선교사들의 훈련에 필요한 교육 내용의 요구를 반영하여 KUPM이 자체적으로 맞춤형 교육과정을 개발하고 구성하여, 9월 17일부터 12월 3일까지 매주 토요일 온라인으로 진행하였다. 12주의 교육과정을 이수한 후 2023년 2월 2일 대전 고신 총회센터에서 교수선교사 훈련학교 수료식을 통하여 그간에 온라인으로 보았던 얼굴

을 대면하여 만나고, 수료예배, 수료식, 사역에 대한 비전 나눔 및 특강, 점심식사 등 교제로 진행하였다. 수료식 후 7월 21일 한국교통대학교에서 제38회 KUPM 선교대회 시 13명의 교수가 캠퍼스로 파송되었다.

2023-2024년 훈련학교는 2022-2023년 같은 방식으로 진행하여 2024년 9월 16일부터 12월 2일까지 온라인으로 훈련학교를 진행하고, 2024년 1월 23일 배재대학교에서 수료식을 가져 7월 12일 배재대학교에서 제39회 KUPM 선교대회 시 22명의 교수를 해당 대학으로 선교사로 파송하였다.

2024-2025년 훈련학교도 전과 같은 방식으로 KUPM 선교위원회가 주관하여 2024년 9월 14부터 11월 30일까지 매주 토요일 온라인으로 진행하였으며, 2025년 1월 23일 대전 배재대학교에서 교수선교사훈련학교 수료식을 마쳤으며, 서울대학교 평창캠퍼스에서 제40회 KUPM 선교대회 시 15명의 교수를 캠퍼스로 파송할 예정이다. 이러한 변화는 각 교수들이 선교사로서의 역할을 충실히 수행함으로써 더욱 확장될 것이다. KUPM은 앞으로도 시대적 요구에 부응하는 창의적이고 효율적인 사역을 통해 하나님 나라의 기틀을 더욱 확고히 할 예정이다. 언급한 내용을 정리하면 〈표 1〉과 같다.

〈표 1〉 교수선교사 훈련학교 연혁

년도	파송기관	파송인원	교육주관	교육기간/방법	파송장소/날짜
2018	KUPM KWMA	18	KWMA	집중훈련	부산 수영로교회 파송
2019	KUPM	16	KWMA KUPM 선교위원회	집중훈련 2019.8.22~24 목동 제자교회 온라인 3개월	서울 여의도순복음교회 (2019.11.21)
2020	KUPM	21	KWMA 연합선교훈련 실행위원회/KUPM 선교위원회	2020.09.19.(토)~ 11.14(토) 온라인 진행	온라인 수료 및 파송
2021 ~2022	KUPM	16	KWMA 연합선교훈련 실행위원회/KUPM 선교위원회	2021.09.25.(토)~ 12.11(토) 온라인 진행	고신대학교 (2022.07.07)
2022 ~2023	KUPM	13	KUPM 선교위원회	2022.09.17.(토)~ 12.03(토) 온라인 진행	한국교통대학교 (2023.07.21)

년도	파송기관	파송 인원	교육주관	교육기간/방법	파송장소/날짜
2023 ~2024	KUPM	22	KUPM 선교위원회	2023.09.16.(토)~ 12.02(토) 온라인 진행	배재대학교 (2024.07.12)
2024 ~2025	KUPM	15	KUPM 선교위원회	2024.09.14.(토)~ 11.30(토) 온라인 진행	서울대학교(평창) (2025.6월 예정)
계		112			

1.2.2 주요 사역 분석

선교위원회의 사역은 크게 다음 2개이다.

첫째, 교수선교사 훈련학교를 운영한다. 매년 2학기 동안 12주간(9월에서 12월 중) 줌을 활용하여 교수선교사 훈련학교를 진행하며, 전국의 기독 교수들에게 비전을 심어주고 교수선교사로 세운다. 훈련 과정에는 개강 예배, 12주 강의 및 훈련(과제포함), 종강 예배 및 수료식, 단기 선교, 그리고 KUPM 선교대회 시 파송식 등이 포함된다. 이 프로그램을 통해 2024년 7월 기준으로 약 112명의 교수선교사가 캠퍼스로 파송되었다. 이들은 캠퍼스 내에서 국내외 학생들, 특히 외국인 유학생들을 다양한 방법으로 돌보며, 이들이 모국으로 돌아가 선교사적인 역할을 감당할 수 있도록 돕는다. 교수선교사 훈련학교는 교수들이 캠퍼스에서 효과적으로 복음을 전파하고 사역에 참여하도록 지원하는 중요한 역할을 수행한다.

둘째, 매월 마지막 주 토요일에 줌으로 운영위원회를 개최한 뒤 교수선교사 포럼 및 기도회를 진행한다. 이 포럼은 교수선교사들이 자신의 사역을 나누고 서로 공유하는 장으로서, 사역 안목을 넓히며 도전과 은혜를 얻는 기회가 된다. 또한, 국내외 유명 강사들을 초청하여 선교 안목 확장에 큰 역할을 수행한다.

(1) 교수선교사 포럼 및 기도회

① 필요성, 목적 및 목표

교수선교사 포럼 및 기도회는 급변하는 사회문화적 환경 속에서 교수선교사들이 직면하는 복합적인 선교 도전과 신앙적 위기를 극복하고, 영적 지지와 전략적 협력을 통해 효과적인 사역 수행과 차세대 신앙 공동체 형성에 필수적인 역할을 하기 때문에 반드시 필요하다.

교수선교사 포럼 및 기도회의 목적은 교수선교사들의 영적 성장과 상호 협력을 통해 선교 사역의 효과성과 지속 가능성을 증진하는 데 있다.

교수선교사 포럼 및 기도회의 목적 달성을 위한 구체적인 목표는 다음과 같다. 첫째, 교수선교사들 간의 경험과 정보 교류를 활성화하여 사역 역량을 강화한다. 둘째, 영적 은혜와 도전을 나누는 시간을 통해 신앙 공동체의 결속력을 높인다. 셋째, 선교 현장의 어려움을 함께 공유하고 기도로 상호 지지하여 지속적인 영적 성장을 도모한다. 넷째, 다양한 문화와 지역 특성에 대한 이해를 통해 효과적인 선교 전략을 개발하고 실행한다. 다섯째, 교수선교사들의 전문성과 창의성을 기반으로 한 협력 사역을 촉진한다.

② 진행 방식

매월 마지막 주 토요일 오후 8시부터 10시까지 줌(Zoom) 온라인 플랫폼을 활용하여 진행된다. 공식적으로 8시에서 10시까지이지만 한 번도 이전에 끝난 적이 없을 정도 진지하여 때론 12시 가까이 까지 진행되곤 하였다. 이를 통해 교수선교사들은 자신의 사역 경험을 공유하고, 선교 전략, 종교, 문화, 지역 특성 등 다양한 주제에 대해 정보를 교환한다. 또한 국내외 유명 강사를 초청하여 선교적 안목과 시대적 통찰을 넓힐 수 있는 기회를 제공한다. 온라인 포럼이라는 방식을 채택함으로써 시간과 공간의 한계를 극복하고 전 세계 여러 지역에 흩어진 교수선교사들이 효율적으로 소통하며 협력할 수 있는 효과적인 플랫폼 역할을 수행한다.

③ 분석

분석 교수선교사 포럼 및 기도회는 2021년 8월부터 2025년 5월까지 지속적으로 개최되었으며, 그 내용은 〈표 2〉에 체계적으로 정리되어 있다. 본 분석에서는 포럼의 주제와 강사를 그들의 전문적 배경에 따라 다양하게 분류하고 평가하였다.

강사 구성은 크게 네 유형으로 구분된다. 첫째, 현직 대학 교수로서 학문적 전문성과 영적 통찰력을 겸비한 교수선교사가 26명으로 가장 많으며, 이들은 학문과 선교의 통합적 사역을 활발히 전개하고 있다. 둘째, 8명의 전문 선교사는 전임 선교사로서 현장 중심의 실천적 사역에 주력하고 있다. 셋째, 교육, 의학, 사회 참여 등 다양한 분야에서 선교적 통찰을 제공하는 전문가 3명이 포함되어 있다. 넷째, 가족 중심 및 다문화 선교 분야에서 활동하는 3쌍의 선교사 부부가 초청 강사로 참여해 높은 만족도와 긍정적 평가를 받고 있다. 이러한 다변화된 강사 구성은 포럼이 다양한 주제를 포괄하고 참가자의 폭넓은 요구를 충족시키는 데 크게 기여하였다.

강의 주제 분석 결과, 주요 영역은 다음과 같다. 첫째, 지역별 선교 전략과 사역 방법론에 중점을 두어 캠퍼스 선교, 아시아, 중동, 아프리카 등 구체적 사례를 다루었으며, 선교사의 역할과 사명에 관한 내용도 중요한 위치를 차지했다. 둘째, 영성과 신앙 교육이 강조되어,

기독교 영성, 세계관, 성경적 가르침뿐 아니라 찬양과 예배, 성경적 성교육 및 범죄학과 같은 전문화된 주제도 포함되었다. 셋째, 문화 이해 및 이단 대응 교육을 통해 캠퍼스 내 이단 문제와 다문화권, 이슬람권 사역 사례를 제공하였다. 넷째, 미래 시대의 변화에 대응하는 신기술 활용 선교 전략, 예를 들어 AI 시대의 연합 플랫폼 선교 전략과 혁신적 시도가 소개되었다. 다섯째, 현실적 필요를 반영한 진로 상담과 사회적 이슈 관련 강의도 진행되었으며, 해외 선교사 자녀 진로 상담과 북한 출신 청년 사회 경험 등이 포함되었다. 마지막으로, 사진지리 수필집을 통한 예배, 번역선교, 최초 이방인 선교사 등 시대 변화와 대상별 맞춤형 특화 주제가 강의되어 포럼의 내용 다양성과 깊이를 더했다.

이와 같은 다면적 강사 구성과 주제 전개는 교수선교사 포럼 및 기도회의 지속 성장과 발전의 중요한 토대가 되었으며, 참여자들의 다양한 요구를 충족시키는 핵심 요소로 평가된다.

〈표 2〉 교수선교사 포럼 및 기도회: 2021년 8월부터 2025년 5월까지[1]

연월일	강사	주제	직분
2021-08-28	이상○	위드 코로나시대 교수선교사의 사명	교수선교사
	강성○	위드 코로나시대 해외기독대학에서 교수선교사의 역할	전문 선교사
2021-09-25	황홍○	최초의 이방인 선교사, 요나를 향한 하나님의 질문	교수선교사
2021-10-30	김형○	누가 나를 보냈는가?	교수선교사
2021-12-25	박정○	5단계 선교전략	교수선교사
2022-01-22	류호○ 최인○	이슬람 다문화권 사역 나눔	부부, 교수선교사
2022-02-26	강성○ 장○	아시아권 선교전략(1): 해외대학에서 부부 선교사역	부부, 전문선교사
2022-03-26	강기○	아시아권 선교전략(2)	전문선교사
2022-04-30	정영○	중동 및 북북아프리카권 선교전략: 이집트	교수선교사
2022-05-28	김연○	번역선교에서 이야기 선교전략	전문선교사
2022-07-30	백태○	중앙아시아 스탄권 국가의 이해	교수선교사
2022-08-27	박기○	이슬람권 중 인도네시아 국가 이해	교수선교사
2022-09-24	박문○	전공기반 기독교 세계관 강의, 논저, 선교 방안	교수선교사
2022-10-29	이재○	혁신공유사업을 통한 전공 전문성, 일자리 창출	교수선교사
2022-11-26	김평○	동아프리카의 교육선교이해	전문선교사
2022-12-31	이승○	인도선교이해	전문선교사

---

1) 위의 표에서 없는 달은 자체적이거나 연합적인 행사로 인함: 2021년 11월에는 대학선교연합회 행사, 2022년 6월에는 선교대회를 위한 기도회, 2023년 7월 선교대회, 2023년 9월 교수선교사훈련학교 개강, 2024년 1월 인도네시아 단기선교, 2월 22일 교수선교사훈련학교 수료식 및 2024년 7월 선교대회 등으로 생략됨

연월일	강사	주제	직분
2023-01-28	심재○	기독교수의 사역 – 영성과 세계관	교수선교사
2023-02-25	장순○	기독교수의 선교 사역	교수선교사(총장)
2023-03-25	김재○	성경으로 풀어가는 범죄학 이야기	교수선교사
2023-04-29	황승○	하나님과 함께 하는 찬양	교수선교사
2023-05-27	이진○	성경적 성교육	전문가
2023-06-24	양승○	사랑은 영원한 것	교수선교사(총장)
2023-08-26	임경○	21세기의 효과적인 캠퍼스선교전략	교수선교사(총장)
2023-10-14	방도○	세계 선교 방향	전문선교사
2023-11-25	윤○	해외 선교사 자녀 진로 상담 방안	교수선교사(교장)
2024-03-30	김성○	탄자니아UAUT- A Light to the Nations	교수선교사(총장)
2024-04-27	안호○	예수님을 따라가는 삶(터어키)	교수선교사
2024-05-25	최○	영원하신 왕과 새로운 세대들	전문선교사
2024-08	박혜○	선교와 리더십	교수선교사
2024-09	양승○ 신경○	Bloom where you are planted	교수선교사(의사), 부부
2024-10	주승○	북한출신 청년의 남북한 사회경험 – 경계와 도전의 모빌리티	전문가
2024-11	김만○	사진지리 수필집 통한 예배	교수선교사
2024-12	정인○	진정한 행복	교수선교사
2025-01	홍종○	쿠미대학교 교육선교	교수선교사(총장)
2025-03	김영○	프리이반젤리즘 사역 나눔	교수선교사
2025-04	강용○	AI시대 다음세대를 위한 연합 플랫폼 선교전략	교수선교사
2025-05	양형○	캠퍼스를 파고드는 K-Cult: 이단특강	전문가

④ 분석을 통한 제언

강사와 주제 구성의 개선을 위해 우선 강사의 다양성을 확대할 필요가 있다. 현재 교수와 직접적으로 관련된 교수선교사와 전문선교사 중심으로 운영되고 있으나, 청년 선교사나 현장 목회자, 그리고 다문화 배경을 가진 강사를 적극적으로 초빙함으로써 다양한 시각과 경험을 포럼에 반영할 수 있을 것이다. 이는 참가자들의 공감대 형성과 실천 동기 부여에 큰 도움이 된다.

둘째, 주제 선정에 있어 미래지향적인 내용 발굴이 중요한 과제로 보인다. AI 시대를 맞이한 선교 전략이나 디지털 선교, 그리고 다문화 선교 등 변화하는 선교환경을 반영한 전문적이고 신선한 주제를 강화하여 강의의 시대적 적합성과 전문성을 한층 높여야 한다.

이러한 주제들은 다음 세대 선교와 연계되어 참가자들의 관심을 끌고 실제적 적용 가능성을 높일 수 있다.

셋째, 주제 구성에서 균형을 이루는 것도 필요하다. 현재 캠퍼스 선교와 지역 선교 전략 주제가 많이 다뤄지고 있지만, 이를 기반으로 하되 다양한 영역의 선교 주제를 고루 배치하여 참가자들이 폭넓은 관점과 지식을 습득하도록 해야 한다. 주제별 집중도와 폭넓은 범위 확보가 조화를 이루면 포럼의 전반적 완성도가 높아진다.

마지막으로, 강의 형식에도 변화를 주어 참여형 프로그램을 도입하는 것이 효과적이다. 토론, 사례 연구, 워크숍 등을 병행하여 참가자들이 강의 내용을 능동적으로 소화하고 현장에 보다 잘 적용할 수 있도록 지원해야 한다. 더불어 강사와 주제에 대해 정기적인 평가와 피드백 시스템을 마련하여 지속적으로 프로그램의 질을 점검하고 개선해 나가는 것이 바람직하다.

이와 같은 개선방안들은 강사 구성과 주제 선정의 다양성, 전문성, 실효성을 높이는 데 크게 기여하며, 포럼 및 기도회가 더 의미 있고 역동적인 선교 사역의 장으로 발전하는 데 중요한 역할을 할 것이다.

〈사진 1〉 교수선교사 수료식(2023.2.2. 대전고신총회선교센터)

(2) 교수선교사 훈련학교

① 비전, 목적 및 목표

비전: 전국 캠퍼스의 모든 기독교수들이 교수선교사로 세워져 캠퍼스의 국내 대학생 및 외국인 유학생을 포함한 제자들에게 복음을 전하는 선교사적 삶을 살아가며, 국외 타 문화권 대학에서 교수 요원으로서 선교 사역을 감당하는 것을 비전으로 한다.

목적: 교수선교사로서의 정체성과 사명을 확립하고, 교수 선교사로서 사역할 수 있도록 교육과 훈련을 제공하는데 있다.

〈사진 2〉 해외 단기선교 (2024년 1월)

목표: 첫째, 성경적 선교와 선교전략, 공동체와 선교, 4차 산업혁명 시대 전문인 교육선교 전략 등 다양한 주제를 교육한다. 둘째, 21세기 기독교 세계관 이해 및 교육과정 개발 전략을 습득하게 한다. 셋째, 선교적 성경 읽기와 플랫폼 기반 메타버스 선교전략 등 현대적 선교 기술과 콘텐츠 개발 역량을 강화한다. 넷째, 교수선교사가 실제 사역에 적용할 수 있는 구체적 실천 방안을 모색하고 준비하게 한다. 다섯째, 국내외 캠퍼스에서 복음을 전하는 선교사로서 효과적인 사역 수행을 위한 지도 및 훈련을 실시한다.

② 훈련과정

교수선교사 훈련학교는 매년 2학기에 12주 과정으로 온라인(Zoom)을 통해 진행되며, 개강예배 및 오리엔테이션, 매주 토요일 강의, 질의응답, 토의, 토론, 과제 등의 프로그램으로 구성된다. 12주 훈련 과정 후에는 대면 수료식을 통해 수료증을 수여하고 사역 비전을 나누며(사진1), 단기선교 참여 기회를 제공한다(사진2). 수료 후에도 교수선교사 포럼 및 기도회를 통해 지속적인 네트워킹과 영적 지원을 제공하며, 아울러 각종 모임이 적극적으로 참여한다. 최종적으로 KUPM 선교대회 시 교수선교사 파송 예배를 통해 각 대학의 교수선교사로 파송하는 절차를 거친다(파송장 수여식).

③ 교육과정

2023-2024년 교수선교사 훈련학교 교육내용은 〈표 3〉과 같다. 교육과정은 다섯 가지 핵심 주제로 체계적으로 구성되어 있으며, 각 주제는 관련된 하위 주제들로 세분화되어 있다.

첫째, 성경적 선교와 선교 공동체 영역에서는 성경적 선교와 효과적인 선교전략에 대한 이해를 높이고, 신앙 공동체 내에서의 협력과 연대를 강조하는 공동체 선교의 중요성을 다룬다. 둘째, 21세기 가나안 정복을 위한 플랫폼 기반 메타버스 선교전략은 4차 산업혁명 시대에 부응하는 전문인 교육선교 전략을 탐구하며, 현대 사회의 도전에 대비한 21세기 기독교 세계관을 이해하도록 교육한다. 또한, 다변화하는 교육환경에 맞춘 기독교 제자훈련 교육과정 개발 방법도 포함된다. 셋째, 공동체성 강화를 위한 선교 콘텐츠 개발 전략은 선교 현장에서 활용할 수 있는 다양한 콘텐츠 개발에 초점을 맞추고, 선교적 목적에 부합하는 성경 읽기 전략과 Pre-Evangelism(사전 전도) 활동, 성경 스토리텔링 기법을 통해 효과적인 선교 메시지 전달 방법을 교육한다. 넷째, 국내외 유학생 이해와 선교 전략에서는 신 한류 현상과 연계하여 국내외 유학생 선교 전략을 심층적으로 다루며, 다양한 문화적 배경을 가진 학생들을 효과적으로 지원하고 전도하는 방안을 모색한다. 다섯째, 지구촌 선교지역 이해와 선교전략에서는 세계 각 지역의 문화 및 종교적 특성을 이해하고, 특히 이슬람, 불교, 힌두교권 등 2/3 세계를 대상으로 한 선교 전략을 교육하여 글로벌 선교 역량을 강화한다.

이와 같은 체계적 교육과정을 통해 참가자들은 현대 사회와 세계 선교 현장의 다양한 요구에 대응할 수 있는 전문적 지식과 실무 역량을 갖추게 된다. 이를 통해 그들은 시대적 변화와 다양한 문화 환경 속에서 효과적으로 복음을 전하며, 교회와 선교 공동체가 지속 가능한 발전을 이루는 데 기여할 것으로 기대된다.

〈표 3〉 교수선교사훈련학교 교육 내용

선교는 대사명임과 동시에 가장 큰 축복이다. 모든 교수를 선교사로 세워라.

일정	강좌명	강사
성경적 선교와 선교 공동체		
9월 16일(토)	개강예배 및 오리엔테이션 1강 성경적 선교와 선교전략	개강예배(3시부터) 임경철 교수(KWMA 연합선교 및 훈련 위원장, 운영이사)
9월 23일(토)	2강 공동체와 선교	김현진 교수(평택대학교)
21세기 가나안 정복을 위한 플랫폼 기반 메타버스 선교전략		
9월 30일(토)	3강 4차 산업혁명 시대의 전문인 교육선교 전략	신경규 교수(고신대학교)
10월 7일(토)	4강 21세기 기독교 세계관 이해 전략	최용준 교수(한동대학교)
10월 14일(토)	5강 21세기 기독교 세계관 교육과정 개발전략	김정효 교수(이화여자대학교)

공동체성 강화를 위한 선교 콘텐츠 개발 전략		
10월 21일(토)	6강 선교적 성경 읽기	정성국 교수(아세아연합신학교)
10월 28일(토)	7강 Pre-Evangelism과 선교 전략	전동주 선교사(TI 사무총장)
11월 4일(토)	8강 성경 스토리텔링과 선교 전략	김연수 교수 [아시아태평양신학대학원 [(AGST-PACIFIC) 부총장]
국내외 유학생 이해와 선교 전략		
11월 11일(토)	9강 신 한류와 국내외 유학생 선교전략(1)	이상식 교수(계명대학교)
11월 18일(토)	10강 신 한류와 국내외 유학생 선교전략(2)	박○○ 선교사(I국 ○○대학교, 한국학센터장)
지구촌 선교지역 이해와 선교전략		
11월 25일(토)	11강 지역이해와 선교전략	마민호 교수(한동대학교)
12월 2일(토)	12강 2/3 세계 선교전략 (이슬람, 불교, 힌두권 이해 포함)	조용중선교사 (현KWMC 사무총장, 전KWMF사무총장과 회장, 전KWMA사무총장)
단기 선교(인도네시아 발리, 6박 8일)		
2024년 1월 24~31일	한류에 복음을 싣다 : 국제학술대회, 봉사, 현지 지역조사, 전공영역 및 대학별 특강 등)	I국 B지역 5개 대학 연합 학술대회
종강예배, 수료식 및 사역(비전) 나눔		
2024년 2월 중	교수선교사훈련학교 수료식(당일 오전 10 ~ 오후 4시)	2월 중 대전 고신총회세계선교센터(KPM)

④ 단기선교

단기선교는 교수선교사 훈련 과정의 중요한 부분으로, 실제 선교 현장을 경험하고 단기적인 선교 활동에 참여함으로써 선교에 대한 이해를 높이고 실제적인 선교 역량을 강화하며 하나님 나라 확장에 대한 비전을 구체화하는 데 목적과 가치를 둔다. 또한 현지 사역자 및 성도들과의 교류를 통해 선교적 동역 관계를 형성하는 기회를 제공한다. 단기선교 프로그램은 국내 미자립 교회 협력 사역, 농어촌 교회 봉사 활동 등 국내 선교 활동과 더불어 KUPM 글로벌미래고등교육원을 통한 인도네시아, 키르기스스탄, 몽골, 인도 등 해외 대학 연계 교육 및 선교 프로그램 참여, 현지 학술 교류, 문화 체험, 봉사 활동 등으로 구체적으로 계획된다. 특히 한류를 활용한 문화 선교 및 외국인 유학생 대상의 한국어 교육 및 문화 교류를 단기선교 프로그램에 포함하는 방안을 고려한다.

(3) 선교 운영위원회

교수선교사 운영위원회는 KUPM 선교위원회의 운영을 담당하는 핵심 기구이다. 위원회는 선교위원장을 중심으로 구성되며, 교수선교사 훈련학교 운영, 포럼 및 기도회 기획, 단기선교 추진, 선교 기관 및 단체와의 협력 등 선교위원회의 주요 사역들을 계획하고 실행하는 주요 임무를 수행한다. 운영위원회에서의 의사결정 과정은 참여와 논의를 통해 이루어지며, 시대 변화와 선교 현장의 요구를 반영하여 전략적 프로세스를 지속적으로 개선해 나가야 할 것이다. 빅데이터, 인공지능, 블록체인 기반의 플랫폼 선교 전략 도입을 위한 논의 역시 운영위원회에서 이루어질 수 있다.

1.3 사역의 방향

KUPM 선교위원회의 사역 방향은 다음과 같이 제시한다. 첫째, 기존 사역에 대한 객관적인 점검과 평가를 통하여 방향을 재설정한다. 교수선교사 파송 현황, 훈련 프로그램의 효과, 단기선교 성과 등을 분석하며, 탈종교화와 포스트 크리스텐덤 시대 등 변화하는 선교 환경을 깊이 이해하고 새로운 사역 모델을 개발하며 기존 사역을 개혁하는 방안을 모색한다.

둘째, 새로운 사역 모델을 제안한다. 한국적 자신학화 선교모델을 개발하기 위해 서구 선교 모델의 장단점을 분석하고, 한국 교회의 성장 경험과 신학적 고민을 바탕으로 한국의 상황과 문화에 맞는 선교모델을 만든다. 여기에는 성육신적 자비량 선교, 오지 선교, 말씀과 기도의 생활화 등 경건주의 전통을 현대적으로 계승하는 동시에 한류 콘텐츠를 활용한 문화 선교와 디지털 플랫폼 기반의 선교 전략이 포함된다.

셋째, 유학생 자원을 적극 활용한다. 국내 대학의 외국인 유학생은 중요한 글로벌 선교 자원으로 보고, 이들에게 복음을 전하고 양육하여 졸업 후 본국으로 돌아가 복음 사역을 감당하도록 지원한다. 또한, 유학생 대상 한국어 교육과 문화 체험 프로그램을 통해 복음과의 접촉점을 확대하고, 이들과 KUPM 간의 지속적인 협력 관계를 구축한다.

넷째, 교수들 간 협력을 통한 네트워킹을 강화한다. 교수선교사 포럼과 기도회를 더욱 활성화하고, 전공 분야 기반의 세미나 및 연구 모임을 지원하여 학문적 교류와 선교적 협력을 증진한다. 온라인 플랫폼의 활용을 확대해 시간과 공간의 제약 없이 소통하고 협력할 수 있는 환경을 조성하며, 지회별 특성을 살린 사역 모델을 개발하여 공유함으로써 KUPM 전체의 역량을 강화한다.

다섯째, 지역사회와의 협력을 강화한다. 대학 캠퍼스뿐 아니라 지역사회와의 연계를 확대하고, 지역교회와 협력 사역을 진행하며 지역사회 봉사활동에 참여한다. 또한, 지역 주민 대상 강좌 개설 등 다양한 방식으로 지역사회와 소통하고 협력하여 지역사회의 필요에 부응하는 선교적 섬김을 실천한다.

한편, KUPM 선교위원회는 사역의 효과적인 운영을 위해 평가 및 피드백 시스템을 구축한다. 이는 성과 측정 지표를 구체적으로 설계하여 교수선교사 훈련학교 수료 인원 및 사역 현황, 유학생 선교에 따른 영적 변화, 프리이반젤리즘 사역 열매, 지역사회 협력 활동 참여도 등 다양한 영역을 정량적으로 평가한다. 또한, 교수선교사들의 만족도와 사역 경험에 관한 정성적 평가도 포함하여 종합적인 성과 측정을 실시한다.

사역 평가 결과를 바탕으로 지속적인 발전을 도모하기 위하여 피드백 메커니즘을 운영한다. 교수선교사, 훈련생, 협력 기관 등 다양한 주체로부터 정기적으로 피드백을 수집하고, 이를 토대로 훈련 프로그램과 사역 전략, 운영 시스템을 개선한다. 피드백 결과는 운영위원회 회의에서 공유하며 개선 방안을 논의하고, 의사결정 과정에서 반영하여 사역의 질을 향상시킨다.

1.4 맺음말

KUPM 선교위원회는 지난 40년간의 사역 경험을 되돌아보며, 앞으로의 변화하는 시대적 요구에 능동적으로 대응하는 새로운 선교적 도전을 시작해야 할 시점에 이르렀다. 캠퍼스 복음화와 세계 선교에 대한 뜨거운 열정을 바탕으로, 성령 안에서 하나 되어 창의적이고 효과적인 선교 전략을 수립하고 실천함으로써 시대와 지역에 적합한 선교 비전을 구현해야 한다.

KUPM 창립 40주년을 준비하며, 그간의 하나님의 은혜에 깊은 감사를 표하는 동시에 앞으로의 40년을 위한 새로운 비전과 헌신을 다짐해야 한다. 크리스천 교수들을 선교사로 세운다는 본래의 사명을 재확인하고, 한국 교회의 캠퍼스 선교를 선도하는 기관으로서 더욱 성숙하고 발전된 모습으로 나아갈 수 있도록 최선을 다할 것을 제언한다.

2. 대학교회위원회

<대학교회위원회>

- **설립 목적 및 배경**: 영적으로 척박하고 학생의 90% 이상이 미전도 종족인 대학 캠퍼스의 현실에 대응, 기존 선교단체나 지역교회 사역만으로는 감당하기 어려운 선교의 사각지대를 보완할 필요성 대두, 약 27만 명에 달하는 재한 외국인 유학생을 대상으로 한 선교의 시급성.
- **핵심 비전**: 모든 대학 캠퍼스를 복음화가 필요한 선교지로 인식하고, 캠퍼스마다 '대학교회'를 설립하는 것, 대학교회를 다음 세대를 위한 하나님 나라 운동의 전초기지로 세워 한국 교회의 부흥과 세계 선교에 기여.
- **주요 사역**
- ☑ 캠퍼스 선교 플랫폼 역할 수행: 캠퍼스 내 기독교수회, 직원신우회, 여러 선교단체 등 다양한 공동체를 연결하고 협력하도록 지원.
- ☑ 유학생 선교:국내에 체류 중인 외국인 유학생들을 복음으로 양육하고 각자의 나라로 재파송하는 선교 기지의 역할 감당
- ☑ 교수대학별 맞춤형 사역 지원: 각 대학의 특수성에 맞는 복음화 전략과 양육 사역을 지원 및 격려
- * 출처: 석종준 (사)대학교회연합회 학술분과 위원장, KUPM 대학교회위원회

2.1 들어가며

대학은 1158년 이탈리아의 볼로냐대학이 세계 최초 설립된 이래 한 나라 미래 인재의 산실이다. 나라의 성패는 당대 그 나라 대학생들이 어떠한 가치관과 세계관, 인생관, 역사관을 가진 사람으로 양성되느냐에 따라 좌우된다. 또한 현대사의 선교 운동과 각 세대 교회 지도자들의 대다수는 대학 캠퍼스에서 일어난 부흥의 산물이었다고 말하는 것은 결코 지나친 것이 아니다.

분명 하나님은 오늘날의 한국 땅에서도 그리스도인 2030 세대를 통해 당신의 역사를 이루어가실 수 있다고 믿는다. 최근 대학 캠퍼스의 영적 토양은 가장 척박하지만, 다행스럽게도 여전히 그곳에서 소명의 자리를 발견하고 파송되며 복음을 묵묵히 전하고 있는 그리스도인들과 주의 몸 된 공동체들이 있다. 한국교회는 이들과 함께 다시 한번 이 땅의 부흥을 위해 함께 기도하고 동역하며 나가야 할 때이다.

우리 시대 대학 캠퍼스는 가장 치열한 영적 전쟁터이다. 젊은 영혼들을 두고 치열한 영적 전투가 벌어지고 있다. 인본주의, 물질주의, 쾌락주의, 성공주의, 과학만능주의 등과 주님의 일꾼들은 진리의 말씀을 가지고 물러설 수 없는 일전을 치르고 있다. 특히 이 땅에 하나님의 나라와 그분의 뜻을 이루기 위해, 신앙과 지성을 겸비한 창조적인 주의 용사들을 양성해야 할 사명을 하나님으로부터 위임받은 대학사역의 일꾼들은 그 책임이 매우 중대하다.

2.2 대학 캠퍼스 내 "교회"(주일예배 공동체)의 필요성

첫째, 대학교회의 세움은 시대적 소명이다.

최근 여러 대학 캠퍼스에 "대학교회"가 세워졌다. 그 캠퍼스 다수는 놀랍게도 비기독교재단이다. 서울대학교회, 카이스트교회, 경북대학교회, 서원대학교회, 한국외대교회, 경희대학교회, 한국교원대학교회 등 20여 곳이다. 모두 대학교회의 현실적 필요성을 절감한 교내 전도자들의 합심 기도와 장기간 준비를 통해 세워졌다.

현재 한국 대학생(대학원생)의 복음화 비율을 약 14.5%(2022년 학원복음화협의회, 캠퍼스 청년(학부생, 대학원생)의 기독교인 비율(14.5%)을 100%로 보았을 때, '예수 그리스도를 영접했다'는 비율은 2022년 33.3%)이다. 학생들 중에는 물론 입학과 동시에 캠퍼스 주변의 지역교회에 등록하여 신앙생활을 한다. 또한 신앙이 연약한 학생들은 학기 중에 여러 이유로 교회를 다니지 않는 경우가 많다. 기숙사와 캠퍼스 주변에 사는 다수의 학생들, 이들은 거의 방치되어 있다. 확실한 것은 한국 대학 캠퍼스 학생의 최소 90% 이상이 복음을 전해야 할 미전도 종족이다.

대학교회는 주로 기숙사와 주변에 거주하는 다수의 비그리스도인 학생들을 품는다. 대학교회는 다수 구성원이 내부인으로서 학생들에 대하여 최적화된 전략과 맞춤형 헌신으로 복음을 심는다. 현재 대학 캠퍼스는 선교단체와 지역교회의 사역만으로는 다수의 미전도 젊은 영혼들을 향한 선교와 돌봄, 양육이라는 과업을 감당하기가 불가능에 가깝다.

다행히 대학교회라는 복음의 진지가 캠퍼스에 세워질수록 다수의 비그리스도인 학생들에게 복음을 전하고 양육하고 돌보는 최적의 접근이 가능해졌다. 왜냐하면 대학교회 구성원들은 대부분 내부 구성원으로서 장기적 맞춤형 전략을 통한 섬김이 유리하다. 또 학생들의 약함과 처지잘 알기에, 있는 그대로 들어주고, 존중하며 복음으로 돕는데 용이하다.

둘째, 대학교회와 선교단체는 역할이 다르다.

어떤 이는 이미 캠퍼스에 선교단체가 많은데 "왜 또 대학교회인가?"라고 묻는다. 그러나 주일예배 중심의 초청과 돌봄을 통한 선교에 집중하는 대학교회는 주중 전도와 양육에 집중하는 선교단체들과 역할이 전혀 다르다. 대학교회는 오히려 캠퍼스에서 선교단체의 사역 사각지대를 보완하는 역할을 한다. 즉 선교단체는 캠퍼스에서 주중 전도와 양육에 최적화되어 있고, 주일에는 별도의 예배 공동체(교회)를 섬기게 하는 구조상 원리를 극복하기 어렵기 때문이다.

또한 대학교회는 각 캠퍼스 상황에 정통한 다수의 그리스도인 교수와 직원들이 지체로서 함께 동역한다. 따라서 대학교회는 장기적 선교전략의 실천이 가능하며, 최적화된 이들을 선교 자원으로 세워 최적의 열매를 맺게 한다.

지난 수십 년 동안 선교단체는 캠퍼스 사역의 핵심 기둥이자 첨병이었다. 그러나 현재 캠퍼스의 상황은 선교단체의 섬김만으로 캠퍼스 모든 영혼을 감당하기가 어렵다. 지난 20여 년 동안 거의 모든 캠퍼스에서 선교단체 구성원의 수는 감소했다. 흥미롭게도 같은 시기에 하나님은 여러 캠퍼스에 대학교회를 자발적으로 세우셨다. 예외 없이 그리스도인 교수와 직원, 학생들이 먼저 캠퍼스 내 주일예배 공동체 세움의 필요성을 절감하고 기도하게 하시고, 때가 차매 캠퍼스 내 교회가 세워지는 기적을 보여주셨다. 하나님의 뜻이 무언인지 묻게 된다. 현재 대학교회에는 지역교회에서 캠퍼스 선교사로 파송한 다수의 교수와 직원들이 있다. 이들은 만일 지역교회의 장로와 집사, 평신도로만 매여 있다면, 현재의 캠퍼스 미전도 종족의 복음화를 위해 예비 될 가장 역량 있는 현장 전문인 선교 자원의 세움은 불가능하다.

오늘날 캠퍼스 선교에서 그리스도인 교수와 직원 등 내부적 장기 선교 자원이 선교 사역에 적극적 헌신의 기회를 갖게 될 때와 그렇지 못할 때의 차이는 너무 극명하다. 따라서 지역교회는 구성원을 소속하는 캠퍼스 전문인 선교사로 파송하여 대학교회에서 헌신할 수 있도록 하는 것도 좋은 선택이다. 상상해 보자. 하나님은 미전도 종족으로 가득한 현재의 캠퍼스에 최고의 선교 자원들을 예비하기 원하신다. 하나님은 이들을 추수할 것이 너무 많은 모든 캠퍼스에서 장기 계획과 복음화의 비전 아래 정년퇴직까지, 가장 역량 있는 캠퍼스 선교사로 세우고 사용하실 것이다.

셋째, 대학교회는 현재 국내의 약 20여만 명의 재한 유학생 선교 사역을 위해서도 절실하다.

현재 많은 캠퍼스에는 전세계에서 유학 온 각 나라의 학생들이 많다(2024년 기준, 20만 8962명, 교육부). 대학교회는 이들에게 복음을 잘 준비해서 전하고 양육하기 위한 최적의 복음 전도 진지이다.

넷째, 대학교회는 캠퍼스 내 선교 종합 플랫폼으로도 역할이 기대가 크다.

대학교회의 구성원들은 그리스도의 몸된 공동체의 지체인 동시에, 캠퍼스 내 다양한 지체공동체, 즉 기독교수회, 직원신우회, 여러 선교단체 구성원, 지역교회 파송 선교사 등 다양한 그룹에 동시에 소속되어 있다. 대학교회는 오직 캠퍼스 내 영혼들(대학생, 대학원생)에 대한 초점 사역을 위해 존재한다. 요즘 캠퍼스 선교토양은 매우 척박하고 다원화되어, 매우 정교하고 세밀한 장기적 전략, 다양한 지체 공동체들의 협력이 필요하다. 대학교회는 이를 하나로 연결하고 소통하고, 협력하기 위한 플랫폼(platform)으로서의 역할도 가능하다.

2.3 대학교회는 지역교회 청년 사역의 사각지대를 보완한다.

현재 우리나라 지역교회에서 "청년 사역"은 대학생(대학원생) 이상의 사역을 포괄하는 넓은 범주이다. 분명한 것은 지난 10년 동안 2030 세대 그리스도인 비율은 급격히 감소되었고, 수십만에 이르는 청년들 90% 이상은 미전도 대상자라는 사실이다. 또 현재 분명한 것은 지역교회 청년 사역만으로 현재 캠퍼스 청년 영혼을 향한 최적화된 선교 사역은 한계에 직면했다. 왜냐하면 과거와 토양이 전혀 다르다. 캠퍼스마다 맞춤형 전략이 필요하다.

첫 번째, 캠퍼스 영혼들(대학생, 대학원생)을 효과적으로 복음으로 섬기기 위해서는 포커싱이 필수적이다.

대학교회는 오직 캠퍼스 영혼들(대학생, 대학원생)에 대한 포커싱이 가능하다. 예나 지금이나 "대학사회"는 사회 일반과는 구별되는 특성이 있다. 사역의 포커싱과 에너지 집중이 절실하다. 역사를 보면 캠퍼스 시절의 젊은 영혼들에게 복음화의 불씨가 타오를 때, 그들이 속한 시대와 사회는 큰 영적 축복을 누렸다. 18세기 독일의 할레대학, 18세기 옥스퍼드 대학의 존 웨슬리와 조지 휫필드, 19세기 캠브리지 대학의 캠브리지 세븐, 20세기 초 미국의 S.V.M.(학생자원운동) 등을 상기해 보면 될 것이다. 캠퍼스는 그 시대와 사회를 위한 보석같은 영적 리더들이 잉태되고 배출되던 곳이다. 하지만 안타깝게도 현재 한국교회는 대학사회에 대한 선교적 차원의 중요성에 둔감하며 심지어 전략이 없이 방치되고 있다.

두 번째, 대학교회는 취업을 위한 양성소가 되어가는 캠퍼스에서 사막의 오아시스 같은 역할을 할 것이다.

청년 세대에게 취업은 중요하지만, 우리 사회에서 요즘은 대학(대학원)을 졸업해도 취업하기가 어렵다. 그래서 캠퍼스에는 취업을 고리로 대학사역에 접근하는 단체가 다수 생겼다. 그러나 그리스도인 대학생들 역시 취업에만 관심을 가진다면, 한국교회의 미래는 암울하다. 만일 대학 시절 오직 취업 준비에만 몰두해서 원하는 일자리를 얻는다고 해도, 그들이 준비되지 않은 채 사회에서 성경적 그리스도인으로서 복음을 전하고 선한 영향력을 미치며, 힘써 하나님 나라 운동을 하는 것을 기대할 수는 없다. 그러나 복음으로 준비되어 자신이 젊은 시절 가장 많은 시간을 보내는 대학 캠퍼스 내에서 학과를 섬기고 학우를 섬기고 대학사회를 위하여 복음으로 섬겨 본 사람은 사회의 어느 직장, 어느 영역에 가든 그곳의 영혼들을 위하여 복음을 전하고, 예수 그리스도의 정신으로 그들을 섬기며, 세상을 복음으로 변화시키는 역할을 할 수 있게 된다. 대학교회는 이 영적 싸움을 위한 복음의 진지가 될 것이다.

세 번째, 대학교회는 캠퍼스 선교를 위하여 "대학사역"의 특성화를 통한 캠퍼스 선교에 필요하다.

캠퍼스 복음화는 대학교회와 함께 큰 진전을 기대할 수 있다. 현재 한국의 대학 캠퍼스 복음화 비율은 14.5% 정도이다. 전교생이 1만 명이라고 하면 8천 5백 명 이상이 복음 전도의 대상인 것이다. 물론 대학 캠퍼스에는 여전히 복음을 전하려는 선교단체와 사람들이 많이 있다. 문제는 현재는 과거에 대비하여 열매가 너무 작다는 것이다. 그 이유는 무엇일까? 그중 하나는 한국교회가 현재 한국의 대학사회와 대학생(대학원생)의 특수한 정체성을 간과한 채, 막연하고 무딘 접근을 하고 있기 때문이다. 한국의 대학사회는 교수, 직원, 학부생, 대학원생 등 수백만 명이 활동하는 사회이다. 그리고 대학이라고 다 같은 정체성을 가지고 있지도 않다. 각 대학은 그마다 특수한 상황과 정체성이 있다. 이러한 대학사회에 복음을 전하고, 그 복음으로 돌보고 양육하여, 한국교회의 선교의 일꾼들을 세워가려면, "청년사역"이라는 이름으로 얼버무릴 것이 아니라, 각 대학 캠퍼스의 영혼들을 특수하고 분명한 전도와 사역의 대상으로 삼고 최적화된 선교 자원과 맞춤형 선교전략을 가지고 섬기는 것이 절실한 것이다.

네 번째, 대학교회는 세계 선교를 위하여도 큰 기여를 할 수 있다.

지난 세계 선교역사를 보면, 대학생들의 헌신에서 세계 선교가 강력하게 일어났다는 것을 알 수 있다. 18세기 독일의 할레 대학과 영국의 옥스퍼드 대학, 19세기 영국의 캠브리지 대학, 19-20세기 초 미국의 대학 캠퍼스의 학생 자원 운동(SVM) 등을 통하여 하나님께서는 대학 캠퍼스의 영혼들을 사용하셔서 각 시대의 영적 위기와 선교의 불씨를 회복시켰다. 그중 다수가 한국 기독교 초기의 선교사로 파송되었다. 예나 지금이나 청년층 중에서도 대학생들이 순수하게 하나님 나라를 위하여 헌신할 가능성이 많다는 것이 입증되었다.

분명 하나님은 오늘날 한국 땅에서도 그리스도인 대학생(대학원생)들을 통한 역사를 예비하고 싶어 하신다고 믿는다. 다행스럽게도 여전히 한국의 대학 캠퍼스에는 장차 한국교회의 부흥과 세계 선교를 위해서 헌신할 예비 그리스도인 학생들이 많고, 그 가능성도 여전히 열려있다고 믿는다. 이제 한국 기독교는 대학사회의 복음 전도사역에 다시 한번 집중해야 해야 할 때이다.

다섯 번째, 따라서 한국 교회는 대학 사역에 집중할 수 있는 "대학교회"를 함께 세우는데 동역자가 되어야 한다.

선택과 집중이라는 말이 있다. 한국 기독교의 미래는 한국 대학 캠퍼스의 복음화 사역의 부흥에 달려 있다. 그렇다면 한국교회는 이 중차대한 대학사역을 어떻게 감당할 수 있겠는가? 그것은 대학 사역에 집중하는 공동체를 세우고 지원하는 것이며 그 공동체가 바로 "대학교회"이다. 지역교회는 대학 캠퍼스의 영혼들에게 집중하여 전도와 양육을 할 수 있는 구조가 아니다. 다시 말해서 다수의 지역교회는 현실적으로 대학 캠퍼스 복음화 사역을 부분적으로 돕고 동역하는 경우는 있지만, 구체적 캠퍼스를 장기적 비전과 최적화된 전략 아래, 품고 기도하고, 전도와 양육에 집중하며, 교회의 모든 선교자원의 역량을 집중시키며, 종합적이고 체계적인 접근을 할 수는 없다는 것이다. 이러한 시대적 맥락 아래서, 하나님은 다행히 한국 여러 대학 캠퍼스에 선교에 전적으로 헌신할 "대학교회"를 세워주셨다. 대학교회의 장점은 너무도 많다. 따라서 이제 한국교회는 이미 세워진 대학교회와 동역해야 한다. 그 방법은 각 대학 캠퍼스 협동 또는 전임 사역자를 파송하여 대학교회를 돕거나, 사역자와 관계를 맺어 함께 동역하는 것이다, 아니면 대학교회와 협력하여 대학 캠퍼스 복음화 사역을 위임하고 잘 감당하도록 장기적인 안목으로 지원해도 좋을 것이다.

2.4 지역교회는 대학교회를 캠퍼스 선교의 통로로 생각해서 협력 선교사로 파송함으로 동역할 수 있다.

한국교회는 다음 세대에 대하여 많은 관심을 기울이고 있다. 대학생 한 명이 교회에 등록하면 교회는 아주 좋아한다. 어떤 교회는 좀 더 적극적으로 캠퍼스 사역에 뛰어들기도 한다. 규모가 있는 교회는 캠퍼스별 모임을 하고 담당 사역자를 세우기도 한다. 이런 노력은 소중하다. 하지만 이런 활동이 캠퍼스 하나님 나라 운동을 대체할 수는 없다. 왜냐하면 이런 사역은 개 교회의 한계를 넘어서기 어렵기 때문이다. 지역교회를 통한 지역교회에 의한 지역교회를 위한 사역이 될 수밖에 없다. 간혹 탁월한 청년 사역자가 캠퍼스 사역을 병행하기도 한다. 그렇다 해도 잦은 보직 이동으로 장기적인 안목으로 사역하기가 어렵다. 그러는 사이에 캠퍼스의 판은 더욱 기울어지고 캠퍼스 사역은 휘청이며 미끄러져 가고 있다. 소수의 캠퍼스 현장 사역자들조차 한국교회의 지원을 받지 못한 채 고군분투하는 실정이다. 지금이라도 한국교회는 캠퍼스의 하나님 나라 운동에 눈을 떠야 한다. 한국교회의 지도자들은 교회의 미래를 위하여 개 교회를 넘어선 총체적인 캠퍼스 사역에 관심을 기울이며 적극적으로 지원해야 할 것이다.

첫 번째, 한국 교회는 캠퍼스를 선교지로 인식해야 한다.

한국교회는 해외선교를 위하여 많은 지원을 하고 있다. 선교지에 교회를 세우고 인적 물적 지원을 한다. 군선교도 마찬가지이다. 국내 사역이지만 군을 선교지로 인식하고 여러 가지 지원을 한다. 주요 선교지로 인식한다는 것은 선교의 필요성이 크다는 것, 교회가 직접 선교하기에 적합하지 않다는 것이다. 그리고 선교지에 지원하는 교회는 본 교회의 직접적인 열매를 기대하지 않고 더 큰 하나님 나라를 내다보며 일한다는 것이다.

한국교회는 군 선교에 힘을 쏟는 이상으로 캠퍼스 선교에 힘을 쏟아야 한다. 청년들이 군대에 머무는 기간은 남자만 1년 6개월이다. 대학은 어떤가? 80% 이상의 청년들이 대학에 다니고 있으며, 이 청년들이 대학에 머무는 기간이 5년에서 7년이다(4년제 대학 기준). 복수전공 교환학생 어학연수 등으로 4년 만에 졸업하는 학생은 별로 없다. 그리고 이 기간에 청년들이 교회를 떠나는 비율이 가장 높다. 대학은 한국에서 선교의 필요성이 가장 큰 사회라고 할 수 있다. 그리고 각 캠퍼스는 의외로 상황과 토양이 매우 다르다. 아프리카 중동 동남아시아의 선교 준비가 각각 다르듯이 캠퍼스 사역의 접근이 캠퍼스마다 달라야 한다. 그 때문에 한국교회는 캠퍼스를 특별한 선교지로 인식하고 접근해야 한다.

두 번째, 한국교회는 각 캠퍼스 마다 전담 사역자를 함께 세우고 동역해야 한다.

해외 선교지에 선교사를 파송하듯이 한국교회는 캠퍼스 전담 사역자를 파송해야 한다. 또는 이미 사역하고 있는 캠퍼스 선교사들과 동역해야 한다. 오늘날 대학 캠퍼스 사역의 가장 큰 문제는 전문화되고 최적화된 사역자 부족이다. 한 캠퍼스를 사랑하며 장기적인 안목을 가지고 헌신하는 사역자가 매우 부족하다. 대학 캠퍼스 선교에 관심이 있는 지역교회는 청년대학부 사역자를 파송한다고 할지라도 대게는 지속성이 없다. 몇 년 지나면 다른 부서로 옮기거나 다른 교회로 부임해 간다. 선교단체 간사도 마찬가지다. 선교단체 본부의 인사에 따라 이 대학에서 저 대학으로 옮기는 경우가 많다. 이러다 보니, 대학 캠퍼스에 장기 사역자가 거의 없게 되는 것이 불가피한 현실이다. 그렇게도 중요한 대학 캠퍼스 선교의 현장에 최적화된 장기 사역자 한 사람 없이 다음 세대 사역의 좋은 결과를 기대한다는 것은 불가능에 가깝다.

사역을 잘하기 위한 기본적인 조건은 좋은 관계를 형성하는 것이다. 관계 형성은 오랜 기간에 걸쳐 만들어지는 것이다. 사역을 제대로 하려면 캠퍼스 사람들, 즉 교수. 직원, 학생, 재단 관계자 등과 좋은 관계를 맺고 신뢰를 이어가는 것이 매우 중요하다. 또한 좋은 현장 사역자는 장기적 헌신이 가능하며 최적화된 전문성이 있어야 한다. 이 전문성을 바탕으로 창의적인 접근을 해야 한다. 이 전문성은 장기간의 사역을 통한 경험이 축적될 때만 형성되는 것이다.

그 때문에 한국교회는 캠퍼스마다 한 명의 전담 사역자를 파송해야 한다. 이 일을 한국교회의 연합사역으로 인식하고 선교사를 파송하는 마음으로 캠퍼스에 장기 사역자를 파송하고 지원해야 한다. 아니면 이미 사역하고 있는 캠퍼스 선교사들과 장기적으로 협력하는 동역의 주체자가 되어야 한다. 이 일은 한국교회의 미래를 살리는 중요한 투자가 될 것이다.

세 번째, 한국교회는 캠퍼스마다 대학교회를 세워야 한다.

지역교회나 선교단체가 캠퍼스 사역자 한 사람을 세운다고 해서 캠퍼스 하나님 나라 운동이 일어나는 것이 아니다. 캠퍼스 사역자가 후원회, 협의회, 연합회 등 여러 형태의 멋진 조직을 만들 수 있다. 하지만 이러한 조직이 저절로 하나님 나라 운동을 하는 주체가 되는 것이 아니다. 결국은 장기적으로 헌신된 공동체(대학교회), 최적화된 사역자들이 세워져야 한다. 만일 소수이더라도 장기적으로 헌신되고 최적화된 사람과 공동체가 있다면 의미 있는 캠퍼스 사역의 열매와 추수를 기대할 수 있다. 대학 캠퍼스 구성원 중에는 하나님께 헌신된 사람들이 많이 있다. 하지만 현실적으로 이들은 대부분 지역교회 소속의 중직자이거나 청년들이다. 이들은 분명 일정 부분 대학 캠퍼스 선교 사역을 위한 동역자가 될 수는 있겠지만, 특정한 한 대학 캠퍼스를 위하여 실질적이고, 최적화된 헌신을 하기에는 현실적으로 무리가 따른다. 대학 캠퍼스에서 선교를 통한 지속적이고 의미 있는 하나님 나라 운동을 위해서는 장기적 차원에서 전적으로 헌신된 공동체와 일꾼들이 필수적이다. 이런 헌신의 주체들이 없이는 유의미한 운동을 일으킬 수 없다. 어떻게 하면 대학 캠퍼스 사역을 위한 장기적이고 최적화되니 공동체와 헌신자를 만들 수 있는가? 그 답이 대학교회이다. 한국교회는 선교지에 교회를 세우는 심정으로 캠퍼스에 대학교회를 세워야 한다.

- 대학교회는 작지만 현장 맞춤형 교회이기 때문이다. 지역교회와는 달리 대학교회는 교회 사역의 초점과 역량을 오직 특정 캠퍼스의 구성원들에게 집중하여 섬길 수가 있다. 대학교회는 캠퍼스의 최전선에 있는 교회다. 때문에 대학교회는 한국교회를 대표하여 캠퍼스에서 일어나는 상황에 대하여 가장 빠르고 민감하게 반응할 수 있다.

- 대학교회는 청년 가나안 교인들을 품는 교회이기 때문이다. 안타깝게도 많은 젊은이들이 대학 입학 후에 정착할 교회를 찾지 못하고 점점 교회와 멀어지면서 가나안 교인이 되고 있다. 이들이 쉽게 접근할 수 있는 교회가 필요하다. 교회와 세상의 경계선에 있는 대학생들이 편안하고 쉽게 접근할 수 있는 교회가 대학교회다.

- 대학교회는 교회 자체의 성장이 목표가 아니라, 지역교회와 대학을 연결시키는 브릿지 역할을 하는 교회이기 때문이다. 지역교회가 캠퍼스 사역에 관심이 있어도 무엇을 할지 어떻게 할지 그 방법을 찾기란 쉽지 않다. 대학교회는 캠퍼스에서 할 수 있는 하나님 나라 운동의 장을 만들고 지역교회가 캠퍼스를 섬길 수 있는 다리를 놓아야 한다. 의외로 많은 교수, 교직원들과 학생들이 캠퍼스 하나님 나라 운동을 위하여 헌신하려고 한다. 이것은 바람직한 일이다. 대학교회가 있다면 이들이 맘껏 역량을 발휘하며 대학 사역에 헌신할 것이다. 한국교회는 이 멋진 길을 열어주어야 한다.

2.5 미전도 선교지로서의 대학 캠퍼스를 위한 대학교회들의 소명과 사명은 분명하다.

첫째, 대학교회는 85% 이상에 이르는 미전도 선교지인 대학 캠퍼스의 복음화 진지로서, 그곳에서의 하나님 나라 운동을 위하여 존재해야 한다.

특별히 대학교회의 역할은 캠퍼스 구성원 공동체를 위한 플렛폼, 캠퍼스와 지역교회의 가교, 복음이 장착된 세상 일터 사역자 예비 훈련기지로서 중요하다.

둘째, 대학교회는 한국에 유학 온 약 20만여 명의 외국인 학생들을 복음화하고 양육하여 각 나라로 효과적으로 파송하는데 최적화된 선교기지가 될 수 있다.

이미 여러 대학교회에 이 사역의 불씨를 일으켜왔고, 그중에 특별히 경북대학교회는 유학생이 주인인 글로벌 교회 사역이며 학과 기독인 모임 운동이다. 대학의 풀뿌리 세포라고 할 수 있는 학과에서 기독인들이 어떻게 살아내는가 하는 것이 중요하다고 본다.

셋째, 대학교회는 여러 대학 캠퍼스에서 이미 각자의 특성에 맞는 복음화 전도 전략과 양육의 소명을 감당해 왔는데, 가령 아래와 같은 그 구체적 사역 실천의 자리에 지역교회의 응원과 동역이 함께 한다면 더 풍성한 열매의 추수가 가능할 것이다.

〈아래 최근 주요 사례들〉

- 경북대학교회는 비전을 각 학과 기독인 모임을 위한 가이드 책자, 학과 기독인 모임에서 사용할 교재 제작, 학과 기독인 모임 대회 개최 등을 준비.
- 카이스트 교회는 교수 요원 양성을 통한 다른 대학교회 지원, 창조론 사역, 첨단과학 기술에 대한 책임있는 기독인, 전문인 선교사 양성.
- 교원대학교회는 기독 교사 양성 및 기독교 교육과정 보급
- 한국외대교회는 대학 교양 강의, 다니엘 기도회, 유학생 사역(ISF 한글학교)
- 서원대학교회는 리더십 센터 운영, 개인 역량 강화 – 문제해결능력 – 사회적역량 강화를 통한 건강한 사회인(직장인)으로 준비시키는 사역

2.6 한국의 대학교회는 현재 약 20만 명의 재한 외국인 유학생을 위한 복음 전도와 양육, 재파송 선교기지로서의 소명과 사명이 있다.

첫째, 캠퍼스에서 국제예배 공동체를 만들어야 한다.

캠퍼스 국제예배는 한국인들이 주체가 되고 유학생들이 참여하는 예배가 되어서는 안 된다. 물론 첫 출발은 한국인들이 시작할 수 있지만, 한국인들과 외국인들이 어우러져 한 공동체를 이루도록 해야 한다. 디아스포라 유학생들이 능동적으로 예배를 준비하고 참여하 도록 해야 한다. 유학생을 만나보면, 놀랍게도 그들 중에 열심 있는 기독교인들이 많이 있다. 그러나 이들의 신앙 열정이 하나님 나라 운동을 위하여 쓰임 받지 못하고 낭비되는 실정이다. 캠퍼스 국제예배는 이들에게 신앙의 열정을 발휘할 수 있도록 장을 제공할 수 있다. 이들이 열심을 낸다면 유학생들이 유학생에게 복음을 전할 수 있다. 나아가서 이들이 한국 학생들을 위한 사역에도 유의미한 운동을 창출할 수 있을 것이라 확신한다.

둘째, 캠퍼스의 유학생들을 섬겨야 한다.

유학생들을 위한 무료진료, 유학생 초청 파티 투어, 유학생 생활 도우미. 즉 병원 가기, 방 구하기, 이사, 학업 지원, 한국어 공부 등 유학생 공동체 지원하기, 축구 등 취미생활을 지원한다.

셋째, 유학생을 통한 해외선교 학위를 받고 귀국한 유학생을 통하여 그 나라의 선교 봉사활동을 지원한다.

넷째, 대학교회가 아니면 이런 종합적인 유학생 사역을 불가능하다.

대학교회가 국제예배를 개설하고 유학생을 위한 사역의 장을 만들고 관심있는 지역교회와 연합하여 이 일을 진행하는 것이 가장 효과적이다. 실제로 국내 여러 대학에서 대학교회를 통한 유학생 사역의 좋은 사례들이 나오고 있다.

2.7 나가며

대학 캠퍼스는 우리 시대의 가장 치열한 영적 전쟁터이며, 한국교회의 미래와 세계 선교의 방향을 결정하는 가장 중요한 선교지이다. 인본주의와 세속주의의 거센 흐름 속에서 청년 세대가 교회를 떠나가고 캠퍼스 복음화율이 절망적인 수준에 이르렀다. 이러한 시대에 새로운 대안과 희망이 있다. 바로 캠퍼스 현장에 뿌리내린 '대학교회'이다.

대학교회는 단순한 또 하나의 교회가 아니라, 척박한 캠퍼스 토양에 최적화된 복음의 전초기지이다. 주중 사역에 집중하는 선교단체의 사각지대를 보완하며, 지역교회가 품기 어려운 캠퍼스 내 미전도 학생들과 20만 유학생들에게 맞춤형으로 다가갈 수 있는 가장 효과적인 복음의 통로이다. 또한, 캠퍼스 내 기독 교수와 직원이라는 장기적이고 전문적인 선교 자원을 동력화하며, 여러 기독 공동체를 하나로 묶는 선교의 플랫폼으로서 그 역할과 잠재력은 무한하다.

따라서 한국교회는 캠퍼스를 개교회의 성장 동력을 위한 자원 공급처가 아닌, 함께 살려내야 할 절박한 '선교지'로 인식하는 전환이 요구된다. 대학교회를 경쟁자가 아닌 캠퍼스 선교의 핵심 동역자이자 '파송된 선교의 통로'로 여기며, 기도와 인력, 재정을 다해 협력하고 지원하는 구체적인 동역을 이루어야 한다.

과거 할레, 옥스퍼드, 캠브리지 대학에서 타올랐던 부흥의 불길이 시대를 바꾼 역사적 사실은 오늘날 한국의 대학 캠퍼스에 세워진 대학교회들을 통해 이 땅의 청년들이 다시 한번 복음으로 일어날 수 있다는 가능성을 보여준다. 한국교회는 그 부흥의 역사를 위해 대학교회와 함께 기도하고 동역하는 거룩한 부르심에 동참한다.

부록: 위기의 캠퍼스 선교

(1) 블랙홀이 된 20대 기독교 인구

인구 센서스 조사에 따르면 지난 수십 년 동안 전체 기독교 인구 비율은 큰 변동이 없지만 유독 20대에서 30대로 넘어가는 연령에서 그리스도인 비율이 절반으로 떨어진다. 대학생 그리스도인 비율의 경우 약 14%이다. 이것은 대학선교가 심각한 위기에 처해 있음을 보여준다.

(2) 분열과 비효율의 캠퍼스 기독인 활동

다행히 대학선교에 관심을 갖는 많은 그리스도인이 아직도 있다. 선교단체, 지역교회, 개인 전도자, 교수 학생 직원들이다. 메이저 대학마다 수십 개의 크고 작은 캠퍼스 기독인 모임이 있을 것이다. 그러나 대부분 대학 캠퍼스에서 이들은 서로를 알지 못한 채, 분열된 상태에서 활동한다. 이러한 상황에서 캠퍼스 선교는 좋은 열매를 맺을 수 없다. 오히려 날로 고립되며 기독교에 대한 불신을 초래하고 있다.

(3) 종합적이고 장기적인 전략 부재

한국 교계에서 캠퍼스 선교에 전념하는 장기 사역자가 거의 없다. 선교단체 간사나 청년 사역자들의 교체가 잦다. 10년 이상 한 캠퍼스에서 사역하는 사람을 거의 찾기 어렵다. 그 결과로 어느 대학이든 그 대학선교를 위한 장기 전략과 일관된 사역이 부재한다.

(4) 한국 교계 안에서 대학선교 논의 부재

최근 한국교회 목사님, 장로님, 누구를 만나든지 학원 선교와 다음 세대에 대한 관심이 많다. 하지만 교단이나 교회 전체 차원에서 대학선교 관련 실질적 참여를 위한 심도 있는 논의를 하지 않고 있다. 학원 선교를 말하지만, 논의의 초점은 대부분은 초 중 고등학교에 관한 것이다. 따라서 대학선교는 늘 후 순위에 밀렸고 그 결과 최고 선교 전략적 요충지인 대학 캠퍼스는 점점 거의 방치되고 있다. 현재 거의 모든 캠퍼스에서 비기독교인 비율은 86% 이상이다.

(5) 대학선교를 위한 인적 자원 부재

우리나라 대학에는 여전히 많은 그리스도인이 있다고 착각할 수 있다. 그러나 현실적 비율로 보면 전혀 그렇지 않다. 넉넉히 잡아도 20% 이상이 되지 못한다. 그러나 다행히 아직은 동시에 많은 그리스도인들이 있다. 그리스도인 교수, 그리스도인 직원 그리스도인 학생 그리고 선교단체까지. 문제는 이들의 대부분의 선교자원들이 거의 모두 소속 캠퍼스가 아닌 지역교회와 소속 단체에 1차 헌신을 한다는 것이다. 대학교회가 세워질 때, 그 진지를 중심으로 해당 캠퍼스를 위해 최적화된 선교자원 양성과 섬김이 가능하게 된다. 이러한 접근을 배제한다면, 안타깝지만, 날로 치열해지는 영적 전쟁터인 오늘날의 대학 캠퍼스에서, 복음화 완수라는 사명을 기대한다는 것은 허망한 꿈일 뿐이다.

(6) 급증하는 유학생들에 대한 대책 부재

오늘날 대학은 글로벌 사회가 되었다. 한국 선교사가 파송된 국가 수보다, 유학생으로 한국에 들어와 있는 국가 수가 더 많다고 한다(현재 약 20만 명). 대학은 이미 글로벌 각축장이며 중요한 선교지이다. 심지어 이슬람조차 전략적으로 한국 대학에 접근하고 있다.

그러나 한국 기독교는 이들을 향한 실질적 장기선교전략과 일관된 헌신이 거의 부재한 상태이다.

(7) 비기독교 재단 대학교회와 기독교 재단의 대학교회가 서로 동역함으로 시너지를 기대
　기독교 대학의 대학교회는 학교의 전폭적인 지원으로 세워지며 대학교회는 헌신된 교직원 신우회를 통해 세워지는 개척교회이다. 기독교 대학의 대학교회 사역자는 교수 또는 교직원이며 대학교회 사역자는 학교와 무관한 일반 목회자이다. 기독교 대학교회가 안정적이라면 대학교회는 불안정하다. 기독교 대학교회가 의무적인 모임이라면 대학교회는 자원함으로 모이는 교회이다. 기독교 대학교회가 수비적이라면 대학교회는 공격적이다. 따라서 서로의 토양이 다르기에 차이점이 상존한다. 그러나 복음 사역의 진보를 위해서는 서로 사역 경험을 지속적으로 공유하며 소통하는 협력이 필요하다. 예를 들어 연합집회 혹은 세미나 등을 통해 서로에게 좋은 영향을 나눌 수 있다.

3. 프리이반젤리즘위원회
- 영어스터디 기반 프리이반젤리즘 사역

〈프리이반젤리즘위원회〉

- **설립 목적 및 배경**: 직접적인 복음 전파가 어려운 현대 대학 캠퍼스 환경에서, 젊은 세대가 거부감 없이 복음을 접하도록 돕기 위해 설립, 관계 형성을 통해 신뢰를 쌓아 복음의 문을 여는 '사전 전도'(Pre-Evangelism) 사역을 교수들에게 보급하여 학생들에게 복음을 전하는 것을 목적
- **핵심 비전**: 100명의 프리이반젤리즘 교수 사역자를 세우고, 각 캠퍼스에서 기독 교수들이 동역하는 사역 모델을 만들어 효과적으로 복음을 전파하여 결실을 거두도록 함
- **주요 사역**
- ☑ 사역자 교육 및 훈련: 신규 사역자들을 위해 1박 2일 워크숍과 포럼을 정기적으로 개최하고, 교육 수료자들을 대상으로 온라인 교육을 진행
- ☑ 사역 도구 개발 및 보급: 교수들이 강의에 익숙한 환경에서 영어 스터디를 운영할 수 있도록, 체계적으로 구성된 100세트 이상의 PPT 교재를 개발하여 제공
- ☑ 사역자 학습 공동체 운영: 사역자들이 함께 사역을 배우고 기도하며 동역하는 공동체를 이루어, 사역의 장벽을 함께 넘을 수 있도록 지원
- * 출처: 위원장 김영우 교수(한국교통대학교)

3.1 들어가며

오늘날 대학 캠퍼스는 기독교 문화가 꽃피는 기독 신앙의 요람이라고 할 수 없다. 복음의 씨앗이 점점 메말라 간다. 아니 복음 전파가 매우 시급한 선교지에 가깝다. 그럼에도, 모든 일상 공간과 삶의 현장 가운데, 대학 캠퍼스만큼, 복음 전파의 가능성과 희망이 남아 있는 곳도 없다. 로마서에 의하면, 유대인은 선택된 백성으로, 다른 나라, 민족과 대비하여 하나님의 영광과 약속을 우선하여 누리는 기회가 주어졌다. 그러나, 이스라엘의 실족을 통해서 이방 지역의 복음 전파를 이루시려는 하나님의 계획도 명확하게 기록되어 있다. 기독 교수들이 하나님께 쓰임 받는 비밀이 로마서에 숨어있다.

기독 교수들이 학생들과 어렵지 않게 접촉점을 만들고, 영향력을 미치게 할 수 있는 특권이 주어졌음에도, 그 기회를 활용하지 못한다면, 어쩌면 하나님께서 로마서 유대민족에게 그러하셨듯 그들을 희생양 삼아 또 다른 복음 전파의 물꼬를 트려 하실지 모른다. 그만큼 오늘날 기독 교수들은 하나님의 영광을 위해 쓰임 받아야 할 소중한 자산이며, 그들의 임무는 시대적으로 어느 때보다도 막중하다고 할 수 있다. 프리이반젤리즘 사역은 대학교수들이 영어 스터디 형식을 사용하여 복음 전파를 할 수 있는 매우 효율적인 수단이며, 프리이반젤리즘 사역 공동체를 통해 사역에 필요한 교육과 콘텐츠 등 다양한 지원을 받을 수 있을 뿐만 아니라 사역의 전문성을 공유하며 동역한다. 이미 많은 교수가 프리이반젤리즘 사역자로 세워져 캠퍼스 현장에서 하나님의 부르심을 감당하고 있다.

이 글에서는 TI/MI 전동○ 선교사(대구, 국제교회 목사)가 개발한 영어 스터디 형식을 사용한 프리이반젤리즘 사역을 소개하며, 프리이반젤리즘 위원회의 지금까지의 활동과 프리이반젤리즘 사역 사례보고를 한다.

3.2 프리이반젤리즘 사역

3.2.1 프리이반젤리즘의 정의

프리이반젤리즘(Pre-Evangelism:PE, 이하 PE)은 '복음전도 前 예비전도 혹은 사전전도'라고 정의할 수 있다. '복음전도' (Evangelism)가 복음의 씨를 뿌리는 것이라면, '복음전도 前 예비전도'(Pre-Evangelism)는 사람들의 마음과 생각의 땅을 갈아 더 기꺼이 진리를 들을 수 있도록 돕는 것이다[1]. 프리이반젤리즘은 복음 메시지를 바꾸는 것이 아니라, 복음전도에 대한 접근 방식을 다시 포장하는 것이다. 우리가 '복음전도 前 예비전도' (Pre-Evangelism)를 할 때는 누군가와 '복음을 나누는 것'이 아니라, '그들이 실제로 복음

올 듣는 데 방해가 되는 장애물을 치우도록' 돕는 데 필요한 일을 하는 것이다[2]. 복음전도 (Evangelism)는 매우 구체적인 메시지를 구두로 선포하는 것이며, 곧 예수님이 죄를 속하기 위해 돌아가셨고 죽은 자 가운데서 다시 살아나셨으며, 사람들이 회개와 믿음으로 응답해야 한다는 내용을 말한다[3]. 복음전도 前 예비전도(Pre-Evangelism)는 그 선포를 위한 길을 닦는 많은 다른 활동을 의미한다.

3.2.2 역사적 배경과 성경적 기초

프리이반젤리즘의 정의를 좀 더 유연하게 확장하여 생각한다면, 성경 전체는 프리이반젤리즘 적이라고 할 수 있다. 구약은 아직 완전히 드러나지 않은 메시아의 등장을 예표와 예언으로 제시해 사람들을 참 메시아에 대한 갈망으로 이끌고, 그 길이 신약에서 예수 그리스도로 완성된다. 예를 들어, (창 4:1) 이브가 갓 태어난 아들을 묘사하는 방식, (창 6:8) "여호와께 은총을 입은" 노아, (창 12:2) "복의 근원"으로 부름을 받은 아브라함, (삼상 13:14, 행13:22) "하나님의 마음"에 합한 자 등의 내용이 그러하다. 신약성서에서도 넓은 의미에서 프리이반젤리즘 예를 많이 찾을 수 있다. 예수께서 수가성 여인에게 먼저 '생수'라는 개념을 제시하고, 부자 청년에게는 계명을 언급하며, 바울이 아테네에서 이교 시인들을 인용해 설교를 시작하는 모습 등은 모두 복음 선포에 앞서 상대의 마음을 열고 준비시키는 프리이반젤리즘의 한 예다.

우리의 일상 삶 속에서도 프리이반젤리즘의 예를 다수 찾을 수 있다. 집을 짓거나 우물을 파거나 굶주린 사람들을 먹이는 것, 자연의 아름다움이나 물리적 우주의 질서에 감탄하고 왜 우리 세상이 사람들을 위해 그렇게 맞춤 제작된 것처럼 보이는지 묻는 것, 개인의 간증을 나누는 것, 하나님의 존재에 대한 철학적 논증에서 토론하는 것등 은 모두 사람들이 복음을 받아들이기 위한 마음의 준비를 돕는 과정 즉 프리이반젤리즘이 될 수 있다.

3.2.3 전문인 사역

전문인 사역이란, 특정 전문 직업을 가진 사람들이 자신의 전문성을 바탕으로 복음을 전하고 하나님 나라를 확장하는 사역을 의미한다. 이는 목사나 선교사와 같은 전임 사역자만이 아니라, 교수를 비롯하여 다양한 분야에서 활동하는 전문가들이, 자신이 처한 삶의 현장과 일터에서 사명감을 가지고 복음을 전하는 것이다. 전문인 사역은 "모든 성도는 제사장이다"라는 만인 제사장 사상에 기초하고 있으며, 신앙과 직업, 사역과 일상이 분리되지 않는 삶을 지향한다. 이러한 의미에서, 전문인 사역은 프리이반젤리즘 사역을 수행하는 효과적인 통로라고 할 수 있으며, 프리이반젤리즘 사역은 전문인 사역의 효과적인 대안이라고 할 수 있다.

전통적인 선교 방식이 점점 더 어려워지고 있는 현대 선교의 흐름 속에서, 전문인 사역은 매우 중요한 전략으로 기대되고 있다. 특히 이슬람권, 공산권, 불교권과 같은 제한 지역에서는 외국 선교사나 종교 활동가의 입국이 금지되거나 매우 제한적인 경우가 많다. 하지만 이러한 지역에서도 의료진, 교육자, 기술자, 연구자 등의 전문직 종사자는 비교적 자유롭게 활동할 수 있다. 이들은 자신의 전문성을 가지고 자연스럽게 사회와 문화를 이해하고, 지역 주민들과 깊은 관계를 맺으며, 장기적으로 복음을 전할 수 있는 기반을 마련하게 된다. 전문인 선교사들은 사도 바울이 천막을 만들며 복음을 전했던 것처럼, 일반적으로 자비량 사역의 형태로 활동한다.

전문인 사역은 단지 해외 선교만이 아니라, 국내 사역에서도 매우 중요하다. 오늘날 많은 그리스도인이 주로 직장에서 대부분 시간을 보내고 있다. 이곳은 곧 그들의 사역지이며, 선교지이다. 전문인 사역자는 직장에서의 정직함과 성실함, 타인에 대한 배려와 섬김을 통해 그리스도의 인격을 드러내고, 하나님 나라의 가치를 전파하는 삶을 살아감으로써, 주변 사람들에게 깊은 감동을 줄 수 있고, 자연스럽게 복음에 대한 열린 마음을 끌어내는 데 중요한 역할을 한다.

하나님께서 각자에게 주신 재능과 지식, 기술과 경험은 단지 개인의 성공을 위한 것이 아니라, 하나님의 영광을 위해 쓰임 받아야 할 자원이며, 전문인 사역자는 자신의 전문성을 하나님의 뜻에 따라 사용함으로써, 훌륭한 복음전파 사역자로 세워질 수 있다.

3.2.4 프리이반젤리즘 사역의 필요성

현시대의 문화는 포스트모더니즘(Post Modernism)과 네오막시(Neo-Marxism)으로 표현되는 문화이다. 먼저, 포스트모더니즘은 다원주의(Pluralism)와 상대주의(Relativism)로 대표된다. John Stott 박사는 다원주의를 오늘날 가장 심각한 문제로 지적하고 있다. 그는 "다원주의는 모든 믿음에 있어서 독자적 다양성을 인정한다. 게다가 그것은 신앙과 가치가 다른 사람들에게 자신의 신앙으로 개종시키려고 하는 모든 시도를 받아들여질 수도 없고 무례한 것으로 여기며 이런 시도를 거부한다"라고 말한다. 한편, 네오막시즘은 젠더이론, 성 혁명, 동성애, 차별금지법 등으로 대표된다. 차별금지법이 제정된 나라에서 기독교인들은 이제 신앙으로 인해 직장에서 해고되고 전문가 집단에서 제명되고 대중적 인기를 잃는 등의 대가를 치르고 있다. 이러한 고용의 기회나 공공의 영역에서의 활동할 권리의 제한은 박해의 시작을 의미한다. 이 사회 혹은 문화는, 철저히 반성경적 (혹은 적그리스도적)이다. 거듭난 그리스도인이, 이러한 사회 문화 속에서 살아가며, 예수님의 지상명령인 '만민에게 복음을 전파'하는 것에 순종하는 것은, 성령으로 말미암은 용기와 더불어 뱀처럼 지혜로움을 요구하고 있다.

대학 캠퍼스에서 직접적인 복음 전파는 배척당하거나 오히려 반발을 불러일으키는 경우가 많다. 특히, 젊은 세대는 논리적 사고와 개인적 경험을 중시하며, 맹목적인 믿음 강요를 거부하는 경향이 강하다. 관심이 없다고 말하는 그들에게 어떻게 대화를 이어 나갈 기회를 만들어 갈 것인가? 관심 없는 사람들을 어떻게 성경 공부에 초청하며, 또한 자신의 간증을 어떻게 전달할 것인가? 프리이반젤리즘은 Common bond(ground)를 만들어 가고 그 공통의 관심사들을 확장 시켜 나가서 궁극적으로 복음을 전 할 기회를 가지는 과정이다. 프리이반젤리즘은 관계 형성을 기반으로 신뢰를 쌓고, 기독교 신앙의 핵심 개념을 자연스럽게 접하게 함으로써 효과적인 전도의 길을 열어준다.

특히 캠퍼스 내에서 '영어 리더십스터디를 통한 프리이반젤리즘' 방식은 교육과 신앙을 자연스럽게 연결하는 방식으로, 대학 내에서 신뢰를 바탕으로 한 접근이 가능하다. 교수와 학생 간의 멘토링 관계를 활용하여 영어 스터디 형식으로 진행되며, 리더십 및 자기개발을 강조하는 주제를 통해 기독교적 가치와 원리를 간접적으로 전할 수 있다. 예를 들어, 성실함, 목표 설정, 우선순위 등의 주제를 다루면서 기독교적 세계관을 간접적으로 소개하는 방식이 사용된다. 이를 통해 학생들이 먼저 공감하고 신뢰할 수 있는 환경을 조성한 후 복음을 전할 수 있도록 준비된다. 이 접근법은 학생들에게 학문적 성장과 신앙적 고민을 동시에 제공할 수 있다는 점에서 효과적이다고 할 수 있다.

3.2.5 프리이반젤리즘 사역의 핵심 가치

프리이반젤리즘 사역은 단순한 전도 전략이 아니라, 복음이 효과적으로 전달될 수 있도록 돕는 중요한 과정이다. 그 핵심 가치는 다음과 같다. (1) 관계 중심성: 신뢰 관계 형성을 통해 자연스럽게 복음을 접하도록 유도한다. (2) 문화적 적응성: 각 개인과 문화적 배경을 고려한 접근 방식을 취한다. (3) 교육적 접근: 영어 리더십 스터디와 같은 학문적·지적 접근법을 활용하여 기독교적 가치와 원리를 소개한다. (4) 지속 가능성: 단기적인 전도가 아닌, 지속적인 멘토링과 양육을 통한 전도 방식을 지향한다.

특히, 캠퍼스 내에서 '영어 리더십 스터디를 통한 프리이반젤리즘'에서는 학생들이 일방적인 신앙 강요를 받는 것이 아니라, 스스로 탐구하고 질문을 던질 수 있는 환경을 제공하는 것이 중요하다. 이를 통해 학생들이 신앙의 의미를 자연스럽게 깨닫고, 복음에 대한 열린 태도를 보이게 된다.

3.2.6 프리이반젤리즘 사역의 잠재적 위협과 기회

프리이반젤리즘 사역이 직면한 주요 위협은 다음과 같다. (1) 기독교 신앙에 대한 사회적 반감: 종교적 활동에 대한 거부감이 커지고 있으며, 특히 대학 캠퍼스 내에서 선교 활동이 제한되는 경우가 많다. (2) 사역자 부족 문제: 캠퍼스에서 적극적으로 사역할 수 있는 교수나 멘토의 수가 제한적이다. (3) 학생들의 무관심: 현대 학생들은 종교보다는 현실적인 문제 해결에 집중하는 경향이 있으며, 신앙에 관한 관심이 적을 수 있다.

그러나 동시에, 다음과 같은 기회가 존재한다. (1) 디지털 시대의 도래: 온라인 강의, 소셜 미디어, 팟캐스트 등을 활용하여 더 넓은 범위에서 복음을 전할 수 있다. (2) 다문화 환경: 국제화된 대학 환경에서 다양한 문화적 배경을 가진 학생들에게 맞춤형 복음 전도 전략을 적용할 수 있다. (3) 교육과 신앙의 통합 가능성: 학문적 탐구와 신앙적 질문을 연결함으로써, 학생들이 자연스럽게 복음을 받아들이는 계기를 마련할 수 있다.

캠퍼스 내에서 '영어 리더십 스터디를 통한 프리이반젤리즘'의 접근법은 이러한 위협을 최소화하면서도, 학생들에게 복음을 전할 수 있는 새로운 길을 제시하는 강력한 도구가 될 수 있다. 관계를 기반으로 한 접근과 학문적 탐구를 병행하는 방식은, 복음 전도의 효과를 높이는 데 이바지할 것이다.

3.3 프리이반젤리즘위원회 활동

3.3.1 프리이반젤리즘위원회

프리이반젤리즘 사역(PE)은 2019년도에 대구 국제교회 전동주 목사가 그가 리더로 있는 전문인선교연합인 Tentmaking International(TI)과 선교단체 Mission International (MI) 주도로, 대구 지역의 교수를 중심으로 시작되었다. 2021년도에는 전국대학교수선교연합회(KUPM)와 TI가 MOU를 맺고 협력 사역을 개시하였으며, 2022년도 고신대에서 개최한 전국대학교수선교대회 집중 강의 시간에는, 전동주 목사의 프리이반젤리즘 사역을 소개하여, 참가한 청중들로부터 주목을 받았다. 그해 가을에는 전대선 하부 조직의 하나로써 프리이반젤리즘 위원회가 발족하여, 프리이반젤리즘 사역이 공식적으로 전대선의 주요 사역으로써 시작하게 되었다. 그 후, 최근 몇 년간 전대선 선교대회 기간에 프리이반젤리즘 세션을 할당받아, 그 해의 사역을 소개하고 공유하는 시간을 가진다. 또한, 기본적으로 매 해 여름 방학 기간과 겨울 방학 기간에, 경주와 평창 등의 호텔에서 현재까지 7차례의 정기 모임을 1박 2일간의 워크숍과 포럼 형태로 개최해 왔으며, 워크숍은 신규 프리이반젤리즘 교육 대상자를 위하여 프리이반젤리즘 사역 전파를 목적으로 하며, 포럼은 교수 사역자뿐만 아니라, 국내외 전문인 사역자들을 초대하여 만인 제사장으로써의 전문인 사역자들이 각자의 분야에서 활동하는 사역을 공유하고 교류하는 것을 목표로 운영해 왔다. 또한 학기 중에는 워크숍에 참가한 교수를 주 대상으로 주 1회 교육 시간을 가져왔다. 전동주 목사를 중심으로 사역 전파 교육이 이루어져 왔으며, PE 위원회 위원들도 전파 사역의 임무를 함께 감당하며, 지금까지 다양한 방식으로 신규사역자를 대상으로 교육을 담당해 왔다.

3.3.2 PE 사역의 장단기 비전

프리이반젤리즘 위원회에서는, 100명의 프리이반젤리즘 교수 사역자가 세워지기를 단기비전으로 삼고 있다. 100명의 사역자가 세워진다면 해마다 의미 있는 숫자의 예수 영접 학생이 생길 수 있을 것이란 희망을 바라본다. 처음 사역할 때 세운 이 비전은, 벌써 80여 명의 교수가 프리이반젤리즘 사역 교육을 받은 현재, 1~2년 이내에 달성할 수 있는 그리 달성하기 어려운 목표는 아니지만, 교육을 받고서도 온전히 사역에 임하지 못하는 교수가 많을 것으로 예상되므로, 이제는 질적으로 기존에 교육받은 교수들이 더 잘 사역할 수 있도록 섬기고 동역하는 일에 비전을 두고 노력해야 할 것이다.

프리이반젤리즘 사역은, 개발된 PPT를 사용하기만 하면 모든 문제가 해결되는 마법이 아니다. 오히려 영어 콘텐츠를 가지고 어떻게 운영하는가, 어떻게 준비하는가, 그리고 어떻게 하나님을 의지하며 기도하는가가 더 중요하다. 교육을 수료한 많은 교수가 막상 배운 대로 사역하려 할 때, 오히려 다른 모든 사역에서 느꼈던 장벽을 그대로 느끼며 어쩜 더 크게 절망할지 모른다. 그러기에 사역에 성공할 때까지 프리이반젤리즘 사역자 공동체에 들어와 함께 사역을 배우고, 자신과 사역의 장벽을 느끼고 나누며, 하나님께 기도해야 한다. 22년도 2학기에 당시 10명의 젊은 프리이반젤리즘 사역 교수들이, 전동○ 목사의 질병이 알려졌을 때, 매일 밤 9시 30분에 온라인 기도회를 열던 시기가 있었다. 그 학기에 3명의 교수가, 그다음 학기에는 9명의 교수가, 예수님 영접한 학생을 낳게 되어, 23년도 1학기에는 9명의 교수가, 총 44명의 학생이 예수님 영접을 증거하는 놀라운 사역의 발전이 일어났다. 프리이반젤리즘 사역에 있어서, 얼마나 많은 기독 교수가 준비된 교육을 수료하는가는 하나님이 보시기에 의미 없는 목표일 수 있다. 무너진 성을 막고 심판을 말릴 단 한 사람(에스겔 22:30), 예루살렘 성읍에서 정의를 행하며 진리를 구하는 단 한 사람(예레미야 5:1)을 찾지 못하셨던 하나님께서는, 올바로 세워진 한 명의 사역자를 더 기뻐하며 귀히 여길지 모른다.

또한 개별 교수가 잘 세워질 뿐만 아니라, 각 캠퍼스에서, 기독 교수들이 동역하여 프리이반젤리즘 사역을 잘 감당하는 모델이 생겨나기를 바란다. 현재 배재대학교에서 진행되는 프리이반젤리즘 사역은 PE 위원회를 비롯하여 많은 기독 교수가 주목하고 있으며, 배재대학교가 더 성장하여 다른 캠퍼스에도 사역을 전파하는 PE 위원회와 같은 역할을 감당할 수 있기를 바라며, 제2, 제3의 배재대학이 또 생겨나길 바란다. 이를 위해 프리이반젤리즘 캠퍼스 사역을 지원하는 "캠퍼스 지원" 사역도 준비하고 있다.

3.3.3 PE 사역자 관리

PE 위원회의 주된 임무는 사역 관리이며, 이는 사역자 교육과 사역자 관리이다. 전대선과 TI가 협력 사역을 시작하던 2022년도 무렵에는, 전동○ 목사가 10명 정도 되는 교수를 직접 사역 초대부터 교육까지의 모든 과정을 담당하였으나, 그 후 프리이반젤리즘 사역 교육 신청자와 수료자가 늘어남에 따라, PE 위원회에서 전동○ 목사를 지원하여 조금씩 함께 교육을 담당하는 시간을 늘려가고 있다. 그러나 현재 5명 내외의 프리이반젤리즘 위원회만으로는 80명이 넘는 사역 수료자와 신규 신청자를 모두 잘 섬기기에는 턱없이 부족하며 PE 위원회 조직도 더 커져야 하며, 현재로서는 신규 신청자 교육 중심으로 운영될 수밖에 없다. PE 사역이 함께 동역하며 사역하는 공동체 사역으로 뿌리내리려면, 모든 사역자가 배우고 적용하는 단계에서 그치지 말고, PE 사역 공동체를 다시 섬기고 전파하는 일에 힘써야 할 것이다. 이런 부분의 전략 개발도 필요하다.

3.3.4 PE 사역 도구

프리이반젤리즘 사역을 위해 개발된 도구는, 복음 전파를 희망하는 교수들이 사역 교재 개발의 부담을 덜 수 있으며, 잘 구성된 PPT 자료로 제공되므로, 사역에 임하는 교수가, 강의에 익숙한 환경에서 영어 스터디를 운영할 수 있다. 프리이반젤리즘, 이반젤리즘, 포스트이반젤리즘 용으로 개발된 콘텐츠인 한 시간용 교재가 총 100세트 넘게 개발돼 있으며, 한 학기에 13주 정도 스터디 모임을 가지므로 한 학생을 몇 년 가르치고도 남을 만큼의 콘텐츠가 이미 개발돼 있다.

〈프리이반젤리즘 코스 스터디 자료 (일부)〉

〈이반젤리즘 코스 스터디 자료 (일부)〉

3.4 PE 사역 사례보고

이 장에서는 프리이반젤리즘 사역을 직접 수행하고 있는 사례를 소개한다. 많은 교수가 소속하는 캠퍼스 현장에서 프리이반젤리즘 사역을 감당하고 있으나, 유형별 특징이 뚜렷하며, 모범적인 사역을 수행하는 교수들의 사역을 소개한다.

3.4.1 배재대 캠퍼스 공동 사역 사례보고 (배재대학교 소정○ 교수)

배재대학교는 현재 5명의 교수가 프리이반젤리즘 사역을 공동으로 하고 있다. 배재대학교 사역의 특징은 첫째, 학생 모집과 운영이 일부 협업적 상황에서 진행되고 있고, 둘째, 교수혁신원의 공식적인 honor 프로그램으로 운영했다는 점이다. 컴퓨터 공학과 곽내○ 교수는 학과 전공생을 모집하여 영어전공인 김정○ 교수에게 양도하여 이공계 학생들의 효과적인 언어교육과 복음 증거의 결과를 갖게 하였다. 또한 김정○ 교수는 외국인 학생과 학과 전공생을 대상으로도 모임을 운영하고 있다. 교육혁신원장인 김현○ 교수는 타학과 교수들에게서 추천받은 우수 학생을 위한 honor 프로그램을 기획하고 세부 프로그램 중 하나인 스피치영어모임을 통해 프리이반젤리즘 내용을 학생들에게 제공하였다. 프리이반젤리즘 훈련을 받은 김현○, 문은○, 소정○ 교수가 학기마다 교수혁신원의 스피치영어모임 강의를 진행하였다. 소정○ 교수도 학과 내 전공 학생 및 타전공 학생들의 비교과 모임으로 사역을 진행해 오고 있다. 구체적인 사역 현황은 다음과 같다.

〈배재대학교 프리이반젤리즘 운영 현황〉

	개별 소모임		배재 HIGH 리더십스피치 영어		
운영 교수	김정○	소정○	김현○	문은○	소정○
운영 기간 (년도-학기)	23-1 ~24-2	22-1 ~24-2	24-1 ~24-2	24-1 ~24-2	23-2
참여 학생(명)	16	23	8	8	7
복음 증거(명)	13	23	0	0	0
영접(명)	9	20	0	0	0
비고	정보보안학과 곽내○ 교수는 모집에 도움을 줌		학기별 프로그램으로, honor 프로그램 종료 시 함께 종료됨		

위의 표에서 제시된 바와 같이 직접 학생을 모집한 교수들의 모임에서는 복음 증거가 가능했지만, 교수혁신원 모임에서의 복음 증거는 이루어지지 않았음을 알 수 있다. Honor 프로그램에 참여하는 학생들에게는 영어모임이 엄연히 공적인 모임이었고, 바쁜 일정을 소화하는 학생들을 개별적으로 대면할 기회가 없었기 때문에 복음 증거의 기회는 전혀 가질 수 없었다.

요즘 학생들은 자신에게 분명한 이유가 없으면, 아무리 학과 내 행사라 해도 참여하지 않는다. 그럼에도 불구하고 수업 외 따로 시간을 내어 1~2학기 지속적으로 참여한다는 것은 그만큼 내용적인 측면과 관계적인 측면에서 그들에게 어떤 의미가 있기 때문이다. 인생의 실질적인 문제에 대해 생각할 기회와 지혜로운 명언까지, 뿐만 아니라, 동료 및 교수와도 신뢰의 관계를 형성한다. 이러한 분위기에서 복음 증거는 매우 효과적이었다. 재학만족률도 높아질 뿐 아니라, 개인적인 생활에서도 능동적이고 긍정적인 태도의 변화를 볼 수 있다.

프리이반젤리즘 모임에 참여하면서 복음을 듣고 예수를 영접한 학생들은 희망에 따라 이반젤리즘 모임으로 연결된다. 영어 훈련과 함께 학과를 위한 기도, 말씀 묵상을 병행하면서 양육과정으로 이어지는 것이다. 복음 증거와 양육을 위한 도구로서의 프리이반젤리즘 사역은 자기 주관이 뚜렷하고 합리적 가치를 추구하는 현 대학생들에게 적합한 사역임을 확인하고 있다.

3.4.2 연구실 활동 기반 사역 사례보고 (영남대학교 박시○ 교수)

박시○ 교수는 전자공학과에서 반도체 소자를 전공하며, 관련된 실험연구실을 운영하고 있다. 이공계 실험연구실은 대학원생을 중심으로 운영되지만, 간혹 학부생들도 지원 및 선발 절차를 거쳐 학부 연구생으로서 연구 기회를 얻을 수 있다. 학부 연구생이 되면 교수가 운영하는 연구실에 소속되기 때문에, 일반 학부생보다 교수의 영향력을 더욱 크게 받게 된다. 박시○ 교수는 이러한 점을 프리이반젤리즘을 진행할 좋은 기회로 활용하였다. 매년 새롭게 들어오는 학부 연구생들의 첫 연구지도 시간에 영어 공부의 중요성을 언급하며 리더십 영어 스터디를 진행할 것을 자연스럽게 제안했고, 학생들은 영어 리더십 스터디에 참여하였다. 이렇게 학부 연구생들을 활용함으로써 프리이반젤리즘 영어 리더십 스터디 진행에서 장애물 중 하나인 학생 모집 문제를 쉽게 해결할 수 있었다.

영어 리더십 스터디가 시작되면, 콘텐츠가 좋은 덕분에 모든 학생이 만족스런 스터디 시간을 갖게 되었다. 1주일에 한 번, 1시간 정도씩 총 10~12회 정도 진행되는 스터디를 거치며, 학생들은 콘텐츠 내용에 대해 생각하고 진지하게 임하게 되었다. 교수와의 신뢰도도 높아지게 되었다. 이렇게 하여 비로소 복음(영접) 스터디를 진행하였다. 해당 클래스의 학생(처음 복음을 들은 학생도 있고, 어릴 때 교회를 다니다가 현재는 다니지 않는 학생도 있음) 중 평균적으로 약 75%가 스터디를 통해 자신의 죄를 고백하고 예수님을 영접하였다. 2019년 3월부터 2025년 3월 현재까지 총 55명의 학생을 대상으로 프리이반젤리즘 스터디를 진행하였고, 그중 43명이 예수님을 주로 영접하였다.

복음을 영접한 학생들은 Follow-up 과정을 권유하여 진행하였다. 이는 영어 리더십 스터디와 영어 성경 공부 사이의 '중간 정도' 과정으로, 본격적인 성경 공부 이전에 진행된 영어 리더십 스터디 형식에 일정 부분 성경 내용을 추가한 형태이다. 총 10주 내외 Follow-up 과정을 마친 학생에게는 본격적인 영어 성경 공부와 교회 출석을 권유하였다. 예수님을 주로 고백하는 영접 과정을 거친 학생이라도, 그들의 믿음이 여전히 약한 경우가 일반적이다. Follow-up 과정에 들어가고, 성경 공부와 교회 출석을 권유해도 최종적이고 정기적인 교회 출석으로 이어지지는 못하고 있다. 물론, 영접 후 Follow-up 과정을 거쳐 계속해서 영어 성경 공부 과정을 따르며 믿음이 점차 자라는 소수의 학생도 있기는 하다. 결론적으로, 프리이반젤리즘과 이에 기반한 복음 영접은 성공적이었다. 그러나 교회에 정착하고 제자로 세우는 과정까지 입문하는 일은 여전히 해결해야 할 숙제로 남아 있다.

3.4.3 외국어 교양 과목 사역 사례보고 (연세대학교 이주○ 교수)

유학하기 전 '중국과 중국 영혼들을 위해 기도하는 자가 되겠다' 하나님께 드린 기도가 생각이 나 순종하는 마음으로, 2023년부터 "글로벌 리더십 프로그램"을 경기대 대학원 3시간 수업 중 1시간을 할당하여 시작하게 된 것이 벌써 5학기째가 되었다.

한국어 구사가 힘든 중국인 유학생들은 오히려 영어로 의사소통이 가능해졌고 이 프로그램을 통해서 학생들과 소통하는 장으로 삼아 학생들의 꿈과 비전, 생활도 함께 나눌 수 있어 감사했다. 프로그램을 따라서 1, 2주 차는 학생 모집을 하고 3-12주 차 정도까지는 묵은 밭을 기경하여 마음 문을 열도록 하며 13, 14주 차에는 4영리를 제시하면서 자연스럽게 복음을 받아들이도록 하고 있다. 제공되는 콘텐츠가 좋아서 학생들은 인생을 더욱 깊이 성찰하고 생활면에서도 진취적이고 미션(Mission) 실천도 병행하여 학업성취도도 높고 삶의 변화까지 유도하도록 한다.

중국인 유학생 13~15명, 경찰대 7명, 인덕대는 2명이 복음 제시 후 하나님을 영접하였으며, 2025년에 더 많은 수강생이 신청해 연세대 미래캠퍼스 4명, 경기대 대학원 2명, 경찰대 1~3명, 인덕대 7명의 학생이 함께하고 있다.

특히 연세대학교 동아시아국제학부의 경우, 중국인 유학생 1명을 대상으로 진행하였는데 소문이 나서인지 중국어 레벨4(CHINESE LANGUAGE 4)에서 중국인 유학생이 수강생의 2/3 이상을 차지하였다. 한국인 학생들이 피해 의식을 느껴 폐강 위기도 있었지만, '죽으면 죽으리로다'라는 심정으로 한 결과 하나님의 은혜로 폐강이 되지 않고 오히려 중국인 유학생 3명과 동아시아국제학부 학생 1명 이렇게 4명이 현재 함께 하고 있다. 동아시아국제학부는 해외에서 살다 온 한국인 학생이 많아서 영어독해 때 난해한 부분들에 대한 이해도도 높아서 중국 학생 함께 프로그램을 진행할 때 선한 영향력을 끼치고 있다.

중국인 유학생에게 다가설 때는 "국가주석"이나 "문화대혁명" 같은 민감한 주제를 다루기보다는 한중문화교류, 또는 한국에서 유학을 하며 힘들고 어려운 점을 함께 나누고 섬기면 더욱 쉽게 문을 연다.

논문을 잘 써 '학계의 김연아'를 꿈꾸던 저를 향하신 하나님의 계획은, 여러 묵은 땅들을 기경하기 위해 지경을 넓혀 여러 학교를 밟게 하시는 듯하다. '문준경 전도사'와 같은 사명을 요즘은 더욱 많이 생각한다. "땅끝까지 복음을 전파하라"는 예수님의 지상명령을 수행하기 위해 오늘도 한알의 씨앗을 심는 심정으로 노력을 하고 있다. 특히 이번 학기는 어깨 석회와 통증, 팔꿈치, 몸살감기로 고생하며 치료를 받고 있다. 기도 가운데 성령의 인도와 하나님의 도우심이 없이는 그 어떤 사역도 할 수 없음이 느껴진다. 시대적인 소명과 사명의 완수를 위해 기도를 부탁드리며, 더욱 많은 교수님과 함께 동역할 수 있게 되기를 바란다. 마지막으로 캠퍼스마다 '한 영혼이 천하보다 귀하다'는 목자의 심정으로 함께 동역하는 분들이 우후

죽순처럼 많이 생겨나길 바란다. 그리고 더욱 많은 믿음의 결실들이 있게 되기를 두 손 모아 기도드린다.

3.4.4 의료계열사역 사례보고 (계명문화대학 김향○ 교수)

KUPM에서 주관하는 Pre-evangelism conference를 통해 복음 전파를 목적으로 하는 사역 훈련을 받았다. 이를 통해 2023학년도 간호학과 4학년 3명을 대상으로 첫 PE 사역을 시작하였다. 모집은 '교수자를 좋아하는 학생들에게 접근'하는 방법으로 진행되었고, 총 3명의 학생이 참여하게 되었다. 사역은 긴장된 마음으로 기도하며 시작하였고, 매시간 큰 모니터에 파워포인트를 준비해 띄우고, 한글로 된 영어 교안을 테이블에 세팅해 놓았다. 각 주차는 1과 Your life is what you make it, 2과 Dreams, Goals & Reality, 3과 Problems & Solution, 4과 Stay or Go, 5과 Environment and its influence, 6과 The Meaning of Life, 7회차 New Life이다. 매 수업을 시작할 때 영어로 간단한 멘트를 준비하여 자연스러운 분위기를 이끌었으며, 각 주차별 교안의 내용에 간호학과만의 특성과 교수의 경험을 녹여내어 학생들에게 감동을 전달할 수 있었다. 일정은 미리 정해두었으나, 시험이나 면접 등 학생들의 일정에 맞춰 유연하게 조정하며 사역을 진행하였다. 6회차까지는 그룹으로 진행하였고, 7회차에서는 "New Life"라는 주제로 1:1로 약속을 정해 학생들과 개별적으로 만나 복음을 전하였다. 결과적으로, 참여한 학생 3명 중 2명이 예수 그리스도를 영접하게 되었고, 학생들이 복음을 듣고 새로운 삶을 시작하였다. 이는 PE사역의 중요한 성과라고 볼 수 있다. 이 사역을 통해 캠퍼스에서, 나의 간호학 전문성과 하나님께서 주신 사명을 따라 복음을 전하는 '축복의 통로'의 역할을 할 수 있었다는 것은 개인적으로 큰 축복이자 기쁨이었다. 이후에도 PE사역은 이어지고 있으며 특히 학내에서 '브릿지(세상과 소통하는 리더)' 비교과 프로그램으로 정식 등록하여 보다 체계적으로 운영하기 위해, 김정○ 교수와 함께 팀을 이루어 사역을 확장해 나가고 있다. 브릿지 프로그램이 신앙과 삶, 전공이 통합되는 플랫폼으로 자리매김하여 참여 학생들에게는 단순한 활동을 넘어 삶의 방향성과 존재의 의미를 진지하게 고민할 수 있는 기회를 제공하기를 기대하고, 이를 통해 계명문화대학교 캠퍼스안에서 복음의 씨앗이 널리 뿌려지길, 더 많은 교수와 학생들이 이 사역에 동참함으로써 하나님 나라 확장에 쓰임 받기를 소망하고 기대하며 기도한다.

3.5 나가며

프리이반젤리즘 사역은 대학교수의 복음 전파 사역에 있어서 효과적인 방법이다. 30년 전쯤에는 전국의 많은 캠퍼스에서 기독동아리가 프리이반젤리즘 과정 없이 직접 복음 전파하는 모습이 곳곳에서 눈에 띄었으나, 오늘날에는 흔하지 않다. 전국의 모든 대학에서는 직접적인 포교 활동을 금지하고 있다. 그런데도, 아직도 대부분의 기독 교수는 직접적인 전도 방법을 선호하며, 어쩌면 그런 방법밖에 없다고 생각하고 있는지 모른다. 프리이반젤리즘 사역은 한 영혼의 구원을 위해 매 학기 단위로, 학생들과의 관계 형성에서 시작하여 복음 전파와 예수 영접까지 이를 수 있는 관계성 기반, 친밀함 기반 사역이다. 영어 스터디 형식을 사용하는, 그리고 학생들과의 만남에서 예수님 영접이후 제자 양육까지 이어 갈 수 있는 체계화된 교수 사역 플랫폼이다. 이미 80여 명의 교수가 프리이반젤리즘 교육을 수료하여, 단과대별 및 사역자 그룹별 사역 특수성 모델이 구축되고 있으며, 경험 많은 전문가들이 사역 과정의 전문성을 공유한다. 프리이반젤리즘-이반젤리즘-포스트이반젤리즘 과정이 이음매 없이, 전 단계적으로 동일한 플랫폼 속에서 영어 스터디 형식으로 사역을 이어 갈 수 있다. 프리이반젤리즘 사역을 통하여, 30년 전에 이 나라에서 흔히 일어났으나 지금은 느끼기 힘든 영적 추수의 감동을, 그리고 토기장이 하나님이 만드시는 질그릇으로써 쓰임 받는 감동을 하며, 하나님께 감사의 기도를 드리는 기회가 주어지기를 바란다.

[참고문헌]

[1] Conversational Evangelism: Connecting with People to Share Jesus,by David Geisler & Norman Geisler, 2014.

[2] By Pastor JOSH, Red Door Church https://www.unitedchurchofsoro.org/

[3] Unlikely Converts: Improbable Stories of Faith and What They Teach Us About Evangelism, By Randy Newman, 2019.

4. 해외기독대학위원회

─────── 〈해외기독대학위원회〉 ───────

- **설립 목적 및 배경**: 2021년 KUPM의 선교 사역을 해외로 확장하기 위해 신설, 초기에는 파우아교육협력재단(PAUA)과 연합하여 해외 기독대학을 중심으로 사역했으나, 2023년부터는 KUPM의 국제적 책무를 실천하기 위해 비기독교권인 '창의적 접근 지역'으로 활동 범위를 확대

- **핵심 비전**: 교육을 통해 열방에 하나님 나라를 확장하고, 각국의 청년들이 차세대 크리스천 지도자로 성장하도록 지원하는 것, 이를 위해 국내외 대학과 기업, 선교단체를 유기적으로 연결하는 지속 가능한 글로벌 파트너십을 구축하고자 함

- **주요 사역**

- ✔ 국제 학술 교류: 국제학술대회 개최, 해외 대학과의 MOU 체결, 교수 교류 등을 통해 협력의 기반을 마련

- ✔ 창업 교육 지원: I, K국 등 해외 대학에 창업캠프 개최, 창업지원센터 운영 상담 등을 제공하여 현지 대학의 창업 교육 역량 강화 지원

- ✔ 산학협력 및 장학 사업: 국내 기업 및 단체와 현지 대학을 연결하여 공동 연구, 현지 마케팅, 장학금 지원 등 실질적이고 지속 가능한 협력 모델을 창출

- ❖ 자료제공: 위원장 박창일 교수(계명대학교)

4.1 들어가며

해외기독대학위원회는 해외대학과 협력하여 선교사역을 확장하는 중요한 역할을 담당하고 있다. 2021년부터 KUPM 산하에 위원회로 신설되어 파우아교육협력재단(PAUA)과 연합하여 해외 기독대학에서 사역하거나 교수들과 협력을 하고 있다. 또 이를 통해 국제학술대회 개최, 교재 개발, 교수 교류 및 해외 대학과의 MOU 체결 등 다양한 사역을 진행하였다. 특히, 인도네시아, 키르기스스탄, 몽골, 인도 등 외국 대학과의 연계 교육 및 선교 프로그램을 진행하여 글로벌 캠퍼스 복음화를 추진하고 있다. 또한, 글로벌미래고등교육원과 협력하여 국제학술대회 및 단기선교 등을 통해 해외 대학과의 교류를 증진시키는 역할도 하고 있다.

4.2 사역 내용

2021년부터 2024년까지 사역내용은 〈표 1〉과 같다. 2021년에는 8월 28일, KUPM교수선교사 포럼에서 '위드 코로나 시대 해외 기독대학에서 교수선교사 사역 역할'을 주제로 강성○ 선교사가 발표하였다. 또한 2022년 2월 26일에 해외 대학 부부 선교사 사역을 주제로 한 해외 교육선교 포럼이 열렸고, 강성○ 선교사가 어떻게 협력적인 선교를 할 수 있는지에 대해 발표를 하였다.

2022년에는 7월 4일부터 30일까지 온라인으로 해외 교육 선교 아카데미가 진행되었으며, 이는 '해외 선교사 파송 준비를 위한 기본과정'으로 35명의 국내외 선교지망자가 참가하였다. 7월 8일에는 고신대학교에서 제37회 전국대학교수선교대회가 개최되었고, 박창○ 교수가 '해외기독대학위원회의 발전 방안: PAUA 연계 활성화'를 발표하였다. 3월 12일부터 6월 15일까지는 MK School 강좌 지원요청이 있었으며, 박창○ 교수가 '경제학원론'을 강의하였다.

2023년에는 7월 20일부터 21일까지 한국 교통대학교에서 제38회 전국대학교수선교대회가 열렸고, 장영○ 교수(건국대, PAUA 사무총장)가 '해외기독대학 선교사역의 현황과 발전 방안'을 발표하였다. 같은 기간 동안 '해외기독대학 설립 및 운영경험 공유' 세션에서는 최○ 총장(PGI)이, '기독 교육의 해외 사역과 과제' 세션에서는 박영○ 부총장(K 국, 케인대)이 각각 발표하였다.

2024년에는 7월 11일부터 12일까지 배재대학교에서 제39회 전국대학교수선교대회가 개최되었으며, 해외대학 연계사역 세션을 통해 박창○ 교수(계명대)가 '해외선교 대학에서의 사역현황 보고'를 발표하였다. 그리고 박영○ 교수가 'K국, K대학의 사역현황', 오정○ 교수(충남대)가 '동아프리카 기독교 교육과 선교의 지점: 쿠미대학의 선교사례'를 소개하고, 또 이순○ 교수(FMB)가 '인생의 마지막 승부, 시니어선교사'란 제목으로 사례발표를 하였다.

〈표 1〉 해외기독대학위원회 사역 현황

구분	주 요 내 용	기 간	장 소
2021	• KUPM 교수선교사 포럼 위드 코로나시대 해외 기독대학에서 교수선교사의 역할 : 강성○ 선교사(PAUA)	8. 28	KUPM
2022	• KUPM 교수선교사 포럼 해외대학에서 부부 선교사역: 강성○, 장○ 선교사 부부 (PAUA)	2. 26	KUPM

구분	주 요 내 용	기 간	장 소
	• 제6회 교육선교아카데미 교육목적 : 해외교수사역을 준비하는 분들을 위한 기본과정 교육방식 : 온라인 참가자 : 국·내외 선교지망자 35명	7.4~ 7.30	PAUA
	• 제37회 전국대학교수선교대회 해외대학위원회의 발전방안: PAUA 연계활동방안 발표: 박창○ 교수(계명대)	7. 8~ 7.8	고신대학교
2023	• 울란바타르 MK School 강의 지원 강의과목 : 경제학원론 (On-line 진행) 강사 : 박창○ 교수(계명대)	3.12~ 6.15	울란바타르 MK School
	• 제38회 전국대학교수선교대회 해외기독대학의 현황과 발전방안: 장영○ 교수(건국대, PAUA 사무총장) 해외기독해학 설립 및 운영경험 공유: 최○ 총장(PGI) 기독교수의 해외사역과 과제: 박명○ 부총장(K국,케인대)	7.20~7. 21	한국교통 대학교
2024	• 제39회 전국대학교수선교대회 해외선교대학에서의 사역 현황 보고: 박영○ 교수(K 대학교) 동아프리카 기독교 교육과 선교의 거점: 쿠미대학교 사례, 오정○ 교수(충남대)	7.11~7.12	배재대학교
	• 제11차 교육선교 국제컨퍼런스, PAUA 주관 한국 선교대학의 미래와 방향성 강사 : 김성○ 총장(탄자니아 UAUT) 외 5명	7.11~7.12	온누리교회
2025	• 파우아 리더십 서밋 PGI 김경○ 총장 외 해외대학 총장 4명, PAUA 손봉○ 이사장 외 6명 참석	5. 22	PAUA

또한 7월 11일부터 2일간 '선교지 대학의 미래와 방향성'을 주제로 해외기독대학 총장 4명이 참석한 가운데 개최된 'PAUA 제11차 교육선교 국제컨퍼런스'에 KUPM교수 다수가 참여하여 선교지 현황을 파악하고 교류 활동을 하였다.

2025년 5월에는 PAUA 리더십 서밋에 박창○ 교수가 참석하여 해외기독대학 총장 4명의 발표를 듣고, 국내 대학 교수선교사와 대학을 연계하는 방향을 설정하는 기회를 가졌다.

4.3 사역협력 기관

해외기독대학위원회는 2021년 KUPM 산하에 신설되어 사단법인 파우아교육협력재단 (PAUA: Pan Asia, Africa & America Universities Association, 이하 PAUA)와 협력하며 해외기독대학에서 교수 선교사역을 지원하고 선교사역을 확장하는 역할을 담당하고 있다. PAUA는 한국인이 해외에 설립하여 운영하는 기독교 종합대학들의 연합체로, 주로 저개발국가에 한국인이 세운 기독교 대학들과 학교들을 돕는 교육선교 전문기관이다. 그리고 현재 16개 대학(〈표2〉 참조)과 12개 유초중고(〈표3〉 참조)가 회원학교로 가입되어 있다. PAUA의 비전은 교육을 통해 열방에 하나님 나라를 확장하는 것이며, 이 비전을 실현하기 위한 미션으로 해당 학교의 청년들이 각 국가를 이끌 차세대 크리스천 지도자로 성장할 수 있도록 지원하고 있다.

〈표 2〉 기독대학교

번호	국가	대학명	설립연도
1	우간다	쿠미대학교	1999
2	탄자니아	UAUT	2012
3	에스와티니	에스와티니기독의과대학교	2014
4	캄보디아	라이프대학교	2006
5	캄보디아	프놈펜국제예술대학교	2013
6	캄보디아	캄보디아국립기술대학교	2005
7	키르기스스탄	케인국제대학교	2011
8	K국	K국제대학교	2012
9	P국	PGI	2018
10	몽골	국제울란바타르대학교	1995
11	몽골	후레정보통신대학교	2002
12	볼리비아	우세볼대학교	1991
13	인도네시아	자카르타국제대학교	2018
14	N국	P대학	2010
15	가나	가나국제대학교	설립 준비 중
16	르완다	아프리카변혁대학교	설립 준비 중

<표 3> 유초중등학교

번호	국가	학교명
1	우간다	좋은씨앗스쿨
2	우간다	레인보우크리스천몬테소리스쿨
3	니카라과	카라조 크리스찬 아카데미
4	남아공	라이프스타일 크리스찬아카데미
5	탄자니아	킹스비전중학교
6	인도네시아	무띠아라 유치원
7	에스와티니	에쿠제니유치원
8	라오스	엘림학교
9	몽골	울란바타르학교
10	몽골	밝은미래학교
11	캄보디아	라이프스타일 아카데미
12	캄보디아	이화스렁학교

해외기독대학위원회는 국제 컨퍼런스를 통해 선교지의 변화에 대응하는 전략을 논의하고, 권위 있는 전문가 강연과 선교 현장의 교수 사례 발표 및 토의를 통해 대학 운영 및 사역 방향을 연구한다. 특히 기독교 대학의 정체성과 교육 본질, 행정, 사역, 강의, 리더십, 자원 발굴 및 운영, 이양 문제 등 선교지 대학의 지속 가능한 발전을 위한 연구와 논의의 장을 제공한다. 또한 PAUA는 해외 대학에서 교수선교사역을 지원하며, 교육목적으로 해외 교수사역 준비자를 위한 교육 아카데미를 정례적(2025년 2월까지 8회 개최)으로 운영하고 해외선교대학과 교육선교지원자를 대상으로 온·오프라인 강의를 통한 지원 등 다양한 활동을 펼친다.

PAUA에서는 2022년 8월 23일 교수지원단을 설립하여 운영하고 있으며, '성경적 가치관 기반 대학교육을 통한 고등인력 양성'을 위한 지도자를 양성하고 있다. 2025년 4월 현재, 신학, 경영학 외 각 전공분야의 교수 65명이 사역에 동참하고 있으며, 설립이래 2024년 가을학기까지 9개 해외기독대학에서 78개 강좌를 현지 파견 및 온라인을 통하여 지원활동을 전개하였다(<표4>, <사진1> 참조).

특히 코로나19 이후 해외기독대학이 매우 열악해짐에 따라 능동적으로 대처하기 위한 노력을 경주하고 있다. 해외기독대학 선교는 단순한 선교 활동을 넘어서 교육의 우수성을 강조해야 하는 상황에 직면했다. 선교지와 국가의 다양한 요구와 시각 차이를 고려한 맞춤형 전략이 필요하며, 21세기 대학교육의 특성과 한국 대학교육의 정체성 문제도 함께 고민해야 한다.

<표 4> 교수지원단 현황

전공 분야	선교사 수	전공 분야	선교사 수
IT·컴퓨터 관련	11	교양학부 (이공 분야)	9
경영학	10	교양학부 (문사철)	8
교육학	6	신학	5
토목공학	4	목회자 (CCF 소속)	12

<사진 1> PAUA 교수지원단 설립 2주년 감사 예배(2024.9.28.)

해외기독대학들은 학생들의 학습 수행력과 졸업생들의 취업역량이 저하되는 현실적 문제에 직면해 있다. 이러한 문제의 뿌리에는 강의의 질과 만족도 저하, 부족한 교수 수와 역량, 열악한 강의 시설과 환경, 우수 학생들의 경제적 어려움, 그리고 체계적인 인재 양성 과정의 부재가 자리 잡고 있다. 이에 대응하기 위해 단순 전공 교육을 넘어서는 통합적 (holistic) 해외 교육 선교의 틀을 갖추는 것이 중요하다. 해외기독대학은 양적인 성장보다 질적인 발전을 목표로 하는 롤 모델이 되어야 하며, 다음 세대 교육 선교사의 양성을 위한 기반을 마련해야 한다. 아직 완성되지 않은 과제로, 선교지 현지의 요구와 지속가능성을 충분히 반영한 맞춤형 교육 콘텐츠의 개발이 필요하다. 이는 단순히 한국식 교육을 현지에 수출하는 것을 넘어, 각 지역의 문화와 필요에 부합하는 교육 커리큘럼과 현지 지도자 양성 체계, 그리고 디지털 기반 원격교육 시스템을 포함하는 포괄적이고 현장에 적합한 전략을 수립하는 것을 의미한다. 이와 같은 책임 있는 대처와 혁신적 교육 방안 마련을 통해, 해외기독대학이 코로나19 이후 더욱 효과적이고 지속 가능한 사역을 수행해 갈 수 있을 것이다.

4.4 해외기독대학위원회의 사역방향 확장

해외기독대학위원회는 KUPM 산하 조직으로서, 글로벌미래고등교육원 및 외부 기관인 PAUA와의 긴밀한 협력을 통해 해외 기독대학에 대한 선교 및 지원 활동을 지속적으로 강화해왔다. 그러나 2023년을 기점으로 위원회의 활동 범위를 창의적 접근 지역으로 분류되는 비기독교권 국가로까지 과감하게 확대했고, 이는 KUPM의 글로벌 선교적 사명과 국제 사회에 대한 책무를 실천하는 데 있어 매우 중요한 전환점이 되었다. 이러한 전략적 확장은 KUPM의 인도네시아 지부가 신설되면서, 인도네시아를 중심으로 한 다양한 교류 및 협력 활동으로 구체화하게 되었으며, 현지 사회와의 상호 이해 증진과 실질적인 기여를 목표로 하였다.

인도네시아와의 교류는 2023년 8월, 발리 IPBI 대학 총장 및 재단이사장 등 13명으로 구성된 고위 대표단이 계명대학교를 공식 방문하면서 본격적으로 시작되었다. 이 역사적인 방문 자리에서 대구경북 중소기업무역인협회와 한국의 유망 기업 3곳이 참여하여 상호협력 MOU를 체결함으로써, 단순한 학술 교류를 넘어 경제적, 산업적 협력의 기반을 다졌다. 이어서 2024년 1월에는 계명대학교 산학협력단과 IPBI 대학 간에 공식적인 MOU가 추가로 체결되어, 양 대학 간의 학술, 산학, 문화 교류가 더욱 체계적이고 본격적으로 추진될 수 있는 제도적 발판이 마련되었다. 이러한 협력은 양국의 교육 발전과 상호 문화 이해 증진에 크게 기여할 것으로 기대된다.

해외기독대학위원회는 계명대학교 글로벌창업대학원 등 국내 유수의 기관들과 협력하여 인도네시아 현지 대학의 창업 교육 역량을 강화하는 데 주력했다. 2023년 8월에는 IPBI, UNTRIM, 발리국제대학교 등 인도네시아 주요 대학들과 함께 1차 창업캠프를 성공적으로 개최하고, 각 대학 내 창업지원센터 운영에 대한 실질적인 상담 및 지원을 제공하여 현지 대학생들의 창업 마인드 함양과 실질적인 창업 역량 강화를 도왔다. 2024년 1월에는 IPBI, 프리마카라, UNTRIM대학교를 직접 방문하여 2차 창업캠프를 개최하였으며, 이와 더불어 인도네시아 발리 한국대사관 분관 및 발리 주 정부 혁신연구국 방문, 발리 주 주최 창업대회 참관 등을 통해 현지 창업 생태계에 대한 이해를 높이고 교류의 폭을 심화했다. 나아가 2024년 8월에는 'Korea-Indonesia Networking Day - Education & Entrepreneurship'이라는 대규모 행사를 개최하여 발리 주 정부와 긴밀히 협력, 10개 대학 30여 명의 창업·경영 교수를 대상으로 심층적인 창업 교육을 진행했다. 이 과정에서 IPBI를 포함한 발리 내 여러 대학을 방문하며 교수 교류를 활성화하고 현지 대학의 창업 교육 역량을 실질적으로 확장하는 데 기여했다.

해외 선교 사역은 국내 기업과의 적극적인 연계를 통해 더욱 실질적이고 지속 가능한 성과를 거두었다. 국내 이동형 전기차 충전기공급업체인 에너지캠프는 2023년부터 2024년까지 인도네시아 현지 대학과 공동 연구를 수행하고, 관련 장비를 설치하며, 현지 마케팅 활동을 지원하는 등 포괄적인 협력을 통해 성공적인 산학협력 모델을 제시했다. 이는 단순한 자선 활동을 넘어 상호 이익을 창출하는 지속 가능한 파트너십의 가능성을 보여주었다. 또한, 학생 교류 및 문화 체험 활동도 활발히 이루어져 양국 간의 이해를 높였다. 2025년 1월부터 6월까지 경일대학교 경찰학과 학생들이 UNR대학교 경찰행정학과와 심도 있는 세미나 및 다양한 학생 교류 행사를 진행하였고, 발리 IPBI대학교 한국센터 방문 및 현지 문화 체험을 통해 양국 학생 간의 깊은 우정과 상호 이해를 증진하는 소중한 기회를 가졌다.

국내 기업 및 단체의 선교 및 장학 지원 사업 또한 활발히 전개되어 현지 사회에 긍정적인 영향을 미쳤다. 2024년 11월, 계명대학교 산학협력단과 대구경북 중소기업무역인협회 시장개척단이 인도네시아 IPBI 대학을 방문하여 학생 연계 현지 마케팅 활동을 지원함으로써, 한국 기업의 해외 시장 진출과 현지 학생들의 실무 경험 습득이라는 두 가지 목표를 동시에 달성했다. 특히 마이하우스는 IPBI 대학생들에게 장학금을 지원하고 대표 제품을 대학 내 호텔에 전시하는 등 실질적인 지원을 제공하여 학생들의 학업 지속과 생활 안정에 기여했다. 신용보증기금 기독선교회는 2024년 12월부터 2025년 5월까지 인도네시아 또라자 UKI기독대학 및 IPBI 재학생 4명에게 장학금을 지급하며 미래 인재 양성에 힘썼다. 또한, 쿠팡 지역 눌리아 중학교 건물 보수 및 매년 2회 현지 교회·학교에 장학금을 지원하는 등 교육 및 복지 사역을 병행하며 현지 지역 사회의 발전에 기여하고 사회적 책임을 다했다.

이처럼 해외기독대학위원회는 당초 기독교권 대학과의 교류에 한정되었던 활동 범위를 비기독교권으로 성공적으로 확대하며, KUPM의 선교적 지평을 넓혔다. 인도네시아 등 창의적 접근지역인 비기독교권 대학과의 실질적인 교류, 체계적인 창업 교육 지원, 상호 이익을 추구하는 산학협력, 미래 인재를 위한 장학 사업, 그리고 문화 교류 등 다각적인 활동들은 KUPM의 선교적 사명과 국제적 책무를 실천하는 데 있어 새로운 전환점이자 모범 사례가 되었다. 이러한 귀중한 경험과 축적된 성과는 KUPM 40년사에 국내 대학과 해외 기독대학, 그리고 창의적 접근 지역 내 비기독교 문화권 대학을 유기적으로 연결하는 중요한 이정표로 기록될 것이다. 앞으로도 해외기독대학위원회는 국내외 대학, 기업, 선교 단체와의 협력을 더욱 확대하고, 지속가능한 글로벌 파트너십을 구축하는 데 크게 기여하며 그 역할을 더욱 공고히 할 것으로 기대된다.

4.5 나가며

해외기독대학위원회는 KUPM의 선교 지평을 국내 캠퍼스를 넘어 세계로 확장하는 핵심적인 역할을 담당한다. 2021년 설립 초기에는 파우아교육협력재단(PAUA)과의 연합을 통해 해외 기독대학을 중심으로 협력했지만, 2023년을 기점으로 창의적 접근지역의 비기독교권 대학으로까지 활동 범위를 과감히 확대하며 KUPM의 글로벌 선교 사역에 중요한 전환점을 마련했다.

위원회의 사역은 단순한 학술 교류를 넘어, 현지 대학의 실질적 역량 강화를 위한 창업 교육 지원, 국내 기업과의 상생을 도모하는 산학협력, 미래 인재를 위한 장학 사업, 그리고 양국 학생 간의 문화 교류를 아우르는 다각적이고 통합적인 모델을 제시한다. 특히 인도네시아에서의 성공적인 사역 모델은 일방적 지원이 아닌 상호 발전적인 파트너십을 통해 교육 선교의 지속 가능한 미래를 보여주는 구체적인 사례가 된다.

이러한 활동들은 KUPM 40년 역사에 있어 국내외 대학과 기업, 그리고 다양한 문화권의 공동체를 유기적으로 연결하는 중요한 이정표로 기록된다. 앞으로도 해외기독대학위원회는 선교 현장의 필요에 능동적으로 대응하고 지속 가능한 글로벌 파트너십을 구축하며, 하나님 나라를 확장하는 KUPM의 비전을 실현하는 데 더욱 크게 기여해 갈 수 있기를 기도드린다.

5. 글로벌미래고등교육원

──────── 〈글로벌미래고등교육원〉 ────────

- **설립 목적 및 배경**: 코로나19로 어려움을 겪는 해외 선교지 대학을 지원하고, '전국대학교수선교연합회'(KUPM)라는 이름으로 직접 활동하기 어려운 '창의적 접근지역'에 대한 선교를 효과적으로 수행하기 위해 2023년 1월에 설립, 이는 KUPM의 해외 선교를 위한 공식적인 실행 기구의 역할
- **핵심 비전**: 그동안 국내 캠퍼스에 집중되었던 KUPM의 선교 지평을 전 세계로 확대하는 것, 특히 교육 선교를 효과적인 접근 방식으로 삼아, 창의적 접근이 필요한 지역에서 새로운 선교전략과 경로를 모색하고자 함
- **주요 사역**
  - ✔ 국제 학술 교류 및 협력: K국, I국 등 해외 대학들과 공동으로 국제학술대회를 개최하고, 주요 기관과의 협력 관계(MOU)를 구축
  - ✔ 해외 지부 설립 및 운영: 선교 활동의 현지 거점 마련을 위해 해외 지부를 설립하고, 한국학센터 개설 및 국내 대학과의 연계 프로그램을 지원
  - ✔ 교수선교사 단기선교 실행: 교수선교사 훈련을 마친 이들을 위한 단기선교 프로그램을 주관하며, 국제학술대회, 전공기반 특강, 프리이반젤리즘 사역 등을 현지에서 직접 실행

* 출처: 원장 장요한(계명대학교), 전 원장 이상식(계명대학교)

5.1 들어가며

글로벌미래고등교육원은 2023년 전국대학교수선교회연합회(KUPM) 박신○ 회장이 2023년 1월 임원회의에서 이상○ 교수(2022년 연합회장)를 초대 글로벌미래고등교육원 장으로 추천함으로써 시작되었다. 해외 선교에 역점을 두기 위하여는 글로벌미래고등교육원의 설치가 필요하였다. 이에 KUPM이 국내 캠퍼스 선교에 역점을 두는 것과 달리, 글로벌미래고등교육원은 해외 선교, 특히 창의적 접근지역의 사역에 역점을 두도록 하였다. 이를 통해 해외 선교지가 직면한 다양한 도전과 요구를 충족시키기 위한 적극적인 대응으로, 창의적 접근이 필요한 지역에서 선교 방법 및 사역 전략을 재고하고 새로운 경로를 모색하고자 하였다. 박신○ 회장은 이와 같은 비전을 반영하여 KUPM의 또 다른 해외 이름으로서 글로벌미래고등교육원 설립의 의미를 부여하였다.

글로벌미래고등교육원이 설립되기 전인 2022년은 적극적이고 도전적인 교수선교 연합 기구의 필요성과 가능성을 확인한 해이다. 이 시기는 코로나19로 인해 선교지 대학교마다

어려움이 많은 상황이었다. 무엇보다 교수 인력이 크게 부족하였고, 이를 해결하기 위해 KUPM에 협력과 지원을 요청하였다. 2022년 전국교수선교대회를 준비하며 온라인으로 기도회를 개최하고, 월례 모임들을 진행하며 과거 오프라인 모임과 비교해 훨씬 효과적이고, 지리적 한계를 극복할 수 있다는 장점을 경험하게 되었다. 이에 해외 선교사역도 온라인으로 확장할 수 있을 것이라는 가능성을 확인하였다.

이러한 상황에서 2022년 제37회 전국교수선교대회를 마치고, 그해 10월 박신○ 회장, 황홍○ 선교위원장, 그리고 이상○ 전임회장이 대회에 대한 평가와 함께 KUPM의 미래 발전방안을 본격적으로 논의하였고, 그 회의에서 그동안 전국교수선교대회가 국내 캠퍼스 선교를 위해서는 나름대로 시대적 사명들을 감당해 왔으므로 앞으로는 해외 대학으로 외연을 확장하는 것이 필요하다는 점에 인식을 같이 하였다. 한편, 황홍○ 선교위원장은 선교가 어려운 창의적 접근지역에 전국대학교수선교연합회라는 이름으로는 들어가기가 현실적으로 어렵기에, 선교라는 단어는 피하는 것이 좋겠다고 제안하였다.

이후 지속적인 논의 끝에 박신○ 회장은 '글로벌', '미래 지향', '대학 고등교육'을 위한 교육원이라는 의미를 담아 전대선 임원회의에 글로벌미래고등교육원 설립을 상정하였고 최종적으로 결정하였다.[2)]

5.2 사역

2023년 설립 이후 그동안 진행된 글로벌미래고등교육원 사역들은 다음과 같다.

- 대한민국-키르기스스탄 수교 30주년 기념 국제학술교류
  - 일시: 2022년 11월 16일
  - 장소: K국 H대학, 중앙아시아 H대학
  - 참석자: 황홍○교수(부산교대) 이상○교수(계명대) 정욱○교수(경북대)
          배혜○교수(전주대) 이경○교수(전주교대)
  - 사역: 국제학술대회 및 주요 기관 답사(온라인 및 오프라인)

---

2) 초기 여러 이름이 논의되었는데 제기되었던 명칭을 남겨 두면 다음과 같다. 글로벌미래교육협의회, 글로벌미래고등교육원, 글로벌미래한국학교육원, 국제미래고등교육협의회, 국제미래교육네트워크, 국제미래교육위원회, 국제미래교육교수협의회, The International Korean Professor's Organization for Future Education, IKPOFE 미래교육을 위한 한인교수회, 국제한인교수미래교육원, 미래교육교수협의회, 국제미래교육교수연합회, 국제미래교육교수연합, The International Korean Professor's Association for Future Education IKPAFE, 국제미래교육위원회, 국제미래교육원, 국제대학교수협력단, The International Korean University Professor's Cooperation Agency for Future Education IKUPCAFE, 미래교육을 위한 국제대학교수협력단, 국제미래교육대학교수협력단, 미래교육대학교수협력단

- 대한민국-인도네시아 수교 120주년 기념 국제학술교류
  - 일시: 2023년 2월 8~15일
  - 장소: W대학, IBP대학 외
  - 참석자: 이상○ 교수(계명대) 황홍○ 교수(부산교대) 박창○ 교수(계명대)
          장요○ 교수(계명대)
  - 사역: 국제학술대회 및 강연, 주요 기관 협력

- 글로벌미래고등교육원 Y국 지부 설립 및 지원
  - 일시: 2023년 5월
  - 사역: IBP대학교내 한국학센터 설립
          I국 지부장 P 교수 선임(한국학센터장)
          대구경북 기독실업인회의 적정기술 지원 사업 및 수출 추진
          IBP대학과 계명대학교 창업대학원(김창○교수, 박창○교수)의 MOU 체결 및 창업
          프로그램 진행
          BP대학교 총장단 방한 및 계명문화대학교 MOU 체결(2023년 8월)

- M국 아미 음악원 교육선교
  - 일시: 2023년 4월 13일 ~ 5월 12일
  - 사역: 박옥○ 교수(계명대, 성악) 교육 지원

- 몽골 울란바타르 MK학교 강의
  - 일시: 2023년 1학기
  - 사역: 박창○ 교수(계명대) 강의 지원(경제학원론/온라인 강의)

- W대학교, SOIM Education 지원
  - 사역: I국 학생들의 한양대학교 MBA 인턴십 연결
          국내 ANOKI 연결통해, 홈페이지, 앱 구축 자문

- 독일-GMIT 대학교 교수 지원
  - 사역: 독일-GMIT 대학교의 전공 교수로 KUPM 소속 교수 지원 협력

- 글로벌미래고등교육원과 PAUA교수지원단(단장 김용○, 한양대 교수) 협력

글로벌미래고등교육원은 2023년 I국 지부(지부장 P교수)를 만들고, I국 선교의 창구를 일원화시키면서 본격적으로 선교 활동이 본격화되었다. 2023년 2월 8일~13일, 한국-인니 수교 50주년을 기념하여 W대학교에서 국제 학술대회를 개최하였다. 학술행사에서 황홍○, 박창○, 장요○, 이상○교수가 발표하였다. 이후 교수 지원 및 협력 선교가 본격적으로 확장되어졌다. 글로벌미래고등교육원은 선교위원회와 공동으로 교수선교사 훈련을 마친 교수선교사들의 단기선교 프로그램을 추진하였다.

◉ 글로벌미래고등교육원 사역 관련 사진

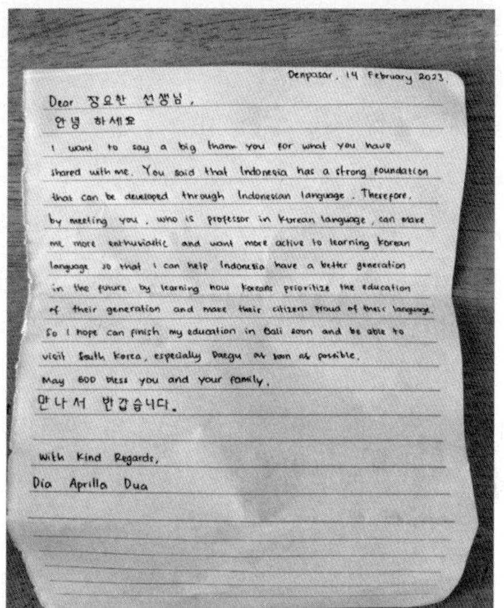

◉ KUPM 교수선교사훈련학교 2024년 I국 단기선교 회고
  (영남대학교 박시현 단기선교팀장)

(*본 회고글은 2024년 1월 I국 B지역에서 진행된 교수선교사 해외 단기선교의 경험과 의미를 되새기고, 이를 통해 역사하신 하나님의 은혜를 증언하고자 작성되었다.)

본 사역은 KUPM 선교위원회가 주관하고, 글로벌미래고등교육원이 실행을 맡았으며, I국 한국학센터 및 현지 5개 대학과의 협력을 통해 진행되었다. 필자는 이번 사역에서 아웃리치 팀장을 맡아 준비와 실행 전반에 함께하였다. 글로벌미래고등교육원은 이미 수년 전부터 I국의 P선교사와 협력하며 중보기도를 이어왔고, 이로 인해 2024년 첫 교수선교사 해외 단기선교의 지역으로 I국이 자연스럽게 결정되었다.

단기선교의 준비는 기도회로 시작되었다. 기도회는 2024년 1월 2일부터 23일까지(주일

제외) 매일 저녁 9시에 온라인으로 진행되었으며, 총 19회에 걸쳐 이루어졌다. 기도회의 주제는 "I국 환상 : 건너와서 우리를 도우라!"였다. 주제 성구는 "밤에 환상이 바울에게 보이니 마게도냐 사람 하나가 서서 그에게 청하여 이르되 마게도냐로 건너와서 우리를 도우라 하거늘"(행16:9)이었다. 바울이 마게도냐 환상을 보고 선교의 새로운 지평이 열렸듯이, 교수선교사들도 현지인들이 와서 도와달라는 환상을 보고 선교의 지평이 열리길 기대하였다. 사회자(간단한 말씀 나눔 포함) 1인과 대표기도자 2인이 번갈아 맡아 인도하였다. 기도회는 참여자들의 마음을 하나로 모으고 우리의 죄를 하나님 앞에서 회개하며 성령의 역사하심을 구하는 귀한 시간이 되었다.

현지 방문과 사역은 2024년 1월 24일부터 31일까지 6박 8일간 총 17명의 교수선교사(훈련자 및 기존 선교사)가 참여하여 진행되었다. 1월 24일(수) 저녁, 인천공항에서 출발한 선교팀은 다음날 새벽 현지 숙소에 도착하였다. 이후 1월 25일(목) 오전부터 본격적인 일정이 시작되었다. 가장 먼저, 황홍○ 교수(선교위원장, 부산교대)의 인도로 '함께 지어져 가는 모빌리티 교회'(엡 2:19~22)라는 주제로 개회예배가 드려졌다. 이어서 P선교사의 인도로 '자주적이며 능동적인 지속 가능한 선교를 위한 요소'라는 주제로 오리엔테이션이 진행되었으며, 이날 M대학교와 글로벌미래고등교육원 I국 지부 간에 상호협약이 체결되었다. 단기선교의 중심 일정은, 글로벌미래고등교육원이 주최하고 I국 B지역의 대학들이 함께 참여하는 국제학술대회였다.

1월 26일(금), I대학교에서 열린 국제 학술대회 개회식은 이상○ 교수(글로벌미래고등교육원장, 계명대)의 사회로 진행되었고, 학교 측과의 공식적인 파트너십 선언을 통해 단기선교의 시작을 알렸다. 이어서 한재○ 교수(고려대)의 'AI 기술 동향'에 대한 기조강연이 있었으며, 이후 정욱○(경북대), 소정○(배재대) 교수와 현지 교수들이 참여한 교수 토크쇼에서는 교육과 사역 비전을 공유하는 의미 있는 시간이 마련되었다. 또한, I대학교와 글로벌미래고등교육원 간의 상호협약 체결과 함께 양국의 전통 춤과 노래를 통해 문화 교류의 장도 마련되었다.

오후에는 I대학교 내 한국학센터와 글로벌미래고등교육원 지부를 방문하여, 현지 학생들과의 교류가 이루어졌다. 특히 이 자리에서는 한국에서 복음 전도의 효과적인 전략으로 최근 활용되고 있는 '프리이반젤리즘' 사역을 '리더십 스터디'라는 이름으로 현지 학생들과 함께 진행하였다. 정성○(창원대), 소정○ (배재대), 이주○(연세대), 박시○(영남대) 교수는 현지 학생 4명씩으로 구성된 총 4개 그룹과 짝을 이루어 병행 세션 방식으로 수업을 진행하였다. 이 프로그램은 지식 전달에 그치지 않고, 정체성, 비전, 우선순위 등에 대한 깊은 질문을 통해 성경적 가치관을 자연스럽게 스며들게 하는 교육이었다. 수업은 I국어, 영어, 한국어 3개 국어로 준비되었고, 영어 강의와 현지어의 순차 통역이 병행되었다. 해당 수업을 진행한 소정○ 교수는 "이슬람 혹은 힌두 문화권에서 복음을 전하기 위해서는 '기독교적 사랑에 기반한 관계 형성'이라는 전략이 반드시 필요하다. 프리이반젤리즘은 그 문을 여는 사랑의 열쇠이다"라고 전했다. 그녀는 이 사역을 '실험적 선교적 접촉'이라고 표현하였으며, 복음을 제시하는 것이 아닌 '복음을 들을 준비가 된 사람으로 만드는 일'이 프리이반젤리즘의 핵심이라고 강조하였다.

1월 27일(토), 선교팀은 두 조로 나뉘어 문화탐방 및 교회 방문 일정을 가졌다. 오전에는 전통시장, 사원, 문화예술촌 등을 방문하며 현지의 사회·종교적 배경을 체험하였다. 이는 단순한 관광이 아닌, 현지 문화를 존중하는 선교적 태도를 배우는 귀중한 시간이었다. 오후에는 A교회와 K교회를 방문하여 순교적 역사를 간직한 현지 교회를 경험하고, 교인들과 사랑의 교제를 나누었다.

1월 28일(주일)에는 B지역의 국제교회인 N Church에서 예배를 드렸다. 이 예배는 교수선교사들에게 '보내는 선교'와 '드리는 예배'가 하나로 만나는 감동의 시간이 되었다.

1월 29일(월), 모든 교수들이 3명 내외로 6개 조를 이뤄 각기 다른 6개 캠퍼스를 동시 방문하였다. 전공영역에 기반한 특강이 진행되었고, 언어는 영어 또는 현지 통역을 통해 전달되었다. 현지 대학의 열렬한 환영과 함께 학생·교수들의 진지한 참여가 돋보였다.

방문 대학과 교수 명단은 다음과 같다. (G 교육대학교: 최미○, 진영○, 소정○, 이주○), (T 대학교: 이상○, 이종○, 정욱○), (T 대학교 G캠퍼스: 황홍○, 한재○, 박시○), (B 대학교: 박창○, 김광○), (U 대학교 경제비즈니스 학부: 김성○, 정성○, 김재○), (U 대학교 과학기술 학부: 차인○, 김지○)

최미○ 교수(조선간호대)는 G 교육대학교 간호학장과의 만남을 통해 MOU 체결을 주도하였고, 한국의 창의융합교육에 대한 특강을 통해 현지 청년들에게 실질적 비전을 제시하였다. 그녀는 "가족의 건강 위기를 뒤로하고 왔지만, 하나님께서는 이 사역 가운데 나와 가족 모두에게 복을 더하셨습니다"라고 고백하였다. 김재○ 교수(경일대)는 U 대학에서 '범죄자의 내면 회복과 영적 돌봄'이라는 주제로 특강을 진행하였으며, 한국의 소망교도소 사례를 소개하였다. 질문 시간에 현지 학생들의 깊은 반응과 문제의식이 강한 인상을 남겼다.

1월 30일(화) 오전에는 폐회예배가 열렸다. 이상○ 교수의 설교는 여호수아 11장을 중심으로 '연합하여 완성되는 하나님의 선교'를 주제로 하였고, 교수들에게 큰 은혜를 전하였다. 이날 정욱○ 교수(경북대)는 개인 헌금으로 1,000만 원을 선교 차량 구입과 현지 사역 지원을 위해 헌신하였다. 당일 저녁 선교팀은 귀국을 위해 공항으로 이동하였고, 마지막 대합실에서 서로 손을 잡고 기도하였다. 진영○ 교수는 "이 감동이 추억에 머무르지 않기를 바란다. 한국의 캠퍼스가 곧 선교지임을 잊지 않겠다"라고 고백하였다. 이러한 각오와 함께, KUPM 교수선교사들은 다시 각자의 강단으로 향하였다. 복음을 품은 교육자로서, 제자 양육자로서, 그리고 하나님의 나라를 넓혀가는 선교사로서.

한재○ 교수는 이번 단기선교후의 보고서에서 '국제학술대회는 단기선교의 연장이자 지성기반 선교의 장으로서, 참여 교수들의 전공 역량과 복음적 가치가 자연스럽게 드러나는 플랫폼이 될 수 있음'을 강조하기도 하였다.

이번 I국의 단기선교는 단순한 일회성 방문이 아니었다. 매일의 일정 속에는 교육, 문화, 기도, 말씀, 그리고 관계가 하나로 엮인 총체적 사역이 살아 있었다. 특히 이번 사역을 통해 KUPM이 추구하는 '전공기반 지성 선교'가 선명히 구현되었고, 학문과 복음, 현장과 영성이 결합될 수 있다는 확신이 공동체 전체에 심어졌다. 이번 선교는 각 개인의 열심이 아닌, 철저한 기도와 연합, 사명 의식 속에서 펼쳐졌다. 또한 단기선교가 끝나는 그 순간이 새로운 사명의 시작임을 모두가 고백하였다. 교수선교사들은 다시 각자의 캠퍼스로 흩어졌지만, 그들의 발걸음에는 이번 사역에서 얻은 감동과 통찰이 담겨 있었다. 그들이 가르치는 강의실, 만나게 될 학생들, 함께할 연구와 교육 활동 속에서, 이번 인도네시아에서의 경험은 계속해서 살아 움직일 것이다.

결론적으로 이번 단기선교는, 전공영역에서 자신만의 권위를 가진 교수들이 자신들의 전공영역을 최대한 발휘해 그 영향력을 사용하면서, 복음전도의 길에 접근할 수 있는 선례를 만들었다는 데에 그 의의가 있다고 할 수 있겠다.

5.3 비전

글로벌미래고등교육원의 역사적 의미는 그동안 국내에 머물러 있던 KUPM의 선교 지평을 해외로 확대했다는 점에서 그 의미가 매우 크고, 앞으로 해야 할 일들이 많다. 특히, 창의적접근지역에 교육선교로 접근하는 것은 매우 효과적이다. 해외 선교지 대학교에서는 한국교수에 대한 높은 평가와 함께 지속적으로 많은 도움의 손길을 기다리고 있다. 해외 선교지대학의 인적, 물적 토대는 매우 열악하다. 한국 교수들의 전문성과 높은 교육 수준은 선교지에서 매력적이고 영향력이 클 수밖에 없다. 선교지 대학교의 현지 교수들과 학생들은 한국 교수들을 존경과 선망의 시선으로 보고 있다. 특히 세계 각 나라에서 불고 있는 한류 열풍으로 한국과 관련된 어떤 학문도 그들에게는 매력적으로 다가갈수 있다. 해외에서 한국학에 대한 높은 관심으로 한국학센터 설립 요청이 쇄도하고 있다. 한국어를 포함하여 한국학에 대한 교수 요원들이 절대적으로 필요한 상황이다. 향후 한국학센터를 중심으로 복음을 전하게 될 날이 다가오고 있다. 단기선교를 통해 그동안 국내 수많은 교수선교사들에 의해 추진된 프리이반젤리즘 사역이 해외 선교지 대학생들에게도 매우 효과적임을 확인한 점은 매우 의미가 있다. 앞으로 KUPM 내 선교위원회뿐만 아니라, 다른 위원회와도 긴밀히 협력하여 함께 글로벌미래고등교육원 사역을 함께 추진하는 것이 아주 중요하고 효과적일 것 같다.

KUPM은 2024년 8월 글로벌미래고등교육원 제2대 원장으로 장요○ 교수(계명대 한국학연구원장)를, 사무총장으로 이태○ 교수(부산외국어대)를 선임함으로써 조직을 정비하고, 태동기에 이어 도약하기 위해 나아가고 있다.

◉ 2025년 글로벌미래고등교육원 운영 체제
- 원장: 장요○ 교수(계명대)
- 사무총장: 이태○ 교수(부산외국어대)
- 운영위원: 장요○ 교수, 이태○ 교수, 박신○ 교수(고신대), 이상○ 교수(계명대)
  황홍○ 교수(부산교대)
- 기타: 감사, 간사, 재무(회계), 서기, 고문은 추후 구성

5.4 나가며

글로벌미래고등교육원은 KUPM의 선교 지평을 국내에서 세계로 확장한 역사적 이정표이자, 시대적 도전에 대한 창의적 응답이다. 선교라는 이름으로 접근하기 어려운 '창의적 접근지역'을 향한 효과적인 선교를 위해 설립된 이 기관은, KUPM의 국제적 사명을 수행하는 구체적인 실행 기구의 역할을 한다.

교육원은 국제학술교류, 현지 지부 설립, 단기선교 등을 통해 '전공기반 지성 선교'라는 KUPM의 고유한 선교 모델을 성공적으로 구현한다. 특히 2024년 인도네시아 단기선교는 학문과 복음, 현장과 영성이 결합된 총체적 사역의 가능성을 증명하며, 복음 전파를 위한 효과적인 선교의 선례를 만들었다.

이제 태동기를 지나 도약기로 나아가는 글로벌미래고등교육원은 한류 열풍과 해외의 높은 교육 수요를 바탕으로 더 큰 사역의 확장을 앞두고 있다. 새로운 운영 체제를 갖추고 KUPM 내 다른 위원회와의 긴밀한 협력을 통해, 전 세계 캠퍼스에 복음의 빛을 비추는 사명을 더욱 체계적이고 폭넓게 감당해 나간다.

◉ 단기선교 사진

6. 문화예술위원회

– 캠퍼스 대학선교의 현황과 위원회 사역 방향

─────── 〈문화예술위원회〉 ───────

- **설립 목적 및 배경**: 2023년 4월, 황승림 교수가 KUPM 교수선교사 포럼에서 찬양과 신앙 간증을 나눈 것을 계기로 위원회가 조직되고 위원장으로 임명, 이는 기독교 문화와 예술이 하나님께 드리는 경배의 중요한 통로이자, 캠퍼스 복음화를 위한 효과적인 도구가 될 수 있다는 인식에 따라 설립
- **핵심 비전**: 하나님의 언어인 음악과 예술, 특히 한류를 사용하여 대학 캠퍼스와 교회에서 복음을 전하고, 슬픔과 아픔으로 고통받는 이들을 치유하며, 온라인 매체와 공연을 통해 하나님의 창조 섭리와 기독인의 사명을 효과적으로 알리는 것
- **주요 사역**
- ☑ 선교대회 세션 운영: 전국대학교수선교대회에서 '기독교수와 문화예술'과 같은 주제로 분과 발표를 진행하며 사역을 공유
- ☑ 찬양 및 간증 사역: 위원장을 중심으로 KUPM 포럼, 국제학생회(ISF) 행사, 유학생 캠프 등에서 찬양과 간증으로 섬김
- ☑ 유학생 문화예술 선교: ISF 한국어교실, 노래 부르기 대회 등 유학생 사역과 연계하여 국제 학생들과 문화적으로 교류하고 복음을 나눔
- ❖ 자료제공: 위원장 황승림(조선대학교)

6.1 들어가며

위대한 하나님 여호와를 찬양하는 사람의 삶을 하나님께서 변화시키시는 예들을 성경 구절에서 발견하게 된다. 하나님께서 어떠한 찬양을 기뻐하시는가? 천주교 미사 전례에서부터 종교개혁 이후 개신교 예배에 이르기까지 하나님 중심의 예배와 아름다운 예배음악이 발전되어 왔다. 성공회, 루터교, 장로교, 감리교 등의 종파마다 예배음악 스타일이 다른 경우도 있지만, 개인의 기복 신앙에 머무르기보다 하나님의 영광을 드러내고 하나님 말씀에 순종하는 예배와 찬양을 드리기 위한 기독교회의 좋은 전통이 계승되어야 할 것이다.

먼저, 초등학교 때 미션스쿨 찬양반 활동을 할 수 있었음에 감사하다. 부모님과 함께 다닌 연세대학교회에서 성가대원으로 활동해 오며 대림절, 성탄절, 사순절, 부활절 등 교

회력 절기에 맞는 가사나 성경 구절을 인용한 가사를 담고 있는 예배 음악을 익힐 수 있었으니 더욱 감사하다. 2013년 9월부터 조선대학교 약학대학에 재직하면서 조선대 기독인 교수회에 가입하였고, 광주전남 기독교수찬양제에도 참여해 왔다. 기독인 교수회 임원을 역임하신 김철수 교수의 소개로 2022년 9월부터 12월까지 교수선교사 훈련 프로그램을 수강하였다. 또한, 예전에 협업했던 음악 프로듀서의 권고로 기독교 음악을 노래하고 연주한 녹음을 유튜브에 게시하여, 2023년 4월 29일 KUPM 교수선교사 포럼 및 기도회 시간에 찬양과 함께 신앙 간증을 하게 되면서, KUPM 문화예술위원장이라는 직책이 나에게 맡겨졌다. 하나님의 은혜로 찬양 음원이 준비되니, 감사하게도 2023년 4월 23일 연세대학교회 대학청년부 예배 봉헌송, 2023년 5월 30일 서울대 international student fellowship(ISF) 국제학생회 종강 파티 특송, 2023년 6월 30일 기독유학생회 캠프 특송을 할 수 있었다. 2023년 3월~2025년 2월에 연세대학교회 성가대 총무로 봉사하면서, 주일예배 성경봉독 말씀 및 설교 내용이 회중 찬송이나 성가대 찬양과 부합할 때 메시지가 회중의 마음속에 좀 더 효과적으로 전달될 수 있음을 깨달았다. 2024년 광주전남찬양제에서 국제 학생과 합창한 〈전능하신 나의 주 하나님은〉 찬양은 청중들에게 큰 감동을 주었다.

6.2 선교대회 은혜나눔

2022년 전국대학교수선교대회 준비 새벽기도회에 조용히 Zoom으로 접속했을 때, 매일 하나님께 기도하시며 선교대회를 준비하시는 임원들의 특별한 마음가짐에 감동 받아 제37회 선교대회에 온라인으로 참석하게 되었고, 캠퍼스 복음화에 기여하고 싶은 마음이 생겼다. 교수선교사 훈련 프로그램을 수료할 수 있어 감사한 마음으로 종강예배 및 수료식에 참석하여 찬양하고 사역비전을 나누었다.

2023년 한국교통대학교 충주캠퍼스에서 열린 제38회 전국대학교수선교대회 기독교수와 문화예술 세션에서 나는 〈찬양으로 열리는 삶〉이라는 제목으로, 이상식 교수는 〈예기치 않은 기쁨, 행복한 영성 사진〉이라는 제목으로 문화예술 세션 발표를 함께 하여 감개무량했다. 이튿날 파송식에서 선교사 서약서 수여와 함께 교수선교사로 임명받았는데, 제38회 선교대회 주제에 관련된 이사야서 60장 말씀을 읽던 중에 하나님께서 영감을 주셔서 〈NEW LIFE(일어나 빛을 비춰라)〉를 작곡하게 되었다.

연구실에 외국인 대학원생이 있어 유학생을 돌보는 일에도 관심을 가지던 중에 하나님의 은혜로 조선대학교에서 간사님, 한국어 선생님들과 함께 ISF 한국어교실이 시작되었다. 2024년 배재대학교 아펜젤러 기념관에서 열린 제39회 선교대회에서 〈유학생 섬김과 캠퍼스 문화예술 선교〉라는 주제로 분과 발표에 참여할 수 있었다. ISF 한국어말하기 노래부르기 대회 심사위원으로 참여했을 때 외국인 유학생들의 간증과 찬양을 듣고, 이는 참으로 하나님께서 하신 일임을 깨달았다. 크리스마스 파티, 한국 명절 문화 체험, 가정 방문 및 여행에서 국제 학생들과 친구 되어 주는 협력 사역자들과 지역교회의 헌신에 진심으로 감사드린다.

〈표〉 제37회~제39회 전국대학교수선교대회 개요

연월일	제37회~제39회 전국대학교수선교대회
제37회 전국대학교수선교대회 2022년 7월 7일 ~ 7월 8일	장소: 고신대학교 영도캠퍼스 (zoom 병행) 주제: 주님 나를 보내소서! (이사야 6:8) 주관: 부울경기독교수연합회, 고신대학교
제38회 전국대학교수선교대회 2023년 7월 20일 ~ 7월 21일	장소: 한국교통대학교 충주캠퍼스 주제: 일어나라 빛을 발하라 (이사야 60:1) 주관: 충북기독교수선교회, 한국교통대학교 기독교수회
제39회 전국대학교수선교대회 2024년 7월 11일 ~ 7월 12일	장소: 배재대학교 아펜젤러 기념관 주제: 부르심에 합당한 삶 (엡 4:1) 주관: 대전교수선교회, 배재대학교 교수선교회·교목실

"내가 또 주의 목소리를 들으니 주께서 이르시되 내가 누구를 보내며 누가 우리를 위하여 갈꼬 하시니 그 때에 내가 이르되 내가 여기 있나이다 나를 보내소서 하였더니(이사야 6:8)"

"일어나라 빛을 발하라 이는 네 빛이 이르렀고 여호와의 영광이 네 위에 임하였음이니라 (이사야 60:1)"

"그러므로 주 안에서 갇힌 내가 너희를 권하노니 너희가 부르심을 받은 일에 합당하게 행하여(엡 4:1)"

〈그림〉 2023년 제38회 전국대학교수선교대회(교통대)

6.3 마무리

문화와 예술은 삶을 풍요롭고 아름답게 만들고자 하는 인간의 활동과 소산이며, 기독교 문화 예술은 하나님께 경배를 드릴 때에 중요한 역할을 해 왔다. 또한, 온라인 대중 매체 및 공연을 통해 하나님을 찬양하며 창조의 섭리와 기독교인의 사명을 사람들에게 효과적으로 알릴 수 있다. 문화예술위원장으로서 하나님의 언어인 음악을 사용하여 교회와 대학 캠퍼스에서 복음을 전하는 일에 참여하고, 슬픔과 아픔으로 고통 받는 사람들을 치유하는 문화 예술 활동도 돕고자 노력할 것이다. 제40회 전국대학교수선교대회에서 성령 충만한 크리스찬 교수님들의 목소리를 합하여 모든 영광과 찬양을 하나님께 돌리길 소망한다.

[참고문헌]

곽상수 (2014), 예배음악과 한국교회-나의 소원 나의 꿈(증보판). 중앙아트.

전국대학교수선교연합회 http://www.kupm.org

대한예수교장로회총회문화법인 (2021), 문화목회를 디자인하다-문화목회와 문화예술. 대한기독교서회.

Howells, John G.; Osborn, M. Livia (1984), A reference companion to the history of abnormal psychology. Westport, Conn.: Greenwood Press.

7. 신앙과학문위원회

──────────── 〈신앙과학문위원회〉 ────────────

- **설립 목적 및 배경**: 세속화 시대에 약화된 기독교적 가치관을 대학 내에서 회복하고, 기독 교수들이 각자의 전공을 기반으로 신앙과 학문을 통합하도록 돕기 위해 설립됨, 이는 각 학문 분야를 통해 하나님의 진리를 탐구하고 기독교 세계관을 구체적으로 정립함으로써, 무너진 기독교적 가치를 바로 세우는 것을 목표로 함
- **핵심 비전**: 기독 교수들이 각자의 학문과 교육 현장에서 신앙의 동기를 분명히 하고, 이를 바탕으로 학문을 통한 진리 탐구, 인격적 학생 지도, 효과적인 복음 전파를 통합적이고 체계적으로 수행하도록 돕는 것을 목적
- **주요 사역**
- ☑ 선교대회 분과 운영: 매년 전국대학교수선교대회에서 '신앙과 학문' 세션을 주관하여, 관련 주제에 대한 발표와 세미나, 교류의 장을 마련
- ☑ 학술 정보 교류: 기독교학문연구회 등 유관 기독교 학술단체와의 협력을 통해 정보를 교류하고 공동의 학술 활동을 모색
- ☑ 교수법 및 방법론 공유: 전공 및 교양 과목에서 기독교적 의미를 추구하는 교수법, 소그룹을 통한 복음 제시 방법론 등 구체적인 경험과 성과를 공유
- ❖ 자료제공: 위원장 박문식(한남대학교)

7.1 위원회의 설치 배경

전국대학교수선교대회는 1986년 11월 6일 순복음 로고스교수선교회의 주최로 여의도 순복음교회 대성전에서 제1회 대회를 열면서 시작되었다. 그 이후에는 연례행사로서 4년간은 오산리기도원에서 산상대회로 치러졌으며, 제6회 대회는 유성 경하장호텔에서, 제7회는 강릉 경포비치호텔, 그리고 제8회는 서울 횃불선교회관에서 전국 순회형식으로 진행되었고 1994년 제9회 대회는 대구대학교에서 개최되었다. 이때로부터 선교대회는 전국의 대학 캠퍼스를 돌아가면서 개최되었다.

대학의 캠퍼스에서 선교대회가 개최됨으로서 참가자들은 본격적으로 학원 복음화를 주요 주제 및 기도 제목으로 삼게 되었으며 비중 있는 유명 설교자들의 주제 강연과 참여 교수들의 열기가 대단하였다. 2010년 서울산업대학교(현 서울과학기술대학교)에서 개최된 제25회 대회에서는 특별프로그램으로서 '캠퍼스 복음화 전략 및 교수 역할', '해외대학 선교사례 발표', '좋은 강의 공모전 발표 및 시상식'이 열리게 되어 분과별 발표회의 형식을

띠게 되었다. 그중에서 좋은 강의 공모전은 큰 울림이 있었는데 다양한 전공의 교수들이 창의적이고 지속적인 방법으로 학생들과 전공 학문을 주제로 스승과 제자로서 인격적인 관계를 만들어 나가고 있었고 바람직한 기독교수의 롤모델로서 이야기되었기 때문이다. 2013년 한남대학교에서 개최되었던 제28회 대회 등에서는 분과별 모임과 함께 끝 무렵에 지역별 모임도 마련되어 선교대회가 개최되는 타지에서 같은 지역에서 활동하는 동지들을 만나고 교류하고 기도하는 기회도 생기게 되었다.

2022년 고신대학교에서의 제37회 선교대회를 전후하여 그 당시 전국 회장을 맡고 있던 박신현 회장(고신대)은 임원들과의 협의로 전국대학교수선교연합회의 분과위원회 활성화를 추진하였으며, 그 일환으로 본인에게 연락하여 신앙, 학문, 교육, 선교를 주 관심으로 하는 위원회의 설치를 제안하였다. 박신현 교수, 이선복 교수(동서대), 김철수 교수(조선대) 그리고 본인은 전국대학교수선교연합회는 물론 오랫동안 신앙과 학문 관련의 학회활동을 해 왔었고 또 본인은 '신앙과 학문'이라는 KCI 논문집을 발간하고 있는 기독교학문연구회 (학회)의 학회장을 맡고 있었기 때문에 이러한 요청은 자연스러운 일이었다.

본 위원회의 명칭에 관하여 선교와 교육과 학문을 아우르는 것을 생각하였으며 여러 가지 생각 끝에 '신앙과학문위원회'로 정하였다. 신앙과 학문의 통합은 더욱 적합한 명칭이 기는 하나 일반 전공의 교수들에게는 다소 부담이 될 수 있고 기독교세계관이 들어가는 명칭도 생각해 보았으나 다소 철학적, 신학적 뉘앙스가 있기 때문에 누구나 보편적으로 고민하고 접근해 볼 수 있는 신앙과 학문이라는 명칭을 택하였다.

7.2 위원회의 목적

신앙과학문위원회는 대학교수들이 캠퍼스에서 선교활동을 할 때, 그리고 각자의 전공이나 교양의 영역에서 학문 활동을 하며 교육에 종사할 때, 기독교 신앙의 동기를 더욱 분명히 하여 학문을 통한 하나님의 진리의 탐구나 그리스도의 인격을 가지고 학생들을 지도하고 교육하거나 다양한 학생들을 대상으로 예수 그리스도의 복음을 전파할 때 체계성과 통합성을 제공하고 공유하고자 하는 것을 목적으로 한다. 구체적인 분야들은 특별히 제한하는 것은 아니지만 다음과 같이 정리해 볼 수 있다.

- 다양한 전공의 학문 활동을 기독교적으로 추구하는 방법이나 학술적 성과
- 전공 또는 교양 교과목에서 기독교적 의도와 의미를 추구할 수 있도록 하는 교수법
- 소그룹이나 세미나 등을 통해서 기독교 복음을 제시하는 여러 가지 방법론
- 해외 유학생들을 대상으로 하여 신앙과 학문을 복합적으로 제시하는 경험

- 융복합 형태의 학문 활동이나 다양한 협력활동을 통한 기독교 신앙의 추구
- 유관 기독교 학술단체와의 협력을 통한 정보의 교류와 공동의 학술활동

7.3 위원회 활동 내용

위원회는 상설 위원회라기보다는 전국대학교수선교대회가 개최되면 분과발표의 하나로서 구성하여 발표 및 세미나, 교류회를 진행하는 방식으로 운영되었으며 평상시에는 전대선포럼, 월례 기도회에 참가하여 관련 학술단체의 정보나 기도를 공유하는 것으로 가름하였다. 선교대회별로 활동내용을 아래에 정리하였다.

◉ 제39회 배재대학교, 2024.7.11~12

> [특별세션: 기독교대학], 좌장 : 권오병 교수(경희대)
> - 발표1: 박문식 교수(한남대), 기독교대학의 성공에 대한 실증적 연구 제안 - H대학을 중심으로 -
> - 발표2: 이길형 교수(강서대), 기독교대학의 발전과 정체성 강화 - G대학의 사례를 중심으로-
> - 발표3: 강규성 교수(한국성서대), 신앙과 학문과 삶이 일치되는 교육 - 복음전도자
> - 발표4: 한기수 교수(연세대 원주캠), 영적 수월성과 기독교 대학의 발전

◉ 제38회 국립 한국교통대학교 충주캠퍼스, 2023.7.20~21

> [세션: 신앙과 학문], 좌장 : 박문식 교수(한남대)
> - 발표1: 송오식 교수(전남대), 팀티칭과 기독교수 정체성 - 융복합 교양교과목 '삶과 지적대화' 운영 사례를 중심으로-
> - 발표2: 장유정 교수(침신대), 신앙의 눈으로 전공 바라보기
> - 발표3: 홍성수 교수(고신대), 세속화 시대에 있어서 기독교적 지성과 영성교육의 가치와 역할

◉ 제37회 고신대학교, 2022.7.7~8

> [세션: 신앙과 교육선교], 좌장 : 김철수 교수(조선대)
> - 발표1: 이선복 교수(동서대), 기독교세계관 교육과정 개설 선교전략
> - 발표2: 정동영 교수(한국외대), 대학 교양강의 "성경" 한국외대 사례발표

7.4 신앙과학문위원회외의 학술단체

7.4.1 신앙과 학문

『신앙과 학문』은 1996년부터 꾸준히 발간된 기독교학문연구회에서 발행하는 한국연구재단(KCI) 등재 학술지로, 기독교 세계관에 입각해 신앙과 일반 학문의 통합을 지향하며 다양한 신학 및 학제간 연구 논문을 게재한다. 연 4회 발행하며, 온라인 투고 시스템을 통해 한국어와 영어 논문을 제출할 수 있고, 2023년 7월 1일자로 심사 및 투고 규정이 개정되었다. 신학, 인문학, 사회과학, 자연과학 분야에서 기독교적 관점의 논문을 중심으로 모집하며, KCI 등재지로 국내외 학술적 인용과 연구 성과 인정을 받고 있고, 연간 평균 31편, 총 600편 이상의 논문이 발표되었다.

단체명	기독교학문연구회
영문명	KACS (Korea Association for Christian Scholarship)
상위기관	(사) 기독교세계관학술동역회
단체 소개	기독교적 학문연구를 위한 학회로 각 학문분야별 신학과 학제간의 연구를 진행하여 신앙과 학문의 통합을 추구하고 있습니다. ◎ 연구 발표의 장으로 연 2회의 학술대회를 개최 ◎ 한국연구재단 등재학술지 〈신앙과 학문〉 발행 (1996년 창간) ◎ 기금을 조성하여 기독학자들의 연구활동을 지원 ◎ 각 전공별 기독교 학회들의 학술활동을 지원 ◎ 각 기독교대학들의 기독교학문 활동을 지원 및 협력
시작년도	1996년
학술지	〈신앙과 학문〉
최근호	29권 4호, 년4회
학술지 등급	KCI
링크	https://www.worldview.or.kr/xe/

7.4.2 로고스경영

로고스경영연구는 2003년 창간된 한국로고스경영학회에서 발간하는 경영학 분야의 KCI 등재 학술지로, 기독교적 세계관에 기반한 경영 원리의 탐구와 이를 현대 경영 현실에 적용하는 연구를 중점적으로 수행하고 있다. 이 학술지는 신앙과 경영의 통합적 연구를 강조하며, 특히 'CEO로서의 예수'가 보여준 경영 원리를 중심으로 기존 경영 이론을 넘어서는 새로운 이론 제시에 주력하고 있다. 연 4회 발행하며 한국어와 영어 논문을 게재하고, 연간 약 35건의 논문을 발표하여 학문적 신뢰도와 영향력을 확보하고 있다. 또한 다양한 학술대회와 국제학술대회 개최를 통해 학술 교류를 활발히 진행하며, 나눔경영 실천과 함께 실크로드 인접 국가 등 제3세계와의 학문적 교류와 경영기술 이전에도 힘쓰고 있다. 최근에는 20주년을 맞아 신앙과 경영의 전략적 통합 연구와 기독교적 가치와 비즈니스 융합 연구가 활발히 이루어지고 있다.

단체명	한국로고스경영학회
영문명	KALM(The Korean Association of Logos Management)
상위기관	
단체 소개	CEO로서의 예수께서 이 세상에서 보여주시고 실천하신 경영원리들을 연구하고 체계화하며 오늘의 현실에 적용하려는 노력이 오늘의 그리스도인 경영학자나 경영자에게 요구된다고 생각한다. 지금까지 선각자들의 노력들이 더욱 심도 있게 집결되고, 체계적으로 전개되고, 성과나 아이디어가 공유되고, 널리 보급됨으로써 기존의 경영이론보다 더욱 우월한 이론으로 인정받고 현실의 경영에 적용되어야 한다고 믿는다. 그러므로 '우리는 한국로고스경영학회를 통해 연구된 결과들이 논문발표회를 통해 소개되고 토론되어 다듬어지고, 논문집의 발간을 통해 연구업적으로 부각되고 실천될 수 있는 장을 마련하는 것이 바로 본 학회가 의도하는 것임을 밝힌다.' 또한 학문적으로 소외된 제3세계를 향한 학문을 통한 나눔 경영, 즉 로고스경영을 실천하기 위해 실크로드 인접 국가들에게 국제경영기술의 이전과 학문적인 교류를 추진하고 있다.
시작년도	2002년
학술지	〈로고스경영연구〉
최근호	22권 4호, 년4회
학술지 등급	KCI
링크	http://www.logosmgt.org/

7.4.3 Oikonomos

한국기독교경제학회는 2012년에 창립되었으며, 기독교 정신과 경제학을 접목하여 연구하고 학술 활동을 펼친다. 학회는 기독교 교리에 기반하여 경제 원리를 해석하고, 경제 문제에 대한 기독교적 해법을 모색한다. 재물관, 소비관, 직업관 등 경제 윤리 분야에도 관심을 가지고 연구를 진행한다. 학술지 "OIKONOMOS"를 발행하여 기독교 경제학 분야의 연구 성과를 공유한다. 이 학술지는 한국연구재단(KRF)의 KCI 등재 학술지로 학술적 위상을 인정받고 있다. 학회는 정기적으로 학술대회와 월례 세미나를 개최하여 회원 간 연구 교류를 활성화하고, 관련 주제에 대한 논의를 심화한다. 또한 연구를 통해 얻은 통찰을 바탕으로 한국 경제 발전과 기업 성장에 기여하며, 기독교적 관점에서 바람직한 경제 방향을 제시한다.

단체명	한국기독교경제학회
영문명	KACE (The Korean Association of Christian Economists)
상위기관	
단체 소개	기독교 경제학에 대한 연구는 합리적 접근, 교리적 접근, 실제적 접근으로 구분할 수 있다. 합리적 접근은 기존의 경제학 연구방법론과 경제원리를 사용해서 기독교 관련 주제를 연구하는 것이다. 이러한 방법은 기독교 경제학이 경제학의 하위분야로서 기독교가 경제성과를 설명하는 독립변수로 사용되거나 사회나 경제적 유인이 종속변수인 기독교 관련 변수에 영향을 미치는 것으로 설명한다. 교리적 접근은 경제학이 기독교 가르침을 해석하거나 정당화하는 도구로 간주한다. 경제학이 성경과 관련이 없는 학문이 아니다. 예컨대 성경은 기독교 경제학의 도덕적, 윤리적, 신학적 근거를 제공한다. 실제적 접근은 합리적 접근과 교리적 접근을 모두 포함하는 접근하는 방법으로 기독교 경제학 연구에 경제학의 방법들 이용하고 기독교 교리를 경제학에 반양하여 경제학에 기독교의 영영을 넓혀가는 것이다. 한국기독교경제학회는 위의 세 가지 연구방법으로 연구한 기독교 연구를 통해서 경제학이 하나님 나라의 확장에 기여하는 사역을 하는 것을 사명으로 한다. 이를 위해 한국기독교 경제학회는 대학교, 대학 및 이에 준하는 교육 기관과 공사립기관 또는 연구소에서 기독교경제 관련 강의와 연구에 종사하거나 기독교경제에 흥미를 가지신 전문가들이 회원이 되어 학술지발간, 기독교경제에 관한 논문집필, 기독교경제학 소개, 기독교경제학 관련 주제로 학술세미나와 월례세미나를 개최한다.
시작년도	2012년
학술지	〈Oikonomos〉
최근호	9권 2호, 년2회
학술지 등급	KCI
링크	https://kaoce.or.kr/

7.4.4 기독교교육정보

기독교교육정보(Christian Education and Information Technology)는 2000년에 창간된 한국기독교교육정보학회에서 발간하는 KCI 등재 학술지로, 기독교교육과 정보기술의 융합 및 현대 사회에서 기독교교육의 역할과 실천을 다루고 있다. 연 4회(3월, 6월, 9월, 12월) 발행되며, 한국어와 영어로 논문을 수록하고 연간 평균 36건, 누적 835건 이상의 논문을 게재하고 있다. 정보화와 세계화 시대에 맞춰 기독교교육 연구의 학문적 이론 정립과 현장 실천의 연계를 목표로 한다.

단체명	기독교교육정보학회	
영문명	KSCEIT(Korea Society for Christian Education & Information Technology)	
상위기관		
단체 소개 (사업활동)	1. 국내 학술대회(연 2회), 국제 학술대회(연 1회), 9개 분과의 콜로키움 개최 2. 국문 학술지 「기독교교육정보」 및 영문 학술지 Christian Education & Information Technology 발간 : 국내 학술대회 및 콜로키움 결과는 「기독교교육정보」를 통해 발표하며, 국제 학술대회의 결과는 영문 학술지 Christian Education & Information Technology를 통해 보급 3. 기독교교육학 및 인접학문과의 국내외 학회 차원의 교류 4. 분과 관련 연구소 운영 : 한국영성예술협회(예술및영성교육분과), 한국코메니우스연구소(코메니우스분과), 교사교육연구소(기독교교사교육분과), Educational Care Korea(다문화및통일교육분과) 5. 교회 및 기독교교육 관련 기관과의 정보화 환경 구축 및 기술보급: 교회의 지도자 및 기독교교 육전문가들을 대상으로 한 세미나 개최 및 사이버 교육을 계획·운영	
시작년도	2001년	
학술지	〈기독교교육정보〉 〈Christian Education & Information Technology〉	
최근호	83집, 년4회	
학술지 등급	KCI	
링크	http://ksceit.or.kr/	

7.4.5 기독교교육논총

기독교교육논총은 한국기독교교육학회에서 발간하는 대표적인 학술지로, 기독교 교육의 이론과 실제를 연구하고 발전시키는 데 중점을 둔다. 이 학술지는 기독교교육의 신학적 기초와 교육 이론, 그리고 교육 현장에서의 적용 사례를 폭넓게 다루며, 신앙과 교육 현장의 통합을 목표로 한다. 연 4회(3월, 6월, 9월, 12월) 한국어와 영어로 발행되며, 주로 인문학 분야 내 기독교교육학 연구를 포함한다. 다양한 사회적 이슈에 대해 기독교교육적 대안을 제시하고, 국내외 연구자들의 활발한 참여를 통해 학술적 질과 영향력을 인정받아 KCI 등재지로 선정되었다.

단체명	한국기독교교육학회
영문명	The Korean Society of Christian Religious Education
상위기관	
단체 소개	본 학회는 기독교교육학의 학문적 기초를 마련하고 학문적 위상을 발전시키기 위하여 다양한 형태의 학문적 교류의 장을 마련하도록 한다. 이를 위하여 각 회원들의 연구발표를 위한 할술발표회, 외국의 기독교교육학 및 인접학문과의 국제적인 학술 교류, 학회지 및 기독교교육 관련 출판물 간행. 기타 본회의 목적 달성에 필요한 제반 연계 사업들을 개최하도록 한다. 1. 본 학회는 기독교교육의 국제적 감각과 학문적 발전을 도모하며 간학문적이고 종합학문적인 학술 교류를 위하여 일본기독교교육학회를 비롯한 외국의 기독교교육 관련 학회들과의 국제적 학문 교류의 장을 마련하여 회원들의 학문적 담론의 장을 넓히도록 한다. 2. 본 학회는 회원들이 연구한 결과를 기독교교육학에 관심이 있는 다양한 영역의 사람들과 공유하기 위하여 정기적인 학술지발간은 물론 기독교교육학 관련 출판물을 발행한다. 3. 본 학회는 회원들의 전문적 영역의 탐구 활동을 돕기 위한 분과 활동을 활성화하도록 한다. 이를 위하여 아래와 같이 10개의 분과를 두고 각각의 영역을 전공한 학자들이 자신의 전공영역을 전문적으로 연구할 수 있는 기회를 마련하고 있다.
시작년도	1961년
학술지	〈기독교교육논총〉
최근호	80집, 년4회
학술지 등급	KCI
링크	http://www.kscre.org/

7.4.6 기독교철학논문집

기독교철학논문집은 한국기독교철학회가 발행하는 학술지로서, 연 3회 발행되며 기독교 세계관에 기반한 철학적 사유와 논의, 기독교 인식론, 윤리, 형이상학 등 다양한 철학 분야의 기독교적 해석을 다룬다. 최신 호에서는 기독교 윤리학, 기후위기 시대의 생태 가치, 칸트 철학의 하나님 나라 의미, 자크 엘륄과 아브라함 카이퍼의 사상 등 다양한 주제를 포함하며, 기독교철학의 정의와 개념에 대한 비판적 논의도 활발히 이루어진다. 기독교철학은 하나님이 만드시고 다스리시는 세상 안에서 계시된 진리를 믿음으로 소유하고 이해하는 인간의 지적 활동으로, 모든 영역을 기독교 세계관과 연결하는 총체적 체계를 추구한다.

단체명	한국기독교철학회
영문명	SCPK (The Society of Christian Philosophers in Korea)
상위기관	
단체 소개	본 회는 기독교 신앙에 근거한 철학 연구와 그 연구자들 간의 상호 교류를 목적으로 한다.
시작년도	1998년
학술지	〈기독교철학논문집〉
최근호	41권, 년3회
학술지 등급	KCI
링크	http://www.scpk.or.kr/

7.4.7 행복한 부자연구

행복한 부자연구는 기독교적 세계관에 근거하여 물질적 부의 축적을 넘어 정신적·영적 행복과 조화를 이루는 방법을 학문적으로 탐구하며, 정의와 사랑, 나눔을 실천하는 공동체적 삶을 통해 진정한 행복을 추구하는 연구 분야이다. 이 연구는 부와 행복의 의미, 자유민주주의와 행복추구의 한계, 윤리적·철학적 논의 등을 다루며, 행복한부자학회를 중심으로 학술지 발행과 사회적 모범 인물 시상 등 다양한 활동을 통해 실천적 방향을 모색한다. 따라서 행복한 부자연구는 단순한 경제적 성공을 넘어서 공동체적 가치와 성경적 가르침을 바탕으로 한 균형 잡힌 삶을 지향한다.

단체명	행복한 부자연구
영문명	Journal of Happiness And Affluence Studies
상위기관	
단체 소개	본 학회는 성경적 세계관의 바탕 위에서 행복한 부자가 되는 원리를 연구하여 학문의 발전과 행복한 삶의 응용에 공헌함을 목적으로 한다.
시작년도	2012년
학술지	〈행복한 부자연구〉
최근호	14권, 년2회
학술지 등급	KCI
링크	http://www.happyrich.or.kr/

7.5 나가며

신앙과학문위원회는 세속화가 심화되는 현대 사회 속에서 대학 캠퍼스와 각 전공 영역에서 기독교적 가치관을 회복하고 실천하는 중요한 역할을 담당하고 있다. 본 위원회는 기독 교수들이 학문과 신앙을 통합하여 하나님의 진리를 탐구하고, 학생들을 인격적으로 지도하며 효과적인 복음 전파를 체계적이고 통합적으로 수행할 수 있도록 돕는 것을 목표로 한다. 이와 같은 노력은 다양한 전공 분야에서 기독교적 관점을 적용한 학술 활동, 교수법 개발, 그리고 소그룹 및 세미나를 통한 복음 제시 방법론 공유를 포함한다.

전국대학교수선교대회에서의 지속적인 세션 운영과 유관 학술단체와의 협력을 통한 정보 교류는 위원회의 역량을 강화하고, 더 넓은 학술 공동체 내에서 기독교 학문의 위상을 높이는 데 기여할 것이다. 특히,『신앙과 학문』학술지를 통한 연구 결과 발표뿐 아니라, 기독 교수들이 서로 연합하여 정기적인 학술대회를 개최하는 등 학문적 연대를 강화할 필요성이 대두되고 있다. 이러한 연대는 기독교 세계관을 학문적으로 더욱 공고히 하고, 학술적 협력과 교류를 증진하여 지속 가능한 성장과 영향력 확대에 기여할 것이다.

앞으로도 신앙과 학문 위원회는 대학과 학술 현장 안팎에서 기독교 신앙의 실천과 학문적 진리를 조화롭게 추구하며, 교수와 학생들이 복음을 삶 속에서 체화할 수 있도록 지속적으로 지원할 것이다. 이를 통해 캠퍼스 복음화와 기독교 학문 발전에 기여하며, 세상 속에서 빛과 소금의 역할을 감당하는 건강한 기독교 공동체 형성에 이바지할 것을 다짐한다.

The Korean Union of Professor's Mission
발행일: 2025.8.14 / http://www.kupm.org

제9장 KUPM 40년 회고 특강 │ 설교 리뷰

하나님께서는 전국대학교수선교연합회(KUPM) 40년의 역사를 통해 많은 놀라우신과 계획과 그 주권적인 역사들을 나타내셨다. 수 많은 설교와 특강, 주제발표, 토의, 또 신앙간증과 찬양, 기도를 통해 역사를 나타내셨다. 이는 한권의 책으로는 도저히 다 수록할 수 없다. 그럼에도 본서는 당시의 많은 역사들을 회고하는 의미에서 몇 편의 글들을 여기에 소개하고자 한다. 글은 KUPM의 사역, 그 역사와도 관계된 것으로 5개, 즉 다음과 같이 1) 국가와 민족, 2) 캠퍼스 복음화, 3) 통일과 열방선교, 4) 학문과 신앙, 5) 신앙간증과 비전으로 나누어 2~3편의 글을 발췌해 실었다.

■ 전국대학교수선교연합회 40년 주요 발췌 글

1. 국가를 위하여 기도하라.
1-1 예수와 한민족의 장래
최재선 교수(중앙대, 경제학)
유피엠뉴스 제3호 1988.9.15, 8-9

1-2 화합과 새 질서
유상근 총장(명지대학교)
유피엠뉴스 제4호 1989.4.15, 6-7

2. 캠퍼스와 선교를 위하여 기도하라.
2-1 캠퍼스 복음화와 한국민을 향한 하나님의 계획에 있어서 교수의 사명
대천덕 신부(예수원 원장)
유피엠뉴스 제2호 1988.7.15, 4-5

2-2 가서 가르치라 (마28:16~20)
신성종 목사(충현교회 당회장)
유피엠뉴스 제9호 1992.7.3, 10-11

2-3 네가 어디 있느냐?
이영덕 총장(명지대학교 총장 현 국무총리)
유피엠뉴스 제11호 1994.6.30, 42-46

---

3. 북한과 통일을 위해 기도하라.
3-1 복음, 민족이 하나되는 길
최재선 교수(중앙대 사회과학대학)
유피엠뉴스 제5호 1989.11.10, 6-11

3-2 하나되게 하소서- 통일은 어떻게
이규호 총장(순신대)
유피엠뉴스 1996.6.30, 52-56

4. 학문과 신앙의 통합을 위해 기도하라.
4-1 전공별 기독교과 연구모임이 필요하다.
민현식 교수(강릉대, 국문학)
유피엠뉴스 제8호 1991.7.3, 10-11

4-2 성경을 가르치라
남금식 교수(목원대 무역학)
유피엠뉴스 제8호 1991.7.3, 10-11

4-3 여호와 경외가 학문의 근본(잠 1:1~7)
노영상 교수(호남신학대 신학과)
유피엠뉴스 제8호 1991.7.3, 23-25

5. 그리스도를 만나 그의 나라를 위해 기도하라.
5-1 신앙간증 : 목자이신 하나님의 은혜
정근모 박사(전 과학기술처 장관)
유피엠뉴스 제11호 1994.6.30, 61-65

5-2 신앙간증 : 21세기를 향한 신인재 교육
김영길 총장(한동대학)
유피엠뉴스 제12호 1997.6.30, 17-21

1. 국가를 위하여 기도하라.

1.1 예수와 한민족의 장래

최재선 교수(중앙대, 경제학)
유피엠뉴스 제3호 1989.9.15, 8-9
제3회 전국대학교수선교대회

우리나라는 1884년 10월 20일 알렌 선교사의 입국으로 공식 선교가 시작된 지 100년이 넘었으며 1887년에 한글성경이 출간된 이래 1986년 현재 한국교회는 이만교회, 일천만의 교인을 가지고 있습니다. 이처럼 놀라운 사실들을 볼 때, 한민족의 역사는 하나님의 운행하심 속에 있고 하나님의 구원사적 관점에서 조명될 수 있다고 봅니다.

1. 역사 속의 한민족

성서 속에서 한민족의 위치를 살펴보는 것은 하나님의 구원사적 측면, 역사를 운행하시는 측면에서 하나님이 한민족을 어디에 두고 계신가를 은혜로 발견할 수 있을 뿐 학문으로 세계화시킬 수는 없습니다. 민족의 신학적 의미를 민족의 형성과 타락이라는 소재를 가지고 살펴보겠습니다. 창세기 1:28에서 하나님이 천지를 창조하실 때 아담과 하와를 창조하시고 부탁하시기를 (1)생육하고 번성하라 (2)땅에 충만하라 (3)땅을 정복하라 (4)다스리라고 말씀하셨습니다. 이 말씀에는 사람을 정복하고 다스리라는 말이 없습니다. 사람을 다스리게 된 동기는 아담과 하와가 선악과를 따먹으므로 사람에게 정부를 당하므로 사람이 사람을 정복하고 다스리기 시작한다고 볼 수 있습니다. 하나님은 직접적으로 인간을 다스리기 원하셨으나 타락 후 인간의 배신에 의해 정사(System)로 변했습니다. 자신의 죄를 다스리지 못하고 동생을 죽이므로 최초의 살인죄를 범한 가인이 쫓겨나 놋땅으로 이주한 후 최초의 성을 쌓고 도시를 짓고 하나의 정사(System), 즉 조직(Structure) 구성한 것이 가인의 Principality의 출발입니다. 정사(System)는 소위 인간을 다스리는 도시조직체로 오늘의 국가이며 이 도시조직체에 Power를 주는 사람들은 죽고 살고하지만 도시는 타락한 정사(System)로 남아있게 됩니다. 최초의 Principality 가인의 성을 쌓은 후 계속 인간들은 반역을 하는데 창세기 11:4에 보면 가인의 후손들이 이름을 내고 흩어짐을 면하자는 의도로 바벨탑을 쌓기 시작합니다. 이는 하나님으로부터 독립, 자존을 강조하는 휴머니즘입니다. 이에 하나님께서는 더 이상 인간의 배신을 방지하기 위해 언어를 혼동시켜 민족을 분열시켜 열국으로 만드셨습니다.

민족이 하나님이 만드신 인적 구성체라 한다면 Princcipality는 Power가 주어진 조직으로 하나님에 대적하는 것입니다.

하나님께서는 사람과 민족(System)을 구하기 위해 아브라함을 택하시고 개인과 민족의 구분을 약속하시고 선포하셨습니다. 구약의 역사는 민족을 통한 개인과 열국의 구원과 심판에 관한 것이며 이사야서는 넓은 범주의 국가들까지도 구원하시겠다고 말씀하므로 그 절정을 이루고 있습니다(사2:1 이스라엘과 유다, 13:1 바벨론, 15:1 모압, 17:1 시리아와 구스, 19:1 애굽, 21:1 페르시아, 23:1 시돈과 두로) 또한 다니엘서, 에스라, 스가랴서 등을 통해서는 말세에 일어나는 여러 민족들의 장래에 관해 말씀하십니다.

한민족의 성서적 의미는 열방이며 하나님의 구원의 대상이며 신학적 의미는 이스라엘의 민족사와 흡사하며 특히 민족의 구원사와 흡사합니다. 한민족의 일제의 수난은 바벨론 포로와 비견되며 6·25동란은 앗수르의 침공과 비슷합니다. 교회가 신사참배 논쟁으로 분열되었을 때 6·25가 일어났고, 교권주의 신신학의 범람으로 교회가 94개 교단으로 분열했을 때 4·19와 5·16혁명이 일어났습니다. 하나님께서 주신 7, 80년대의 경제적 부흥을 세계선교의 일익을 담당하는데 돌리지 않고 물량주의, 교권주의, 사회참여, 해방신학, 자유주의신학, 급진과 보수의 갈등 등의 문제에 급급해 있다면 하나님의 심판을 면치 못할 것입니다. 그러므로 한민족은 성령의 능력에 의한 회개와 사랑, 그의 나라의 형성에 더 큰 의의를 두어야 합니다.

2. 한민족의 소명

소명은 부르심에 응답하는 자가 받는 것입니다. 이사야 6:1-10은 이사야가 소명받는 장면을 기록하고 있습니다. 이사야는 자기 힘과 능력을 가지고 국가와 민족을 위해 성군의 역할을 하려는 민족적 사명감으로 하나님 앞에 나왔지만 영의 눈이 떠지고, 영의 귀가 열리고, 입이 열리고 나서 죄인임을 고백했을 때 하나님께서 그에게 사명을 주셨습니다. 이같이 부르심에 응답하기 위해서는 영의 눈과 귀, 입이 열리고 결단을 해야 합니다.

민족의 소명은 이스라엘에게 주셨고(창세기 12:3, 35:9-14) 민족구원의 소명은 그의 제자들에게 주셨습니다(사도행전 1:8. 마태복음 28:19). 그러나 최근 하나님의 역사는 한민족의 소명을 다음과 같이 주시고 있습니다.

1) 기독교의 전통적 가치관의 보존입니다. 오늘날 기독교의 전통적 가치관이 사라지고 있습니다. 하나님께서 우리에게 향하신 전통적 가치관은 무엇인가? 복음에서 가장 중요한 것은 Yes, No입니다. 마태복음 5:37에 너희는 옳으면 옳다. 아니면 아니라 하라 이에서 지나는 것은 악에서 나느니라고 말합니다. 복음이냐 아니냐. 사람을 기쁘게 하라 하나님을 기쁘게 하라 분명히 해야 합니다. 분명치 않으면 하나님께서 기뻐하지 않으십니다.

2) 우리는 Shemist입니다. 한민족은 노아의 세 아들 중 셈의 후손에 속합니다. 셈족에게 주셨던 하나님의 축복은 제사장권으로 종교를 부탁하셨습니다. 따라서 우리 민족은 이스라엘과 같은 놀라운 역사를 느끼고 이루어야 되겠습니다.

3) 선교의 본질과 사명을 깨달아야 합니다. 경제부흥을 통해서 선교를 할 수 있는 터전을 마련해 주셨음에도 불구하고 교회가 건물과 부에 관심을 가지므로 경제가 하락하였습니다. 한국경제의 부흥을 해외 선교로 돌리지 않으면 한국교회, 한국경제는 발전할 수 없음을 기독교 역사와 더불어 살펴볼 수 있습니다. 우리에게 주신 사명은 말씀 속에 기록된 것이라기보다도 하나님의 이루시는 역사 속에서 확인되고 있습니다.

3. 대학의 민족사적 과제

대학은 진리의 보수와 기술의 혁신을 가져옵니다. 진리의 보수는 연역적 방법으로 접근되며 기술의 신은 귀납적 방법으로 접근 가능한 것입니다. 오늘날 대학의 문제는 이 사회의 병리현상을 치료하기 위하여 귀납적 방법으로 접근하므로 방법론에 치우쳐 나타나는 현상을 분석하는 데만 있다고 보겠습니다. 이렇듯 학문의 접근이 진리의 보수라기 보다는 현상분석의 방법론에 치우치게 되면 현대인의 가치관은 삶의 목표 및 인간 내면성의 것을 추구하기 보다는 삶의 수단과 형식을 추구하게 됩니다. 또한 이 사회의 윤리관과 신앙을 전수하고 보수하는 중산층을 형성해야 합니다. 신앙의 중산층이란 무엇입니까? 이는 말씀 대로 믿고 순종하며 살았더니 복을 받았고 복을 받는다고 믿는 실증적인 삶을 보이는 사람들로 예수 한 분만으로 살 수 있는 방법을 가르쳐 주는 자들입니다. 이 중산층이 사라지고 있으며 현상분석의 귀납적 방법론에 능통한 소수의 엘리트 그룹에 의해 이 사회는 지배당하게 되어 가치관의 전도와 계층 간의 갈등을 심화시키고 있습니다. 그러므로 중산층을 형성하는 일은 하나님 말씀과 성령에 의한 변화를 통하여 이루어져야 합니다.

이를 위한 대학의 사명은 다음 몇 가지로 볼 수 있습니다.
1) 대학의 본질인 진리의 보수와 기술의 혁신에 정진해야 합니다.
2) 대학은 방법론보다 연역을 통하여 근본적인 진리를 가르쳐야 합니다.
3) 대학은 올바른 윤리관과 가치관에 의한 삶의 목표를 설정 제시함으로서 삶의 목표와 수단을 혼동하고 있는 젊은이들에게 올바른 가치관을 정립하도록 도와주어야 합니다.
4) 대학은 윤리적 중산층의 저변을 확대할 수 있도록 사회를 변화시켜야 합니다.
   이는 규범이나 제도의 개선을 통한 것이기 보다는 심령의 변화를 통하여 이루어져야 합니다.

우리 민족의 장래가 여기에 달려있다 하겠습니다. 이를 위하여 우리 기독 교수들은 학생들에게 영성을 가르쳐 주고, 하나님의 말씀 속에서 문법과 규율을 가르쳐 주기 보다는 하나님의 기본적인 생각과 뜻을 향한 원리를 가르쳐 주어야 합니다. 또한 영적 변화를 통한 윤리적 행동을 가르쳐 그의 나라를 이루는 삶을 살도록 해야 할 것입니다. 이처럼 일상을 회복하여 변화시키는 역사가 캠퍼스에 있게 하기 위하여 부르심을 받았습니다(디도서 3:5~6).

1.2 화합과 새 질서

유상근 총장(명지대학교)
유피엠뉴스 제4호 1989.4.15, 6-7

지금 한국의 현실을 생각해 볼 때 긍정적인 측면과, 부정적인 측면이 있지만 책임은 모두 한국교회와 우리 기독교인들에게 있다고 생각한다.

그 해결점은 우리 민족이 하루속히 복음화 되어서 성경 말씀대로 생활하는 민족이 되기만 하면 모든 문제는 해결되리라고 본다.

오늘 인류의 역사 속에서 하나님께 순종하는 신앙을 받아들인 민족과 국가는 문화·정치·경제가 어떻게 흥왕 되었으며, 또 중요한 문화적 혜택을 누리면서 순수한 신앙을 잃고 쇠퇴하거나 멸망한 역사적 사건들을 보고자 한다.

초대교회의 사도들과 교부들의 순수한 신앙과 복음전파를 위한 뜨거운 정열과 결사적인 헌신은 마침내 세계를 지배하던 로마제국을 기독교 국가가 되게 했으나, AD 313 밀라노 칙령이 공포되고 그 결과 교회들과 기독교 지도자들이 점차 국가로부터 여러 특권을 누리고 점점 사치한 생활에 빠져갔다.

6C-15C 경까지 기독교 지도층이 타락하고 억압하여 문화가 쇠퇴하여 그 결과 서양사상의 암흑시대(Dark ages)를 겪게 되었다. 7C 기독교가 정치적 이유로 로마와 콘스탄티노플의 동서로 갈리어 세력다툼을 하기 시작했다. 이에 중동지역의 흐리멍텅했던 기독교회들을 마호메트의 이슬람교를 들어 치셨다.

20C 초 동구라파에서 희랍정교회와 로마 카톨릭교회가 형식화되고 타락하더니 1917년 11월 7일에 볼세비키파 공산주의 혁명에 의한 시련을 겪었다.

소련도 마찬가지로 공산정권이 기독교를 탄압 말살하는 정책을 쓰더니 히틀러의 공격을 받아 거의 패망하게 되었는데 이때 미국이 소련에 대하여 경제와 군사원조를 조건으로 기독교 신앙을 허용하도록 했다. 그래서 소련은 마지못해 공인교회를 모스크바에 몇 군데 공안 개설케 하면서 미국의 경제적 군사적 원조로 구사일생으로 독일군을 격퇴하고 2차 대전에서 승전국의 반열에 들게 되었다.

당시 스페인의 식민지였던 독일은 마틴 루터(AD. 1483~1546)를 비롯한 종교개혁자들이 일어나 성경중심의 종교개혁(AD 1517)을 이룩하더니 16~19C까지 구라파 제국의 중심 국가로 문화, 정치, 경제적 발전을 가져왔다.

독일에서 니체의 **死神神學**이 나오고, 뒤이어 반성경적 자유주의 인본주의 신학자들이 순수한 기독교 신앙을 오염, 타락케 하더니 독일은 제1차 제2차 세계대전을 일으키고 수많은 인명을 살상하였을 뿐 아니라 독일과 구라파 제국들을 초토화하는 처절한 고난을 받게했다.

독일의 20세기 전반사는 전쟁 범죄사이다.

이와 같은 반성경적 신학사조는 구미제국은 물론 우리 한국에까지 영향을 미치고 있다(벧전 5:8).

영국은 존 녹스(AD 1505~1572)가 시작한 순복음주의인 장로주의 종교개혁운동은 순수한 참신앙으로 영국국민을 복음화하였다. 따라서 영국정치의 민주화에 결정적인 역할을 한 청교도 혁명(AD 1649)으로 공화 정부를 병립시켰고, A. D. 1688년에 국민을 대표하는 의회의 권리를 신장한 민주혁명을 피흘리지 않고 명예혁명을 이룩하였다.

또 영국은 요한 웨슬리(A. D. 1703~1791)를 비롯한 종교개혁자들이 시작한 영국 국민의 복음화운동은 1839년 제1차, 1842년 제2차, 1848년 제3차 교회 부흥 대집회를 열어 영국 국민을 성경진리로 복음화하더니 1907년에는 해가 질 줄 모르는 대영제국을 건설하였다.

그러나 영국 국민이 부강을 누리면서 세계 제1차 세계대전 후부터 참신앙이 떨어지더니 국력도 쇠퇴하였다.

영국을 비롯한 구라파 각국의 청교도들이 북미 대륙에 건너가 1776년 아메리카 합중국을 건설하고 모든 국·공·사립 학교에서 기도하는 것과 성경을 가르치더니 세계 제1차 대전과 제2차 대전을 승리로 이끌고 강대한 세계적 주역국가가 되었다. 다음으로 미국을 보면은 1945년 당시 미국은 전세계 국민총생산(GNP)의 50%를 생산하는 부강한 나라가 되었다.

미국은 케네디 대통령이 취임한 후 1961년에 미국 최고법원에서 국·공립학교에서 성경을 가르치고 기도를 하는 것을 금지하는 판례를 4:3으로 가결하였다. 이에 케네디 대통령은 달라스에서 암살당하였고 65년경부터 미국 대학사회가 폭력시위로 혼란을 거듭했고 월남에서 비인도적 공산침략을 방어하는 미국의 월남전쟁을 반대하는 시위를 계속하여 미국을 월남전에서 패배케 했다.

1980년대에는 미국의 국제무역수지도 적자가 누적되어 미국은 채무국가가 되었다. 반성경적 신학을 교육받은 목사들이 부임한 미국교회는 신자수가 없어져서 문을 닫는 교회가 많아졌으나 미국의 복음주의 교회들은 성장하고 있으나 1956년 당시 미국국민의 96%가 기독교 신자였는데 1980년대에는 20% 내외로 급감했다. 그 국민의 신앙 정신이 떨어지면 국력도 떨어지는 것이 역사적 증거이다.

A.D. 1522년 성도이며 학자이고 애국적인 스위스의 쯔빙글리(Ulrich Zwingh: A. D. 1484~1531)의 종교 개혁전쟁에서 동포들과 함께 영웅적인 전사를 했지만 마르틴 루터와 부처와 존 칼빈 등 그의 동지들과 후진들이 스위스의 종교개혁을 가장 훌륭하게 성공시켰다.

여기에는 불란서 태생인 존 칼빈의 논리적 정확성과 정신의 명료성에 의하여 26세 때 저술한 가장 명석하고 조직적인 신학서 그리스도 강요(The in stitutes of the Christiza Religion)는 개혁신학 최초, 최대의 해설서였다. 이러한 분들이 스위스를 중심으로 구라파 전역에 종교개혁의 정신적 영향을 크게 미쳤다.

조선조 말기에 들어온 기독교를 탄압하고(1910. 10. 29) 이씨왕조는 멸망했고, 일본의 도꾸가와 막부가 기독교를 탄압, 후미에 사건(踏事件)으로 24만명의 기독교 신자를 학살하더니 A.D. 1867년 왕정복고로 멸망했다. 청나라도 기독교를 탄압하더니 멸망했다.

일본 도죠군벌정부가 기독교를 탄압하고 태평양전쟁을 일으키더니 히로시마와 나가사끼가 원자탄 폭격을 받고 패전한 후 전범자로 사형당했다.

여기서 "후미에 사건"이라는 것은 도꾸가와 막부 취하의 무사들과 불교 승려들이 요원의 불길같이 퍼져 나가는 기독교세를 두려워하여 조직적인 기독교인 탄압을 전개한 사건이다.

이때 순교한 기독교인이 24만이나 되는데 일본의 기독교는 태평양 전쟁 중에도 또 탄압을 받아 양적 교세는 일본인구의 1% 내외이다. 그러나 24만이나 순교한 후손답게 일본 기독교인의 신앙은 독실하고 100만명 내외의 적은 기독교 인구에도 불구하고 훌륭한 기독교 문화(서적, 신앙생활 등)을 발전시켜 나가고 있다.

한국에서는 사회과학적 인지논리로 설명은 할 수 없으나 교회에 불상사가 일어나면 국가 사회에 반드시 불행한 일이 있어왔다. 일제하에서 신사참배와 신앙 지조를 지키는 보수파로 분열되더니 1945년 한국이 해방은 되었으나 38도선 이북은 소련군이 점령하여 김일성 공산 정권이 오늘까지 지배하게 되고 기독교가 처절하게 탄압받아 거의 말살되었다. 지하교인이 있는 것은 분명하지만 그 수는 하나님만이 아실 것이다.

1945년 8월 18일 조선총독부 경무국은 한국기독교 지도자를 몰살할 계획을 추진 중 3일 전인 8월 15일 일본의 무조건 항복으로 중단되었다.

해방 후 남한에서는 신앙의 자유를 누리게 되고 북한을 탈출 월남한 기독교 지도자들과 열성적인 기독교인들이 합세하여 기독교세가 급성장하여 1988년에 약 1,000만 명으로 추산되고 있다.

기적적인 경제성장을 계속하여 왔다. 특히 북한공산군의 급습 남침으로 경상북도만 남은 우리민족은 전능하신 하나님께 매달리는 길밖에 없었다. 그런데 교파가 분열될 때마다 국가 사회의 불상사가 일어났다. 1948년 예수교 장로교가 교리문제로 분쟁하다가 기독교 장로회를 조직하여 분열하더니 1950년 6.25 사변이 발발하였고, 59년 예수교장로회가 통합측과 합동측이 분열하더니. 60년 4.19와 5.16 사건이 일어났고, 60년 민주당 정권이 하나님을 하느님으로 공용어를 고치더니 집권 9 개월만에 5.16 군사 혁명으로 실각했다. 79년 합동측이 5분 5열하더니 10.26 사건이 일어났고, 80년 5.17~5.18 비극적인 광주사건이 발발하여 민족적 상처를 입었다. 지금까지 간략하게나마 신앙의 순수성 여부가 미친 역사적 증거들을 보았다. 따라서 우리가 아무리 어려운 상황에 있더라도 우리 민족이 하나님의 진리 말씀을 토대로 읽고, 듣고, 지켜서 그것을 생활에서, 직장에서, 또 교단, 모든 분야에서 실천하는 백성들이 과반수가 되면 우리 민족은 발전하고, 건전하게 발전할 수 있다고 확신한다.

이를 위해서 교수님들이 대학에서 학생들에게 하나님의 진리말씀을 전하게 되었다는 사실에 무척 감사를 드린다.

나는 "전국대학교수선교연합회"가 하나님의 진리 말씀과 성령으로 무장해서 주어진 사명을 다 하느냐 못하느냐에 따라서 한국 대학사회의 운명이 좌우된다고 생각고 우리의 시작은 미약할지라도, 하나님의 능력과 진리 말씀을 가지면 반드시 창대케 된다는 사실을 확신하기 바란다.

2. 캠퍼스와 선교를 위하여 기도하라.

2.1 캠퍼스 복음화와 한국민을 향한 하나님의 계획에 있어서 교수의 사명

대천덕(예수원 원장)

유피엠뉴스 제2호 1988.7.15, 4-5

현재 우리의 캠퍼스는 두 가지 과제에 직면하고 있습니다. 그중 한 가지는 이미 널리 알려져 있는 것이지만, 다른 하나는 은밀하게 감추어져 있습니다.

우리는 대외적으로 "진리에 대한 추구"를 표방합니다. 그러나 은밀하게는 명성이나 돈, 혹은 추구와 같은 세상의 게임에 동참하고 있습니다.

크리스천의 우선적인 과제는 이 감춰져 있는 문제를 드러내어 학생과 교수들이 그러한 속세적 목적들을 포기하도록 결단을 촉구하고 진심으로 진리에 헌신하도록 만드는 것입니다. 이 세상적 추구들이 은밀하게 우리의 마음 깊은 곳에 잠재되어 있는 한 "진리"에 대해 운운하는 것은 모두 일구이언하는 격일 뿐더러 무수한 사실들이 기만되고 혼동될 것입니다.

크리스천 대학인들도 역시 이러한 문제를 안고 있으나 다행히도 그들은 적절한 때에 그 마음속 깊이 잠재되어있는 문제들을 시인하고 고백하기를 두려워하진 않습니다. 이 은밀한 문제의 근원은 바로 사탄인데, 늘 "진리란 존재하지 않는다. 단지 힘의 문제일 따름이다"라고 속삭이는 동안에도 크리스천은 예수 그리스도가 길이요 진리요 생명이라는 것과 이 사실을 받아들이는 것만이 인간을 자유롭게 하는 유일한 방법이라는 사실을 알고 있습니다. 사탄은 "자유" 에 대해 수없이 언급하며 인본주의자들을 도구로 사용하는 예가 대부분이지만 크리스천은 모든 진리의 근원이자 자신이 곧 진리 자체이신 하나님을 섬길 때 유일하고도 참된 자유를 얻는다는 사실을 알고 있는 것입니다. 궁극적으로 크리스천은 진리에 대한 증인이 되어 명성이나 돈, 권력이 아닌 '진리'에 자신이 헌신했다는 것을 그의 동료들에게 삶을 통해 증거해야 하는 것입니다.

크리스천이 예수님을 소개할 기회를 찾거나 만들 때 다음과 같은 세가지 국면을 치우침 없이 증거해야 합니다. 곧 예수님은 창조주요, 구속자인 동시에 성령을 보내신 분이라는 사실입니다. 과학적 탐구, 자연 법칙, 혹은 인간에게 주어진 재능이 적절한 훈련을 동해 창출해 내는 음악이나 예술속에서 창조주를 만날 수 있습니다. 그러나 구속자로서 만날 때는 우리가 형성해 놓은 삶과 인간사회라는 커다란 모순덩어리를 시정해 가도록 제시하는 분으로서 받아들일 때라 하겠습니다. 만일 우리가 이 거대한 모순덩어리를 우리들 자신이 만들고 있다는 것과 스스로의 힘으로는 해결할 수 없다는 사실을 받아들이지 않는다면 구속자의 필요성을 인정하지 않게 될 것입니다. 구속자가 필요치 않다면, 모든 문제들이 인간 스스로의 힘으로 해결되고, 악한 사람이 좋은 세상을 창조해 나가며, 혼돈이 질서를 만들 수 있다는 인본주의자들의 환상으로 이루어진 세계에 살게 될 것입니다.

그러나 구속자로서 예수님의 역할은 성령을 보내는 역할을 하신 분이라는 사실 안에서 비로써 완성될 수 있습니다. 우리들이 그분의 도움이 필요하다고 고백할 때, 그분은 성령을 보내어 우리를 모든 진리 가운데로 이끄시며, 지혜를 넘치도록 주시고(약 1:5-8) 전도하도록 능력을 부여주시고(고전 2:4-5, 12:4-11), 사람으로서는 이해할 수 없는 일들을 깨닫도록 신령한 지혜를 주십니다. (고전 2:11-16)

우리는 이러한 힘을 공급받을 때, 캠퍼스에서 사탄의 침투를 막을 수 있을 뿐더러 그리스도의 몸으로서 지체들을 이루어 갈 수 있습니다. 교수와 학생 모두가 이 지체의 구성원이며 그들은 각기 모임을 갖기도 하고 때로는 함께 모이기도 합니다. 모임의 성격은 하나님의 능력과 인도를 구하는 시간이어야 함은 물론 우리의 역할을 깨닫고, 그 역할을 어떻게 수행할 것인가에 대해 자유롭게 토의가 이루어져야 할 것입니다. 그 모임은 일상적으로 사용되는 의미에서의 예배가 아닌, 그리스도 안에서 형제, 자매로서 서로 섬기며, 진리에 대한 관점을 나누는 시간이어야 합니다. (롬15:14)

한국민의 장래는 어떻게 될까요?

한국민의 친절성과 융통성, 사교성을 관찰하며 인구과잉에 가까운 한 나라로서 그러한 국민성을 조명해볼 때, 우리가 깨달을 수 있는 것이 무엇이겠습니까?

우리는 이 아름답고 중요한 지구 한편에서 지구의 저편으로 우리의 재능과 주님의 사랑을 나누어 주기 위해 나가야 한다는 사명을 인식하고 있습니다. 이 사명을 효과적으로 감당하기 위해서 우리에게 요구되는 것이 있다면 좀더 폭넓은 활동성과 다른 문화들을 인정하는 자세입니다. 그러나 우리 문화에 대한 긍지에 확고한 자부심의 기초를 두고, 성경적 측면에서 우리의 것과 타문화들에 대한 고찰을 할 수 있어야 합니다.

이씨왕조 초기부터 건승해온 유교적 전통, 즉 전체주의와 권위주의, 독단주의 등을 완전히 뒤엎고 학생들로 하여금 의문을 제기하고, 권리를 요구하며, 예리한 관찰력과 함께 논리와 성경말씀을 사용하도록 만들어야 합니다. 한편 그들 스스로의 힘으로 생각하는 가운데 성령이 지혜를 주실 것을 신뢰하도록 하는 과제를 우리 국민들에게 사명감으로 인식시키는 일은 기념비적인 일이 아닐 수 없습니다. (약1:5-8. 시119:99~100, 7:17, 13:16. 고전 2:16)

영어의 교육(Education)이라는 말이 '이끌어내다(lead out)'라는 라틴어에 그 어원을 두고 있듯이 우리 학생들을 개척자 정신(Pioneering Mentality)으로 이끌어가야 합니다.

오직 성령만이 강퍅하고, 완고하고, 편견을 가지고 있고, 전통의 사슬에 얽매인 사람들을 변화시켜 개척자가 되게 할 수 있습니다. 그것이 바로 사도행전에서 말하고 있는 바입니다. 우선 우리 자신부터 성령께서 개척자로 변화시키도록 해야 합니다. 그 다음엔 우리의 학생들에게 그러한 역사가 일어나도록 기도해야 할 것입니다.

그때 우리는 이렇게 말할 수 있습니다. '그분이 인도하는 곳이라면, 어디든 따라가리라' 이것이 곧 우리의 사명입니다.

2.2 가서 가르치라 (마28:16~20)

신성종 목사(충현교회)
유피엠뉴스 제9호 1992.7.3, 10-11
제6회 전국대학교수 선교대회

1. 이 말씀을 주신 분은 누구신가?

"하늘과 땅의 모든 권세를 내게 주셨으니"라는 말씀은 예수님은 하나님 아버지로부터 모든 권세를 부여받으신 분이란 뜻이다. 다시 말하면 그의 명령은 해도 좋고, 안해도 좋은 그런 것이 아니고, 또 하고 싶을 때 하고, 하기 싫을 때 안하는 그런 명령이 아니고, 절대적으로 해야 하는 명령임을 말씀한 것이다. 따라서 주님은 전권자인 것이다.

2. [그러므로]라는 결과를 뜻하는 이 접속사는 대단히 중요한 말이다.

성경을 보면 그 구조가 [왜냐하면] (Because)이란 말씀과 [그러므로] (Therefore)란 두 가지 말씀으로 되어있다. [왜냐하면] 즉 우리는 하나님의 은혜로 구원받고, 믿음으로 말미암아 구원받았으므로 [그러므로] 우리는 해야 할 사명이 있다는 것이다. 그것이 바로 19절의 말씀이다. 하나님은 언제나 먼저 주신 후에 하라고 명령하신다.

그러면 하나님의 명령은 무엇인가? 두 가지가 있다. 하나는 문화명령이요, 다른 하나는 복음전파의 명령이다. 문화명령은 하나님이 창세기에서 제일 먼저 주신 명령이다. "이르시되 생육하고 번성하여 땅에 충만하라. 땅을 정복하라. 바다의 고기와 공중의 새와 방에 움직이는 모든 생물을 다스리라 하시니라."(창1:28)

문화명령은 땅을 가꾸라(culture)는 말씀에 잘 나타나있다. 현대의 비극은 환경오염과 자연의 훼손에서 비롯되고 있다. 공기 공해, 소리 공해, 물 공해들 많은 공해들은 인간이 자연을 가꾸지 않고, 문화를 창조하지 않는데서 비롯되고 있는 것이다. 다시 말하면 자연에 대한 착취에서 시작된 것이다. 자연의 착취는 산업사회가 되면 조급하게 돈을 벌려는 인간의 욕심에서 비롯된 것으로 본다. 결국 하나님의 문화를 창조하지 않고 바벨탑을 쌓으므로 인간은 스스로의 무덤을 파고 있음을 볼 수 있다.

그리스도와 문화의 관계는 리챠드 니버의 [그리스도와 문화]에서 잘 밝혀주고 있다. 그는 다섯 가지의 관계가 있다고 하였다. 먼저 두 가지의 극단적 관계가 있다고 하였다. [1] 그리스도와 대립되는 문화(culture against Christ: 톨스토이의 문화관)와 [2] 그리스도와 동일시되는 문화(Christ of Chrih: 영지주의적 문화관)가 있고 그 사이에 [3] 문화 위에 계신 그리스도(Christ above culture: 로마 카톨릭 교회의 문화관), [4] 그리스도와 긴장 관계에 있는 문화(Christ and culture in tension: 루터의 문화관), [5] 문화의 개혁자로서의 그리스도(Christ as a raformer of culture: 칼빈의 문화관)가 있다고 하였다.

두번째 명령인 복음전파의 명령은 인간이 범죄하고 타락하므로 발생한 인간들에게 본래의 자리로 돌아가는 비결을 가르쳐준 것이다. 그러나 복음 전파가 전부는 아니며 그 후에는 다시 그 전에 주신 문화명령을 수행해야 한다.

3. 복음전파와 제자훈련 명령의 내용

19절의 말씀을 자세히 연구해보면 본 동사는 [모든 족속으로 제자를 삼아]란 말씀이고, 다른 세가지 [1] "너희는 가서"(선교의 명령)란 말이나, [2] "아버지와 아들과 성령의 이름으로 세례를 주고"(교회성장의 명령)이나, [3] "내가 너희에게 분부한 모든 것을 가르쳐 지키게 하라"(기독교 교육의 명령)은 다 분사형으로 된 것을 볼 수 있다. 따라서 주님의 제자를 삼으라는 것이 근본 명령이고 다른 세 가지는 이것을 이룩하는 방법이요 단계인 것을 말씀하고 있다.

그러면 [가서 가르치라]는 말씀은 무슨 뜻인가? 먼저 [가서]라는 말은 국경을 넘어서, 문화의 한계를 넘어서 가라는 뜻으로 선교를 뜻하는 말이고, [가르치라]는 말씀은 교육을 뜻하는 말이다. 여기서 우리는 복음 전파와 기독교 교육의 절대적 관계를 발견한다. 끝으로 기독교 교육의 내용은 무엇인가? [1] "내가 가르쳐 분부한 모든 것"이다. [2] 다음에는 교육의 목적이 나온다. [지키게 하라]는 말씀이다. 모든 교육이 다 그러하지만 기독교 교육은 더욱이 지키는데 그 목적이 있다. 따라서 기독교의 교육은 인적 교육이지 단순한 이론 교육이 아니다. 물론 여기서 가르쳐 지키게 하는 궁극적 목적은 주님의 제자가 되는 데 있다.

여기서 우리는 제자란 무엇을 의미하는가? 제자가 되는 비결은 무엇인가?를 살펴볼 필요가 있다. 제자란 말은 영어로 disciple(이 말은 disciplie에서 유래됨)을 말한다. 이 말은 [마데테스], 즉 그리스도를 닮기 위해 주님을 따르는 사람을 의미한다. 다음으로 제자훈련이란 성숙한 영적인 재생산을 개발하는 영적인 사역을 말한다. 오늘날 교회의 문제점은 단순한 전도에 있다. 먼저 효과적 전도를 한 뒤에 기본적 양육을 하고 다음에는 동기부여를 통하여 전도의 열매를 맺게하고 마침내 그들을 훈련자로(딤후 2:2)로 만들어 그들로 하여금 또 다른 제자들을 삼게하고 배가자(multiplier)가 되게 하는 것이다. 배가(multiplication)란 제3세대의 제자훈련을 말한다.

그러나 제자양육에 앞서 중요한 것은 신실한 사람을 찾는 것이다. 신실한 자를 찾는 것은 쉽지 않다. 그러나 신실한 자를 발견할 때 큰 기쁨이 온다. 그 기준은 [1] 말씀에 굶주린 자(벧전 2:24, 15:16), [2] 거룩한 삶을 살려고 간구하는 자(요일 2:3, 벧전 16:15-16), [3]하나님을 더 알려고 갈망하는 자(시 42:1-2; 시 63:1), [4] 주님에게 근본적으로 헌신한 자(마 6:33, 롬 12:2 순종하려는 의지와 기꺼이 맡기려는 의지가 필요). [5] 하나님에게 쓰임 받기를 갈망하는 자(롬 1:11-15, 골 2:1), [6] 사람을 사랑하는 자(고후 5:14, 빌 1:8, 살전 2:7-8)이다.

2.3 네가 어디 있느냐?

이영덕 총장(명지대학교, 현 국무총리)
유피엠뉴스 제11호 1994.6.30, 42-46

에덴 동산에서 여호와 하나님을 섬기며 행복하게 살도록 허락되었던 첫 사람이 아담입니다. 여호와 하나님의 명령을 어기고 두려워서 어쩔 줄 모르는 아담을 여호와 하나님께서 '아담아 아담아 네가 어디 있느냐'고 찾으셨습니다. 아담은 할 대답이 없었습니다. 그 자리에서 두려워서 떨며 기껏 한 말이 '나와 더불어 살도록 여호와 하나님께서 주신 여자가 선악과를 먹자고 해서 먹었나이다' 라는 책임회피의 대답밖에 할 수 없었습니다.

아담의 죄, 실수, 실족으로 인해 우리 인류가 다 죄를 짊어지고 세상에 나오게 되었는데, 예수 그리스도의 십자가의 죽으심으로 우리를 구원하시고 영원한 생명의 길을 열어 주신 여호와 하나님께서 오늘 우리를 향해 "네가 어디 있느냐?"고 물으십니다. 우리는 과연 누구인지를 생각해보면서 우리가 어디 있는가를 생각하는 것이 정리가 될 것 같습니다.

첫째, 우리는 예수 그리스도의 복음을 듣고 믿음으로 크리스천이 된 개인들입니다. 각 개인으로서 예수 그리스도를 알고 믿고 구원을 얻었거나 얻고자 하는 우리들을 향하여 여호와 하나님은 "네가 어디 있느냐?"고 물으십니다. 저는 이 물음이 우리의 믿음의 상태를 물으시는 것이라고 생각했습니다. 우리는 과연 크리스천답게 구원의 확신을 가지고 있는가? 주님의 말씀 안에서 우리는 참 평안과 자유를 누리면서 살고 있는 크리스천들인가? 이런 자성의 문답을 저 스스로에게 던지게 됩니다.

죄 용서함 받고 예수 그리스도 안에서 살아가는 크리스천들은 성령 안에서 온전한 인격으로 성장해 가도록 되어 있습니다. 만일 예수 그리스도를 내 구주로 시인하고 교회 다니고 말씀 배우고 기도하는 생활을 하면서 우리 인격이 그리스도 안에서 성장함이 없다면 무엇인가 거기에는 잘못된 점이 있다고 생각합니다. 여호와 하나님의 말씀을 즐거워하고 말씀대로 살기 힘쓰는 가운데 우리는 여호와 하나님의 은혜로 성령의 열매를 맺어 가는 것입니다.

여태까지는 다른 사람들에게 별로 호감을 갖지 않았고, 좋아하지 않을 뿐 아니라 미워하던 우리들이 원수까지 사랑하도록 기도하는 변화를 드러내야 합니다. 만사에 짜증내고 불만이던 우리가 항상 기뻐하고 찬양하는 생활을 살아가고 있는지 우리 스스로를 뒤돌아봅니다. 가는 곳마다 사람들과의 갈등 속에 있게 되고 불화하던 우리의 삶에 과연 화평이 깃들게 되었는지를 묻고 싶습니다. 참을성 없고 신경질이던 우리들이 그리스도를 섬기고 그리스도 안에서 살아가면서 느긋해지고 오래 참는 사람이 되어 있는지 보기를 원합니다. 다른 사람들에게 관심을 못 갖고 가난하고 불쌍한 사람들 돕기에 인색하던 우리가 기쁨으로 자비, 양선, 충성을 발휘하게 되었는지 뒤돌아봅니다. 온유와 절제가 우리 인격에 깊이 자리잡게 되었는지를 뒤돌아보게 됩니다.

지금까지 성령의 열매에 관계된 말씀을 풀어서 생각해 보았습니다. 그리고 무엇보다도 이렇게 변화된 우리들이 우리 스스로의 삶의 과거와 현재를 비교해 볼 때, 예수 그리스도를 구주로 받아들이기 이전에는 늘 마음이 어두웠고 미움과 불만과 짜증과 속상함이 있는 불건강과 병든 상태에 있었으나, 예수 그리스도의 구원으로 우리가 새 사람으로 거듭나서 성령의 열매들을 갖고 하나님의 놀라운 빛 속에 살게 된 후로는 이 기쁨을 참을 수가 없어서 나가서 자랑을 합니다. 우리를 어둠에서 불러내어 그의 기이한 빛에 들어가게 하신 예수 그리스도의 덕을 사람들에게 선전하는 선교의 사명을 갖고 전도에 힘쓰게 되는 우리를 보는 것입니다. 여호와 하나님께서 "네가 어디 있느냐?"고 물으실 때에 우리는 이런 변화를 다시 확인하면서 "주여! 내가 여기 있나이다!" 하고 대답할 수 있어야 할 것이라고 생각합니다. 바울 선생이 예수 그리스도를 알게 된 사실이 너무나도 엄청나고 벅찬 것이어서 그리스도의 복음을 전하지 않으면 내게 오히려 화가 있을 것이라고 고백하심을 볼 때, 이 변화가 우리에게 어떤 것임을 짐작할 수 있는 것입니다.

앞서 제가 어두운 데서 불러내어 기이한 빛에 들어가게 하신 자의 아름다운 덕을 선전하게 된다고 했는데, 이는 베드로 선생이 베드로전서 2:9-10에서 말하고 있는 것입니다.

'오직 너희는 택하신 족속이요 왕같은 제사장들이요 거룩한 나라요 그의 소유된 백성이니 이는 너희를 어두운 데서 불러내어 그의 기이한 빛에 들어가게 하신 자의 아름다운 덕을 선전하게 하려 하심이라'
크리스천이 된 한 개인으로서 주님께서 "네가 어디 있느냐?"고 물으실 때 이런 신앙고백을 할 수 있는 자리에 있어야 되지 않을까를 생각해 보았습니다.

둘째, 우리는 누구입니까? 우리는 여호와 하나님께서 허락하신 이 나라의 시민들이기에 우리는 크리스천 시민입니다. 이제 주님께서 크리스천 시민을 향해서 "네가 어디 있느냐?"고 물으십니다.

새 정부를 맞이해서 손대는 곳마다 썩어서 터져 나오는 고름을 보면서, 흔히들 말하는 총체적인 이 사회의 부패 앞에서, 이 부패를 예방하고 치료하고 여호와 하나님의 길로 가도록 인도하는 빛과 소금의 역할을 해야 하는 것이 우리 크리스천인 줄 우리가 알고 있는데, 이러한 처참한 상황 속에서 주님께서 "네가 어디 있느냐?"고 물으실 때 우리들이 과연 대답할 말이 있느냐를 생각하면서 스스로 부끄럽게 생각하고 있습니다. 남의 조그만 실수를 향해서 돌던지기 바쁘고, 나는 그래도 계명들을 잘 지키노라 자랑하는 바리새인들이 참 많이 있는 것을 봅니다. 심지어는 사사건건 싸움을 걸어오면서 기독교인이라고 하는 운동권에 그런 사람들이 많이 있는 것을 보았습니다. 그 속에 또 바리새인들이 얼마나 많은가를 생각해 보았습니다. 그러나 가슴을 치며 "내가 죄인이로소이다" 하고 회개하는 참된 크리스천의 모습이 많이 보이지 않는 것을 예수님께서는 매우 안타깝게 생각하실 것이라고 생각합니다. 이웃을 내 몸과 같이 사랑하며 공동체의 잘됨을 위해 헌신하는 크리스천들이 많아져야 한국에 새 질서가 서게 됨을 우리가 알고 있습니다.

세상 사람들이 우리들의 아름다움, 선함, 화합하는 행위를 보고 여호와 하나님께 영광을 돌리게 되어야 하는 것입니다. 우리가 바라는 통일도 이 참된, 변화된, 거듭난 크리스천 시민들이 사랑으로 하나되어 화평하고 정의로운 사회를 이룩해 나갈 때 여호와 하나님께서 허락하실 것이라고 생각됩니다.

크리스천 시민으로서 이러한 책임들을 다 하고 있느냐고 여호와 하나님께서 우리에게 물으실 때 부끄럽고 두려워서 숨는 우리가 되어서는 안된다고 생각합니다.

셋째, 우리는 누구입니까? 오늘 이 모임의 주체들입니다. 우리는 크리스천 교수와 크리스천 학생입니다. 크리스천 교수와 크리스천 학생을 향해 우리 주님께서 물으십니다. "네가 어디 있느냐?"

우리 교수와 학생들은 연구하고 가르치고 배우는 것이 우리들의 주 임무입니다. 이 임무가 여호와 하나님께서 우리에게 주신 직분입니다. 다른 여러 일할 자리가 있지만 이 시간, 이 장소에 우리를 부르신 것은 여기에서 주의 뜻을 이루는 일에 헌신하도록 부르신 것입니다. 그렇기 때문에 연구하고 가르치고 배우는 일에 전력을 추구하는 자리에 있어야 하는 것이 우리들입니다.

그러나 우리는 여기서 머물 수는 없습니다. 우리는 예수 그리스도를 알고 그의 안에서 새 생명을 얻고 살아가는 크리스천으로서 우리의 학문 탐구는 세속의 사람들과 크게 달라져야 합니다. 우리는 어디까지나 크리스천의 관점에서 지식을 탐구해야 하는 것입니다. 그러므로 우리는 사회 현상을 기독교적인 관점에서 보게 되며, 자연법칙까지도 하나님의 창조의 질서 속에서 찾게 됩니다. 우리 크리스천 중에는 학문과 기독교 신앙관을 별도로 떼어놓고 독립적으로 생각하는 분이 많이 있습니다. 그러나 저는 그것이 과연 옳은 것인가를 많이 생각해 봅니다. 조그만 에피소드가 있습니다. 제가 교육부와 비교적 많이 통하는 교수라고 생각했던지 크리스천 교수들이 만든 생물학 책이 하나 있습니다. 거기에는 창조론이 강조되어 있습니다. 지금까지 생물학 교육과정은 창조론이 아닌 진화론이 기초가 되었는데 정말 과학을 가르친다면 진화론과 창조론을 둘 다 소개하고 학생들이 탐구하여 결론을 내리도록 하는 것이 더 과학 교육에 합당한 것이라고 생각합니다. 이런 책이 이제 나왔습니다. 제가 강하게 작용을 했습니다. 꽤 인정받고 올라갔습니다. 막 받아들여질 단계가 되었습니다. 그 당시 장관이 기독교인이었습니다. 그분의 도움을 채택 과정에 들어갔는데, 그 때 어떤 권위 있는 학자에게 최후 심사를 맡긴 결과 다시 창조론이 탈락되고 말았습니다. 저는 낙망했지만 여호와 하나님의 무슨 뜻이 계시겠지 하고 기도하고 있습니다. 최종심사를 한 사람을 만나보지는 못했습니다만 그분이 장로님이라고 들었습니다. 철저하게 학문과 신앙을 구별하는 사람이라고 보았습니다만 이런 문제는 이원설 박사님께 맡기도록 했으면 좋겠습니다.

참된 신앙 속에 서게 되면 우리 삶의 전체가 달라지는데 학문하는 우리들의 삶이 변화되고 가르치는 우리들의 삶이 변화되고 배우는 우리들의 삶이 변화되는 것입니다. 우리들의 목적 자체가 달라지는 것입니다. 복음 선교의 차원에서 우리는 교육의 목적을 찾게 됩니다.

제가 좋아하는 2~3C 전 아모스 코메니우스란 교육학자가 있습니다. 그분이 〈대교수학〉이라는 책을 썼는데 교육의 목적이 하나님을 알고 여호와 하나님의 자녀로서의 인격의 완성에 있다고 보고 여호와 하나님의 법칙 안에서 논리를 전개하였습니다.

제가 잘 아는 어떤 교수 한 분이 있습니다. 이 분이 학생들을 가르치는데 한 15년 전에 그의 신앙의 상태가 크게 변화되었습니다. 그전에는 행위를 중요시하여, 사회 구원의 관점에서 노동자를 위한 싸움에도 들어가고 산업 전도도 열심히 하였습니다. 그런데 기독교적인 모습에서 "사회 정의를 부르짖고 요란한데, 당신, 성경을 아시오?" 라는 한 마디에 도전을 받아서 어느 여름방학에 성경을 15~20번을 읽었다고 했습니다. 로마서를 읽다가 하나님과 자기와의 관계가 어떤 것인지, 예수 그리스도가 누구신지, 나에게 그의 오심이 무엇을 뜻하는지를 알고 완전히 받아들이게 되었습니다. 그래서 성경을 읽다가 너무 좋아서 방에서 껑충껑충 뛰어다녔다고 했습니다. '이제 내가 알았노라.' 그 후 그는 완전히 달라졌습니다. 그 전에는 학교 동료 선생님들과의 인간관계는 참으로 거칠고 힘들었는데 부드럽게 변했습니다.

저와 가까운 사람이라 제가 직접 보았습니다. 그후 이분은 여호와 하나님의 뜻에 합당한 인격을 키우는 데 전력을 다했습니다. 결국 예수님이 만드신 예수님의 교육이었습니다. 학교에서 절대 봉투 받지 않고, 학생들에게 전도하고 또 전도했습니다. 1년에 1~2명 성공할 정도였지만 10년이 지나자 그렇게 많은 사람들로 늘어난 것을 보고 이것이 크리스천 교수가 하는 일이 아닌가 하고 생각해 보았습니다. 이제 크리스천 학생도 마찬가지입니다. 크리스천

교수, 학생 모두 다 캠퍼스에 몸을 두도록 부르신 것은 선교사 역할을 하라고 부르신 것이라 생각합니다.

우리 주님께서 우리들에게 "ㅇㅇㅇ야 네가 어디 있느냐?" 물으실 때 "내가 명지대학에 이런 교수로서 있습니다."가 아니라 "내가 명지대학에서 주님의 영광을 위하여 이런 일을 하고 있습니다" 라고 예수님 앞에 나아와서 자랑스럽게 말할 수 있는 우리들이 되어야 하겠습니다.

특히 우리나라의 흐트러지고 거칠어진 학원에 크리스천 선교사로서의 사명이 얼마나 중요한 것인가를 늘 생각해 보고 있는데 두 가지 방식으로 선교합니다. 하나는 무의도적으로 하는 방식이고 하나는 의식적으로 하는 것입니다. 앞에서 말했던 어느 교수처럼 말입니다. 이것은 드러나게 가르치고, 동료 교수들의 핀잔을 받아 가면서까지 하는 것입니다. 우리가 다 아는 바와 같이 무의식적인 선교는 내가 그렇게 하는 줄 모르는 사이에 선교가 되는 것인데, 늘 우리의 기도제목이 되는 것입니다만 나의 크리스천으로서의 생활이 성숙한 크리스천으로서의 생활이 되어서 주 위에 믿지 않는 사람들이 나의 행위를 보고 여호와 하나님께 영광 돌리게 되는 상황 속에 늘 있게 되는 방식입니다. 그런데 교육의 힘 중 가장 강한 것은 의도적인 것보다 무의도적인 것이 더 강합니다. 이는 우리들의 행위를 보고 따라오기 때문에 우리가 성숙한 크리스천의 행위를 드러내야 한다는 것을 강조하고 싶습니다.

그 다음은 의도적인 것인데 우리는 의도적으로 때를 얻든지 못 얻든지 예수 그리스도의 복음을 전해야 하는 것입니다. 우리가 가르치는 전공분야 강의 속에서도, 대화 속에서도 복음을 전하는 우리들이 되어야 합니다.

말씀을 선포하는 사람들에게 중요한 것은 그 말씀이 우리 안에 기름의 근원이 되어야 한다는 것입니다. 그 말씀을 즐거워해야 하며 꿀보다 더 단 것이 말씀이 되도록 신앙이 성숙해 가야만 우리가 말하는, 우리가 내놓는 선포가 제 힘을 발휘하게 될 것입니다.

두 번째는 시범을 통한 것이라고 말했습니다. 복음의 말씀대로 살아가는 모범을 보여 주는 것입니다. 제가 작년에 강릉에서 잠깐 말씀을 했습니다만 아무리 강조해도 부족한 부분입니다. 우리에게 말씀을 배운 사람들이 우리들을 볼 때 말씀과는 전혀 동떨어진 형편없는 삶을 우리가 살아간다면 그들에게 오는 실망이 얼마나 클지를 우리는 보아야 합니다.

그리고 우리 학생들에게 말씀을 가르칠 때에도 어떤 방법으로든지 그들에게 말씀대로 살아갈 수 있는 기회를 자꾸 만들어 주어야 하는데 이를 경건의 연습이라 합니다. 연단하고 연습을 구체적으로 하도록 학생들을 이끌기 위해 학생들과 같이 가야 하고 프로젝트도 하고 연습의 기회를 많이 주어야 한다고 생각합니다. 바울 선생이 우리들에게 말씀하신 대로 "내 말과 전도함이 지혜의 권하는 말로 하지 아니하고 다만 성령의 나타나심과 능력으로 하여 너의 믿음이 사람의 지혜에 있지 않고 다만 하나님의 능력에 있게 하려 하였노라"

하였는데, 이 말씀은 우리 마음 속에 늘 간직하고 있어야 한다고 생각합니다.

이미 강조한 바 있는 이 경건의 연습을 저는 늘 생각합니다. 경건의 연습 없이는 신앙은 절대로 자라지 않는다고 저는 확신을 갖고 있습니다. 히브리서 기자는 "때가 오래므로 마땅히 너희가 전생이 될 터인데 너희가 다시 여호와 하나님의 말씀의 초보가 무엇인지 누구에게 가르침을 받아야 할 터이니 젖이나 먹고 단단한 식물은 못 먹는 자가 되었도다"고 했습니다. 대저 젖을 먹는 자마다 어린아이니 위의 말씀을 경험하지 못한 자요, 왜 말씀을 경험하지 못합니까? 언제나 어린아이 갓난아이 신자로 머물러 있다가 환란이 오면 언제나 넘어지게 된다는 것을 말씀드리고 싶습니다. 그래서 크리스천들은 주님의 말씀대로 살기 위해 연단 (discipline)을 받아야 한다고 생각합니다.

말씀이 좀 달라집니다만 제가 중국의 좋다고 하는 대학들을 돌아보고 왔습니다. 압도되었습니다. 땅도 넓고 학교 캠퍼스도 넓고, 교수들의 수도 우리보다 10배가 많습니다. 그래서 그들에게 할 말이 없어 당신네들보다 100배의 월급 주어야하기 때문에 우리는 교수를 많이 쓰지 못한다고 말했습니다만 교수가 그렇게 많습니다. 그러나 저를 감동시킨 것은 그렇게 많은 교수와 학생들의 삶이 어찌나 진지한지 그들의 목적은 연구하고 가르치는 것인데 그 일에 충성했습니다. 그들을 시험해 보기 위해 물어보기도 했습니다. "당신네들 30, 40불 받으면서 더 달라고 왜 당국에 요구하지 않느냐?"고 했더니 그들은 이상한 눈으로 보았습니다. 그들이 "한국에서는 더 달라고 하느냐?"고 했습니다. "아 그럼요. 자꾸 조릅니다." 했더니 그들이 이상한 눈으로 보면서 하는 말이 "우리의 주목적은 여기서 탐구하고 가르치고 배우는 것이고 학생 시절은 황금시절인데, 불평할 여유가 어디 있느냐, 공부하기도 바쁘고 가르치고 연구하는 것도 바쁜데"라고 했습니다. 그걸 보고 순진함과 진실됨이 좋다고 보았습니다.

"왜 그렇게 됐느냐"고 물었더니 그들이 "이것은 훈육입니다. 당의 명령을 지키지 못하면 용서받지 못합니다!"고 대답했습니다. 일행 중 한 분이 선의의 독재는 시원치 않은 민주주의보다 훨씬 좋다고 했습니다.

Discipline, 모든 분야의 사람들은 Discipline을 받아야 한다고 합니다. 예수 믿지 않는 저들도 그들이 세운 진실한 목적을 위해서 Discipline한다면 더군다나 예수 그리스도의 제자들인, 하나님의 백성들인 우리는 연단되어야 마땅하지 않나를 굉장히 강하게 저는 느꼈습니다.

우리를 사랑하셔서 예수 그리스도를 알게 하시고 그의 안에서 온전함에 이르도록 인도하시는 하나님께서는 오늘 대학에 몸담고 있는 우리들을 향해서 "네가 어디 있느냐?"고 물으십니다. 우리는 크리스천으로서, 크리스천 시민으로서, 크리스천 교수와 학생으로서 항상 이 질문에, 하나님의 음성에 귀를 기울이고 "예, 제가 주님 앞에 있습니다"라고 대답할 수 있어야 한다고 저는 생각하고 있습니다. 그래서 우리는 항상 올바른 믿음 위에 내가 서

있는지 스스로를 확증하게 되어야 한다고 생각합니다. 그리고서 우리들의 분명한 목표를 세우고 나가야 할 것입니다.

제가 늘 마음 속에 교육자로서 간직하고 있는 목표가 있습니다. 학교는 교육하는 곳이고 교회는 예배드리고 교육받는 곳이라고 생각하는데 우리들의 공통된 목표는 다음과 같은 것이 될 것입니다.

우리 모두 하나님의 아들을 믿는 것과 아는 것에 하나 되어서 온전한 사람을 이루어 그리스도의 장성한 분량이 충만한 데까지 이르도록 성장하여야 된다고 하는 것을 마음에 새겨야 합니다. 이 목표가 분명한 한 하나님께서 우리들에게 언제 어디서나 "네가 어디 있느냐?"고 물으실 때 "내가 여기 주님 앞에 있습니다"라고 긍정적인 대답을 할 수 있는 우리들이 될 것이라고 생각하면서 제 말씀을 끝내겠습니다.

3. 북한과 통일을 위해 기도하라.

3.1 복음, 민족이 하나되는 길

최재선 교수(중앙대 사회과학대학)
유피엠뉴스 제5호 1989.11.10, 6-11
제10회 전국대학교수선교대회 주제발표

I. 서론

최근 7·7선언 1돐을 맞으면서 문목사의 자진 입북, 서경원 의원의 밀입북 그리고 임수경양의 평축참석을 위한 입북 등은 우리 사회에 커다란 충격과 혼란을 야기시키고 있다.

한국 국민이라면 누구나 앞으로 이 일이 어찌될까 걱정하면서 그러나 혹시 이러한 일련의 사건들이 우리나라의 통일을 위한 전제조건이나 되지 않을까 기대하는 마음을 갖고 있는 것도 틀림없는 사실이다.

통일 그것은 한민족이면 누구나 기원하는 바요 그것만이 우리민족의 자생력을 극대화하여 결국 번영과 복지국가에로의 지름길인 것을 모르는 사람은 전혀 없다. 그러나 모든 일에서 그렇듯이 통일 그것이 그렇게 값진 것이라면 그것의 획득을 위하여 지불해야만 하는 대가나 희생도 자못 크리라는 것은 가히 짐작이 가고도 남는다.

이러한 통일을 위한 가슴 설레임과 국민적 여망과 더불어 기독교 일각에서는 첫째, 일에 관한 순수한 열정에서 둘째, 한국기독교의 선교적 차원에서, 그리고 셋째, 세계 선교적 차원에서 통일을 위한 논의와 실천적 의지의 개발을 위한 움직임이 활발히 진행되고 있다.

특히 1988년초 KNCC에서 발표한 "민족의 통일과 평화에 대한 한국기독교회의 선언"은 많은 찬반양론을 일으켰지만 [통일과 북한선교]라는 새로운 뜨거운 열망을 한국교회에 불어넣어 주었던 것은 사실이다.

사회 각계각층에서 일고 있는 통일논의, 일부 인사들의 불법적 입북, 그리고 기독교 일각에서 일고 있는 북한교회와의 성급한 접촉 등이 과연 통일을 촉진시킬 것인가 또는 지연시킬 것인가에 관하여 열기찬 찬반양론을 일으키고 있다. 뿐만 아니라 기독교 일각에서 부르짖고 있듯이 북한교회와의 접촉과 기독교의 통일노력이 과연 성서적으로 어떠한 의미를 가지고 있는가에 관하여 찬반양론이 엇갈리고 있음도 볼 수 있다.

이에 본 논자는 북한의 현실과 기독교 통일논의의 성서적 의미를 발견하고 민족의 하나되는 길에 관하여는 논의함으로서 통일을 향한 한국기독교 지성들의 올바른 자세를 확립함과 아울러 효율적인 민족화합의 길을 찾는데 기여하고자 한다.

1. 분단국의 현실

2차 대전 후 남북한은 분단국이 된지 40여년이 흘렀다. 우리는 그동안 수차례의 접촉과 고향방문단의 방문을 통해 분단 40년의 역사를 정치, 경제, 문화 그리고 민족의 동질성 측면에서 너무나 커다란 괴리를 낳았다는 사실을 알 수 있었다.

정치적으로나 군사적으로는 끊임없는 대립관계와 적대관계가 민족의 동질성을 송두리 앗아 갔으며, 정치적 이데올로기의 차, 경제적 개발의 격차 등은 양측을 하나로 묶기에는 너무나 커다란 쐐기가 되고 있는 실정이다.

김일성 주체사상으로 일관되어온 이데올로기 고립성과 김일성부자 세습체제로 특징지워 진 일당독재체제는 북한의 정치사회의 민주화의 길을 점점 더 어둡게 이끌어 가고 있다.

문화적으로는 창조적 문화와 자유스러운 예술적 표현의 자유로부터 모든 예술인을 격리 시켜 김일성 주체 사상의 꼭두각시들로 전락시켜 왔기 때문에 그들에게 있어서 독창성과 표현의 자유란 찾을 수가 없는 실정이 되었다.

따라서 북한사회는 세계에서 가장 폐쇄된 사회이며 어두운 사회인 것이다.

그들의 문을 열라는 서방세계와 동구권세계의 강력한 요청과 신호에도 불구하고 그들의 문을 열고 개혁과 민주화의 빛을 마실 수 없는 현실은 그들이 지나친 어둠에 있어서 김일성 부자의 어두움과 죄악이 빛 가운데에 드러날까 봐 두려워하기 때문인 것이다(요1:5, 요3:19-20)

그러나 최근 북한의 정치상황은 체제 및 정책의 고수에서 오는 침체와 위기에 휩싸여 있는 것이다. 크게는 김일성-김정일 부자세습체제 확립이라는 체제내적 도전의 불가예측성 과 주체사상의 표현으로서의 통일주자와 대남전략으로서의 반통일행위의 모순 속에 갈등을 빚고 있다.

주체사상은 [인간의 자주성], [민족해방], [계급해방], [인간해방], [자주적입장과 창조적입 장], [자주·자립·자위] 등을 외치면서 수령을 혁명의 수뇌로, 노동당을 혁명의 참모부로 받드 는 자가당착적이고 이율배반적인 주장과 행태의 모순을 노정시키고 있다.

북한의 통일정책 또는 대남전략은 미군철수를 전제 조건으로 하면서 가장 비통일, 반통일 적 정책을 펴나가고 있다. 북한 지도층은 주한미군의 존재를 북한식 통일실현에 최대의 장애로 보고 있으면서 또한 북한주민에게 장기집권의 상징작용으로 이용하고 있다. 그리고 이것을 또한 대남한 선전·선동 및 평화공세의 최대·최상의 공격무기로 사용하고 있다.

이러한 상황 하에서 김일성의 건재는 남북관계의 획기적인 개선이란 있을 수 없는 것이다. 여기에 남북관계개선을 위한 우리의 양보는 돼지에게 진주를 던져주는 것과 같음을 인식해야 한다.

2. 남한의 통일 욕구와 노력

노대통령의 7.7선언이후 통일에 관한 국민의 여망은 더욱 확대되고 통일의 열기는 더욱 고조 되었다. 이와 때를 같이한 우리의 북방정책은 대 중공, 소련 특히 북한과의 관계 개선과 국교 정상화를 위한 신외교정책으로 표현된다.

한반도가 2차대전이후 타의에 의해 분단국가로 전락하였으며 대륙세력인 중국과 소련에 외교적, 정치적 경제적 이념적으로 대치상태를 유지해왔고 해양세력인 미국, 일본 등과 동반자적 관계를 유지해 옴으로써 대륙과는 단절된 파행성을 유지해 오고 있다.

40여년간의 분단조국의 통일에 관한 열망은 이산가족 찾기에서 그 처절한 정도의 절정을 이루었으며 고향 방문단의 교류에서 민족의 가슴속 깊이 뿌리 박힌 통한이 표출된 것이다.

대학가에서 운동권 학생의 새로운 이슈인 통일염원은 기성의 정치인, 자본가계급에 대한 저소득층과 소외계층의 불만으로 표출되어 확산되어 가고 있는 것이다.

특히 7.7선언은 이러한 통일의 열망에 부채질하였고 통일의 장애요인 그것은 바로 남한의 군부독재세력과 이의 배후조종자인 미국과 주한미군인 것으로 주장하는 북한의 선동과 선전문구를 그대로 받아들인 운동권 학생들의 좌경화현상으로 까지 확대되었다.

문목사는 [통일은 어떠한 형태이든지 선]이라고 까지 발언하게 되었고 임수경 양은 남한의 100만학도가 마치 북한식 통일정책을 지지하는 것처럼 위장하였고 북한은 이러한 주장을 정치선전용으로 활용하고 있어서 남북관계개선에 찬물을 끼얹고 있는 실정이다.

특히 남한의 운동권학생이나 재야인사 중 일부는 남한에서만 독재가 존재하고 남한국민은 미국의 식민지 통치하에서 고생하고 있는 것으로 오도하면서 북한의 개방과 민주화는 주어진 것으로 전제한 발언을 일삼아 우리의 평화통일노력에 어두운 그림자를 드릴 뿐 아니라 북한으로 하여금 우리의 실정을 더욱 오판케함으로써 북한을 개방의 문턱으로 끌어 내는데 거침돌을 놓고 있는 것이다.

이러한 시점에서 기독교의 통일노력은 과연 어떤 것이어야 하겠는가.

3. 기독교의 통일노력과 그 비판

한국기독교인의 통일열망은 대단한 것으로 나타났다. (1989년 4월 크리스천 타임즈와 한국갤럽조사연구소의 공동조사에 의하여 분석된 결과로서는 20세이상의 성인 800명을 조사한 결과 기독교인의 28.5%가 그리고 일반인은 12.3%가 10년이내 통일이 가능하다고 보고 있었다. 이러한 전망은 젊은 층 일수록 그리고 진보적인 교파의 교인일수록 더욱 높은 것으로 나타났다.)

한편 기독교인 중 신앙의 자유와 통일 중 어느 쪽이 더 우선되어야 하느냐는 질문에 대하여는 "신앙의 자유와 관계없이 통일은 하루빨리 이루어져야 한다고 보는 사람이 60.3% 인 반면 신앙의 자유가 전제된 통일이어야 한다고 보는 사람이 37.8%"로 나타나고 있었다고 보고하고 있다.

이와 같이 기독교인이 통일에 관하여 일반인보다 깊은 관심을 가진 것은 긍정적인 면에서 첫째, 기독교인이 북한선교에 대한 깊은 관심을 갖고 있다는 사실과, 둘째, 보다 진보적인 사고방식을 갖고 있기 때문이며, 부정적인 면이기는 하지만 셋째, 북한교회를 통한 대남 평화통일을 위한 선전 선동에 민감하게 노출되어 복음을 통한 교회일치와 민주주의를 혼동한 신학의 혼미 속에서 방황하고 있기 때문인 것으로 볼 수 있을 것 이다.

첫째, 통일과 북한선교는 모든 기독교인의 소망이며 사랑의 표현으로서 반드시 연결되어야 한다.

북한을 복음화해야 한다는 것은 북한인들이 우리의 동족이요 우리의 형제자매이기 때문이다. 이는 바울이 동족의 구원에 관하여 안타까운 심정을 나타내었고(롬 9:1-3) 누구든지 자기 친족 특히 가족을 돌보지 아니하면 믿음을 배반한자요 불신자보다 더 악한 자(딤전 5:8)이기 때문에 사랑하는 북한 동족을 구원하고 그들의 생명과 인권, 재산에 관한 관심을 갖는 것은 크리스천으로서의 마땅한 바인 것이다. 그러므로 동족을 영적으로나 육적으로 구원코자 하는 소망은 모든 그리스도인의 소망이요 기도인 것이다.

북한선교는 또한 그리스도의 재림과 깊은 관련을 가지고 있다고 보는 견해가 있기 때문에 중요시되고 있기도 한 것이다.

주님은 제자들에게 성령이 너희에게 임하시면 땅끝 까지 이르러 내 증인이 되리라(행]:8)고 말씀하셨고 이 천국복음이 모든 민족에게 증거되기 위하여 온 세상에 전파되리니 그제야 곧 끝이 오리라(마24:14)라고 말씀하셨다. 실로 오늘날 알바니아와 북한은 복음의 문을 완전히 닫고 세계 최악의 폐쇄사회라는 점을 감안할 때 북한에 복음이 들어가면 주님께서 재림할 것이라는 기대를 갖는 사람이 많은 것 같다.

북한선교가 주님의 재림을 앞당길 것인가, 주님의 재림이 가까웠기 때문에 북한의 문이 열릴 것인가에 관하여는 Chicken and egg problem과 같은 느낌을 주기는 하지만 하여간 북한선교와 주님의 재림이 시간적으로는 직접 연결되어 있지 않더라도 북한선교가 주님의 명령임에 틀림없다는 것은 주님의 말씀에 입각할 때 틀림없는 사실인 것이다.

그러므로 한국교회와 그리스도인들은 북한선교를 위해 기도, 현금, 선교사파견(중공을 통한 우회, 해외를 동안 우회적 방법)에 힘써야 하겠고, 그리고 기타 경제, 정치, 사회 문화적 접근을 통하여 그들이 그들의 문을 열 수 있도록 유도하고 인내와 성실로써 기다려야 할 것이다.

둘째, 한국 기독교와 기독교인들이 통일에 깊은 관심을 갖고 있는 것은 진보적 사고방식을 갖고 있기 때문인 것이다.

이는 근본적으로 기독교인들이 인권과 인간의 가치를 다른 불신자보다 중시하기 때문이기도 하지만, 이보다도 해방신학의 이론과 금전주의적 민중신학의 이론이 많은 젊은 세대들에게 무비판적으로 이식되었기 때문이기도 한 것이다.

실로 해방신학의 이론이나 급진주의적 민중신학이 이 땅에서 그 뿌리를 내리고 있는 것은 해방신학을 받아 들인 막스 엥겔스의 혁명적 수단이 얼마나 무서운 결과를 초래해왔다는 역사적 경험이 부족한 젊은 세대들의 역사의식의 결여에 기인한 것이기도 할 뿐만 아니라 사회주의 이론의 환상에 사로잡혀 마르크 엥겔스의 공산당 혁명이론을 오해한데서 비롯된 것이다.

공산주의 혁명이 일어났던 19세기말에 있어서 마르크스주의는 영국산업사회의 초기적 실업과 독점의 모순을 겨냥한 것이었으나 초기 산업자본주의의 모순을 사회보장제도와 수정자본주의의 노력으로 해결되어왔다. 그리고 그들이 이상향으로 내걸어 왔던 공산주의는 오늘날 오히려 시장경제에 의하여 참패를 당하고 말았다는 사실은 동구권과 중공에서 경험해오고 있는 것이다. 그럼에도 불구하고 사회주의 이론의 평등이라는 신기루에 환각되어 있고 [능력껏 생산하여 필요대로 분배받는다]고 하는 공산주의의 분배원칙에 현혹되어 중공과 공산주의 젊은이들이 민주화와 시장경제화의 개방을 위해 피를 흘리는 엄연한 역사 앞에서, 우리의 젊은이들은 자본주의 체제를 부정하고 사회주의 체제를 선호하는 위험 수위에 와 있는 것이다.

그리스도의 복음은 해방신학이 이르듯이 가난한 자와 억눌린 자의 것일 뿐만 아니라 가이사의 집 사람들과 같은 부하고 높은 지위에 있는 사람의 것도 되며(빌 4:22) 육신으로 억눌린 자보다 (바울은 복음을 위하여 육신이 얽어 메이는 것을 기쁨으로 생각했다) 심령이 사탄에게 종노릇하는 것을 더욱 중요시한다는 점을 감안할 때 해방신학의 혁명적 개혁논리를 받아들일 수는 없는 것이다. 더구나 그 혁명의 대상이 사탄의 세력이라기 보다는 현정권이라고 한다면 그리고 현정권을 타도하기 위해서는 사회주의혁명 이론도 또는 그들의 방법론도 불사하겠다면 이는 그리스도의 방법이 아닌 것이다.

해방신학자들이 주장하듯이 그리스도가 가난한 자와 억눌린 자를 대변하다가 처형되었다면 그리스도는 혁명의 투사이기는 하지만 혁명의 완수자는 아닌 것이다. 그러나 그리스도는 십자가상에서 [다 이루었다]고 외치셨고 실로 그의 구속사업은 십자가상에서의 죽음을 통해서만 완성되었다. 그의 죽음은 종이 된 옛사람이 변하여 다시는 우리가 죄에게 종노릇하지 않게 하기 위하여 죽으신 죽음 그것이다.(롬 6:6)

그는 혁명가였으나 해방신학자들이 주장하고 있는 것처럼 정치적 경제적 혁명가가 아니라 영적 혁명가이셨고, 그는 혁명때문에 처형된 것이 아니라 그는 죄인들을 대신하여 죽으신 스스로의 죽임인 것이었다.(요 10:17-18)

통일이 한민족을 해방하기 위한 전략으로서 제안된 것이라면 성서적일인지 모르나 남한의 체제를 부정하고 자본제 사회와 민주사회를 부정하기 위한 사회주의의 혁명이론을 도입하기 위한 수단의 하나라면 대단히 위험한 일이 아닐 수 없다.

셋째, 북한교회를 통한 북한의 선동 선전전술에 말려들어가고 있는 한국교회를 우리는 경계해야 한다. 교회란 무엇인가, 교회는 그리스도의 몸이요 신자들온 그 몸의 지체들이다.(엡1:23) 신학적으로는 교회의 구성요소는 교회의 머리이신 예수 그리스도, 그 몸의 지체인 성도들, 그리고 이들을 하나로 묶어주는 성령의 연합을 통해서 이루어진다.

북한교회는 어떠한가. 교회의 머리는 김일성이요, 교인은 관제 꼭두각시들이며 이들을 묶어두는 힘은 김일성 주체사상이다. 북한교회의 설립목적은 선동·선전에 있는 것이다. 개방화 물결과 압력에 밀려 선전용과 서방세계에의 접촉창구로써 만들어낸 관제교회이다.

그들의 성경에는 사탄을 미제국주의자로 표시되어 있다. 북한목사의 설교는 김일성주체사상의 강론이며 북한적 통일전략의 선전인 것이다.

이러한 교회에서 과연 생명구원의 복음이 전파되고 있겠는가, 그리고 참다운 신앙인이 이들 교회에 영적으로 연합될 수 있겠는가. 물론 성령의 역사가 계실 때 가능한 것이다. 그러나 끊임없는 기도와 말씀공부와 찬양을 통한 예배에도 불구하고 교회는 타락하기 쉬운 것이 현실인데 올바른 영적 지도자가 없는 상황 하에서 이러한 단순한 신앙행습이 올바른 신앙을 유지시키겠는가 의심하지 않을 수 없다.

북한교회에 복음이 어느정도 침투 가능한가라는 점도 이 문제에 우리의 논의의 초점을 두기보다는 우리는 그들의 공산주의 이론이 근본적으로 무신론에 기초하고 있다는 사실을 중시해야 한다. 그들의 무신론적, 과학적 사회주의가 유신론에 의해 무너지면 사회주의도 김일성 주체사상도, 김일성-김정일 권력체제도 송두리째 무너진다. 그들이 제일 두려워하고 있는 것은 유신론이다. 왜냐하면 김일성은 하나님을 대신하고 있기 때문이다.

그러한 집에서 북한의 관제교회는 성령의 역사에 의해서 유지되는 것이 아니라 김일성주체사상에 의해서 유지되는 무신론자들의 집합체인 것이다. 그렇다면 그들 교인들에게는 소망이 없는 것일까, 그렇게 보일지라도 우리는 포기할 수 없다. 그들이 성령의 능력으로 영의 눈이 떠질 때를 기다리고 그날을 위해 끊임없이 기도하며 문을 두드려야 한다.

그러나 중요한 것은 그들을 바라보는 우리의 시각인 것이다. 그들은 불쌍하지만 구원받지 못했을 것이다. 그들의 행습은 우리와 비슷하지만 우리의 형제는 아닌 것이다. 우리가 그들을 복음화하기 위해서는 우리는 그들의 정체를 바로 이해해야 하는 것이다.

그리고 그들의 선전에 현혹되어 그들의 선전책동에 놀아나서는 안되는 것이다. 그러므로 한국교회는 그들의 문을 끊임없이 두드려야 하지만, 우리 민간인대 그들의 관을 상대해서가 아니라, 민간인대 민간인의 수평적 관계를 통해서 복음화가 이루어 질때까지 우리의 경계를 소홀히 해서는 안될 것이다.

한국교회의 에큐메니칼 운동의 용공성을 경계해야 한다. 교회일치운동은 운동이어서는 성공을 거두지 못한다. 교회일치운동은 성령의 하나되게 하심을 힘써 지킬 때 가능한 것이다 (고전12:13, 엡2:18, 딤후1:14, 엡4:3)

[성령이 하나되게 하신 것을 힘써 지키라]

4. 복음으로 민족이 하나되는 길

가) 북한의 정치상황 이해
분단국가가 하나로 되는 길은 그리 쉬운 일이 아니다. 왜냐하면 분단국가의 한국적 모델은 존재해 본 적이 없기 때문이다.

독일의 경우는 동독이 국제사회에서 완전히 고립되어 있지 않을 뿐만 아니라 세습체제에 의한 정권연장이 이루어지지 않고 있다. 그러나 북한은 김일성 주체사상에 의한 일당 일인독재체제를 유지하는 철저히 폐쇄된 국제사회의 고아일 뿐만 아니라 김일성-김정일 세습체제에 의한 정권유지가 그들의 목표로 되어 있다.

그들은 고립과 개방압력의 갈등속에서 경제침체에 의한 사회적 불안이 설상가상으로 겹치고 있다. 그러기에 북한의 장래는 예측하기 힘들다. 따라서 그들을 대하는 우리의 대응책도 그들의 현실을 이해하는 것으로부터 출발하여 다각도로 모색되어야 하는 것이다. 그러므로 한국교회는 우선 북한을 다음과 같이 이해해야 한다.

① 북한은 폐쇄정치의 화석화 현상과 경제침체 및 동구권, 서방세계로부터의 개방압력이라는 쐐기속에서 예측불허의 불안상태에 있다.

② 북한은 김일성이 사망하지 않는 한 당분간은 세습체제와 주체사상의 환상으로부터 벗어나기 힘든 것이다.

③ 북한은 일면 적화통일이라는 선전 선동 공작차원의 통일주장과 김일성-김정일 세습적 정권유지라는 이율배반적 명제하에서 갈등의 단면을 보이고 있을 뿐 진정한 의미의 통일을 소원하고 있지 않다는 점을 감안해야 한다.

④ 따라서 그들의 평양기독교는 선전을 위한 관제선전교회요 정치적 선동을 위한 수단에 불과한 것이다.

나) 북한교회에 대한 한국교회의 태도

① 한국교회가 북한을 선교의 대상으로 삼고 기도하며 제3국을 통한 선교에 총력을 기울여야 한다. 그러나 평양의 북한 관제교회는 민간인의 자발적 신앙으로부터 출발된 것이 아니라 정치선전용이기 때문에 이것을 통한 북한선교의 시대가 열릴 것이라고 속단해서는 안될 것이다. 우리는 필요에 따라 그들을 만날 수도 있을 것이며 그들을 위하여 기도해야 할 것이다. 그러나 그들은 근본적으로 무신론자들이므로 그들과 하나님의 자녀들이 함께 할 수는 없을 것이다. (고후6:14-16)

② 뿐만 아니라 그들의 선전술책에 현혹되어 한국교회의 분열을 자초해서는 안될 것이다. 북한교회의 제스처를 바울이 환상 중에 본 마케도냐 사람들의 손짓(행16:6-10)으로 착각해서는 안될 것이다. 우리는 그들이 문을 열게하기 위하여 끊임없이 노크해야 한다. 그러나 그들을 형제로 오해해서는 안될 것이다.

③ 한국교회는 또한 앞에서 언급한 갤럽조사결과에서 나타난 바와 같이 신앙의 자유와 관계없이 통일이 우선되어야 한다는 주장들에 대하여 경계의 사슬을 늦춰서는 안되는 것이다. 왜냐하면 신앙의 자유가 없는 통일은 세상나라의 통일이요 사탄의 왕국일수도 있기 때문이다.

④ 한국교회는 성경에 나타난 하나님의 역사를 깊이 연구할 필요가 있다. 이스라엘을 구원하기 위한 하나님의 계획은 하나님의 시간에 성취되었다. (애굽으로부터 430년, 바벨론으로부터 70년 등)

⑤ 하나님께서 김일성과 같은 세계적으로 가장 폐쇄적이고 독선적이고 강력한 독재자를 우리 옆에 두신 것은 우리 한민족을 향하신 하나님의 섭리인지도 모른다. 이때 우리는 하나님의 섭리(징계, 훈련?) 앞에 잠잠히 기다려야 할 필요도 있다.

다) 복음, 민족이 하나되는 길

① 믿음으로 하나되어야 하겠다.

가) 우리는 북한과 주민을 믿음의 눈으로 바라보아야 한다. 그들에게 있어서 가장 중요한 것은 믿음으로 구원받는 복음을 심어주는 것이다.

나) 믿음만이 공산주의와 김일성 일당독재로부터 해방받을 수 있는 유일한 길임을 우리는 인식해야 한다.

다) 한민족을 말하신 하나님의 선하신 뜻과 계획이 있을 것이다. 기다림, 징계, 훈련, 그 어느 것이라도 하나님의 영광을 위한 것이어야 하는 것이다.

라) 시편 기자가 고백하듯이 여호와께서 시온의 포로를 돌리시는 날이 있음과 같이 우리 민족을 남방시내들 같이 돌리실 날을 믿음으로 바라보아야 할 것이다(시126 :1-6). 하나님은 역사의 흐름을 바꾸시기도 하기 때문이다. 그날과 계획을 바꾸시기도 하시기 때문이다.

마) 믿음이 없이는 하나님을 기쁘시게 할 수 없으므로(히11:6) 믿음으로 복음을 전하여 평양에 1900년대초의 부흥의 불길을 다시 한번 일으켜야 하겠다.

바) 믿음만이 우리 민족을 한 민족으로 또는 믿음만이 우리 한민족을 하나님의 백성으로 주께 드려 세계선교의 제사장 나라로 성숙시켜 나가는 유일한 길이 될 것이다.

사) 믿음으로 북한선교를 성취하는 날 우리 주님 오실 때 상급을 받을 것이다. 이것이 한국교회의 보상이 될 것이다.

② 소망으로 하나되는 길

가) 민족의 소망은 그리스도인 것을 믿어야 한다. 그리스도를 민족의 소망으로 삼는 나라는 복이 있다.

나) 민족의 소망은 복음으로 통일되는 길이다. 즉 민족 복음화이다. 아브라함으로 말미암아 모든 민족이 축복받은 것같이 소망만이 민족이 복음으로 통일되는 길이다.

다) 우리의 소원은 통일이지만 이 땅에 그리스도의 나라가 건설되는 것이다. 그리스도의 나라는 소망을 가진 민족에게 이루어진다. 그의 나라는 그가 다스리신다(주권).

라) 소망이 우리를 부끄럽지 않게 함은 우리에게 주신 성령으로 말미암아 하나님의 사랑이 우리에게 부은 바 됨이다(롬5:6). 그러므로 우리가 환난 중에도 즐거워하나니 이는 환난은 인내를, 인내는 연단을, 연단은 소망을 이루는 줄 앎이니라.

마) 소망이란 깨어 있는 꿈이다(아리스토텔레스), 우리 소망을 살아계신 하나님께 둠이니 곧 모든 사람 특별히 받는 자들의 구주시라(딤전4:10). 야곱의 하나님으로 자기 도움을 삼으며 여호와 자기 하나님에게 소망을 두는 자는 복이 있나니(시146:5).

바) 우리의 소망은 북한을 구원하게 될 것이다. 우리가 소망으로 구원함을 얻었으며 보이는 소망이 소망이 아니니 보는 것을 누가 바라리요(롬8:24) 주님은 자신을 바라보는 자들을 찾아 구원하신다.

사) 어떤 소망을 갖느냐가 중요하며 소망을 가지며 일단 그것을 위해 삶을 조정해 간다. 우리의 소망이 통일이라면 우리의 소망은 복음으로 한반도를 통일 시키는 것이어야 한다. 이때 우리의 기도는 그것이 이루어질 때까지 계속되고 하나님의 자비하심이 우리의 소원을 이루실 것이다. 너희 안에서 행하시는 이는 하나님이시니 자기의 기쁘신 뜻을 위하여 소원을 두고 행하게 하시나니(빌2:13)

③ 사랑으로 하나되는 길

하나되는 가장 큰 비밀은 서로 용납하여 피차 용서하라 주께서 너희를 용서하신것 같이 너희도 그리하고 이 모든 것 위에 사랑을 더하라 이는 온전하게 매는 띠니라 (빌3:34)

가) 북한의 영혼을 불쌍히 여겨야 한다. 그들을 위하여 사랑으로 기도해야 한다.

나) 그들의 피(6·25, 아웅산사건, KAL사건 그외 수 많은 인명살상)를 용서해야 북한이 문이 열린다. "너희가 뉘 죄든지 사하면 사하여 질것이요, 뉘 죄든지 그대로 두면 그대로 있으리라(요20:30)", "진실로 너희에게 이르노니 무엇이든지 너희가 땅에서 매면 하늘에서도 매일 것이요, 무엇이든지 땅에서 풀면 풀리리라(마18:18)".

다) 북한사람과 사랑으로 화목해야 한다. 정치적으로는 불가능하다. 그리스도인의 사랑의 표현이 더욱 중요하다. 사랑은 여기 있으니 우리가 하나님을 사랑한 것이 아니요 오직 하나님이 우리를 사랑하사 우리 죄를 위하여 화목제물로 그 아들을 보내셨음이니라(요일4:10).

라) 사랑은 김일성을 무너뜨릴 것이다. 어느때나 하나님을 본사람이 없으되 만일 우리가 서로 사랑하면 하나님이 우리 안에 거하시고 그의 사랑이 우리 안에 온전히 이루느니라(요일4:12). 사랑안에 두려움이 없고 온전한 사람이 두려움을 내어 쫓나니 두려움

에는 형벌이 있음이니라(요일14:8) 수많은 미국인의 기도로써 모택동이 무너졌음을 상기하자.

마) 사랑은 통일을 가져온다. 다윗과 압살롬의 전쟁에서 아버지 다윗의 아들 압살롬에 대한 사랑은 아버지의 승리로 막을 내렸다(삼하18:33).

II. 결론

우리의 씨름은 혈과 육에 대한 것이 아니라 마귀와 정사와 권세와 공중권세 잡은 자들에게 대함이다(엡6: 12-13)

① 우리의 통일논의가 한국기독교를 분열시키는 것이 되어서는 안된다.
② 우리의 적은 북한사람들이 아니라 그들을 지배하는 악의 영들이다.
③ 적을 쳐부수기 전 우리는 먼저 복음과 성령으로 튼튼히 무장해야 한다. 그리고 단합해야 한다.
④ 사랑으로 그들을 용납하되 악의 영 앞에 지혜로워야 한다

3.2 하나되게 하소서 - 통일은 어떻게

이규호 총장 (순신대)
유피엠뉴스 1996.6.30, 52-56
제10회 선교대회 주제발표

제 2차 세계대전이 끝난 다음 공산주의와 민주주의로 갈라진 나라들 중에서 아직 통일을 이루지 못한 나라는 이제 우리나라 뿐이다. 물론 우리나라도 어느 순간에 통일이 될는지 아무도 모른다. 우리나라의 통일을 위한 주변의 상황은 매우 유동적이다. 남한과 북한의 현실만 표면적으로 관찰하면 언제 통일이 될는지 알 수 없지만 그 표면 배후의 심층까지 들여다보면 사태는 매우 유동적인 것을 알 수가 있다.

그동안 분단되었던 두 나라들이 우리나라보다 먼저 통일을 이룩하는 것을 우리는 보아 왔다. 한 나라는 베트남이고 또 한 나라는 독일이다. 마침 베트남은 공산월맹이 흡수통일을 했고 독일에서는 민주주의 국가인 서독이 동독을 흡수해서 통일을 이룩했다. 한쪽은 사회주의에 의한 통일국가를, 다른 한쪽은 자본주의에 의한 통일국가를 이룩했다. 두가지 정반대되는 전제들이 우리 앞에 주어져 있다.

베트남은 제2차 세계대전까지의 식민주의에 대한 저항의 분위기가 아직 남아 있고 제국

주의의 청산이 요망되고 있을 때 민족주의적인 전통을 가진 월맹이 통일을 할 수가 있었고, 독일은 자본주의와 공산주의의 경제적인 경쟁이 자본주의의 승리로 끝나게 되었을 때에 번영을 이룩했던 서독이 동독을 흡수해서 통일을 할 수가 있었다.

식민주의의 종식과 제국주의에 대한 투쟁의 시대적인 분위기가 베트남을 통일시켰고, 민주주의의 개화와 자본주의의 번영의 시대적인 상황이 독일을 통일시켰다. 물론 그들 두 나라들은 나름대로 통일을 위해서 각각 특이한 상황에 맞게 준비를 했고 오랜 세월을 통해 일관된 정책을 추구하면서 준비를 했고 투쟁을 했다. 독일은 그들의 역사철학에 따라 철저히 준비를 했다고 말할 수가 있고, 베트남 또한 그들의 역사철학에 따라서 끈질긴 투쟁을 했다. 그래서 그 두 나라들은 모두 통일이 되었다.

베트남이 통일되기 전의 월남은 아직 절대적인 빈곤을 벗어나지 못한데다가 사회적인 부패와 정치적인 분열이 말할 수 없었다. 그래서 자유세계의 큰 원조에도 불구하고 제2차 대전이 끝나기 전부터 식민주의와 싸운 전통이 있는 북쪽의 월맹에 의해서 흡수 통일되어버 렸다. 독일에서는 서독이 경제적으로 번영의 빛을 이루었을 뿐만 아니라 민주주의의 정치와 법치주의의 질서에 있어서 거의 흠이 없었다. 그러면서도 자유를 수호하려는 역사관이 확실 했고 일관된 통일정책을 추가할 수 있었기 때문에 동독을 흡수 통일할 수가 있었다.

우리나라는 베트남이 통일되었을 때는 그런 형태의 통일이 한반도에서도 이루어지지나 않을까 하는 불안에 휩쓸린 일이 있었다. 그러나 우리는 그동안 열심히 노력해서 절대적인 빈곤을 벗어나기 위해서 산업사회를 이룩했고 이것을 기반으로 분열과 부패도 극복해 가고 있다. 그리고 이제 우리나라는 독일이 통일된 후에 우리도 멀지 않아 독일의 형태로 통일될 것이라는 기대에 부풀어 있다. 시대가 이제는 공산주의가 자본주의에 의해서 판정패를 당한 그러한 시대이고 폐쇄적인 사회는 발전할 수 없다는 것이 증명된 시대이기 때문에 우리의 그 한 낙관적이고 희망적인 기대는 근거가 있는 셈이다.

그러나 우리가 자세히 살펴보면 무너진 동구라파의 공산주의 체제와 아직 남아있는 아세 아의 공산주의 체제는 그 성격이 매우 다르다. 그리고 서구의 자본주의 사회와 아세아의 자본주의 사회도 또한 서로 매우 다르다. 그래서 우리는 마치 감나무 밑에서 입을 벌리고 감이 떨어지는 것을 기다리고 있는 것과 같은 낙관주의적인 기대에만 사로잡혀 있을 수는 없는지 모른다.

우리는 아직 남아 있는 빈곤층을 없애기 위해서 경제적으로 더 중요해져야 되고 우리사회 에서 소외된 계층을 발전에 참여시키기 위해서 민주주의를 더 철저하게 실현해야 되며 모든 사람들이 안심하고 생활할 수 있는 법치주의적인 질서를 이룩해야 된다. 그렇게 해서 돈의 위력을 줄이고 인간이 빛나는 사회를 만들어야 한다.

우리의 남북으로 분단된 한반도가 그 안에 놓여 있는 동아세아에서는 체제의 경쟁이 매우 묘한 양상을 나타내고 있다. 중국과 베트남과 북한의 공산주의 제도를 도입했거나 도입하려고 하고 있다. 그들은 동구라파의 공산체제가 경제와 정치의 양면에서 서구라파의 자유체제를 모방한 결과 혼란과 파열을 가져왔다는 것을 교훈으로 삼고 있다. 그래서 그들은 사회주의 경제에서는 시장경제를 이상으로 하는 혼합체제를 시도하고 있다. 자유 세계는 이러한 혼합체제의 시도를 실패로 돌아가게 할 수 있기 위해서 개방에로의 압력을 가하기에는 너무 빨리 인류의 "자유"를 위한 경쟁과 투쟁을 포기하고 강대국끼리의 경제전쟁에 돌입하고 있다.

그리고 이미 말한바와 같이 동아세아의 공산주의 국가들은 동구라파의 공산국가들과는 처음부터 그 성격이 다르다는 것을 우리는 경쟁자의 입장에서 명심할 필요가 있다. 동구라파의 공산국가들은 제2차 세계대전이 끝나면서 소련의 점령이 그들의 체제를 만들어 주었지만 동아세아의 공산국가들은 식민지 통치와 제국주의 지배로부터의 해방을 위한 투쟁을 통해서 그들의 체제를 확립했기 때문이다. 동아세아의 공산체제는 식민지 통치로부터의 민족해방의 투쟁을 통해서 그 기반을 굳혔다는 것이다. 그래서 동아세아의 공산주의는 처음부터 민족주의적인 요소를 다분히 갖고 있었다. 모택동이나 호지명은 사실 공산주의자들이기 전에 민족적인 지도자들로 받들어 졌었다. 김일성도 일제시대부터 일본제국주외와 싸운 민족주의적인 영웅으로 과장해서 선전되고 있었다.

그래서 동아시아의 공산국가들은 그 이데올로기적인 기반이 약화되어도 인민의 도덕적인 지지를 기대할 수 있기 때문에 그렇게 쉽게 동구라파와 꼭 같이 무너질 것을 기대하기는 어려울 것 같다. 그래서 만약 동아세아의 공산국가들이 산업화를 위한 그들의 노력이 성공하고 그리고 자유세계가 너무 조급하게 경제의 개방화와 더불어 정치의 자유화를 위한 압력을 포기하면 한반도에서의 체제경쟁은 낙관할 수 없는 어려운 형편에 빠지게 될는지도 모른다. 우리가 민주주의 이상을 실현하지 못하고 도덕적인 생활의 수준을 높이지 못하면 통일을 위한 우리의 전망도 매우 어려워질지 모르기 때문이다. 이렇게 생각해 보면 통일을 위한 우리의 길 곧 통일을 위해서 우리가 가야할 길은 아직 멀다고 말할 수가 있다. 정치의 발전과 사회의 질서와 도덕의 수준 등에서 특히 우리는 아직 먼 길을 가야한다는 것이다. 이런 생각을 해보면 우리 기독교인들과 그 지도자들의 책임은 매우 중대하다고 말할 수가 있다.

베트남의 통일은 식민주의 통치에 대한 피압박 민족들의 세계적인 그리고 시대적인 저항 운동의 추세가 이를 밑받침했었다. 프랑스의 식민지 통치와 싸워서 독립을 쟁취하려는 월맹이 이제는 미국의 제국주의와 싸우고 있다고 해서 세계적인 여론의 지지를 받았었다. 우리나라는 공산주의와의 투쟁을 위해서 월남전에 참여했지만 자유세계의 많은 나라들은 베트남 인민의 민족해방 운동이라고 생각하면서 월남전을 반대했다. 동서로 분단하면서 미국을 규탄했다. 미국은 군사력이 모자라서가 아니라 그 명분 때문에 철군하지 않을 수가 없었고 베트남은 식민주의시대의 종말과 민족의 자주독립의 명분으로 인해서 통일을 성취할 수가 있었다. 식민주의가 끝나는 시대적인 추세와 세계적인 여론이 베트남을 통일시킨 것이다. 베트남의 통일에서는 식민주의가 패망하고 민족의 자주독립이 승리를 한 셈이다. 공산체제가 승리를 해도 자주독립이라는 명분을 업고 승리를 한 셈이다.

독일의 통일은 이와는 전연 다르다. 동서독의 대립은 공산주의 경제와 자본주의 경제의 대립이었으며 사회주의의 이상과 민주주의의 이상의 대립이었으며 전체주의 이념과 자유주의의 이념의 대립이었으며 이데올로기와의 휴머니즘의 투쟁이었다. 독일의 통일은 정치·경제·사회의 모든 면에서의 자유와 번영과 복지와 법치와 인권의 승리였다. 우리는 서독이 사민당 뿐만 아니라 기민당을 통해서 서독의 복지사회와 법치국가가 동독의 사회주의의 이상을 무색하게 했다는 것을 잊지 말아야 한다. 독일이 통일을 한 직전에 서독의 정치를 평한 어떤 진보적인 교수가 한마디로 서독의 정치에는 문제나 흠이 없다고 말한 일이 있다. 그리고 서독의 보수적인 기민당도 동독의 전체주의에 대해서 서독의 개인주의라는 말을 쓰지 않았다. 더불어 사는 공동체를 위해서는 개인주의는 흠이 있다는 것이다. 그리고 기민당도 자본주의라는 표현이 자본 곧 돈의 위력을 너무 강화한다는 것이다. 독일의 통일은 그야말로 이념과 생활과 문화에서 서구적인 전통의 승리를 의미하는 것이었다. 대학의 예를 들면 서독에서는 대학생들이 등록금을 낼 필요가 없었다. 대부분의 대학생들이 장학금으로 생활하면서 대학교육을 받을 수가 있었다. 그러므로 그들은 사회주의 꿈꿀 필요가 없었다.

우리나라 경우에 있어서는 통일을 위한 베트남과 같은 시대적으로 확고한 명분도 없고 독일과 같은 체제의 우월성을 위한 확실한 증거도 아직은 부족하다. 우리의 정치·경제·사회·복지·법치·인권에는 아직 문제도 많고 흠도 많다. 북한에 비해 상대적인 우월성은 확실하지만 사회주의의 이상을 무색하게 하기에는 아직 먼 길을 가야한다는 것이다. 우리의 정치에는 너무 문제가 많고 우리의 경제는 모든 국민이 번영의 열매를 누리기에는 너무나 소수의 손에 의해서 지배되고 있다. 우리의 복지는 아직 초보단계에도 이르지 못하고 있으며 더불어 사는 공동체의 개념에도 이르지 못하고 있다. 법치와 인권도 아직 뿌리내리지 못하고 있으며 인치와 금권에 의해서 늘 위협받고 있는 것이 사실이다. 따라서 우리는 체제의 우월성으로 인해서 자연스럽게 그리고 평화스럽게 통일을 기대하기에는 아직 먼 길을 가야 한다는 것이다.

베트남이 통일된 것은 식민주의가 끝이 나고 제국주의가 인류의 역사적인 저항을 받는 시대적인 추세와 세계적인 명분에 의해서 월맹이 승리했기 때문이었다. 독일이 통일된 것은 번영을 향한 공산주의와 자본주의의 경쟁과 사회주의와 민주주의의 이념적인 대립에서 서독이 승리했기 때문이다. 그런데 만약 동아세아의 공산국가들이 현재 중국과 베트남이 추구하는 개방적인 시장 경제의 발전을 통해서 산업화와 경제적인 번영에서 어느 정도라도 성공한다면 우리의 체제경쟁은 자연적으로 문화적인 영역 곧 도덕적인 질의 차원으로 옮겨질 수 밖에 없게 될 것이다. 어느 쪽이 도덕적인 질이 높은 인간다운 인간의 생활을 보장할 수 있느냐에 따라서 그쪽으로 통일될 수 밖에 없다는 것이다. 아들이 아버지를 죽이는 것을 예사로 생각하고 청소년들이 전통적인 도덕의 규범에서 점점 더 멀어지고 우리의 사회가 범죄의 사회로 되어간다고 해도 우리는 우리나라가 통일의 주체가 될 수 있다고 믿을 수가 있겠는가.

    물론 북한이 계속 절대적인 빈곤의 상태를 벗어나지 못한다면 그런 희망을 가질 수도 있을는지 모른다. 그러나 북한이 경계의 산업화에서 성공한다면 우리는 범죄사회에로 북한을 동일하게 될 것이라는 희망을 갖기는 어려울는지 모른다. 그동안 우리의 관광객들은 지금까지 애써서 번 몇 푼의 돈을 가지고 중국으로 만주로 쫓아 다니면서 너무나 도덕적으로 창피스러운 행각들을 일삼아 왔다고 한다. 만약 우리의 생활이 도덕적으로 버젓하지 못하면 우리가 물질적으로 다소 풍족하다고 해서 북한의 동포들이 우리 사회의 품안으로 들어오기를 바랄 수는 없다. 우리의 체제경쟁은 아직 끝나지 않았다고 나는 믿고 있다. 식민주의와 제국주의에 대한 민족주의의는 승리가 베트남의 통일을 가져왔다. 전체주의와 사회주의에 대한 민주주의의 승리가 독일의 통일을 가져왔다. 그러나 이제 우리나라에서는 부도덕과 무질서에 대한 질적으로 보장된 도덕의 승리만이 평화적인 통일을 가져올 것이라는 것이다. 도덕적인 질이 높은 생활을 보장하는 체제가 승리할 것이라고 나는 믿고 있다. 이제는 식민주의의 시대도 지나갔지만 이데올로기 대립의 시대도 지나갔다. 이제는 문화와 도덕의 시대가 되었기 때문이다. 하버드 대학의 헌팅톤이 말한 것처럼 이데올로기가 문제가 되는 시대는 지나가고 문명들이 문제가 되는 시대가 되었기 때문이다.

    우리가 우리나라의 통일을 생각하는데 있어서 늘 하나의 큰 제약이 되는 것이 6·25의 전쟁 곧 비참한 동족 상잔의 전쟁이다. 6.25의 전쟁의 경험은 우리의 통일을 어렵게 생각하게 만들 뿐만 아니라 통일의 방법을 절대적으로 평화로운 방법으로 제한하기도 한다. 우리는 어떠한 명분으로도 그러한 비참한 전쟁을 되풀이해서는 안된다는 것이다. 평화통일은 우리에게 있어서는 지상명령이다. 베트남의 경우에는 피비린내 나는 전쟁을 겪었지만 독일의 경우에는 그러한 전쟁을 겪지는 않았다. 우리나라도 어떤 상황아래서도 그런 전쟁을 다시 겪을 수는 없다는 것이다. 그래서 우리나라의 통일을 위한 불가피한 깊은 대화의 길이다. 정신분석학의 명제에 "언어가 소멸하면 폭력의 지배가 시작된다"는 말이 있다. 전쟁이나 폭력을 회피하려면 대화의 길 밖에 없다는 것이다. 참다운 대화는 참으로 위대한 힘을 가졌다. 어떤 고집도 어떤 장벽도 무너뜨릴 수가 있다는 것이다. 아무리 체제의 목적과 의도와 신념이 달라도 참다운 대화는 그러한 대립을 이길 수가 있다는 것이다.

    북진통일을 국도통일을 위한 유일의 현실적인 방법이라고 생각하는 극우의 사람들이나 적화통일을 유일의 현실적인 방법이라고 생각하는 극좌의 사람들은 흔히 대화를 비현실적인 속아 넘어가기 쉬운 길이라고 회피하는 일이 많다. 그러나 만약 평화통일만이 참으로 의미 있는 민족통일의 길이라면 대화는 유일의 그리고 회피해서는 안될 통일의 방법이다. 평화스럽게 그리고 기적적으로 모든 정치인들의 상식적인 판단과 모든 나라들의 예측을 넘어서 통일을 이룩한 독일에서는 어느 쪽도 대화를 하는 것을 주저해 본 일이 없다. 대화는 조급하게 흥정을 하는 협상과는 달라서 양보를 하고 절충을 하는 것과는 다르다. 대화는 입장이 다른 사람들이 서로를 이해하면서 함께 진리에 접근하는 유일의 길이다. 그러므로 대화를 단절하거나 대화를 어렵게 하는 정책은 통일을 지향하는 통일정책이라고 말할 수는 없다.

　　철학적으로도 혼자서 생각하면 늘 편견을 수반한다. 서로 입장을 달리하는 사람들은 대화를 통해서만 공동의 진리 곧 보편적인 진리에 도달할 수가 있다. 따라서 서로 입장이 다른 사람들은 인내심을 가지고 대화를 할 필요가 있다. 그것은 공동의 진리에 접근하기 위해서도 너를 위해서도 나를 위해서도 큰 도움을 준다. 내가 나를 바르게 인식하는 데도 도움을 주고 너가 너를 바르게 이해하는 데도 도움을 주고 우리가 함께 바른 길을 찾는 데도 도움을 준다. 우리의 남과 북은 인내심을 가지고 끈질긴 대화를 통해서 서로 상대방의 장점과 단점을 이해하고 각자 자기의 장점과 단점을 이해한 필요가 있다는 것이다. 따라서 그러한 대화만이 통일을 위한 길을 예비한다. 이러한 대화는 상당한 수준의 교양과 자신을 이길 수 있는 인내와 높은 정치적인 식견을 필요로 한다. 이러한 대화를 통해서 통일을 위한 길을 예비했을 때만 역사가 우리에게 주는 기회를 이용할 수가 있다. 하나님이 주시는 은혜로서의 기회를 말한다.

　　그러나 참다운 대화는 인내를 필요로 하기 때문에 견디기 어려운 인내는 늘 대화의 단절을 유혹할 수가 있다. 그런데 이러한 있을 수 있는 대화의 단절은 폭력과 전쟁으로 이어지지 아니하고 새로운 대화에로 연결되어야 한다. 새로운 대화의 시작은 늘 상호이해에 있어서의 발전을 의미한다.

　　그러나 대화의 단절이 폭력과 전쟁으로 이어지지 아니하고 새로운 대화의 시작으로 연결되기 위해서는 상호 물리적인 힘에 의존하려는 유혹을 이길 수 있는 안전을 보장하는 힘의 준비가 필요하다. 대화를 파괴할 수 있는 군사력을 말하는 것이 아니고 우리의 통일을 위해서 대화를 보호하고 대화를 전진시킬 수 있는 안전의 보장을 위한 군사적인 힘의 준비를 말한다.

　　그러므로 우리의 통일을 위해서는 군사적인 힘에 의한 안전의 보장 아래서의 대화가 필수적이다. 우리의 정치·경제·사회·문화의 모든 영역들에서의 건전한 발전을 전제한 안전의 보장과 끈질긴 대화의 지속을 말한다. 물론 우리의 통일을 위해서도 일제의 가혹한 식민지 통치와 6.25의 비참한 동족상잔의 전쟁에서 우리 민족을 보호해 주신 하나님의 은총에 의존할 수 밖에 없다.

4. 학문과 신앙의 통합을 위해 기도하라.

4.1 전공별 기독교과 연구모임이 필요하다.

민현식 교수 (강릉대, 국문학)
유피엠뉴스 제8호 1991.7.3, 10-11

기독교인 교수라면 누구나 강단에서 가르치는 지식의 내용에 있어서 비신앙인들과 달리 느끼는 고뇌가 적지 않다. 그리하여 신앙에 설익은 자가 남을 가르친다는 것이 참으로 소경이 소경을 인도하는 것 같아 부끄러울 때가 많다. 특히 복음의 진리를 전공 교과와 관련지어 전달하기가 쉽지 않으니 전공과 관련지어 학생들에게 기독교의 진리됨과 주님의 주되심을 입증하여 전달하는 것이 교육현장의 기독 교육자들에게는 큰 과제가 아닐 수 없다.

그러나 이러한 교육선교의 방법론에 있어서는 너무나 우리의 관심이 미약하다.

복음전파의 지상명령을 수행할 대상에 따라 선교 영역을 크게 지역선교와 특수선교로 나눌 때 우리 기독교육자들이 위치한 교육선교의 장은 특수선교의 영역이다. 그러나 그동안 한국교회가 지역교회 중심의 선교에 치중하다 보니 급속한 산업화와 직업 분화에 따른 선교의 다원적 요구에는 뒤따르지 못하였다. 그 결과 교육현장에서의 선교도 미흡하며 교회 내에서의 교회학교 교육도 세상의 학교교육에 뒤떨어진다는 이야기가 나오게 되었다.

이러한 문제의 개선을 위한 많은 노력이 이루어지고 있으나 실제 교육현장에서는 복음의 진리와 학교 교과의 내용이 별개로 다루어져 이원화된 세계관 속에서 진행되고 있다. 그 결과 기독교인 교육자가 가르치는 지식도 성서의 보편적 진리 체계 위에서 조명되지 못하고 가르쳐진다. 물론 모든 교과지식을 성서적으로만 조명하려다가 무리하게 주관성을 띠게 되어 학생들의 반발도 사기 쉽기에 기독교육자들이 강단에서 너무 기독교인 냄새를 피운다는 소리가 들릴까봐 지레 움츠리는 경우도 있다. 그러다보니 아예 성서적 관점과 무관하게 세상의 학문적 관점에서만 가르치게 된다. 필자의 경험으로도 전공 교과 내용 중에서 세부적으로는 성서적 관련을 찾기 어려운 것이 많다. 그러다 보면 단순히 세상지식의 전달자로만 남게 되어 기독교 신앙은 나의 직업내용과는 무관하게 될 수밖에 없고 나는 내적으로 신앙 따로 직업 따로 라는 이원론의 세계관에서 모순된 삶을 살게 된다. 그래서 기독교육자들이 시급히 추구해야할 일이 각개 학문영역별 기독교 교과내용의 편성이 아닌가 한다. 이는 기독교 이념으로 설치된 교육기관에서 진작부터 이루어졌어야 할 일인데 그 일을 안하고 기독교 교육이 채플시간이나 설치하면 다 되는 줄 착각하고 일반학과에선 세속학문을 성서적 안목과 검증없이 가르치다 보니 기독교육이란 설립이념이 사라지고 세속학교와 다를 바 없는 학교들이 되어버렸다. 더욱 이 교육의 영역이 전문화를 추구해가는 상황 속에서 교육현장의 선교는 목회자들이 감당하기에는 불가능하기에 교육현장의 교육자들이 감당해야 할 것이다.

　그런 점에서 10여년전부터 시작된 〈기독교대학〉동역회와 창조과학회, IVF 등에서 기독교 세계관과 학문의 일원론적 일치를 위해 회보를 발간하고 소책자를 발간하여 그 인식의 공감대를 확대시켜 온 것은 다행이었으며 잠자고 있던 기독교육자들에게도 자극과 활력이 되어왔다. 따라서 우리 〈전국교수선교회〉의 활동도 각 대학에 교수신우회 활동의 정착과 활성화를 추구하면서 동시에 각 학문과 관련지은 기독교 세계관의 정착에 나름대로 기여해야 할 사명이 있다고 생각한다. 각 기독교육자들이 자기 전공에서 성서적 조명을 거치면서 바른 학문의 세계를 추구해 나갈 때 우리나라의 대학 학문의 풍토도 상당히 성장할 것이며 기독교육자들이 자기 진공분야에서 성서적 조명을 거친 내용과 복음을 담아 가르칠 수 있는 아이디어를 하나 하나 발굴하여 가면 큰 결실을 얻을 것이다. 교수선교회가 앞으로 기여해야 할 중요한 영역의 하나는 이러한 전공별 기독교과과정을 위한 다양한 프로그램을 교수선교회 수련회 기간에 분과 모임, 세미나 등을 통해 개발하고 상호교환을 이루는 일이라고 생각한다. 얼마전 창조과학회원들을 중심으로 창조론을 바탕으로 한 〈자연과학개론〉을 펴낸 것도 이런 좋은 예이다.

　필자는 국어국문학과에서 국어학을 전공하면서 그 동안 이 문제를 추구해왔으나 같은 신앙의 전공자들 간에 이러한 문제를 다룰 분들을 만나지 못하였다. 특히 갈수록 교육자의 권위가 떨어지는 세태 속에 기독교육자들조차 지식전달자로 전락되는 모습에 답답함을 느끼지 않을 수 없었다. 그러면서 교양국어 시간이든 전공교과 시간이든 교과에 관련지어 복음을 담은 교안을 짜서 정리해보기 시작했고 그 반응도 점검하게 되었다. 비록 보잘 것 없는 것이었지만 나로서는 소중한 체험이었고 같은 전공의 기독교육자들 끼리 만나 이런 문제들을 상호발표 교환한다면 우리의 학원복음화도 큰 도움이 되지 않을까 생각하였다. 예컨대 이해를 돕기 위하여 소개한다면 필자가 가지고 있는 전공 관련 기독교과안 중에 교양국어의 교과안에는 다음과 같은 것이 있다. 지면상 간략히 한 두가지 소개한다.

　1. 언어-국문과나 영문과 교수라면 언어학 개론을 가르치기에 언어의 이야기는 필수적이다. 여기에서 언어의 기원론이 등장하는데 성서의 바벨탑의 이야기와 그 사실성에 대한 고고학적 자료에 대한 이야기를 늘어놓고 원숭이로부터 인간의 발음기간이 진화했다는 이야기를 상세히 한 것을 보고 놀란 바가 있다. 우리가 조금만 준비하면 창세기의 바벨탑 사건을 곁들여 충분히 언어이론을 전개할 수 있으며 자연스레 〈말씀〉과 〈인간〉과 〈신〉의 관계에까지 전개할 수 있다. 고대언어의 연구나 언어계통설의 소개에서도 이 분야는 다양하게 소개할 수 있고 학생들에게 성서읽기에의 관심을 일으킬 수 있다. 더욱이 성서의 모판이라 할 창세기는 이런 바벨탑 사건을 예로 수시로 들려줄 문학 이야기의 보따리가 아닌가 한다.

　2. 언어와 민족의 관계-세계의 언어분포를 조사해보면 한국어가 상당히 중요 언어 대국임을 알게된다. 단일 언어 인구수를 조사해보면 전 세계 3천여 언어 중에서 중국어, 영어, 러시아어, 스페인어, 힌두어, 벵골어, 아랍어, 일본어, 독일어, 포르투갈어, 불어 순이며 다음으로 이탈리아어와 한국어가 12위를 다툰다. 따라서 7천만의 인구가 단일어를 쓰는 한국민

족은 대국어 민족이며 더욱이 한글의 우수성은 세계 제일의 우수문자이기에 학생들은 한민족의 세계사적 위치를 자각하게 될 것이다. 필자는 국어 강의 첫 시간이면 이 문제를 인식시켜 우리의 국어에 대한 자각을 가지게 하고 우리는 이 언어로 세계사에 무엇을 기여할 것인가 질문을 던진다. 이 문제와 관련지어 우리의 역사와 관련지은 이야기를 여담으로 덧붙여도 된다. 이때 도움되는 내용이 함석헌 선생이 지은 〈뜻으로 본 한국역사〉라는 책의 내용이다. 꿈을 잃어버린 우리 민족의 역사를 신랄히 비판한 이 책은 주지하다시피 성서적 관점에서 한국사를 본 것으로 그 요지를 들려줄 때 모든 학생이 감동을 받는 것을 느낄 수 있었다. 덧붙여 몇 종류의 〈한국교회사〉서적에 다룬 실학파와 천주교전래 및 자발적인 개신교의 수용과 한글성서의 번역, 개화기 기독교사상의 영향은 국어국문학 관련으로 역시 다양한 이야기의 전개가 가능하다. 또한 개화기 한글성서번역과 그 내용 및 문제가 민중계몽은 물론 신문학에 영향을 끼쳤는바 이에 대한 언급도 학생들에게 기독교에 대한 이해를 증진시킨다. 그 뒤의 국어운동에 일생을 바친 최현배 선생같은 분은 새문안교회의 집사로 교회를 섬기신 분이며 조선어학회 사건으로 돌아가신 두분 중 이윤재 선생도 〈한글장로〉라는 별명을 가지신 분이셨다. ·········등등(중략)

이러한 방식으로 전공교과를 통해 성서의 진리와 역사를 다양하게 전달하는 것은 기독교수들이 지혜를 모은다면 가능하며 서적으로도 출판된다면 이는 초중고교 교사들의 교육현장에서도 큰 영향을 끼칠 것이다. 이제 교수선교회는 아직 초창기라 조직의 정비에도 벅차나 거듭난 신앙간증, 학문적 성공의 간증 외에도(이런 것은 소속교회 주변에서도 평소 많이 듣는다) 전공교과별 분과모임이나 기독교수들의 학문발전에도 도움을 줄 수 있는 아이디어들이 개발되고 나아가 회지에도 좋은 학문적 교수 요목들이 소개될 때 교수선교회는 학술적 차원으로도 승화되어 기독교수들의 참여도 매우 높아지리라 생각된다.

4.2 성경을 가르치라

남금식 교수(목원대, 무역학)
유피엠뉴스 제8호 1991.7.3, 10-11

1. 초등 학문의 교훈

우리는 과학적이고 합리적인 사고방식을 교육받아 왔고 우리가 배운 그대로 가르쳐 왔습니다. 이것은 근대화에 필수적인 방법론이고 사고 방식이라고 모두 생각하고 있습니다. 또한 학문의 방법론이기도 합니다. 현대 교육은 주로 이러한 사고 방식에 의해서 발전되었고 과학적이며 합리적인 사고의 인재 양성에 역점을 두고 왔습니다.

이는 세상적이며, 정욕적이며 죄악의 온상에 열을 공급하는 화부의 역할에 충실했을 뿐입니다.

사도 바울선생은 누가 철학과 헛된 속임수로 너희를 노략할까 주의하라 이것이 사람의 유전과 세상의 초등학문을 좇음이라(골로새서 2:8), 너희가 세상의 초등 학문에서 그리스도와 함께 죽었거든 어찌하여 세상에 사는 것과 같이 의문에 순종하느냐. 곧 붙잡지도 말고 맛보지도 말고 만지지도 말라 하는 것이니 이 모든 것은 쓰는 데로 부패에 돌아가리라 사람의 명과 가르침을 좇느냐 이런 것들은 자의적 숭배와 겸손과 몸을 괴롭게 하는데 지혜있는 모양이나 오직 육체를 좇는 것을 금하는데 유익이 조금도 없느니라(골로새서 2:20~23),

바울의 말씀대로 현대인은 과학의 노예가 되어 불안과 공포에 괴로워하고 피로에 지쳐 있으며 각종 부패는 과학화 조직화되어 사회, 교회, 학교까지 오염시켜 가고 있으며 현대 교육은 세상의 초등학문과 철학과 헛된 속임수에 농락당하여 스승의 머리를 하고, 스승을 폭행하는 기사가 뉴스의 촛점이 되었으니 현대 교육의 실종, 위기론을 경고하는 나팔소리로 들어야 할 때가 되었습니다.

2. 예수님처럼 가르칠 수 없을까

예수께서 사마리아로 통행하실 때 사마리아에 있는 수가라 하는 동네에 이르사 사마리아 여자 하나가 물을 길으려 우물가에 왔으며 예수께서 물 좀 달라 하시니 이는 제자들이 먹을 것을 사러 동네에 들어갔음이러라. 사마리아 여자가 가로되 당신은 유대인으로서 어찌하여 사마리아 여자인 나에게 물을 달라하나이까 하니 이는 유대인이 사마리아 인과 상종치 아니함이니라, 예수께서 대답하여 가라사대 네가 만일 하나님의 선물과 또 네게 물 좀 달라 하는 이가 누구인 줄 알았으면 네가 그에게 구하였을 것이요 그가 생수를 내게 주었으리라. 가라사대 가서 네 남편을 불러오라 여자가 대답하여 가로되 나는 남편이 없나이다. 예수께서 가라사대 네가 남편이 없다 하는 말이 옳도다. 네가 남편 다섯이 있었으나 지금 있는 자는 네 남편이 아니니 네 말이 참되도다. 여자가 가로되 주여 내가 보니 선지자로소이다 (요한복음 4:4-10, 16-19), 내가 행한 모든 일을 내게 말한 사람을 와 보라 이는 그리스도가 아니냐 하니 저희가 동네에서 나와 예수께로 오더라(요한복음 4:29-30), 예수님께서는 지역감정, 인종문제도 해결하셨으며 문제중의 문제 여인을 회개시켜 구원받고 영생의 길로 인도하셨습니다.

우리도 예수님의 형상을 닮기만 하면 능력주시는 하나님 안에서 지역문제, 등록금인상 문제, 노사문제, 남북문제도 해결할 수 있는 정치인 선생님, 사장님이 될 수 있을 것입니다.

3. 우리는 성경을 가르쳐야 한다.

영어, 국어, 수학, 미술, 음악 과외지도는 많은데 성경 과외지도는 왜 없는가, 사도 바울 선생님은 믿음의 아들 디모데에게 너는 배우고 확신한 일에 거하라 네가 뉘게 배운 것을 알며 또 내가 어려서부터 성경을 알았나니 성경은 능히 너로 하여금 그리스도 예수안에 있는 믿음으로 말미암아 구원에 이르러 지혜가 있게 하느니라 모든 성경은 하나님의 감동으로 된 것으로 교훈과 책망과 바르게 함과 의로 교육하기에 유익하니 이는 하나님의 사람으로 온전케 하며 모든 선한일을 행하기에 온전케 하려 함이니라(디모데후서 3:14~17), 성경을 통해서만 하나님에 대한 교훈과 우리에게 주시는 교훈, 사랑, 피할 죄에 대한 경고가 무엇인지를 밝히고 생활속에서 어떻게 적용할 것과 성취해야 할 올바른 방법을 배워 온전케 될 수 있다는 유일한 방법을 제시해 주었습니다.

시편 25:4-5, 여호와여 주의 도를 내게 보이시고 주의 길을 내게 가르치소서 주의 진리로 나를 지도하시고 교훈하소서 주는 내 구원의 하나님이시니 내가 종일 주를 바라나이다. 우리는 먼저 주의 도를 가르치고 그 위에 현대의 학문과 과학적 합리적인 사고를 가르칠 때 생명있는 지식이 되어 인류를 위해 희생하고 봉사할 것입니다.

시편 27:11 여호와여 주의 길로 나를 가르치시고 내 원수를 인하여 평탄한 길로 인도하소서 인생의 올바른 삶의 길이 신자의 길임을 말해주고 있습니다.

시편 119:12, 21 찬송을 받으실 여호와여 주의 율례를 내게 가르치소서 내가 나의 행위를 고하매 주께서 내게 응답하셨으니 주의 할례를 내게 가르치소서,

우리는 법을 가르쳐야 된다는 교훈입니다. 준법정신이 함양될 때 민주주의도 사회정의도 꽃피게 됩니다. 법질서가 확립되지 않을 때 지방자치를 수백번 해보았자 소용이 없는 것입니다.

신명기 28:1-6, 네가 네 하나님 여호와의 말씀을 삼가 듣고 네가 오늘날 네게 명하는 그 모든 성경을 지켜 행하면 네 하나님 여호와께서 너를 세계 모든 민족위에 뛰어나게 하실 것이라. 네가 네 하나님 여호와의 말씀을 순종하면 이 모든 복이 네게 임하여 네게 미치리니 성읍에서도 복을 받을 것이며 네 몸의 소생과 네 토지의 소산과 네 짐승의 새끼와 우양의 새끼가 복을 받을 것이며 네 광주리와 떡 반죽 그릇이 복을 받을 것이니 네가 들어와도 복을 받고 나가도 복을 받을 것이니라, 법을 지키므로 복을 받는 비결을 가르쳐야 합니다.

첫째, 하나님의 법을 지키도록 가르쳐야 합니다. 시편 119:1, 행위가 완전하여 여호와의 법에 행하는 자가 복이 있음이여, 하나님의 법을 지키는 것이 행복의 비결임을 가르쳐 주고 있습니다.

둘째, 양심의 법을 지키도록 가르쳐야 합니다. 사도행전 23:1에 바울 선생님께서 공회를 주목하여 가로되 여러분 형제들아 오늘날까지 내가 범사에 양심을 따라 하나님을 섬겼노라. 이는 바울이 사람을 의식하고 형식적인 생활을 하지 아니하고 하나님을 의식하고 양심적으로 하나님의 법을 지키겠다는 것으로 양심의 법은 사람이 집행하는 것이 아니기 때문에 양심을 속이면 마음이 괴롭고 양심의 법을 지키면 마음이 평안하기 때문입니다.

셋째, 국가의 법을 지키도록 가르쳐야 합니다. 로마서 13:1-3, 사람은 위에 있는 권세들에

게 복종하라 권세는 하나님께로 나지 않음이 없나니 모든 권세는 다 하나님의 정하신바라 그러므로 권세를 거스리는 자들은 심판을 자취하리라. 관원들은 선한일에 대하여 두려움이 되지 않고 악한 일에 되나니 내가 권세를 두려워하지 아니하느냐 선을 행하라 그리하면 그에게 칭찬을 받으리라. 이는 누구나 다 국가에 속한 국민이기 때문에 국가에 대한 의무를 법에 따라 행하여야 할 것을 말해주고 있는 것입니다. 만약에 국민의 의무를 이행하지 아니하면 법에 따라 처벌을 받게 되는 것입니다. 특히 종교지도자들과 학생들이 본분을 망각하고 비종교적이며 반국가적이고 반사회적이며 비윤리적인 행위를 하는 것을 볼 때 가슴 아프게 생각합니다.

시편 119:66, 내가 주의 계명을 믿었사오니 명철과 지식을 내게 가르치소서,

시편 143:10. 주는 나의 하나님이시니 나를 가르쳐 주의 뜻을 행하게 하소서 주의 신이 선 하시니 나를 공평한 땅에 인도하소서 하나님이 우리를 향한 뜻을 깨달아 행하도록 가르쳐야 합니다.

디도서 2:12-15, 우리를 양육하시되 경건치 않은 것과 이 세상 정욕을 다 버리고 근심함과 의로움과 경건함으로 이 세상에 살고 복스러운 소망과 우리의 크신 하나님 구주 예수 그리스도의 영광이 나타나심을 기다리게 하셨으니 그가 우리를 대신하여 자신을 주심은 모든 불법에서 우리를 구속하시고 우리를 깨끗케 하사 선한일에 열심하는 친백성이 되게 하려 하심이라.

너는 이것을 말하고 권면하며 모든 권위로 책망하여 누구에게든지 업신여김을 받지말라, 경건생활로 하나님의 의의 병기와 사랑의 도구로 귀하게 쓰임받는 사람이 되게 가르쳐야 합니다.

히브리 8:11. 또 각각 자기 나라 사람과 각각 자기 형제를 가르쳐 이르기를 주를 알라 하지 아니할 것은 저희가 작은 자로부터 큰자까지 나를 앎이니라, 하나님을 알 수 있도록 그리스도의 말씀, 영적진리를 가르쳐야 한다.

이사야 9:15-16, 머리는 곧 장로와 존귀한 자요 꼬리는 곧 거짓말을 가르치는 선지자 백성을 인도하는 자가 그들로 미혹케 하니 인도를 받는 자가 멸망하는도다. 미가서 3:11 그 두령은 뇌물을 위하여 재판하며 그 제사장은 삯을 위하여 교훈하며 그 선지자는 돈을 위하여 점치면서 오히려 여호와를 의뢰하여 이르기를 여호와께서 우리 중에 계시지 아니하냐 재앙이 우리에게 임하지 아니하리라 하도다.

삯의 멍에에 억매인 비겁한 기회주의자의 오명을 벗어 버리고 초등학문에서 졸업하여 고등학문을 가르치라는 주님의 음성을 듣게 됨을 감사드립니다.

4.3 여호와 경외가 학문의 근본(잠 1:1-7)

노영상 교수(호남신학대 신학과)
유피엠뉴스 제8호 1991.7.3, 23-25

1. 본문 1:7은 여호와를 경외하는 것이 지식의 근본이라고 말하고 있습니다. 경외한다함은 두려워함을 의미함이요, 근본이라는 단어는 본래 시작이라는 뜻을 가지고 있습니다. 하나님을 두려워하는 것이 지식의 시작이라는 말이 되겠습니다. 하나님을 경외함이 없이 우리는 참 지식에 이를 수 없습니다.

이에 있어 우리가 읽은 본문 1절부터 7절 사이에는 진리의 인식과 관계되는 여러 단어가 쏟아져 나오고 있습니다. 훈계(instruction), 명철(이해, under-standing), 지식(knowledge), 지혜(wisdom), 학식(학문, learning) 등이 그것입니다. 그 하나님을 경외하는 것이 훈계의 근본이요, 이해의 근본이며, 지식과 지혜와 학문의 시작임을 말하는 것이라 할 수 있겠습니다. 이러한 진리 인식을 나타내는 여러 용어 중, 잠언에 가장 많이 나오는 대표적인 것으로 우리는 지혜(wisdom)라는 단어를 뽑을 수 있습니다.

우리는 성서의 잠언과 전도서 등을 지혜문서로 구별하는 바, 그 지혜란 히브리어로 호크마라 읽습니다. 야웨를 경외하는 것이 지혜 곧 호크마의 시작입니다. 하나님의 지혜에 근본하지 않은 세상 지식은 뿌리없는 나무와 같습니다. 여기서 그 호크마란 단어는 경험에 근거한 인생과 세상에 관한 실제적이며 전반적인 지식이란 의미를 갖고 있습니다.

잠언을 읽어 보면 우리는 각 분야의 지혜가 그 속에 있음을 알게 됩니다. 자연과학에 대한 지식, 사법적이며 정치적인 것에 대한 지혜, 경제에 있어서의 지혜, 교육문제에 대한 언급 등이 그것입니다. 당시는 오늘과 같이 학문이 세분화되지 않은 때로서, 이러한 잠언의 형태로 각 분야의 학문들이 표명되던 시대였습니다. 그러므로 호크마 곧 지혜라는 단어를 우리는 철학적인 어떤 것을 뜻하는 것으로만 여길 수 없으며, 학문적 지식 전반을 의미하는 말로 보아야 하는 것입니다. 앞의 말은 자연과학을 뒤의 말은 정신과학을 말하는 것이라 볼 수 있겠습니다. 곧 야웨를 두려워함이 자연과학과 정신과학을 포함한 전 학문의 근본이 된다는 말입니다. 신앙없이 우리는 참된 진리인식에 이를 수 없습니다. 또한 그 기독교적 영성이 전제됨이 없이 우리는 참된 학문을 이룰 수 없는 것입니다.

2. 이 같은 잠언1: 7의 말씀은 신앙과 학문 및 신앙과 이성을 이원화하는 주장에 저항하고 있습니다. 우리는 과학(Wissenschaft)을 종교 및 신앙으로부터 분리독립시키려 하였던 근대 초기의 전통적 과학관을 알고 있습니다. 과학을 이성에 의해 객관적으로 입증할 수 있는 자연의 사실 및 실재를 다루는 것으로 보아, 주관적 신념이나 가치로서의 신앙과 분리시키려 하였던 것입니다. 이러한 이분화는 데카르트나 토마스 아퀴나스의 철학과 신학에

영향을 입은 바, 데카르트는 정신(spirit)과 물질(material)을 이분하였고, 토마스 아퀴나스는 자연(nature)과 은총(grace)을 이분화하였습니다.

자연과 은총으로 이분함으로 이성과 계시가 나뉘었으며, 세속의 영역과 종교적 영역이 구분되었고, 이에 과학과 신앙이 갈리게 되었던 것입니다. 신앙은 주관적이며 과학은 객관적인 것으로 양립되었습니다. 그리하여 학문은 공공적인 것임에 비해 신앙은 개인적인 영역에서만 다루어질 수 있는 것으로 전락하게 된 것입니다. 이런 경향이 신앙의 개인화를 유도하였으며, 교회가 사회문제나 공공의 일에 무관심케 한 원인이 된 것은 물론이겠습니다. 그러나 잠언 1:7의 말씀은 이러한 이분화를 거부합니다.

우리는 우리의 학문과 신앙을 이분화할 수 없습니다. 기독교의 신앙과 정신이 개인적인 것으로만 환원되어서는 안되며, 공공적 학문에 깊숙히 파고들어야 합니다. 이런 기독교적 학문 형성이 우리의 목표이며, 학문을 연구하는 이들은 그것을 통해 사회 참여의 기틀을 잡아야 하는 것입니다. 학문함은 학문함이고, 사회참여는 또 다른 것이라 말할 수 없습니다. 오히려 우리는 우리가 맡은 일을 그리스도 정신하에서 책임껏 수행함을 통해 일차적인 사회참여를 할 수 있어야 합니다.

그 같은 전통적 과학관은 소박한 실재론(naive realism)에 근거하여, 인식의 주체에 독립하여 있는 자연의 실재가 있으며, 그 실재를 인간의 경험을 통해 그대로 복제해낼 수 있다고 하였습니다. 그러나 20세기에 들어 새로운 과학관이 대두되어 더 이상 전통적 과학관은 지탱될 수 없었는 바, 그 과학적 인식의 객체는 인식의 주체에 독립될 수 없음을 주장케 되었습니다. 관찰자의 주관에 독립해 있는 객관적 실재는 있을 수 없다는 것입니다. 관찰자가 끼고 있는 안경 곧 선입견 또는 세계관(world view, paradigm)에 따라 대상이 달리 보이게 마련인 바, 그 관찰자의 주관이 이미 자료의 선택과 평가 등에 깊숙히 영향을 미치고 있다는 설명입니다.

그 관찰의 결과는 관찰자의 주관에 따라 달라지는 것으로, 주체의 사상 종교적 신념 또는 그 주체가 속해 있는 문화 및 정치 사회적 정황이 그 지식에 영향을 미치게 된다는 것입니다. 어떤 과학이라도 과학자의 세계관 및 가치관과 독립될 수 없으므로, 그러므로 가치중립적(value-neutrality) 과학이란 말은 불가하게 됩니다. 물론 이 말은 관찰자의 주관의 영향으로 과학의 객관성과 논리성이 전부 파괴됨을 의미하는 것은 아닙니다.

다만 그 객관적 실재와 관찰자의 주관이 상반되어 과학적 지식이 형성된다는 말이겠습니다. 신앙과 학문은 둘이 아니라 하나여야 합니다. 과학에 있어서의 가치중립성이라는 신화를 우리는 지지할 수 없습니다. 또한 우리의 신앙을 공공성이 없는 개인적인 차원으로 축소시켜서도 안됩니다. 기독교 정신 하에 우리는 공공적 학문의 영역으로 뛰어들어야 합니다. 그러한 기독교적 학문의 정진없이 근본적 사회변혁은 불가하며, 이에 학문하는 자의 책임이 더욱 중한 것입니다.

　3. 그러면 신앙과 학문이 하나된 모습은 과연 어떠한 것이 있습니까? 그러한 구체적 하나됨의 방법에 대해 생각해야 될 것 같습니다. 우리는 하나님의 형상(imago dei)에 따라 인간이 창조되었다는 성서의 기본교리를 잘 알고 있습니다. 그것은 우리의 자랑임과 동시 비극이 될 수 있는 가능성도 내포하고 있습니다. 그 형상을 하나님께서 주셨음을 생각지 않고, 나 자신의 것으로 절대화할 때 인간은 타락하는 비극을 맞을 수 밖에 없습니다.

　하나님의 형상으로 지음 받은 인간은 지식을 가질 수 있습니다. 그러나 그 지식이 뱀의 유혹의 말에서와 같이 하나님과 같아지려는 지식(God-like) 곧 자기 지식의 절대화가 되는 즉시, 인간은 파멸의 수렁에 떨어지게 됩니다. 창세기는 그 하나님과 같아지려는 지식을 선과 악(good and evil)을 알게 하는 지식이라 표현코 있습니다. 이 선악을 알게 한다는 말은 이것 저것(this and that)을 알게 한다는 뜻의 히브리 숙어로서, 모든 것(everything)을 알려는 인간의 자만을 표명하는 말이라 볼 수 있습니다. 내가 모든 것을 안다고 하는 것, 곧 지식의 절대화, 과학의 절대화, 기술의 절대화는 우상숭배의 한 모습이 아닐 수 없습니다.

　우리는 알면 알수록 모른다고 말할 수 밖에 없습니다. 현대과학이 발전하면서 아인슈타인의 상대상 원리나, 하이젠베르크의 불확정성의 원리(uncertainty principle)등 이 대두되었는 바, 그것들은 인간의 모든 지식이 한정적일 수 밖에 없음을 명증하였습니다. 이에 우리는 과학의 한계에 서서 하나님의 섭리와 주권에 의존치 않을 수 없습니다. 우리는 우리가 세워놓은 과학적 이론에 우리의 미래를 전체로 맡길 수 없습니다. 우리는 합리성과 과학이 우리의 환경을 제어하고 조작함으로써 완전한 행복과 안전을 가져 올 수 있다는 생각을 버려야 합니다. 오히려 우리의 행복과 안녕은 하나님으로부터만 오는 것으로 우리는 우리 자신을 맡기려는 여타의 우상들을 철폐하여야 합니다.

　4. 그러므로 우리의 학문은 하나님 앞에 서있는 겸손하고 정직한 학문이 되어야겠습니다. 이에 전문가들은 항시 자신이 하는 일에 대한 가치평가를 게을리해서는 안됩니다. 혹 나의 하는 일이 학문을 위한 학문으로서의 무가치한 것은 아닌가? 가치중립성을 주장하며 한 편의 이해를 위장하고 있지 않은가? 또한 전문가들은 과학과 기술에 연관된 국가의 정책결정에 관심을 가져야 하며, 그러한 책임에서 면제될 수 없습니다.

　아울러 전문가는 비전문적 대중들이 자신이 하는 일과 그에 연루된 정책들을 이해할 수 있게 하기 위하여, 가능한 한 어려운 학문적 말들을 쉬운 말로 설명할 수 있어야 하며, 설명할 의무가 있습니다. 비전문적 대중들도 과학적 정책결정에 참여할 수 있어야 합니다. 이에 어려운 말들로 학문을 신비화하여 국민대중이 그에 참여함을 가로막게 되면, 대중을 속이는 가능성이 많아지게 됩니다. 이렇게 전문가들은 비전문가들에게 자신의 일을 풀어 설명하여야 하며, 또한 비전문인들도 전문 분야에 뛰어들어 말할 수 있도록 학문의 개방성을 견지해야 합니다. 너는 비전문인이므로 이것에 어떤 말도 할 수 있는 자격이 없다는 말은 전문인의 오만입니다. 누구든지 말할 수 있어야 합니다.

　　그리고 그러한 시민 대중의 삶의 정황에서 우러나오는 말들은 언제나 학문의 생생한 자료가 될 수 있는 것으로, 이것을 무시하는 것은 학자적 정직이라 할 수 없습니다. 경제학자가 말하는 국가의 경제지표보다 평범한 서민이 느끼는 물가 오름세가 더 확실한 경제진단일 수 있습니다. 그러한 서민의 느낌을 무시한 채, 경제지표만이 강조될 수는 없겠습니다. 국민대중이 모르는 말로 정보가 제공되고 어려운 기술적 용어들만이 사용된다면, 점점 국민은 소수의 엘리트들에 의해 통제 조작되어질 수 밖에 없습니다.

　　그러므로 국민대중을 위한 쉽게 풀어놓은 과학교육이 요청되며, 그와 함께 과학의 사회정치적 측면 곧 정책결정과의 연관성을 국민에게 교육할 필요가 있습니다. 지식은 독점되어서는 아니되며, 남과의 의논을 도외시한 채 자신의 지식만을 유일화 하여서는 아니되기 때문입니다. 여지껏 우리는 하나님에 근본한 오만치 않은 겸손한 학문에 대해 살펴보았습니다. 우리는 하나님 안(in)에서만 진정한 학문에 도달할 수 있습니다.

　　천지를 창조하신 하나님과 그의 계시를 모르고서는, 그가 창조한 이 우주의 질서를 이해할 수 없습니다. 우리는 하나님 안에서만 전체적 실재(entity)에 이를 수 있는 것으로, 그 안에서만 세계화된 전체적 인식이 가능합니다. 그러나 우리는 하나님 안에서 하는 학문으로 만족할 수 없습니다. 우리의 학문은 또한 하나님을 위한(for) 학문이 되어야 합니다. 무엇을 위한 학문입니까?

　　학문은 사람을 위해 있으며, 그 사람은 하나님의 영광을 위해 존재합니다. 우리는 하나님 안에서 하나님을 위하여 우리의 기독교적 학문을 전개해야 합니다. 이제 골로새서 1장의 말씀으로 오늘의 설교를 마치고 싶습니다. "그리스도께서는 보이지 않는 하나님의 형상이시며 만물에 앞서 태어나신 분이십니다. 그것은 하늘과 땅에 있는 만물, 곧 보이는 것은 물론이고 왕권과 주권과 권세와 세력의 여러 천사들과 같은 보이지 않는 것까지도 모두 그분을 통해서 창조되었기 때문입니다. 만물은 그분을 통해서 그분을 위해서 창조되었습니다. 그분은 만물보다 앞서 계시고 만물은 그분으로 말미암아 존속합니다."(골 1:15-17)

5. 그리스도를 만나 그의 나라를 위해 기도하라.

5.1 신앙간증: 목자이신 하나님의 은혜

정근모 박사(전 과학기술처장관)

유피엠뉴스 제11호 1994.6.30, 61-65

오늘 여러 교수님들, 또 학생 여러분들과 함께 이 저녁 주님께 영광 돌릴 수 있는 시간을 허락하여 주신 하나님께 감사를 드립니다. 정 총장님 간증을 들으면서 정말 주님께서 선택하여 주셔서 일을 시키실 때, 그 순종하는 모습을 보고 주님께서 역사하시며, 그 때 정말로 우리가 아니라 하나님께서 역사하신다는 것을 확신할 수 있습니다. 이렇게 정 총장님의 간증을 들으면 어떤 분이 하시던 얘기가 생각납니다.

"우리들은 다 거지들이다. 거지들이 다 헐벗고 추운데 그 중에 한 두 사람만이 부자를 만나게 된다. 예수님을 만났는데 그분은 부자이고 너그럽고 기쁨과 평강을 주고 아무 값 없이 믿기만 하면 모든 것이 다 형통하게 된다. 이렇게 가르쳐 주면 우리 거지들은 전부 그런 분이 어디 있느냐고 묻게 될 거다. 그러면 우리가 정말로 기쁨은 어디로 가면 있다고 알리게 된다. 그래서 이 기쁜 체험을 얘기하게 되고 그 체험을 듣는 친구들은 다 그 말을 듣고 찾아갈 때 평안과 또한 기쁨이 넘치게 될 것이다." 이런 얘기를 해 주는 것을 들었습니다.

이것이 바로 빌립 사도가 나다나엘에게 'We have found him' 하고 기쁘게 얘기한 바로 그것이 아닌가 이렇게 생각이 듭니다. 이 에베소서 2장에 나오는 "공중에 권세 잡은 자를 따랐으며, 우리도 다 불순종의 아들들 가운데서 역사하는 영이라 그리고 육체의 욕심을 따라 지내며 육체와 마음에 원하는 것을 하여 다른 이들과 같이 본질 상 진노의 자녀이었더라."

부시 대통령의 말에 의하면 우리가 원하는 것은 4가지의 P로 시작하는 것들입니다. 제일 먼저 우리가 원하는 것은 Pleasure 즉 쾌락입니다. 우리는 이 세상에 살면서 쾌락을 좇아 살게 되는 데, 사실 요즘 저는 대학에서 가르치면서, 느끼는 것이, 우리 학생들이 재미있는 것, 즐기는 것을 저희들보다 훨씬 더 잘 아는 문화에 젖어 있다는 것입니다.

부시 대통령의 그 다음 P로 시작되는 것은 Possession입니다. 재물을 우리가 그렇게 원한다는 것입니다. 사실 요즘 신문에 자주 나오는 기사를 보면, 그 재물이 뭔지, 사실 정 총장님은 필요가 있어서 몇 십억을 위해 그렇게 기도하셨는데, 어디에 필요가 있는지도 모르고 그저 배고파서 재물을 모아 가지고 망신을 당하는 사람들이 대단히 많습니다. 부동산이 약간만 있어도 넉넉했을 텐데 계속적으로 원하고, 그것이 부끄러운 줄 알고 남의 이름을 빌려서 쓰는 그러한 짓을 해 가면서도 Possession을 위해서 노력하는 사람들이 허다합니다.

그 다음 P는 Power입니다. 세상의 권세입니다. 세상적인 권세를 위해서 아부를 하고, 거짓말을 하고, 더 큰 Power를 위해서 끝없이 노력하는, 끝없이 바빠지는 그런 사람들이 많습니다.

그리고, 그 다음의 P는 많은 사람들이 자유스럽지 못한 P가 있는데, 그것이 뭐냐 하면 Prestige, 즉 영예입니다. 영예라면 재물에서도 초월한 것 같고, 쾌락에서도 초월한 것 같고, 권세에서도 초월한 것 같은데, 자기의 이름이 조금이라도 흠이 갈까봐, 자기의 이름을 더 높여야 한다는 그러한 욕심 때문에 온갖 노력을 함으로써 피곤해지는 사람이 많습니다. 그래서 이 P를 조심하라는 연설을 했습니다. 그럼 P를 초월한다면 무엇을 갖게 될까요? 부시 대통령은 연설 중에 F를 찾아야 된다고 했습니다.

F를 찾는데 첫 번째는 Freedom, 즉 자유를 찾아야 된다는 것입니다. 공중의 권세가 줄 수 있는 것에서부터 자유스러울 수 있을 때, 진정한 자유를 찾을 때, 진리를 알 때, 진정한 가치관을 갖게 됩니다.

그 다음 F는 Family, 즉 가정입니다. 얼마나 많은 사람들이 가정을 도외시하고, 아까 말씀드린 4가지 P를 좇아서 노력을 하고 있습니까? 자기가 기르는 갓난아이가 어느새 Teenager가 됐을 때, 놀랍게 바라보는 부모가 얼마나 많습니까? 그래서 두 번째 F인 Family를 귀하게 바라보아야 합니다.

그리고 나서 믿음 안에서의 동역자들을 찾는 Fellowship을 우리가 찾아야 한다는 것입니다.

마지막으로 부시 대통령이 강렬하게 얘기하는 것은 우리가 세상적인 욕심에서 완전히 벗어날 때의 반석 같은 믿음, 즉 Faith입니다. 여러분! 우리나라 말에는 P하고 F가 그렇게 명백하게 분별이 되어 있지 않아서, 가끔 우리는 F로 잘 가다가 P로 빠질 때가 많고, P로 가다가 정신이 나면 F로 들어갈 때가 있고, 그래서 우리는 역경을 지나야 되고, 역경에서 주님이 구원해 주실 때 감사의 기도를 드리는 그러한 시간을 갖게 되는 것입니다. 그래서 저는 특히 우리나라에서 예수님을 믿는 사람들은 P와 F를 명백히 발음할 수 있는 그러한 노력을 해야 되겠다는 생각을 합니다.

저는 오늘 저녁에 여러분과 함께 저의 얘기를 나누고 F를 찾는, 특히 Family를 찾는 얘기를 나누면서 이 시간을 보내고 싶은 것입니다. 요즘 저희 가정에 주님의 같이 하심이 너무 감사해서 여러분과 그 은혜를 나누고 싶어서 그럽니다.

제가 국민일보에 간증을 썼을 때 많은 분들이 읽어 보시고, 그 다음은 어떻게 됐느냐고 물어보시는 분들이 많이 계십니다.

그래서 오늘 저녁에는 F. 그 중에서도 Family에 대해서 감사를 드리고 싶습니다. 왜냐하면 사탄이 우리 믿는 사람들을 유혹하는데, 아무래도 자신이 없으니까, 나쁜 사람으로 만들기에는 힘이 드니까, 어떻게 유혹을 하느냐 하면, 우리를 대단히 바쁘게 만들려고 합니다. 이 사탄이, 믿는 사람들을 바쁘게 해서 주님의 말씀을 듣지도 못하게 하고, 주님께 말씀을 드릴 수도 없게 하고, 주님의 은은한 충고나 명령을 들을 수 없게 하고, 주님께서 바로 옆에 계신 것도 모르도록 우리를 바쁘게 하는 것입니다.

우리가 하도 바쁘다 보면 주님께서 축복해주신 우리 가정에 대해서 모르고 지낼 때가 많고, 진정한 감사를 드리는 시간을 갖지 못하기 때문에 축복받은 F 중에서 가장 중요한 가정에 대해 소홀하게 되는 것입니다.

저의 슬하에는 아들이 하나, 딸이 둘입니다.
큰딸, 아들 그리고 막내가 딸입니다. 큰딸은 지금 콜롬비아 대학에 가서 박사 학위 논문을 쓰고 있으며, 시집가서 아들이 1살이 넘습니다. 그 밑의 제가 간증했을 때 아팠다는 아들은, 74년부터 아파 왔습니다.

저의 막내딸도 이제 결혼을 해서 가정을 이루고 있는데, 저희 집에서는 제일 먼저 예수를 받아들이고 예수님의 사랑을 느낀 것이 제 막내딸입니다.

74년에는 제 딸이 8살밖에 안 됐었는데 제 아들이 신장염으로 그렇게 고생하니까 막내딸에게는 신경을 쓸 시간이 없었습니다. 집에서 둘이서 다투면 막내딸만 야단을 치고 아픈 아들을 보호해주곤 했었습니다.

그런데 주일날이면 종을 울리면서 저희 집 앞을 지나가는 버스가 있었습니다. 그 버스를 운전하시는 분은 나중에 알고 보니까 우리 동네에서 가장 부자입니다. 그분은 침례 교회 다니시는 분이신데, 자기의 사역은 그 버스를 운전하고 다니면서 골목길에서 노는 어린아이들을 하나씩 하나씩 다 태우고서 교회에다 데려다 주고, 주일학교가 끝나면 또 자기집에 데려다 주는 것이라고 생각하면서 일하시는 분입니다. 교회에서 주일학교 교사를 하라고 해도 그분은 "하나님이 나는 버스를 운전해서 어린 생명을 교회에 데려오게 하는 그 일을 하라고 하셨다"는 것입니다. 그래서 우리 교회의 백만장자가 버스 운전사입니다.

그래서 제 막내딸은 교회에 가서 은혜를 받아 가지고, 진정코 예수님이 자기와 같이 얘기하는 친구라고 생각하면서 일기장마다 예수님에게 편지를 쓴 것입니다. 그래서 가끔 일기장을 보면 오늘도 오빠가 저를 억울하게 때렸다고, 그러나 오빠는 아프기 때문에 자기는 참고 울기만 했다고 그런 글을 쓰고, 그리고 자기가 어디 아프면 내가 여기 이렇게 아픈데 다 고쳐 주십시오 하고 알려드리고 며칠 있다가 예수님, 고쳐 주셔서 감사합니다 라고 일기장에 예수님께 편지를 쓰곤 했습니다.

그 아이 때문에 저희들이 남침례교회에 나가기 시작했고, 거기서 교포교회를 시작했고,

그 교포교회에서 제 아내가 거듭난 믿음을 갖게 됐고, 제 아들이 아픈 가운데 서로 저희들이 하나님께 간절히 기도하고 감사를 드릴 수 있었던 것입니다. 신장 이식 수술이 끝난 다음에 저와 제 아내가 한국에 나와서 일하게 되고, 그리고 제 아들도 한국에 잠깐 나와 있는 동안에 제 막내딸은 혼자서 고등학교 3학년을 미국에서 다니게 되었어요. 그런데 그 막내딸이 대학 입학원서를 낸다고 해서 저는 큰딸처럼 수아수마 대학을 가라고 그랬어요. 여러분도 잘 아시겠지만 큰 대학이 하바드라고 하지만, 작은 대학의 하바드는 수아수마라고 말하는데, 필라델피아 근처에 있는 아주 작은 College인데요 제 큰 딸이 거기서 공부를 했습니다.

너무나 기쁜 것은 총장이 학생들과 같이 오케스트라 멤버로 참여하고 있어요. 공부가 끝나면 제 큰딸이 첼로를 했는데 총장님이 거기에 와서 Flute를 불고, 그러면서 오케스트라 중에 참여하는 교수들이 학생들과 함께 활동을 합니다.

그리고 운동을 할 때도 교수와 학생들이 같이 하는 Liberal college이기 때문에, 교육에 매우 중점을 두고 있다는 것을 알게 되었습니다. 그래서 막내딸에게도 그 학교에 입학 원서를 내라고 했는데, 막내가 기도해 보니 언니가 다니는 학교는 아닌 것 같다고 하더군요.

자기 목사님이 다른 학교에도 지원을 하라고 하시는데 시카고에 있는 위튼 칼리지라고요. 저희도 들어보지 못했지만 그러면 거기에 지원을 하라고 했어요. 지원을 하고 나서 미국에서는 인터뷰 하는데 인터뷰를 마치고 오자마자 전화를 걸어요. "아빠! 내가 기도 속에서 본 대학이 바로 그 대학이에요" 그래요. 그래서 뭐가 다르냐고 물었더니, 그 대학은 강의를 시작할 때 기도로 시작을 하더라는 것입니다. 그러니까 기도 중에서 원했던 대학이 바로 그 대학이기 때문에 그 대학을 가야겠다고 하면서, 지원한 다른 대학의 면접을 다 취소하고 위튼 대학에 갔습니다.

그래서 위튼에서 수학을 전공하고 business 전공하고, 거기서 보내주는 대학원에서 accounting을 공부하고 지금은 프린스톤에 있는 메틀린치에서 accounting manager를 하는데, 그렇게 혼자 떨어뜨려 놓고 공부를 시켰어도 학생들과 선생님이 모두 예수 그리스도 안에서 하나가 되어 기도하는 그러한 대학이라고 하니까 막내딸에 대해서는 조금도 걱정이 되지가 않았습니다.

여러분께 보고를 드리지만 결국 그 막내딸은 위튼 칼리지에서 같이 공부하던 학생과 6년동안 교제를 하다가 결혼했는데, 제가 너무나 기쁜 것은 사돈이 목사님이십니다. 어렸을 때 너는 그렇게 열심히 교회를 가니까 목사님의 며느리가 되면 된다고 말했던 아이가 그대로 적중이 되어 하와이에서 목회하시는 목사님의 며느리가 되어서 열심히 일하면서 교회에 가서 열심히 봉사하고 열심히 살고 있습니다. 큰딸 아이는 결혼을 하자마자 콜롬비아 대학 근처에서 〈내면 세계의 질서〉라는 책을 지으신 골든 맥도널드 목사님이 하시는 교회에 나가서 Born Again Christian 되더니, 지금은 자기 남편과 워싱턴중앙교회에서 주일학교를 거의 도맡아 봉사를 하고, 아들을 화요일에 낳고 토요일날 퇴원을 했는데, 아이를 낳고도

한 번도 주일을 빠지지 않는 그러한 믿음생활을 하고 있어서, 저는 정말 감사하다고 딸에게 얘기를 해요.

그런데 저의 아들은 저희에게 있어서는 아직도 기도의 제목입니다. 제 아들이 아까 말씀드린 대로 신장 이식 수술을 한 다음에 한국에 와서 결혼을 했어요. 그 아이가 84년에 결혼을 했는데 제 며느리는 교회를 다니질 않았어요. 그러다가 제 아들하고 같이 워싱턴으로 이사를 가게됐는데 저로서는 85년에 엄청난 경험을 하게 되었습니다.

제가 생각할 때 이제 한국에서 충분히 일을 했으니까 아픈 아들을 돌봐 주면서 워싱턴에서 살아야겠다고 미국 과학재단의 초청을 받아 거기에 가서 있는데, 제 아들이 건강하게 일하고 있다가 먹은 약이 부작용을 일으켜서 86년 12월에 뇌출혈을 일으키고 결국 이식한 신장을 포기할 수밖에 없게 되었습니다.

간증에 쓴 바와 같이, 기도를 할 때 저의 사명이 한국에 있는데 한국에서 일하지 않고 미국에 가서 저희 가족과 같이 시간을 보내겠다고 생각을 했더니, 주님께서 다시 역경을 주셔서 결국은 그 이식한 신장을 포기하게 된 제 아들은 휴직을 하고 병가를 얻게 되었습니다.

저는 87년 3월에 기도 중 한국에 사명이 있다고 해서 모든 것을 팽개치고 병원에 아들을 두고 나왔습니다. 그리고 하나님의 일에 전념을 하겠으니, 그 대신 제 아들을 하나님께서 받아달라고 기도드렸습니다. 그것이 87년, 그러니까 6년 전의 일입니다.

그런데 놀랍게도 하나님께서 역사하시기 시작하셔서 이식된 신장을 가지고 약을 먹고 있던 아들의 건강보다 이식된 신장을 포기하고서 약을 먹지 않고 투석 치료한 이후 더 건강해지기 시작 했습니다. 그리고 제가 정말로 감사한 것은 지난 주일에 제 며느리가 건강한 4kg의 딸을 낳았다는 것입니다. 제 아들이 투석 치료를 받고 있지만 이제는 자립을 해서 자기 스스로 집을 장만하고 교회일도 열심히 하기 때문에, 절망 속에서도 절망하지 않고 믿음을 갖고 기도를 드리고 주님께 모든 것을 맡길 때 결과적으로 우리가 견딜 수 있는 시험만을 주신다는 것을 아주 정말 감사 속에서 체험을 하고 있습니다.

제 아들의 모습을 보면서 우리가 크게 성공하고 크게 일하고 크게 명예를 지니는 그러한 경우 보다도, 작은 하나의 평범한 일에 대해 주님께 감사드리는 것이 얼마나 중요하고 은혜 받는 일인 가를 요즘 저는 아주 깊이 느끼고 있습니다.

우리 사회는 성공을 위주로 하는 사회지, 작은 일에 대해서 감사하는 그러한 사회가 아니다라는 사실을 저는 많이 보고 있습니다. 오직 세상적인 성공을 위해서 기도 드리는 믿는 사람도 많이 있지만, 우리가 주님께 완전히 맡기면서 주님께서 주신 작은 행복에 대해서 깊이 감사드리는 시간을 갖지 못하는 것이 얼마나 아까운 일인가, 이런 생각을 저는 하고 있습니다.

최근에 저는 미국을 다녀오면서, F 중에서 Family, 즉 가정에서의 기쁨을 주님께서 허락하여 주신데 대해서 감사를 드리고 있는데, 요즘 저에게는 하나의 새로운 도전이 있습니다.

그것은 그 다음 F인 Fellowship 문제입니다. 제가 워싱턴에서 국가조찬기도회에 자주 초청을 받아서 가는데, 그 국가조찬기도회를 주관하고 있는 분이 더글라스 코어라는 분입니다. 그분은 자기를 지도하는 선생님이 "너는 미국만을 위해서 기도하지만 말고 세계의 다른 나라를 위해서도 기도를 드리라"고 해서, 40년 동안 매일 기도를 해 왔다고 합니다.

더글라스 코어는 지난 30년 동안 미국 국가조찬기도회를 위해서 일하는 분인데, 자기 선생님이 하루는 자기에게 세계지도를 펴 놓고 앞으로 세계를 위해서 일할 수 있는 일꾼들이 나올 수 있는 나라를 위해서 기도를 드려 달라고 하고, 눈을 감고 아무데나 지적하라고 해서 자기가 지적을 했는데 첫 번째로 지적을 한 곳이 바로 한국이었다는 것입니다.

그래서 자기가 1953년부터 93년까지 40년 동안을 한국을 위해서 기도를 했는데, 이제는 한국에서도 자기들과 같이 동역할 수 있는 Fellow들이 나오기를 바라면서 기도드리고 있다고 했습니다. 혹시 자기들과 같이 일할 수 있는 사람이 있으면 알려 달라고 저 보고 얘기를 했습니다. 제가 그 기도의 응답을 아직도 받지 못해서 여러분께 부탁드리는 것은, 이제 우리가 진정한 예수님 안에서의 Fellowship을 세계적으로 나눌 수 있는 일꾼들이 우리 믿는 자, 특히 젊은이 속에서 나올 수 있도록 기도드려 달라는 것입니다.

저는 아까 말씀드린 대로 Freedom, Family 와 Fellowship과 Faith, 이 4개의 F를 추구하면서 우리 믿는 사람들이 믿음의 생활을 열심히 해야 되리라고 생각합니다.

이제 우리나라가 21세기를 바라보면서 새로운 한국을 만들겠다고 노력을 할 때, 앞서 말씀드린 4P로 상징이 되는 세상적인 것이 아니라 4F로 상징되는 진정한 주님 안에서의 가치가 우리 사회에 만연하도록 우리 믿는 사람들이 노력을 해야되지않나 생각해 보는 것입니다.

오늘 저녁 여러분과 함께 주님 안에서 동역자가 된 것에 대해서 감사를 드리고, 아무리 어려운 역경이 있더라도 결국은 주님께서 마지막에는 축복해 주시고 우리를 주님의 승리에 참여하게 하여 주신다는 것을 말씀드리며, 오늘 귀중한 이 시간을 허락해 주신 하나님께 감사드립니다.

5.2 신앙간증 21세기를 향한 신인재 교육

김영길 총장(한동대학교)
유피엠뉴스 제12호 1997.6.30, 17-21
제11회 전국대학교수선교대회

이 시간에는 제가 예수를 어떻게 믿게 되었고, 어떻게 하나님의 인도하심을 받았는지 간증하는 시간을 가지도록 하겠습니다.

저의 고향은 경북 안동입니다. 전통적인 유교 가정에서 태어나 67년에 석사 학위할려고 미국에 가기까지는 교회를 한 번도 나가지 못했습니다. 그런데 박사 학위 과정을 할 때쯤, 나이 서른이 가깝고 해서 결혼하라고 신부감을 소개받았어요. 이화여대를 나와서 고려대의 연구과정에 있고 집안끼리도 서로 아는 사이니까 결혼하는 것이 어떻겠느냐 아버지가 그러세요. 잠시 나와서 맞선도 보고 데이트도 하라고 그러셨는데, 그 당시 뉴욕에서 한국에 오는 비행기 표가 너무나 비싸요. 그래서 제가 지금 나갈 형편이 못되니. 아버지 어머니께서 결정하시면 그 뜻을 따르겠습니다 하고 제가 사진과 편지를 써서 제 소개를 했어요. 그런데 저는 정말 글씨를 못써요. 하지만 정성들여서 두 주간에 걸쳐서 편지를 써서 보냈어요. 그런데 편지 답장이 안 옵니다.

낙심하던 차에 편지가 왔는데 결혼의 조건이 "교회를 나가면 결혼할 의사가 있고 교회에 나갈 의사가 없으면 결혼할 의사가 없다" 이것이 주 요점이에요, 고심 끝에 "교회에 나간 적은 없지만 앞으로 우리가 결혼을 해서 우리 가정을 지켜줄 힘이 있다고 하면 믿을 수 있다." 이렇게 애매모호하게 편지를 보냈어요. 그래서 6개월 후에 약혼을 하고 결혼식 일주일을 앞두고 신부감을 처음 봤어요. 대구에서 결혼을 하고 3주 후에 다시 미국에 가서 70년 7월에 교회에 첫발을 디뎠습니다. 제가 교회에 나가면서도 마음에 없어서 빨리 교회를 마치고 실험을 해야 된다는 생각뿐이었습니다. 이런 생각으로 예배를 마치고 나오는데 아내가 "오늘 설교가 뭐였어요" 그러는 것이었어요. 그 다음부터는 미국 목사님 설교를 통역하기 위해서 열심히 설교를 들었어요. 그런데 성경을 한 번도 안 보던 제가 요한복음이 어디에 있는 줄 알 수가 없었어요. 고민이 참 많았습니다.

6개월 후에 한인 교회가 처음으로 생겼는데 너무나 기뻤습니다. 1년 후에 우리 아이가 태어나고, 72년 12월에 박사학위 받고 제가 처음으로 간 곳이 미국 항공 우주 관리국이었습니다. 이때까지도 "과학과 신앙은 별개다"라고 생각했었어요. 그리고 조 밀이라는 과학자를 알게 되었어요. 그는 아주 성령충만한 카톨릭 신자였습니다. 저에게 제안을 하기를 크리스천 공동체 만남이 있는데 가지 않겠느냐고 해요. 그래서 몇 번 따라가서 은혜를 많이 받았어요.

그런데 그분들이 얼굴에 웃음이 있고 평화가 있고 기쁨이 있어요. 몇 번 나갔다가 집에 와서 아내에게 어떻게 그 사람들은 얼굴에 평화가 있느냐고 물었더니 대답은 간단하더라구요. 성경 말씀을 무조건 믿으라는 것이었습니다. 제가 무조건 믿기는 그렇고 해서 성경공부를 한 다음에 믿을만한 근거가 있으면 믿겠다고 결심을 하고, 성경공부를 하게 되었어요.

그런데 한국어 성경은 공부하기가 어려웠어요. 그래서 영어 현대어판으로 공부를 했습니다. 마태, 마가, 누가까지는 이해가 되었습니다. 그런데 요한복음은 잘 이해가 되지 않았어요, "태초에 말씀이 계시니라 이 말씀이 하나님과 함께 계셨으니 이 말씀은 곧 하나님이시라". 이 말을 이해하기 위해서 성경주해서와 사전을 놓고 공부를 하기 시작했는데 요한복음 1장은 영의 눈이 뜨이지 않고는 이해가 되지 않더라구요. 2장을 보니까 과학자가 보기에 너무나 허무맹랑하더라구요. 물이 포도주가 되었다고 해요. 분명히 맹물을 뜨는데 불과 2~3분, 옮기는 동안에 원자핵 반응을 일으켜서 이것이 포도주가 되었다고 하니 가능한 것입니까?

그리고 5장을 보니까, 이것은 질량보존의 법칙에 어긋나요 공부를 하고서 믿으려고 했는데 도저히 믿을 수가 없어서 당분간 포기를 했습니다. 교회는 나가는데 성경공부는 해봐야 아무런 소용이 없다고 생각했습니다.

사람이 어디에 위치하느냐, 영적 세계와 동물세계 중 후에 많은 책을 접하게 되었어요. 〈미라클〉이라는 책인데 이 책이 저에게 도움이 많이 되었습니다. 우주만물 가운데 가장 아래에 있는 것이 원자, 분자로 이루어진 물질 세계이고, 그 다음이 식물 세계이고, 그 위에가 동물 세계이고, 식물과 동물의 차이는 제한되어 있지만 그 안에 혼이 있다고 하는 것입니다.

동물 세계에서 하나 더 높은 것이 인간 세계인데, 인간은 영, 혼, 육, 삼차원적으로 하나님께서 생령을 불어넣어서 사람이 영이 있다는 것입니다. 그래서 사람은 하나님을 경외하고 예배를 드린다는 것입니다. 그 위에 또 한가지가 더 있는데, 그것은 초자연적인 supernatural 영적 세계가 되어서 과학에서 벗어나는 것입니다. 과학은 natural한 세계를 다루지만, supernatural한 세계는 과학이 증명도 할 수 없고 부정도 할 수 없지만 분명히 존재한다는 것입니다. 그곳에는 하나님도 있고 천사도 있고 마귀도 있고 귀신도 있다고 합니다.

사람이 어디에 위치하느냐, 영적 세계와 동물세계 중간에 위치하는데, 만약 영적 세계를 인정하지 않으면 정도의 차이는 있지만 동물과 별차이가 없다는 것입니다. 그러면서 기적을 설명하기를 한 단계 아래에서 높이 보면 모두가 기적과 이사라는 것입니다. 기적과 이사를 사람의 표준으로 보지 말아야 합니다. 하나님이 계시다는 것을 인정만 하면 그 후부터는 문제가 없다는 것입니다. 이 말이 저에게 공감이 갔습니다. 그래서 로마서 1장 20절 "창세로부터 보이지 아니하는 것들 곧 그의 영원하신 능력과 신성이 그 만드신 만물에 분명히 보여 알게 되나니 그러므로 저희가 핑계치 못할지니라" 이 말씀이 과학자에게는 의미깊은 말입니다.

과학의 연구라는 것이 하나님이 창조하지 않은 것을 새롭게 창조하는 것이 아니고, 이미 하나님이 창조해 놓은 물질계의 현상과 질서를 찾아내는 작업을 하는 것입니다. 이 연구를 하다보면 우주 만물에 불변의 자연법칙이 있는 것입니다. 이 법칙을 만드신 분이 창조주

하나님이시고 이 질서는 하나님의 지혜로부터 나온 것입니다. 그리고 각 생명체마다 유전 정보가 심어져 있습니다. 콩에는 콩이 나오고 팥에는 팥이 나오는 것입니다. 우주 만물은 조화를 이루고 있는데 이 창조 질서를 파괴하는 것이 환경오염입니다.

이 모든 것들이 창조주가 있다는 증거가 되는 것입니다. 로마서 1장 7절 말씀대로 하나님은 영이시기 때문에 영적인 것은 과학이 증명할 수가 없지만 하나님의 창조의 증거는 무궁하다는 것입니다. 이것이 과학적 창조론입니다. 그러면 과연 누가 창조를 했는가, 이것은 성서적인 창조론을 벗어나서는 누가 창조했는지를 알 수가 없습니다.

제가 교회를 5년 정도 나가면서도 예수님이 누구신지 몰랐습니다. 제가 알았던 예수님은 한 위대한 성자였습니다. 그러나 제가 정말 예수님을 믿게 되고 그리스도화 된다는 요한복음 1장 3절을 통해서 제가 그리스도인이 되었습니다. "만물이 그로 말미암아 지은 바 되었으니 지은 것이 하나도 그가 없이는 된 것이 없느니라" 여기에서 그는 말씀으로, 육신이 되어서 오신 예수님인 것입니다. 이 말씀을 보고 제가 놀라지 않을 수 없었습니다. 예수님이 그냥 위대한 성자가 아니고 만물이 바로 예수님을 통해서 지음을 받았다는 것을 깨닫게 되었습니다.

그러면 예수님께서 하늘에 계시지 왜 십자가에 달려 돌아가셨는지 의문이었습니다. 하나님은 창세기 1장 1절 말씀대로 태초에 천지를 창조하셨습니다. 하나님은 과학적으로 볼 때 창조주이고, 인격적으로 볼 때 사랑이시고 또 공의의 하나님이십니다. 이 두 가지는 중요한 하나님의 속성입니다. 우리는 피조물로서 창조주의 뜻에 순종해야 합니다. 우리가 자연법칙을 어기면 육체적인 죽음이 오는 것입니다.

이와 같이 영적 법칙을 어기면 영적 죽음이 오게 됩니다. 따라서 사람들은 법칙을 어기고 불순종했기 때문에 죄의 삯은 바로 사망입니다. 하나님은 공의의 하나님이시기 때문에 사망이 지은 죄는 반드시 갚아야 합니다. 죄는 사람이 짓고 짐승이 갚을 수는 없습니다. 죄의 대가는 사망인데 갚을 자격이 있는 사람이 없다는 것입니다. 그래서 하나님이 사람이 되어 오신 분이 바로 예수님이라는 것입니다. 우리 기독교의 절정은 바로 부활절입니다. 우리 기독교의 생명은 바로 부활입니다.

제가 아내를 통해서 예수님을 소개받고 5년 후에 예수님을 비로소 나의 주, 나의 하나님으로 영접하는 놀라운 축복이 있었습니다. 그로부터 같이 항상 기도하면서, 앞으로의 삶이 하나님께서 인도하시는 삶이 되도록 노력하자고 했습니다.

제가 대학을 다닐 때 술을 잘 마셨어요. 예수님을 믿고 나서는 이것이 걱정이 되었습니다. 그런데 한경직 목사님의 설교를 듣고 깨달아 술을 죄다 버렸어요. 그 이후로는 술맛이 없어졌습니다. 이것이 저는 성화가 되어가는 과정이라고 보고 있습니다.

얼마 후 아내는 아버지를 전도해야 한다고 한국에 가야된데요. 그래서 하나님이 가라고 하시면 가겠다고 열심히 기도하라고 했어요. 그런데 이루어졌어요. 한국에 와서 카이스트에서 강의하게 되었어요. 80년에 창조과학에 대한 세미나가 있는데 강사로 서달라는 제안에 저는 전공 분야가 달라서 안된다고 했더니 다른 사람들이 안 하려고 한다는 것입니다. 그 이유는 과학적인 진화론을 믿어야지 창조론을 믿으면 학계에서 매장당한다는 것이었어요. 그래서 제가 성경의 진리를 바탕으로 하겠다고 했습니다. 하겠다고는 했지만 배운 지가 오래돼서 미국의 창조과학회에서 나온 책으로 공부를 했습니다. 그런데 제가 상식적으로 생각했던 것들이 진실로 밝혀져 있었어요. 대표적인 예로 화석입니다.

진화가 되었다면 화석에 있는 모양과 지금의 모양이 변화되어져 있어야 하는데 결과는 같습니다. 따라서 진화론은 잘못되었다는 것입니다. 그래서 강의를 3박 4일 동안 열심히 했더니 신문에 크게 나왔어요. 자기 전공은 살리지 않고 타전공의 학문을 비판하는 과학자가 나왔는데 바로 '카이스트의 김영길 교수'라고 말입니다. 어떤 신문의 기자는 창조과학을 믿으면 믿었지 연구는 왜 합니까? 그래요. 저는 창조과학 믿기 때문에 연구를 더해야 합니다. 했더니 이유가 뭐냐고 그래요 저는 과학의 태도가 창조라는 것은, 하나님이 창조하지 않은 것을 창조하는 것이 과학이 아니고 그 전에 몰랐던 물질의 질서와 법칙과 현상을 발견하는 데 있으므로, 열심히 연구하여 우리나라의 과학기술에 기여해야 합니다. 했더니 그 말도 일리가 있는 것 같다고 그래요. 이것이 계기가 되어서 창조과학회가 생기게 된 것입니다.

저는 개인 자랑이 아니라 카이스트에서 가장 연구업적이 많은 교수가 되어버렸습니다. 하나님께서 저에게 창조의 사실을 선포하는 소리로 사용하시려고 훈장을 붙여주시는 것 같습니다. 저는 창조과학회를 통해서 믿음의 사람들을 만나게 되어서 감사했습니다. 저는 94년 이후까지도 저를 한국에 보낸 하나님의 선교가 창조과학회에 있는 줄 알았습니다. 그래서 행복하게 잘 감당했습니다.

제1막이 한국에 보내신 것, 제2막은 창조과학회, 제3막은 한동대학교인 것 같습니다. 94년 2월에 저에게 전화를 해서 포항에 기독교 정신으로 설립되어진 학교가 있는데 총장으로 초대를 한다고 해요. 그 말을 듣고서 저는 과학자로 창조과학회 일꾼으로 서는 것이 하나님을 위하는 길이지 행정 같은 골치 아픈 일은 안한다고 했어요. 그런데 장로님이 기도도 안해보고 결정하느냐는 말에 생각해 보기로 했습니다. 그리고 저의 형님이 포항공대 총장으로 있는데 반대를 하세요, 그분도 일찍 행정 쪽에 들어서서 연구를 못한 것이 후회스럽다면서 너는 카이스트에 한 5년간 더 있으면서 연구도 하고, 그러면 학자로서 명성도 떨칠 것 아니냐고 해요. 그러나 네가 신앙문제를 놓고 결정하면 반대는 안하겠다고 합니다. 결정적으로 학교 이름 때문에 승낙을 했습니다. 학교이름을 공모했는데 130여개의 이름이 나왔어요. 그런데 설립자가 맨 앞의 세 개의 좋은 이름을 제치고 끝에 있는 이름인 한동대가 좋다고 했답니다.

한동대의 뜻은 한국의 동쪽에 자리잡은 학문의 요람이라는 뜻입니다. 그래서 확정을 하고 그 입상자에게 전화를 했더니 어린이가 받아요. "아버지랑 어머니는 기도원에 갔어요" "너희 아버지가 뭐하시는 분이니" "목사님이세요" "그러면 한동대인데 상금 받아가시라고 전해라"

다음날 목사님이 오셨는데 포항 구룡포에서 개척을 하시는 분으로 너무나 돈이 없어서 학교 이름에 응모하고, 그 이름이 당첨되게 해 달라고 기도하러 갔었다고 그래요. 이 소리를 듣고서 이 학교의 주인은 하나님이시다 라는 것을 느꼈습니다. 내가 이곳에 온다면 하나님께서 나를 도구로 쓰시겠구나! 이렇게 결심을 해서 이곳에서 일을 하게 되었습니다.

저희 형님이 사고로 작고 하셨지만 그전에 저와 한달 간 많은 이야기를 나누었습니다. 형님이 저에게 "포항공대는 포항제철에서 백프로 지원을 했는데, 학생들이 졸업하고 포항제철로 가는 사람은 거의 없다. 그러니 포항제철에 입사하는 사람은 없고 거의 학위 받아서 교수만 할려고 한다. 그래서 한동대는 산업체에서 모셔가는 산업체 엘리트를 양성해라"고 말씀을 하세요. 이 말씀이 제게는 상당한 도전이 되었습니다.

저는 교육학을 하지는 않았고 보직을 하지도 않았고 오로지 연구만 하고 교육만 하다가 총장을 할려니 어떻게 해야될 지 몰랐습니다. 그러나 분명한 방향은 산업체가 요구하는 실무형 인재를 길러보겠다. 또 하나는 세계화에 부응하는 인사를 만들어 보겠다. 그 뒤부터 저는 "하나님 이 한동대를 세우신 목적이 어디에 있습니까?" 라고 기도했어요 그런데 응답이 21세기에 하나님의 나라를 확장할 평신도 사역자를 양성하는 대학이다 라는 확신이 서요 실력과 겸할 수 있는 지도자를 키우는 것입니다.

"그러면 하나님, 같이 이끌어 갈 교수들을 보내주십시오" 라고 기도하고, 학교 홍보를 위해서 미국에 갔었는데 아내한테서 전화가 왔어요. 재단의 산업 폐기물을 매립하는 둑이 무너져서 폐기물이 포항시내를 다 덮었다고 합니다. 그래서 재단이 망하게 생겼다면서 교수 인터뷰는 그만두고 빨리 한국에 오라는 것이었습니다. 이 소식 듣고 실망하지 않을 수가 없었어요.

그런데 한편으로, 하나님의 대학이면 다른 방법이 있지 않겠느냐는 생각에 다음날 인터뷰를 하고 새로운 방법을 구상해 보기로 했습니다. 그런 중 기독교의 정신으로 한다고 하면 기독교 교계에서 도와주시지 않겠습니까? 하면서 저에게 다 맡기는 것이 아니겠어요. 김영섭 박사는 전산연구 소장인데, 이분은 참 미국에서도 알아주는 교수인데 한동대를 알게 되어 오시게 되었는데, 제가 나중에 말하기를 "미국에서 인터뷰 할 때는 재단에 돈이 있었는데 지금은 없습니다" 했더니, 그분이 "하나님께서 어떻게 하시겠지요"라고 하세요. 우리에게 이와 같은 분들이 몇 있었어요. 개교이래 돈을 백만원 밖에 못 드렸어요. 입학허가를 받고 하나님께 기도했습니다. "하나님 21세기를 이끌어갈 하나님의 인재는 어느 정도 수준이 있어야 합니다". 제가 이렇게 기도하면서 조건을 수능 200점 만점에 130점, 내신등급은 5등급 이내로 하자고 했습니다.

그런데 사람들이 말하기를 이 정도면 서울에 있는 학교도 충분히 들어오는데 가능하겠냐고 그래요. 이렇게 교육부에 올렸더니 관계자가 "총장님 꿈입니다. 꿈! 그리고 재단도 불분명하군요" 라고 말해요. 그런데 참 놀라운 것은 400명 모집에 4천8백7십2명이 지원했습니다.

1차 합격을 끊고 나니까, 157점 그리고 최종 합격자를 발표하니까 152점입니다. 제일 놀라는 곳이 교육부였습니다. "도대체 한동대는 이해가 안됩니다". 그래서 요한복음 2장을 예로 들면서 "기적의 주인공은 하나님이십니다. 저나 교수님들은 모두 물 떠놓는 하인에 불과합니다. 물을 포도주로 바꾼 이는 하인이 아니라 하나님이십니다. 마찬가지로 한동대에 역사하시는 이는 하나님이십니다" 안타까운 것은 이런 이야기는 신문에 나질 않아요.

그리고 저는 학교의 교육이 수요자를 위한 교육이어야 한다고 보고 있습니다. 수요자가 부흥이 되어야 합니다. 교육에서는 두 가지가 있는데, 시대와 환경에 따라서 변해야 할 것이 있고 변하지 않아야 할 것이 있습니다. 변하지 않아야 하는 것이 인성 교육입니다. 인성교육이라는 것이 시대환경에 따라서 변할 수는 없습니다. 또 하나 변해야 하는 것이 있습니다. 시대가 요구하는 지식 교육입니다. 지금까지는 시대는 흘러가지만 교육은 제자리 걸음이었습니다. 이 점을 없애는 것이 바로 교육 혁명입니다. 그래서 학생들에게 하고싶은 공부를 다 시키도록 하자 라는 취지에서 학부제를 실시했습니다. 이때가 94년 12월 5일입니다. 저희 학교를 교육부에서 인가한 것은 12월 4일입니다. 교육부에서 학부제를 처음으로 공표를 했기 때문에 일반대에서 학부제를 실시할 수 있는 시간이 없었습니다. 그래서 우리는 학부제를 실시한다고 발표할 수 있도록 적절한 환경이 열렸습니다. 그래서 학생들에게 기회가 빨리 주어지게 된 것입니다.

우리의 대학은 너무나 학문적으로 깊이 들어갑니다. 학부의 4년 과정이나 대학원 과정이나 비슷한 것이 많습니다. 그렇다면 학부에서 깊이 배우지 말고 대학원에서 깊이 배우자는 것입니다. 인접학문을 많이 공부하고 인턴제를 실시해서 현 상황을 알아보는 것이 중요합니다. 실용학문이 이 시대가 요구하는 것입니다. 이것이 21세기를 능동적으로 대처하는 교육의 자세입니다.

그리고 저희 학교의 인성교육입니다. 우리 학교의 특색이 과의 구별이 없습니다. 그래서 25명씩 나누어서 교수 한 명이 지도할 수 있도록 되어 있습니다. 이렇게 인성 교육을 시킵니다. 그리고 또 정직성을 주장합니다. 따라서 시험감독 없이 전부 무감독입니다. 일명 '양심시험' 이라고 합니다. 대신 절대 평가를 하고 있습니다. 또 하나는 수요일 오전의 수업이 없습니다. 그 시간에 학생과 교수가 모두 청소를 합니다. 그리고 금요일은 학교에서 농사를 짓습니다. 이것을 학생들이 무척 좋아합니다. 우리 축제에 초청되는 사람들은, 학생들이 사회봉사 하는 곳에서 데리고 옵니다. 이런 것들이 진행될 수 있는 것은 백지에서 시작하는 학교 때문인 것 같습니다. 전통이 있는 학교는 하기가 어려울 것입니다. 그래서 하나님께서는 한동대를 이런 뜻에서 만든 것 같습니다.

하나님께서 학교 곳곳에 이렇게 귀한 분들을 심어 놓으셔서 우리의 대학이 복음화되고 바로 설 수 있도록 이끌어 주시니 감사할 따름입니다. 각 대학에서 주의 복음의 뿌리를 내리기 위해서 여러분이 있다는 것을 잊지 마시기 바랍니다.

제 4 부

미래 비전 : 맺음말

1. 나의 나된 것은 하나님의 은혜
: 40년 회고간증

2020년에 정년퇴직을 하고 5년의 세월이 지났다. 그동안 신학 공부를 하고 지금은 작은 교회를 섬기며 목회를 하고 있다. 아울러 전국대학교수선교연합회 40주년을 맞아, 편집위원장인 이선복 교수님의 말씀을 듣고 지난 날들을 잠시 회고하여 보았다. 바울 사도의 고백처럼 "나의 나된 것은 하나님의 은혜로 된 것이니(고전 10:5)"가 떠오른다. 그리고 하나님께 감사드린다. 그리고 앞으로도 계속해서 삼위일체 우리 하나님을 찬양하는 삶이 되었음 좋겠다는 소망을 가져본다.

1.1 부르심

1980년 5월 18일은 우리나라 역사에 있어 마음 아픈 날이었다. 고향인 광주에서 민주화 운동을 하던 시민들이 사망하고 부상 당하는 사건이 발생하였기 때문이다. 나는 그때 강원도 양구군 보병 21사단에서 훈련임무를 마치고 ROTC 중위로 전역한 시점이었다. 전역 후 서울대 환경대학원에 복학하여 청운의 꿈을 펴고자 했던 나에게는 충격이었다. 제대 후 고향에서 군복을 입고 박수를 받기는 커녕 군부세력의 일원이 된 듯한 의식 때문에 두 달 동안 집에 칩거해야만 하는 상황이 되었기 때문이다.

그러나, 국가를 상대로 내가 할 수 있는 일은 아무것도 없었다. 그 때 하나님은 내게 그리스도를 만나 구원의 확신을 체험하게 하는 은혜를 부어 주셨다. 신림동 하숙방 골방에서 "기쁘다 구주오셨네" 찬송소리와 함께 "왜 아직도 나를 의심하느냐?" "왜 내 말을 믿지 않느냐?" 예수님께서 십자가에서 피흘려 죽으셔서 구원받았음을 그대로 믿으라 (엡2:8,9)"는 말씀이 레마로 들려왔다. 그리고 골방에서 무릎 꿇은 채 예수님을 "나의 주 나의 하나님"으로 영접하였다.

25세의 나이 때였다. 돌이켜보니 언더우드가 조선 선교사로 위촉받은 24세와 비슷한 나이였다. 하나님께서 나를 서울대로 다시 부르시고 구원의 길로 인도하신 것이다. 그리고 당시 한사랑선교회 김한식 목사님이 복음에 대해 가르쳐 주셨다. 서울음대 작곡과 선배이고 고향이 같은 고흥이어서 더 친근하게 다가오셨다. 1981년 충현기도원 원단 금식수련회에서 나는 미래 진로문제를 기도제목으로 3일간 열심히 기도했다. 하나님은 나에게 교수의 비전을 주셨다. 그리고 다음 날 서울대 조경학과 안건용 교수님께서 전화로 "목포대에 조경학과가 신설되어 전공자를 찾으니 자네가 가면 좋겠다" 말씀하셨다. 너무 빠른 기도 응답에 무척 기뻤다. 그리고 서울대 환경대학원 재학 중 조교 보조원으로 위촉되어, 학과사 무실에서 학생들에게 복음을 전할 수 있는 기회가 찾아왔다. 석사과정 수업을 한 학기 이수한 상황이었다. 그 후 남은 두 학기 학점을 이수하고 교수가 될 준비를 하였다. 그리고 예정대로 1982년 3월에 목포대 조경학과 강의 조교로 부임하였다.

1.2 캠퍼스선교사

갈릴리 바닷가에서 12제자들을 부르시고 제자훈련을 시키신 예수님, 그리고 사도 바울 같은 자비량 선교사를 생각하며 사역에 꿈이 부풀었다. 그러나 막상 전도 방법을 잘 몰랐다. 82년 3월 학생 대표에서 신입생 환영파티에 지도교수님께서 꼭 참여해달라 부탁을 받았다. 장소가 마음에 들지 않았지만, 주님께서 세미한 음성이 들려 주셨다. "건강한 자에게는 의원이 쓸 데 없고 병든 자에게라야 쓸 데 있느니라. 내가 의인을 부르러 온 것이 아니요 죄인을 부르러 왔노라(막 2:16-17)". 말씀에 순종하고 신입생 환영회장에 갔다. 어두컴컴한 홀에 신입생 40명, 2학년 40명, 모두 80여명이 박수치며 환영을 해 주었다.

나는 "신입생 여러분들의 입학을 진심으로 축하합니다. 내가 좋아하는 노래로 여러분을 축복하겠습니다" 하며 복음성가인 "사랑이 송가"를 불렀다. "천사의 말을 하는 사람도 사랑 없으면 소용이 없고 심오한 진리 깨달은 자도 울리는 징과같네...." 끝날 때까지 초롱초롱 눈빛을 굴리며 쥐죽은 듯 경청하더니 끝나기가 무섭게 우뢰와 같은 박수가 터졌다. 성령께서 역사하심이 느껴졌다. 복음은 장소에 상관없이 영혼 구원을 하실 수가 있구나. 나도 놀라웠다. 그리고 다음 날 학교에 출근을 하니 교내방송으로 어제 불렀던 "사랑의 송가"가 온 교정에 울려퍼지고 있었다. 놀라서 알아보니 조경학과 2학년 학생 중 2명이 방송반 학생이었고, 스스로 은혜를 받아 방송에 올린 것이다. 내가 크리스천이요 캠퍼스 선교사, 전도자임을 목포대 전체에 하나님께서 공식 선포케 하신 것이다.

소문이 퍼졌다. 이후 목포대 성경 공부모임 활성화에 참여하고 한사랑선교회, CCC, UBF, 예수전도단 등 선교 단체들이 연합하여 "목포대기독교연합회(목기연)"을 만들었다. 그리고 이단에 대한 공동 대응을 포함, 교수성경공부와 교수신우회 등의 중심에 서서 소임 을 다하고자 노력하였다. 돌아보니 목포대 교수신우회 총무로 섬기게 된 것이 1988년 무렵이었다. 그리고 이때 전국대학교수선교연합회(KUPM) 회장인 손동수 교수님과 강석 규 호서대 총장님 등 KUPM 로고스교수선교회 임원들을 알게 되었고, 영적 교류를 늘려나 가게 되었다. 당시는 전국 대학마다 민주화 운동으로 학원소요가 매우 심각한 시기였다.

또 무신론적 진화론과 사회주의 사상을 가진 사람들이 국가 기반마저 위협하였다. 이에 기독교계에서도 우려를 표하는 목소리가 나왔다, 그리고 기독 교수들을 중심으로 캠퍼스 복음화와 민족 복음화를 위해 간구하는 기도소리가 커졌다.

1.3 KUPM과의 만남

1989년에서 목포에서 KUPM 선교대회 참석을 위해 서울까지 상경, 오산리 금식기도원을 찾았다. 조용기 목사님을 가까운 거리에서 뵐 수 있었다. 최자실 목사님은 직접 안수도 해주셨다. 그리고 이후 1996년까지 동료 교수들과 꾸준히 상경하여 선교대회에 참여하였다. 목포대와 KUPM과의 사역 협력도 모색했다. 돌이켜보니, 한국 기독교계 리더들을 선교대회를 통해 가까이서 본 것이다. 조용기 목사, 유상근 총장(명지대), 김종순 무역대학원장(명지대), 노영상 총장(장신대), 김삼환 목사, 이영덕 총장(명지대), 문선재 총장(강원대), 정구영 총장(서울여대), 정근모 과기처장관, 김준곤 목사 등 모두 믿음이 좋은 분들이셨다. 나의 신앙도 덩달아 더 성숙해 진 느낌을 받을 수 있었다. 최자실 목사님은 "교수님은 목사나 다름없다. 학문적 수양의 길을 걸어오면서 아름다운 인내 열매가 맺어졌다"고 칭찬해 주셨다. 이후 보다 열심히 캠퍼스 사역자로서, 교수선교사로서 복음의 지경을 넓히고, 농어촌 사회봉사에도 참여하였다. 선교영역의 지경이 확장되었다. 그의 나라와 의를 먼저 구하는 열정으로 나아가 외쳤다. 가족들도 함께 복음을 외쳤고, 주님께서는 은혜를 더해 주셨다.

1992년, 예루살렘 성지순례와 Intrcessary prayer conference 기도회를 마치고 귀국하였다. 오자마다 손동수 회장님에게 전화를 받았다. 여의도 63빌딩에서 조용기 목사님을 강사로 KUPM 원단 친목회를 갖는데, 대표기도를 맡아달라는 제안이셨다. 하나님은 족집게라는 생각이 들었다. 기도를 잘하시는 분이 많을텐데, 여의도순복음교회 조용기목사님과 장로들 앞에서 나는 지극히 작은자라는 생각이 들었다. 그러나 겟세마네 감람산 예루살렘 성전에서 받은 은혜를 생각하며 순종하여 서울로 상경해 기도의 소임을 다하였다. 목포에서 온 나와 아내를 위해 손동수 회장님이 호텔도 준비해 주셨다. 다음날 연회장서 여의도순복음교회 출석중이던 지인 장로님 권사님과 같은 테이블에서 만찬을 들 수 있도록 배려까지 해주셨다. 주님의 놀라운 사랑과 은총이 예비된 축복의 자리로 느껴졌다. 주님은 기도한대로 KUPM에 큰 은혜를 부어 주셨고, 기도마치고 내려온 나에게 SONATA 승용차까지 처제 가족을 통해 선물로 주셨다. 나는 사양했다. 운전면허도 없고 휘발유값이 비싸 감당할 여력도 없다 했다. 그랬더니 농어촌에서 멀리 복음을 전하러 다니기 위해서는 차가 꼭 필요하다며 사양말고 가져가라 하였다. 이후 차는 정말 농어촌 선교를 하러 다니는데 유용하게 사용되었다.

1.4 KUPM 문서사역, 칼럼과 수필, 논문 기고

KUPM 사역을 하며 특히 매력을 느꼈던 것은 기독교 세계관에 따라 여러 전공분야 교수님들이 학문과 신앙의 관점에서 "로고스" 논문집의 글을 쓰고, KUPM 뉴스레터 발간을 통하여 영성과 지성을 쌓아갈 수 있었던 점이다. 많은 감동을 받았다. 초창기 손동수 회장의 권유에 의해서 복음의 초년생이지만, 전공영역의 달란트를 사용하여 열심히 원고를 써 투고한 글들이 역사의 자료로 남게 되었다. 또 그 결과 이번 "40주년 회고사"를 여러 자료를 기초로 증언할 수 있게 해 주시니 감사할 따름이다. 그 동안 썼던 글을 다시 회고해 보니 다음 내용들이 있었다. 여호와 이레의 하나님께 감사드린다.

논문, 대학복음화를 위한 크리스챤 대학생의식조사, 로고스 제6집, 1988.6.15, 108-125
논문, 문서선교를 중심으로, 로고스 제8집, 1990.8.21, 20-33
칼럼, 소리, 유피엠뉴스 제4호, 1989.4.15. 9
칼럼, 아이러니, 유피엠뉴스 제5호, 1989.11.10, 25
논단, 캠퍼스선교전략, UPM교수선교 제8호, 1991.7.3, 12-15
캠퍼스선교방향과 기독교수의 역할, UPM교수선교 제8호, 1991.7.3, 16-19
광주전남지회선교보고, KUPM협동총무, 광주전남지회 간사 봉사, 제7회 전국대학교수선교대회, 강릉경포해수욕장 1992.7.3-7.4
논단, 환경에 대한 그리스도인의 자세, UPM교수선교 제10호, 1993.6.30, 16-20
수필, 봄소식, UPM교수선교 제10호, 1993.6.30, 28-29
수필, 5월이 오면, UPM NEWS 敎授宣敎 제11호, 1994.6.30, 78-79

KUPM 40년사를 쓰면서 초창기부터 이미 많은 교수님들이 신앙과 학문, 또 사역을 연계한 글을 쓰고 있음이 이미 1990년대부터 있었음을 알 수 있었다. 그런 중에 본서는 위 김농오 교수의 경우, KUPM 초창기부터 목포에서 서울까지 헌신적으로 오고가며 수고를 많이 하였음이 느껴져 원고를 부탁해 일부 수정하여 수록하였다. 김교수는 위 문서사역 외에도 목포대 학원복음화, 문준경 전도사 순교 기념관 사업을 위해서도 기독교수로서 수고를 많이 하셨다.

[출처] 김농오 교수(목포대 조경학과 은퇴) 자료를 참조로 편집 정리

2. 감사, 그리고 앞으로 나아가야 할 방향

전국대학교수선교대회의 지난 40년 역사를 통해, 하나님께서는 KUPM에 놀라우신 은혜와 주권적인 역사를 나타내셨다. 말씀을 통해 복음을 선포하시고, 시대에 따라 기독교수들에게 필요한 캠퍼스 선교의 주제와 미션, 그리고 소명을 제시해 주셨다. 또 개최하는 각 지회와 대학의 준비과정을 통해 은혜와 헌신의 모습을 주시고, 소속 교수 한명 한명의 신앙과 사역을 통해 계획하신 섭리와 삼위일체 성령 하나님의 임재를 나타내셨다. 또 최근에는 교수선교사 파송 등 8개 위원회의 사역을 통해 부르심에 따라 더욱 역동적인 모습을 경험하게 하셨다. 지난 40년 함께하여 주신 그리스도의 은혜와 하나님의 인도, 주권적인 역사하심에 감사를 드린다.

그러면 앞으로, KUPM이 새로운 40년, 80년, 100년이후를 바라보며 나아가야 할 방향은 무엇일까? 본 40년사는 결론의 의미를 포함해, 지난 40년간 연합회장과 선교대회 준비위원장 등으로 수고한 교수를 중심으로, 미래를 위한 방향과 제언을 기도 제목과 함께 간단히 물었다. 이를 정리하면 다음과 같다.

KUPM이 앞으로 나아가야 할 방향, 그리고 비전은 무엇일까?

(1) 첫째는 하나님께서 부어주신 은혜에 대한 감사이다.

40회 기간중 故 손동수 교수(서울대)가 제1회부터 14회까지 14년 동안 연합회장으로 수고와 헌신을 해 주셨다. 그리고 이어 제2대 연합회장으로 이병찬 교수(계명대)가 2000년 제15회부터 20회까지 5년의 임기를 역임하였다. 이병찬 연합회장은 계명대학교에서 열린 제15회 선교대회 준비위원장을 맡은 것을 시작으로, 지금도 매년 선교대회를 잊지 않고 참석하고 있다. 그리고 KUPM의 미래에 대한 비전으로, 하나님께서 부어주신 은혜에 대한 "감사"를 잊어서는 안 될 것을 강조하였다. 하나님께서 이스라엘 백성에게 구약성경을 통해 여러 언약을 말씀들을 보여주셨던 것처럼, KUPM에도 은혜의 말씀을 부어 주셨다. 또 특별히 우리 모든 그리스도인은 믿음을 통해 의롭다 칭함을 얻고, 구원을 선물로 받았다. 우리를 위해 십자가에 달려 죽으시고 부활하신 예수 그리스도를 믿음으로 구원을 얻는다. 구원의 은혜는 기독교 신앙의 최고의 선물이다. 모든 그리스도인, 그리고 기독교수에게는 감사가 필요하고 또 이를 학생들에게 표현할 수 있어야 한다.

(2) 둘째 비전은 기독교수의 역할과 헌신이다.

제5대 강영무 연합회장(동아대, 2011-2012)은 정년퇴임한지 10년이 넘었다. 그럼에도 캠퍼스 복음화에 있어 기독교수의 역할이 매우 중요함은 강조하며, 대학에 교수로 있으면서 캠퍼스 복음화를 위해 헌신하였던 일들이 가장 보람되었다 회고한다.

> 　기독교수의 역할은 대학에서 연구와 강의에 최선을 다하여 동료 교수에게 본이 될 뿐 아니라, 학생들이 성경에 기초한 비전을 품고 사회로 진출하도록 돕고, 기독학생 동아리를 지원하여 건전한 캠퍼스 문화가 뿌리내리도록 헌신하는 것이라고 생각한다. 따라서 전대선의 주요 역할은 이러한 사명의식을 가진 기독교수들이 캠퍼스 복음화를 보다 효과적으로 추진할 수 있도록 네트워크를 형성하여 상호 격려하고, 정보를 교환하는 환경을 마련해 주는 것이라고 할 수 있겠다.
>
> 　오늘날 세계적인 추세나 시대적인 상황은 캠퍼스 복음화에 상당히 적대적이다. 즉 AI를 포함한 기술혁신, 지정학적 갈등, 경제 불확실성, 가치관의 충돌 등 다중 복합 위기 속에 살고 있는 대학생들은 눈앞의 문제에 매몰되어 신앙을 포함한 보다 근원적인 문제에 대해 관심을 가질 여력이 없다. 그러나 상황이 아무리 혹독하더라도 캠퍼스 복음화는 기독교수들이 절대로 포기하거나 외면할 수 없는 사명이라고 생각한다. 뿐만 아니라 오늘날과 같은 캠퍼스 환경에서 기독교수들이 앞장서서 기독학생들과 기독학생동아리들의 울타리가 되어주고 뒤에서 밀어준다면, 복음화의 결실은 상대적으로 더욱 클 것이다. 따라서 이렇게 어려운 상황 속에서 기독교수들을 네트워크로 묶어 주고 힘이 되어주는 전대선의 역할은 더욱 중요할 수밖에 없다고 생각한다.
>
> 　이러한 본인의 생각은 정년퇴임으로 대학을 떠난 후, 지난 시간을 돌이켜 볼 때에 더욱 확신을 하게 된다. 대학 재직 중에 가장 보람되었다고 여겨지는 기억들이 대부분 캠퍼스 복음화와 관련된 것들이기 때문이다. 캠퍼스 복음화를 위한 열정과 헌신을 하나님 아버지께서 기뻐하시고, 이러한 활동을 하는 교수들의 울타리인 전대선의 역할은 더욱 중요하고 귀하다 하지 않을 수 없을 것이다."

(3) 셋째 비전은 캠퍼스내 바른 가치관과 기독문화 확산이다.

이에 대해 제7대 최보길 연합회장(전남대, 2018)은 대학내 음주, 마약, 동성애, 이단 등의 피해를 우려하며, 좋은 기독문화 사례로 연합합창제를 제시하였다.

> 　KUPM의 나아갈 방향으로 캠퍼스내 기독문화의 육성을 제안하고 싶다. 오늘 우리 교수들이 속해 있는 대학캠퍼스는 음주, 성적문란, 마약, 동성애 및 신천지 이단 등 세속적인 문화가 깊이 침투하여 있고 우리 젊은 세대들은 그들 문화에 노출되어 아무런 저항감없이 수용하고 있는 현실을 감안할 때 무엇보다 건전한 기독문화를 육성하고, 확산시키는 노력이 그 어느 때보다 절실하다고 생각된다.
> 　캠퍼스 기독문화로서 기독찬양제의 예를 들면, 저희 광주 전남대 캠퍼스 인근에 있는 신천지집회소로부터 이단침투를 막기 위해 먼저 대학내 기독가족이 하나로 뭉쳐야겠다는 일념으로 2007년 기독교수회가 중심이 되어 제1회 전남대 크리스천 찬양제를 시작하게 되었다.

　　기독교수들 뿐만아니라 기독가족인 기독학생, 선교단체들, 직원들과 심지어 외국인 유학생들까지 팀으로 참여하게 되었고 찬양제를 통해 참여팀마다 그들 내면에 찬양하는 기쁨과 함께 기독가족 전체가 마음이 하나가 되는 것을 느낄 수 있었다. 또한 놀라운 일은 캠퍼스의 영적 현실을 바라보며 각성하는 계기가 되었고, 위협적으로 느껴지던 신천지 이단을 담대함으로 대적하게 되었다. 또한 해를 거듭하면서 찬양제가 더 풍성하고 안정적으로 자리잡아가면서 이제는 비기독인들까지 관심가운데 눈여겨 보는 기독문화로 정착하게 되었다.

　　감사한 것은 저희 전남대 찬양제문화가 광주권지역 캠퍼스로 확산되어 인근 조선대와 광주교대에서도 같은 기쁨을 누리고 있고 조선대의 경우는 올해 5월에 제11회 찬양제를 가지기에 이르렀다.

　　또한 광주전남지역 기독교수연합회에서도 2010년 제1회 찬양제를 시작하여 지금에 이르면서 광주전남지역 대학 기독교수들을 하나로 묶어주는 연결고리역할을 단단히 하고 있으며 나아가 영남지역 등 타지역으로까지 확대되고 있다. KUPM이 최근 다양하고 전문화된 사역 등 역할을 잘 감당하고 있어 감사드리고 앞으로 기독찬양제 등 대학기독문화육성에도 적극 관심을 가져주셨으면 한다.

(4) 넷째 비전은 선교에 대한 관심과 실천이다.

제7대 송재기 연합회장(경북대, 2014-2015)은 퇴임이후 몽골, 네팔, 파키스탄 등에서 교수선교사로 헌신을 하고 있는 중이며, 기독교수들이 선교현장에 "가든지, 보내든지" 관심을 갖고 행동으로 옮기는 것이 중요함을 강조하였다.

　　"민주화운동으로 대학생들이 캠퍼스에서 시위하며 보내던 70-80년대 어느 날 기독교수들이 조국의 미래를 생각하며 우리라도 모여서 하나님께 기도해야 하지 않겠어요? 라는 도전에 하나씩 둘씩 모여 캠퍼스를 위하여 우리의 미래인 학생들을 위하여 기도를 시작한 것이 전국대학교수선교연합회의 시작이었다. 각 지역별로 지부들이 만들어지고 캠퍼스별로 모임을 시작하고 매달 정기적으로 모여 기도한 것이 캠퍼스 복음화의 조직적인 시작이었다.

　　매년 여름방학에 모여 전국대학교수 선교대회를 시작한지 벌써 40년 주님께서 많은 은혜를 주셔서 캠퍼스복음화에 조직적으로 체계적으로 역할을 감당할 수 있게 되었다. 그러나 현재 캠퍼스복음화는 요원한 실정이다. 오히려 복음화율이 떨어지고 있다. 여러 가지 요인이 있겠지만 앞장서서 이끌어 가야 할 위치에 있는 기독교수들의 헌신이 부족하다는 생각이 든다. 그만큼 기도하고 준비했으면 이제는 움직여야 한다. '가든지 아니면 보내든지'의 사명을 행동으로 보여야 한다. 따라서 전국대학교수선교연합회의 미래사역은 보내는 사역과 가는 사역에 집중해야 한다. 많은 선교현장에서 '건너와서 우리를 도우라'고 간절히 요청하고 있는데 우리들은 여기가 좋사오니 하며 편안함과 안락함에 빠져 잠을 자고 있다면 우리에게 허락하신 최고의 환경과 능력과 재물을 하나님께서 다른 곳으로 옮기실지도 모를 일이다."

(5) 다섯째 비전은 기록 및 영상매체 등을 활용한 소통이다.

오기완 교수(충북대)는 제32회 선교대회 준비위원장으로 섬기며, 홈페이지를 제작해 활용한 것이 효과적이었음을 설명하며, 시대의 변화에 따라 SNS 등 효율적으로 소통할 수 있는 매체환경의 조성과 기록이 중요함을 강조하였다.

> "개인적으로는 제11회 교원대학을 시작으로 참석하였으며 오늘에 이르고 있다. 학회 참석 또는 개인 사정으로 모든 대회에 참석하지 못했으나 여름이 되면 항상 설렘과 기다림으로 보냈던 시간을 회상해 본다. 역시 가장 기억에 남는 대회는 부총장 재임 때 충북대학교에서 개최한 제32회 대회였다. 거점국립대학으로 그동안 한 번도 본 대회를 유치하지 못했다. 광주에서 열린 30회 남부대학교 대회에 참석한 후 대회 이사님께 32회 대회는 충북대학교에서 개최하고 싶다는 의사를 피력하고 31회 부산대회에 참석한 이후 제가 대회 준비위원장이 되어 적극적으로 준비를 시작했다.
>
> 본 대회의 특징은 첫째, KUPM는 그동안 자체 Homepage 없이 31회까지 진행됐다는 것을 알고 대회 비용에 포함해 정성껏 홈피 제작을 완료하고 홈피를 통해 대회 홍보와 등록 절차를 진행했다. 현재 홈피 제작은 다양하게 활용되고 있으며 자칫 잊힐 수 있는 자료 보전에도 크게 이바지해 왔다. 둘째, 대회 진행을 위한 경비는 충북에 소재한 기독 교수와 지역 교회의 후원으로 이루어졌다. 대회 후 남은 비용은 기독교사회단체와 충북대학교 교목에 목회활동비로 지원되었다. 셋째, 32회 대회는 2박 3일의 일정으로 진행되었으며 은혜로운 말씀의 잔치가 되었다. 최근 1박 2일로 대회를 진행하고 있는바 2박 3일로 돌아가야 한다고 생각된다. 넷째, 참여 인원이 점점 줄어들려고 있어서 이에 대한 꾸준한 대책 마련이 필요하다. 각 대학에서 기독 교수를 적극적으로 발굴하고 활발히 활동하여 대회 참석에 대한 동기부여를 잘 홍보하기를 희망한다.
> 그동안 헌신적으로 봉사해 온 대회 임원들의 노력으로 40년이란 세월을 잘 이끌어 왔다. 한 세대가 지났고 많은 변화에 직면하고 있다. 저희 전국대학교수 선교연합회가 흔들리는 한국 기독교계의 방풍 목이 될 것을 기도한다."

(6) 여섯째 비전은 KUPN 40년의 경험과 노하우에 기초한 기독교수로서의 사역개발과 타단체와의 연합사역이다.

제11대 박신현 연합회장(고신대, 2023)은 KUPM의 최근 사역의 특징과 고신대학교 대외협력처장을 하며 얻은 경험을 토대로, 먼저는 신앙의 전통을 계승하고, 기독교수만이 할 수 있는 사역을 적극 개발하여 여러 단체와의 보조를 맞춘 연합사역의 방법에 대해 구체적인 방안들을 제시하였다.

> KUPM 40주년을 맞이하여 먼저 하나님께 영광과 찬송과 감사를 올려드린다. 그동안 전국 대학의 캠퍼스 선교를 위한 복음의 씨를 뿌리고 기독교수들 간의 협력과 동역의

기초를 놓으신 KUPM 선배 교수님들의 수고에 진심으로 감사드린다.

아울러 KUPM에서 귀하게 섬기셨지만, 올해 40주년 기념식에 함께 하지 못한 손동수 교수님(서울대)과 강석규 교수님(호서대)을 비롯하여 소천하신 선배 교수님들의 헌신에 머리 숙여 감사드린다.

이렇게 귀한 전통을 지닌 KUPM이 앞으로도 주님 주신 사명을 잘 감당하기 위해 필요한 다음을 제안한다.

(1)미래의 대학캠퍼스 선교 사역을 감당할 차세대 기독교수 및 학자 양성을 위한 체계적인 시스템 구축이 필요하다. (2)KUPM은 국내외 대학캠퍼스 선교를 위한 플랫폼 역할을 잘 감당해야 한다. (3)기독교수는 1인 1선교단체라는 개념을 가지고 각자 하나님께서 주신 소명을 기반으로 사역을 개발해야 한다. (4)이단의 득세와 비기독교적 캠퍼스 환경에서 선교적 사명을 잘 감당할 교수선교사 훈련 강화 및 확대가 필요하다. (5)기독교수만이 할수 있고 해야 하는 사역에 초점을 맞추어야 한다. 기독교수가 아니더라도 할 수 있는 사역은 그 사역을 잘 하고 있는 단체 및 개인과 협력하면 될 것이다. (6)협력할 단체와 개인은 이단이나 이단성 시비가 없어야 하고, 지나치게 개별 단체 및 개인중심적이지 않아야 한다. (7)협력할 단체와 개인은 KUPM과 공통의 사역을 찾을 수 있어야 한다. 공통부분이 많으면 많이 협력할 수 있고, 적으면 그만큼만 협력해야 한다. (8)기독교수는 사역을 하기에 앞서 예수 그리스도 안에서 한가족됨을 누리며 신앙공동체를 세워나가는 것이 더 중요하다.

이상은 KUPM 연합회장의 경험을 바탕으로 KUPM 사역의 지속과 발전을 위해 기본이 된다고 생각한 것들을 적은 것이다. 모든 KUPM 교수님들이 성령께서 주신 능력으로 자신이 속한 대학캠퍼스에서 하나님의 나라와 그의 의를 구하는 사역을 감당하면서 예수 그리스도 안에서 하늘 가족됨과 만남의 축복을 누리길 기도드린다.

(7) 일곱째 비전은 신앙고백이 되어지는 사역이다.

제12대 김철수 연합회장(조선대, 2024)은 최근 연합회 사역에 합류하였지만, 다음과 같은 신앙고백의 소회를 밝혔다. 기독교수에게 사역보다 더 중요한 것은 하나님의 관계이다.

보라, 형제가 연합하여 동거함이 어찌 그리 선하고, 아름다운고 머리에 있는 보배로운 기름이 수염, 곧 아론의 수염에 흘러서 그의 옷깃까지 내림 같고 헐몬의 이슬이 시온의 산들에 내림 같도다. 거기서 여호와께서 복을 명령하셨나니, 곧 영생이로다.(시 133:1-3)

"감히 이 자리에 그 이름을 내어 놓기에도 한없이 부끄러운 자를 하나님께서 들어 써 주신 것을 무한 감사하다. 지난 40년 간 존귀하신 삼위일체 하나님의 섭리에 무조건 순종해 오신 수많은 선배 교수님들께서 지성과 열심을 가지고 잘 차려오신 귀한 밥상 위에 초라한 수저 한 벌이나마 올려 놓을 수 있었던 것은 개인적으로는 무한한 영광과 감사의 조건이었고, 그간의 나태와 무책임의 세월을 스스로 꾸짖으며 회개할 수 있는 귀한 시간이 었으며, 또한 새로운 세상을 보고, 개인과 교회, 그리고 하나님께서 선교지로 허락하셨던 캠퍼스를 위해 새로운 사명에 눈뜨는 다시 없을 엄청난 기회였던 것을 고백하지 않을 수 없다.

이제 전대선(KUPM)은 세칭 '불혹(不惑)'의 연륜을 맞게 된다. 그리고 이 땅은 여전히 정치, 경제, 사회, 문화, 역사, 철학 등 거의 모든 영역에서 사탄의 권세 아래 놓이게 되고, 우리는 다양한 수단과 방법을 동원하여 하나님의 말씀 앞으로 끊임없이 밀려오는 온갖 도전과 거역을 목도하게 될 것이다. 이제 우리 전대선은 그 어떤 모습의 유혹이나 겁박이나 공격 앞에서도 일말의 흔들림 없이 개인의 경건과 형제·자매 간의 화평과 국내외를 아우르는 끈끈한 연합을 매개로 하여 하나님께서 열어 주실 새로운 시대와 길을 팔짱 굳게 끼고, 어깨 단단히 걸고, 굳건한 믿음으로 함께 걸어갈 수 있게 될 것을 주 예수 그리스도의 이름으로 믿고 감사하며 찬양하며 선포하며 기도한다."

(8) 여덟번째 비전은 오직 그리스도를 바라보며 영적 싸움에 승리하는 사역이다.

제9대 오정수 연합회장(충남대, 2021)은 1945년부터 80년의 한국현대사를 돌아볼 때 복음을 전하기에는 많은 영적싸움이 필요한 때임을 직시하며, 그리스도를 통해 말씀으로 이겨나갈 것을 강조하였다.

"1985년~2025년 KUPM 40년은 1945년부터 2025년까지 대한민국 현대사 80년 역사의 후반부를 온전히 품고 한국사회와 교회의 성장과 함께 예수그리스도를 향한 믿음과 캠퍼스 선교의 사명을 공유한 전국 대학교수들이 걸어온 믿음의 여정을 담은 역사였다. 정치변화와 경제발전의 격동의 세월을 지나오면서 교회의 성장과 캠퍼스선교의 사명으로 KUPM을 중심으로 이 믿음의 여정에 헌신한 선배 교수님들과 동료 교수님 모두에게 감사를 드리면서 모든 영광을 하나님께 올려드린다.

KUPM이 나아갈 앞으로 새로운 40년의 여정을 기대하면서 현재와 다음 세대의 교수님들에게 다가올 도전을 앞두고 격려와 소망의 메시지를 전한다. 작금의 국가와 대학이 처해있는 국내외 환경에 비추어보면, 앞으로 더욱 힘들고 어려운 영적 도전이 우리를 기다리고 있다. 지난 세월 고난을 이겨온 KUPM의 역량을 모아 우리의 대장이 되시는 예수그리스도의 군사로서 모든 영적 싸움을 승리하여 모든 믿음의 길을 가는 교수님들에게 하늘에 큰 상급이 예비될 것을 믿음으로 바라본다."

(9) 아홉번째 비전은 사역의 밸런스 균형과 도전적 자세이다.

제10대 이상식 연합회장(계명대, 2022)은 기독교수의 역할, 선교, 캠퍼스내 기독문화 확산 등을 언급하며 다음을 제시하였다.

> 기독교수의 역할과 관련해, 무엇보다, 어려운 캠퍼스 선교 환경에서 기독학생들과 기독 동아리들의 울타리 역할이 어느 때보다 더 중요해졌다. 전대선이 학원복음화협의회와 함께 선교단체들을 위해 기도하고, 정신적, 물질적 후원자 역할을 하는 것이 그들에게 큰 힘이 될 수 있을 것이다. 대구경북지역에서 대경교수선교회장이 대경 학복협 공동대표를 맡아 긴밀하게 협력하듯이, 전대선 회장이 학복협 공동대표를 맡고, 각 지역 교수선교회장이 학복협 지부 공동대표를 맡는 방안도 가능할 것이다. 40회 대회가 CCC와 함께 연합하여 치러지게 된 것은 이런 제안을 실현하기 위한 매우 좋은 계기가 될수 있을 것으로 기대한다.
>
> 캠퍼스 문화와 관련해, 대학 캠퍼스에 세속적인 문화가 뿌리를 깊이 내리고 있는 현실에서, 최보길 연합회장이 제시한 전남대학교 찬양제가 광주전남지역으로 확산되고, 그 영향을 받아 계명대학교에서도 추수감사 연합찬양제로 확산되어 매년 은혜롭게 시행되고 있다. 각 지역 교수선교회나 혹은 전대선을 중심으로 전국 캠퍼스 연합찬양제로 도약할 날을 기대해본다.
>
> 선교와 관련해, 2020년대 들어 전대선내 해외 선교를 위해 PAUA위원회와 글로벌미래고등교육원이 설립되어 그동안 국내 캠퍼스 선교에만 머물렀던 전대선의 역할이 해외 선교에 눈을 돌리고 급속하게 해외 선교 역량이 확대되고 있는 점은 매우 다행이라고 생각된다.

(10) 마지막 열번째 비전은 모든 중심에 성경이 기초가 되고, 이를 바탕으로 신앙과학문 영역에도 노력을 기울여야 한다.

제6대 김형길 연합회장(전주대, 2016-2017)은 KUPM의 모든 활동이 성경에 기초하여야 함을 다음처럼 강조하였다. 그리고 이는 후술하는 바와 같이 제8대 이선복 연합회장(동서대, 2019-2020)도 본 40년사를 집필하여 전적으로 동의하고 있다.

> 전국대학교수선교연합회의 모든 활동은 성경 말씀에 기초해야만 한다. 예수 그리스도는 하나님의 말씀이 성육신하신 분이다. 어느 교회나 어느 선교단체든지 하나님의 말씀에 기초하여 모든 활동이 이루어지지 않으면 안된다. 그러므로 우리 전국대학교수선교연합회의 선교활동의 방향도 역시 성경 말씀이 기준이 되어야만 할 것이다.

3. 하나님의 주권과 비전, 그리고 제언

"하나님의 주권-전국대학교수선교연합회 40년의 회고와 비전", 본서의 글을 마무리하고자 한다[1].

전국대학교수선교연합회(KUPM) 40년의 역사이다.

1. 태동기(1980 ~ 1986)
2. 창립기(1986 ~ 1990): 제1-5회 선교대회
3. 성장기_전국확대 순회(1991 ~ 1999): 제6-14회 선교대회
4. 발전기_밀레니엄시대(2000 ~ 2010): 제15-25회 선교대회
5. 성숙기_내 잔이 넘치나이다(2011 ~ 2019): 제26-34회 선교대회
6. 팬데믹고난 & 제2도약기(2020 ~ 현재): 제35-40회 선교대회

전국대학교수선교연합회(KUPM)는 캠퍼스 복음화와 하나님 나라의 완성을 위해 1987년 1월에 만들어진 기독교수들의 연합모임이다. 2025년 현재 여의도순복음교회 세계선교센터를 본부로 전국에 10개 지회를 갖고 있다. 또 산하 선교, 프리이반젤리즘, 문화예술, 찬양영상, 해외기독대학, 대학교회, 신앙과학문, 글로벌미래고등교육원 등 8개위원회를 두고 있다.

그리고 본서는 KUPM의 지난 40년 역사를 돌아보고 정리하였다. 또한 그 총체적 의미는 그리스도께서 부어주신 은혜요 하나님의 주권적인 역사였음을 강조하고 있다. 신앙으로 헌신된 기독교수들이 지난 40년을 선교대회로 모였다. 하나님께서 원하시는 주권적인 역사는 무엇이었을까? 본장은 책의 마지막 결론으로 선교대회 주제를 포함, 몇가지 특징을 다음과 같이 정리하고자 한다.

3.1 KUPM 40년의 선교대회 주제와 하나님의 주권역사

KUPM의 40년 선교대회 주제는 〈표1〉과 같이 (1)국가와 민족, (2)캠퍼스 선교, (3)기독교수의 영성과 멘토링, (4)통일과 북한선교, (5)학문과 신앙, 5개로 나뉘어지며, 이를 회고 분석해 보면 다음 특징을 발견할 수 있었다.

---

1) 한편, 필자는 본서를 집필하며, 제1-40회에 이르는 선교대회에 대한 결과 분석의 의미를 아래 논문에 제시하였다. 이선복(2025.6), 하나님의 주권적 경영모델 리뷰: 전국대학교수선교연합회 역사 40년 회고의 관점에서, 로고스경영연구, 제23권 제2호 pp.141-173. 본장은 위 내용을 일부 인용하여 결론을 마무리 짓도록 한다.

〈표 1〉 KUPM 선교대회 주제와 주권적 역사

구분	선교대회 주제
1. 국가와 민족(4건)	1회 민족복음화는 학원복음화로부터, 2회 나라와 민족을 위한 기도, 3회 예수와 한민족의 장래, 4회 복음, 민족이 하나되는 길
2. 캠퍼스 선교(17건)	5회 대학을 복음화하라, 6회 가서 가르치라, 7회 땅을 정복하라, 12회 주의 길을 곧게 하라, 15회 일어나라 빛을 발하라, 17회 예수그리스도와 생명, 19회 복음으로 대학을 새롭게, 20회 대학과 봉사, 21회 기독교와 멘토링, 24회 나눔과 섬김, 25회 너는 가서 제자삼으라, 26회 나눔으로 만들어가는 더 멋진 세상, 27회 내 길을 열라, 너희는 주의 길을 예비하라, 29회 이 땅을 고쳐주소서: 회개, 화합, 부흥, 30회 주 예수의 이름으로, 35회 깨어 일어나 빛을 발하라:선교2020, 38회 일어나라 빛을 발하라
3. 기독교수의 영성과 소명(16건)	8회 네가 어디 있느냐, 9회 내가 너희를 택하여 세웠나니, 11회 내 안에 사신 예수그리스도, 13회 깨어 근신하라, 14회 새천년의 대학교수상, 22회 기독교수의 선교비전과 영성, 23회 교수가 변해야 나라가 산다, 28회 부르심에 합당하게, 31회 거룩한 스승이 되자, 32회 내가 너를 보내노라, 33회 내게 부르짖으라, 34회 주여 내가 여기 있나이다, 36회 위기 시대속의 기독 교수의 소명, 37회 주님, 나를 보내소서!, 39회 부르심에 합당한 삶, 40회 영성과 지성을 겸비한 기독교수
4. 통일과 북한(2건)	10회 희년·통일-하나되게 하소서, 16회 북한선교의 전망
5. 학문과 신앙(1건)	18회 신앙과 학문

출처: 필자가 본서를 집필하며, 이선복(2025b), 156-157 에 요약한 내용임.

첫째는 국가와 민족에 관한 내용으로 1986년 초기에 나타났다. 당시는 1980년에 광주에서 민주화 운동이 일어나고 국가가 위기적 상황이었다. 학원 소요사태가 심각하였다. 사람마다 가치관이 다르고, 사회적 갈등이 심했다. 대학이 상아탑 역할을 하기가 어려웠다. 그리고 이러한 난국을 해결하기 위해 교수들이 미스바의 성회에 모인 마음으로 기도하며 선교대회를 시작하였다. 회개와 화합의 마음을 구했다(김한식, 최재선 1986). 참 그리스도 인이란? 그리스도의 절대적인 사랑과 복음을 통해서만이 갈등을 해결할 수 있음이 제시되었다(이영덕,1986). 또 나아가 민족 복음화는 학원 복음화로부터, 하나님의 섭리가 우리 민족에도 적용될 수 있는가 주권적인 역사를 물었다. 그리고 믿는 자에게는 능치 못할 일이 없다. 성령운동을 통한 교회 부흥과 캠퍼스 복음화가 간구되었다(조용기, 이영훈, 1982). 또 한국교회 100주년을 맞이해 통회의 심정으로 잘못된 습관이 고쳐질 때 에스겔 골짜기와 같이 마른 뼈가 부활하는 역사가 일어날 것이 선포되었다(김준곤, 1986). 즉 국가와 민족을 위해 기도하고, 그 근본적인 해답을 그리스도의 사랑과 복음에서 찾고자 하였던 것이다.

둘째는 캠퍼스의 복음화에 관한 내용으로, 40년 역사 전 시기에 걸쳐 강조되었다. "제5회 대학을 복음화하라, 6회 가서 가르치라, 19회 복음으로 대학을 새롭게, 20회 대학과 봉사, 25회 너는 가서 제자 삼으라"와 같이 기독교수로서 대학 캠퍼스에서 복음을 전하는 것을 중요한 사명으로 여겼다. 또 이를 위해 방법으로 "21회 기독교와 멘토링"과 "24회 나눔과 섬김"이 강조되었다. 또 캠퍼스 복음화에 대한 의지를 확인하는 주제로 "15회 일어나라 빛을 발하라, 30회 주 예수의 이름으로, 35회 깨어 일어나 빛을 발하라, 38회 일어나라 빛을 발하라"와 같은 결단의 모습을 보였다. 복음을 전하는 것은 그리스도께서 제자들에게 주신 지상명령이다. 또한 이는 하나님께서 아들 되신 예수 그리스도를 이땅에 보내 구원 사역을 일으킴으로 하나님 나라를 완성하고자 하는 기독교의 핵심 주권 사상이다.

셋째는 기독교수의 영성과 소명에 관한 내용으로 총 제8회부터 40회까지 전 시기에 걸쳐 주제로 선정되었다. "8회 네가 어디 있느냐, 9회 내가 너희를 택하여 세웠나니, 11회 내 안에 사신 예수 그리스도, 14회 새천년의 대학 교수상, 22회 기독교수의 선교비전과 영성, 34회 주여 내가 여기 있나이다, 39회 부르심에 합당한 삶, 40회 영성과 지성을 겸비한 기독교수", 모두 기독교수로서의 영성과 정체성을 묻는 내용들이 선교대회 주제로 다루어졌다. 또 기독교수들 스스로 영성과 소명을 다짐하는 내용으로 "13회 깨어 근신하라, 23회 교수가 변해야 나라가 산다, 28회 부르심에 합당하게, 31회 거룩한 스승이 되자, 32회 내가 너를 보내노라, 33회 내게 부르짖으라, 36회 위기 시대속의 기독 교수의 소명, 37회 주님, 나를 보내소서!"가 주제로 선택되었다. 이는 기독교수들이 선교대회를 신앙과 영성을 회복하고, 또 사역에 대한 소명을 다지는 계기로 삼고, 참여해 왔음을 의미하는 것이다.

넷째는 통일에 대한 소망, 북한선교 주제이다. 이는 "제10회 희년·통일-하나되게 하소서, 16회 북한선교의 전망"으로, 1995년부터 2001년 사이 일정 시기에만 보이는 경향이 있다. 정부의 대북정책과도 맞물려 있었던 것으로 보인다. 그러나 선교대회를 통해 발표된 북한선교에 관한 주제나 최재선 교수(1989)의 "복음, 민족이 하나되는 길", 이규호 총장(1996)의 "하나되게 하소서: 통일은 어떻게" 등은 많은 교회와 기독 교수가 통일에 대해 어떻게 생각하여야 하는가? 의미있는 내용을 전달하고 있다. 그 외 선교대회 중 평양과학기술대학교와의 연계(28회, 31회)도 일부 있었다.

다섯째는 신앙과 학문에 관한 내용으로 2003년 "제18회 신앙과 학문" 1번에 불과하다. 그러나 김진섭 교수(천안대)가 "고대 근동 문헌의 배경에서 본 노아 홍수와 그 성경신학적 의미"에 대해 발제한 것을 시작으로, 김명석 교수(명지대)가 "기독교와 문학", 황호찬 교수 (세종대)가 "기독교와 경제", 허수복 교수(성결대)가 "기독교와 미술", 정계현 교수(순천향 대)가 "기독교와 과학"이란 주제로 학문과 신앙을 융합한 발표를 하였다. 그리고 이는 교수들이 항상 고민을 하는 주제로, 일찍기 1991년 제6회때부터 이슈로 다루어졌음이 40년사를 쓰면서 흥미로웠다. 즉 민현식 교수(1991)가 "전공별 기독교과 연구모임이 필요하다". 노영상 교수(1991)가 "여호와 경외가 학문의 근본"이란 제목으로 발표한 내용은 30여년이 지난 지금도 시사하는 바가 크다.

최근 KUPM의 선교대회는 코로나 팬데믹 이후 신앙과 전공을 융합한 사역발표가 급격히 증가한 현상을 보이고 있다. 제37회 대회(고신대)는 주제발표 3건에 5개 세션(해외대학과 문화선교, 대학교회와 선교전략, 신앙과 교육선교, 차세대 선교전략, 창의적 선교전략) 13건의 사역발표가 있었다. 제38회(한국교통대)는 주제강연 9건에, 11개 세션 32건의 사역발표가 있었다. 39회(배재대)는 주제강연 3건에, 9개 세션을 통해 38건이 사역발표가 진행되었다. 그리고 2025년 40회(서울대)는 주제강연 3건에, 9개 세션 26건의 사역발표가 진행되었다. 즉 교수들이 각자 갖고 있는 전공을 통해 복음의 지경을 넓히고 하나님 나라에 기여하고자 하는 열정과 헌신이 가득함을 읽을 수 있다. 즉 캠퍼스 유학생 선교, 저개발국가 ODA사업 지원, 해외대학 강의지원 등, 일반 교회나 목회자가 하기 어려운 부분을 교수라는 환경적 상황과 특성을 이용해 선교로 접목해 가는 사역들이 활발해져 감이 읽혀진다.

3.2 KUPM 40년의 선교대회 개최와 하나님의 주권역사

다음은 선교대회 개최와 관련한 특징이다. 전술한 바와 같이, 1986년에 제1회 전국대학교수선교대회가 "민족 복음화는 학원 복음화로부터"라는 주제로 여의도순복음교회에서 처음 개최되었다. 그리고 제2회부터 5회까지 오산리 국제금식기도원에 열린 후, 전국으로 확대되었다. 1991년 대전 유성 경하장호텔에서 제6회 선교대회가 열린 것으로 시작으로, 1992년 강릉 경포비치호텔, 1993년 횃불선교회관(서울), 1994년 대구대, 1995년 오산리 금식기도원, 1996년 교원대, 1997년 한동대, 1998년 한세대, 1990년 호서대로 전국을 순회하며 선교대회가 개최되었다. 그리고 31회(부산대)부터 35회(전북대)까지는 지역 거점 국립대학을 개최되는 특징을 보였다. 선교대회가 40년 동안 한번도 쉰 적이 없다. 2015년 메르스의 위기에도 7월에서 12월로 일정을 변경해 제30회(남부대) 대회를 진행하였다. 2020년부터 시작된 코로나 3년 팬데믹 기간에도 하나님은 KUPM의 향한 걸음은 멈추지 않으시고 선교대회를 하도록 역사하셨다. 매년 여름마다 전국에서 교수들이 모여 대회를 통해 하나님 나라의 의를 구하도록 하셨다. 그리고 선교대회가 40년 동안 한번도 쉬지 않고 개최되기까지에는 여러 교수들과 지회의 헌신이 있었다. 대회가 성공적으로 이루어지기 위해서는 모든 기획부터 일정과 안내, 숙박, 진행, 예산편성까지 등 많은 수고와 협력이 필요하다. 그리고 이 필요한 부분들을 하나님께서 여러 모양으로 공급해 주셨다. 지역별로 선교대회가 개최된 상황을 간단히 정리하면 다음과 같다.

〈표 2〉 KUPM 선교대회 장소(지역)와 주권적 역사

지 역	선교대회 개최 장소
1. 강원(3건)	7회 강릉 경포비치호텔, 17회 연세대학교(원주), 40회 서울대학교(평창)
2. 서울 경인(14건)	1회 여의도순복음교회, 2-5회 오산리 국제금식기도원, 8회 횃불선교회관, 10회 오산리 국제금식기도원, 13회 한세대학교*, 16회 평택대학교*, 18회 명지대학교(용인)*, 20회 평택대학교*, 21회 서울여자대학교*, 25회 서울산업대학교, 33회 인천대학교
3. 충남(2건)	14회 호서대학교*, 27회 호서대학교*
4. 충북(3건)	11회 교원대학교, 32회 충북대학교, 38회 한국교통대학교
5. 대전(5건)	6회 대전 유성 경하장호텔, 19회 목원대학교*, 28회 한남대학교*, 34회 충남대학교, 39회 배재대학교*
6. 대구경북(6건)	9회 대구대학교*, 12회 한동대학교*, 15회 계명대학교*, 24회 영남대학교, 29회 계명대학교*, 36회 한동대학교*,
7. 부산울산 경남(4건)	23회 동서대학교*, 31회 부산대학교, 37회 고신대학교*, 31회 부산외국어대학교*(예정)
8. 전북(3건)	22회 우석대학교, 26회 전주대학교*, 35회 전북대학교
9. 광주전남(1건)	30회 남부대학교*

출처: 본 연구자가 작성. 이선복(2025b), 160. *는 기독교 대학임.

첫째, 강원지역에서는 선교대회가 3번 개최되었다. 1992년 강릉 경포비치호텔에서 "땅을 정복하라(7회)", 2002년에 연세대 원주캠퍼스에서 "예수 그리스도와 생명(17회)", 그리고 올해 2025년에 서울대 평창캠퍼스에서 "영성과 지성을 겸비한 기독교수: AI시대 복음과 소명(40회)"이라는 주제로 C.C.C 교수선교회와 연합으로 열었다. 그리고 40년사를 기록하며 6회 당시 관동대, 강원대, 강릉대 회원교수가 120여명에 이를 정도로 놀라운 부흥이 있었음을 발견할 수 있었다.

둘째, 서울·경인지회는 제1회 여의도순복음교회를 시작으로 총 14번을 개최하였다. 초창기 여의도순복음교회(1회)와 오산리 국제기도원(2-5회) 이후, 1993년에 양제동 횃불선교회관에서 "네가 어디 있느냐(8회)", 1995년에 오산리 기도원에서 "희년·통일-하나되게 하소서(10회)", 1998년에 손동수 교수가 한세대 총장으로 재직하며 "깨어 근신하라(13회)"는 주제로 개최하였다. 또 평택대학교는 2021년에 "북한선교의 전망(16회)", 2005년에 "대학과 봉사(20회)"란 주제로 두번 대회를 열었고, 2003년은 유상근 총장이 명지대 재직중에 "신앙과 학문(18회)"이란 주제로 개최하였다. 그리고 2006년은 서울여대에서 "기독교와 멘토링(21회)", 2010년은 이선희 교수(서울산업대)가 연합회장으로 수고하며 "너는 가서 제자삼으라(25회)", 또 2018년에 인천대에서 "내게 부르짖으라(33회)"는 주제로 각각 대회를 개최하였다.

셋째, 대전지회는 총 4번으로, 1991년에 유성 경하장 호텔에서 "가서 가르치라"는 주제로 충청지회가 주관하여 처음 개최하였다. 그리고 2004년에 목원대학교에서 남금식 연합회장의 수고로 "복음으로 대학을 새롭게(19회)", 2013년에 한남대학교에서 "부르심에 합당하게(28회)"로 주제로 개최하였다. 목원대는 감리교 계열, 한남대는 장로교 계열의 기독교 미션스쿨이다. 2019년은 거점 국립대학인 충남대학교에서 "주여 내가 여기 있나이다(34회)"라는 주제로 개최하며, 교수선교사 훈련을 위해 한국세계선교협회의(KWMA)와 MOU 협약을 맺었다.

넷째, 충남지회는 호서대학교에서 총 2번 개최하였다. 1999년에 "새천년의 대학교수상(14회)", 2020년에 "내 길을 열라, 너희는 주의 길을 예비하라(27회)"는 주제로 개최하였다. 로고스교수선교회 초대회장과 KUPM 초창기 이사장을 역임한 故 강석규 총장의 신앙과 리더십으로 많은 교수들이 모이고, 열심히 준비를 하였다.

다섯째, 충북지회는 3번 개최하였다. 1998년 청주 교원대학교에서 "너 안에 사신 예수 그리스도(11회)", 2017년 충북대학교에서 "내가 너를 보내노라(32회)"는 주제로 개최하였다. 그리고 코로나 팬데믹 이후, 2023년에 현 연합회장인 김광현 교수를 준비위원장으로 "일어나라 빛을 발하라(38회)"는 주제로 열렸다.

여섯째, 대구경북지회는 총 6번 개최되었다. 1994년에 대구대학교에서 "내가 너희를 택하여 세웠나니(10회)", 1997년에 한동대학교에서 김영길 총장 재임 시 "주의 길을 곧게 하라(12회)"는 주제로 개최하였다. 그리고 계명대학교는 2000년에 "일어나라 빛을 발하라(15회)", 2014년에 "이 땅을 고쳐주소서: 회개·화합·부흥(29회)"을 주제로 2번 개최하였다. 그리고 2009년에 영남대학교에서 "나눔과 섬김(24회)", 또 팬데믹 기간인 2021년에 한동대학교에서 "위기 시대속의 기독 교수의 소명(36회)"이란 주제로 개최되었다.

일곱째, 부산울산경남(부울경)지회는 3번 개최되었다. 2008년에 동서대학교에서 "교수 변해야 나라가 산다(23회)"는 주제로 처음 개최되었다. 2007년 부산기독교수연합회가 설립되어 출발이 늦었지만, 이로서 모든 지역이 KUPM에 가입되었다. 23회는 쿠르즈 선상 선교역사 특강까지 준비, 560명의 인원이 참가하였다. 그리고 2015년에 부산대학교에서 "거룩한 스승이 되자(31회)"는 주제로 거점 국립대학교으로서 처음 대회를 개최하였다. 그리고 2022년에 고신대학교에서 "주님 나를 보내소서!(37회)"로 열렸고, 내년 2026년에 부산외국어대학교에서 제41회 대회를 개최할 예정이다. 출발은 늦었지만, 18년 사이에 4번을 개최하며 좋은 연합 모델을 보여주고 있다.

여덟째, 전북지회는 3번 개최되었다. 2007년에 우석대학교에서 "기독교수의 선교비전과 영성(22회)", 2011년에 전주대학교에서 "나눔으로 만들어가는 더 멋진 세상(26회)"을 주제로 개최하였다. 그리고 2020년 팬데믹 기간중에 전북대학교에서 "깨어 일어나 빛을 발하라 (35회)"는 주제로 개최하였다.

마지막으로, 전남광주지회는 2014년에 남부대학교에서 "주 예수의 이름으로(30회)"란 주제로 1번 개최되었다. 특별히 30회는 5월부터 갑자기 메르스(MERS, 중동호흡기증후군) 가 유행하여, 선교대회를 7월에서 12월로 변경하여 진행한 어려운 선교대회였다. 그럼에도 하나님께서 선교대회를 행진을 멈추지 않으셨다.

전국에서 300~500명의 기독교수들이 2박 3일간 모며 예배를 드리며 사역을 발표하는 대회이다. 선교대회 주최는 KUPM이 중심이 되어 하되, 개최장소가 구체적으로 정해지면 해당 대학과 지역의 교수들이 주관하여 헌신적으로 수고를 하였다. 평균 1년의 기간에 걸쳐 기도하며 준비를 하였다. 대회마다 다소 다를 수는 있지만, 약 5,000만원 전후의 예산이 필요하다. 그럼에도 하나님께서는 지금까지 40회 기간동안 한번도 수입이 적어 적자가 발생하는 상황을 만들지 않으셨다. 오병이어 수준은 아니어도, 필요한 재정을 채워 주시고 은혜를 부어주심으로 교수들에게 자신감을 갖게 하시고 신앙을 견고케 하셨다. 그리고 준비과정을 통해 개최 대학을 중심으로 지역 대학의 교수들이 서로 연합하는 공동체 성을 강화하고, 또 교회 및 선교단체와도 연합하는 소통의 도구 역할을 하는 효과를 만들어 냈다.

3.3 참가자 구성과 하나님의 주권역사

다음은 참가자 구성인원이다. 전국대학교수선교대회는 전통적으로 매년 6월말 또는 7월 초 하계방학을 시작하며 2박 3일 일정(부부동반 환영)으로 진행되었다. 초창기와 최근 팬데믹 이후 기간을 제외, 평균 300~500명의 교수들이 매년 참가를 하였다. 〈표3〉는 선교 대회에 참석한 교수 수를 100명에서 500명 단위로 나누어 정리한 내용이다. 특징은 다음과 같다.

첫째, 초창기 100여명 교수가 참여해 오산리 국제금식기도원을 중심으로 진행되어 선교 대회가 전국 순회로 확대되며 참석자가 500여명으로 급속히 증가하였다. 9회 대구대, 14회 호서대, 19회 목원대, 23회 동서대, 26회 전주대가 500명을 상회하였다. 그리고 서울경인 이외의 지역이며, 특히 개최대학이 기독교 미션스쿨일 경우 참가자가 더 많은 경향을 보였 다. 거점국립대학은 400명 전후를 나타냈다. 100명 미만은 코로나19 팬더믹 기간으로

35회 전북대 50명, 36회 한동대 100명을 나타냈다. 그러나 이 시기는 온라인 유튜브 생방송을 병행하여 진행하였으므로, 이를 포함할 경우 인원이 크게 증가한다.

〈표 3〉 KUPM 선교대회 참석자 수와 주권적 역사

지 역	선교대회 참석자 수
500명이상 (5건)	9회 대구대학교, 14회 호서대학교, 19회 목원대학교, 23회 동서대학교, 26회 전주대학교
400-499명 (4건)	22회 우석대학교, 29회 계명대학교, 31회 부산대학교, 34회 충남대학교,
300-399명 (8건)	10회 오산리 국제금식기도원, 12회 한동대학교, 13회 한세대학교, 15회 계명대학교, 27회 호서대학교, 28회 한남대학교, 30회 남부대학교, 32회 충북대학교,
200-299명 (7건)	4회 오산리 국제금식기도원, 18회 명지대학교(용인), 37회 고신대학교, 38회 한국교통대학교, 39회 배재대학교, 40회 서울대학교(평창)
100-199명 (3건)	2-3회 오산리 국제금식기도원, 6회 대전 유성 경하장호텔
100명미만 (2건)	35회 전북대학교, 36회 한동대학교 〈코로나19 팬데믹 기간〉

출처: 연구자가 위 제3장과 이선복(2025b)을 요약해 작성

　둘째, 참가자 성향은 전국의 다양한 대학에서 전공을 가진 교수들이 부부 동반으로 참여하는 경향을 보였고, 대부분 교회 출석을 하며 신앙생활을 하는 교수들이었다. 예로 2023년 제38회 참석자 중 명단이 확보된 130명을 보면, 총 66개 대학(선교단체 소수 일부포함)에서 130명의 교수가 참석하였고, 그 중 배우자가 13명(10%)이었다. 그리고 교수 117명 중 여성 비율은 26명(22.2%)이며, 출석교회를 표시한 비율은 94.9%이었다. 또한 출석교회나 교단이 매우 다양하여 초교파적인 모습을 보였다. 아울러 2008년 제23회(동서대) 사례를 추가로 보면, 선교대회에 총 672명이 참여하여 그중 교수가 470명, 선교단체 20명, 강사 13명, 공연팀 110명, 자원봉사가 59명이었다. 그리고 대학은 68개 대학이었다(동서대 교목실백서, 2013).

　즉 전국에서 다양한 전공의 교수들이 매년 선교대회에 은혜를 사모하는 마음으로 참석을 하여 왔음을 알 수 있다. 또 대부분 참여는 교수들의 순수한 자발적 신앙 동기에 의한 것으로, 지역 동료 교수들과 같이 연합 또는 삼삼오오로 참여를 하는 모습을 보였다. 그리고 이러한 참여는 주관하는 지회의 헌신도 있지만, 선포되는 은혜의 말씀이 크게 작용한 것으로도 보인다. 지난 40년 동안 2회 이상 설교 및 특강을 한 주요 강사를 소개하면 다음과 같다(표4).

<표 4> KUPM 선교대회 주요 설교자 및 특강 강사(2회 이상)

예배설교	특강/간증
▪ 조용기 목사(여의도순복음교회, 13번) 제1,3,5,6,7,8,9,11,13,14,15,18,27회 ▪ 이영훈 목사(여의도순복음교회, 8번) 제19,24,25,26,28,32,33,40회 ▪ 김삼환 목사(명성교회, 11번) 제3,7,8,9,10,13,14,16,20,25,27회 ▪ 김진홍 목사(두레교회, 8번) 제9,11,15,16,21,22, 29,34회 ▪ 김준곤 목사(한국대학생선교회, C.C.C, 5번) 제1,6,8,9,12회 ▪ 박성민 목사(한국대학생선교회, C.C.C, 5번) 제23,25,32,34,40회 ▪ 김문훈 목사(포도원교회, 4번) 제20, 21, 23, 31회 ▪ 김용의 선교사(31회, 3번) 제31,31,31회 ▪ 이증구 목사(서울대학병원, 2번) 제3.4회	▪ 최재선 교수(중앙대, 6번) 제3,3,4,8,13,33회 ▪ 김한식 선교사(한사랑선교회, 2번) 제1,2회 ▪ 이영덕 총장(명지대, 호서대, 3번) 제1,7,8회 ▪ 정근모 박사(과학기술부장관, 3번) 제8,15,33회 ▪ 김영길 총장(한동대, 2번) 제11,20회 ▪ 장순흥 총장(한동대, 2번) 제34회,36회

먼저 조용기 목사는 KUPM의 설립부터 시작해 제1회에서 제18회까지 중심이 되어 총13회의 말씀을 전했다. 할수 있다는 희망의 메시지와 성령운동, 4차원의 신앙 등을 통해 격려의 설교를 하였다. 김준곤 목사는 대학생이 중심이 되는 C.C.C 사역을 하며 민족과 학원복음화 중심의 설교를 하였다. 그리고 이후 이영훈 목사와 박성민 목사가 바톤을 이어 받아 지금까지 함께 사역을 하고 있다. 김삼환 목사는 11번, 김진홍 목사는 8번으로, 각각 시대를 깨우며 영성을 세우는 말씀을 전했다. 그 외 김문훈 목사가 4번, 김동호 목사 3번, 김용의 선교사가 3번, 서울대학병원에서 사역을 하는 이증구 목사, 소강석 목사가 2번 말씀을 전했다. 그리고 한경직 목사가 초창기 8회 대회에서 격려사로, 옥한흠 목사는 11회 대회에서 "지성인이 추구해야 할 영성"을 주제로 특강을 하였다. 그리고 20회 이후 비교적 최근에서는 이동원 박조준 장성만 최홍준 박정근 김운성 목사 등 많은 영성을 겸비한 목회자들이 말씀을 전했다.

특강은 초창기 최재선 교수(중앙대)가 민족과 국가를 주제로 6회의 발제를 하며 KUPM의 방향을 정해가는 데 중요한 역할을 하였다. 또 김한식 선교사가 1980년대 민주화에 대해 2회, 이영덕 총장(명지대)이 통일을 주제로 3회 특강을 하였다. 간증은 정근모 박사 3회, 김영길 총장(한동대)과 장순흥 총장(한동대)이 2회 기독교수로서의 삶과 미래에 대한 비전, 교육 등 주제로 간증을 하였다. 그리고 강석규(호서대), 김진경(연변과기대, 평양과기대), 김춘호(뉴욕주립대), 유상근(명지대), 윤여표(충북대), 이규호(순신대), 이남식(전주대), 이정숙(횃불트리니티대), 이종익(전주대), 송자(연세대), 정구영(서울여대) 총장 등이 크리스천으로서 특강을 섬겼다. 그리고 김동길 민경배 황수관 교수 등 포함해, 신앙으로 무장된 많은 기독교수가 특강과 간증, 주제강연, 패널토의 등을 통해 하나님께서 부어주신 은혜를 나누며 비전을 공유하였다.

즉 선교대회를 통해 영성이 뛰어난 목회자들이 강사로 복음을 선포하고, 많은 특강과 간증, 패널토의 들을 통해 교수들이 은혜를 경험하고, 기독교수로서 필요한 소명을 다져왔으며 이것이 선교대회로 모이게 하는 중요한 동력이 되어 왔음을 알 수 있었다. 각자 소속된 대학에서 학생들을 가르치며 캠퍼스 선교를 위해 헌신을 하다가 여름이면 선교대회에 참가해 스스로의 사역을 돌아보고, 영적인 충전과 함께 힐링과 쉼의 시간을 가졌다. 전국대학교수선교대회란 많은 교수에게 있어 기다림의 대상이었다. 그리고 앞서 주제별 특징에서 살펴보았듯이, 최근 선교대회를 통해 교수들이 적극적으로 사역 발표를 하는 현상이 눈에 띄게 두드러지고 있다.

2020년 코로나 팬데믹 이후부터 여러 헌신된 기독교수들이 선교대회를 통해 전공과 경험을 기반으로 30여건에 이르는 사역발표를 하고 있다. 학회 학술대회 수준이다. 그리고 매년 약 15명의 교수선교사를 파송한다. 2019년 제34회 대회에서 한국세계선교협회(KWMA)와 MOU 협약을 맺은 후, 이미 110명이 넘는 교수선교사를 파송하였다.

많은 교수가 26만명에 이르는 외국인 유학생에게 복음을 전하기 위해 노력을 하고 있다. 대학 캠퍼스가 중요한 선교지가 되었다. 미션스쿨을 넘어, 일반 대학안에 대학교회가 만들어지고 예배가 이루어지고 있다. 캠퍼스가 단순한 학문의 공간을 넘어 다양한 문화와 신앙이 교차하는 복합적인 선교 환경으로 변화하고 있으며, 교수선교사의 역할이 더욱 중요해지고 있다. 또 프리이반젤리즘(Pre-Evangelism)과 같은 영어 기반 바이블 스타디를 통해 효과적으로 복음을 전하는 사례도 늘고 있다. 또 해외대학 강의 지원, ODA 사업과 같은 저개발 국가 교육사업으로 복음의 지경을 넓혀가는 사례도 늘고 있다. 어쩌면 교회가 하기 어려운 사역들을 교수들을 통해 진행하는 전문인 사역이 하나 둘 늘어나고 있다 해도 과언이 아닐 것이다. 그리고 그 중심에 KUPM이 있고, 전국대학교수선교대회 사역발표 현장이 있다. 또한 이는 그리스도께서 십자가 사랑과 부활의 능력을 통해 기독교수들에게 부어주신 준 은혜의 선물이요, 하나님의 주권적인 역사였음을 우리는 지난 40년의 역사를 통해 검증할 수 있었다.

3.4 KUPM의 미래를 위한 권면

그러면 KUPM이 앞으로 다가올 40년, 80년, 100년 후의 모습은 어떤 것일까? KUPM이 이루어야 할 하나님 나라의 비전은 무엇일까? 본 전국대학교수선교연합회(KUPM) 40년사는 다음 3개를 동료 기독 교수와 다음세대 교수들에게 전하고 싶다.

첫째는 KUPM의 지난 40년 역사가 하나님의 주권속에 이루어져 왔듯이, 앞으로도 그 전통을 계승해 갔으면 하는 점이다. 하나님의 주권(God's sovereignty)이란 우주 모든 만물을 창조하신 분이 하나님이심을 믿고, 그분의 절대주권과 다스림과 통치하심을 믿고 나아감을 의미한다. 사람이 마음으로 자기의 길을 계획할지라도 그 걸음을 인도하는 분은 여호와 하나님이시다(잠16:9). KUPM은 하나님의 나라와 복음 전파를 위한 교수들의 연합 모임이다. 개인의 이익이나 공적을 추구하기 위한 모임이 아니다. 이는 KUPM 초창기 조용기, 김준곤 목사의 설교를 통해서도 그 중요성이 확인되었다. 종교개혁자 칼빈(John Calvin)의 제네바 요리문답과 웨스트민스터 신앙고백(Westminster Confession of Faith)은 사람의 사는 목적이 "하나님께 영광을 드리고 영원토록 즐거워 하는 것"에 있음을 제시하고 있다. 네델란드 신칼빈주의 신학자인 아브라함 카이퍼(Abraham Kuyper)는 하나님의 절대 주권이 정치, 사회, 예술 등 모든 영역에 적용될 수 있음을 강조하였다. 이는 KUPM에 속해 모든 교수들의 전공영역과 사역에 하나님의 주권이 함께 하고 계심을 의미하는 것이다. 이 백성은 내가 나를 위하여 지었나니 나를 찬송하게 하려 함이니라(사 43:21). 우리는 삼위 하나님을 찬양하도록 지금을 받은 존재이다.

두 번째 비전은 성경적이어야 하는 점이다. 성경은 하나님의 말씀을 영감에 따라 기록한 특별계시의 책이다. 인류를 향한 하나님의 사랑과 공의가 기록되어 있다. 예수 그리스도를 통해 이루신 십자가의 죽음과 부활, 언약의 완성, 다시 오실 하나님의 계획과 섭리가 담겨져 있다. 따라서 하나님 나라와 복음을 전하는 교수에게는 성경이 최고의 지침서이자 연구를 위한 참고문헌이 되어야 한다. 성경에 대한 지식과 연구를 갈고 닦을 필요가 있다. KUPM 40년 역사 중, 특히 초창기에는 영성이 뛰어난 목회자들의 메시지를 통해 많은 교수가 은혜와 영적 도전을 받았다. 그리고 최근 코로나 팬더믹 상황 이후 교수들이 사역발표를 하는 사례가 급격히 증가하였다. 바람직한 현상이다. 그러나 더욱 중요한 것은 모든 사역에 성경의 기반이 함께 하여야 한다는 점이다. 성경을 충분히 이해하지 않은 채 가르치고, 사역을 하는 것은 한계가 있다. 또 때로는 위험을 내포할 수가 있다. KUPM 초기 조용기 목사 또한 성경 지식에 기반하지 않는 믿음은 신비주의 신앙이 될 수 있음을 강조하였다. 즉 성경을 깊이 연구하고, 그에 따라 삶을 실천하며 각자의 은사와 전공에 따라 미래지향적으로 사역을 개발해 가는 것이 매우 중요하다.

세 번째 비전은 KUPM의 사역이 기도와 성령의 인도하심에 따라 이루어져야 한다는 점이다. 우리가 믿는 하나님은 삼위(Trinity)의 하나님이다. 성부, 성자, 성령 세 위격이 모여 하나가 된 유일신이시다. 칼빈은 기독교 강요(Institutes of the Christian Religion)를 통해 하나님을 아는 지식의 중요성을 강조하였다. 또한 이는 신칼빈주의 신학자인 카이퍼나 헤르만 바빙크(Herman Bavinck)의 교의학에 의해 정통신학의 뿌리로 계승되어져 오고 있다. 하나님을 아는 지식, 살아계시고 행동하시는 하나님, 삼위일체의 하나님과 그분의 경륜을 먼저 알고, 인간의 죄와 또 이를 대속하시기 위해 그리스도께서 오셨고, 성령을 보내심으로 우리가 성령안에서 새로운 공동체를 이루어 갈 수가 있음을 설명하고 있다. 일반적으로 교수들은 직업적 특성상 탐구하고 과학적으로 분석하고 비평하고, 이성적으로 논리를 제시하기 좋아하는 경향이 있다. 계몽주의 내지는 포스트모더니즘의 성향을 갖고 있다. 또 무신론자의 경우 실증 또는 실존주의 사고에 따라 성경에서 신화적 부문의 모두 삭제하고, 하나님의 존재 자체를 부정하고 싶어하는 성향을 보일 수도 있다. 따라서 기독교수에게는 분별력이 필요하다. 하나님은 영이시니 예배하는 자가 영과 진리로 예배할지니라(요4:24). 성경은 성령 하나님의 존재를 증언하며, 성령의 조명이 함께 할 때 말씀과 예수 그리스도를 더 온전히 알 수 있음을 설명하고 있다. 요한은 물로 세례를 베풀었으나 너희는 몇 날이 못되어 성령으로 세례를 받으리라(행1:5). 예수님께서는 부활 후 사도들에게 성령을 주시기로 약속하셨다. 그리고 오순절 마가의 다락방에 그 역사를 나타내시고, 고넬료와 같은 이방인 가정에도 나타내시어 초대교회와 같은 부흥을 이루셨다. 아울러 KUPM 초기 역사 또한 돌아보면 조용기 목사의 성령운동의 영향이 컸고, 이는 나아가 1907년 평양대부흥회의 회개기도운동과 관련이 있음을 확인할 수 있었다. KUPM 동료 및 다음세대 교수들에게 드리는 세 번째 제언이다. 모든 기독교수가 성령의 인도하심에 따라 늘 충만하고, 또 겸손히 기도에 힘쓰며 각자 받은 은사와 사명에 충실해 갈 수 있기를 기도드린다.

책을 마친다.

6월 25일, 제40회 전국대학교수선교대회 일정에 맞추어 학기 중 바쁘게 책을 마무리하였다. 또 이후 선교대회를 마치고 교정작업이 이루어졌다. 감사하다. 예수 그리스도를 통한 하나님의 주권적인 역사는 계속될 것이다. 부족한 부분은 계속해서 보완해 갔으면 한다. 발행 마지막 작업까지 시간에 쫓기어 가며, 기다려 주고 또 신속히 대응해 준 출판사 대표님과 담당자에게 감사를 드린다.

주를 찬미!

참고문헌

강성화(2006), 베버 『프로테스탄티즘의 윤리와 자본주의 정신』 철학사상 별책 제7권 제18호, 서울대학교 철학사상연구소, 1-129

강현석외(2024), 기독교, 시대에 답하다: 12가지 현대 이슈 신학적 통찰, 고신언론사

______(2025), 기독교, 2030에게 답하다: 시대와 문화를 관통 성경적 통찰, 고신언론사

나삼진(2024), 평범한 인생 빛나는 봉사, 송산 박재석 평전, 생명의양식

김영재(2008), 교회와 예배, 합신대학출판부

김욱동(1992), 포스트모더니즘과 포스트구조주의, 현암사,

김은수(2021), 비교종교학 개론, 대한기독교서회.

김재성(2004). 개혁신학의전망 Perspectives on the Reformed Theology, 이레서원

______(2021), 코로나19 시대 우리는 어떻게 예배를 드려야 하는가? 하나님은 참된 예배자를 찾으신다, 킹덤북스

______(2024), 하나님의 나라, 킹덤북스

김재현(2014), 한반도에 심겨진 복음의 씨앗, 한국고등신학연구원(KIATS)

김재호(2018), 부흥의 우물, 아르카

김주한(2002), 마르틴 루터의 삶과 신학 이야기, 대한기독교서회

나용화(2000), 웨스트민스터 신앙고백서, 기독교문서선교회

대구경북교수선교회(2016), 기독교수행전, 조이트리

로고스교수선교회(1981-1990), 로고스 제1-8집, 순복음교수선교회

문석호역(2010), 철학과 기독교 신앙, CLC

민경배(2007), 한국 기독교회사, 연세대학교 출판부

박용규(2022). 한국기독교회사1 1784-1910, 한국기독교사연구소

______(2022). 한국기독교회사2 1910-1960, 한국기독교사연구소

______(2023). 한국기독교회사3 1960-2010, 한국기독교사연구소

박정윤(2020), 교육선교가 희망이다!, 도서출판 행복한부자

배성권·이상규(2015), 기독교대학과 사회과학, 고신대학교 출판부

사와 마사히코 (1995). 일본 기독교사, 대한기독교서회.

서재주(2019), 현대신학의 이해, 도서출판 비엠

서윤철역(2008), 캠퍼스 행전, WLI Korea

송영목(2022), 하이델베르크 교리문답서의 다차원적 읽기. 향기도서출판.

______(2023), 벨직신앙고백서의 다차원적 읽기, 향기도서출판.

______(2024), 웨스트민스터 신앙고백 다차원적 읽기. 도서출판 향기

신국원(1999), 포스트모더니즘, IVP.

양기성(2009), 존 웨슬리와 현대 이슈 : 제4차 세계 웨슬리언 지도자 대회, 도서츨판 웨슬리

양낙홍(2003), 조나단 에드워즈 생애와 사상, 부흥과개혁사

양용의(2022), 히브리서 어떻게 읽을 것인가, 성서유니온

이동희(2015), 꺼지지 않는 불, 종교개혁가들, 넥서스 CROSS

이경숙외(2013), 기독교와 세계, 이화여자대학교 출판부

이근삼전집편집위원회(2007). 개혁주의 신학과 한국교회, 생명의양식

이상규(2007). 개혁주의란 무엇인가, 고신대학교 출판부.

______(2023), 부산지방에서의 초기 기독교, 한국교회와역사 연구소

이상화(2018), 한권으로 배우는 기독교 교리, 카리스

이선복(2013), 화명중앙교회 30년사 : 1982-2012, 대한예수교장로회 화명중앙교회

______(2018), 전국대학교수선교연합회 회장 인터뷰 : 캠퍼스 복음화는 물론 방패막 역할도
    합니다, 한국기독신문

______(2018-2021), 전국대학교수선교연합회 소식지 제1-6호

______(2019), 성경적 관점에서 본 회계윤리, 로고스경영연구, 17(1). 1-20

______ (2020). 성경적 가치관에 따른 일본 CEO 경영연구. 한일경상논집, 80, 187
    -209.

이선복·김대영(2021), 학문과신앙의 과목 도입 성과: D대학 사례, 신앙과학문, 26(3),
    125-155,

이선복·이시은역(2021), 3분변증: 성경의 관점에서 나아갑시다, 中川健一(2019), 3分でわか
    る聖書, 도서출판 디자인

이선복(2022), 하나님의 마음 : 부울경기독교수연합회(BCPN)의 어제와 오늘, 그리고 내일.
    제15회 부울경기독교수선교대회 대회집

______(2023a), 일본 자본주의 아버지『시부사와 에이이치』와 기독교 사상 연결점 고찰, 로고
    스경영연구, 21(4), 83-103

이선복외 5인(2023b), 한국로고스경영학회의 어제와 오늘, 그리고 내일, 로고스경영연구,
    21(4), 1-23

이선복(2024a), 민석 장성만 목사의 기독교 세계관과 삶 - 아브라함 카이퍼와의 비교를 중심으
    로-, 로고스경영연구, 22(4), 1-38

______(2024b), 회계학 정신이란 무엇인가? - 기독교 개혁신앙의 관점에서 묻다 - 전남대학교
    종교문화연구소, 153-185

______(2025a), 일본의 프로테스탄트 윤리와 자본주의 정신- 문헌연구를 통한 경제학적·신학
    적 함의 고찰-, 로고스경영연구, 23(1), 13-37

______(2025b). 하나님의 주권적 경영모델 리뷰 - 전국대학교수선교연합회 역사 40년 회고의 관점에서-, 로고스경영연구, 22(4), 141-172

이승구(2013). 기독교세계관으로 바라보는 21세기 한국사회와 교회, SFC

이희복역(2021), 일본의 근대화와 민중사상, 논형

이은재역(2013), 교회사 연구 방법론, CLC

이종성(2000), 교회론(Ⅰ)(Ⅱ), 대한기독출판사

이한수(2009), 복음의 정수: 그리스도의 십자가, 솔로몬

임번삼(2015), 창세기의 원역사 과학으로 말하다. 크리스챤서적

장성만(1978), 장성만 에세이 전집⑤ - 저 피안의 언덕에. 민석문화사

______(2005), 성서가 말하는 행복과 성공의 비결④ - 비전에 산다, 현학사

______(2006), 성서가 말하는 행복과 성공의 비결⑦ - 지도자의 길, 공동체.

______(2009), 성서가 말하는 행복과 성공의 비결⑨ - 신을 벗고 나서라, 공동체.

______(2012), 역경의 열매, e뉴스한국

장성만·장제국(2016), 새로운 약속, e뉴스한국

전국대학교수선교연합회(1988-1999), UPM NEWS 교수선교, 전국대학교수선교연합회

______(2008-2010), UPM NEWS, 전국대학교수선교연합회

______(1986-2025), 전국대학교수선교대회 제1회-40회 대회집, 전국대학교수선교연합회

전호진(2003), 종교 다원주의와 타종교 선교 전략, 개혁주의신행협회

정두성(2016), 교리교육의 역사, 새움북스

정성구(2009), 교회의 개혁자 요한 칼빈, 하늘기획

______(2020), 아브라함 카이퍼의 사상과 삶, 킹덤북스

정성욱(2022), 티 타임에 나누는 기독교 변증, 홍성사

정성희·김주현역(2013), 과학과 종교 과연 무엇이 다른가, 도서출판 린

정승훈(2017), 칼 바르트 말씀의 신학해설: 교회교의학 1/1과 괴팅겐 교의학을 중심으로, 새물결플러스

정인모역(2019), 하나님과 함께 하는 시간: Zeit mit Gott, 꿈과 비전

제자원(1993), 그랜드 종합주석1(The Grrand Bible Commentary1): 성서총론, 성서교리, 로마서, 성서교재간행사

죠쉬 맥도웰·돈 스튜워트(1993), 기독교변증Ⅰ, Ⅱ, CCC 순출판사

지원용역(2008), 말틴 루터의 종교개혁 3대 논문, 컨콜디아사

탁명환(1986), 기독교이단연구, 한국종교문제연구소

탁지일외(2021), 신천지를 파헤치다, 엠마우스

최용준역(2013). 신앙과 학문의 통합, Robert A. Harris.(2004). The Integration of Faith and Learning, 서울: 예영 커뮤니케이션

최혜영외(2017), 삶과 지적 대화: 인성과 융복합 학문의 접근, 전남대학교 출판문화원

홍성건(2002), 하나님의 찾으시는 사람, 예수전도단

青木義紀訳(2011), 改革派正統主義の神学 -スコラ的方法論と歴史的展開-, 教文館

李善馥(2024), 韓国における教会史研究方法の展開とその含意: 史観論と福音主義解釈を中
　　心に 、Logos Management Review, 22(3), 43-67.

小野靜雄(1986), 日本プロテスタント教会史, 김산덕역(2012), 일본교회사, 칼빈아카데미

布施濤雄訳(1982), 近代日本のプロテスタント神学, 日本基督教団出版局

山口陽一(2023), 近代日本のクリスチャン経営者たち, いのちのことば社

Abraham Kuyper(1899), Lectures on Calvinism, 김기찬역(2017), 칼빈주의 강연, CH북스

Arthur F. Holmes(1983), Contours of A World View, 이승구역(1989), 기독교 세계관,
　　도서출판 엠마오

David L. Nelands(1992), Studies in the Covenant of Grace, 김성웅(2017), 성경과 언약,
　　기독지혜사

Edward Hallett Carr(1961), What Is History, 김현모역(2014), 역사란 무엇인가, 탐구당

Frank J. Matera), New Testament Ethics: The Legacies of Jesus and Paul (한충식
　　역(2014), 신약윤리학: 예수와 바울의 유산, CLC

Herman Bavinck(1906-1911), Reformed Dogmatics, 박태현역(2011), 개혁교의학,
　　부흥과개혁사

______(1909), Magnalia Dei, 김영규역(1994), 하나님의 큰 일, 기독교문서선교회

______(1913), Guidebook Instruction for in the Christian Religion, 박하림역(2024),
　　기독교 신앙 안내서, 다함

James I. Packer(1985), Among God's Giants: Aspects of Puritan Christianity, 박영호
　　역(2001), 청교도 사상, 기독교문서선교회

John Calvin(1559), Institutes of the Christian Religion, 원광연역(2018), 기독교 강요,
　　크리스천 다이제스트

John R. W. Stott(1994), The Message of Romans: God's Good news for the world,
　　정옥배(2013), 로마서 강해: 온 세상을 향한 하나님의 복음, 한국기독학생회출판부
　　(IVP)

John R. W. Stott(1958), Basic Christianity, 황을호(2013), 기독교의 기본 진리, 생명의말씀사

J. Herbert Kane(1997), Understanding Christian Missions), 신서균역(2007), 기독교 선
　　교 이해, CLC

Max Weber(1920), Die Protestantische Ethik und der Geist des Kapitalismus, 박성수

역(2021), 프로테스탄티즘의 윤리와 자본주의 정신, 문예출판사

Peter J. Gentry & Stephen J. Wellum(2012), Kingdom through Covenant: A Biblical Theological Understanding of the Covenant, 김귀탁역(2017), 언약과 하나님 나라, 새물결플러스

Richard C. Chewing(1990), Christians in the Marketplace Series Biblical Principles and Business: The Practice, Navprss, 기독경영연구원역(1993), 기업경영과 성경적 원리, 한국기독학생회출판부(IVP)

Stutella Martin(1960), St. Augustine's Confesstions Ⅰ·Ⅱ, 선한용(990), 성 어거스틴의 고백록, 대학기독교서회

Thomas A Kempis(1420), The Imitation of Christ, 조항래역(1991), 그리스도를 본받아, 예찬사

Williston Walker(1986), A History of the Christian Church, 손인설역(2021), 기독교회사, CH북스.

국민일보 https://www.kmib.co.kr/

로고스교수선교회 http://logos.fgtv.com/

전국대학교수선교연합회 http://www.kupm.org

크리스천투데이 https://www.christiantoday.co.kr/

한국기독신문 https://kcnp.com/

한국로고스경영학회 http://www.logosmgt.org/

편저자 프로필

이선복(Lee Seon-Bok)

- 경제학박사
- 동서대학교 교수
- 대한예수교장로회(고신) 화명중앙교회 장로
- 수도국제대학원대학교 부산목회대학원 M.Div 수료, Th.D 수학 중
- 前 부울경기독교수연합회 회장
- 前 전국대학교수선교연합회 회장
- 現 부산성시화운동본부 감사
- 現 한국세계선교협의회(KWMA) 회계
- 現 한국로고스경영학회 수석부회장 겸 학술지 편집위원장
- 現 전국대학교수선교연합회 이사회 총무이사
- 연구 | 저서: 성경적 회계윤리 외 논문 60여편

이선희(Lee Seon-Hee)

- 공학박사
- 서울과학기술대학교 명예교수
- 여의도순복음교회 원로장로
- 전국대학교수선교연합회 이사장
- 前 전국대학교수선교연합회 회장
- 前 한국 해비타트 이사
- 前 서울시 자원봉사 센타 이사

하나님의 주권

전국대학교수선교연합회 40년의 회고와 비전

2025년 8월 12일 인쇄
2025년 8월 14일 발행

편저자 : 이선복 | 이선희

발행인 : 이경희 외 1명

발행처 : 도서출판 동아기획
  등록 제10-가-8호
  T. 051-291-7605 F. 051-294-8500
  E-mail : donga01@hanmail.net
  http://www.dongapr.com

표지디자인 : 아시아미래디자인연구소

ISBN 978-89-6192-251-7 03230

가격 25,000원

여의도순복음분당교회는

복음으로 길을 내는 착한 교회 입니다.

예배시간

예 배		시 간	장 소
주일예배	1부	오전 7시	대성전
	2부	오전 9시	
	3부	오전 11시	
	4부	오후 1시	바울성전(4층)
	5부	오후 3시	대성전
	6부	오후 5시	바울성전(4층)
	7부	오후 7시	
새벽기도회(월~금)		새벽 5시	대성전
수요예배		오전 10시 10분	대성전
금요성령대망회		오후 8시 25분	대성전

13606 경기도 성남시 분당구 불정로 64
(정자동 205)

Tel. 031-715-9191

담임목사 황선욱

교회 홈페이지

동백직할성전 예배

	1부	오전 7시	**황선욱** 담임목사 (분당교회 위성)
주일예배	2부	오전 9시	김명효 목사 (자체예배)
	3부	오전 11시	**황선욱** 담임목사 (분당교회 위성)
	4부	오후 1시	**이영훈** 목사 (대표총회장, 여의도위성)

경기도 용인시 기흥구 강남서로 9 아카데미프라자 9층 (구길동)
Tel. 031-282-2872~3

신동탄교회 예배

	1부	오전 7시	**황선욱** 담임목사 (분당교회 위성)
주일예배	2부	오전 9시	차승욱 목사 (자체예배)
	3부	오전 11시	**황선욱** 담임목사 (분당교회 위성)
	4부	오후 1시	**이영훈** 목사 (대표총회장, 여의도위성)
	5부	오후 2시	젊은이예배 (자체예배)

경기도 화성시 동탄순환대로 689 삼성프라자 7층 (영천동 678-6)
Tel. 031-373-8191

다음 세대를 꿈꾸는
순복음성동교회

SUNDAY
WORSHIP | PRAISES | PREACHING+ MORE
SERVICE

2025년 표어

성숙한 그리스도인 (딤전 4:15)

예배안내

주일 1부 (오전 6시 40분) ~ 5부 (오후 2시 40분)
수요 1부 (오전 10시 10분), 2부 (오후 7시 10분)
금요 (오후 8시 10분)
새벽 (오전 4시 45분)

정홍은 담임목사

02-2241-1004
www.sungdongchurch.com

기독교 대한 하나님의 성회
순복음 성동교회
FULL GOSPEL SUNGDONG CHURCH